河南省志

第九卷 党派群团

河南省地方史志编纂委员会 编

1978~2000

中州古籍出版社
·郑州·

图书在版编目（CIP）数据

河南省志.1978～2000.第九卷,党派群团/河南省地方史志编纂委员会编.— 郑州：中州古籍出版社，2020.1

ISBN 978-7-5348-9017-8

Ⅰ.①河… Ⅱ.①河… Ⅲ.①河南—地方志 ②民主党派—概况—河南—1978-2000 ③社会团体—概况—河南—1978-2000 Ⅳ.① K296.1

中国版本图书馆CIP数据核字（2020）第014945号

责任编辑：	王小方　宗增芳　米　敏　梁　郁　吕兵伟 周　媛　谢晓敏　高　雅　甄　珠　刘　琳
责任校对：	李　思　袁　野
出版发行：	中州古籍出版社出版发行
	地址：郑州市郑东新区祥盛街27号6层
	邮编：450016
经销单位：	全国新华书店
印　　刷：	郑州新海岸电脑彩色制印有限公司
开　　本：	889毫米×1194毫米　1/16
印　　张：	40.25
字　　数：	807千字
印　　数：	1—3000册
版　　次：	2020年1月第1版
印　　次：	2020年1月第1次印刷
书　　号：	ISBN 978-7-5348-9017-8
定　　价：	322.00元

本书如有印装质量问题，由承印厂负责调换。

《河南省志（1978~2000）》总纂人员

总　　　纂　李志斌（2002.7~2003.6）
　　　　　　宋璇涛（2008.12~2009.4）
　　　　　　孔玉芳（2009.4~2013.7）
　　　　　　张广智（2013.7~2017.1）
　　　　　　戴柏华（2017.6~　　　　）
执 行 总 纂　许还平（2002.7~2008.12）
　　　　　　霍宪章（2008.12~2015.1）
　　　　　　管仁富（2015.5~　　　　）
执行副总纂　霍宪章（2002.7~2008.12）
　　　　　　陈守强（2002.7~2016.10）
　　　　　　周慧杰（2017.3~　　　　）
　　　　　　李　娟（2017.8~　　　　）
责 任 编 纂　许禾钢　邵　栋
编　　　纂　申福领　张鹏举　徐玉清　张盛夏　程　茜　仇　洁
　　　　　　高孟娜

河南省地方史志办公室

主　　　任　许还平（1998.7~2008.7）
　　　　　　霍宪章（2008.7~2015.1）
　　　　　　管仁富（2015.5~　　　　）
副　主　任　霍宪章（2001.9~2008.7）
　　　　　　王中华（2001.9~2016.6）
　　　　　　冯普友（2017.3~2019.3）
　　　　　　周慧杰（2017.3~　　　　）

《河南省志·民主党派篇》编纂委员会

主 任 委 员　郭国三（2001.5~2002.12）　曹维新（2002.12~2006.10）
　　　　　　　刘怀廉（2006.10~　　　　）
副主任委员　梅养正（2001.5~2002.8）　冯宏顺（2001.5~2002.8）
　　　　　　　毛增华（2002.8~2007.8）　储亚平（2002.8~　　　）
　　　　　　　张汉英（2001.5~2007.8）　张　涛（2001.5~2007.8）
　　　　　　　张广兴（2001.5~2007.8）　袁祖亮（2001.5~2011.11）
　　　　　　　李英杰（2007.8~　　　）　龚立群（2007.8~　　　）
　　　　　　　张亚忠（2007.8~　　　）　高体健（2007.8~　　　）
　　　　　　　张震宇（2011.1~　　　）

《河南省志·民主党派》编辑室

主　　　任　陶振江（2001~2003）　阎国祥（2004~2005）
　　　　　　　彭亚平（2006~　　）
副　主　任　彭亚平（2001~2005）　姚龙其（2001~2003）
　　　　　　　安建军（2001~2001）　易树学（2002~　　）
　　　　　　　杜春景（2004~　　）　卢锡恩（2009~　　）
　　　　　　　陈照顺（2010~　　）

《河南省志·民主党派》编纂人员

主　　　编　陶振江（2001~2003）　阎国祥（2004~2005）
　　　　　　　彭亚平（2006~　　）
副　主　编　彭亚平（2001~2005）　姚龙其（2001~2003）
　　　　　　　安建军（2001~2001）　史小红（2001~　　）
　　　　　　　毛德富（2001~　　）　梁　静（2001~2007）
　　　　　　　戚建庄（2001~　　）　杨利霞（2001~　　）
　　　　　　　祁葆珠（2001~　　）　易树学（2002~　　）

		杜春景（2004~ ）	王家柱（2008~ ）				
		卢锡恩（2009~ ）					
编　　撰	邓　清	刘倬林	虎瑞卿	冯浩志	赵　政	陆任已	李占甫
	郭郑伟	王小丁	李　鸣	李　远	王彩虹	李文霞	赵锡昌

《河南省志·群众团体·工会》编纂委员会

主　　任	桑金科
副　主　任	周法成　赵兰英　茹嘉效　马露霞　李中富　周培荫　王春萍
	王永领　李率印　仪玉奎　张老虎
委　　员	马明宝　王国献　王海庆　冯明云　闪国兴　宋　丹　张仁平
	李聚敏　李德虎　杨会卿　杨得杰　孟庆昌　段秀莲　赵水聚
	袁　超　梁伦富

《河南省志·群众团体·工会》编辑部

主　　编	桑金科
副　主　编	周法成　周培荫　李率印
编写人员	王全信　付建华　冯卫红　冯明云　石清柱　闪国兴　刘　飞
	刘雪峰　孙筱青　曲洛立　朱福喜　吴志超　张　伟　张　萌
	张莉莉　李海波　杨会卿　周戈辉　周家亮　郝正身　原峡生
	徐　建　郭永旗　黄廷秀　曾　雪　程复俊　韩海星　谭斌凡

《河南省志·群众团体·共产主义青年团》编纂委员会

主任委员	李　亚
副主任委员	陶明伦
委　　员	谢李广　窦旭东　刘春晓　赵茂军　黄明海　曹克舜　杜晓琳

侯　红　韩维俊　刘志学　程明武

《河南省志·群众团体·共产主义青年团》编辑室

主　　　任　程明武
副　主　任　赵冶钧　王燕京
编辑人员　郭明真　王燕京　田春生　许　娜　魏新忠　刘金香

《河南省志·群众团体·共产主义青年团》编纂人员

主　　　编　程明武
副　主　编　王燕京
特邀编辑　郭明真
撰　　　稿　王燕京
提供资料　团省委档案室　团各市（地）委
校　　　对　王燕京
打　　　字　刘金香

《河南省志·群众团体·妇女联合会》编纂委员会

主任委员　杨　云
副主任委员　李学敏
委　　　员　杨　云　李学敏　刘建平　许淑娟

《河南省志·群众团体·妇女联合会》编辑室

主　　　任　李学敏
副　主　任　许淑娟

《河南省志·群众团体·妇女联合会》编纂人员

主　　编　李学敏
资料提供者　艾高缨　冯耀宇　冯光梅　李秀君　吕新佳　李景云　霍树云
　　　　　王秀芝　阎绿娥　罗永兰　崔爱兰　王志强　张广英　杜伟丽
　　　　　夏彩虹　隋　红　荆新梅　卢前扬　吕　娜　张宇辉

《河南省志·群众团体·工商业联合会》编纂领导小组

组　　长　赵太安
副 组 长　杨龙驰

《河南省志·群众团体·工商业联合会》编纂人员

主　　编　杨龙驰
编　　撰　杨龙驰　马跃峰　李　莉　王华传　张丙贵　刘伟生　王增利
　　　　　李小彬

《河南省志·群众团体·残疾人联合会》编纂领导小组

总 负 责 人　陈砚秋
领 导 成 员　李国成　董予德　董建新

《河南省志·群众团体·残疾人联合会》编辑室

主　　编　程文一　张春茂

《河南省志·群众团体·归国华侨联合会》编纂委员会

主　　　任　张亚洲
副 主 任　董锦燕　郝红军
委　　　员　李刚毅　刘加玉　范树膺　励伟英　薛　红　邢玉华　孙晓燕
　　　　　　李英雄　谷　红　闫占峰　时恒才　黄鸿普　符光宇　王　月
　　　　　　王　林　黄伯成　姚新文　马有兰　耿诚聪　陈琪瑛　陈卫平
　　　　　　杨广有　刘合生

《河南省志·群众团体·归国华侨联合会》编辑部

主　　　编　张亚洲
副 主 编　董锦燕　郝红军
编写人员　陈琪瑛　刘合生　陈瑞松　宋瑞霞

《河南省志·群众团体·社会科学界联合会》编纂委员会

（2002.1~2011.10）

主　　　任　王　耀　赵德山
委　　　员　杨　杰　孟繁华　唐玉宏　王朝纪
编辑室主任　任守春

（2011.11~　　　）

主　　　任　李恩东　杨　杰
委　　　员　孟繁华　唐玉宏　王朝纪
编辑室主任　任守春

《河南省志·群众团体·社会科学界联合会》编纂人员

（2002.1~2011.10）

主　　　编	王　耀　赵德山
副 主 编	任守春　杨涌涛　张晓北
编　　　辑	李　宁　王沛栋　张柏林

（2011.11~　　　　）

主　　　编	李恩东　杨　杰
副 主 编	王朝纪　任守春
编　　　辑	李　宁　王沛栋　张柏林

《河南省志·群众团体·文学艺术联合会》编纂委员会

主　　　任	王守国　邵　丽
委　　　员	苗树群　张剑锋　刘鲁豫　董焕琳

《河南省志·群众团体·文学艺术联合会》编辑室

主　　　任	张　勇
主　　　编	何　弘　程建军　胡善锋
编　　　辑	胡善锋

《河南省志·群众团体·科学技术协会》编纂工作领导小组

组　　　长　何凤莲

副 组 长　谈朗玉
成　　员　冯　琦　杨金河　陈　萍　李宝宏　李　莉

《河南省志·群众团体·科学技术协会》编辑室

主　　　任　李　莉
副 主 任　杨保善　杜印藩
编　　　辑　夏建军　蒋云鹏　孔德杰

《河南省志·群众团体·科学技术协会》编纂人员

主　　编　李　莉
副 主 编　杨保善
特邀编辑　杜印藩
编　　辑　夏建军　蒋云鹏　孔德杰
撰　　稿　杨保善　杜印藩　蒋云鹏　孔德杰
提供资料　省科协机关各部室　各直属事业单位
校　　对　杨保善　杜印藩　蒋云鹏

《河南省志·群众团体·红十字会》编纂委员会

主　　任　何传军
副 主 任　黄永泽
成　　员　（按姓氏笔画排序）
　　　　　王宏伟　王凌燕　马小燕　任义德　朱苏玉　张书环　周延威
　　　　　杨位贤　路贺民　翟赞灵

《河南省志·群众团体·红十字会》编辑部

主　　　编　何传军
副 主 编　黄永泽
编　　　辑　（按姓氏笔画排序）
　　　　　　王宏伟　王凌燕　马小燕　任义德　朱凤玲　朱苏玉　张书环
　　　　　　周延威　杨位贤　路贺民　翟赞灵
撰 稿 人　路贺民　刘瑞勇　刘国明
资 料 提 供　范永忠　刘瑞勇　吴　刚　王　镭　邵丽娟

凡例

一、本志以马克思列宁主义、毛泽东思想、邓小平理论、"三个代表"重要思想、科学发展观、习近平新时代中国特色社会主义思想为指导，坚持实事求是原则，运用辩证唯物主义与历史唯物主义的观点、立场和方法，全面、系统、客观记述断限内河南省的社会发展情况。

二、本志定名《河南省志（1978～2000）》，为首轮《河南省志》的续志。上限起自1978年，与首轮《河南省志》交叉9年，对交叉部分只作简要记述；下限断至2000年。为保证志书内容的完整性和连续性，个别内容的时限适当上溯或下延。主要记述地域范围以2000年年底河南省行政区划为准。

三、本志坚持"实事求是""横排竖写""述而不论""生不立传"等原则。采用述、记、志、传、表、图、照、录、引等体裁，图照穿插文中，力求图文并茂。

四、本志采用篇章节与条目结合体式，节下一般以条目形式展开，条目分主体条目和典型条目，用不同的字体字号和底色区分，所有条目不标注序号。

五、人物采用传记、简介和名表（录）三种形式，收录长期生活在河南、对河南有较大影响的各类人物，或不在河南生活与工作、但在国内有重要影响的河南籍人物，并补录首轮《河南省志》遗漏人物排在传记之后。首轮志书在世入传人物，本轮志书从简记述。

六、本志采用现代白话记述性语体，文字以国家《通用规范汉字表》（2016年版）为准，标点符号执行国家标准《标点符号用法》（GB/T 15834—2011）。组织机构、会议、文件、著述等名称一般用全称，注明简称的使用简称。地名用当时名称。纪年一般使用公历，未标明世纪的年代通常指20世纪。机构、职务按当时称谓记述。译名以通用译法为准。

七、志中注释，简短的采用夹注，较长的采用脚注。文中图、表、照依所在篇、章、节序号和排列序号编码。

八、统计数据以统计部门发布数据为主、主管部门为辅,数字使用执行国家标准《出版物上数字用法》(GB/T 15835—2011)。

九、计量单位以1993年国家标准《量和单位》(GB3100~3102—93)为准,行文中的计量单位名称一般使用汉字表示。常见的法定计量单位,如"千米""千克"等,一般不使用俗称("公里""公斤"等),面积单位一般使用"平方米""公顷";特殊情况,依语境仍使用"公里""公斤""亩"等单位。

目录

第三十五篇　民主党派

综　述 ……………………………………………………………… 002

第一章 中国国民党革命委员会河南省委员会 …………………… 005

第一节　组织建设 …………………………………………………… 007
　　工作机构 ………………………………………………………… 007
　　组织发展 ………………………………………………………… 008

第二节　政治活动 …………………………………………………… 012
　　参政议政　民主监督 …………………………………………… 012
　　反映社情民意 …………………………………………………… 014

第三节　社会服务 …………………………………………………… 015
　　扶贫和赈灾 ……………………………………………………… 015
　　创办学校 ………………………………………………………… 016
　　创办医院 ………………………………………………………… 017
　　创办书画院 ……………………………………………………… 017
　　举办展览 ………………………………………………………… 017

第四节　促进祖国统一 ……………………………………………… 019
　　坚持一个中国原则 ……………………………………………… 019
　　联络与接待 ……………………………………………………… 020

第五节　重要会议 …………………………………………………… 022
　　民革河南省第七次代表大会 …………………………………… 022
　　民革河南省第八次代表大会 …………………………………… 023
　　民革河南省第九次代表大会 …………………………………… 025
　　纪念民革成立50周年大会 ……………………………………… 026

第二章 中国民主同盟河南省委员会 ……………………………… 027

第一节　组织建设 …………………………………………………… 029

工作机构 …………………………………………… 029
　　组织发展 …………………………………………… 031
　　宣传教育培训 ……………………………………… 033
　第二节　政治活动 …………………………………… 034
　　参政议政　民主监督 ……………………………… 034
　　调查研究 …………………………………………… 036
　　获奖成果 …………………………………………… 037
　第三节　社会服务 …………………………………… 038
　　创办学校 …………………………………………… 038
　　咨询服务 …………………………………………… 038
　　定点扶贫 …………………………………………… 039
　　专家服务 …………………………………………… 039
　　服务公益事业 ……………………………………… 040
　第四节　重要会议 …………………………………… 041
　　民盟河南省第七次代表大会 ……………………… 041
　　民盟河南省第八次代表大会 ……………………… 042
　　民盟河南省第九次代表大会 ……………………… 043
　　纪念河南民盟成立50周年大会 …………………… 044

第三章　中国民主建国会河南省委员会 …………… 045
　第一节　组织建设 …………………………………… 047
　　工作机构 …………………………………………… 047
　　组织发展 …………………………………………… 047
　　思想教育 …………………………………………… 051
　第二节　政治活动 …………………………………… 052
　　参政议政 …………………………………………… 052
　　调查研究 …………………………………………… 053
　　民主监督 …………………………………………… 054
　　反映社情民意 ……………………………………… 055
　第三节　社会服务 …………………………………… 056
　　为经济建设献计出力 ……………………………… 056
　　咨询培训 …………………………………………… 057
　　参加社会公益事业 ………………………………… 058
　　获奖成果 …………………………………………… 058
　第四节　重要会议 …………………………………… 060

民建河南省第三次会员代表大会…………………………………… 060
　　民建河南省第四次会员代表大会…………………………………… 061
　　民建河南省第五次会员代表大会…………………………………… 062
　　纪念民建成立50周年大会………………………………………… 063

第四章　中国民主促进会河南省委员会……………………… 064
第一节　组织建设……………………………………………………… 066
　　工作机构…………………………………………………………… 066
　　组织发展…………………………………………………………… 067
　　思想教育…………………………………………………………… 069
第二节　政治活动……………………………………………………… 070
　　参政议政　民主监督……………………………………………… 070
　　调查研究…………………………………………………………… 071
　　　宁西铁路调研…………………………………………………… 072
第三节　社会服务……………………………………………………… 074
　　扶贫助学…………………………………………………………… 074
　　社会力量办学……………………………………………………… 074
第四节　重要会议……………………………………………………… 075
　　民进河南省第一次代表大会……………………………………… 075
　　民进河南省第二次代表大会……………………………………… 076

第五章　中国农工民主党河南省委员会…………………… 077
第一节　组织建设……………………………………………………… 079
　　组织发展…………………………………………………………… 079
　　工作机构…………………………………………………………… 081
　　宣传教育培训……………………………………………………… 081
第二节　政治活动……………………………………………………… 083
　　调查研究…………………………………………………………… 083
　　参政议政　民主监督……………………………………………… 084
第三节　社会服务……………………………………………………… 087
　　医疗咨询服务……………………………………………………… 087
　　智力扶贫…………………………………………………………… 089
　　支援抗洪救灾……………………………………………………… 090
　　科技服务…………………………………………………………… 090
　　举办知识讲座……………………………………………………… 091

参与国际科学与和平周活动 …………………………………… 092
　第四节　重要会议 ………………………………………………… 093
　　农工民主党河南省第二次代表大会 …………………………… 093
　　农工民主党河南省第三次代表大会 …………………………… 094
　　纪念中国农工民主党成立70周年大会 ………………………… 095

第六章　九三学社河南省委员会 ………………………………… 097
　第一节　组织建设 ………………………………………………… 099
　　组织发展 ………………………………………………………… 099
　　工作机构 ………………………………………………………… 099
　　宣传教育培训 …………………………………………………… 101
　第二节　政治活动 ………………………………………………… 103
　　参政议政 ………………………………………………………… 103
　　民主监督 ………………………………………………………… 104
　第三节　社会服务 ………………………………………………… 106
　　科技咨询 ………………………………………………………… 106
　　科技扶贫 ………………………………………………………… 107
　　举办学校 ………………………………………………………… 109
　　获奖成果 ………………………………………………………… 109
　第四节　重要会议 ………………………………………………… 111
　　九三学社河南省第二次社员代表大会 ………………………… 111
　　九三学社河南省第三次社员代表大会 ………………………… 112
　　九三学社河南省第四次社员代表大会 ………………………… 113
　　纪念九三学社成立50周年大会 ………………………………… 114

第三十六篇　群众团体

综　述 ………………………………………………………………… 116

第一章　工　会 …………………………………………………… 121
　第一节　组织机构 ………………………………………………… 125
　　权力机构 ………………………………………………………… 125
　　　河南省工会第十次代表大会 ………………………………… 126
　　　河南省工会第十一次代表大会 ……………………………… 126

工作机构 …………………………………………………………… 127
  市地总工会 ………………………………………………………… 128
  省产业工会 ………………………………………………………… 128
  直属大基层工会 …………………………………………………… 129
  基层工会 …………………………………………………………… 129
    新建企业组建工会 …………………………………………… 130
 第二节 维护职工民主权利 ……………………………………………… 132
  推行平等协商和集体合同制度 …………………………………… 132
  推行职工代表大会制度 …………………………………………… 134
    中华全国总工会在郑州召开民主选择企业经营者座谈会 …… 137
    新乡国营第七六〇厂职代会罢免案 ………………………… 137
    洛阳市色织一厂民主选举厂长 ……………………………… 137
 第三节 维护职工经济权益 ……………………………………………… 139
  维护职工生活福利 ………………………………………………… 140
  开展职工物价监督活动 …………………………………………… 141
  实施送温暖工程 …………………………………………………… 142
  兴办职工消费合作社 ……………………………………………… 144
    中共中央、国务院领导重视河南职工消费合作社 ………… 145
  维护女职工合法权益 ……………………………………………… 146
 第四节 劳动竞赛与劳动保护 …………………………………………… 147
  开展劳动竞赛和群众性经济技术创新活动 ……………………… 147
  职工技术协作活动 ………………………………………………… 149
    "双十双百技协杯"活动 …………………………………… 150
  职工劳动保护工作 ………………………………………………… 150
  劳动模范管理 ……………………………………………………… 151
    河南省劳动模范表彰大会 …………………………………… 152
 第五节 参政议政 ………………………………………………………… 153
  参与企业改革 ……………………………………………………… 153
  建立工会与政府联席会议制度 …………………………………… 155
  参与立法 …………………………………………………………… 156
 第六节 宣传教育 ………………………………………………………… 157
  职工思想政治教育 ………………………………………………… 158
    开展学习张玮活动 …………………………………………… 159
  职工文化教育 ……………………………………………………… 159
    职工读书自学活动 …………………………………………… 161

职工职业道德教育	161
评选职业道德建设"双十佳"活动	162
职工文体活动	163
职工文化阵地建设	164
第七节 外事活动	165
组织人员出国访问和考察	165
接待国际和地区工会代表团来访	165

第二章 共产主义青年团 · 167

第一节 组织机构建设	171
代表大会	171
共青团河南省第十次代表大会	171
共青团河南省第十一次代表大会	172
组织机构	172
共青团河南省委	172
共青团河南省委直属机构	174
共青团河南省委辖属机构	175
组织建设	175
河南省中学共青团工作会议	178
河南省共青团组织工作会议	178
其他青少年组织	178
河南省青年联合会	179
河南省学生联合会	180
中国共产主义少年先锋队	180
青年协会研究会	182
第二节 思想政治教育	184
理想信念教育	184
"学赖宁做党和人民的好孩子"活动	185
河南省百万青年学理论百题基础知识竞赛活动	185
爱国主义教育	185
道德品质教育	187
全国第一所少年军校	190
河南省青年职业道德状况调查活动	191
法制教育	191
第三节 参与经济建设	193

服务农村经济发展……193
 河南省青年扶贫致富行动……195
 创建"共青扶贫示范村"……196
 优质小麦"906"万亩示范观摩现场会……196
技术比武与科技创新……197
 青工技术比武……198
 "五小智慧杯"竞赛……198
 河南省青年科技交流会、博览会……199
 '99河南青年科技论坛……199
开发青年人力资源……200
 新长征突击手(队)活动……201
 "培养农村青年星火带头人"活动……201
 河南省优秀青年企业家评选活动……202
 评选优秀青年乡镇企业厂长(经理)活动……202
 河南省十大杰出青年评选活动……202
 河南省十大杰出青年农民评选活动……203
 下岗青工创业行动……203
 全省农村青年"星火"培训基地……203
 河南省十大杰出青年私营企业家……204
 河南青年五四奖章表彰活动……204
 河南省十佳少先队员评选活动……204
保护环境活动……204

第四节　倡树文明新风……208

跨世纪青年文明工程……208
 学雷锋活动……208
 大学生暑期社会实践活动……209
 "燎原行动"夏令营……210
 大学生科技文化艺术节……210
 青年志愿者行动……210
 争创"青年文明号"、争当"青年岗位能手"活动……212
 "手拉手"互助活动……213
 创建"青年文明社区"活动……213
 大中专学生志愿者社区援助活动……214
 中国互联网络大赛河南赛区活动……214
 河南省"乡村青年科技文化节"暨"百日百乡百万农村青年科技

　　　　大集"活动…………………………………………………… 215
　　　　"热爱河南、增辉中原"青年志愿者万里行活动 ………… 215
　　　　少先队庆祝建队50周年大型检阅式 …………………… 215
　　　　创建河南"新世纪青年文化工程"………………………… 216
　　希望工程 ……………………………………………………… 217
　　　　全国第二所"手拉手"希望小学 ………………………… 219
　　　　香港"苗圃行动"在河南 ………………………………… 219
　　中华古诗文经典诵读工程 …………………………………… 219

第五节　维护青少年权益 ………………………………………… 220
　　河南省未成年人保护 ………………………………………… 220
　　献爱心送温暖"快乐新春"活动 …………………………… 221
　　创建优秀"青少年维权岗"活动 …………………………… 221
　　"148"青少年维权热线 ……………………………………… 221

第六节　对外友好往来 …………………………………………… 223
　　接待来访 ……………………………………………………… 223
　　组织出访 ……………………………………………………… 225

第三章　妇女联合会　226

第一节　组织建设 ………………………………………………… 232
　　河南省妇女联合会 …………………………………………… 233
　　　　河南省妇联事业单位 …………………………………… 233
　　　　河南省妇联地区办事处 ………………………………… 234
　　市、县（区）、乡（镇、街道）妇女联合会 ………………… 234
　　基层妇女代表会 ……………………………………………… 234
　　干部培训 ……………………………………………………… 236
　　河南省妇女儿童工作委员会 ………………………………… 237

第二节　代表大会 ………………………………………………… 238
　　河南省妇女第八次代表大会 ………………………………… 238
　　河南省妇女第九次代表大会 ………………………………… 238

第三节　参与经济建设 …………………………………………… 241
　　"双学双比"竞赛活动 ……………………………………… 243
　　　　"巾帼扶贫"工程 ………………………………………… 245
　　　　"三八"绿色工程 ………………………………………… 246
　　　　"三八"农田水利工程 …………………………………… 246
　　　　庭院经济开发工程 ……………………………………… 247

"一优双高"开发工程 ………………………………………… 247
　　　"巾帼建功"活动 …………………………………………… 248
　　　"十杯"竞赛活动 …………………………………………… 249
　　　"巾帼文明示范岗"创建活动 ………………………………… 249
　　下岗女工再就业工作 …………………………………………… 249
　第四节　维护妇女合法权益 ……………………………………… 252
　　信访工作 ………………………………………………………… 253
　　　协助处理重大案件 …………………………………………… 254
　　　"姑娘街"的创建 …………………………………………… 255
　　协助制定有关地方法规 ………………………………………… 255
　　　河南省妇女发展规划（1996~2000年）……………………… 256
　　　九十年代河南省儿童事业发展规划 ………………………… 256
　　协助做好培养选拔女干部工作 ………………………………… 256
　　创办法律服务机构 ……………………………………………… 258
　　　创建"妇女维权法庭"………………………………………… 258
　　　创建"陪审员"制度 ………………………………………… 259
　　参与"打拐"专项工作 ………………………………………… 259
　第五节　提高妇女素质 …………………………………………… 261
　　"巾帼扫盲"活动 ……………………………………………… 262
　　实施国际项目 …………………………………………………… 263
　　科学技术推广活动 ……………………………………………… 264
　　"爱心计划"活动 ……………………………………………… 265
　第六节　宣传教育 ………………………………………………… 267
　　思想教育 ………………………………………………………… 268
　　　迎接世妇会宣传活动 ………………………………………… 269
　　　参与世妇会非政府组织妇女论坛 …………………………… 269
　　　"走千村（街）、进万户、送温暖、交朋友"活动 ………… 270
　　普法宣传教育 …………………………………………………… 270
　　"五好文明家庭"创建活动 …………………………………… 272
　　　"家庭文明示范村（社区）"创建 …………………………… 274
　　三八红旗竞赛活动 ……………………………………………… 274
　　"十大女杰"评选 ……………………………………………… 275
　　"巾帼成才奖"评选 …………………………………………… 275
　第七节　妇幼福利 ………………………………………………… 277
　　妇幼保健 ………………………………………………………… 278

女职工劳动保护	279
托幼工作	280
家庭教育	280
"春蕾计划"活动	282

第四章 工商业联合会 … 284

第一节 组织机构 … 286

河南省工商业联合会 … 286
 会议机构 … 288
 执行机构 … 289
 办事机构 … 289
市（地）工商业联合会 … 289
县（市、区）工商业联合会 … 290
 乡镇商会 … 290
行业商会（同业商会、同业公会） … 290

第二节 会员代表大会 … 292

第六届会员代表大会 … 292
第七届会员代表大会 … 293
第八届会员代表大会 … 295

第三节 会务活动 … 297

落实政策 … 297
经济咨询服务与工商专业培训 … 297
会办企业 … 298
调查研究　参政议政 … 298
思想政治工作 … 299
 会员联谊 … 301
光彩事业 … 301
 驻马店市光彩事业项目群 … 304
对外联络与经贸活动 … 304
 组团参加首届中国民营企业交易会 … 305
非公有制企业人员专业技术资格评定 … 306
协助会员开展产品质量技术达标 … 306

第五章 残疾人联合会 … 307

第一节 组织机构 … 311

权力机构 311
　　　河南省残疾人联合会第一次代表大会 311
　　　河南省残疾人联合会第二次代表大会 312
　　　河南省残疾人联合会第三次代表大会 312
　　协调机构 313
　　执行机构 315
　　　省残疾人联合会执行机构 316
　　　市（地）残疾人联合会执行机构 316
　　　县（市、区）残疾人联合会 317
　　　乡（镇、街道）残疾人联合会执行机构 318
　　专门协会 318
　第二节　工作会议 319
　　河南省残疾人事业领导小组全体会议 319
　　河南省人民政府残疾人工作协调委员会全体会议 320
　　河南省第一次残疾人事业工作会议 321
　　专项会议 322
　　　计划工作会议 322
　　　康复工作会议 322
　　　特教工作会议 323
　　　就业工作会议 323
　　　扶贫工作会议 324
　　　体育工作会议 324
　　　法制工作会议 325
　　　宣传工作会议 325
　第三节　事业发展 327
　　法制建设 328
　　　濮阳市法律援助中心 330
　　　安阳市文峰区维残巡回法庭 330
　　服务机构 331
　　　省级服务机构 331
　　　市（地）服务机构 332
　　　县（市、区）服务机构 333
　　服务设施 333
　　康复工作 333
　　　白内障手术复明 335

"视觉第一中国行动"在卢氏	338
小儿麻痹后遗症矫治	338
聋儿康复	339
安阳市聋儿听力语言训练中心	339
低视力康复	339
精神病防治康复	340
康复训练与服务	340
新乡县残疾儿童社区康复	340
智力残疾预防	340
残疾人用品用具供应服务	341
安阳市残疾人用品用具服务站	341
特殊教育	341
义务教育	342
职业教育	342
周口海燕职业中等专科学校	342
高等教育	343
劳动就业	344
按比例就业	345
个体从业	346
职业培训	346
扶贫解困	346
临颍县残疾人扶贫基地	347
文化生活	347
文艺会演	349
工艺美术书法摄影展	350
残疾人阅览室	350
体育活动	350
事业宣传	354
助残日活动	354
"自强不息、振兴河南"巡回报告演出活动	355
无障碍建设	355
对外交往	356
残疾人福利基金	357
表彰先进	360

第六章 归国华侨联合会 ... 362

第一节 组织建设 ... 364
河南省归国华侨联合会 ... 364
基层组织建设 ... 369
中共党组织建设 ... 369
河南省客家联谊会 ... 371
培训工作 ... 371

第二节 宣传工作 ... 372
对内宣传 ... 372
对外宣传 ... 374
 中原侨声 ... 376
侨界子女学生夏令营 ... 377
侨史研究 ... 378
 "根文化"研究 ... 380
  黄帝文化研究与寻根活动 ... 381
  姓氏文化研究与姓氏寻根活动 ... 381
  客家文化研究与客家寻根活动 ... 382

第三节 参政议政 ... 384
政治协商 ... 384
贯彻《权益保护法》 ... 385
适当照顾 ... 386
帮扶工作 ... 388
维护侨益 ... 389

第四节 接待联络 ... 391
接　待 ... 391
出　访 ... 392

第五节 经济工作 ... 395
引资工作 ... 395
引智工作 ... 397
自办企业 ... 399
扶持侨眷 ... 400
侨胞捐赠 ... 400

第六节 对台工作 ... 403
文化交流 ... 403
台胞捐资 ... 404

第七章 社会科学界联合会 ... 405

第一节 组织建设 ... 408
权力机构 ... 408
河南省社会科学学会联合会第三次代表大会 ... 409
河南省社会科学学会联合会第四次代表大会 ... 410
河南省社会科学学会联合会第五次代表大会 ... 410
内设机构 ... 411
河南省经济学团体联合会秘书处 ... 412
直属单位 ... 412
省级学会（协会、研究会） ... 413
市级社科联 ... 427

第二节 社科研究 ... 432
学术活动 ... 434
课题调研 ... 452
评奖活动 ... 453

第三节 社科普及 ... 468
社科教育培训 ... 469
社科咨询服务 ... 469
专家学者讲学 ... 470

第八章 文学艺术界联合会 ... 471

第一节 组织机构 ... 473
文联组织 ... 473
协会组织 ... 476
直属事业机构 ... 477

第二节 重要会议 ... 478
联合会代表大会 ... 478
河南省文学艺术工作者第二次代表大会 ... 478
河南省文学艺术工作者第三次代表大会 ... 480
河南省文学艺术界联合会第四次代表大会 ... 481
协会会员代表大会 ... 482
河南省作家协会会员代表大会 ... 482
河南省戏剧家协会会员代表大会 ... 483
河南省音乐家协会会员代表大会 ... 483
河南省美术家协会会员代表大会 ... 483

河南省书法家协会会员代表大会……………………………………………484
　　河南省摄影家协会会员代表大会……………………………………………484
　　河南省曲艺家协会会员代表大会……………………………………………484
　　河南省电影电视家协会会员代表大会………………………………………484
　　河南省舞蹈家协会会员代表大会……………………………………………485
　　河南省杂技家协会会员代表大会……………………………………………485
　　河南省民间文艺家协会会员代表大会………………………………………485
第三节　创作、研讨及成果………………………………………………………487
　　创作队伍………………………………………………………………………487
　　创作座谈………………………………………………………………………488
　　理论研讨………………………………………………………………………488
　　创作成果………………………………………………………………………490
　　　文学创作成果………………………………………………………………490
　　　曲艺创作成果………………………………………………………………491
　　杂技创作成果…………………………………………………………………493
　　音乐创作成果…………………………………………………………………496
　　舞蹈创作成果…………………………………………………………………496
　　电影电视创作成果……………………………………………………………497
　　美术创作成果…………………………………………………………………499
　　书法创作成果…………………………………………………………………500
　　摄影创作成果…………………………………………………………………501
　　民间文艺成果…………………………………………………………………502
第四节　文艺报刊…………………………………………………………………505
　　《莽原》杂志…………………………………………………………………505
　　《奔流》杂志…………………………………………………………………506
　　《南腔北调》杂志……………………………………………………………506
　　《散文选刊》杂志……………………………………………………………506
　　《传奇文学选刊》杂志………………………………………………………506
　　《故事家》杂志………………………………………………………………507
　　《河南文艺界》………………………………………………………………507
第五节　文艺活动…………………………………………………………………508
　　文艺演出………………………………………………………………………508
　　文艺比赛………………………………………………………………………508
　　文艺评奖………………………………………………………………………509
　　文艺作品展览…………………………………………………………………510

第六节　艺术交流

国内艺术交流……511
河南作家艺术家赴外地参观、讲学及作品展览……511
外地作家艺术家到河南考察、讲学及作品展览……511
对外艺术交流……511
河南作家艺术家出国考察访问、讲学及作品展览……512
其他活动……512

第九章　科学技术协会……513

第一节　组织机构……515
领导机构……515
河南省科协第四次代表大会……516
河南省科协第五次代表大会……516
办事机构……518
省级学会（协会、研究会）……518
省辖（管）市科学技术协会……524
县（市、区）科学技术协会……525

第二节　学术交流……532
国内学术交流……533
河南省交通运输发展对策研究……535
河南省青年学术年会……536
"创新与发展"学术活动月……537
科技期刊……537
优秀学术论文评选……538
民间国际科技交流……546

第三节　科普宣传……548
农村科普……549
科普活动月……550
科技下乡……551
农村党员、干部实用技术培训……553
农村科普示范体系建设……553
城区科普……554
"讲理想、比贡献"竞赛活动……555
青少年科技教育……556
青少年社区非正规教育……557

科技场馆建设……………………………………………………… 558
第四节　发挥桥梁纽带作用……………………………………… 561
　　参政议政…………………………………………………………… 561
　　科技咨询…………………………………………………………… 563
　　表彰奖励…………………………………………………………… 564

第十章　红十字会……………………………………………… 568

第一节　组织机构………………………………………………… 570
　　组织建设…………………………………………………………… 570
　　权力机构…………………………………………………………… 574
　　　　河南省红十字会第一次会员代表大会………………………… 574
　　　　河南省红十字会第二次会员代表大会………………………… 574
　　　　河南省红十字会第三次会员代表大会………………………… 575
　　工作机构…………………………………………………………… 575
第二节　重要会议………………………………………………… 577
　　理事会会议………………………………………………………… 577
　　综合性工作会议…………………………………………………… 578
　　宣传工作会议……………………………………………………… 580
　　法制工作会议……………………………………………………… 580
第三节　事业发展………………………………………………… 581
　　救灾救助…………………………………………………………… 581
　　卫生救护…………………………………………………………… 586
　　法制建设…………………………………………………………… 590
　　事业宣传…………………………………………………………… 590
　　　　河南红十字报…………………………………………………… 592
　　红十字青少年活动………………………………………………… 592
　　人道法传播………………………………………………………… 594
　　无偿献血工作……………………………………………………… 595
　　对外联系…………………………………………………………… 596
　　表彰先进…………………………………………………………… 598

017

志表目录

第三十五篇　民主党派

2000年民革河南省委各专门委员会情况表	008
1991~2000年民革河南省直工委情况表	008
1984~2000年民革河南省党员发展情况统计表	009
1953~1999年民革河南省市级组织成立及换届时间表	009
民革河南省第六至九届党员界别分布情况表	011
1977~2000年民盟河南省组织发展成员情况表	031
1951~2000年民盟河南省市级组织成立及换届时间表	032
1980~2000年民建河南省会员发展情况表	049
2000年民建河南省会员界别分布情况表	049
1953~2000年民建河南省市级组织成立及换届时间表	050
1984~2000年民建河南省成员担任政府厅级以上职务一览表	052
1994~2000年民进河南省委各专门委员会情况表	066
1992~2000年民进河南省市级组织成立及换届时间表	068
1985~2000年民进河南组织成立及换届时间表	069
1995~1997年农工党河南省委各专门委员会情况表	079
1988~2000年农工党河南省市级组织成立及换届时间表	080
1981~2000年农工党河南省组织发展情况表	080
1983~2000年九三学社河南省各市委员会成立及换届时间表	100
1988~2000年九三学社河南省历届委员会社员人数统计表	100
1988~2000年九三学社河南省第二至四届委员会各工作委员会情况表	101
1986~2000年九三学社河南省委第一至五届省直工委情况一览表	102

第三十六篇　群众团体

1992~2000 年河南省工会受表彰的各类先进集体和先进个人统计表 …………………… 130
2000 年年底河南省新建企业组建工会统计表 ……………………………………… 131
1996~2000 年河南省企业建立集体合同制度统计表 ………………………………… 134
1992~2000 年河南省总工会（本级）元旦、春节期间下拨"送温暖"资金情况表 … 144
1996~2000 年河南省各级工会元旦、春节期间下拨"送温暖"资金情况表 ………… 144
1996~2000 年河南省职工消费合作社发展情况一览表 ……………………………… 145
1990~2000 年河南省工会接访和出访团队及人员一览表 …………………………… 166
1988~2000 年河南省团的基层组织状况表 …………………………………………… 176
1988~2000 年河南省团员状况表 ……………………………………………………… 176
1988~2000 年河南省团的专职干部状况表 …………………………………………… 177
1988~2000 年河南省少年儿童组织状况表 …………………………………………… 182
1990~1999 年河南省希望工程救助情况统计表（表一） …………………………… 218
1990~1999 年河南省希望工程救助情况统计表（表二） …………………………… 218
河南省妇联第七至九届领导人任职情况表 …………………………………………… 239
1988~1999 年河南省妇联实施国际项目情况一览表 ………………………………… 263
1996~2000 年河南省全国重点光彩事业项目一览表 ………………………………… 303
河南省残疾人联合会第一至三届执行理事会成员一览表 …………………………… 316
河南省残疾人联合会第一至三届专门协会一览表 …………………………………… 317
河南省残疾人事业五年工作规划（1988~1992 年）和"八五"计划时期（1991~
　1995 年）康复任务完成情况统计表 ……………………………………………… 336
河南省残疾人事业"九五"计划时期（1996~2000 年）康复任务完成情况统计表 … 337
河南省残疾人就业及就业保障金情况统计表 ………………………………………… 343
1992~2000 年部分年份河南省残疾人康复扶贫贷款使用情况一览表 ……………… 344
1991~1999 年河南省残疾人事业好新闻评选情况一览表 …………………………… 348
1990~1998 年全国残疾人事业好新闻评选河南获奖情况一览表 …………………… 348
1981~2000 年河南省残疾人运动会情况一览表 ……………………………………… 351
1984~2000 年河南省残疾人运动员参加全国体育比赛成绩一览表 ………………… 351
1984~2000 年河南省残疾人运动员参加国际体育比赛获奖情况一览表 …………… 352
1992~2000 年河南省人民政府通令嘉奖残疾人运动员一览表 ……………………… 353
1986~2000 年捐款万元以上单位一览表 ……………………………………………… 358
1986~2000 年河南省残疾人福利基金会接收捐赠物资情况一览表 ………………… 359

1986~2000年捐款千元以上个人一览表	359
1991~2000年河南省"全国残疾人工作先进集体和先进个人"一览表	360
1991~1997年河南省残疾人工作先进集体和先进个人一览表	361
1994~1999年沈炳麟捐建小学及捐资情况统计表	401
1979~1983年年度河南省社会科学优秀成果一览表	454
1984~1985年年度河南省社会科学优秀成果一览表	455
1986~1987年年度河南省社会科学优秀成果一览表	457
1988~1989年年度河南省社会科学优秀成果一览表	460
1990~1992年年度河南省社会科学优秀成果一览表	462
1993~1994年年度河南省社会科学优秀成果一览表	463
1995年年度河南省社会科学优秀成果一览表	464
1996~1997年年度河南省社会科学优秀成果一览表	465
河南省文联历届（1980~2000年）领导班子、党组成员一览表	474
2000年河南省省辖市（地区）文联一览表	475
2000年河南省行业、企业文联、协会一览表	475
河南省文联所属11个协会一览表	476
河南省文联直属事业机构一览表	477
2000年河南省科协直属事业单位一览表	519
2000年河南省科协全省性学会（协会、研究会）一览表	520
2000年河南省辖（管）市科协简况一览表	525
2000年河南省各县（市、区）科协简况一览表	527
2000年河南省科技期刊统计表	537
1978~1997年河南省自然科学优秀学术论文评选结果统计表	539
1978~1999年河南省自然科学优秀学术论文评选一等奖获奖一览表	539
2000年河南省科技场馆情况统计表	559
河南省红十字会常务理事会成员一览表	576

第三十五篇 民主党派

综　述

中国各民主党派是各自所联系的一部分社会主义劳动者、社会主义事业建设者和拥护社会主义爱国者的政治联盟，是接受中国共产党领导，同中国共产党通力合作的亲密友党，是进步性与广泛性相统一，致力于社会主义事业的参政党。

1977年以后，河南省先后恢复和成立了6个民主党派组织，即中国国民党革命委员会河南省委员会（简称"省民革"）、中国民主同盟河南省委员会（简称"省民盟"）、中国民主建国会河南省委员会（简称"省民建"）、九三学社河南省委员会（简称"省九三学社"）、中国农工民主党河南省委员会（简称"省农工党"）和中国民主促进会河南省委员会（简称"省民进"）。除民盟是在中共的领导和影响下于1947年建立地下支部外，其他5个民主党派都是中华人民共和国成立以后才开始在河南省发展成员、建立组织的。截至2000年年底，河南6个民主党派组织共有成员16678人。

中国国民党革命委员会（简称"民革"），是由中国国民党民主派和其他爱国民主人士所创建，是具有政治联盟特点的，致力于建设中国特色社会主义和祖国统一事业的政党，是与中国共产党通力合作的一个参政党。1948年1月成立于香港。1954年1月正式成立民革河南省委员会，"文化大革命"期间被迫停止活动，1979年起陆续恢复组织活动。1980年、1984年、1988年、1992年和1997年，分别召开民革河南省第五至九次代表大会，选举产生第五至九届省委员会，并先后建立郑州、开封、许昌、洛阳、新乡、安阳、平顶山、濮阳、商丘、焦作、鹤壁、漯河、南阳13个市级委员会和周口市1个省直属支部、120个基层组织。截至2000年年底，共有成员2345人。

中国民主同盟（简称"民盟"），是主要由从事文化教育以及科学技术工作的高、中级知识分子组成的，具有政治联盟特点的，致力于社会主义事业的政党，是与中国共产党通力合作的一个参政党。1941年3月在重庆成立。1954年8月正式成立民盟河南省支部委员会（后改为"省委员会"），"文化大革命"期间停止活动，1977年恢复组织活动。1980年、1984年、1988年、1992年和1997年，分别召开民盟河南省第五、六、七、八、九次代表大会，并先后建立郑州、开封、洛阳、新乡、焦作、平顶山、安阳、鹤壁、濮阳、三门峡、商丘、南阳、信阳13个市级委员会和驻马店、周口、许昌3个省直属支部、326个基层组织。截至2000年年底，共有成员4852人。

中国民主建国会（简称"民建"），是主要由经济界人士组成的，具有政治联盟特点的，致力于建设中国特色社会主义事业的政党，是与中国共产党通力合作的一个参政党。1945年12月在重庆正式成立。1951年4月开始在开封市、郑州市建立组织，1980年4月，正式成立中国民主建国会河南省委员会。到2000年共历经5届，并先后建立郑州、开封、新乡、洛阳、安阳、商丘、许昌、信阳、平顶山、焦作、濮阳11个市级委员会和周口、三门峡2个省直属支部、132个基层组织。截至2000年年底，共有成员2506人。

九三学社是以科学技术界高、中级知识分子为主的具有政治联盟特点的政党，是接受中国共产党领导，同中国共产党通力合作的亲密友党，是进步性与广泛性相统一，致力于中国特色社会主义事业的参政党。1946年5月在重庆正式成立。1956年，九三学社中央在河南省发展组织，建立郑州、开封、洛阳3个中央直属小组。1980年4月成立九三学社郑州分社，1985年6月正式成立九三学社河南省委员会。到2000年共历经4届，并先后建立开封、洛阳、安阳、新乡、郑州、平顶山、鹤壁、濮阳、焦作、三门峡、漯河、商丘、信阳13个市级委员会和南阳筹委会。截至2000年年底，共有成员3199人。

中国农工民主党（简称"农工党"），是以医药卫生界高、中级知识分子为主，具有政治联盟特点的，致力于建设有中国特色社会主义事业的政党，是与中国共产党通力合作的一个参政党。1930年8月，邓演达在上海创立。1981年年底成立农工党郑州支部，1987年9月正式建立省农工党，并分别建立郑州、开封、洛阳、新乡、安阳、漯河、平顶山、商丘、濮阳、三门峡10个市级委员会、121个基层组织。截至2000年年底，共有成员2436人。

中国民主促进会（简称"民进"），是以从事教育、文化、出版、科学和其他工作的高、中级知识分子为主的，具有政治联盟特点的，致力于建设有中国特色社会主义事业的政党，是与中国共产党通力合作的一个参政党。1945年12月成立于上海。1981年民进中央成立直属河南小组，1994年1月成立民进河南省委，并先后建立洛阳、新乡、郑州、开封、安阳、南阳、商丘、濮阳8个市级委员会。截至2000年年底，共有成员1340人。

河南省各民主党派自成立起，就在中共河南省委的领导下，同全省人民一道积极参加河南的社会主义改造和社会主义建设，并得到发展壮大。他们与中国共产党同舟共济，患难与共，并肩战斗，为中国革命的胜利，为河南的解放，作出了自己的贡献。在社会主义改造时期，河南各民主党派配合中共和人民政府的中心工作，积极参加土地改革、抗美援朝、镇压反革命等中国共产党号召的各项政治活动；特别是过渡时期总路线的学习和宣传，提高认识，培养骨干，为国家完成对资本主义工商业的改造，起到了有益的配合作用。同时，他们团结教育各自的成员，接受社会主义改造，做好本职工作，发挥所长，为建设社会主义新河南作出了有益的贡献。"文化大革命"期间，全省各民主党派没有动摇热爱祖国、拥护共产党、拥护社会主义的立场，经受住严峻的考验。

1978年，中共十一届三中全会的胜利召开，使饱经磨难的河南省各民主党派重获新生，迎来了统一战线和多党合作的春天。1982年9月，中共十二大正式提出新时期中国共产党领导的多党合作的"十六字方针"，即"长期共存、互相监督、肝胆相照、荣辱与共"，特别是1989年中共中央《关于坚持和完善中国共产党领导的多党合作和政治协商制度的意见》的发表，使中国共产党同各民主党派以政治协商、参政议政、民主监督为主要内容的团结合作进入全面发展的新阶段。中国共产党领导的多党合作制度逐步走向制度化、规范化轨道，并呈现蓬勃发展的新局面。

改革开放20多年间，河南省各民主党派紧紧围绕中共河南省委、河南省人民政府各个时期的中心工作，认真履行参政党职责，深入实际，调查研究，了解社情民意，积极建言献策，参政议政，为河南的振兴和发展作出了积极贡献。他们通过多种渠道牵线搭桥，积极参与引进外资；紧紧围绕"科教兴豫"战略的实施，积极开展科技支农"三下乡"、办学、讲学等活动，为社会培养各类人才；建立固定的扶贫联系点，帮助贫困群众脱贫致富；关心弱势群体，积极安置下岗职工，为社会排忧解难；积极开展对台湾同胞、港澳同胞和海外侨胞的联谊工作，促进祖国统一；热心公益事业，踊跃捐款捐物；等等。河南省各民主党派在推动河南经济发展、社会进步和维护稳定的各项工作中，都发挥了积极的作用，取得了很好的成绩，得到社会各界的一致好评。

第一章　中国国民党革命委员会河南省委员会

中国国民党革命委员会河南省委员会成立于1954年1月，是民革中央所属的一个省级组织。"文化大革命"期间，省民革被迫停止工作。中共十一届三中全会以后，民革河南省各级组织相继恢复活动，并于1980年、1984年、1988年、1992年和1997年先后召开民革河南省第五至九次代表大会，选举产生了第五至九届省委会。省民革遵循"长期共存、互相监督、肝胆相照、荣辱与共"的方针，发扬民革与中国共产党风雨同舟、患难与共的优良传统，经受住了国际政治风云变幻、1989年北京政治风波、1991年特大洪涝灾害的严峻考验和锻炼，为政治稳定、经济稳定、社会稳定作出了应有贡献。

随着全国工作重点的转移，省民革以经济建设为中心，坚持四项基本原则，坚持改革开放，致力于发展和完善业已确立的中国共产党领导的多党合作和政治协商制度，积极为社会主义现代化建设和祖国统一大业服务，开辟新的工作领域，开展多方面的工作。在参加国家政治生活、协助执政党和人民政府落实知识分子政策等方面，做了大量的工作，取得了明显的效果。

进入20世纪90年代后，河南民革在中共河南省委和民革中央的领导下，不断加强自身建设，认真履行参政议政、民主监督的职能，紧紧围绕全省经济建设和社会发展这一主题，就全省社会保障工作、依法治国、南水北调、西部大开发、加快河南旅游业发展等问题，认真开展调查研究，积极建言献策，受到中共河南省委、河南省人民政府的高度重视；重视发挥民革党员中人大代表、政协委员的作用，围绕群众关心的热点、难点问题共向市级以上人大、政协提交议案、提案和建议4710件，其中有相当一部分被各级党委、政府和有关部门采纳；充分发挥自身优势，大力宣传"和平统一、一国两制"的方针，推动豫台、豫港、豫澳经济、科技、文化交流与合作；积极发动广大民革党员大力开展扶贫、助学和科技、文化、教育"三下乡"活动，向贫困地区捐款、捐物，赢得社会的广泛赞誉，为全省的社会主义现代化建设作出了应有的贡献。

截至2000年年底，全省共建有13个市级委员会、120个基层组织，共有党员2345人，大部分是具有一定代表性的中上层人士和中高级知识分子。其中有9人在政府和司法部门担任县（处）级以上领导职务，有366人担任各级人大代表和政协委员，还有70人被聘为特邀监察员、检察员、审计员和教育督导员。

第一节 组织建设

河南民革组织恢复活动后,民革河南省委机关人员编制逐年增加,机关内处室设置逐渐完备,机关工作逐步规范,实现了办公自动化;组织发展稳步向前,党员队伍逐步壮大,党员的知识结构、年龄结构和人才结构明显改善。

1980年、1984年、1988年、1992年和1997年先后召开民革河南省第五至九次代表大会,选举产生第五至九届委员会,历任主任委员李赋都(第五届)、李赋都(第六届)、刘希程、郭海长、梅养正。截至2000年年底,全省共建有13个市级委员会、120个基层组织,共有党员2345人。民革河南省委的工作机构逐步健全,机关设有办公室、组织处、宣传处和联络处,机关编制25人,实有工作人员19人。有专门工作委员会4个,即理论政策研究委员会、社会服务工作委员会、联络工作委员会、妇女工作委员会;建有省直工作委员会(简称"省直工委"),专门指导省直基层支部工作。

工作机构 "文化大革命"结束后,中共中央于1977年发出通知,号召各民主党派恢复活动。同年11月,省民革成立临时领导小组,在郑州市花园路37号原址办公(后门牌重排,编为花园路83号)。当时机构仅设办公室,由领导小组成员李平一任主任,郭海长任副主任,同时调配5名干部,开始恢复组织活动。1983年,省编委核定省民革机关内部机构设秘书处、组织处、宣传处,编制19人;1988年,根据工作需要,民革河南省第七届委员会主委会议研究决定并经省编委同意,秘书处改为办公室,增设祖国统一工作处;1991年,民革省委机关迁至金水路14号,办公用房由原来的5间增加到17间。1997年,国家推行公务员制度,省、市民革组织先后完成了公务员过渡培训,并参照《国家公务员暂行条例》,实行优化组合,双向选择,开始定编、定岗、定人。当年,祖国统一工作处改称联络处。至此,机关设有办公室、组织处、宣传处和联络处,机关编制增加到25人。

1997年,民革河南省委参加了中共河南省委组织部和省人事厅组织的面向社会公开招考国家公务员工作。经笔试、面试和政治考核,按照公开、平等、竞争的原则,招录2名公务员,充实了机关干部队伍。

截至2000年年底,河南民革共有市级委员会13个,省、市两级机关专职干部由1982年的25人增加到61人。机关下属4个专门委员会①(理论政策研究委员会、社会服务工作委员会、联络工作委员会、妇女工作委员会)和省直工委。

---

① 1988年5月29日,省民革七届一次会议决定撤销1984年4月成立的文史资料研究委员会。

2000年民革河南省委各专门委员会情况表

表35-1-1-1

名称	成立时间	主任委员	备注
理论政策研究委员会	1997.8	萧鲁阳	统战理论研究委员会职能转入理论政策研究委员会
社会服务工作委员会	1997.8	王新泉	四化服务工作委员会职能转入社会服务工作委员会
联络工作委员会	1997.8	张世诚	祖国统一工作委员会职能转入联络工作委员会
妇女工作委员会	1997.8	卞莉山	

1991~2000年民革河南省直工委情况表

表35-1-1-2

届别	成立时间	主任委员
第一届省直工委	1991.5	刘纯业
第二届省直工委	1994.9	王希云
第三届省直工委	1998.11	张全国

组织发展 在1989年之前，民革河南省委组织发展工作一直根据民革中央的规定，坚持贯彻质量并重、发展与巩固相结合的方针，不断总结经验，健全组织生活，加强对新党员的教育。1989年，各民主党派中央联合下发《关于民主党派组织发展若干问题座谈会纪要》（以下简称"《纪要》"），针对各党派组织发展工作中的具体情况，给予指导和规范。省民革严格按照该座谈会纪要要求开展组织发展工作。1996年6月，各民主党派中央结合当时国家和党派工作实际情况，修改、完善并再次下发《关于民主党派组织发展若干问题座谈会纪要》。1998年，省各民主党派在《纪要》基础上，结合河南省的工作实践，联合制定出《河南省民主党派组织发展规程》（以下简称"《规程》"）。省民革各级组织认真贯彻执行《纪要》和《规程》精神，发展对象是同原中国国民党有关系的人士、同民革有历史联系和社会联系的人士、同台湾各界有联系的人士和其他中上层人士。坚持以协商确定的范围和对象为主、以大中城市为主，注重政治素质，发展与巩固相结合，有计划地稳步发展基本方针，积极稳妥地做好组织发展工作，使一大批年纪较轻、政治素质较好、知识层次较高、参政议政能力较强、热爱民革工作的优秀人才加入民革组织中来，明显改善了党员的知识结构、年龄结构和人才结构。

1984~2000年民革河南省党员发展情况统计表

表35-1-1-3

届别	起止年月	发展人数
第六届委员会	1984.4~1988.5	463
第七届委员会	1988.5~1992.9	459
第八届委员会	1992.9~1997.7	637
第九届委员会	1997.7~2000.12	484

自20世纪80年代以后，省、市民革注重对党员进行培训教育，组织举办各类党员培训班、学习班210多次。至2000年年底，民革全省党员从1979年的329人增加到2345人。其中：大专以上文化程度1780人，占党员总数的76%；中上层人士1740人，占党员总数的74%；民革党员中的中共党员由恢复组织初期的6人增至53人。民革党员平均年龄从1992年的60岁降至55岁，党员年龄老化问题得到缓解。全省共有郑州、开封、许昌、洛阳、新乡、安阳、平顶山、濮阳、商丘、焦作、鹤壁、漯河和南阳13个市级委员会，1个省直属支部。基层组织由1985年的30个增加到120个，其中总支委员会1个、支部114个、小组5个。

1953~1999年民革河南省市级组织成立及换届时间表

表35-1-1-4

市级组织名称	成立时间 主委	换届时间 届次/主委	换届时间 届次/主委	换届时间 届次/主委	换届时间 届次/主委	换届时间 届次/主委	换届时间 届次/主委
郑州市委员会	1953.4 王云亭	1984.9 七届/李穆清	1989.9 八届/张世诚	1994.5 九届/张世诚	1998.9 十届/张世诚		
开封市委员会	1954.4 童玉振	1978.12 五届/宋聿修	1980.6 六届/宋聿修	1984.5 七届/宋聿修	1988.7 八届/胡裕华	1992.5 九届/胡裕华	1996.11 十届/苗润圃
洛阳市委员会	1982.5 一届/祝心力	1984.12 二届/李祥钿	1988.10 三届/李祥钿	1992.5 四届/李传家	1996.11 五届/李传家		
新乡市委员会	1982.6 一届/郭文煊	1984.12 二届/郭文煊	1991.12 三届/郭文煊	1996.11 四届/韩公仁	1996.12 五届/狄美良		

续表

市级组织名称	成立时间 主委	换届时间 届次/主委	换届时间 届次/主委	换届时间 届次/主委	换届时间 届次/主委	换届时间 届次/主委	换届时间 届次/主委
安阳市委员会	1984.4 王彬	1989.3 二届/王彬	1992.3 三届/邱文蔚	1996.9 四届/邱文蔚			
许昌市委员会	1954 房西华	1980.12 六届/房西华	1984.12 七届/房西华	1988.10 一届*/房西华	1992.12 二届/李素伟	1997.1 三届/白虹光	
平顶山市委员会	1985.11 李振亚	1988.5 二届/李振亚	1992.4 三届/毛增华	1997.1 四届/胡武林			
濮阳市委员会	1988.9 董建业	1992.6 二届/董建业	1993.12 三届/苗若素	1998.5 四届/苗若素			
商丘市委员会	1993.6 黄鹤筠	1997.3 地改市 二届/李英杰	1999.1 一届**/李英杰				
焦作市委员会	1994.4 刘家骧	1998.12 二届/王建国					
鹤壁市委员会	1994.11 李文学						
漯河市委员会	1996.1 陈玉卿						
南阳市委员会	1996.8 毛增华						
周口支部	1997.12 陈启贤						

说明：*许昌于1986年地改市后，1988年民革许昌市第一届委员会（省辖市）成立
　　　**商丘于1997年地改市后，1999年民革商丘市第一届委员会（省辖市）成立

民革河南省第六至九届党员界别分布情况表

表 35-1-1-5

届别	教育	科技	医药卫生	文化艺术	法律	政府机关	党派和团体	公有制经济	私有制经济	其他	成员总数
第六届委员会	286	133	128					124		462	1133
第七届委员会	354	192	169	74		81	70	334		133	1407
第八届委员会	494	206	232	99		104	72	411	30	233	1881
第九届委员会	627	240	325	127	36	157	79	484	43	227	2345

说明：民革党员界别的划分越来越细，"其他"栏内的人数减少较快

第二节 政治活动

民革河南省委自1977年11月恢复工作以后,协助中国共产党和人民政府落实各项政策,改正错划"右派"工作。1980年4月~1984年4月,在"反右"斗争中被错划为"右派分子"的96名河南民革党员全部得到纠正,"文化大革命"期间涉及河南民革成员的冤假错案109起全部得到平反昭雪。与此同时,在中共与民主党派"长期共存、互相监督、肝胆相照、荣辱与共"方针鼓舞下,河南民革组织团结民革党员及所联系和影响的人士,积极参与国家政治生活,参加中共领导的多党合作和政治协商,切实履行参政议政、民主监督职能,做好反映社情民意和化解矛盾工作。在中共河南省委和民革中央的领导下,紧紧围绕全省经济建设和社会发展这一主题,认真开展调查研究,积极建言献策,受到中共河南省委、河南省人民政府的高度重视;重视发挥民革党员中人大代表、政协委员的作用,围绕群众关心的热点、难点问题共向市级以上人大、政协提交议案、提案和建议4710件,其中相当一部分被中共党委、人民政府和有关部门采纳。民革河南省委被省人大、省政府、省政协评为"优秀建议提案提出单位",并获省政协1995年、1996年优秀集体提案奖。

参政议政 民主监督 参政议政、民主监督是民主党派的基本职能。1977年11月河南民革恢复活动以后,民革组织和党员积极参与政治生活。民革河南省委的领导人多次参加中共河南省委、河南省人民政府召开的民主协商会、座谈会、情况通报会,就河南省的大政方针和重大问题发表意见,提出建议;各市级组织的领导积极参加当地中共党委召开的有关会议,认真发表意见和建议,为各地的振兴与发展发挥了应有作用。此外,民革省委的领导人还多次参加省政府组织的反腐败工作检查和重点工程考察、视察等活动。民革成员中的人大代表、政协委员除参加人大、政协的定期会议外,还积极参与各级人大、政协组织的政治活动,认真负责地做好所分担的工作。

1989年,中共中央《关于坚持和完善中国共产党领导的多党合作和政治协商制度的意见》发表后,参政议政、民主监督工作得到进一步的重视和加强,民革河南省委充分发挥统战理论研究委员会、社会服务工作委员会、祖国统一工作委员会、妇女工作委员会及专家顾问组的作用,围绕中共各个时期的中心工作和主要任务,扎扎实实地开展参政议政、民主监督工作,取得了明显成效。1992年以后,河南民革各级组织注重做好集体提案工作,省政协每年选出的重点提案、优秀提案中,都有民革的提案。如民革河南省委1993年提出《健全社会主义法制,保障社会主义市场经济健康发展》提案，1994年提出《关于加强乡镇企业的安全管理工作，促进乡镇企业健康发展的建议》，1995年提出《关于进一步改善我省投资环境，加强对外资企业管理监督的几点建议》等。1996年，民革河南省委向中共河南省委和有关部门提出《关于实施依法治省战略决策的建议》，受到中共河南省委的高度重视，时任省委副书记宋照

照35-1-2-1　2000年5月，参加在南阳市召开的民革河南省参政议政会议的代表参观鸭河口电厂

肃，省委常委、省委政法委书记郑增茂阅后都作了批示，并要求印发各地市和省直有关单位参阅。在2000年省政协八届三次大会的《提案工作报告》中，共对4件提案提出表彰，其中就有民革省委提出的《关于解决国有企业下岗职工再就业问题的建议》和《关于解决"血荒"问题的建议》两件提案。副省长李志斌对《关于解决国有企业下岗职工再就业问题的建议》明确批示："八条建议都很好，希望研究采纳。"省劳动厅专门派人与民革省委共同研究落实措施，中央和河南省数家新闻媒体登载或报道了这件提案。《关于解决"血荒"问题的建议》也得到采纳和落实。

1994年，民革河南省委被省人大、省政府、省政协评为"优秀建议提案提出单位"，并获省政协1995年、1996年优秀集体提案奖。

1995年，在中共河南省委统战部、河南省统战理论学会组织的优秀调研报告评选中，有两篇调研报告分获一、三等奖。

2000年，民革河南省委组织广大民革党员参加了民革中央举办的"京浦杯"参政议政知识竞答活动，全省共收到答卷1166份，参加竞答的党员占党员总数的51%，民革省委宣传处也因此获得民革中央颁发的组织奖，而全国获此奖的仅有5个省市。

至2000年年底，在市级以上人大、政协会议上，全省民革各级组织和党员中的人大代表、政协委员共提出议案、提案、建议4710件。其中：获市级以上优秀提案奖155件；有797件议案、提案或建议被列为省、市重点提案或得到了主要领导批示，多数被政府有关部门采纳。河南民革党员在各级人大担任职务的有65人，其中全国人大代表1人、省人大代表10人、市人大代表10人；担任各级政协职务的有301人，其中全国政协委员3人、省政协委员31人、市政协委员146人；在政府和司法机关担任县处级以上实职的9人，被政府部门聘为特邀监察员、检察员、审计员和教育督导员的有70人。

反映社情民意　　通过各种渠道了解和反映社情民意，是民主党派履行参政党职能的重要内容和基础环节，是进行民主监督的重要手段。省民革一直注重收集和反映社情民意工作。1997年，民革河南省委下发《关于加强了解和反映社情民意工作的通知》，就如何做好这项工作提出了具体要求。此后，民革河南省委员会和所属各市委的反映社情民意工作逐步步入规范化、制度化和经常化轨道。经常召开座谈会，了解社会各方面情况以及对某些社会、经济问题的意见、看法，及时把有关情况反映给有关部门。至2000年年底，河南省民革通过省、市两级组织渠道向各级中共党委、政府、政协及统战部门反映社情民意1000余条，其中大部分受到重视。例如，1998年民革省委组织有关法律专家对下岗职工开展了长达半年之久的义务法律咨询活动。通过这次活动，发现在下岗职工中存在不少问题，了解了下岗职工的愿望和呼声。省民革及时向有关部门进行反映，受到中共河南省委、河南省人民政府及省政协的高度重视，中共河南省委《内部通报》及省政协《政协信息》印发了该情况反映。民革南阳市委关于张仲景医药创新工程的情况反映被中共南阳市委主办的《领导参阅》刊登，同时被中共河南省委统战部编发的《情况反映》采用。民革安阳市委在中共安阳市委与民主党派的双月座谈会上反映了社会各界希望把殷墟申报为世界文化遗产的呼声，市政府十分重视，殷墟申报世界文化遗产工程随即启动。

第三节 社会服务

河南民革各级组织和广大党员坚持为改革开放和"两个文明"建设服务，为河南经济发展和社会进步贡献力量。在民革河南省第六届委员会期间（1984年4月~1985年12月），成立了"四化"服务工作委员会。1995年，省民革表彰了42名优秀民革党员和145名在本职岗位上作出突出贡献的民革党员，还有16名民革党员受到中共河南省委的表彰。1997年，省民革九届委员会成立社会服务工作委员会，旨在推动全省党员及所联系人士为社会主义现代化建设服务。在省民革的带领和推动下，全省各级民革组织和民革成员积极开展社会服务工作，创办学校、医院、书画院，举办展览，在发展河南经济及其他各项事业中，发挥了积极的作用。义诊、义画、义写及义务的医疗、法律咨询等社会服务活动开展得更为经常和普遍。广泛开展智力扶贫，经常组织送技术、送文化、送医疗下乡活动；积极捐助希望工程，为贫困地区儿童助学、赠书、捐桌椅，产生了良好的社会影响。

扶贫和赈灾 进入20世纪80年代以后，民革河南省委广泛开展智力扶贫活动，将智力扶贫作为社会服务工作的一项重要内容。经常组织送技术、送文化、送医疗下乡活动，帮助贫困地区群众解决实际困难；积极捐助希望工程，为贫困地区儿童助学、赠书、捐桌椅，向受灾地区捐款捐物。如郑州市民革坚持每年到定点扶贫村为农民服务，选派民革党员中的教育专家为村学校培训教师，捐赠大量学生用书和农业科普书籍；开封、洛阳、商丘、焦作等市级组织坚持每年组织民革党员中的医务专家送医疗下乡；许昌、濮阳民革每年选派农业科技专家送科技下乡；新乡民革倡导并组织各基层支部与贫困山区特困学生结成帮扶对子，已有民革帮扶的特困生以优异成绩考入全国重点大学。1991年，河南省遭受特大洪涝灾害，河南省民革党员积极捐款捐物，为灾区人民排忧解难，洛阳民革党员周重不仅向亚运会捐款1000元，

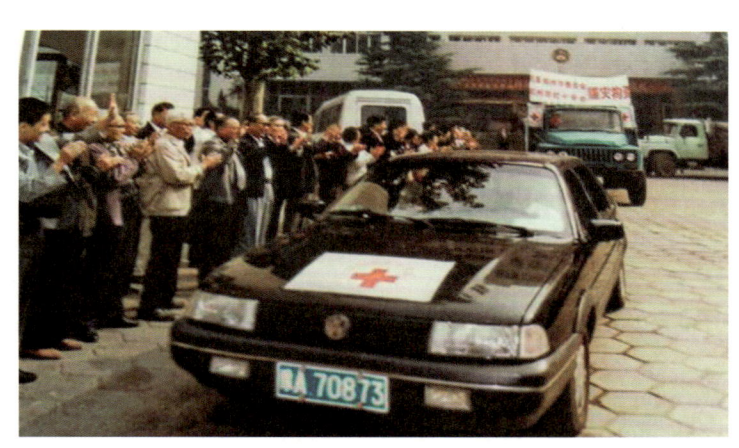

照35-1-3-1 1998年抗洪救灾斗争中，河南民革各级组织和广大党员共捐赠赈灾款和物资总价值60余万元。图为民革党员捐赠的救灾物资正发车送往灾区

照35-1-3-2 为国分忧、为民服务，河南民革积极为下岗职工办实事，省委员会多次组织法律专家为下岗职工进行法律咨询

又向灾区捐款1000元，受到有关部门的好评。1995年3月，省民革举行智力扶贫座谈会，就信阳地区的扶贫工作提出了好的建议；省民革还组织专家到驻马店地区的县、乡进行调查研究，随后又与民进河南省委、九三学社河南省委联合进行调研，并在省政协第七届第四次会议上提出《关于驻马店地区中低产田改造和扶贫工作的建议》，受到省计委等部门的高度重视和好评。

各市级委员会也根据自己的条件和能力积极参与当地的扶贫工作，取得了较好的成绩。仅1997年至2000年年底，全省民革组织和党员捐资助学21万余元，资助特困生600余人，为农民义诊2.5万余人，捐赠图书4万余册，义写春联5万余副，引资助农近百万元，向遭受自然灾害地区人民捐赠物资和现款60余万元。此外，还积极组织民革党员参加民革中央组织的赴贵州省纳雍县的扶贫活动，1999年派出蔬菜专家孔宪华、水利灌溉专家狄美良为纳雍农民服务，受到民革中央表扬；2000年，孔宪华、狄美良3次到纳雍传授大棚蔬菜和节水灌溉技术。时任民革河南省委副主委毛增华结合自己40多年火电厂建设经验，就纳雍4×30万千瓦火电厂建设提出具体建议，受到当地领导重视。

创办学校 省民革办学起步于20世纪80年代初，"文化大革命"刚刚结束，百废待兴，很多青年渴求知识，河南省民革组织和民革党员中的教育专家，本着"拾遗补阙"的精神，开始创办各类文化补习学校。1981年5月，河南民革组织成立第一所学校——新乡中山补习学校。此后，民革各市级组织陆续兴办中山学校，全省共有12个市级组织创办了中山学校。省民革还根据社会对人才的需求，创办了财会学校、技术学校，专业涉及外语、经济、电子技术、酒店管理、公关、美术等，培养了不少社会急需的人才。民革新乡中山学校还出资10万元设立了基础教育基金会，奖励教育工作者。到2000年年底，共有中山补习学校、中山外语学校、书画学校、电子专修学院等各类学校20所，共毕（结）业学生104149人，其中有学历毕业生5787人。省民革所办的这些学校中有大专院校1所、高中14所，其余的有文化补习、职业技术学校、艺术特色学校等。

20世纪80年代初至90年代中期，民革办学以组织办学为主。这一时期，民革组织办的学校，很多校长都是由民革的领导亲自担任，民革党员中的教育专家在一线担任教学管理工作。20世纪90年代中期以后，随着社会改革的深入，民革党员个人办学开始突显出来，比较突出的学校有郑州中华职业技术学校、郑州中山电子专修学院、赵曼琴古筝艺术学院、南乐县兴邦中学等，这些学校不但有自己的办学基地，硬件设施也能适应办学需求，办学成绩比较突出，社会影响也比较大。

民革河南省委对全省民革组织办学工作积极支持、正确引导、宏观管理。经常组织调研活动，对办学情况进行了解，每年年终对各学校当年办学情况进行统计和总结，及时掌握各学校办学情况。1990年，召开全省办学工作研讨会，学习有关民办教育方针政策，交流办学经验。1998年，在郑州召开民革全省办学工作会议，传达民革中央全国办学工作会议精神，探讨民办教育发展问题，总结办学工作，交流办学经验，并对评选出的5个办学先进单位进行表彰。2000年，在郑州中山电子进修学院召开了办学现场经验交流会，会议期间组织参观了4所学校的教学工作，对全省民革办学工作起到了促进作用。

创办医院　　1983年3月，省民革创办的第一家医院——洛阳市中山医院正式成立。此后，省民革各级组织和个人陆续创办各类医院（卫生所），至2000年年底共创办医院14家，其中民革组织创办1家、党员创办13家。这些医院（卫生所）多年来注重医德、医术和医风，竭诚为周边群众服务，免费进行医疗咨询，为贫困家庭减免费用，积极参加民革组织送医疗下乡活动，热心公益事业，受到群众欢迎。对稳定社会和提高人民群众健康水平发挥了积极作用。

创办书画院　　河南民革自20世纪80年代开始创办书画院，其宗旨是在省民革领导下，团结河南民革党员和所联系人士中对书画艺术有一定造诣的人员，弘扬中华民族文化，繁荣祖国书画艺术，为促进"两个文明"建设、统一祖国、振兴中华服务。1984年，洛阳中山书画院、新乡中山书画院成立。此后，郑州中山书画院（1988年建）、濮阳中山书画院（1989年建）、漯河中山书画院（1990年建）、河南中山书画院（1991年9月建）、商丘中山书画院（1997年建）、许昌中山书画院（1997年建）和中州名人书画院（1998年建）陆续成立。这些书画院自创办以后，紧紧围绕河南民革中心工作开展活动，举办书画展、书画笔会、书画艺术研讨会和讲座，组织书画家深入生活采风，协助党员举办个人书画展，组织书画家参加社会捐助活动等。至2000年年底，全省共建立书画院9所，拥有会员296人，在国内举办画展219次，展出书画作品7903幅；参加各种义画、义卖、捐赠活动97次，共捐书画作品1358幅。

举办展览　　1984年9月至1985年年初，河南民革为庆祝中华人民共和国成立35周年，举办了"书画、篆刻、摄影和成员先进事迹展览"，先后在郑州、开封、新乡、安阳、许昌、洛阳、平顶山7市巡回展出，累计观众达5万余人。1991年，河南民革隆重纪念辛亥革命80周年，举办了展览等多种纪念活动，省民革、河南中山书画院在省博物馆举办大型书画展。1995年，举办了"纪念抗日战争胜利50周年书画展"。1997年，参与举办了"河南省民主党派迎香港回归书画展"。1999年，参与举办了"河南省民主党派迎澳门回归书画展"。同时还积极协助党员举办个人书画作品展：1992年，画家潘进武应邀赴台举办个人画展，这是全省第一位赴台举办画展的画家；女画家胡西芬在日本举办了个人画展；版画家沙清泉举办了50年个人作品回顾展。1993年，河南民革党员中有6名书画家到台湾、香港和日本、新加坡举办书画展。

第四节 促进祖国统一

实现祖国的和平统一，是整个中华民族的夙愿，也是发挥民革优势、体现民革价值的一项重要工作。1977年11月恢复工作以后，河南民革各级组织和广大党员坚决拥护中共中央"和平统一、一国两制"的方针和江泽民关于解决台湾问题的八项主张，坚持"一个中国"的原则，旗帜鲜明地反对和批判任何分裂祖国、妄图制造"两个中国""一中一台"和"台湾独立"的图谋，努力维护祖国的统一，为促进祖国和平统一努力工作。充分发挥党员在台湾和港澳地区及海外有亲朋故旧的优势，为促进祖国和平统一和加强与台、港、澳和海外的经贸、文化交流与合作做了大量的工作。1984年4月，省民革成立"祖国统一工作委员会"。同年12月，祖国统一工作委员会举行会议通过了《关于进一步开展祖国统一工作的几点意见》，该《意见》成为以后指导祖国统一工作的重要文件。1997年，撤销祖国统一工作委员会，成立联络工作委员会，祖国统一工作委员会的职能转入联络工作委员会。从1998年开始编印《祖统工作学习资料》，至2000年共编印12期，发至全省民革各基层支部；共接待台胞2800多人次，通过接待，联络感情，加深理解，增进共识，并引进资金人民币1亿多元、美元1500多万元；全省民革党员到台湾举办书画、摄影展览和进行戏剧交流50余次，为推动两岸经济、文化交流和发展作出了贡献。

坚持一个中国原则 河南省民革于1977年11月恢复组织活动后，民革省委即号召党员和所联系的人士，学习、理解、贯彻、执行中共有关对台方针政策，民革河南省委主要领导在有关会议和新闻媒体的采访中，多次表达了河南省民革反对分裂、维护祖国统一的坚强决心。1986年，省民革学习邓小平谈"一国两制"的重要讲话，愿为早日实现"一国两制"作出贡献。1991年，针对"台独"分子日益嚣张的分裂活动，河南民革各级组织召开座谈会，驳斥"台独"分子的谬论，揭露"台独"分子分裂祖国的罪恶行径。1993年，国务院台办、新闻办《台湾问题和中国统一》白皮书发表后，河南民革各级组织及时组织党员学习座谈，表明维护祖国统一，为促进祖国统一加倍努力工作的立场。1995年1月30日，中共中央总书记江泽民发表《为促进祖国和平统一大业而继续奋斗》的重要讲话，提出促进祖国和平统一的八项主张，省、市民革组织及时召开座谈会，表示坚决拥护，并决心以讲话精神为指导，进一步做好对台工作。1995年，台湾地区领导人李登辉访美事件发生后，各级民革组织纷纷举行座谈会，担任人大代表、政协委员的民革党员也在各种场合积极发言，一致谴责李登辉依仗外国势力分裂祖国、破坏祖国统一的罪恶行径。为使广大党员正确认识台湾形势，了解两岸关系状态，掌握中央对台政策，民革河南省委印发了中共中央对台办编写的《江泽民总书记关于解决台湾问题的八项看法和主张问答》；编印《祖统工作学习资料》12期，发至全省民革各基层支部，指导民革党员深刻领会中共党和国家的有关对台方针和政策，揭露"台独"分子分裂国家的可耻行为。

联络与接待 民革河南省委重视与"三胞"（台湾同胞、港澳同胞、海外侨胞）的联络与接待工作，接待台胞更是省民革的经常性工作之一。仅1987~1990年，就接待河南籍台胞800多人次，他们中有政界、军界、文化教育界、工商企业界的知名人士及他们的第二代、第三代后人。在接待中，认真贯彻"政治上不强加于人，经济上不要钱要物，接待上不弄虚作假"的要求，热情服务，以礼相待，广交朋友。通过耳闻目睹的事实，让他们了解祖国大陆40年间，特别是改革开放以后的发展变化，消除他们的疑虑和恐惧，增强其对大陆的向心力。帮助一些人与远在台湾、海外长期失去联系的亲属取得联系；热情接待回河南探亲访友或定居的"三胞"，对出国探亲或访问的成员协助其解决实际问题。推动有一定影响的成员和所联系人士给台湾亲朋故旧写信，还推动他们同港澳及海内外有关人士联系，同赞成和拥护祖国统一的爱国者联系，加强沟通。1989年北京发生的政治风波，对"三胞"来大陆探亲、投资有一定影响，省民革发动成员以一封信、一个电话、一个电报的方式向"三胞"通报大陆情况，让他们放心。进入20世纪90年代以后，省、市民革组织和党员积极主动地开展对外宣传和海外联谊活动，热情接待了大批来访的台港澳同胞和海外侨胞，共接待1900余人次，其中不少是有一定社会影响的人士。1992年9月，省民革接待台湾及海外来开封参加河南大学80周年校庆活动的部分校友，并举行了座谈会。1993年，两次接待台湾来河南进行经贸洽谈、考察投资环境的考察团，以及参加少林武术节的台湾人士。1995年，接待原国民党政府驻联合国"代表"、驻澳大利亚"大使"、香港中文大学教授张先生，原国民党政府"军事科学院"胡先生等多位中上层人士。

照35-1-4-1 省直民革党员自编自演表现两岸同胞盼望祖国统一的小品《盼归》

通过接待，联络了感情，加深了理解，增进了共识。1995年，由省民革牵线搭桥，协助台商陈先生在郑州市中牟县成立河南民富畜牧食品加工有限公司，引进资金人民币8000多万元；一些党员通过赴台探亲、讲学，促进两岸交流，不少有造诣的书画家多次到台湾和海外举办个人或联合书画展。1996年，漯河民革举办海峡两岸书画展，应邀展出台湾及海外书画家的作品50余幅，积极推进豫台、豫港、豫澳的经济文化交流。每逢春节、中秋等传统节日，组织座谈会、茶话会，畅谈祖国大好形势，遥念海外亲朋故旧，齐盼祖国早日统一。

至2000年，河南民革组织和党员个人共向台、港、澳及国外发信1万余封，接待台胞2800多人次；通过党员牵线搭桥、协调关系，引进资金人民币1亿多元、美元1500多万元；民革党员中的画家、书法家到台湾举办书画展40余次，民革党员中的戏剧家、摄影家也10余次赴台，传播祖国文化，展示大陆艺术家的风采，推动海峡两岸的文化交流。

第五节　重要会议

1977年11月，河南民革组织恢复活动，此后分别于1980年、1984年、1988年、1992年和1997年召开民革河南省第五至九次代表大会，选举产生第五至九届民革河南省委员会。在中共河南省委和民革中央的领导下，民革河南省委员会不断加强自身建设，认真履行参政议政、民主监督的职能，紧紧围绕全省经济建设和社会发展这一主题，展开调查研究，积极建言献策，为全省的社会主义现代化建设作出应有的贡献。

民革河南省第七次代表大会　1988年5月24~28日，中国国民党革命委员会河南省第七次代表大会在郑州举行。出席会议代表148人。中共河南省委副书记姚敏学，中共河南省委副书记、副省长胡悌云，省人大常委会副主任纪涵星、范濂，省政协副主席魏钦公、刘希程，中共河南省委统战部代部长高维及全省各民主党派、工商联和有关团体的负责人出席了会议。民革中央常委吴京代表民革中央专程到会祝贺。省民革副主委杨章武致开幕词，副主委宋聿修主持大会。大会审议通过了郭海长代表民革河南省第六届委员会作的工作报告；选举产生了民革河南省第七届委员会；选出了河南省出席民革全国第七次代表大会的代表8人；选举了省民革名誉主委、名誉副主委。大会号召河南民革全体成员，为统一祖国、振兴中华、振兴河南、建设有中国特色的社会主义作出新贡献。在29日召开的民革河南省第七届委员会第一次会议上，选举了主任委员、副主任委员、秘书长。推选了顾问和四化服务工作委员会、祖国统一工作委员会、统战理论研究委员会、妇女工作委员会组成人员，决定撤销文史资料研究委员会。

民革河南省第七届委员会名誉主委、名誉副主委名单
（1988.5~1992.9）

名誉主任委员　刘希程
名誉副主任委员　李静之　宋聿修　杨章武（1990年3月后）

民革河南省第七届委员会组成人员名单
（1988.5~1992.9）

主　任　委　员　郭海长

副主任委员　梅养正　　李穆清　　娄象峰　　叶　刚　　刘家骧
　　　　　　党淑芳（女）
秘 书 长　梅养正（兼）
常 务 委 员（以姓氏笔画为序）
　　　　马致远　　卞莉山（女）毛增华　　王　彬　　王希云
　　　　叶　刚　　刘家骧　　李振亚　　李浩春　　李祥钿
　　　　李裕兴　　李穆清　　张世诚　　房西华　　娄象峰
　　　　党淑芳（女）郭海长　　梅养正　　董建业　　富石城
　　　　谢京华
委　　　员（以姓氏笔画为序）
　　　　马致远　　卞莉山（女）毛增华　　王　彬　　王希云
　　　　王志洁（女）王胜利　　史淑玲（女）司亮浦　　叶　刚
　　　　毕赶生　　刘秀英（女）刘纯业　　刘金铭　　刘晋功
　　　　刘家骧　　吕颖川　　孙基恒（女）许生义　　陈英征
　　　　李民兴　　李传家　　李克昌　　李振亚　　李素伟
　　　　李浩春　　李祥钿　　李裕兴　　李穆清　　邱文蔚
　　　　佟　娜（女）杨清华　　张世诚　　张传芳　　房西华
　　　　苗润圃　　娄象峰　　彦　云（女）党淑芳（女）高继芳（女）
　　　　郭海长　　唐建元　　徐济时　　黄肖樵　　梅养正
　　　　程广亚　　董建业　　富石城　　焦文莲（女）谢京华
　　　　熊世平　　潘子凝（女）薛学曾
候 补 委 员（以姓氏笔画为序）
　　　　陈树中　　李高善　　龚庆胜（女）

民革河南省委员会出席民革第七次全国代表大会代表名单
（以姓氏笔画为序）

毛增华　王希云　王胜利　刘家骧　李传家　胡玉华　党淑芳（女）潘子凝（女）

民革河南省第八次代表大会　1992年9月4~6日，中国国民党革命委员会河南省委员会第八次代表大会在郑州举行。出席会议代表144人。民革河南省第七届委员会副主委梅养正代表七届委员会作工作报告，中共河南省委副书记林英海、民革中央副秘书长朱培康到会祝贺并讲话。会议要求全省民革党员认真学习领会邓小平南方谈话精神，解放思想，努力工作，为深化改革、扩大开放，振兴河南经济，提前实现"八五"计划、十年规划和祖国的和平统一作贡献。会议通过了民革河南省七届委员会的工作报告。选举产生了民革河南省第八届委员会和河南省出席民革第八次全国代表大会的代表9人。大会推举了名誉主委、名誉副主委和顾问。在民革河南省委八届一次会议会上，选举了主任委员、副主任委员、秘书长。

民革河南省第八届委员会名誉主委、名誉副主委、顾问名单
（1992.9~1997.6）

名誉主任委员　杨章武
名誉副主任委员　李穆清
顾　　问（以姓氏笔画为序）
　　　　王　彬　牛星炎　李平一　李祥钿　李振亚　张绍良　陈去非（女）
　　　　房西华　周祖训　祝心力　郭文煊　郭定庵　徐震池　蔡芷生

民革河南省第八届委员会组成人员名单
（1992.9~1997.6）

主　任　委　员　梅养正
副主任委员　刘家骧　叶　刚　党淑芳（女）毛增华　李传家（1996年1月后）
秘　书　长　王希云（1996年7月病逝）　毕赶生（1996年12月后）
常　务　委　员（以姓氏笔画为序）
　　　　卞莉山（女）王希云　　　毛增华　　　叶　刚　　　刘家骧
　　　　吕大新　　　李传家　　　李素伟　　　张世诚　　　邱文蔚
　　　　胡玉华　　　党淑芳（女）梅养正　　　富石城　　　韩公仁
　　　　董建业
委　　　　员（以姓氏笔画为序）
　　　　卞莉山（女）王希云　　　毛增华　　　叶　刚　　　刘秀英（女）
　　　　刘家骧　　　刘晋功　　　刘惠生　　　吕大新　　　毕赶生
　　　　孙基恒（女）沈伟方　　　李文学　　　李传家　　　李浩春
　　　　李高善　　　李素伟　　　李裕兴　　　杨子衡　　　张世诚
　　　　张全有　　　邱文蔚　　　佟　娜（女）陈玉卿　　　陈树中
　　　　苗润圃　　　林功顺　　　周文正　　　周复兴　　　金鸿儒
　　　　赵金川　　　胡玉华　　　胡武林　　　党淑芳（女）席永胜
　　　　唐建元　　　阎荫棠　　　夏奕曾　　　徐济时　　　黄肖樵
　　　　梅养正　　　龚庆胜（女）富石城　　　韩公仁　　　董建业

潘子凝（女）薛学曾　　　瞿世萍（女）

民革河南省委员会出席民革第八次全国代表大会代表名单
（以姓氏笔画为序）

王希云　　　毕赶生　　　李传家　　　邱文蔚　　　苗润圃
胡西芬（女）胡武林　　　侯其坦　　　韩公仁

民革河南省第九次代表大会　　1997年6月23~25日，中国国民党革命委员会河南省委员会第九次代表大会在郑州举行。出席会议代表145人。民革中央常务副主席彭清源、中共河南省委副书记范钦臣、农工民主党河南省委主委邵令方分别致辞祝贺。省人大常委会副主任宋国臣，副省长张世英，省政协副主席、中共河南省委统战部部长胡树俭和省政协副主席朱书泉以及省各民主党派、工商联、工会、共青团、妇联等单位负责人出席会议。会议审议并通过梅养正代表省民革八届委员会所作的工作报告，选举产生省民革第九届委员会，选举了出席民革第九次全国代表大会的代表12人。大会推举了名誉主委、名誉副主委和顾问。会议号召全省民革组织要高举爱国主义旗帜，紧密团结在以江泽民为核心的中共中央周围，更好地发挥参政议政职能。在民革省委九届一次会议上，选举了主委、副主委、秘书长；决定成立民革河南省委员会理论政策研究委员会、民革河南省委员会社会服务工作委员会、民革河南省委员会联络工作委员会和民革河南省委员会妇女工作委员会，并推选出各委员会的成员；撤销祖国统一工作委员会，其职能转入联络工作委员会。

民革河南省第九届委员会名誉主委、名誉副主委、顾问名单
（1997.6~　　）

名誉主任委员　　杨章武
名誉副主任委员　李穆清
顾　　　　　问　刘家骧　叶　刚　党淑芳（女）

民革河南省第九届委员会组成人员名单
（1997.6~　　）

主 任 委 员　梅养正
副主任委员　毛增华　张世诚　毕赶生　张全国
秘 书 长　毕赶生（兼）

常务委员（以姓氏笔画为序）

卞莉山（女）　王新泉　　毛增华　　白虹光（女）　吕大新
毕赶生　　李传家　　邱文蔚　　狄美良　　苗润圃
张世诚　　张全国　　胡武林　　梅养正　　萧鲁阳

委　　员（以姓氏笔画为序）

卞莉山（女）　王新泉　　毛增华　　白虹光（女）　付月云（女）
吕大新　　毕赶生　　刘惠生　　刘善民　　沈毅
沈伟方　　李双成　　李文学　　李传家　　李英杰
邱文蔚　　陈卫平　　陈玉卿　　陈树中　　狄美良
王新国　　周复兴　　周新萍（女）　金星（女）　金鸿儒
苗润圃　　庞慧兰（女）　张万一　　张世诚　　张全国
张春桂　　张培植　　林功顺　　胡武林　　赵金川
赵振业　　赵真丽（女）　曹元增　　龚庆胜（女）　黄笑山
梅养正　　萧鲁阳　　潘子凝（女）

民革河南省委员会出席民革第九次全国代表大会代表名单

（以姓氏笔画为序）

卞莉山（女）　毛增华　　白虹光（女）　毕赶生　　刘惠生
李传家　　李英杰　　狄美良　　苗润圃　　张全国
赵振业　　潘子凝（女）

纪念民革成立50周年大会　　1997年12月25日，省民革在郑州隆重集会，纪念中国国民党革命委员会成立50周年。中共河南省委副书记范钦臣代表中共河南省委向大会赠送贺匾并讲话。农工党河南省委副主委张广兴代表全省各民主党派和省工商联致辞。省人大常委会副主任宋国臣，省政协副主席胡悌云，省政协副主席、中共河南省委统战部部长胡树俭等莅会祝贺。范钦臣在讲话中高度评价了民革成立50年所走过的光辉道路。省民革主委梅养正介绍了民革成立50年间与中国共产党长期合作、风雨同舟、肝胆相照的光辉历程。省民革还举办了大型文艺演出。全省民革各市委员会也相继召开纪念大会，通过书画展、座谈会、板报等形式，庆祝民革成立50周年。

第二章　中国民主同盟河南省委员会

1947年3月中旬，中国民主同盟盟员王毅斋等8人在开封成立民盟地下支部。1950年11月，民盟河南省支部筹委会在开封成立。1954年8月，民盟河南省第一次代表大会在开封召开，选举产生了民盟河南省第一届委员会。1966~1976年"文化大革命"期间，民盟河南省各级组织被迫停止活动。1977年11月，经中共河南省委建议，吴绍骙等5人组成民盟河南省临时领导小组，筹备全省民盟组织的恢复工作。

1980年4月，中国民主同盟河南省第五次代表大会在郑州胜利召开，这是民盟河南省组织在"文化大革命"后恢复活动的首次代表大会。会议决定认真落实民盟中央第四次代表大会精神，把工作重点转移到为社会主义现代化建设服务上来，民盟中心工作在继承光荣传统的基础上，实现了历史性的转变。

民盟河南省各级组织，认真贯彻民盟中央名誉主席费孝通所倡导的"出主意、想办法、做好事、做实事"盟务工作方针，积极履行政治协商、民主监督、参政议政地服务社会政治职能。全省各级盟组织与广大盟员深入实际、调查研究，积极反映社情民意，在各级人大、政协会议上提出了大量的有价值议案和提案。1999年，民盟河南省委经过反复调研整理，通过民盟中央提交的《加大投资力度，依法治理黄河》的提案，被全国政协九届二次会议列为"一号提案"。这些提案和议案，为中共各级党委、政府正确科学决策提供了很好的参考和依据，产生了良好的社会效益。同时，全省广大盟员在民盟组织的倡导组

照35-2-0-1 1987年，民盟河南省委六届六次（扩大）会议合影

织下，以极大的政治热情，面向基层，面向农村，积极开展办学讲学、义务诊疗、支农扶贫、科技咨询等社会服务活动，为地方经济的快速发展，为贫困地区群众、城市社会弱势群体脱贫致富，作出了自己的贡献。

随着民盟业务工作的开展，民盟的组织建设也有了较大的发展。截至2000年年底，全省建立了13个市委会、3个市级支部、326个基层组织，盟员总数达4852人，占全省民主党派成员总数的近1/3，成为河南省成员最多的民主党派。2000年年底，全省盟员中有各级人大代表、政协委员278人，其中河南省人大代表11人、河南省政协委员50人。16名盟员进入政府部门工作，担任领导职务，直接参与国家行政事务管理。此外，全省还有50多名盟员担任各级"四员"[1]，参加中共和人民政府部门组织的反腐倡廉、税收财务、减轻农民负担、物价及综合治理等方面的大检查，发挥民主监督的职能。

---

[1] 特约监督员、检察员、审计员、教育督导员。

第一节 组织建设

民盟河南省组织始建于1947年3月,"文化大革命"期间被迫停止活动。1977年11月,中共中央号召各民主党派恢复组织活动,河南民盟成立了临时领导小组,小组成员为吴绍骙(召集人)、霍秉权、李平一、董民声、卢治国(驻会)。民盟在河南省恢复活动以后,组织建设工作一直是民盟省委的基础性重要工作。

1980年4月,民盟河南省第五次代表大会召开,选举成立民盟河南省第五届委员会,撤销"民盟河南省临时领导小组"。1984年4月,民盟河南省第六次代表大会召开。1988年4月,民盟河南省第七次代表大会召开。1989年,中共中央制发《坚持和完善中国共产党领导的多党合作和政治协商制度的意见》以后,民盟河南省委按照民盟中央的要求,严格执行组织发展工作的各项规章制度,加强对广大盟员的思想政治教育工作,注重对机关干部和中青年骨干盟员的教育与培训,民盟的组织建设工作迈上规范化制度化的轨道,对促进盟组织的健康发展,建设一支适应新世纪新形势的高素质的参政党,巩固、发展和完善共产党领导的多党合作和政治协商制度,作出了贡献。1980年、1984年、1988年、1992年、1997年,民盟河南省第五至九次代表大会分别召开,选举产生第五至九届委员会。民盟河南省委第五至九届主委分别为吴绍骙、吴绍骙、范濂、范濂、冯宏顺。

工作机构 1977年11月,在中共河南省委领导下,河南民盟成立临时领导小组,民盟河南省委机关重新恢复工作。

1980年2月,河南省编委确定民盟河南省委机关编制16人,全省共36人。同年4月,民盟河南省第五届委员会成立,机关设文教、科技、组织宣传3个工作委员会,推选了负责人。其中,文教委员会主任委员杨清堂,科技委员会主任委员张效房,组织宣传委员会主任委员段宗三。1981年11月,民盟河南省委机关设秘书处、组织宣传处。1983年8月,民盟河南省委机关调整为办公室、组织宣传处、文教宣传处。同年10月,政协河南省委员会、河南省编制委员会、河南省财政厅、中共河南省委统战部联合发出《关于下达1983年至1985年民主党派地方组织机关专职工作人员编制的通知》,民盟河南省委机关编制增加到21人,全省共66人。

1984年4月,民盟河南省第六届委员会成立,先后设高教、中教、科技、妇女、联络、统战理论6个工作委员会,并推选出负责人。其中,高教委员会主任丁立,中教委员会主任马柏源,科技委员会主任苏文成,妇女委员会主任赵铮,联络委员会主任王涌泉。1987年2月,经河南省编委同意,民盟河南省委机关由原来的"两处一室"

调整为组织部、宣传部、社会服务部、办公室。

1988年4月，民盟河南省第七届委员会成立。为加强省直基层盟务工作的领导，经民盟河南省委主委会研究批准，9月24日正式成立民盟河南省直属基层工作委员会，并推选了主任委员和副主任委员。其中，主任委员李湘，副主任委员张任、陆家豪、陈黄兰、韩学劲。

1990年12月，民盟河南省委召开专门工作委员会成立（换届）大会。会议通过了民盟河南省第七届委员会专门委员会组织通则，研究、制定各专门委员会的工作内容及工作计划，并推选出各专门委员会主任委员。其中，学习委员会主任委员李湘，教育委员会主任委员刘家骥，科技委员会主任委员夏文俊，妇女委员会主任委员赵铮，联络委员会主任委员朱培慧。

1991年，民盟河南省委机关从河南省政协办公楼搬入中共河南省委统战大楼5楼，办公用房由原来的6间增加到16间，并增加了一个会议室，同时购置了新的办公机具。

1993年机构改革，重新核定机构编制，民盟河南省委根据参政议政、社会服务和自身建设三大任务要求，将"三部一室"调整为"二部二室"，即组织宣传部、社会服务部、参政议政调研室、办公室。

为适应改革开放需要，更好地发挥参政党的作用，经民盟河南省委八届五次常委会研究决定，1994年9月成立民盟河南省法制工作委员会。选举产生负责人，主任委员马培长。

1995年，河南省编制委员会开展定编制、定机构、规范机构名称的工作，确定民盟河南省委为正厅级单位，下设4个处，把原来的"部"改称为"处"，机关改为"三处一室"（组织宣传处、参政议政调研处、经济科技处、办公室），编制为30人。

1996年与1998年，民盟河南省委机关先后两次修订和完善各项工作制度和管理制度。机关管理工作逐步迈上制度化、规范化的轨道。民盟河南省委机关一直坚持机关办公会议制度，机关重大事务在办公会议上讨论决定，形成了良好的民主决策机制。

1997年，为适应公务员制度改革，盟省委在机关推行优化组合、双向选择的举措，盟省委机关完成了"三定"（即定职能、定机构、定编制）工作。同年5月，民盟河南省委参加了中共河南省委组织部和河南省人事厅组织的"面向社会公开招考国家公务员"工作，经过笔试、面试，年底录用了3名公务员。6月，民盟河南省第九届委员会成立，经主委会研究决定成立民盟河南省第九届委员会教育、科技、妇女3个工作委员会，选举产生了新的负责人。其中，教育委员会主任委员汤善钧，科技经济委员会主任委员王光龙，妇女委员会主任委员王玲。

2000年，民盟河南省委按照办公自动化要求，各处室配置了电脑、打印机，办公室还增加了复印机、传真机等。截至2000年年底，河南民盟有市级委员会13个，全省专职干部编制85人，实配52人；民盟河南省委机关编制数为30人，实有机关工作人员21人，下设组织宣传处、经济科技处、参政议政调研处、办公室。

组织发展　1977年11月，河南民盟临时领导小组成立，省级组织开始恢复活动。1979年1~3月，民盟开封市委、郑州市委、洛阳市委相继恢复活动。截至1979年年底，全省共有8个支部和42个小组恢复活动，全省共有盟员511人。截至1980年3月，全省盟组织共恢复9个支部、59个小组，民盟组织基本上恢复了基层组织活动。

1980年6月，民盟新乡市委会成立。开封、郑州、洛阳3市分别于7月、9月、10月召开全市盟员大会（郑州为代表大会），结束筹备工作，成立了市委会。当年发展新盟员2人。

1981~1990年期间，全省民盟组织贯彻"以大中城市为主，以中上层人士为主，以教育、科学、技术、文化界为主"的组织发展方针，共发展新盟员2763人。成立了民盟焦作市委会，在平顶山、安阳、信阳3市设立了民盟市委筹备委员会。截至1990年年底，全省共有市级委员会5个、市筹备委员会3个、省直属市级支部8个、省直工委1个、基层盟组织218个，共有盟员3419人，平均年龄51.8岁，盟员老龄化问题得到缓解，中高级职称盟员占79.4%。

1991~2000年，全省盟组织注重在教育、科技主体界别中发展中青年、中上层具有代表性骨干成员，共发展新盟员2132人。建立民盟平顶山、安阳、鹤壁、濮阳、三门峡、商丘、南阳、信阳8个市委会。截至2000年年底，全省共有市委会13个，省直属市级支部3个（驻马店、周口、许昌支部），基层盟组织326个；全省共有盟员4852人，平均年龄53.6岁，教育、科技主体界别盟员占85%，中高级职称盟员占94.9%。

1977~2000年民盟河南省组织发展成员情况表

表35-2-1-1　　　　　　　　　　　　　　　　　　　　　　　　　　　　　　　单位：人

届别	起止时间	发展成员数		
		合计	其中	
			男	女
临时领导小组	1977年11月~1980年3月			
第五届	1980年3月~1984年4月	500	407	93
第六届	1984年4月~1988年4月	1236	988	248
第七届	1988年4月~1992年9月	1054	746	308
第八届	1992年9月~1997年6月	957	624	333
第九届	1997年6月至2000年年底	951	547	404

1951~2000年民盟河南省市级组织成立及换届时间表

表35-2-1-2

市级组织名称	成立时间	换届时间 届次/主委	换届时间 届次/主委	换届时间 届次/主委	换届时间 届次/主委	换届时间 届次/主委
郑州市委	1951.9	1980.9 六届/段宗三	1984.9 七届/段宗三	1990.12 八届/段宗三	1996.9 九届/王敬轩	
开封市委	1954.7	1980.7 五届/任访秋	1984.6 六届/任访秋	1988.7 七届/任访秋	1992.5 八届/王汉澜	1997.4 九届/丁承运
洛阳市委	1952.10	1980.10 五届/董孝享	1984.12 六届/董孝享	1988.12 七届/刘其宽	1996.12 八届/丁　川	
新乡市委	1980.6	1984.12 二届/杨清堂	1988.9 三届/杨清堂	1992.4 四届/卢锦梭	1996.11 五届/陆志奇	
焦作市委	1988.6	1988.6 一届/赵福林	1992.7 二届/赵福林	1996.9 三届/赵福林		
商丘市委	1997.2	1997.2 一届/雷书声				
信阳市委	1999.12	1999.12 一届/许仰民				
鹤壁市委	1994.11	1994.11 一届/赵奋明	1999.11 二届/谷振堂			
平顶山市委	1992.5	1992.5 一届/冯宏顺	1996.10 二届/冯宏顺	1998.8 二届/谢照明		
三门峡市委	1995.2	1995.2 一届/邵兰芳				
濮阳市委	1995.10	1994.10 一届/郭　镇	2000.5 二届/邹东波			
安阳市委	1995.11	1995.11 一届/张兰金				
南阳市委	1998.1	1998.1 一届/赵秀玲				

宣传教育培训　　1953年3月，民盟河南省委内部发行刊物《河南盟讯》创刊，主要报道全省重大盟务活动，介绍先进盟员事迹，通报全省盟组织活动动态。《河南盟讯》在"文化大革命"中停刊，1979年复刊。截至2000年年底，已发行了161期。全省盟组织积极动员广大盟员向各级刊物投稿，通报全省盟组织的重大活动，1979至2000年年底，全省盟员向《人民政协》《中央盟讯》《中州统战》《群言》等国家和省级报纸、杂志投稿，被各报刊采用140多篇，扩大了民盟组织的影响。

为加强机关干部队伍建设，提高干部的政治素质和业务水平，民盟河南省委先后主办了各种类型的专职干部学习班。1985~1998年间，盟省委分别在郑州、信阳、开封、三门峡、南阳等地开办各类专职培训班8次，培训专职干部400余人次。通过培训，民盟的专职干部增强了服务意识，政治素质和业务素质都迈上新台阶。为提高广大盟员的思想政治素质，盟省委每年还都定期举办新盟员培训班，为盟员讲解盟史盟章。盟省委为加强培养中青年优秀人才，培训盟的后备人才队伍，1991~2000年，先后选派229名盟员参加省社会主义学院举办的13期学习班，并分别于1994年8月、1996年7月、1999年8月先后在河南平顶山、林州、焦作举办了3期中青年盟员学习班，有90余名中青年盟员代表接受了培训。

为提高盟的参政议政能力，加强参政干部队伍的建设，1998年8月盟省委在洛阳首次举办全省参政干部座谈会，盟员中10人在政府担任厅局、县级以上实职的参政干部参加会议，大家相互学习，交流了政府工作经验。该次会议，开创了全省各民主党派对担任实职的参政干部进行教育培训的先河。

第二节 政治活动

政治协商、民主监督、参政议政是参政党的重要职能。民盟河南省委1978年恢复活动初期，在协助中共河南省委落实知识分子政策方面，做了大量工作。盟省委积极参与全省的政治经济生活，围绕全省的中心工作，认真调查研究，积极建言献策。盟省委领导多次参加中共河南省委、河南省人民政府、河南省政协及中共河南省委统战部召开的政治协商会、情况通报会、恳谈会。在各级政府中担任实职干部的盟员人数也逐年增加。截至2000年年底，河南省盟员在各级政府担任副县级以上领导职务的有16人，其中副厅级2人；在事业单位担任处以上职务的有112人。1978年至2000年年底，河南省盟员当选全国人大代表20人次、全国政协委员15人次，其中全国政协常委1人次。当选省人大代表66人次，其中省人大常委会副主任5人次；省政协委员217人次，其中省政协副主席9人次。他们在各自的工作岗位上恪尽职守，为河南省的经济建设贡献自己的力量。

议案、提案工作是参政党参政议政水平的集中体现，民盟河南省委发动全省盟员体察社情民意，积极建言献策，写出一批分量重、影响大的提案、议案，对全省社会主义现代化建设发挥了积极作用。盟员中的人大代表、政协委员和盟组织的各专门委员会在各级人大、政协会议上提出了大量的提案、议案，数量和质量不断地提高，其中有不少被评为优秀提案。1978~2000年，民盟河南省各级组织及盟员个人先后向全国政协会议提交提案40余件，向省政协会议提交提案500余件，在省政协会议作大会发言20人次，提交大会书面发言材料60余件。

很多盟员被聘担任省市两级特约监督员、检察员、审计员、教育督导员（简称"四员"），积极参加各级中共党委、人大常委会、人民政府、政协组织的各种视察、检查活动。很多盟员在不同的岗位、不同的领域都取得了许多骄人的成绩，赢得了各种荣誉。20多年间，民盟在河南的影响逐渐扩大，参政党的职能逐步增强。

参政议政　民主监督　　民盟河南省委恢复活动初期，民盟的参政议政和民主监督工作，主要是协助中共党委、人民政府落实知识分子政策，协助中共河南省委统战部和有关单位落实被错划"右派"盟员的改正工作。1984年后，盟省委参政议政工作步入正常轨道，先后成立了高教、中教、科技、联络、妇女、法律专门委员会。1987年4月，盟省委召开省直基层座谈会。1988年1月，盟省委通知要求各市委会举办各种形式座谈会。盟省委采用这些形式，通过多种渠道，广泛收集社情民意，就社会的难点、热点问题和经济建设中的重大课题，提出意见和建议，通过人大、政协会议提出提案、议案，发挥参政议政作用。

民盟河南省第五届委员会期间（1980~1984年），盟员中共有全国人大代表1人，省人大代表15人（含常委1人）；有全国政协委员2人，省政协委员42人（含副主席3人、常委28人）。

民盟河南省第六届委员会期间（1984~1988年），盟员中共有全国人大代表5人，省人大代表17人（含省人大常委会副主任2人、常委1人），市、县、区人大代表45人；有全国政协委员4人，省政协委员38人（含省政协副主席2人、常委9人），市、县、区政协委员187人。

民盟河南省第七届委员会期间（1988~1992年），全省盟员中共有全国人大代表6人，省人大代表12人（含省人大常委会副主任2人、常委1人），市、县、区人大代表45人；有全国政协委员3人，省政协委员41人（含省政协副主席3人、常委9人），市、县、区政协委员187人。

照35-2-2-1　1991年，民盟河南省委会委员范濂在河南省人大、政协"两会"期间召开的座谈会上发表讲话

民盟河南省第八届委员会期间（1992~1997年），盟员中共有全国人大代表6人、省人大代表11人（含省人大常委会副主任1人）；有全国政协委员3人，省政协委员45人（含常委7人），市政协副主席11人。

民盟河南省第九届委员会期间（1997年），全省盟员中共有全国人大代表2人，省人大代表11人（含常委1人）；有全国政协委员3人（其中常委1人），省政协委员51人（含省政协副主席1人、常委11人）。

截至2000年年底，全省有50多名盟员担任各级特约"四员"。盟员中的人大代表、政协委员和担任省市两级的特约"四员"，积极参加各级中共党委、人大常委会、人民政府、政协组织的各种视察、检查活动，如参加《义务教育法》贯彻情况，整顿公司和财税大检查工作。郑州、开封、洛阳、新乡、平顶山等市盟组织都有特约"四员"参加当地的财税、物价、纠正行业不正之风、干部违纪建私房等方面的大检查，对促进廉政建设发挥了积极作用。

1978~2000年，盟省委认真履行参政党的职能，先后参加中共河南省委、河南省人民政府、河南省政协及河南省委统战部召开的协商、通报等重大会议60余次，就建立健全社会主义市场经济体制、强化农业基础地位、发展教育科技事业、加强精神文明建设等方面，提出意见和建议。

调查研究

1978年11月民盟河南省临时领导小组成立后，在恢复建立基层组织的同时，抓紧落实中共党的知识分子政策，协助中共党委改正错划"右派"工作，被错划为"右派"及带上其他帽子的206位盟员得到改正并被适当安置。1980年6月，盟省委针对教育体制改革问题，进行了广泛深入的调查研究，组织在郑州的大专院校举办了4次座谈会，收集来自郑州、开封、洛阳基层的调查材料20多份，汇总整理成意见和建议后，分别报送盟中央和中共河南省委统战部。

1982年，盟省委接到盟中央《关于开展知识分子政策落实情况调查研究工作的通知》，把协助中共各级党委落实知识分子政策工作列为当年工作的重点，成立了知识分子工作研究小组，在省直机关和郑州、开封、洛阳、新乡等市开展大量的调研工作，汇总各地落实政策情况，找出存在的问题，提出工作意见。通过9个月的调研，盟组织共反映问题351个，盟省委催办解决了131个，占全部问题的37.9%。

1984~1988年，正值经济、教育、科技体制的改革在全省展开。为了振兴河南经济，发展河南文教科技事业，为改革服务，盟省委先后召开科技、高教、中教、小教、文艺等方面的体制改革座谈会，邀请中共河南省委统战部、省教委、省文化厅有关部门参加。与会盟员立足本省，面向全国，面向世界，从有利于现代化建设和河南省实际出发，对文教、科研、人才培养和管理体制中带有战略性的问题，进行了深入探讨，提出许多改革意见，供有关部门参考。

1988~1992年，全省盟员在完成本职工作的同时，深入基层调查研究，取得第一手资料，在各级人大、政协会议上共提出提案、议案248件。在政协河南省委全会上，以民盟河南省委的名义作《发挥优势，更好地为经济建设服务》等大会发言3次。《关于河南省成人高等教育的情况和建议》的提案，被评为省级优秀提案。民盟洛阳市委1997年提出的《关于洛阳市尽快实现煤气管道化》、民盟平顶山市委1996年提出的《关于兴建市科技兴平活动中心的建议》分别被列为两市"八五"规划项目。

1992~1997年，民盟河南省委加强了议案提案工作，全省各级盟组织和盟员个人提案逐年增加，质量不断提高，共提出提案1686件。其中向省政协提交提案231件，年均57.8件，提交《关于改革和发展我省高等教育的几点建议》等大会发言6篇。在全国政协第八届会议上，民盟河南省委冯宏顺副主委提交的《应坚持不懈地加强职业道德建设》书面发言引起强烈反响，《人民政协报》《中国教育报》纷纷转载。盟省委平均每年向省政协会议提交4个提案，其中1994年提交的《反腐倡廉应常抓不懈》和《必须高度重视青少年伦理道德教育》、1995年提交的《农民收入增长缓慢原因及对策》、1996年提交的《国有大中型企业的困境与对策研究》等提案，被政协河南省委评为优秀提案。盟省委牵头与民进、民建联合组团赴新乡调查河南省中小学教育状况，在省政协八届五次会议上提交了《我省中小学应试教育向素质教育转轨情况的调查与建议》的提案，并作了大会发言，提案有实例、有数据、有解决方法、操作思路，受到有关部门高度重视，被《全国政协报》《河南日报》刊登。为配合中共省委的中心工作，盟省委同时开展了形式多样的调研活动，提出很多有建设性的调查报告，为政府部门提供决策依据，仅1996年盟省委就向有关部门提交调查报告6件。

1997~2000年，盟省委加强了政治协商、民主监督、参政议政三项基本政治职能的建设。省、市盟组织及盟员个人在"两会"期间提交提案、议案328件。其中《提高减灾抗灾能力，促进农业持续发展》《发展市场农业，调整种植结构》《深化粮食流通体制改革，建立我省粮食"国家储备＋弹性转化"供求平衡调节机制》《抓紧实施人才工程》《采取切实有效措施，加快农民增收步伐》《实现河南旅游业可持续发展与走向世界的几点建议》等8件提案被列为大会发言。1998年，盟省委在省政协第八届第一次会议上提交的《开发微生物资源、推进白色农业进程》《关于中等教育结构改革情况的调查与建议》《加速我省外贸企业改制的若干建议》《在郑州建设"中国粮机城"符合建设郑州商贸城的思路》4件提案，被省政协列为跟踪办理的重点提案。1999年在省政协第八届第二次会议上，盟省委的大会发言《河南要用足用好黄河水》成为"两会"的热门话题，《河南日报》、河南电视台等省内各大媒体竞相报道。同年，在全国政协第九届第二次会议上，民盟中央提交的《加大投资力度依法治理黄河》的提案被列为"一号提案"，社会各界反映强烈，各大媒体纷纷报道。盟省委和战斗在治黄第一线的盟员专家、科技工作者，为"一号提案"的形成做了大量组织协调、调查论证工作。盟中央特意致函盟省委，对河南盟组织和广大盟员为"一号提案"所作出的突出贡献给予了充分肯定和高度评价。

获奖成果　　1978~2000年期间，全省盟员在不同的岗位、不同的领域取得了可喜的成绩。中国烟草总公司郑州烟草研究院名誉院长、教授级高工朱尊权在烟草领域成绩突出，1997年年底被授予全国烟草领域唯一中国工程院院士。郑州大学医学院实验中心癌症研究室主任王立东教授在食管和贲门癌变多阶段演进的发生机制和防治研究方面成绩突出，获得国家杰出青年科学基金资助，1996年至2000年年底获得省部级一等奖4次。省豫剧团副团长、二级作曲家李仲党所创作的文艺作品，1997年至2000年年底先后荣获全国第五届、六届、七届、八届"五个一工程"奖，并获得1995年年度、1996年年度全国音乐电视大赛金奖。

据不完全统计，1978年至2000年年底，全省盟员共获得国家级一等奖14人次、二等奖25人次、三等奖23人次，获省级一等奖19人次、二等奖50人次、三等奖47人次。

第三节 社会服务

1977年11月民盟组织在河南恢复活动以后，把为全省的物质文明和精神文明建设服务作为盟务工作的重要组成部分。20世纪80年代初，全省盟组织根据广大干部群众对知识的迫切需要，积极发挥民盟的智力优势，开办"夜大"、函授学院等各级各类学校和补习班，为国家培养了人才。同时根据社会的迫切需要，开展各种咨询服务活动，服务于地方的经济建设。20世纪90年代，盟省委积极响应国家号召，开展定点扶贫工作，并组织各种专家服务团，先后开展数十次教育及科技、卫生、文化"三下乡"活动，服务于"老、少、边、穷"地区的群众，帮助他们脱贫致富。与此同时，全省盟组织积极参与各种社会公益活动，向贫困地区、洪涝灾区、残疾人联合会、失学儿童捐款捐物。这些社会服务活动，扩大了民盟的影响，树立了民盟的形象。

创办学校　1981年7月，民盟河南省委创办郑州外语夜大（后改称民盟河南省委郑州夜大学，简称"夜大"），当年开设医学英语、医学日语、英语翻译、英语口语速成和高考辅导班5种专业共17个班，当年招收学员720人。1982年，学员增至2500余人，其中新学员1800余人，有49个班。新学员中有省各厅局工程技术人员800余人。1983年，开始为省直各单位在职科技干部进行培训，开设英语、日语、俄语等外语专业，学员达2788人，60个教学班。1992年在校学员达4000余人，累计结业学员近2万人，连续数年被评为社会力量办学先进单位。1992年以后，由于未能解决好社会办学的学历问题，学生开始大量减员。1993年，民盟河南省委结合社会办学的新形势，在郑州夜大学的基础上，试办民盟兴豫职业技术学院，停办民盟河南省委郑州夜大学。1995年9月，民盟兴豫职业技术学院更名为民盟郑州理工学院，继续为全省的经济发展培训各方急需的人才，义务为下岗工人提供职业培训。

各市地盟组织也积极参与办学，民盟郑州市委创办的华夏中学、民盟鹤壁市委创办的育才学校被中共河南省委评为有突出贡献的先进集体。民盟开封市委创办了中华书画函授学院开封分院，民盟新乡市委会创办了豫北职业大学，民盟洛阳市委创办了洛阳正骨学校。截至2000年年底，全省各级盟组织和盟员累计创办各类学校26所、700多个班次，毕业学生5万余人。

咨询服务　1983年3月，民盟河南省委根据社会对知识技术的需求，创办外语翻译服务公司，发挥盟员智力优势，开展包括13个语种10余个专业外文翻译工作，为省会各有关单位提供外文资料代翻译服务，当年代翻译资料50余万字。随着服务范围的扩大，1987年外语翻译公司改称科技咨询服务部，开展科技文化多种咨询服务工作。1995年5月28日，民盟河南省委与民盟郑州市委在郑州街头开展"迎世界妇女大会，庆祝六一儿童节义务咨询服务活动"，为市区广大群众开展婚姻法律咨询、优生优育、生活医学美容、妇幼保健专题咨询服务。1996年5月11日，民盟河南省委组织盟内10余位专家教授，在扶沟县大李庄为300余名村民进行义诊。6月1日，民盟河南省委与民盟郑州市委联合在郑州举行"庆'六一'法律医疗咨询服务活动"。1996年深秋，民盟河南省委组织医务界盟内专家教授11人，赴原阳县灾区义诊，无偿为灾区200余名群众义务诊疗。1997年6月，民盟河南省委组织10余位专家教授参加中共河南省委统战部组织的"省会各界喜迎香港回归义诊活动"，为4000余名省会市民提供医疗咨询诊疗。

定点扶贫　　1990年5月16日，民盟河南省委主委范濂带领盟员专家组10余人赴宁陵县进行科技扶贫考察，代表民盟河南省委与该县签订了科技帮扶协议书。此后，主委范濂数次带领专家在宁陵县开展小麦（豫麦9号）、玉米良种的推广试种，面积约33.33公顷；并且邀请水利专家在该县开办节水技术讲习班，为该县争取水利工程资金，修建水利工程；帮助该县张弓酒厂、外贸公司工厂完成技术改造。民盟河南省委还先后在河南淅川、信阳等地开展定点扶贫工作，向农村种植户、养殖户传授科技知识，为乡镇企业解决生产中的难题，提供科技信息。1995年12月，在中共河南省委召开的民主党派、工商联、无党派人士为经济建设服务经验交流暨表彰大会上，民盟有4个基层组织获先进集体、25名盟员获先进个人称号。

专家服务　　为更好发挥民盟的智力优势，服务地方经济和广大群众，1998年4月3日，民盟河南省委组建教育、科技、医疗、文化4支专家服务队，98位盟内各方面专家、教授成为专家服务队队员。经过调研，当年选择中牟县为帮扶点，在该县开展全方位的扶贫帮困活动。7月20日，教育专家服务队选派5名优秀理化教师，对中牟全县82名农村初中教师进行为期5天的专项培训；7月26日，选派5名经验丰富的幼儿教师，对该县136名农村学前班教师进行了1周的技能培训。8月28日，医疗专家服务队组织5名教授（内有全国人大代表、省政协委员）在该县三官庙乡义诊，为100余人提供医疗咨询，诊治病人258人；科技专家服务队在该县推广河南省农科院最新科研成果——高产"脱毒红薯"，向村民推广"脱毒红薯"农业新品种生产技术，当年推广3.33余公顷的种植面积，并帮助该县勘查论证了节水灌溉示范工程项目。

专家服务队在全省各地均开展了形式多样的"三下乡"活动。1998年8月，在浚县培训农村教师970人；1999年4月，在中牟诊疗病人300余人；1999年7月，在登封培训教师980人；2000年4月，在扶沟培训农业新技术带头人250人；2000年8月，在太康培训县乡医务人员300人，诊疗病人580人。据统计，专家服务队成立后到2000年年底，培训贫困地区各级各类教师2342人，为7300余名县乡教师举办了专题讲座；科技专家服务队采用举办讲座、现场指导等形式，培训县乡农业科技人员400余人，推广种植农业新品种66.67余公顷；医疗专家服务队6次送医下乡，义务诊治病人4928人，培训县乡医务人员500多人。

服务公益事业　　各级盟组织和广大盟员积极参与扶贫济困、捐赠助学等各类公益活动，为灾区居民、失学儿童、残疾人奉献爱心。1986年8月，民盟河南省委将民盟郑州夜大学几年来的办学结余资金4万元分别捐赠给新县和商城县两所学校，支援老苏区教育事业。1994年8月，民盟河南省委机关干部向灾区捐赠现金1215元、衣被175件。1996年2月5日，发动盟员向扶沟县大李庄乡捐书3600余册，帮助河套村建立了图书室。1996年7月河南林州遭遇洪灾，在林州参加"中青年盟员学习班"的40名盟员自发捐款3000余元，送到受灾的石板岩乡小学。1998年，全省民盟组织为洪涝灾区捐款20万元。据不完全统计，1980年至2000年年底，全省盟员共为"希望工程"捐赠45万余元，向河南省残疾人联合会捐赠近5万元，为帮助乡村学校组建图书馆，累计捐赠图书10万余册。

第四节 重要会议

1977年11月~2000年12月，民盟河南省委先后召开了第五至九次代表大会，选举产生了第五至九届省委会和领导班子。在中共河南省委和民盟中央的领导下，民盟河南省委率领全省广大盟员，积极建言献策，参政议政，为河南省的物质文明和精神文明建设作出贡献。

民盟河南省第七次代表大会 1988年4月，中国民主同盟河南省第七次代表大会在郑州市召开，参加会议的代表有155人。民盟中央副主席叶笃义到会祝贺。中共河南省委副书记姚敏学、省人大常委会副主任林晓、副省长刘源、省政协副主席赵正夫和中共河南省委统战部部长高维以及省各民主党派、工商联、人民团体负责人出席了开幕式。

大会执行主席董民声主持会议，中共河南省委副书记姚敏学代表中共河南省委致贺词。省九三学社主委左明生代表各民主党派、工商联，团省委书记刘怀廉代表省总工会、团省委、省妇联分别致辞祝贺。

大会审议并通过了范濂代表民盟河南省委第六届委员会作的工作报告，通过了第七次代表大会决议。宣读了对不再担任民盟河南省委领导职务的吴绍骙、李平一、任访秋、张静吾、卢治国、段宗山等老领导的致敬信。大会以无记名投票差额选举方式，选出第七届委员会委员60人、候补委员5人、出席民盟全国第六次代表大会的代表11人。大会推举吴绍骙为名誉主委，安排顾问14人。在随后召开的盟省委七届一次全会上，选举产生了主任委员、副主任委员、秘书长和常务委员。该届委员会平均年龄54.5岁，比上届下降7.7岁。

中国民主同盟河南省第七届委员会成员名单
（1988.4~1992.9）

名誉主任委员　吴绍骙
主 任 委 员　范　濂
副主任委员　董民声　　卢锦梭　　刘祖德　　冯宏顺　　马基铭
　　　　　　丁　川　　刘武扬
秘 书 长　　马基铭（兼）
常 务 委 员　王　威　　王一夫　　王洪延　　李运乾　　李明显

		陈裕德	陆家豪	张继珍（女）	赵福林
		黄剑琴（女）	廖蜀德（女）		
委　　　员		丁　川	马基铭	王　力	王　威	王一夫

委　　　员　　丁　川　　马基铭　　王　力　　王　威　　王一夫
　　　　　　　王洪延　　王汉澜　　王光龙　　王应鼎　　王桐贤
　　　　　　　申元方　　申福臻　　卢锦梭　　刘祖德　　冯宏顺
　　　　　　　刘武扬（女）刘经国　　刘家骥　　兰纪先　　朱培慧（女）
　　　　　　　许秀芳（女）李　湘　　李天骄　　李运乾　　李明显
　　　　　　　李经武　　李瑞迪（女）辛　静　　何可人　　余　鉴
　　　　　　　余炯扬　　陆家豪　　金慰慈　　郑风岐　　周有恒
　　　　　　　周济人　　范　濂　　陈启宗　　陈裕德　　张继珍（女）
　　　　　　　张汝斌　　张效房　　赵　铮（女）赵福林　　郭　镇
　　　　　　　郭永光　　宫大中　　侯　杰　　高立红　　顾曾迈
　　　　　　　殷蔚荔（女）夏文俊　　梁慰萱（女）章秀定（女）程享利
　　　　　　　黄剑琴（女）董民声　　董民福　　雷建中　　廖蜀德（女）
候 补 委 员　　牛登荣　　史　璞　　蔡道东（女）陈双喜　　吴小排

民盟河南省第八次代表大会

中国民主同盟河南省第八次代表大会于1992年9月在郑州召开。民盟中央副主席丁石孙到会祝贺。中共河南省委副书记林英海，省人大常委会副主任赵文峰，省政协副主席刘玉洁，省政协副主席、中共河南省委统战部部长武守全以及省各民主党派、工商联、人民团体负责人出席了开幕式。

大会执行主席范濂致开幕词，林英海代表中共河南省委致贺词。省民革主委梅养正代表各民主党派、工商联，团省委书记史宁安代表省总工会、团省委、省妇联分别致辞祝贺。

大会审议并通过了刘武扬代表省民盟第七届委员会作的《发挥参政党作用为河南经济再上新台阶贡献力量》的工作报告。大会采取无记名投票的方式选举产生民盟河南省第八届委员会委员57人，确定出席民盟全国第七次代表大会的代表25人。在盟省委八届一次全会上，选举产生了主任委员、副主任委员，任命了秘书长。

中国民主同盟河南省第八届委员会成员名单

（1992.9~1997.6）

名誉主任委员　吴绍骙
主 任 委 员　范　濂
副主任委员　　卢锦梭　马基铭　刘祖德　冯宏顺　丁　川
秘　书　长　　李云阁

常 务 委 员	丁 川	马基铭	王 威	王敬轩	冯宏顺	卢锦梭	刘其宽
	刘祖德	李 智	李云阁	李明显	陈裕德	范 濂	赵福林
	陆家豪	廖蜀得（女）					
委　　　员	丁 川	马基铭	王 威	王一夫	王开端		
	王中涛	王汉澜	王光龙	王冠群	王敬轩		
	毛云峰	申元方	兰纪先	冯宏顺	卢锦梭		
	刘其宽	刘祖德	吕德彬	许秀芳（女）	许复南		
	李 湘	李 智	李云阁	李天矫	李明显		
	余 鉴	吴小排	陈双喜	陈裕德	张立龙		
	张武成	汤善钧	易启祥（女）	周有恒	杨绍文		
	范 濂	宫大中	赵奋明	赵福林	殷慧卿（女）		
	侯 杰	陆家豪	唐文骥	徐启晓	徐金星		
	郭 镇	郭永光	郭济兴	高立红	高泽良		
	翁慈海	顾曾迈	夏文俊	黄剑琴（女）	章秀定（女）		
	董民福	廖蜀得（女）					

民盟河南省第九次代表大会

中国民主同盟河南省第九次代表大会于1997年6月20~22日在郑州召开，参加会议的代表有190人。民盟中央副主席冯之浚代表民盟中央到会祝贺。中共河南省委副书记范钦臣，中共河南省委常委、副省长李成玉，省人大常委会副主任钟力生，省政协副主席、中共河南省委统战部部长胡树俭以及省各民主党派、工商联、人民团体负责人出席了开幕式。

大会开幕式由民盟河南省委副主委马基铭主持，卢锦梭副主委致开幕词。范钦臣代表中共河南省委致贺词。民盟中央副主席冯之浚、民建河南省委主委朱书泉分别代表民盟中央和省各民主党派、工商联致贺词。民盟河南省委主委范濂作题为《团结奋进迎接新世纪的新任务》的工作报告。

会议审议并通过了范濂所作的工作报告，选举产生了民盟河南省第九届委员会和出席民盟第八次代表大会代表，通过了大会决议。大会推举吴绍骏、范濂为名誉主委，马基铭、卢锦梭为名誉副主委。在6月21日举行的民盟河南省第九届委员会第一次会议上，选举产生了主任委员、副主任委员、秘书长。

中国民主同盟河南省第九届委员会成员名单

（1997.6~　　　）

名誉主任委员　吴绍骏　范 濂
名誉副主任委员　卢锦梭　马基铭

主 任 委 员　冯宏顺
副主任委员　丁　川　吕德彬　李云阁　王列昭
秘　书　长　李云阁（1997.6，兼）　毛德富（2000.1，任）
常 务 委 员　丁　川　丁承运　王　玲（女）王光龙　王列昭
　　　　　　王敬轩　毛德富　冯宏顺　吕德彬　汤善钧
　　　　　　李云阁　陆志奇　赵奋明　赵福林　储亚平
委　　　员　丁　川　丁承运　马培长　孔天翰　王　玲（女）
　　　　　　王云飞　王开端　王中涛　王光龙　王列昭
　　　　　　王敬轩　毛云峰　毛德富　冯宏顺　刘秉杰
　　　　　　汤善钧　朱擎宇　吕德彬　许秀芳（女）许仰民
　　　　　　许复南　过国南　师清翔　李　敏　李　智
　　　　　　李云阁　李贤臣　李泉溪　吴小排　陆志奇
　　　　　　孟　玲（女）邵兰芳（女）赵奋明　赵秀玲（女）赵福林
　　　　　　宫大中　陈双喜　陈荣鹤　杨素哲（女）岳佐申
　　　　　　姚振兴　张立龙　张兰金　张宝兰（女）张武成
　　　　　　张湘洛　段　炼　郭永光　夏书凤（女）徐启晓
　　　　　　崔正方　崔党群　梁华龙　谢照明　储亚平
　　　　　　雷书声　霍金花（女）

纪念河南民盟成立50周年大会　1997年3月21日，民盟河南省委在省会郑州召开大会，隆重庆祝中国民主同盟河南建盟50周年。中共河南省委副书记范钦臣，省政协主席林英海，省人大常委会副主任侯志英，省政协副主席、中共河南省委统战部部长胡树俭和省各民主党派、工商联主要负责人到会祝贺。参与创建河南民盟组织的李定中、卢治国和已辞世的6位创始人的亲属应邀出席大会。来自全省民盟的各基层组织代表共200余人参加了大会。

会议由民盟河南省委副主委马基铭主持。河南省人大常委会副主任、民盟河南省委主委范濂在讲话中回顾了河南民盟组织从1947年3月成立以后所走过的风雨历程。会议号召全省各级盟组织和广大盟员一定要高举邓小平建设有中国特色社会主义理论的伟大旗帜，更加紧密地团结在中共中央周围，在中共河南省委和地方各级党委的领导下，为河南的经济发展、社会稳定和进步作出更加突出的贡献。

中共河南省委副书记范钦臣代表中共河南省委讲话，并向盟省委赠送了贺匾。他对河南民盟组织半个世纪中，特别是改革开放以后所取得的成就给予了充分肯定和高度评价。

第三章　中国民主建国会河南省委员会

中国民主建国会是主要由经济界人士组成的，具有政治联盟特点的，致力于建设中国特色社会主义事业的参政党。1945年12月16日在重庆成立，发起人是黄炎培、胡厥文、章乃器、施复亮等。

民建河南省地方组织成立于1953年，"文化大革命"中民建组织受到冲击，停止活动。1977年11月，叶仁寿、祁文山、王树廉等召集成立省民建临时领导小组，恢复了民建组织活动。1978年，全省民建各地方组织先后对会员进行普查登记，全省共有会员348人。1980年4月，民建河南省第一次会员代表大会在郑州召开，中国民主建国会河南省委员会（以下简称"民建河南省委"）成立，叶仁寿任主任委员。截至2000年年底，先后成立了民建郑州、开封、新乡、洛阳、安阳、商丘、许昌、信阳、平顶山、焦作、濮阳市委和周口、三门峡市支部。

1989年，中共中央《关于坚持和完善中国共产党领导的多党合作和政治协商制度的意见》制发，标志着中国新时期多党合作迈向了制度化、规范化的新阶段。在新的历史发展时期，全省各级民建组织坚定不移地贯彻社会主义初级阶段的基本理论和基本路线，坚持中国共产党同民主党派"长期共存、互相监督、肝胆相照、荣辱与共"的方针，努力发挥参政党职能，为改革开放和现代化建设建言献策，积极开展参政议政、反映社情民意、社会服务工作，为河南的政治稳定、经济发展、社会进步作出了应有贡献。同时民建组织也不断得到发展，到

2000年年底由恢复工作初期的348人发展到2506人，其中大多数为经济界和其他方面的代表人士。会员的素质不断提高，结构不断改善，队伍建设不断加强，参政议政能力不断增强，会员中有50人担任各级人大代表、348人担任各级政协委员、15人担任政府部门县（处）级以上领导职务。

第一节　组织建设

1978年以后，中国进入社会主义现代化建设的新时期，多党合作也进入了全面发展的新阶段。民建河南省各级组织不断加强领导集体建设和后备干部队伍建设，顺利完成各届新老交替和政治交接，保证了民建各级组织在当地经济建设中充分发挥作用。不断加强机关建设和基层组织建设，形成了有机的完善的组织体系。民建组织得到较快发展，整体素质得到较大提高。1980年、1984年、1988年、1992年、1997年民建河南省第一至五次会员代表大会分别召开并选举产生了民建河南省第一至五届委员会。第一、第二届主任委员叶仁寿，第三、第四届主任委员朱书泉，第五届主任委员张汉英。至2000年年底，全省有市委11个、省直工作委员会1个、民建河南省委直管支部2个、基层支部（小组）132个，会员2506人。其中：经济界人士占70.5%，具有大专以上文化程度的占62%，有各类专业技术职称的占75.3%，担任各级人大代表、政协委员的分别占2%和15.3%，担任县级以上领导职务的占0.6%，担任特邀行政、司法检察人员的占3.6%。一批政治业务素质好、德才兼备、年富力强的会员走上领导岗位，给民建的发展注入了新的活力。

工作机构　1977年11月~1980年4月民建河南省临时领导小组时期，内设办公室处理日常工作，与省工商联合署办公。

1980~1984年民建河南省第一届委员会期间，民建省委与省工商联合署办公，内设办公室和组宣处，民建河南省委机关编制17人。1980年8月，民建省委与省工商联下属妇女工作委员会成立，王若冰任主任。

1984~1991年，民建省委与省工商联合署办公，分别设立各自的办公室、组织宣传处、业务处，民建河南省委机关编制23人。

1991年，后省民建与省工商联迁入新址，各自单独开展工作；1997年，民建河南省委机关实行职能、机构、人员"三定"，机关设办公室、经联处、组织处，编制21人。

1998年2月，民建河南省委经济与社会事业调研委员会成立，张延民任主任。3月，民建河南省委妇女工作委员会成立，张香玲任主任。4月，民建河南省委统战理论与会务研究委员会成立，李学让任主任。同月，民建河南省委直属工作委员会成立，李国固任主任。

组织发展　1978年，民建组织恢复活动后，进行了会员普查登记，全省共有会员348人，其中郑州市130人、开封160人、新乡36人、洛阳12人、安阳7人、漯河2人、信阳1人。

1981年，民建河南省委根据民建中央《关于当前组织工作的意见》的精神，在认真调研的基础上制定了《关于当前组织工作的几点措施》，对各级组织提出要按照条件有计划地稳妥地发展会员的要求。

民建河南省第二届委员会（1984年4月~1988年11月）积极贯彻民建全国四大精神，结合全省会员多数是原工商业者（平均年龄近63岁）、老化问题比较严重的实际情况，确定把会员发展的重点由原工商业者逐步转向从事工商企业和其他经济工作的人士，特别是其中的中青年知识分子。并注重对年轻新成员的考察、引进和培养工作，届中增选了省委委员10人，委员平均年龄下降3岁。1985年后，按照民建中央四届二中全会提出的"在工作中发展，发展为了工作"的原则和民建全国组织工作会议精神，进一步明确以中年知识分子为主，把经济师、会计师、统计师、工程师、财经界人士、经济理论研究与教学工作人士、在工商企业中担任一定领导职务或社会联系较广泛的经营管理人员、生产技术人员10个方面作为重点发展对象，到1988年6月，全省共有会员1062人，平均年龄由1984年63岁下降到57岁，经济界知识分子在会员中的比例达到1/2，会员结构得到较大改善。

民建河南省第三届委员会（1988年11月~1992年7月）根据民建中央《〈关于健全和巩固组织工作的几点意见〉的意见》，坚持巩固与发展相结合的方针，在注重政治素质的前提下，注意吸收知识及专业层次高，有代表性、有影响的人员入会，适当放慢发展速度，使会员整体素质有所提高，同时还重点抓好省市级领导班子后备干部队伍建设，推进新老交替工作和班子素质的提高。1992年6月，全省共有会员1381人，其中大专以上学历的475人，占会员总数的44.3%。

民建河南省第四届委员会（1992年7月~1997年6月）以改善结构、提高素质、增强活力、适应需要为目的，切实推动组织建设工作，制定了《民建河南省委关于加强领导集体建设的意见》，建立了具有一定规模的省市级后备干部队伍，并注重加强培养和使用。1993年后，民建省委按照民建中央五届三次全会提出的滚动交替的方针和成熟一个引进一个的精神，一批素质好、层次高、年富力强的人员进入领导集体，增强了委员会的生机和活力。到1997年换届前，市级组织增补副主委9人、委员16人，民建河南省委增选副主委2人、常委2人、委员4人。组织发展坚持以大中城市为主，以中上层人士为主，以经济界人士为主，有计划地稳步发展会员，严格组织发展程序，把好质量关，努力改善会员队伍结构。1996年年底，全省共有会员1890人、基层支部小组123个，会员平均年龄53.8岁，大专以上学历的占会员总数的49.1%，有中高级职称的占会员总数的54.4%。

民建河南省第五届委员会（1997年6月以后）根据民建中央《关于当前加强组织工作的意见》精神，提出了组织工作的新任务，明确了加强组织建设、提高整体素质、重点发展高层次人士、改善会员结构的组织工作思路。1998年5月，民建河南省第五届第四次常委(扩大)会议和10月的全省组织工作会议,提出积极吸收"三高两大"①人士入会,并积极稳妥地做好非公有制经济人士入会工作。1999年,民建河南省委开展了基层组织情况调查活动,12月召开基层支部工作经验交流会。2000年,民建河南省委就领导班子建设、后备干部培养、发展高层次代表人士入会等问题开展调查研究,针对各地不同情况及时进行指导,积极做好协调工作。五届委员会期间增选委员11人、常委2人、副主委1人,民建河南省委领导班子结构得到了改善。至2000

1980~2000年民建河南省会员发展情况表

表35-3-1-1

届别	起止年月	发展人数	男	女
第一届委员会	1980.4~1984.4	197		
第二届委员会	1984.4~1988.4	638		
第三届委员会	1988.11~1992.7	332		
第四届委员会	1992.7~1997.6	656	469	187
第五届委员会	1997.7~2000.12	690	440	250

2000年民建河南省会员界别分布情况表

表35-3-1-2

届别	界别	人数
第五届委员会	公有经济	1407
	非公经济	191
	法 律	40
	高等教育	134
	普通教育	162
	科学技术	57
	医药卫生	150
	文化艺术	19
	新闻出版	41
	政府机关	170
	党派机关	62
	社会团体	35
	其 他	38

---

①高学历、高职称、高职务,贡献大、影响大。

1953~2000年民建河南省市级组织成立及换届时间表

表 35-3-1-3

组织名称	成立时间	换届时间 界别/主委	换届时间 界别/主委	换届时间 界别/主委	换届时间 界别/主委	换届时间 界别/主委
民建郑州市委	1953.4	1980.9 七届/傅子诚	1984.9 八届/傅子诚	1988.9 九届/赵景平	1992.1 十届/赵景平	1997.8 十一届/薛定海
民建开封市委	1953.4	1980.7 五届/杨朔汾	1984.5 六届/杨朔汾	1988.10 七届/杜泰武	1992.10 八届/杜泰武	1997.1 九届/杜泰武
民建洛阳市委	1982.5	1982.5 一届/谢会举	1984.12 二届/谢会举	1992.5 三届/苏立樾	1997.1 四届/苏立樾	
民建新乡市委	1959.8	1980.6 二届/刘荷甫	1984.12 二届/刘荷甫	1989.3 四届/陈守予	1992.3 五届/陈守予	1996.12 六届/谭世奇
民建安阳市委	1984.4	1984.4 一届/李传鼎	1988.12 二届/姚玉燕	1992.4 三届/(空　缺)	1996.12 四届/乔国强	
民建商丘市委	1985.4	1985.4 一届/吕祥云	1988.11 二届/陈有义	1991.1 三届/陈有义	1999.3 一届/马建新**	
民建信阳市委	1986.1	1986.1 一届/张鹏轩	1989.11 二届/张鹏轩	1992.6 三届/廖长明	1997.3 四届/廖长明	1999.12 一届/廖长明**
民建许昌市委	1985.9	1985.9 一届/李益堂		1992.3 一届/李益堂*	1996.12 二届/袁沛化	
民建平顶山市委	1992.3	1992.3 一届/赵树藩	1996.11 二届/余善珍			
民建焦作市委	1995.12	1995.12 一届/宋世明				
民建濮阳市委	1998.11	1998.11 一届/孙永振				

说明：* 许昌于1986年撤地改市，1992年民建许昌市第一届委员会（省辖市）成立

　　** 商丘、信阳分别于1997年、1998年撤地改市，1999年两市民建第一届委员会（省辖市）成立

年年底，全省共有会员2506人，平均年龄51.4岁；大专以上学历占62%，有专业技术职称的占75.3%，分别比1997年增长19.5和44.5个百分点，会员结构得到进一步改善。

思想教育　1978年以后，河南省各级民建组织认真学习中共十一届三中全会文件，贯彻民建中央提出的"坚定不移跟党走，尽心竭力为四化"行动纲领，把会员的爱国热情转化成为四化建设服务的实际行动。1984年5月、10月的民建河南省委主委会、民建河南省委二届二次常委会明确了思想政治工作必须服从服务于中国共产党的总目标、总路线，在政治上与中共中央保持一致。同年12月，民建河南省委组织学习贯彻中共中央《关于经济体制改革的决定》，号召会员学习提高认识，正确理解和分析形势，积极参加改革。1985年，以纪念民建成立40周年为契机，广泛开展会章会史和会的优良传统教育，民建河南省委以《民建会员生活》《工作简讯》和印发学习资料等形式，配合和推进宣传教育工作的开展。

1989年12月，中共中央《关于坚持和完善中国共产党领导的多党合作和政治协商制度的意见》制发实施后，在全会形成学习贯彻、广泛宣传的热潮，进一步激发了全省各级民建组织和广大会员为社会主义现代化建设服务的历史责任感和政治热情。1991年，民建河南省委创办了会内刊物《建声报》。

1992~1997年，全省民建各级组织坚持以邓小平理论为指导，从提高会员素质出发，不断加强会员的思想教育工作，建立了民建河南省委全会、常委会会前学习制度、中心学习组学习制度，举办多种形式的报告会、专题讲座、读书班、研讨班、参观访问等，突出思想教育的针对性，收到良好效果，5年内会员中有781人次获各种先进称号。

1997年以后，围绕纪念中共十一届三中全会召开20周年、中共中央《关于坚持和完善中国共产党领导的多党合作和政治协商制度的意见》制发10周年、中华人民共和国成立和中国人民政协成立50周年、民建成立55周年、港澳回归等重大事件，开展多种形式的学习座谈和知识竞赛、征文、书画展、演讲会等纪念庆祝活动。1998年，成立统战理论与会务工作研究委员会。1999年，在抗议以美国为首的北约袭击中国驻南联盟使馆、批判李登辉"两国论"等重大事件中，民建河南省委教育引导会员保持清醒头脑，与中共中央保持高度一致。2000年8月，民建河南省委召开思想建设工作会，制定了《民建河南省委贯彻〈民建中央关于加强思想建设工作的意见〉的实施意见》。民建河南省委每年开展一至二次有针对性的思想工作调研。

第二节 政治活动

中共十一届三中全会以后,在中共河南省委和民建中央的领导下,全省各级民建组织教育和引导广大会员,坚持社会主义初级阶段的基本路线和基本纲领,坚持中国共产党领导的多党合作和政治协商制度,坚持"长期共存、互相监督、肝胆相照、荣辱与共"的方针,增强参政党意识,把中共的路线、方针政策与民建的具体实际紧密结合起来,切实履行政治协商、民主监督、参政议政职能,紧紧围绕河南省的经济建设和社会发展,认真开展调查研究,积极建言献策。会员中担任全国人大六届代表2人,七届代表4人,八届代表2人,九届代表2人。担任全国政协六届委员2人(其中常委1人),七届委员2人(其中常委1人),八届委员2人,九届委员1人。担任省人大七届代表9人(其中常委1人),八届代表9人(其中常委1人),九届代表8人(其中常委1人)。担任省政协六届委员25人(其中副主席1人、常委8人),七届委员19人(其中副主席1人、常委3人),八届委员25人(其中副主席1人、常委4人)。1989年至2000年年底,会员中担任各级人大代表、政协委员共达874人次,提交议案、提案、建议2000多件。反映社情民意信息245条,被有关部门采用223条次。在各级政府和司法部门担任领导职务15人,担任特约员100多人次,为维护安定团结的政治局面、推进全省的改革开放和经济建设事业发挥了积极作用。

1984~2000年民建河南省成员担任政府厅级以上职务一览表

表35-3-2-1

姓名	性别	职务	任职时间
张汉英	女	焦作市人民政府副市长	1984.12~1998.4
阮仲亨	女	河南省工商行政管理局副局长	1996.8~
马建新	男	商丘市人民政府副市长	1997.12~
肖继业	男	安阳市人民政府副市长	1998.12~

参政议政 1978年民建河南省委恢复组织活动以后,积极协助中共党和人民政府贯彻落实中国共产党对原工商业者的政策,做好对原工商业者的安排使用,贯彻落实知识分子政策,并根据会员多数从事经济工作的特点,积极引导会员围绕经济建设中心,把参政议政与参加社会主义建设实践有机结合起来,积极为促进社会发展、经济体制改革、经济建设献计出力。

1991年省政协六届四次会议上,民建河南省委首次提交《进一步完善企业承包经营责任制的建议》的提案，获评优秀提案。

在民建河南省第四届委员会（1992年7月~1997年6月）期间，省市级民建组织建立了与政府部门对口联系制度，民建河南省委领导与中共河南省委和河南人民政府领导人建立了个人联系渠道，建立了适应参政议政工作的内部运作机制，民建河南省委还聘请一批会外专家学者和有丰富实践经验的部门负责人为本会特邀顾问，为更好地参政议政创造条件。民建河南省委在省政协七届三次会议上的《关于国有企业扭亏增盈工作的几点建议》、在省政协七届四次会议上的《妥善解决我省市、县、乡新华书店场地建设问题》等提案获评优秀提案，省政协第七届第四次会议上的《关于实施科技兴农，强化社会服务，促进农村经济发展的建议》获评优秀提案并列入重点提案报送省领导参阅。1994年、1995年、1996年年度民建省委获优秀提案提出单位奖。

1998~2000年，全省各级民建组织把参政议政工作摆在重要日程，在发挥民建的整体优势和形成新的机制方面进行了积极探索。1999年8月，民建省委召开参政议政工作会议，五届八次常委会讨论通过了《民建河南省委员会关于贯彻民建中央〈关于进一步加强参政议政工作的意见〉的意见》。1999年7月和2000年11月两次召开在政府担任领导职务会员座谈会。3年间共提出提案、议案、建议1000余件。其中，民建省委在省政协八届一次会议上提出的《动员各方面力量，将我省职工解困暨再就业工作进一步推向深入》、在八届二次会议上提出的《大力发展社区服务，积极培育市民消费增长点》的提案被列入重点提案，报送有关领导参阅。

调查研究　　1980年，民建河南省委按照民建全国三次代表大会提出的"坚定不移跟党走，尽心竭力为四化"的行动纲领，深入开展调查研究工作。至1984年4月的一届委员会期间，对全省经济调整工作开展调研，并提出八个方面的意见建议，报中共河南省委、河南省人民政府及有关部门参阅。此后还就全省传统名牌中药生产、改进中药业管理工作等问题，进行了专门调查研究，针对存在的问题和困难向政府、行业主管部门提出改进意见和建议。

1984~1988年，民建河南省二届委员会与省工商联联合就河南省名牌食品恢复和发展问题，进行专门调查研究，提交了调查报告。

1988年以后，民建河南省委从自身实际出发，围绕中共河南省委和河南省人民政府的中心

照35-3-2-1　1996年11月，以民建河南省委主委朱书泉为组长的调查组，就全省现代企业制度试点工作进行情况及存在的问题到郑州、安阳等地调研

工作，每年都要选择一些有针对性的调研课题，组织有关人员进行深入广泛的调研。就如何搞好国营大中型企业等重大经济问题和改革措施，提交了一批较有价值的调研报告和建议。

1992年7月民建河南省第四次会员代表大会召开以后，省、市组织设置了参政议政专门机构或专门委员会，负责调查研究和参政议政工作，拟定调研课题和调研方案。民建河南省委开展了国有企业扭亏增盈，棉花购销生产，科技兴农、促进农村经济发展等多项专题调查研究，所形成的调研报告受到有关领导和有关部门重视。

1997年以后，民建河南省第五届委员会注重发挥会员中的专家学者、专业人才的作用，组织开展重点调研，有效地推动了调查研究工作的稳步发展。民建河南省委1997年的《我省非公有制经济发展的现状和思路》《国有企业改革问题的调查》《关于城市环保问题的建议》《加大投资力度，加快三门峡库区建设》，2000年的《创造良好的社会环境，促进中小企业改革与发展》《改善我省经济发展软环境》等一大批高质量调查报告，以及会员围绕科技、教育、"三农"、人才、风险投资等开展调查研究所提出的意见和建议，引起有关部门重视，有的被采纳。

1998年，民建河南省委成立民建河南省经济与社会事业研究委员会，创办内部刊物《调研与建议》，到2000年年底共编32期。1992~2000年，全省民建组织及会员共撰写调查报告300多篇。

民主监督　　1978年以后，全省民建组织在履行民主监督职能中取得了较大进展。1988年年底以前，注重发挥会员从事经济工作、熟悉经济情况的特点和优势，推动会员就区域性、行业性经济、社会发展战略、重要决策和执行情况进行调研，提出批评建议，发挥民主监督作用。

中共中央《关于坚持和完善中国共产党领导的多党合作和政治协商制度的意见》的制发实施，进一步激发民建各级组织和广大会员的政治责任感和政治热情。民建省市级组织的主要领导人每年都多次参加中共党委和人民政府等召开的民主协商会、座谈会、情况通报会等，就一些重大决策、人事安排、人民生活等重大问题，坦诚地提出意见和建议。

1988年11月民建河南省第三次会员代表大会以后，民建省委受中共河南省委委托，先后于1990年就开封市工业经济状况、1991年就安阳市"千村百万工程"进行了考察，本着知无不言、言无不尽的精神提出意见和建议。同时还积极向政府有关部门推荐会员参与民主监督，到2000年年底，民建会员中担任特约监察员、特约审计员、特约检察员、特约教育督导员的有90人，他们在做好本职工作的同时，积极参加有关单位开展财政、税务、物价、执法等检查和审计工作，积极参加各级政府组织的政风、行风评议工作，较好地发挥了民主监督职能。

民建河南省委鼓励和支持会员中的人大代表、政协委员、专家学者、专业技术人才参加有关单位组织的调研、视察、检查、评议等活动，实事求是地提出意见和建议。全省各级民建组织的主要领导人除经常参加中共各级党委及人民政府、政协组织的通报会、协商会、座谈会、政府工作会以及有关部门组织的调查、检查、视察等活动外，自第四届委员会开始，还与中共党委及人民政府领导人建立了个人联系渠道，建立了民建组织与政府部门的对口联系制度。

反映社情民意 反映社情民意是民建发挥参政党职能的一条重要渠道。1997年民建河南省第五次会员代表大会以后，民建河南省委把积极了解和反映社情民意列入重要日程，并由驻会领导亲自抓，在日常工作中给予大力支持和指导。1997年，民建省委制定了《民建河南省委关于进一步加强反映社情民意工作的意见》，1998年6月又制定了《民建河南省委关于进一步加强信息工作的意见》，对做好反映社情民意工作提出具体要求，明确反映情况、服务决策的指导思想和基本原则，进一步规范反映社情民意工作程序，基本实现了反映社情民意工作的规范化运作。1999年6月，民建河南省委对部分信息员进行集中培训，邀请长期在政府部门从事信息工作、有丰富经验的领导授课。2000年3月，民建河南省委发出《关于建立信息员队伍的通知》，提出信息员应具备的条件，加强对信息员队伍、信息小组的领导和管理等要求，在全省各级组织和领导的重视与支持下，基本形成省委有人管、市委有人抓、基层支部有信息员的信息网络。同时民建河南省委还重点抓反映社情民意工作的制度化建设，要求各级组织主要领导亲自抓。民建河南省委对社情民意编发实行严格的审查把关制度、登记存档制度、采稿反馈制度、采稿情况定期通报制度，建立信息工作激励机制，年终根据采稿情况进行表彰奖励。为提高信息员的自身素质，民建河南省委不定期地印发有关学习资料、领导讲话和外地先进经验等，有效地提高了信息的质量和水平。在各地民建组织和广大会员的共同努力下，通过不断地探索和实践，反映社情民意工作取得可喜的成绩和良好的社会效果。1997年7月至2000年年底，民建河南省委共编发《情况反映》200期，向有关部门报送各类社情民意245条，分别被民建中央采用89条、全国政协采用17条、中央统战部采用6条、省政协采用44条、省委统战部采用67条，其中被有关部门采用专报国家主要领导参阅的7条、专报省主要领导参阅的6条、国家和省有关领导作出重要批示的8条、被民建中央评为反映社情民意优秀成果的1条。1998年，获民建中央反映社情民意工作先进单位二等奖，1999年、2000年获民建中央反映社情民意工作先进单位称号，在全省政协系统、各民主党派省委中，采稿数均名列第一。

第三节 社会服务

1980年民建河南省委成立以后，围绕中共党和政府的工作重点，坚持"尽力而为、量力而行"的原则，按照"适应需要、发挥优势、联系协作、讲求实效、开拓前进"的方针，积极推动各级组织和广大会员开展社会服务活动。1988年，民建河南省委提出为改革开放和"两个文明"建设服务。1991年，在全省会员中开展为"质量、品种、效益年"献计出力活动，号召会员开展每人至少办一件实事的"一人一事"活动。1993年在全省为"两个文明"建设服务工作会上，提出开展为振兴河南经济献计出力活动。1997年，提出以建立支农扶贫点为突破口全面推进社会服务工作。民建河南省委还号召广大会员充分发挥自身优势，积极开展咨询培训，为希望工程、社会公益事业献爱心活动。在实践中不断总结经验，探索社会服务工作的新途径、新方法，努力开创新的工作局面。

为经济建设献计出力 民建河南省委成立以后，全省各级民建组织按照"发挥智力优势，为改革开放和'两个文明'建设服务"的要求，引导会员做好岗位工作，发挥民建与经济界紧密联系的优势和自身专业特长，开展多种形式的献计出力活动。1991年，国务院决定当年为"质量、品种、效益年"，民建河南省委响应号召，提出在全省会员中开展为"质量、品种、效益年"献计出力活动，号召会员开展每人至少办一件实事的"一人一事"活动。1991年7月，又召开民建河南省委为"两个文明"建设服务工作会议。据统计，1989年至1992年6月，全省各级民建组织和会员共提建议568条，进行技术改造、技术革新项目147项，协助企业引进技术、设备113项，创效益3814.14万元，节约外汇137万美元，创汇758.79万元，引进资金2400万元，协办企业24个。

第四届委员会期间（1992年7月~1997年6月），民建河南省委在全省广大会员中开展"为振兴河南献计出力"活动。1993年7月，民建河南省委召开为"两个文明"建设服务工作

照35-3-3-1 1997年12月3日，民建河南省委在开封召开省民建为"两个文明"建设（简称"两建"）服务工作座谈会

会议，研究探讨了工作新思路。在更广泛的社会领域开展"为振兴河南献计出力"活动，为希望工程、社会公益事业等献爱心，为扶贫救灾、发展农村经济、促进企业发展等作贡献。1992~1997年，共提出各类建议1794条，进行技改技革、开发新产品新工艺364项，节约资金1918万元，创汇1758美元，引进技术、设备54项；完成科研成果134项，会员中有4人获科技拔尖人才称号，3人享受政府特殊津贴。

1997~2000年，民建河南省委遵循民建中央"为国出力、为会争光、适应需要、拾遗补阙、发挥优势、开拓创新"的基本思路，于1997年12月在开封召开民建河南省社会服务工作会议，提出以支农联系点为突破口、以点带面、全面推进的工作思路。1998年年初，民建河南省委在商丘宁陵县城郊乡后址庄村建立了支农扶贫联系点。各市级组织都先后建立了扶贫联系点，组织会员为企业发展作贡献，为农村经济发展和农民脱贫致富献爱心。

2000年8月，民建河南省委与省科技部门联合举办"河南省风险投资研讨会"，副省长张涛和国家、省直有关单位，高等学校，金融、政府机构的负责人与专家学者200余人参加会议，对河南省风险投资起到了积极推动作用。

咨询培训　　中共十一届三中全会以后，民建河南省委把工作重点转移到为经济建设服务上来，同省工商联协作，发挥各自成员的技术专长和知识才能，开展经济技术咨询、工商专业培训活动。据统计，到1987年年底，民建、工商联共有咨询服务机构12个，参加咨询的成员789人次，重要咨询项目1346项；创办中专学校3所，培养学生2451人；举办各种类型中短期培训班387班，培训学员36024人次；举办讲座357次，听讲人数28173人次；为少数民族培训各类专业人才1280人，培养军地两用人才305人；成员257人单独开展培训，受教人数10560人；自编教材38册，200多万字。成员自办企业60余个，协办集体企业90多个，安置待业青年2111人，带来经济效益3000万元以上。

1988年以后，全省民建各级组织以适应社会需要为思路，积极组织会员开展企业技术改造和技术革新，为群众提供卫生医疗、法律法规咨询服务等，至1992年6月，全省共兴办咨询服务机构9个，举办各类专业技术培训班98期，培训8367人次。

第四届委员会期间（1992年7月~1997年6月），咨询培训工作有了新的发展。一是组织会员中有经验的经营管理人员和科技人员为企业的建设和发展提供技术服务，为企业的经营管理提供诊断咨询，帮助企业改善经营管理；二是成立了3个会员办的会计师事务所和审计师事务所；三是对乡镇企业的发展、小康村建设提供技术服务和业务咨询，帮助进行规划设计，提供经济、技术信息和具体的技术指导。5年共开展咨询服务3949项，举办各类培训班242期，培训各类技术人才达15220人次。

1997年至2000年年底，省、市级民建组织在积极组织和引导会员继续做好咨询培训的基础上，围绕支农扶贫联系点开展科技、卫生、文化下乡活动，充分发挥会员中专业人才的智力优势,把咨询服务工作引向深入。民建河南省委多次组织会内专家学者到支农扶贫联系点开展免费送医送药,赠送农业科技资料、书籍和农业科技咨询活动,受到当地政府和群众的欢迎和赞誉。各市级组织都把联系点作为重点帮扶对象,组织会员开展咨询服务、技术培训、关心帮助下岗职工、定点帮扶、电器农机具义务维修,到田间地头为农民提供实用技术服务和现场指导等,社会服务活动相当活跃。此外,还培训下岗职工4200多人。

参加社会公益事业

全省各级民建组织和广大会员把积极参与和推进社会公益事业发展作为社会服务的一项重要内容,以无私奉献的精神关注和支持希望工程、残疾人事业、扶贫救灾等社会公益事业活动。民建河南省委每年组织机关工作人员开展义务植树,积极参与社会公益事业献爱心活动,1995~2000年,民建河南省委机关和工作人员为希望工程、下岗困难职工、扶贫救灾等捐款5万余元。全省各级组织和会员也通过各种形式、各种渠道关注和支持社会公益事业,积极地奉献爱心。1998年,民建河南省委协调、筹集资金10万元,为支农扶贫联系点宁陵县城关乡后址庄村学校新建了教学楼。同年,省委机关还捐赠了一批办公用具。不少会员"一帮一""结对子",有的一人资助多名贫困学生。据统计,1992~1997年,民建组织和会员为灾区、贫困地区、助残等捐款捐物总价值567740元。1998年在国内部分地区发生特大洪灾期间,民建会员纷纷伸出援助之手,积极捐款捐物支援抗洪救灾工作,总价值20.68万元。民建会员通过积极参与社会公益活动,树立了民建良好的社会形象,受到有关部门及社会、群众的好评。

获奖成果

1984~1988年,全省民建会员受到各种表彰和奖励2392人次。

1991年省政协六届四次全会上,民建河南省委提出《进一步完善企业经营和承包责任制的建议》的提案获省政协优秀提案奖。

1992年5月,民建中央召开优秀会员、先进集体表彰大会,民建郑州纺织机械厂支部、郑州中药厂支部、开封医药支部、开封高压阀门厂支部、新乡铁路支部、河南师范大学支部、信阳轻工支部、商丘科技一支部获先进集体称号,初东明、薛定海、任德修、杜泰武、杨媛英、朱纯儒、王雅各、郭玉平、李蔚田、顾征、刘可仪、宋惠泉、王若冰、孙宝龄14名会员获优秀会员称号。

1993年12月,中共中央统战部、国家民委、各民主党派中央、全国工商联召开智力支边扶贫表彰大会,河南民建会员孙树祥获先进个人。

1994年11月,民建河南省委被省人大常委会办公厅、省政府办公厅、省政协办公厅评为优秀提案提出单位。

1995年12月,民建中央召开纪念民建成立50周年大会,河南会员沈则诚、樊正鸿被评为优秀会员,安阳内衣厂支部被评为先进集体。

1995年12月,中共河南省委召开各民主党派、工商联、无党派人士为经济建设服务经验交流暨表彰大会，民建平顶山市委、新乡市经济技术专家工作委员会、开封医药支部、安阳内衣厂支部、信阳轻工支部、信义会计师事务所被评为先进集体，刘可仪、刘玉娥、朱汝景、顾征、阮仲亨、李志高、李健生、祁学东、郭长祥、肖继业、陈有义、武庆平、樊正鸿等14名会员被评为先进个人。

1995~1996年年度，民建河南省委获省政协优秀提案提出单位奖。

1997年2月，民建河南省妇委会获河南省妇联系统先进集体称号，同时被授予河南省三八红旗集体称号。

1998年6月，民建河南省委《关于非公有制企业家对调整和完善所有制结构的看法》获民建中央反映社情民意优秀成果奖；民建河南省委《关于实施科技兴农，强化社会服务，促进农村经济发展的建议》获民建中央参政议政优秀成果奖。

1998~2000年年度，民建河南省委连续3年被民建中央评为反映社情民意工作先进单位。

2000年12月，在民建中央纪念民建成立55周年大会上，民建郑州纺织机械厂支部、新乡市机关支部、安阳机床厂支部获先进集体称号，会员王秉真、王桂堂、孙永振、张勇、张玉民、金正新获优秀会员称号，受到表彰。

第四节 重要会议

民建河南省地方组织成立以后，曾召开过多次具有重要意义的会议。1980年4月和1984年4月分别召开了民建河南省第一次和第二次会员代表大会。1985年12月召开了民建成立40周年纪念大会。1988~2000年，民建河南省委先后召开了第三至五次会员代表大会及民建成立50周年、55周年纪念大会。

民建河南省第三次会员代表大会 1988年11月17~21日，中国民主建国会河南省第三次会员代表大会在郑州召开，出席代表116人，其中特邀代表9人。民建中央向大会发来了贺信。中共河南省委副书记、副省长胡笑云代表中共河南省委向大会表示祝贺并讲话，省人大常委会副主任赵文隆、省政协副主席赵正夫、中共河南省委统战部部长武守全及省各民主党派、各群众团体、省直有关单位负责人到会祝贺，九三学社河南省委副主委何家泌代表各民主党派省委，省妇联主任杨碧如代表工、青、妇，省工商联副主委王树廉代表省工商联向大会致贺词。

大会学习了中共十三届三中全会精神，传达贯彻了民建第五次全国代表大会精神，审议通过了朱书泉代表民建河南省第二届委员会所作的工作报告和关于工作报告的决议；通过了《关于认真学习贯彻中共十三届三中全会精神的决议》；选举产生了民建河南省第三届委员会委员41人。在民建河南省委三届一次全会上，选举主任委员、副主任委员、秘书长、常委共20人。

民建河南省第三届委员会成员名单
（1988.11~1992.6）

主 任 委 员	朱书泉				
副主任委员	李传鼎	吕祥云	秦耀华	王挚性	赵景平	姚玉燕
秘 书 长	李学让				
常 务 委 员	王若冰（女）	王建祥	叶 武	杜泰武	吴寿之
	李益堂	张鹏轩	孟天才	胡长江	黄家齐
	葛树森	阚崇民			
委　　　员	王大瑞（女）	王丽斌（女）	王若冰（女）	王建祥	王挚性
	叶 武	田世昌	许万福	朱书泉	阮仲亨
	吕祥云	李见曾	李达山	李传鼎	李学让

李国河	李庚详	李益堂	陈有义	沈则诚
吴寿之	杜泰武	何秋玲（女）	孟天才	周伯涛
张述珊	张鹏轩	赵一梅	赵景平	胡长江
祝龙章	姚玉燕	祖国培	原振华	梁汉泉
秦耀华	黄家齐	葛树森	廖长明	缪兴中
阚崇民				

常务委员会顾问　刘荷甫　傅子诚　朱缙章

民建河南省第四次会员代表大会　1992年6月21~23日，中国民主建国会河南省第四次会员代表大会在郑州举行，出席代表115人，其中特邀代表5人。中共河南省委副书记林英海、省人大常委会副主任赵文隆、省政协副主席武守全及省各民主党派、工商联、总工会、团省委、省妇联等有关单位的负责人到会祝贺。民建中央发来了贺电，林英海代表中共河南省委讲话，省民革副主委梅养正代表省各民主党派，省工商联副主委杨洪绶代表省工商联，省总工会副主席赵佳轩代表省总工会、团省委、省妇联、省科协、省文联、省作协分会、省台联、省侨联等组织向大会表示热烈祝贺。会议学习了邓小平南方谈话、江泽民在中共中央党校的重要讲话和中共河南省委第五届第四次全会、省三级干部会议精神；大会审议通过了民建河南省第三届委员会工作报告和相应的决议；选举产生新一届委员会委员43人和出席民建全国六大代表。在民建河南省委四届一次全会上，选举主任委员、副主任委员、秘书长、常委共17人。

民建河南省第四届委员会成员名单
（1992.6~1997.6）

主 任 委 员	朱书泉				
副主任委员	赵景平	陈守予	杜泰武	李学让	
秘 书 长	周伯涛				
常 务 委 员	王若冰（女）	王建祥	田世昌	苏立樾	阮仲亨
	赵树藩	薛定海			
委　　　员	马晏秋	王若冰（女）	王建祥	文应宸	田世昌
	卢克兴	许万福	朱书泉	宋世明	李　刚
	李学让	李庚详	李益堂	李谦堂	张志千
	张述珊	张香玲（女）	苏立樾	阮仲亨	祁学东
	肖继业	何秋玲（女）	杜泰武	孟天才	陈有义
	陈守予	余善珍（女）	岳佐侗	周伯涛	祖国培

赵树藩　　　赵景平　　　赵福林　　　原振华　　　黄家齐
程　翔　　　郭素真（女）廖长明　　　缪兴中　　　樊元珍（女）
薛定海　　　霍　贵　　　穆家骥

常务委员会顾问　刘荷甫　傅子诚　李传鼎　王挚性　吕祥云　朱缙章

1994年1月，在民建河南省委四届二次全会上，增选苏立樾为第四届委员会副主任委员。

1995年12月，在民建河南省委四届四次全会上，增选李国固、张延民为第四届委员会委员、常务委员会委员。

1996年7月，在民建河南省委四届五次全会上，增选张汉英、袁沛化为第四届委员会委员，增选张汉英为第四届委员会副主任委员。

<mark>民建河南省第五次会员代表大会</mark>　1997年6月25~27日，中国民主建国会河南省第五次会员代表大会在郑州举行，出席代表140人，其中特邀代表12人。省政协副主席、中共河南省委统战部部长胡树俭代表中共河南省委到会祝贺并讲话，民建中央副秘书长王坚受民建中央委托向大会宣读了贺信。省人大常委会副主任侯志英、副省长李志斌及省政协副主席梅养正、邵令方到会祝贺，省九三学社主委张涛代表省各民主党派、省工商联、省职教社，团省委副书记宋璇涛代表省总工会、团省委、省妇联向大会致贺。大会进一步学习了中共十四届六中全会和中共河南省委六届三次全会精神；审议通过了民建河南省第四届委员会工作报告，并通过了相应决议，选举产生民建河南省五届委员会委员41人和出席民建全国第七次代表大会的代表。在民建河南省委五届一次全会上，选举主任委员、副主任委员、秘书长、常委共11人，选举名誉主任委员1人。

民建河南省第五届委员会成员名单

（1997.6~　　）

名誉主任委员	朱书泉			
主　任　委　员	张汉英			
副主任委员	杜泰武	李学让	李国固	薛定海
秘　书　长	张延民			
常　务　委　员	田世昌	阮仲亨	乔国强	余善珍（女）谭世奇
委　　　员	孔德福	田世昌	甘　冰（女）许万福	乔国强
	任艳彩（女）阮仲亨	祁学东	李志高	李　刚
	李学让	李国固	张志千	张汉英（女）张延民
	张香玲（女）张晓林	张惠琴（女）杜玉保	杜泰武

宋世明　　　肖继业　　　余善珍（女）金正新
岳佐侗　　　段晓莉（女）柳群生　　　郭素真（女）徐金波
顾　征　　　袁沛化　　　梁留科　　　萧　泳　　　矫桂俊(女)
崔永斌　　　缪兴中　　　廖长明　　　谭世奇
樊元珍（女）穆家骥　　　薛定海

　　1999年12月，在民建河南省委五届四次全会上，增选马建新、王明德、孙永振、孟建国为第五届委员会委员，张延民辞去秘书长职务。

　　2000年12月，在民建河南省委五届五次全会上，增选巩国顺、张冬平、张景林、姜建初为第五届委员会委员。

纪念民建成立50周年大会　　1995年12月7日，民建河南省委在郑州举行了中国民主建国会成立50周年纪念大会，省人大常委会副主任王宏范，省政协副主席、中共河南省委统战部部长胡树俭，省政协副主席左明生、梅养正、邵令方以及各民主党派、工商联、省总工会、团省委、省妇联、省职教社等单位领导人和民建省委特邀顾问到会祝贺。胡树俭代表中共河南省委、省人大、省政府、省政协致贺词；梅养正代表省各民主党派致贺词；省政协副主席、民建河南省委主委朱书泉作《发扬民建优良传统，努力发挥参政党职能，为建设有中国特色的社会主义作出新贡献》的讲话。大会表彰了为社会主义革命和建设事业、为民建的发展与进步作出突出贡献的优秀会员和先进集体。

照35-3-4-1　纪念中国民主建国会成立50周年大会会场

第四章　中国民主促进会河南省委员会

中国民主促进会，是以从事教育、文化、出版工作的高中级知识分子为主的，具有政治联盟性质的，致力于建设有中国特色社会主义事业的政党，是与中国共产党通力合作的参政党。1945年12月30日在上海成立。

"文化大革命"以前，河南省没有民进组织。在中共河南省委的领导和省委统战部的支持帮助下，于1985年9月17日在河南组建中国民主促进会中央直属支部，秦佩珩为主任委员；1991年12月25日成立中国民主促进会河南省工作委员会（简称"民进河南省工委"），袁祖亮为主任委员。1994年1月18日，中国民主促进会河南省第一次代表大会召开，会议选举产生民进河南省第一届委员会，袁祖亮当选为主任委员。1997年6月19日召开民进河南省第二次代表大会，选举产生民进河南省第二届委员会，袁祖

照35-4-0-1　1991年12月，中国民主促进会河南省工作委员会成立大会会场

亮当选为主任委员。

截至2000年年底，民进河南省委先后在河南省12个省辖市建立了组织，其中在郑州、开封、洛阳、新乡、安阳、南阳、商丘、濮阳8个城市成立了市级委员会，在许昌、信阳、驻马店、平顶山4个城市建立了市级支部。全省民进会员1340人，中级以上职称会员1207人（其中博士、硕士100余人），省辖市副市长3人，政府部门处级干部11人，各级特约监察员、检查员、审计员、教育督导员54人。

参政议政是民主党派的主要职能之一，民进河南省委高度重视此项工作，带领全省民进各级组织和广大会员，围绕中共河南省委和河南省人民政府的中心工作，深入开展调查研究。截至2000年年底，先后提出议案、提案、建议771份，提出了《关于建立以郑州为中心的区域经济体系的建议》《提请政府注意宁西铁路走向问题》《尽快建立健全我省的社会保障制度》《南水北调中线工程移民问题的研究》等许多好的集体提案和建议。民进河南省委参政议政工作受到中共河南省委、河南省人民政府及有关部门的重视与好评，被民进中央评为全国参政议政工作先进单位。

民进河南省委充分发挥人才优势，积极组织开展多种形式社会服务活动。截至2000年年底，全省民进各级组织先后开展教育扶贫、科技扶贫活动67次，捐款、捐物折合人民币269930元，受益群众17324人次。安阳民进援建桃花洞希望小学，又积极响应中共中央关于西部大开发的号召，对国家级贫困县陕西省麟游县洪泉乡中心小学进行教育扶贫，组织会内外专家讲学，捐助电脑、电视、教具等用品。

到2000年，河南民进广大会员中有246人次获市级以上表彰，其中有5人获全国优秀教师称号、3人获全国五一劳动奖章、11人被评为省管优秀专家、5人享受国务院特殊津贴。

第一节　组织建设

"文化大革命"以前，河南省没有民进组织。在中共河南省委的领导和省委统战部的支持帮助下，1985年9月17日中国民主促进会中央直属支部在河南省成立，秦佩珩为主任委员。1991年12月25日，中国民主促进会河南省工作委员会成立，袁祖亮为主任委员。1994年1月18日，中国民主促进会河南省第一次代表大会召开，大会选举产生民进河南省第一届委员会，袁祖亮当选为主任委员。1997年6月19日，民进河南省第二次代表大会召开，会议选举产生民进河南省第二届委员会，袁祖亮当选为主任委员。截至2000年年底，全省共建有8个市级委员会、77个基层组织，会员1340人。

工作机构　民进中央直属支部成立后，在河南省郑州市花园路83号院开始办公，当时机构仅设办公室，机关工作人员1人。1991年，机关搬至郑州市金水路14号民主党派大楼，办公室由原来的1间增加到7间，机关工作人员6人。1997年，经省编委核定，机关设办公室、组织宣传处，编制11人，实有机关工作人员4人。

1994~2000年民进河南省委各专门委员会情况表

表35-4-1-1

	专门委员会名称	主任
第一届委员会 （1994.3~1997.6）	教育委员会	魏春明
	文化艺术委员会	姜晓华（女）
	妇女工作委员会	张秀云（女）
	议政调研部	宋全启
	社会服务部	阴镇太
	宣传部	李恩清
	组织部	周幼行
第二届委员会（1997.6~　）	教育出版委员会	曹增渝
	文化艺术委员会	姜晓华（女）
	妇女工作委员会	张宏琴（女）
	议政调研部	宋全启

续表

	专门委员会名称	主任
第二届委员会（1997.6~ ）	社会服务部	吕潮（女）
	宣传部	柳忠福
	组织部	魏春明
	联络委员会	阴镇太
	统战理论研究会	任崇岳

1997年，民进河南省委参加了中共河南省委组织部和省人事厅组织的面向社会公开招考公务员工作，经笔试、面试和政治考核，按照公开、公平、竞争、择优的原则，招录两名公务员，充实了机关干部队伍。

截至2000年年底，河南民进共有市级委员会8个，省、市两级委员会机关专职干部共19人，民进河南省委实有工作人员7人。民进河南省委明确岗位责任制，建立规章制度，并对办公机具及环境进行改善，初步形成办公环境优美、机关管理比较规范的局面。

专门委员会是广大民进会员发挥优势、积极履行参政党职能的有效载体。1994年3月，民进河南省委根据民进的界别特色和组织发展、参政议政、社会服务工作的需要，设置了7个专门委员会，人员16人。专门委员会的成立有力地促进了各项工作的开展。1997年6月，民进河南省第二次代表大会召开后，民进河南省委根据会员的发展情况和年龄知识结构，对专门委员会进行换届，充实一批年轻会员进入专门委员会；同时根据民进中央专门委员会设置情况，新设置了民进河南省委联络委员会、民进河南省委统战理论研究会，专门委员会增至9个，人员23人。

组织发展　1978年以后，民进河南省委坚持以《关于民主党派组织发展若干问题座谈会纪要》《河南省民主党派组织发展规程（试行）》和《关于加强河南民进组织建设的几点意见》的精神为指导，认真贯彻"四个有利于"①的原则和"三个为主"②的方针，针对河南民进人才构成情况，有侧重点地做好组织发展工作。截至2000年年底，河南省共有民进会员1340人，会员平均年龄45.6岁；中高级以上职称会员1207人，占会员总数的90%；教育文化出版界会员999人，占会员总数的75%；女会员548人，占会员总数的41%。民进河南省委在河南省13个市发展有会员，

---

①有利于坚持和完善中国共产党领导的多党合作和政治协商制度，有利于贯彻"长期共存、互相监督、肝胆相照、荣辱与共"的方针，有利于更好地发挥参政党的作用、为社会主义现代化建设和祖国统一　大业服务，有利于加强自身建设。
②以协商确定的范围和对象为主，以大中城市为主，以有一定代表性人士为主。

有郑州、洛阳、开封、新乡、安阳、南阳、商丘、濮阳8个市级委员会,4个市级直属支部,省直共有2个总支委员会、5个支部。

民进河南省委十分重视领导班子建设,根据民主集中制的原则,先后制定了《主委会议议事规则》《主委民主生活会制度》《常委会议议事规则》等一系列规章制度。民进河南省委班子成员在工作中互相信任、互相尊重、互相支持,始终倡导讲学习、讲政治、讲正气,集体领导、民主集中的良好风气,充分发挥领导班子的集体智慧和整体作用。选拔和培养后备干部是民主党派建设中的一项战略任务,多年来民进河南省委十分重视后备干部队伍建设工作,切实贯彻落实民进全国组织工作会议精神和民进中央《关于加强后备干部队伍建设的决定》精神,坚持"一把手"亲自抓和负总责的原则,班子全体成员密切配合,齐抓共管。按照"任人唯贤""德才兼备"的原则和建立后备干部队伍的标准,积极物色合适的人选,主动争取统战部门和基层党组织的支持,努力将后备干部的选拔、培养、使用有机结合起来。基层组织是民进的组织基础和工作基础。一批热心支部工作、具有奉献精神的优秀会员,进入支部班子,增强了支部的凝聚力,推动了基层支部工作的开展。每年的评先活动,有力地促进了基层组织工作的完善。

1992~2000年民进河南省市级组织成立及换届时间表

表 35-4-1-2

市级组织名称	第一届	第二届
民进洛阳市委员会	1992.10	
民进新乡市委员会	1992.12	1996.12
民进许昌市支部	1994.11	
民进郑州市委员会	1995.1	2000.11
民进开封市委员会	1996.2	
民进驻马店市支部	1996.6	
民进安阳市委员会	1996.8	
民进南阳市委员会	1997.7	
民进平顶山市支部	1998.11	
民进商丘市委员会	1999.3	
民进濮阳市委员会	2000.11	

1985~2000年民进河南组织成立及换届时间表

表35-4-1-3

名称	起至年月	发展人数
民进中央直属支部	1985.9~1991.12	392
民进河南省工作委员会	1991.12~1994.1	594
民进河南省第一届委员会	1994.1~1997.6	983
民进河南省第二届委员会	1997.6~2000.12	1340

思想教育　1989年12月，中共中央《关于坚持和完善中国共产党领导的多党合作与政治协商制度的意见》制发实施后，河南省各级民进组织形成了学习贯彻、广泛宣传的热潮，进一步激发了各级民进组织和广大会员为四化建设服务的政治热情，增强了历史责任感。

1992年后，全省民进各级组织坚持以邓小平理论为指导，通过座谈会、报告会、研讨会等多种形式不断加强会员的思想教育工作。同时，结合纪念中共十一届三中全会召开20周年、中共中央《关于坚持和完善中国共产党领导的多党合作与政治协商制度的意见》制发10周年、中华人民共和国成立50周年、中国人民政治协商会议成立50周年、中国民主促进会成立55周年以及香港、澳门回归等重大事件，开展形式多样的纪念庆祝活动，引导广大会员始终要坚持中国共产党的领导，发扬民进"爱国、团结、民主、求实"的优良传统，高举邓小平理论伟大旗帜，为建设有中国特色社会主义事业而努力奋斗。

1994~2000年，民进河南省委先后举办各种层次和类型的学习班12期，受训人数240余人次，先后选送32名会员参加民进中央和中央社会主义学院举办的各类培训班，有力地推动了思想教育工作。

第二节 政治活动

1985年9月民进中央在河南省建立直属支部以后，民进各级组织教育和引导广大会员始终坚持中国共产党的领导，坚持社会主义初级阶段的基本路线和基本纲领，坚持中国共产党领导的多党合作与政治协商制度，坚持"长期共存、互相监督、肝胆相照、荣辱与共"的方针，不断增强参政党意识，认真履行参政议政、民主监督职能。截至2000年年底，全省民进各级组织在各级人大、政协会议上提交提案、议案、建议771份，其中《关于建立以郑州为中心的区域经济体系的建议》《提请省政府注意宁西铁路走向问题》等提案受到中共河南省委、河南省人民政府的高度重视。1997年，民进河南省委被省政协评为提案工作先进单位；1999年，在首届民进全国省级组织专项工作评比中，民进河南省委被评为民进全国参政议政工作先进单位。

参政议政　民主监督　自1994年民进河南省委成立以后，全省民进各级组织及广大会员在民进河南省委的领导下，紧紧围绕经济建设这个中心，服务于中共党和国家的工作大局，深入调查研究，提出不少好的议案、提案和建议。

中共河南省委、河南省人民政府十分重视发挥民主党派的作用，在全省"十五"规划的制定、"东引西进"战略的实施、城市建设、国企改革、教育和文化事业的改革和发展等重大举措出台之前，都举办各种形式的协商会、座谈会、恳谈会、情况通报会、征求意见会等，与民主党派充分协商。民进河南省委主要负责人多次参加各种形式的座谈会、协商会等，就河南省经济建设和社会发展中的一些重大问题提出自己的真知灼见，受到中共河南省委、河南省人民政府及有关部门的重视和好评。

河南民进各级组织十分重视发挥人大代表和政协委员的作用，利用人大、政协"两会"，积极参政议政。截至2000年年底，河南省民进会员中共有各级人大代表36人，其中全国人大代表4人、省人大代表6人、市县人大代表26人；各级政协委员156人，其中全国政

照35-4-2-1　1988年10月，民进中央河南省直属支部主任秦佩珩带领会内专家赴南阳内乡县衙调研文化遗产保护问题

协委员1人、省政协委员16人、市县政协委员139人。他们以高度负责的态度，围绕中共党和政府的中心工作、人民群众的迫切要求和愿望，以及社会上亟待解决的热点、难点问题，积极建言献策。据统计，在各级人大、政协会议上，共提出议案、提案、建议771份。其中，以民进河南省工委、民进河南省委名义在省政协会议上提出的集体提案34份，大会发言材料20份。在省政协七届一次会议期间，以民进河南省工委名义提出的《提请省政府注意宁西铁路走向问题》提案，受到中共河南省委、河南省人民政府的高度重视，省长马忠臣亲自批示，副省长姚仲民亲自办理，《河南日报》跟踪报道。在省政协七届三次会议期间，以民进河南省委名义提出的《抓住"京九"机遇，发展河南东部经济》提案，由《河南日报》《协商论坛》《中国改革战略研究文汇》先后刊登。在省政协八届一次会议期间，以民进河南省委名义提出的《尽快建立健全我省的社会保障制度》提案被列为1号提案，《中州统战》《协商论坛》《河南日报》先后做了报道。在省政协八届二次会议期间，民进河南省委提出的《制订技术创新条例，促进我省经济发展》提案被《河南技术创新》一书全文收录。在省政协八届三次会议期间，民进河南省委提出的《建立高新技术风险投资基金，促进河南高新技术产业发展》《在乡、村两级设立大学生助学基金会，解决农村贫困学生上大学问题的建议》《"入世"与河南农业政策的现实选择》3份提案分别被列为1号提案、2号提案、3号提案。

1994年，全国政协召开提案工作会议，让各省选报优秀提案并汇集成册，河南省入选4件，其中3件是民进河南省委所提提案。1997年，民进河南省委被河南省政协评为提案工作先进单位；1999年，民进河南省委被评为民进全国参政议政工作先进单位。

民主监督是民主党派的重要职能。截至2000年年底，已有11名民进会员在各级政府部门担任处级以上领导职务，其中省辖市副市长3人。有54名会员担任各级特邀监督员、检察员、审计员和教育督导员，他们认真履行职责，积极反映人民群众关心的热点、难点问题，对被监督单位敢于监督、善于监督，并及时提出中肯的批评和建议，在推动河南省民主与法制建设、反腐倡廉、政府行政管理等工作中发挥了积极的作用。

调查研究 调查研究是参政议政工作的基础。民进河南省委成立以后，领导班子十分重视此项工作，多次召开主委会、常委会

照35-4-2-2 1995年7月，民进河南省委主任委员袁祖亮带领专家赴驻马店市就中低产品改造问题调研

及调研工作会议进行研究部署，并根据民进中央提出的调研题目和要求，结合河南的优势和特点，紧紧围绕河南省"两个文明"建设中的一些重大问题，以各专门委员会为依托，分别组织有关会员共同参与，深入基层，进行调研，努力掌握第一手材料。在调查研究的基础上写出了一批有一定理论深度、具体实在、操作性较强的调研报告。民进河南省委于1995年、1998年、1999年、2000年先后组织14次大型调研活动，撰写了《驻马店中低产田改造问题的报告》《落实"科教兴农"战略，大力发展农村职业教育》《抢抓西部大开发历史机遇，促进河南经济腾飞》《南水北调中线工程移民问题的研究》等较高质量的调研报告，受到有关部门的重视。2000年4月，民进河南省委受省科技厅委托，承担了河南省软科学研究计划项目中关于"河南在西部大开发战略中地位和作用的研究"课题，取得了重要成果。河南民进各市级组织也积极围绕本市的中心工作，精心选题，认真调研，提出很多好的建议，被当地政府有关部门采纳。

宁西铁路调研　河南省信阳、南阳地区所在的大别山区、桐柏山区、伏牛山区在土地革命时期是老苏区、老革命根据地，诞生过共和国200余位将军，为中国革命的胜利作出过巨大的贡献。中华人民共和国成立后，中共党和人民政府十分关心老区人民的生活和经济发展问题，在20世纪50年代，国家为了这一带经济的发展曾规划建设宁西铁路（东起南京、西至西安），并经河南信阳、南阳地区进入陕西省。1993年，在宁西铁路即将开工之际，民进河南省工委获悉宁西铁路河南段的走向要有所改变，这是关系到老区经济发展和老区人民生活改善的大问题。为此，民进河南省工委及时组织会内外专家赴宁西铁路沿线开展调查研究，并在政协河南省七届一次会议上以省工委的名义提出《提请省政府注意宁西铁路走向问题》的提案。提案认为：若不及时解决这些地区交通不便的问题，其经济很难有大的发展。再者，这一地区矿产丰富，铜矿、金矿、石油、大理石的储量相当可观，由于交通不便不能大量开采。为此，民进河南省工委提出维持宁西铁路走向不变的建议，并请省有关部门及早拿出《宁西铁路项目建议书》上报国务院有关部门。

该提案提出后，受到中共河南省委、河南省人民政府的高度重视，省长马忠臣亲自批示，主管副省长亲自督办，《河南日报》多次刊登提案跟踪办理情况。1993年5月，河南省人民政府向国家计委、铁道部报送了《关于建设西安至南京铁路南阳至信阳潢川段的请示》，河南省计委、南阳地区行署的领导还专门赴京向国家计委、铁道部进行汇报。1993年8月，铁道部在南阳召开宁西铁路规划论证会，主管副省长赴会说明情况，经热烈讨论，与会专家形成了宁西铁路从西峡进入河南，经南阳、信阳进入安徽的倾向性意见。1994年3月，八届全国人大二次会议期间，铁道部部长韩杼滨到河南代表团参加讨论，就宁西铁路先期建设南阳至信阳段问题向河南代表明确答复：前期工作要加快；在南阳接轨已定；明年人大会再谈开工问题。2000年，宁西铁路的修建被中共中央、国务院列为西部大开发十大工程之首予以实施。这样，一个关乎老区经济发展的大问题，由于民进河南省工委的提案、省政府的高度重视和各方面的共同努力和跟踪办理而得以落实。

第三节 社会服务

社会服务工作是民主党派展示自身形象的重要窗口，是参政议政工作实践和了解社情民意的广阔舞台。1985年以后，民进河南省委及各级组织坚持以经济建设为中心，在教育广大会员做好本职工作的同时，本着"量力而行""尽力而为"的原则，充分发挥会内人才优势，以教育科技扶贫为突破口，开展了形式多样的社会服务活动。截至2000年年底，河南民进各级组织共组织开展教育、科技扶贫活动67次，参加会员536人次，捐助的教具、书本、衣物等折合人民币269930元，受益群众17324人次。

扶贫助学 民进河南省委成立以后，始终把开展社会服务工作作为广大会员热忱服务社会的有效途径。在1998年抗洪救灾活动和2000年河南部分地区发生严重自然灾害的捐助活动中，河南民进各级组织及广大会员累计捐款3.04万元，捐助棉衣、棉被1277件。民进洛阳市委长期帮扶栾川狮子庙乡王府沟小学的贫困学生，先后捐款捐物折合人民币2万多元。民进安阳市委同林州市人民银行合作，在林州市石板岩乡援建了桃花洞希望小学。为响应中共中央、国务院关于西部大开发的号召，民进河南省委要求全省各级组织要充分发挥会内人才优势，本着"量力而行""尽力而为"的原则，积极开展西部扶贫支教活动。2000年10月，应民进陕西省委的邀请，民进安阳市委主委金耀林同安阳人民大道小学校长姚文俊及部分教育专家组成西部扶贫支教巡讲团，赴国家级贫困县陕西省麟游县开展教育扶贫工作，先后做6次教学报告，受到热烈欢迎。麟游县教委分别向民进安阳市委和安阳人民大道小学赠送了写有"参与西部教育开发，创新精神可佩可嘉""西部开发显身手，教育扶贫结友谊"的锦旗，并经协商，正式确定洪泉乡中心小学与安阳市人民大道小学结为手拉手帮扶学校。民进河南省委、民进陕西省委、民进安阳市委在安阳市举行了西部扶贫支教捐赠大会，民进中央副主席楚庄，省人大常委会副主任、省民进主委袁祖亮，中共安阳市委副书记赵微，安阳市政协主席李祖卫等出席了大会。会上，民进河南省委、民进安阳市委通过民进陕西省委向陕西省麟游县洪泉乡中心小学捐赠电脑36台、投影机4台、风琴2架、打字机1台、电视机1台、图书1500册等，为河南民进各级组织积极投身西部扶贫支教活动拉开了序幕。

社会力量办学 社会力量办学是民进各级组织及广大会员发挥自身优势、积极服务社会的有效载体。截至2000年年底，河南民进各级组织及会员个人先后创办的各级各类学校达25所，在校学生5546人，专兼职教师712人，累计毕业学生22341人，租用和自有校舍面积41072平方米。这些学校办学形式多样、特色突出，办学质量和社会效益稳步提高。

第四节 重要会议

民进河南省地方组织成立以后，多次召开具有重要意义的会议。1985年9月，召开民进中央直属河南省支部成立大会；1991年12月，召开民进河南省工作委员会成立大会；1994~2000年，民进河南省委先后召开第一次、第二次会员代表大会。这些会议的召开反映了民进组织在河南省的历史轨迹，有力地推动全省民进各级组织和广大会员发扬民进优良传统、积极履行参政党职能，为民进组织的健康发展提供了组织保障和制度保障，为社会主义"两个文明"建设作出了应有的贡献。

民进河南省第一次代表大会 1994年1月18~20日，中国民主促进会河南省第一次代表大会在郑州召开，59名代表参加了会议。中共河南省委副书记任克礼代表中共河南省委到会祝贺并讲话。中共河南省委常委、副省长范钦臣，民进中央副主席葛志成、邓伟志，省政协、中共河南省委统战部以及各民主党派、工商联、各人民团体的领导到会祝贺。会议审议了袁祖亮代表民进河南省工委所作的报告，动员全省民进会员为促进河南省经济建设献计献策；通过了《中国民主促进会河南省第一次代表大会决议》；选举产生了民进河南省第一届委员会。

照35-4-4-1 民进河南省第一次代表大会选举产生的民进河南省委召开成立大会会场

民进河南省第一届委员会成员名单
（1994.1~1997.6）

主 任 委 员　袁祖亮
副主任委员　冯春河　　张兆瑞（女）
副 秘 书 长　祁葆珠（女）
常 务 委 员　冯春河　　孙克勤　　张兆瑞（女）李贤书　　杨　再
　　　　　　庞中华　　周幼行　　袁祖亮　　霍瑞云（女）

委　　　员	王玉宇（女）	冯春河	朱宏卿	孙克勤	任崇岳
	张民服	张兆瑞（女）	张秀云（女）	张宏琴（女）	李贤书
	祁葆珠（女）	杨再	庞中华	周幼行	周同宾
	陈有忠	陈国桢	荣铁生	徐希贤	袁祖亮
	阎德政	崔新芳（女）	裴春明	霍瑞云（女）	魏春明

民进河南省第二次代表大会　1997年6月19~22日，中国民主促进会河南省第二次代表大会在郑州召开，81名代表参加了会议。民进中央副主席梅向明、中共河南省委副书记范钦臣、中共河南省委统战部部长胡树俭到会祝贺并讲话。省政协以及各民主党派、工商联、各人民团体的领导到会祝贺。会议审议了袁祖亮代表民进河南省第一届委员会所作的工作报告；通过了《中国民主促进会河南省第二次代表大会决议》；选举产生了民进河南省第二届委员会。

民进河南省第二届委员会成员名单
（1997.6~　　）

主任委员	袁祖亮				
副主任委员	冯春河	张兆瑞（女）	阎德政		
秘书长	祁葆珠（女）				
常务委员	冯春河	朱宏卿	孙克勤	刘东常	李恩清
	张兆瑞（女）	祁葆珠（女）	庞中华	袁祖亮	阎德政
委　　　员	王玉宇（女）	冯春河	朱宏卿	孙克勤	任崇岳
	刘东常	刘兰熙（女）	吕潮（女）	张民服	张兆瑞（女）
	张秀云（女）	张宏琴（女）	李恩清	宋纯鹏	宋全启
	祁葆珠（女）	庞中华	周同宾	陈国桢	金耀林
	赵德庭	姚旭初	袁祖亮	阎德政	崔新芳（女）
	曹增渝	戚发旺	裴春明	樊庆林	魏春明

第五章　中国农工民主党河南省委员会

中国农工民主党是以医药卫生界高中级知识分子为主，具有政治联盟特点，致力于建设中国特色社会主义事业的政党，由革命先烈邓演达等人于1930年8月9日在上海创建。

"文化大革命"以前，河南省没有农工党组织。在中共河南省委的领导和省委统战部的支持帮助下，于1981年11月6日组建了中国农工民主党中央直属郑州支部，戴行德为召集人。1984年4月15日成立农工党河南省委筹备组，高葆谦、戴行德为召集人。1987年、1992年、1997年分别召开农工民主党河南省第一至三次代表大会，选举产生了农工民主党河南省第一至三届委员会，高葆谦、邵令方、张广兴分别当选为主任委员。

1987年以后，农工党河南省委在中共河南省委和农工党中央的领导下，全面加强自身建设，紧紧围绕河南省的中心工作，认真履行政治协商、参政议政、民主监督职能，就全省医疗体制改革、农药管理、城市社区医疗服务、农业结构调整等重大问题，深入实际，调查研究、建言献策，提出一批有价值的意见和建议。其中，有关农村三级医疗网建设和因病致贫、因病返贫问题，医疗卫生体制改革、卫生监督管理体制改革问题，抓住京九铁路建设机遇、促进豫东经济发展问题，加强农村计划生育工作及金融财会制度改革问题，净化医疗市场、规范医疗秩序问题，加强河南省"十五"经济发展战略研究等问题的建议，受到了省政府和有关部门的高度重视和采纳。农工党河南省委还先后被省人大常委会办公厅、省政府办公厅、省政协

照35-5-0-1　1987年9月，农工民主党河南省第一次代表大会会场

办公厅评为"优秀提案提出单位"，并多次受到表彰。

农工党河南省委充分发挥自身优势，积极组织开展文化、科技、卫生"三下乡"和各种形式的社会服务活动。举办各种专业培训班，帮助培训各种科技、医卫人员。并多次组织开展向灾区或贫困地区捐款捐物，还为农村对口扶贫点引进项目资金。连续多年组织开展"国际科学与和平周"宣传活动，多次获"国际科学与和平周"中国组委会和农工党中央联合颁发的"优秀活动奖"。

截至2000年年底，全省农工党共有郑州、开封、洛阳、新乡、安阳、漯河、平顶山、商丘、濮阳、三门峡10个市委会和省直工作委员会及驻马店、周口、鹤壁、信阳、焦作、许昌、南阳7个市级支部（小组），121个基层组织。有党员2436人，其中具有高中级职称的2348人，占总人数的96.4%。有38名党员担任各级人大代表，217名党员担任各级政协委员，11名党员担任各级政府和政府部门副县级以上领导职务，47名党员担任各级特约监察员、检察员、审计员和教育督导员。

第一节 组织建设

农工党在河南省组织发展起步较晚,"文化大革命"以前,河南省仅有6名分别由外省转来的农工党党员,彼此之间没有任何联系。在中共河南省委的关心和支持下,1981年11月6日成立了中国农工民主党中央直属郑州支部,召集人为戴行德。1983年12月,机关调入专职工作人员,并在郑州市花园路83号(省政协办公楼)开始办公。1984年4月成立中国农工民主党河南省委员会筹备组,高葆谦、戴行德为召集人。1987年、1992年、1997年先后召开了农工党河南省第一、第二、第三次代表大会,选举产生了第一、第二、第三届委员会,高葆谦、邵令方、张广兴分别担任第一、第二、第三届委员会主任委员。截至2000年年底,河南省共建立10个农工党市级委员会和省直工委及7个市级支部(小组),121个基层组织,全省党员2436人。

组织发展 中共十一届三中全会以后,随着统一战线工作的恢复和加强,1981年11月6日,中国农工民主党中央直属郑州支部成立,召集人为戴行德。当时全省只有6名党员(5人在郑州、1人在开封),工作范围主要在郑州。随着工作的进展和组织规模的不断扩大,为适应形势和任务的要求,在中共河南省委统战部的大力支持下,1984年4月15日,中国农工民主党河南省委员会筹备组成立,高葆谦、戴行德为召集人,过明炯、李修五、李宗铎为成员。当时全省共有35名党员(34人在郑州、1人在开封)。省委筹备组成立后,组织活动开始面向省内部分大、中城市扩展。同年,开始在开封、洛阳、新乡等地发展组织。

1987年9月11~14日,中国农工民主党河南省第一次代表大会在郑州召开。大会选举产生了中国农工民主党河南省第一届委员会,高葆谦当选为主任委员,当时全省共有农工党基层组织21个,党员455人,平均年龄52岁。

1992年8月21~24日,中国农工民主党河南省第二次代表大会在郑州召开。大会选举产生了中国农工民主党河南省第二届委员会,邵令方当选为主任委员,当时全

1995~1997年农工党河南省委各专门委员会情况表

表35-5-1-1

专门委员会名称	成立时间	主任	备注
妇女工作委员会	1995.7	徐利华 沙永慧	1995.7任 1997.10任
医药卫生工作委员会	1997.10	田 涛	
科教工作委员会	1997.10	袁剑萍	

续表

专门委员会名称	成立时间	主任	备注
文艺工作委员会	1997.10	汤玉英	
中医工作委员会	1997.10	王月林	
预防医学工作委员会	1997.10	邓同美	
经济工作委员会	1997.10	张玉峰	
农业工作委员会	1997.10	申效诚	
省直工作委员会	1997.10	冯周琴	

1988~2000年农工党河南省市级组织成立及换届时间表

表35-5-1-2

市委名称	第一届	第二届	第三届
郑州市委	1988.3	1992.8	1996.11
开封市委	1986.9	1991.12	1996.12
洛阳市委	1987.5	1992.6	1996.11
新乡市委	1988.12	1992.1	1996.12
安阳市委	1989.3	1996.12	
商丘市委（县级）	1988.12	1991.12	1996.12
商丘市委	1999.2		
平顶山市委	1995.4		
濮阳市委	1995.9		
漯河市委	1996.1	2000.12	
三门峡市委	1998.12		

省共有农工党基层组织67个，党员1291人。

1997年6月24~26日，中国农工民主党河南省第三次代表大会在郑州召开。大会选举产生了中国农工民主党河南省第三届委员会，张广兴当选为主任委员，当时全省共有农工党党员1939人。

1981~2000年农工党河南省组织发展情况表

表35-5-1-3　　　　　　　　　　　　　　　　　　　　　　　　　　　　单位：人

年份	人数	年份	人数
1981	6	1983	30
1982	14	1984	69

续表

年份	人数	年份	人数
1985	197	1993	1464
1986	385	1994	1611
1987	558	1995	1795
1988	963	1996	1913
1989	1206	1997	2058
1990	1235	1998	2172
1991	1291	1999	2317
1992	1343	2000	2436

工作机构　　在中共河南省委领导下，1981年11月，中国农工民主党中央直属郑州支部成立，这是河南省农工党最初的地方组织，当时机关尚未开始工作。1983年以后，机关陆续调入工作人员，农工党河南省委机关有了雏形，机关开始运作。1984年4月，中国农工民主党河南省委员会筹备组成立。1987年9月，召开中国农工民主党河南省第一次代表大会，选举产生了中国农工民主党河南省第一届委员会，下设1个办公室。

1991年，农工党河南省委机关由郑州市花园路83号省政协办公楼迁入金水路14号民主党派大楼7楼。

1996年，按照省编委文件规定，中国农工民主党河南省委员会内设2个处室：办公室和组织宣传处，机关行政编制16人，处级领导职数4人（含秘书长1人），工勤人员2人。1997年，中共河南省委组织部同意中国农工民主党河南省委机关设置调研员1人、助理调研员1人、主任科员4人、副主任科员2人、科员及办事员2人。

1997年3~10月，根据《河南省各民主党派、工商联机关参照试行〈国家公务员暂行条例〉实施办法》，农工党河南省委机关实行参照公务员进行管理。

截至2000年年底，农工党河南省有市级委员会10个，全省专职干部编制48人，实配39人。其中省委机关编制16人，实有工作人员9人，下设办公室和组织宣传处。

宣传教育培训　　1984年4月，农工党河南省委筹备组成立。同年，内部发行刊物《河南农工简讯》创刊，其主要内容是宣传贯彻中国共产党统一战线理论、方针、政策，报道河南省农工党的活动情况，交流各地工作经验，传递工作信息，介绍先进模范人物。至1998年3月共出版《河南农工简讯》22期，并出版专刊3期。1998年2月改刊为《河南农工信息反映》，至2000年年底共编印59期。

1984~2000年，全省农工党各级组织和党员向《人民日报》《光明日报》《人民政协报》《前进论坛》《河南日报》《中州统战》《协商论坛》等国家和省级报纸、杂志投递有关河南省农工党的组织活动、农工党党员先进事迹、参政议政等方面的稿件700多篇，先后被采用的有200余篇。河南电视台先后报道农工党河南省委有关组织活动45次。由于宣传工作成绩突出，农工党河南省委先后多次受到农工党中央的表彰和奖励。

为进一步加强自身建设，不断提高全省农工党党员的政治素质，1984~2000年，农工党河南省委单独举办或与省社会主义学院联合举办了省委中心组理论学习班、市级组织领导班子成员学习班、中青年骨干学习班、专职干部培训班等各种层次和类型的学习班18期，受训人数达270余人次。并先后选派7名党员分别参加了中央社会主义学院举办的培训班和中共中央统战部举办的赴英国、美国、中国香港地区培训班。

第二节 政治活动

1987年以后，农工党河南省各级组织在中共河南省委和农工党中央的领导下，鼓励和支持农工党党员投身于以经济建设为中心的社会主义现代化建设事业中，在"长期共存、互相监督、肝胆相照、荣辱与共"方针鼓舞下，认真履行参政党职能，围绕国家的大政方针，围绕中共河南省委、河南省人民政府的中心工作，认真开展调查研究，参政议政、民主监督。截至2000年年底，农工党河南省历届主委高葆谦、邵令方、张广兴等主要领导先后参加中共河南省委、河南省人民政府、河南省政协和中共河南省委统战部召开的民主协商会、座谈会、情况通报会、恳谈会等60余次，并在会上就河南省经济发展规划的制定、实施和河南省的政策开放、经济发展、落实知识分子政策、重大任务、重要人事安排及党风廉政建设、计划生育、医疗卫生等方面的问题，积极建言献策，提出了意见和建议，得到中共河南省委、河南省人民政府的重视和采纳。农工党河南省各级组织和农工党党员中的人大代表、政协委员，向各级人大、政协会议提交提案、议案和建议达3000余件，有许多提案被评为优秀提案，其中在1996年省政协七届四次会议上，农工党省委的集体提案《关于新建省人民医院、河医大一附院病房楼的建议》被有关部门采纳，农工党河南省委被省人大常委会办公厅、省政府办公厅、省政协办公厅授予"优秀提案提出单位"称号。

调查研究　1987年以后，农工党河南省委认真履行参政党职能，围绕国民经济和社会发展的重大问题，深入调查研究，积极建言献策。1990年，农工党河南省委先后组织有关人员赴平顶山等地，就农村三级医疗保健网的现状进行调研，提出《关于恢复完善农村三级医疗保健网，为发展农村生产力服务的建议》提案。组织专家和人员多次深入边远地区乡镇卫生院和农村进行实地考察，就农村基层计划生育和医疗卫生改革方面所存在的问题提出意见和建议，形成调研报告，为实现中共河南省委提出的"一高一低"总目标充分发挥作用。

1993年，农工党河南省委组织专家和有关人员，分别在省委主委邵令方、副主委黄河带领下，赴许昌、焦作温县等地就计划生育、农村卫生工作状况进行调查研究，在深入调研基础上形成《当前农村计划生育方面亟待解决的问题》的调研报告，为全省农村卫生事业和计生事业的改革和发展提出了好的意见和建议。

1993年以后，农工党河南省委为更好地发挥农工党党员在医药卫生界的优势，进一步加强了与政府有关部门的对口联系工作，建立了与省卫生厅的对口联系制度，为参政议政、知情出力提供了良好的条件。几年间，农工党河南省委多次与省卫生厅召开对口联系座谈会，就卫生行业不正之风等问题进行座谈。

1994年，农工党河南省委在省卫生厅的支持和帮助下组成调研组，在省委主委邵令方及副主委黄河、庄世才带领下，深入河南医科大学第一附属医院、郑州市第一人民医院等，就医疗卫生行业反腐纠风情况进行调研，形成《进一步深化卫生体制改革，彻底纠正行业不正之风》的调研报告。同年，就农村因病致贫、因病返贫问题与省卫生厅联系与协商，组成联合调研组深入国家重点贫困县伊川县的农户家中进行调研，形成《贫困地区农村因病致贫、返贫问题值得重视》的调研报告，并在省政协七届二次会议和全国政协会议上作为大会发言材料。

1995年，农工党河南省委在省卫生厅的支持下，组织有关专家，深入河南省人民医院、河南医科大学第一附属医院，就两所医院病房楼存在的问题进行调研，并形成了《新建省人民医院、河医大一附院病房大楼刻不容缓》的调研报告。

1998年，农工党河南省委组成调研组，在省委副主委冯周琴的带领下，组织有关专家和人员赴商丘等市进行调研，形成《抓住机遇，抢占战略制高点》的调研报告，作为省政协八届一次会议大会发言，受到有关部门的重视。此报告还分别在《中州统战》《政协论坛》上发表。

参政议政　民主监督　农工党河南省各级组织和广大党员围绕中共党、政府的中心工作和社会热点难点问题深入开展调查研究，积极建言献策，较好地发挥了参政议政和民主监督的作用。

1987~1992年农工党河南省第一届委员会期间，农工党党员中有全国人大代表1人，省政协委员22人（含常委6人），省人大代表4人（含常委1人），市、区人大和政协委员91人（含市人大常委会副主任1人、市政协副主席2人、区人大常委会副主任1人、区政协副主席4人）。1991年在省政协第六届第四次会议上，农工党河南省委提交了《关于河南省农村三级医疗保健网的调查与建议》的集体提案，受到中共河南省委领导的充分肯定，并被省政协评为优秀提案。同年11月，在省政协召开的中国共产党领导的多党派合作制度研讨会上，农工党省委发表了《浅论中国共产党领导下的多党合作中的领导与合作的关系》的论文。

1992~1997年农工党河南省第二届委员会期间，农工党党员中有全国人大代表1人，全国政协委员1人，省人大代表9人（含常委1人），省政协委员24人（含副主席1人、常委5人），市人大代表25人（含副主任1人、常委4人），市政协委员86人（含副主席3人、常委18人），区人大代表3人（含常委1人），区政协委员32人（含副主席4人、常委16人）；有1名农工党党员担任省直厅级领导干部职务，在政府中担任副县处级以上领导职务的有4人。5年间，农工党河南省各级组织和农工党党员向各级人大、政协会议提交议案、建议和提案1367件。

1993年，农工党河南省委在省政协七届一次会议上作了《当前农村计划生育方面亟待解决的问题》大会发言。农工党党员中的政协委员和人大代表在当年的"两会"期间，共提交提案、意见和建议20余件。1994年，农工党河南省委在省政协七届二次会议上作了《贫困地区农村因病致贫、返贫问题值得重视》《进一步深化卫生体制政策，彻底纠正行业不正之风》的大会发言两篇；提交的《关于我省农村与城市医疗卫生状况及其改进意见》作为大会书面发言材料；参加省人大、省政协会议的农工党党员还就医疗卫生、计划生育、文化教育等方面的问题提交提案、意见和建议30余件。同年11月，在省人大常委会办公厅、省政府办公厅、省政协办公厅召开的优秀提案表彰大会上，农工党省委被评为优秀提案提出单位，省委副主委庄世才在表彰大会上代表受表彰单位发了言。

1995年，农工党河南省委向省政协七届三次会议提交的《关于加快建立农村医疗保健制度的建议》作为大会发言材料；提交了《贫困地区村办小学的落后情况亟待改善》《扶贫资金要切实体现政府行为》等3件集体提案。1996年，农工党河南省委向省政协七届四次会议提交了《新建省人民医院、河医大一附院病房大楼刻不容缓》《关于尽快在我省全面推广开封县农村合作医疗保健制度的建议》集体提案两件，农工党党员中的省政协委员向省政协七届四次会议提交了提案19件。在各地市级人大、政协会议上，农工党党员中的政协委员、人大代表共提交议案、提案、意见和建议210余件。其中《新建省人民医院、河医大一附院病房大楼刻不容缓》的提案，引起中共河南省委、河南省人民政府的高度重视，省政府同意拨款1亿元用于兴建病房楼。2000年，两所医院的病房大楼相继建成并投入使用。

1997年，农工党河南省委向省政协七届五次会议提交了《全面贯彻全国卫生工作会议精神，加快振兴我省卫生事业，加大卫生投入》《关于尽快解决省级民主党派机关住房紧张状况的建议》集体提案两件；农工党党员中的政协委员向省政协第七届第五次会议提交了提案22件。

1997~2000年农工党河南省第三届委员会期间，农工党党员中有全国人大代表3人，全国政协委员2人，省人大代表10人（含常委1人），省政协委员27人（含副主席1人、常委4人），市人大代表23人（含副主任1人、常委4人），市政协委员114人（含副主席5人、常委25人），区政协委员84人（含副主席7人、常委21人），担任政府实职的有10人，其中副厅长1人、副市长1人、副县处级领导职务的8人。

1998年，农工党河南省委主委张广兴身体力行，率先垂范，向全国人大九届一次会议提交议案和建议24件。其中：《修改〈广告法〉，取消医药广告宣传》的议案被列入190件议案之中，提交全国人大财政经济委员会审议；有部分议案和建议在《健康报》等报刊刊登，与其他代表联合提交的19件议案中有8件被列入190件议案之中。同年，农工党河南省委向省政协八届一次会议提交《抓住"京九"机遇，抢占战略制高点》的调研报告作为大会发言；提交的《关于加强政府领导，积极发展社区卫生服务》《进一步明确减轻农民负担的政策界限，坚定正确地发展和完善我省农村合作医疗》等集体提案4件，受到政府有关部门的重视。农工党党员中的省政协委员提交了38件提案；全国、省人大代表共提交议案、意见和建议40余件。

1999年，农工党河南省委向省政协八届二次会议提交《关于卫生执法监督体制改革问题的思考和建议》《舞起农业科技这只龙头》《进一步建立和完善会计监督体系乃当务之急》书面发言材料3篇；参加会议的农工党党员提交提案32件；在各级人大、政协会议上共提交议案、提案、意见和建议230余件，其中在全国人大九届二次会议上提交议案、意见和建议10件，有2件被列为正式议案，与其他代表联合提交的18件议案中有3件被列为正式议案。

2000年，农工党河南省委向省政协八届三次会议提交了《从新郑市人民医院进行股份制情况调研探讨医疗卫生事业改革》的调研报告，作为书面发言材料印发；提交集体提案4件；参加会议的农工党党员向会议提交提案26件。在各地市级人大、政协会议上，农工党党员中的人大代表、政协委员共提交提案293件，议案、意见和建议108件，受到有关部门的重视，有的还被评为优秀提案。

同年，农工党河南省委进一步加强参政议政工作，专门成立调研咨询职能工作部门。为配合河南省"东引西进"战略实施，农工党省委于4月、5月召集有关专家学者进行座谈，围绕西部大开发就如何发挥民主党派的优势、促进中部地区经济发展建言献策，提出了河南省参与西部大开发的工作思路和意见，并在省政协八届十二次常委会上作了《发挥党派优势，为加快中部地区经济发展作贡献》的发言。农工党河南省委多次召开主委会议，围绕中共河南省委、河南省人民政府的中心工作，研究部署，精心选择题目。一年间，组织有关专家就医用辐射源、医用激光源、医用超声源强制检定问题以及完善医疗补偿机制、促进医疗事业良性发展、城市社区医疗服务存在的问题和对策，加强农林病虫害预测和防治的建议，加强河南省"十五"经济发展战略研究的建议，深化医疗改革，利用城市垃圾发电的建议等问题进行了深入调研，反复论证，最后形成多份可操作性强、有分量的提案和大会发言材料素材，为河南省的改革开放和经济发展献计出力。

1987~1992年，农工党河南省第一届委员会有10名农工党党员被省市政府有关部门聘为特约监察员、检察员、教育督导员等职务。1992~1997年，农工党河南省第二届委员会期间有24名农工党党员担任特约监察员、检察员、教育督导员等职务。1997~2000年，农工党河南省第三届委员会期间有47名农工党党员担任特约检察员、监督员、审计员等职务。这些农工党党员多次应政府和司法部门之邀，参加每年的税务审计等执法大检查工作，如实反映社情民意，认真履行自己的职责，正确行使民主监督权利，对提高农工党的调查研究、参政议政质量和水平发挥了积极的作用。

第三节 社会服务

农工党河南省委始终非常重视社会服务工作,充分调动农工党各级组织和农工党党员的积极性,鼓励、支持广大农工党党员在做好本职工作的同时,发挥自身优势,积极开展"三下乡"和各种形式的社会服务活动,为河南省的"两个文明"建设作贡献。

1985~1987年农工党河南省委筹备组期间,成立了河南省前进医药科技服务部,开展为少年儿童医疗咨询义诊活动,举办各种知识讲座。各市级组织组织专家深入厂矿、幼儿园、乡村学校等开展多种形式的医疗咨询义诊活动。1987~1992年,农工党河南省各级组织先后组织专家深入民权、新郑、桐柏、伊川、孟津、尉氏、林县、安阳等地进行讲学和医疗咨询义诊活动,还开展到部队、学校、幼儿园义务体检,为炎黄二帝塑像筹资义诊,为灾区捐款等活动。1992~1997年,农工党河南省委继续做好各种医疗咨询义诊活动,积极响应农工党中央号召,动员河南省农工党党员向中国初级卫生保健基金会捐款5000余元。各市级组织也分别开展了多种形式的咨询义诊活动。1997~2000年,农工党河南省委进一步加强社会服务工作,在继续做好送医、送药、送科技下乡和为少年儿童体检等活动的同时,建立了农工党河南省委扶贫点,农工党河南省委与农工党开封市委联合创建了"健康工程"。积极响应中国组委会和农工党中央的号召,连续多年组织开展"国际科学与和平周"宣传活动,多次获"国际科学与和平周"中国组委会和农工党中央联合颁发的优秀活动奖。积极响应中共河南省委、河南省人民政府的号召,动员农工党河南省各级组织和农工党党员向灾区捐款捐物。

截至2000年年底,农工党河南省各级组织开展各种形式的义诊咨询服务活动400多次,受益人数达18万余人次;举办各专业培训班48个,近4000人次接受培训;为农村对口扶贫点引进项目资金4万余元;资助贫困学生40余人,捐款捐物价值近30万元。

医疗咨询服务　　农工党河南省委注重发挥医药卫生方面的人才优势,开展多种形式的医疗咨询服务活动。1985~1987年,农工党省委筹备组连续3年在六一儿童节期间,组织医药卫生界的专家在省会街头开展为少年儿童医疗咨询服务活动,分别开设内、外、肿瘤、口腔、眼、中医、耳鼻喉、放射等科,同时还进行了身体检查、智力测验、妇科、优生优育、计划生育等宣传教育活动,受益人数达3000人次。《河南日报》、河南电视台、《郑州晚报》等新闻媒体分别进行了报道。

1985年12月,河南省政协和各民主党派、工商联联合召开的为四化建设服务经验交流会上,赵震、张福安、芦寻桂、袁阴民、司连山、刘雪公、邵令方、吴博亚、黄锡安9名农工党党员被评为先进个人,其中有2人在会上介绍了先进事迹。

1987年,根据中国民主建国会中央委员会、中国农工民主党中央委员会和中华全国工商业联合会(简称"两会一党")中药咨询中心理事会的安排,农工党河南省委与民建河南省委、省工商联一起,召开了河南省"两会一党"中药咨询服务座谈会,农工党党员在深入基层广泛进行调查研究的基础上,就河南省中药方面的产供销渠道、中药技术队伍素质、传统技术后续乏人状况以及经营管理、中药野生资源的开发保护和利用等方面存在的问题,提出了意见和建议。并成立了河南省"两会一党"中药咨询服务理事会及其领导下的利民疑难杂症研究所。研究所开设了门诊部,有职工15人,设有中医、内、外、妇、皮肤、针灸、理疗6个科,拥有600味中草药和中成药的门市部,设立有办公、炮制、采购等机构,取得了较好的社会和经济效益。

1988年,农工党河南省委组织10余位著名医学专家,为炎黄二帝塑像举行筹资义诊活动,义诊筹资所得近千元,捐给了兴建炎黄二帝塑像筹资办公室。

1991年,农工党省委组织省会60多位著名医学专家,在省委主委高葆谦带领下,在郑州花园路举行迎"六一"义诊咨询服务活动,受益人数800余人次,河南电视台进行了报道。

1993年7月24日,农工党河南省委为庆祝中国人民解放军建军66周年,组织医疗专家教授在省军区门诊部为部队官兵及家属开展义诊服务活动,开设有内、外科,气功按摩、心血管等10多个科,为200余名官兵进行检查诊治,受到军区首长和官兵们的一致好评。

1994~1996年,农工党河南省委连续3年组织医疗专家教授,在主委邵令方的带领下,到郑州市儿童福利院为残疾儿童义务体检,并赠送生活学习用品价值2000余元。

1994年,农工党河南省委在中国共产党成立73周年之际,与农工党平顶山市筹委会组织医疗专家教授赴平顶山市区和平顶山矿务局四矿开展医疗咨询服务活动,受益群众和矿工400余人。

1995年12月,中共河南省委在郑州召开河南省各民主党派、工商联和无党派人士为四化服务经验交流暨表彰大会。中共河南省委领导李长春、宋照肃、范钦臣、黄晴宜、王全书及中共河南省委统战部部长胡树俭、河南省各民主党派负责人出席会议,并给先进集体和先进个人颁发荣誉证书。农工党开封市委、省人民医院支部、河南中医学院支部、郑州市中医院支部、洛阳市第二人民医院支部被评为先进集体,牛树颖(女)、司连山、申效诚、朱效兰(女)、杜家安、张育萍(女)、张秀云(女)、张剑赤、张新保、和瑞芝(女)、袁剑萍、燕新喜被评为先进个人。

1996年11月,全国各民主党派、工商联为"两个文明"建设服务经验交流会在北京召开,申效诚被评为先进个人。

1998年六一儿童节前夕,农工党河南省委与民盟河南省委为少年儿童献爱心,联合组织专家教授在郑州市区开展了大型义诊咨询服务活动。活动设有内、外、耳鼻喉、口腔、优生优育等10多个科，受益少儿共有500余人。同年8月，农工党河南省委组织医疗专家教授赴新郑市龙湖镇古城村樱桃园村民组（农工党省委扶贫点），为村民开展医疗咨询服务活动，受到扶贫点领导和村民们的热烈欢迎。

2000年，三八妇女节前夕，农工党河南省委组织省会10余名医疗专家，在省委副主委冯周琴带

照35-5-3-1　2000年6月1日，农工党河南省委组织部分医学专家到幼儿园开展"六一"义诊献爱心活动

领下，到郑州国棉三厂为500名纺织女工开展医疗咨询义诊服务活动，河南电视台进行了报道。同年"六一"前夕，农工党河南省委与郑州市委组织10余名医疗专家，在省委主委张广兴带领下，到郑州工学院幼儿园看望慰问孩子们，向孩子们赠送了礼品，为孩子们进行了义务体检，受到郑州工学院和幼儿园领导、幼教工作者的欢迎，河南电视台做了报道。

智力扶贫　农工党河南省委成立后，各级组织发挥自身优势，开展了送医、送药、送文化等多种形式的下乡智力扶贫活动。

1996年，农工党河南省委、省委妇女工作委员会积极响应中央宣传部、农业部等8个部委关于积极组织文化下乡活动的号召，组织全省农工党党员开展为贫困地区捐献有益书籍活动，向漯河市翟庄乡黄岗村湘江路小学捐赠图书1300余册。

1997年，农工党河南省委与郑州市委联合组织省市13名医疗专家，赴新郑市龙湖镇为广大农民群众开展医疗咨询服务活动，受益人数近千人次。

1998年，农工党河南省委先后组织有关专家到通许县和新郑市龙湖镇就帮助当地脱贫致富进行实地考察，达成进一步帮扶共识，将新郑市龙湖镇古城村樱桃园村民组定为农工党河南省委的扶贫点。同年8月，农工党河南省委组织医疗专家教授赴新郑市樱桃园村民组为村民开展医疗咨询服务活动，受到扶贫点领导和村民的热烈欢迎。同年，农工党河南各市级组织也建立了扶贫点，并开展了形式多样的扶贫活动。郑州市委自1997～1999年连续3年资助荥阳市乔楼乡冢子岗村的两名失学儿童，每年为他们送去学习用品和学习费用，还组织医务人员到贫困地区古荥镇义诊并捐赠图书300余册。商丘市委组织20多名医疗专家带着近千元药品到宁陵县慧庄乡为广大农民群众义诊，受益人数达2100人次，《人民日报》进行了报道。新乡市委组织名医服务

队赴卫辉市唐庄镇、狮豹头乡为当地农民医疗咨询诊治300余人，为夏收秋种提供医疗服务，还多次深入辉县贫困山区为村民送医送药，价值1000余元。漯河市委把偏远乡村确定扶贫点，为村卫生院开设专家门诊，利用双休日长年风雨无阻前往义诊。濮阳市委把扶贫点定在范县最贫困的章庄乡，经常组织有关专家前往义诊咨询，无偿送药价值达2000余元，并向农民发放防病及科学种田等各种宣传资料。农工党洛阳市委与中共洛阳市委统战部共同把扶贫点定在嵩山县河村乡蛮山谷岭村，为解决人畜用水问题，捐款2000余元兴修水利。平顶山市委组织多名医疗专家深入郏县姚庄和叶县马庄两个回族自治村，为少数民族群众开展为期两天的咨询义诊服务。

1999年，农工党省委与省红十字会联合组织医疗专家一行17人，赴鹤壁市淇县贫困山区黄洞乡开展送医送药活动，共送去药品和衣物价值达24万元，受到当地农民群众的热烈欢迎。河南电视台、《大河报》等新闻媒体做了报道。

2000年，为庆祝中华人民共和国成立51周年，农工党河南省委与河南电视台等单位联合开展送医、送科技、送文艺"三下乡"活动，深入新郑市辛店镇的田间地头，为农民群众咨询义诊，受益人数500余人次。同年，洛阳市委组织农工党党员利用休息日赴新安县石井乡窑头村开展送医上门活动，为200余名农民群众进行了诊治。新乡市委组织20余位名医赴辉县市西平罗乡，为600余名农民群众咨询义诊，送医送药价值700余元。

支援抗洪救灾　1990年夏季，豫南遭受严重洪涝灾害，农工党河南省委和各市级组织分别进行缴纳特别党费、赈灾义诊、书画义卖等活动，共捐款3966.6元，表达对灾区人民的深厚情谊。

1998年夏季，长江、松花江、嫩江流域发生特大洪涝灾害，农工党河南省委向受洪涝灾害严重的湖北、湖南、黑龙江等8省（自治区）的农工党组织及战斗在抗洪抢险前线的驻豫解放军和武警官兵发去慰问信，并向省内各市级农工党组织发出支援灾民的号召，河南省各级农工党组织积极响应，共捐款6.5万元，为灾区人民献上一份爱心。

2000年年初，河南省各地都发生洪涝灾害，农工党河南省委通过省红十字会向灾区人民捐赠价值1500余元的方便食品和矿泉水。

科技服务　农工党河南省各级组织积极参与科技帮扶，先后为扶贫点开展了多种形式的科技帮扶活动。

1990年4月，农工党河南省委医药科技服务部与河南省药学会联合召开大输液生产技术研讨会，农工党的有关专家在会上作了学术报告。会后，医药科技服务部配合有关单位组织专家赴巩县、中牟县、中原油田、新密矿务局和镇平县等的10余家医院进行实地考察，帮助解决技术问题，避免了近百万元的经济损失，并为一些制药厂家提供了技术帮助，使其扭亏为盈。

1999年，农工党河南省委组织有关农业方面的专家，在省委主委张广兴带领下，到新郑市龙湖镇古城村就该村经济作物生长情况进行实地考察，并传授了果树栽培种植和病虫害防治的科技知识，受到当地农民群众的欢迎。

2000年，农工党河南省委协助扶贫点新郑市龙湖镇古城村争取省、市有关单位项目资金4万元，支持和帮助当地改善农业产业结构，发展经济作物，引进"大樱桃"1000多亩。预计"大樱桃"进入收获期后，年产值可达1000多万元，年人均增收3500元。

农工党各市级组织也开展了多种形式的科技帮扶活动。1997年，濮阳市委多次组织专家、学者和文艺工作者到扶贫点范县辛庄乡、市区王助乡开展送医、送科技和文化下乡活动。专家们对银杏树栽植及蔬菜、林果病虫害防治等技术给当地农民进行了指导，并为贫困农民免费送医送药价值3000多元，发放科技致富材料200余份，赠送高效追肥枪10支。还利用图片展览、录像、林园示范等形式，给农民上技术课，丰富农民的文化生活，得到农民群众的赞扬。河南电视台、河南广播电台、濮阳电视台、濮阳广播电台等新闻媒体做了报道。2000年"五一"期间，商丘市委与商丘影帝艺术摄影图片社联合为省市劳模、先进工作者及其家属千余人拍摄了全家福、合影照片。

举办知识讲座　　1988年，农工党河南省委邀请有关专家教授举办《性传播疾病》讲座，河南省部分医院有关专业人员，旅游、宾馆等涉外单位的保卫人员200余人参加听课。同年10月，农工党河南省委组织医学专家赴安阳化纤厂为职工进行医疗咨询服务，并在该厂举办全市医务人员参加的为期3天的医学知识讲座，同时还为老干部举办《漫谈老年养生之道》的专题讲座，离退休老干部200余人参加听讲。

1996年，农工党河南省委妇女工作委员会为庆祝三八妇女节，邀请省妇联干校校长、郑州大学国际女子学院院长梁军教授给在郑州的100多位农工党妇女成员作《当代知识女性》报告。

1998年，农工党河南省委省直工委、妇女儿童工作委员会、护理工作委员会联合举办了"英模王玉荣同志先进事迹报告会"。这次报告会是为了进一步学习贯彻落实中共十五大精神和邓小平理论而举办的一次以立足本职、建功立业为核心的社会主义和爱国主义教育活动，省各民主党派、省社会主义学院负责人等应邀出席了会议，来自省会的农工党河南省直各基层支部的部分农工党成员与省民主党派、工商联、省社会主义学院机关人员等近200人聆听了这次报告。同年，农工党河南省委与农工党开封市委联合创建"健康工程"，在通许县卫校举办"健康工程"医学讲习班，对通许县19个乡级医疗单位的医务人员进行培训，不定期地为县乡两级医务人员举办讲座8次，听课人员700余人，印发卫生宣传材料260余份，同时为500余人进行医疗咨询服务。

参与国际科学与和平周活动 1997年以后，农工党河南省委按照农工党中央和国际科学与和平周中国组委会的要求，在每年11月11日所在的这一周内，连续3年在农工党河南省委主委张广兴的带领下，与农工党郑州市委联合在郑州市繁华路段举办第十、第十一、第十二届"国际科学与和平周"大型医疗保健、健康教育、义诊和咨询宣传等活动，并利用办板报或发放宣传资料等形式进行"科教兴国、开创未来、发展科学、维护和平"为主题的科学与和平知识宣传。据统计，3年间，参加活动的专家教授40人次，办板报3块，发放宣传资料500余份，受益群众1200余人次。1999年11月，农工党河南省委获"国际科学与和平周"中国组委会和农工党中央联合颁发的优秀活动奖和荣誉证书。

农工党河南省委积极把"国际科学与和平周"活动推向全省。各市级组织以越来越大的规模参与这一活动，内容丰富，形式多样。1998年第十届"国际科学与和平周"期间，商丘市委组织16名专家教授，在市中心广场开展义诊咨询活动，一天接诊400余人，有300多人接受咨询。1999年第十一届"国际科学与和平周"期间，新乡市委组织15名专家，携带心电图机、化验设备、乳腺扫描仪等检查仪器和常用药赴辉县市南寨镇北岸泉村，为山区农民开展义诊咨询宣传活动，全天为300余位农民诊治疾病，免费送药品价值1000余元。2000年第十二届"国际科学与和平周"期间，农工党开封市委与中共开封市委联合在市老年干部活动中心举办健康保健知识讲座，受益100余人。农工党洛阳市委在活动期间，组织8名专家赴新安县西村乡卫生院开展义诊和技术指导，并组织各支部（小组）开展各种形式的宣传活动，在市区内办宣传板报32块，办医学科普讲座8次，参与专家教授80余人，受益群众达万余人次。据统计，3年间，农工党各级组织参加活动的专家教授300余人次，送医下乡3次，开展街头义诊3次，举办医学讲座9次，为小学生体检1次，发放宣传资料1000余份，办宣传板报33块，受益1.9万余人次，赠送药品价值1000余元。

第四节　重要会议

中国农工民主党河南省第一次代表大会于 1987 年 9 月 11~14 日在郑州隆重召开，选举产生了农工党河南省第一届委员会。1992 年 8 月 21~23 日、1997 年 6 月 24~26 日又在郑州召开了中国农工民主党河南省第二、第三次代表大会，选举产生了农工党河南省第二、第三届委员会和出席中国农工民主党第十一次、第十二次全国代表大会的代表。2000 年 8 月 8 日，农工党河南省委在郑州举行纪念大会，庆祝农工党成立 70 周年。

农工民主党河南省第二次代表大会　1992 年 8 月 21~23 日，中国农工民主党河南省第二次代表大会在郑州召开。中共河南省委、省人大常委会、省政府、省政协及省各民主党派、工商联、工青妇等有关单位负责人应邀到会，中共河南省委副书记林英海代表中共河南省委对大会的召开表示祝贺，农工党中央组织部副部长蒋春松代表农工党中央，民盟河南省委副主委马基铭代表省各民主党派、工商联，周法成代表省总工会、团省委、省妇联向大会致贺词。

会议学习邓小平南方谈话和江泽民在中共中央党校的重要讲话，传达中共河南省委五届四次全会和全省三级干部会议精神，审议并通过了邵令方代表农工党河南省第一届委员会所作的《坚持共产党的领导，发挥参政党作用，为建设有中国特色的社会主义而努力奋斗》工作报告，选举产生了农工党河南省第二届委员会和出席中国农工民主党第十一次全国代表大会的代表，29 人当选为委员。在随后召开的省委二届一次全会上，选举产生了主任委员、副主任委员，会议推举高葆谦为名誉主任委员。河南省政协副主席、中共河南省委统战部部长武守全在闭幕式上讲了话。

中国农工民主党河南省第二届委员会成员名单

（1992.8~1997.6）

名誉主任委员　高葆谦
主　任　委　员　邵令方
副 主 任 委 员　吴博亚　　黄　河　　庄世才
常　务　委　员（以姓氏笔画为序）
　　　　　　　　万绍薛　　王承炎　　冯克一　　张福安　　徐利华（女）

委　　　　员（以姓氏笔画为序）

　　万绍薛　　王月林　　王世林　　王华莹（女）　王承炎
　　邓同美　　孔繁信　　边　治　　冯克一　　　庄小平（女）
　　庄世才　　朱效兰（女）宋子林　　邵令方　　　张东岳
　　张玉峰　　张福安　　李浩鹏　　李鸿欣　　　吴博亚
　　赵丁轩　　徐乃斌　　徐利华（女）徐振宙　　　袁剑萍
　　崔文光　　黄　河　　阎运行　　蒋忠仆

顾　　　问　李宗铎　　司连山　　王华桂（女）王樾庭　　　张庆福
　　　　　　郭其麏　　周仲谋

1994年1月，农工党河南省委二届二次全会增补冯周琴、李安民、关尊铎为省委委员，补选邓同美为省委常委，王承炎不再担任省委委员、常委。

1995年2月，农工党河南省委二届三次全会增补杨利霞、戴自力、刘秉昭、张玉峰为省委委员。

1996年5月，农工党二届四次全会增补张广兴、姜乃镐、汤玉英、陈玉凤为省委委员。

1996年5月，农工党河南省委二届五次全会增补张广兴为省委副主委、冯周琴为省委常委。

农工民主党河南省第三次代表大会　1997年6月24~26日，中国农工民主党河南省第三次代表大会在郑州召开。中共河南省委、省人大常委会、省政府、省政协及省内各民主党派、工商联、工会、妇联、共青团及有关单位负责人到会祝贺。中国农工民主党中央向大会发来了贺电。

大会开幕式由吴博亚主持，张广兴致开幕词。省政协副主席、中共河南省委统战部部长胡树俭代表中共河南省委作了重要讲话。省工商联会会长杨洪绶代表省各民主党派、工商联向大会致贺词。

会议认真学习邓小平建设有中国特色社会主义理论、中共十四届五中与六中全会和中共河南省委六届三次会议精神，审议并通过了邵令方代表农工党河南省第二届委员会所作的《团结奋进，开拓进取，为实现我省跨世纪的宏伟蓝图而奋斗》的工作报告，选举产生了中国农工民主党河南省第三届委员会，33人当选为委员；同时还选举产

照35-5-4-1　2000年12月，农工党河南省委召开三届四次全会

生了出席农工党第十二次全国代表大会代表,圆满完成了大会各项议程。在6月25日举行的农工党河南省第三届委员会第一次会议上,选举产生了主任委员、副主任委员,推举高葆谦、邵令方为名誉主任委员。

<h2 style="text-align:center">中国农工民主党河南省第三届委员会成员名单</h2>

（1997.6~　　　）

名誉主任委员　高葆谦　邵令方
主　任　委　员　张广兴
副主任委员　吴博亚　庄世才　冯周琴
常　务　委　员（以姓氏笔画为序）
　　　　王月林　　邓同美　　田　涛　　冯周琴　　庄世才
　　　　吴博亚　　张广兴　　张玉峰　　袁剑萍
委　　　　员（以姓氏笔画为序）
　　　　万绍薛　　王月林　　王华莹（女）王新华　　邓同美
　　　　田　涛　　申效诚　　冯周琴　　庄世才　　汤玉英
　　　　刘秉昭　　李安民　　杨利霞（女）吴博亚　　张广兴
　　　　张玉峰　　陈　新　　陈玉凤（女）陈明耀　　赵丁轩
　　　　郝　萍（女）荆　超（女）袁剑萍　　徐乃斌　　徐利华（女）
　　　　高蓉生　　崔文光　　阎运行　　韩文周　　蒋忠仆
　　　　谢盘根　　薛颢雨　　戴自力

2000年1月,农工党河南省委三届三次全会增补杨利霞（女）、郝萍（女）为省委常委。

纪念中国农工民主党成立70周年大会　2000年8月9日是中国农工民主党成立70周年纪念日。8月8日,农工党河南省委在郑州举行纪念大会,隆重庆祝农工民主党成立70周年。省政协副主席、中共河南省委统战部部长郭国三代表中共河南省委到会祝贺,省人大常委会副主任、民进河南省委主委袁祖亮代表省各民主党派、工商联向大会致贺词。省人大常委会副主任张德广,省政府副省长张涛,省政协副主席张国荣、梅养正、冯宏顺等领导出席会议。省政协副主席、农工党河南省委主委张广兴在会上作了题为《在中国共产党领导下继承和发扬我党优良传统,在新世纪里开创新的业绩》的报告,号召全省农工党党员要在中共河南省委和农工党中央的领导下,按照中共中央提出的"加强学习、加强修养"要求,以"三讲"[①]和"三个

[①]讲学习、讲政治、讲正气。

代表"①重要思想为指导,进一步加强自身建设,不断提高政治修养,提高参政议政水平,为实现祖国完全统一作出更大的贡献。会议由农工党河南省委名誉主委邵令方主持。省委委员及各市委、各地方支部、小组负责人和农工党党员近150人出席纪念大会。

---

① 代表着中国先进生产力的发展要求,代表着中国先进文化的前进方向,代表着中国最广大人民的根本利益。

第六章　九三学社河南省委员会

九三学社是以科学技术界高、中级知识分子为主的具有政治联盟特点的政党，是接受中国共产党领导，同中国共产党通力合作的亲密友党，是进步性与广泛性相统一，致力于中国特色社会主义事业的参政党。1985年6月19日，九三学社河南省委员会成立。此后，在九三学社中央和中共河南省委领导下，九三学社河南省委高举爱国主义和社会主义的旗帜，立场坚定地与中共中央保持高度一致，积极维护社会改革发展稳定的政治局面。

至2000年，九三学社河南省委按照社章的要求，认真贯彻《九三学社中央关于加强组织建设的若干规定》和《河南省各民主党派组织发展工作规程》，始终坚持"发展为了工作"和"在

照35-6-0-1　1985年6月，九三学社河南省第一届社员代表大会合影

工作中发展"的原则，坚持质量标准，严格发展程序。

九三学社河南省委紧紧围绕经济建设这个中心，把促进发展作为参政议政工作的出发点和落脚点，注重发挥群体优势，调动广大社员参政议政的积极性，认真学习中共党和国家的大政方针，深入调查研究，针对人民群众关心的热点问题和经济社会发展的重点难点问题，撰写了大量有分量、可操作性强的提案、议案。九三学社河南省委十分重视社会服务工作，社省、市委积极组织广大社员，面向老、少、边、贫地区和乡镇企业，开展多形式、多层次、多内容的咨询服务活动，多次受到九三学社中央和中共河南省委、河南省人民政府的表彰。在1995年12月召开的河南省各民主党派、工商联和无党派人士为四化服务经济交流暨表彰大会上，九三学社有9个先进集体、17名先进个人受到表彰。

到2000年年底，九三学社河南省委员会召开了4次代表大会，全省共有社员3199人，有13个市级委员会、1个市级筹委会、183个基层组织。

第一节　组织建设

1979年河南省九三学社恢复活动时，只有44位社员。从1985年第一届社省委成立至2000年，九三学社河南省委先后历经4届。其间，九三学社河南省委组织发展，坚持"以大、中城市为主,以科学技术界为主,以有一定代表性的高中级知识分子为主"，坚持"在工作中发展、发展为了工作"的原则，注重政治素质，发展与巩固相结合，有计划地稳步发展的基本方针和组织发展的工作程序。截至2000年年底，共有开封、洛阳、安阳、新乡、郑州、平顶山、鹤壁、濮阳、焦作、三门峡、漯河、商丘、信阳13个市级委员会和1个市级筹委会（南阳）；社员3199人，其中高级职称1818人、中级职称1353人。

组织发展　1985年6月17~20日，九三学社河南省第一次社员代表大会在郑州召开。会议选举产生了九三学社河南省第一届委员会。左明生任主任委员。

1988年9月24~28日，九三学社河南省第二次社员代表大会在郑州召开。会议选举产生了九三学社河南省第二届委员会。左明生当选为主任委员。

1988年6月和9月，九三学社平顶山市委员会、鹤壁市委员会、濮阳市委员会分别成立。1990年11月，九三学社焦作市委员会成立。

1992年8月31日~9月2日，九三学社河南省第三次社员代表大会在郑州召开。会议选举产生了九三学社河南省第三届委员会。左明生当选为主任委员。

1995年3月和12月，九三学社三门峡市委员会、漯河市委员会分别成立。

1996年11月18~20日，九三学社河南省第四次社员代表大会在郑州召开。会议选举产生了九三学社河南省第四届委员会。张涛当选为主任委员。

1999年2月和12月，九三学社商丘市委员会、信阳市委员会分别成立。2000年12月，九三学社南阳市筹备委员会成立。

截至2000年12月底，全省有13个九三学社市级委员会、183个基层社组织（含基层委员会12个、支社委员会11个、小组59个），社员3199人。其中高级职称1818人（约占57%）、中级职称1353人（约占42%），社员中博士学历27人、硕士及硕士研究生学历147人；社员中科技界约占44%、高教界约占25%、医药卫生界约占17%。

工作机构　1987年12月，九三学社河南省委机关编制总数增至50人，除拨至5个社市委编制数各4人外，社省委机关保留编制数30人，1988年间又拨至3个新建社市委编制数各2人，社省委机关编制数为24人，实有机关工作人员15人。

1983~2000年九三学社河南省各市委员会成立及换届时间表

表 35-6-1-1

名称	成立或换届时间及主任委员名单			
	第一届（时间/主委）	第二届（时间/主委）	第三届（时间/主委）	第四届（时间/主委）
开封市委	1983.7 / 孟宪德	1988.8 / 曾本麓	1992.3 / 胡南中	1996.9 / 单茂堂
洛阳市委	1983.3 / 赵力民	1988.8 / 程瑞苔	1995.8 / 何孝渝	
安阳市委	1984.4 / 王兆垄	1988.7 / 孙善康	1992.3 / 孙善康	1996.9 / 闻治启
新乡市委	1984.12 / 穆青田	1988.7 / 王 勉	1991.12 / 王 勉	1996.10 / 金德锐
郑州市委	1985.3 / 陶世信	1996.9 / 陈奇男		
平顶山市委	1988.6 / 朱家琪	1992.5 / 朱家琪	1996.9 / 吕宝珊	
鹤壁市委	1988.8 / 路 平	1992.5 / 路 平	1997.12 / 陈 凯	
濮阳市委	1988.9 / 张承明	1992.4 / 张承明	1996.10 / 尚兢元	
焦作市委	1990.11 / 张荣瑄	1996.9 / 李志澄		
三门峡市委	1995.3 / 何德祥			
漯河市委	1995.12 / 孙振忠			
商丘市委	1999.2 / 罗绍凯			
信阳市委	1999.12 / 万明云			
南阳市委筹备组		2000.12 / 张瑞璋		

1988~2000年九三学社河南省历届委员会社员人数统计表

表 35-6-1-2　　　　　　　　　　　　　　　　　　　　　　　　　　　　　　　　　　　单位：人

第二届		第三届		第四届	
年份	人数	年份	人数	年份	人数
1988（换届）	1333	1992（换届）	1895	1996（换届）	2689
1989	1732	1993	2030	1997	2838
1990	1772	1994	2486	1998	2990
1991	1841	1995	2415	1999	3069
				2000	3199

1991年8月，社省委机关由花园路82号院搬迁至金水路14号办公。1993年，社省委机关编制数因陆续拨至各新建社市委，还余17人，实有工作人员11人。后因机构

改革，民主党派市级组织编制改由各市自己解决，社省委机关编制数不再变动。1995年，社省委机关设置办公室、组织宣传处。1997年社省委机关实有工作人员增至14人。2000年5月社省委机关调入专职秘书长1人，至2000年年底，社省委机关有编制数17人，机关工作人员15人。

宣传教育培训　　1986年以后，九三学社河南省委一直把宣传教育培训作为重要工作来抓。除结合时事学习中共中央、中共河南省委、九三学社中央有关重要文件、会议精神外，省九三学社还编辑出版《河南社讯》，作为学习宣传时事政治、统战理论的园地。同时，九三学社河南省委还多次举办骨干社员培训班，不断提高社员的思想政治素质。

1988~2000年九三学社河南省第二至四届委员会各工作委员会情况表

表 35-6-1-3

届次	各工作委员会名称	主要负责人
第二届 （1988.12~1993.1）	科技工作委员会	朱亚民
	统战理论与政策研究委员会	孙心一
	宣传工作委员会	王守正
	海外联络工作委员会	何家濂
	医药卫生工作委员会	董守兀
	妇女工作委员会	卞志滢（女）
第三届 （1993.1~1997.5）	经济科技工作委员会	唐锡生
	农业工作委员会	王经伦
	教育工作委员会	葛荫榕
	海外联谊工作委员会	何家濂
	妇女工作委员会	卞志滢（女）
	统战理论研究委员会	王质彬
	医药卫生工作委员会	董守元
第四届 （1997.5~　）	经济科技工作委员会	潘鸣钟
	农业工作委员会	王经伦
	教育工作委员会	朱诚身
	医药卫生工作委员会	张亚琳（女）
	妇女工作委员会	侯晓虹（女）
	理论与法制学习工作委员会	龚绍方

1986~2000年九三学社河南省委第一至五届省直工委情况一览表

表35-6-1-4

届次	成立时间	主要负责人
九三学社河南省委第一届省直工委	1986.5.14	贺钟麟
九三学社河南省委第二届省直工委	1989.3.25	贺钟麟
九三学社河南省委第三届省直工委	1991.12.20	路振隆
九三学社河南省委第四届省直工委	1995.2.15	林作楫
九三学社河南省委第五届省直工委	1998.5.15	孙心一

1986~1991年，九三学社河南省委分别在新乡、安阳、平顶山、山东日照、信阳举办了第三至八期骨干社员培训班，共有260多名社员参加了学习培训。

1988年以后，河南省广大社员在学习和贯彻中共十一届三中全会以后的路线、方针、政策和中共十三大精神的同时，还系统学习了邓小平《建设有中国特色的社会主义》《坚持四项基本原则，反对资产阶级自由化》两本书。社省、市委还为社员订购了全国政协编印的《学习参考资料》。1992年以后，社省委每年派约20名社员参加省社会主义学院举办的各有关培训、学习班，进行统战理论学习。

1992~1996年，社省委领导及常委会成员学习《邓小平文选》《邓小平建设有中国特色社会主义学习纲要》以及中共河南省第六次代表大会的文件精神。

1997年，社省委在四届一次主委会议上，通过了《九三学社河南省委员会关于贯彻〈中共中央关于加强社会主义精神文明建设若干重要问题的决议〉和〈中共河南省委关于"九五"期间社会主义精神文明建设规划〉的意见》，随后又在省政协常委会上作《发挥民主党派在精神文明建设中的作用》的发言。

中共十五大召开后，社省委发出《关于学习贯彻中共十五大精神的通知》，各社市委分别召开各种形式的会议，掀起学习贯彻中共十五大精神热潮。

1998年年初，社省委建立了学习邓小平理论中心组，九三学社河南省委主委张涛任组长，在郑社省委副主委及常委为中心组成员。同年，社省委机关全体干部参加了中共河南省委统战部组织的"各民主党派、工商联机关干部十五大理论培训班"的学习。

2000年，江泽民"三个代表"重要思想发表以后，九三学社河南省委张涛主委在《河南日报》上撰文《学习江泽民同志"三个代表"的重要思想，为河南的全面振兴作出贡献》。社省委撰写的《发挥民主党派领导在思想政治工作中的作用》和《做好新时期民主党派成员思想政治工作应把握几项原则》两篇文章，参加了"九三学社中央思想建设和宣传工作会议"交流。

第二节 政治活动

九三学社河南省委成立以后,在九三学社中央和中共河南省委领导下,认真履行参政党职能,发挥民主监督作用。社省委主委每年都要参加中共河南省委、河南省人民政府召开的协商会、通报会、座谈会等,在会上就国家大政方针、政策和法律法规的制定与执行,国企改革体制创新,高新技术发展及其产业化,精神文明建设等重大问题提出许多建设性意见,得到中共河南省委和河南省人民政府的重视和采纳。河南省九三学社社员中有多人担任各级人大代表和政协委员职务,他们认真履行职责,积极反映社情民意,提出许多操作性强的议案或提案,被政府等有关部门采纳,为河南省经济建设和社会发展作出了应有贡献。特别是1989年中共中央《关于坚持和完善中国共产党领导的多党合作和政治协商制度的意见》制发以后,民主党派各项工作不断开创新局面,九三学社河南省委在参政议政工作方面逐年提升,议案、提案数量不断增加,质量不断提高,为中共党和人民政府的科学决策、维护社会稳定作出了贡献。同时,还有多名社员担任省市特邀人员,他们尽职尽责,充分发挥了民主监督作用。

1999年,中共河南省委书记马忠臣、河南省人民政府省长李克强为九三学社河南省委副主委林作楫所提《发展优质小麦的意见》作了批示,推动了河南省优质小麦的发展。同年,九三学社河南省委副主委孙心一向省人大会议提出《河南省减轻农民负担监督条例》议案,被列为"一号议案"。2000年,九三学社河南省委提出《应做好河南省可持续发展研究》提案,被省政府列入2000年科技攻关计划。

参政议政　1988~1992年,河南九三学社社员中有第七届全国人大代表8人,第七届全国政协委员3人,第七届省人大代表18人(含常委2人),第六届省政协委员29人(含副主席1人,常委8人)。1992~1996年,社员中有第八届全国人大代表7人,第八届全国政协委员1人,第八届省人大代表19人(含常委4人),第七届省政协委员24人(含副主席1人、常委8人),市人大代表和市政协委员168人(含政协副主席8人),首次有社员担任厅级领导干部。1996~2000年,在政府中担任县级以上领导职务的社员有23人,其中副省长1人、副厅局长1人、副市长2人。社员中第九届全国人大代表3人、第九届全国政协委员2人,第九届省人大代表21人(含常委3人),第八届省政协委员32人(含常委6人),市人大代表42人(含常委会副主任2人、常委15人),市政协委员173人(含副主席10人、常委39人)。

1989~1992年,河南省政协六届二、三、四次会议共印发了九三学社河南省委的大会发言材料7份,集体提案1件,内容涉及农业、计划生育、中小学生身体健康等。

1992~1996年，九三学社河南省委提案、议案数量逐年增加，质量不断提高。在全国政协会议上，社员张涛委员的《建议尽早修建西安—南阳—合肥—南京铁路》和《关于加速科技成果向现实生产力转化的思考》等大会发言，被多家报刊报道。对由九三学社河南省委调研、社员王经伦执笔的提案《关于限期完成乡镇农技推广机构"三定"工作的建议》，中央编委、财政部、农业部负责人予以高度评价，认为其对乡镇农技部门存在问题的分析和落实"三定"工作的建议是符合实际的。农业部、中央编委、财政部都给予了答复。

1992~1994年，河南省政协六届五次、七届一次、七届二次会议共印发九三学社河南省委集体和个人大会发言材料8份、集体提案23份，内容涉及农业、教育、水利等。1994年11月22~24日，九三学社河南省委召开参政议政工作会议，会议交流了各地工作经验，并就如何进一步做好参政议政工作进行了深入的探讨。12月13日，省人大常委会、省政府、省政协联合召开表彰省第八届人大和省第七届政协优秀建议、提案及先进办理单位大会，九三学社集体及社员共有4件提案、建议在会上获表彰。

1995~2000年，省政协七届三至五次及八届一至三次会议印发九三学社河南省委集体和个人发言材料25份、集体提案25件，内容包括环境保护、科普、矿产资源保护、高校建设等。

1998年1月，九三学社社员牵头的议案《尽快制定河南省高速公路建设管理条例》《关于申报科技工程评估必须立法》提交省人大常委会审议。2000年1月省人大九届三次会议，九三学社社员牵头的《关于修改河南省道路运输条例》《关于制定河南省环境保护条例》《关于制定河南省流动人口管理条例》《关于制定河南省小城镇建设与发展管理条例》《关于制定河南省旅游资源保护与开发条例》《关于制定河南省见义勇为者保护与奖励条例》《关于尽快制定河南省戒毒条例》7项议案，提交省人大常委会审议。

民主监督 1988~1992年，河南省九三学社共有33位社员受聘担任省、市特邀监察员、检察员、审计员、教育督导员，他们多次应政府和司法监督部门之邀，参加治理整顿和每年的税收财务物价大检查等执法检查工作。1992~1996年第三届社省委期间，河南省九三学社社员参加执法检查69次，其中省级检查7次。1994年1月1~10日，省人民医

照35-6-2-1 1998年1月，在河南省人大第九届第一次会议上，九三学社省委主委张涛当选为河南省人民政府副省长

院主管护师、社员张俊霞代表九三学社河南省委参加了河南省1993年年度计划生育大检查工作,被分配到荥阳县检查组,省各民主党派参加这样的大检查是第一次。1996~2000年第四届社省委期间,被聘为特邀"四员"的社员增至68人,他们如实反映社情民意,尽职尽责,行使民主监督权利,为河南的社会稳定作出了积极的贡献。九三学社河南省委还依据社员及所联系群众反映的社会问题,不定期编发《社情反映》,直接报送省党政领导。1999年,根据尉氏县村民反映的事实,编发《交公粮不发明白卡,起争执村民遭刑拘》,得到中共河南省委领导批示,涉事的村民被释放。2000年,省人大常委会委员、社员孙心一参加对省检察机关的评议工作,对检察机关存在的问题,提出了整改批评和建议。

第三节 社会服务

九三学社河南省委重视社会服务工作。1985年以后，社省委充分发挥自身优势，组织力量开展社会办学等项工作。郑州社市委创办的中原职业大学和新乡社市委主办的九三新乡医学专修学院在省、市教育行政部门民办高校年审中被评为优秀学校。省直社员创办的郑州树青医学院被媒体称为民办专科教育的典范。社省委还积极开展扶贫科技咨询活动，送文化、法律、科技、医药"四下乡"活动，受到社会各界及农村广大群众的欢迎。

1988~1992年期间，社省委从1990年起对卢氏县集中扶贫。为该县传授技术，培训人才，论证项目，赠送资料设备，解决疑难问题，取得较好的经济效益和社会效益。各社市委的科技咨询工作也取得了较好的效果。

1992~1996年，社省委以传统的义诊、扶贫、捐助、办学、送科技下乡为基础，社会服务工作的内容和方式迈入较高层面。突出表现为不少社员立足本职，建功立业，辐射社会。社省委副主委、河南省著名小麦专家林作楫主持的小麦新品种"豫麦13"的选育，1990~1994年累计推广3098.33千公顷，新增产量11亿千克，新增产值8.6亿元。

1996年以后，社省委把协助省政府大力搞好扶贫工作列入议事日程。1997年，确定以确山县石滚河乡赵楼村为扶贫点，开展以送科技下乡、送村民子女上大学、送科技图书资料、送衣物为内容的"四送"活动，受到老区群众的欢迎。从1998年起，社省委积极参与社中央"九广合作①"的扶贫工作，在农业科技服务和资助贫困家庭子女上大学方面给予了积极支持，获得社中央的表扬。

2000年4月，在中共河南省委统战部的协调下，由九三学社河南省委牵头，成立了由全省6个民主党派参加的"搞好风险投资，促进河南高新技术产业发展"课题组，写出9篇论文或建议。同年9月，社省委举办河南省民主党派风险投资论坛，促进了全省高新技术产业化的发展。

科技咨询 1985~1988年，社省委组织专家学者到豫西新兴城市——义马市对城市建设规划、人民生活福利设施及工矿建设等作综合性考察和可行性咨询论证。

---

① 1985年，九三学社响应中共中央统战部关于组织民主党派开展智力支边扶贫的号召，在四川省广元市开展了旨在以经济建设为中心、依靠科学技术、实施西部开发、振兴贫困地区和革命老区经济的"九广合作"。

1987年3月，受省计经委委托，社省委派陆任己等人用一年时间完成了推广稀土农用技术的录像任务。社省委成立的建筑设计室和洛阳社市委科技服务部联合承担并完成新县革命首府博物馆和洛阳大新酒楼两项建筑设计工作。

1992~1996年，鹤壁社市委副主委周志勤带领社员、农业专家刘汝温等多次到淇县、浚县举办种足种好小麦技术讲座和现场技术咨询。在淇县桥盟乡培训农民技术人员200余人次，在大赉店镇举办培训班10次，培训人员1400余人次，技术咨询11次，解决蔬菜及小麦种植技术难题16次，提供科技书刊200余册，提供大棚蔬菜技术指导20余次。安阳市农业支社张世田等为农民讲课9次，培训农技人才1200人次，为农民咨询4600人次。焦作社市委开展共建小康村活动，向修武县周庄提供新技术、新产品信息30余项。

1995年12月，中共河南省委在郑州召开省各民主党派、工商联和无党派人士为四化服务经验交流暨表彰大会。九三学社受到表彰的有9个先进集体，17名先进个人。先进集体：河南师范大学委员会、焦作矿业学院委员会、黄河水利委员会、漯河市直属支社、开封市农林支社、安阳中棉所支社、平顶山市新华支社、洛阳工学院支社、郑州工学院支社。先进个人：王立兴、王坤波、王淑萍（女）、孙海明、阎新甫、陈全德、李志澄、李家骐（女）、罗绍凯、张仲民、张百俊（女）、郑天维、娄全龄、郭万军、郭景祥、葛荫榕、穆仲苏（女）。

1996年11月，全国各民主党派、工商联为"两个文明"建设服务经验交流会在北京召开。开封市农林支社被评为先进集体，郑州市社员王淑萍被评为先进个人并在大会上发言。

1996~1997年，安阳社市委到老区内黄县后河乡进行科技咨询活动，指导防治小麦锈病，传授防止果树老化、增产及蔬菜大棚的管理技术。漯河社市委孙振忠等开展科技培训30余次，受益3000余人次，指导科技联系点彰化乡、李集乡小麦亩单产突破400千克大关。

2000年，九三学社漯河市委高新科技研究会与郾城县李集乡政府农办共同主持的脱毒甘薯高产试验、示范推广获全面丰收，大田推广面积约333.33公顷，平均单产1800多千克，平均每亩增产500千克。同年9月15日，由九三学社河南省委员会主持，河南省各民主党派在郑州联合举办了风险投资论坛。该次论坛围绕如何加快河南省风险投资业的发展进行热烈讨论，与会人员共提交9篇论文，从不同角度阐述了风险投资的概念、意义、作用以及发展河南省风险投资业的策略、方法。

科技扶贫　　从1990年起，社省委对卢氏县集中扶贫，成立了九三学社河南省委员会、政协卢氏县委员会咨询服务中心。3年间，扶贫领导小组共派出何家濂、朱亚民、王守正、胡玉华等12批60多名专家，分别赴卢氏进行考察或开展多项目、多形式的扶贫工作。先后提出改建卢氏到灵宝的公路、建立卢氏职业培训中心、开发卢氏铁矿建立100立方米高炉及采选工程的建议等。同时为该县传授技术，培训人才，论证项目，赠送资料设备，解决疑难问题，做了大量工作。

1990年10月，省卫生厅支社与省卫生职工医学院协商，由该院向卢氏县医院捐赠显微镜3台、图书120册、教学幻灯片4套及玻璃器皿2筐。因其在卢氏县扶贫工作中成绩突出，1991年3月下旬在河南省农村经济工作会议上，省政府表彰九三学社河南省委为扶贫开发先进工作单位。

1992年1月9~14日，社省委医工委组织医疗专家董守元、王万林、常康、徐舒南等赴革命老区夏邑县进行义务讲学、义诊活动。同年，社员林作楫在永城县推广他培育的小麦优良品种"豫麦13号"约6.67万公顷，平均每亩增产30~40千克。

1994年5月25日，社省委主委左明生带领社省委科技工作委员会主任唐锡生、农业工作委员会主任王经伦等一行，应延津县政协邀请，赴延津县参加服务经济建设调研座谈会。6月7日，社省委主委左明生带领郑州工学院支社专家黄相才、谢谷英等一行6人，应淮滨县人民政府邀请赴淮滨进行考察，并与淮滨县人民政府签订扶贫开发技术经济合作协议书。该协议书把开展技术咨询和技术服务，联合办学培养人才，搞好黄沙资源开发规划，合作攻关搞好城市供水和污水治理，引进资金、技术和项目，提供信息，为淮滨县经济建设和社会发展服务都纳入了合作范围。该协议有效期6年。

从1997年起，社省委经过调研考察，确定以老区贫困县确山县石滚河乡赵楼村为扶贫点，开展以送科技下乡、送村民子女上大学、送科技图书资料、送衣物为内容的"四送"活动，受到扶贫点村民的欢迎。

1998年4月，社省委组织医药卫生工作委员会的医卫专家张亚琳、马淑媛等，前往石滚河乡为村民义诊，免费发放价值1000余元的药品。同年，郑州科技专修学院为赵楼村小学捐献100套课桌，送棉衣被等物150件。至1998年年底，省直社员、著名妇科专家、主任医师高耀洁，退休后编写妇女保健科普丛书11本，到省内各地，厂矿企业、大专院校等义务讲课近200场，听众达4万多人次。同年，长江、嫩江、松花江发生特大洪水，社省委及时转发社中央关于号召全体社员以实际行动支援抗洪救灾的通知，号召全省九三学社社员捐款捐物。据不完全统计，全省社员和社的机关共捐款81040元，捐衣物1023件。

1999年，社省委向"三九合作区[①]"的四川省广元市旺苍县木门小学捐赠2000余册图书；社省委还帮助安排确山县石滚河乡赵楼村4名大学生的工作，他们在郑州上学期间，社省委先后资助4600元，郑州科技专修学院减免学费5600元；社省委还安排确山扶贫点和四川省旺苍县11位学生来郑州上学，分别减免学费10%~20%。当年仅郑州科技专修学院为老区、贫困县86名学生减收学费达17万元左右。

---

①九广（四川广元）、九通（内蒙古通辽）、九临（山西临汾）3个科技合作区。

2000年5月，社省委和省科协合作，到确山县进行对口教育扶贫工作。来自全县教育系统的300余人听取了省九三学社教育专家戚建庄所作的关于素质教育的专题讲座。同时，社省委还赠送教育理论书籍200余册，价值3000余元。同年8月，社中央向全国社组织发出《关于开展向贫困地区捐助活动的通知》，全省社员共捐款26210元。在此之前，社省委机关工作人员还向河南灾区捐款1500元。

举办学校　　1985~1988年，全省各地九三学社组织根据量力而行、拾遗补阙原则，开办成人高考等各种专科班、培训班、补习班等共30余班次，参加学习人数达1800多人次，结业人数1230人，为社会主义建设培养了一批专业人才。

1988~1992年，社组织和社员个人创办的郑州医学专科学校、中原职业大学、河南九三医学专科学校等一批学校和专业技术培训班，为职业技术教育和成人教育作出了贡献。

1992~1996年，郑州社市委创办的中原职业大学已拥有6个教学部、16个专业24个班，在校学生达2000多人，学生参加国家自学考试合格率在80%以上。新乡社市委主办的九三新乡医学专修学院，1993年、1994年学生自学考试合格率在98%以上。省直社员王树青创办郑州澍青医学院，培养了大批医学专业人才。

1992年4月~1994年4月，郑州大学社员舒安娜副教授创办的郑州市礼仪学校举办9期培训班，先后向社会各界输送1400多名礼仪人才。该校还应邀到几十家企业讲课，并为10多家大企业代培了礼仪队。

1996~1997年，郑州科技专修学院、郑州澍青医学院、新乡九三医学专修学院在专业设置、教学管理、规模效益上都有新的发展，日臻完善。郑州两所学院经省教委评估成为河南省国家承认学历资格民办院校。郑州科技专修学院办学10年，九三学社中央主席吴阶平题词："多专业、多层次、多学制、满足多方面需要，成绩卓著"。

获奖成果　　九三学社社员林作楫主持的小麦新品种"豫麦13"的选育，1990~1994年累计推广3098.33千公顷，新增产量11亿千克，新增产值8.6亿元，获1995年国家科技进步奖一等奖。洛阳拖拉机研究所社员何孝渝、陈设、王全安的"微合金非调质钢的研制应用"获得1994年机械工业部科技进步奖二等奖。洛阳耐火材料研究所尹惠明的"轻烧油浸镁碳砖的研究"获1994年国家级新产品、联合国TIPS中国国家分部发明创新科技之星奖。濮阳中原油田医院心功能专家胡琛主任医师，1995年到美国参加首届国际人体科学大会，其论文《冠脉造影正常的心前区疼痛》获金杯奖。

1990年10月，中共河南省委、河南省人民政府召开命名表彰大会。九三学社社员郭景祥、张秀清（女）、王勉获河南省首批"省管优秀专家"称号。

1993年1月，在全国医学科普大会上，河南省健康教育所主任编辑、社员马文飞获"全国优秀医学科普工作者"荣誉称号。

1998年3月，河南省人民政府召开表彰会，九三社河南省委副主委、著名小麦遗传育种专家林作楫被授予"河南省科技功臣"称号。河南师范大学教授杨书廷、中国洛阳石化工程公司高级工程师许国虎等被中共河南省委组织部、省人事厅、省科协评为"河南省优秀青年科技专家"。截至2000年年底，据不完全统计，河南省九三学社社员获国务院特殊津贴人数已达40人。

省直社员刘敏珊1996年被评为全国三八红旗手，1999年被省妇联选评为河南省科技十大女杰；郑州科技专修学院院长刘文魁获全国和省民办教育创业奖；河南师范大学副校长鲁公儒被评为第八批国家级有突出贡献的专家；戚建庄等7名社员登上"第四批河南省优秀专家"光荣榜。

第四节 重要会议

河南省九三学社分别于 1985 年、1988 年、1992 年、1996 年召开第一至四次社员代表大会,分别选举产生了九三学社河南省第一至四届委员会。1995 年 9 月,九三学社河南省委召开庆祝九三学社建社 50 周年大会,回顾九三学社成立 50 年间在中国共产党领导下的奋斗历程,深刻认识到中国共产党领导的多党合作和政治协商制度符合中国国情,具有强大的生命力。

九三学社河南省第二次社员代表大会　1988 年 9 月 24~28 日,九三学社河南省第二次社员代表大会在郑州召开。会议审议并通过九三学社河南省第一届委员会的工作报告,选举产生了九三学社河南省第二届委员会和出席九三学社第五次全国社员代表大会的代表。中共河南省委副书记姚敏学,省政协主席阎济民,省人大常委会副主任郭培轲、范濂,省政府副省长胡悌云,九三学社中央组织部部长李毅,中共河南省委统战部部长武守全及副部长李健、林雪梅,省民革副主委娄象峰、省民建副主委朱书泉、省农工民主党副主委邵令方、省民进支部主任秦佩珩、省工商联秘书长杨洪绶、省计经委副主任杨显明、省总工会主席顾志平、省妇联副主任吴全智、团省委副书记刘怀廉、省参事室副主任汪昌发等省直单位领导到会祝贺。

出席这次大会的代表共 112 人。大会主席团执行主席孟宪德主持开幕式,并宣读了九三学社中央发来的贺信。执行主席左明生致开幕词。姚敏学副书记代表中共河南省委致贺词。省民盟主委范濂代表省各民主党派、省工商联和省参事室讲话,大会执行主席何家泌代表第一届社省委作工作报告。

会议选举产生了九三学社河南省第二届委员会委员 42 人、出席九三学社第五次全国社员代表大会代表 9 人。在第二届委员会第一次全体会议上,选举产生了委员会主委、副主委、秘书长、常务委员。

九三学社河南省第二届委员会成员名单
（1988.9~1992.8）

主 任 委 员　左明生
副主任委员　孟宪德　何家泌　朱家琪　艾宏韬　徐传俭（后增选王留荣）
秘 书 长　胡生
常 务 委 员　王勉　　王留荣（女）艾宏韬　　左明生　　朱家琪

	孙善康	何家泌	孟宪德	林作楫	贺钟麟
	胡 生	徐传俭	曾本麓	戴 明（后增补郭长润）	
委　　员	王 勉	王长中	王钟泰	王留荣（女）	王继麟
	艾宏韬	田心桃（女）	左明生	孙心一	孙善康
	朱亚民	朱家琪	刘学杰	任芳瑛	李文娜（女）
	沈志仁	陈奇男	何孝渝	何家泌	何家濂
	张 涛	张永就	张承明	张荣矗	孟宪德
	林 松	林作楫	胡 生	胡世瑚	胡南中
	贺钟麟	赵缵修	徐传俭	徐舒南（女）	陶重仪
	黄焕承	黄善达	曾本麓	程瑞苔	廖朝贤
	戴 明（后增补郭长润、郭越琨）				
顾　　问	王兆荃	刘敬琨	赵力民	徐福龄	耿鸿枢
	黄元起	董树德	路庭训	管必强	管葆真（女）
	穆青田				

九三学社河南省第三次社员代表大会　1992年8月31日~9月2日，九三学社河南省第三次社员代表大会在郑州召开。出席会议代表128人。

九三学社中央副主席兼秘书长赵伟之专程到会祝贺并发表讲话。中共河南省委副书记吴基传出席开幕式并讲话。省人大常委会副主任范濂，省政协副主席魏钦公，省政协副主席、中共河南省委统战部部长武守全，九三学社社中央组织部副部长马赫及省各民主党派、省工商联的负责人出席了大会开幕式。省民建主委朱书泉代表省各民主党派、省工商联，省妇联副主任张新华代表省总工会、团省委、省妇联向大会致贺词。

会议学习邓小平年初视察南方时的重要谈话、江泽民总书记在中共中央党校的重要讲话及中共河南省代表会议精神，审议并通过孟宪德代表第二届九三学社省委所作的题为《团结奋进，为实现参政党的历史使命而奋斗》的工作报告，选举产生了九三学社河南省第三届委员会委员38人和河南省出席九三学社第六次全国代表大会的代表12人。

在九三学社河南省第三届委员会第一次全体会议上，选举产生了常务委员10人。大会期间，举行了纪念九三学社建社47周年座谈会。九三学社中央组织部副部长马赫在会上作了题为《继承、发扬民主与科学的光荣传统》的讲话。

九三学社河南省第三届委员会成员名单
（1992.8~1996.11）

主任委员　左明生

副主任委员	朱家琪	徐传俭	王留荣（女）	张 涛	（后增补孙心一、林作楫）
秘 书 长	郭长润（后改为孙心一）				
常 务 委 员	王 勉	王留荣（女）	左明生	朱家琪	张 涛
	林作楫	胡南中	徐传俭	郭长润	戴 明
	（后增补孙心一、何孝渝、侯晓虹）				
委 员	王 勉	王长中	王留荣（女）	田心桃（女）	左明生
	刘学杰	孙心一	孙国强（女）	孙善康	任芳瑸
	朱家琪	许振山	李为民	沈志仁	何孝渝
	何洪斌	张 涛	张永就	张承明	张荣矗
	张晋云（女）	林 松	林作楫	金德锐	尚竞元
	单茂堂	胡南中	胡世瑚	侯万生	侯晓虹（女）
	徐传俭	郭长润	郭庭瑞	郭越琨	黄相才
	廖朝贤	戴 明			
	［后增补何德祥、张金仓、李文娜（女）、孙振忠］				
名誉副主任委员	孟宪德	何家泌			
顾 问	刘敬琨	赵力民	徐福龄	耿鸿枢	路庭训
	管必强	管葆真（女）	穆青田	贺钟麟	王继麟

九三学社河南省第四次社员代表大会 1996年11月18~20日，九三学社河南省第四次社员代表大会在郑州召开。出席会议代表141人。

九三学社中央副主席金开诚专程到会祝贺并在会上作重要讲话。中共河南省委副书记范钦臣，省人大常委会副主任宋国臣，省政府副省长张世英，省政协副主席姚如学，省政协副主席、中共河南省委统战部部长胡树俭，省民革主委梅养正，省民盟主委范濂，省民建主委朱书泉，省农工党主委邵令方，省民进主委袁祖亮，省工商联会长杨洪绶出席大会开幕式。省民盟主委范濂、省妇联副主任祁敦芳分别代表省各民主党派、省工商联和省工会、团省委、省妇联等向大会致贺词。

大会开幕式由张涛副主委主持，朱家琪副主委致开幕词。省委副书记范钦臣代表中共河南省委向大会致辞。

会议学习讨论中共中央十四届六中全会《决议》、副主席金开诚和副书记范钦臣的重要讲话，审议并通过左明生主委代表第三届社省委所作的《发挥参政党作用，为实现我省"九五"计划而团结奋斗》的工作报告，选举产生了九三学社河南省第四届委员会委员41人和河南省出席九三学社第七次全国代表大会的代表14人。九三学社河南省第四届委员会第一次全体会议选举常务委员11人。

九三学社河南省第四届委员会成员名单

（1996.11~　　）

主 任 委 员　张　涛
副主任委员　王留荣（女）　孙心一　林作楫　何孝渝　李志澄（后增补戚建庄）
秘 书 长　孙心一（兼）（后改为戚建庄）
常 务 委 员　陈奇男　　金德锐　　单茂堂　　侯晓虹（女）戴　明
　　　　　　张　涛　　王留荣（女）孙心一　　林作楫　　何孝渝
　　　　　　李志澄［后增补戚建庄、梁光中、刘敏珊（女）、舒安娜（女）］
委　　　员　文一元（女）王　岩（女）王留荣（女）王海燕（女）白　水
　　　　　　刘一来　　朱　琳（女）朱诚身　　许振山　　吕宝珊
　　　　　　孙心一　　孙国强（女）孙振忠　　孙海明　　何孝渝
　　　　　　何德祥　　陈奇男　　李志澄　　李红川　　李清富
　　　　　　张　涛　　张卫中　　张亚琳（女）张金仓　　张晋云（女）
　　　　　　尚竞元　　金德锐　　罗绍凯　　林作楫　　单茂堂
　　　　　　侯万生　　侯晓红（女）贺正烈　　闻治启　　崔玉芬（女）
　　　　　　黄世华　　龚绍方　　杨慧清（女）戴　明
　　　　　　［后增补陈凯、宋丽英（女）、刘敏珊（女）、舒安娜（女）、
　　　　　　戚建庄、梁光中、万明云、孙运锋、沈阿林］
名誉主任委员　左明生
名誉副主任委员　何家泌
顾　　　问　刘敬琨　　赵力民　　徐福龄　　路庭训　　管必强
　　　　　　穆青田　　贺钟麟　　王继麟

纪念九三学社成立50周年大会　1995年9月3日，九三学社河南省委在郑州召开大会，庆祝九三学社建社50周年。

中共河南省委向大会赠送了贺匾。省政协副主席、中共河南省委统战部部长胡树俭代表中共河南省委、河南省人民政府和省政协出席大会并发表讲话。省各民主党派、省工商联负责人朱书泉、梅养正、邵令方、袁祖亮、马基铭、赵丛华以及省科委、省科协的有关领导到会祝贺。

省政协副主席、省九三学社主委左明生回顾了九三学社半个世纪与中国共产党亲密合作，为中国革命和社会主义建设事业努力奋斗的光辉历程。大会还对优秀社员、优秀专干、先进集体进行了表彰。

第三十六篇 群众团体

综 述

群众团体是在中国共产党领导下的各种群众性组织。1978年中共十一届三中全会后，河南省各级群众团体在中共河南省委领导下，采取有力措施，开展各种活动，充分发挥各团体的作用。

1978年12月至1984年下半年，河南省各级工会拨乱反正，全面恢复工作。20世纪80年代，先后开展了劳动竞赛和提合理化建议、"整顿基层组织、建设职工之家"、职工民主管理工作达标等一系列活动。将培养一支有理想、有道德、有文化、守纪律的职工队伍，作为"整顿基层组织、建设职工之家"活动的重要内容。河南省各级工会采取多种形式对职工进行基本国情和基本路线教育，大张旗鼓地在职工群众中开展学习劳动模范活动，表彰读书自学积极分子，加强职工岗位技能培训、班组长培训和职工中级技术教育工作，广泛组织职工开展各种文体活动。

20世纪90年代，河南省总工会贯彻全国人民代表大会通过的《中华人民共和国工会法》，全面履行"维护、建设、参与、教育"四项社会职能。在开封、郑州、新乡等市和大型企业建立起一批职工消费合作社。在国有企业改革中，各级工会积极协助中共地方党委、政府和企业行政，做好企业职工的安置分流工作，建立下岗职工再就业中心，千方百计保障下岗职工的基本生活。至2000年年底，全省新建企业组建工会15855个，新发展工会会员78.83万人。河南省职工达到1200万人，工会会员达到611万人，基层工会组织达到36845个。

中国共产主义青年团是中国共产党领导下的先进青年的群众组织，是广大青年在实践中学习中国特色社会主义和共产主义的学校，是中国共产党的助手和后备军。20世纪80年代，河南省共青团组织反映青年的愿望和要求，对青年进行四项基本原则和反对资产阶级自由化教育，整顿团的基层组织，开展了"新长征突击手"、植树造林、"五讲四美三热爱"[1]和"学雷锋树新风"等活动。为促进河南省经济发展，广大农村团员青年踊跃参加实用技术培训、星火带头人培养、劳务输出和沿黄两山（沿黄青年农业综合开发和大别山、伏牛山综合开发）青年农业综合开发工程。工矿企业的团员青年则以创业奉献、建功立业为主题，100多万名青年工人参加了"创业杯"青工技术大赛；有200多万名青工参加"振兴河南、建功成才"五杯[2]竞赛活动。

---

[1] 讲文明、讲礼貌、讲卫生、讲秩序、讲道德，心灵美、语言美、行为美、环境美，热爱祖国、热爱社会主义、热爱共产党。
[2] 双增双节奉献杯、质量安全效益杯、"五小"成果智慧杯、优质工程创业杯、规范服务文明杯。

20世纪90年代，全省团组织先后开展了以促进农民脱贫致富奔小康为目的的"富民兴团工程""河南青年扶贫致富行动""领办科技推广项目、创办共青开发基地"等工作。组织实施了"跨世纪青年文明工程""跨世纪青年人才工程""河南省新世纪青年文化工程""新世纪读书计划"，开展了创建"青年文明社区""青年志愿者爱心包""十八岁成人仪式"等各种丰富多彩的文化教育活动。"河南下岗青工创业行动""共青扶贫示范村"等活动也随着形势的变化相继推出。至2000年年底，全省共有415万多名团员，有8132个基层团委，14万多个团支部、团总支，8266名专职团干部。

1978年中共十一届三中全会后，河南省各级妇女联合会加强领导班子和组织建设，在思想上、理论上、组织上开展了一系列拨乱反正工作。1979年3月，中共河南省妇女联合会核心小组撤销，中共河南省妇女联合会党组成立。20世纪80年代初，根据中共中央指示，省妇联以抚育、培养、教育儿童少年健康成长和维护妇女合法权益作为工作重点。20世纪80年代中后期，省妇联在全省妇女中开展了以"一学两赛"①为主要内容的"提高妇女素质年"活动、"建功成才"活动，在农村妇女中开展了学文化、学技术，比成绩、比贡献的"双学双比"竞赛活动，在城镇妇女中开展了"巾帼建功"活动，并相继恢复"三八"红旗竞赛和"五好"②家庭创建活动，引导妇女向模范、英雄人物学习，"树立新风，抑制陋俗"。全省各地基层妇女组织参与发起并建立"移风易俗理事会""丧嫁协会""妇女禁赌理事会"等民间组织2万余个。

20世纪90年代，省妇联组织全省女职工参加各种技术比武和知识竞赛，组织农村成年妇女接受实用技术培训。实施为资助失、辍学女童重返校园的"春蕾计划"，开展促进下岗女工再就业的"巾帼创业"活动和"五好文明家庭"③创建活动。筹建下岗女工再就业培训中心、下岗女工再就业指导中心，组织实施开展面向"打工妹"的"爱心计划"实施活动④。注重妇女干部的培养选拔，在全省妇联系统开展"万、千、千"⑤活动，共培训女领导干部2.2万人次，有1482名女干部被确定为县（处）级后备干部。截至2000年年底，全省单位从业人员中有女性274.55万人，占从业

---

① 指学知识，赛科学致富、赛革新创造。
② 20世纪80年代"五好家庭"的评选标准是：政治思想好、生产工作好；家庭和睦、尊敬老人好；教育子女、计划生育好；移风易俗、勤俭持家好；邻里团结、文明礼貌好。
③ 1996年，"五好家庭"更名为"五好文明家庭"。其评选标准是：爱国守法、热心公益好；学习进取、爱岗敬业好；男女平等、尊老爱幼好；移风易俗、少生优育好；勤俭持家、保护环境好。
④ "爱心计划"实施活动旨在动员全社会对打工妹予以关注、关心、教育和帮助的活动。
⑤ 到20世纪末，培训女干部1万人，促成1000名女干部换岗、交流或挂职锻炼，推荐1000名女干部作为县级以上后备干部的活动。

人员总数的37.4%；全省有女干部70万人，占干部总数的35.55%；全省有女性专业技术人员54.33万人，占专业技术人员总数的40.65%。全省有7000余人次被评为全国、省三八红旗手；有3名女性先后被命名为"中国十大女杰"。

河南省工商业联合会是中国共产党领导的具有统战性、经济性、民间性的人民团体和民间商会，是中国人民政治协商会议河南省委员会的组成单位之一。1977年11月，河南省工商业联合会恢复活动。在中共河南省委和河南省人民政府的领导下，落实对原工商业者的各项政策，做好对原工商业者的安排使用工作。组织会员发挥自身的生产技术专长和经营管理经验为社会主义现代化建设服务，积极开展经济咨询服务和工商专业培训；协助发展集体经济，领办和创办集体企业，安置待业青年；举办经济实体；开展对外联络，协助政府和企业引进资金、技术、人才。

20世纪90年代，根据中共中央的指示精神，河南省工商业联合会进行了工作重点、会员结构和组织结构的调整；积极向非公有制经济代表人士宣传党和国家的方针、政策，进行爱国、敬业、守法、诚信教育，做好他们的思想政治工作；代表和维护非公有制企业合法权益，对非公有制经济发展动态进行深入系统的调查研究，为中共河南省委、河南省人民政府制定对非公有制经济的有关政策，提出意见和建议；组织会员企业举办或参加各类商品交易会和经贸洽谈会，为会员企业发展提供融资、培训、质量技术监督、职称评定、出国政审等多方面的服务；引导非公有制企业开展扶贫开发等光彩事业①活动，帮助贫困地区脱贫致富。至2000年年底，河南省工商业联合会会员总数达109757个，其中非公有制经济会员占89%。

1978年以后，河南省残疾人事业的发展进入一个新时期。1980年，河南省盲人聋哑人协会成立。1986年，河南省残疾人福利基金会成立。1987年，河南省进行了历史上第一次残疾人抽样调查。1989年1月，河南省残疾人联合会第一次代表大会召开，成立了河南省残疾人联合会，并建立了各专门协会。至1991年1月，全省17个市（地）均成立了残疾人联合会。至1992年6月，157个县（市、区）全部成立了残疾人联合会。2000年，2411个乡（镇、街道）全部成立了残疾人联合会。河南省人民政府将残疾人事业纳入全省经济和社会发展计划之中，加强领导，综合协调，统一部署。各有关部门各司其职，互相配合，围绕事业发展，先后召开计划、康复、教育、就业、扶贫、体育、法制建设、宣传等专项会议，采取措施，落实任务，促进发展。

至2000年年底，全省共建立各种残疾人服务机构273个；通过各种措施，使

---

① 光彩事业是在中共中央统战部、全国工商联组织推动下，中国非公有制经济人士为配合《国家"八七"扶贫攻坚计划》而发起实施的一项社会扶贫事业。1994年4月23日，刘永好等10名民营企业家联名倡议《让我们投身到扶贫的光彩事业中来》，光彩事业由此而发起。

52.8万残疾人得到不同程度的康复;特教学校发展到152所;各类福利企业集中安排残疾人6.2万余人;扶持兴办了135个残疾人扶贫基地,帮助99万残疾人脱离贫困,48.5万特困残疾人生活得到保障;残疾人在国际重大体育比赛中获金牌34枚、银牌19枚、铜牌14枚。

河南省归国华侨联合会是在中共河南省委领导下,由全省归侨、侨眷组成的省一级人民团体,是中国人民政治协商会议河南省委员会的组成单位,是党和政府联系广大归侨和海外侨胞的桥梁和纽带。1979年,河南省侨联恢复工作。20世纪80年代,根据中共中央指示,各级侨联协助党和政府落实各项侨务政策,积极开展对内对外宣传。20世纪90年代,中国对外交流日益增多,省侨联充分发挥自身优势,在参政议政、招商引资等领域开展了大量卓有成效的工作。1992年,《河南省归侨侨眷权益保护法实施办法》获得通过,省侨联各级组织依法维护归侨、侨眷的合法权益。至2000年年底,全省各省辖市和大部分县(市)及大专院校都成立了侨联组织,配备了专职干部。

河南省社会科学界联合会是河南省社会科学界学术团体的联合组织。1978~2000年,省社科联及所属各学会结合重要节日、纪念日积极开展学术研讨活动。如关于真理标准问题的讨论、关于社会主义生产目的讨论、纪念五四运动60周年学术报告会、纪念中国共产党成立60周年学术报告会、纪念辛亥革命70周年学术报告会、纪念马克思逝世100周年学术报告会、纪念毛泽东同志诞辰90周年学术报告会、纪念抗日战争胜利40周年报告会等。省社科联及所属各学会还组织召开或参与承办了一些重要的全国性、国际性学术研讨会。如全国马克思主义哲学史学术讨论会、中国古代戏曲讨论会、全国马列文论学术讨论会、仰韶文化学术讨论会、宋史学术讨论会、考古学术讨论会、杜甫国际学术讨论会、郑州商城与殷商文化国际学术讨论会等。

从1984年开始,省社科联分别于1984年、1986年、1988年、1990年,组织了1979~1989年间全省第一、第二、第三、第四届社会科学优秀成果评奖活动。其后,又与省委宣传部共同组织了1990~2000年间的5次全省社会科学优秀成果评奖活动。省社科联还利用自身优势,开展了社会科学普及工作。截至2000年年底,河南省社科联共有团体会员148个,其中省级社会科学学会(协会、研究会)131个,省辖市社科联17个。

1979年,河南省文学艺术界联合会恢复活动。之后,所属11个协会先后恢复或成立,全省90%的县成立了文联组织。20世纪80年代,省文联先后创办了《河南戏剧》《莽原》《散文选刊》《传奇文学选刊》《故事家》《热风》6种文学期刊。省文联恢复活动后,组织了一系列创作、研讨、演出、比赛、评奖、展览等形式多样的活动,培养起一批颇具实力而又富有河南特色的作家、艺术家队伍。各种艺术门类的优秀作品不断涌现，多项成果获国家级文学、艺术奖和"五个一工程奖"[①]。截至2000年年底，河南省文联共有11个省级文艺家协会，18个省辖（管）市（地区）文联，20个行业、企业文联（文协、学会）。

河南省科学技术协会于1978年4月恢复活动。改革开放后的20多年间，全省科协紧紧围绕河南省的经济、科技和社会发展拓展工作。在学术交流方面，全省科协坚持开展多类型学术活动，省市两级科协及所属学会共组织召开国内学术活动1.8万余次，国际学术交流会议50多次，交流论文近30万篇。在科学技术普及工作方面，开展了送科技下乡、农民实用技术培训、建立发展商品生产村、创建"奔小康科普示范县、乡（镇）、村"等活动。在推进科技同经济紧密结合方面，从1987年起，在全省厂矿企业科技人员中开展"讲理想、比贡献"竞赛活动，1993年开始实施"金桥工程"[②]；1997年起，每年在学会与厂矿企业间实施"百厂百会协作行动"。全省各级科协为适应改革和发展的需要，从思想观念、工作方法、组织体制、运行机制等方面全方位进行了创新和改革，积极探索中国特色社会主义的科技群团发展道路。截至2000年年底，河南省科协共有全省性学会、协会、研究会125个；市及县（市、区）科协169个；市学会、协会、研究会532个；县（市、区）学会、协会、研究会3924个。

河南省的红十字组织从1911年出现以后，时盛时衰，几经沉浮。1984年，河南省红十字会恢复重建。1988年，全省17个市、地全部成立红十字会，1989年，全省159个县（市、区）全部恢复成立了红十字会组织。省红十字会重建后，开展了急救知识、卫生常识的培训和外伤救护、水上救护及药物中毒等急救训练。20世纪90年代，开展了卫生救护训练、红十字会青少年活动、红十字会基本知识和国际人道法的宣传、动员无偿献血、对外联系交流等业务活动。截至2000年年底，河南省共建立红十字组织1.3万余个，有会员168万余人，建立红十字急救站4000多个。

[①]是由中共中央宣传部组织设立的精神文明建设领域的最高奖，评选活动自1992年起每年进行一次，评选上一年度各省、自治区、直辖市和中央部分部委，以及解放军总政治部等单位组织生产、推荐申报的精神产品中五个方面的精品佳作。"五个一"指一部好的戏剧作品，一部好的电视剧（或电影）作品，一部好的图书（限社会科学方面），一篇好的理论文章（限社会科学方面），一首好歌。1995年年度起，将一首好歌和一部好的广播剧列入评选范围，"五个一工程"的名称不变。
[②]系起于20世纪90年代中期的信息化基础设施建设的跨世纪重大工程。

第一章 工 会

1978年12月至1984年下半年，河南省各级工会拨乱反正，全面恢复工作。这个时期，在中共河南省委领导下，各级工会平反冤假错案，建立健全工作机构，动员和组织职工围绕中共中央关于国民经济"调整、改革、整顿、提高"方针开展劳动竞赛和提合理化建议活动，协助政府和企业落实职工生活福利政策，对职工进行思想政治教育、科技文化教育和职业道德教育，积极发展工会会员。全省职工由1979年的420万人发展到1984年的548万人，工会会员由1979年的237万人发展到1984年的350万人。

1984年10月至1991年年底，随着经济体制改革的不断深化，河南省各级工会努力探索、实践、调整"维护、建设、参与、教育"四项社会职能。在中共河南省委和中华全国总工会的领导下，河南省总工会紧紧抓住具有工会工作全局性的"整顿基层组织，建设职工之家"活动，推动全省工会工作的全面发展。河南省总工会两次召开全省经验交流大会，总结经验，表彰先进，推动基层工会按同级党政副职级干部配备主席，建立健全各项制度，把工会办成职工之家。这一活动使全省基层工会组织得到进一步整顿，工会会员获得较快发展，为开展各项工作打下了良好基础。1986年3月河南省总工会作出决定，每年五一国际劳动节期间表彰一批在建设中涌现出来的先进个人和先进集体，颁发五一劳动奖章和五一劳动奖状。这一决定激发了广大职工开展群众生产和企业依靠职工搞好生产的积极性。同时，随着中共中央工作重心的转移和基本路线的确立，河南省总工会根据中国工会第十次代表大会的要求，注意把"职工生产"推上新的层面，逐步形成工会的"建设"职能。

河南省各级工会不断加大维护职工合法权益的力度。河南省总工会在部分企业开展职工先进食堂、澡堂、集体宿舍达标试点的基础上，从1987年起连续4年组织全省大中型企事业单位开展"两堂一舍"竞赛活动，推动了职工福利设施的改善。在经济体制改革过程中，部分企业经营机制转变滞后，市场机制尚未建立，一时出现了乱涨价和部分职工生活困难问题，省总工会及时配合政府物价部门认真组织职工开展物价监督活动，全省逐步建立起群众性的条块结合、以块为主、分级建站、覆盖面广的职工价格（计量）监督检查网络。随着经济体制改革的进行，涉及职工利益的问题不断增多，工会不仅注意维护职工的物质利益，同时也注意维护职工的民主政治权利，逐步形成"维护"职能。1986年，中共中央、国务院正式颁布全民所有制工业企业厂长、基层党组织和职工民主管理3个工作条例，为工会维护职工民主权利提出了新的标准和要求。河南省总工会连续多年在全省范围内开展职工民主管理工作达标活动，推动职工民主管理工作的开展。"双保"（职工保企业生产经营、企业保职工生活福利）集体合同是调整劳动关系，维护职工权益的一项重要制度，这项工作也由试点逐步展开。1989年年底，河南省人民政府把签订集体合同列为深化企业改革的内容作出部署，全省各地出现了签订集体合同高潮，到1990年年底全省3900家企业签订了集体合同。

伴随着改革的进行，企业劳动关系的变化，工会参政议政不仅是职工群众的要求，而且是政府的愿望。河南省各级地方工会深入基层，对涉及职工切身利益的问题进行了大量调查，向地方党委、政府提供了许多有价值的决策依据。1986年和1988年，省总工会对职工队伍状况和企业劳动优化组合改革进行的调查，引起中共河南省委和中共中央的重视，中共河南省委办公厅、中共中央办公厅分别就调查报告的内容予以摘要印发。根据中华全国总工会的要求和形势的发展，省总工会于1989年向中共河南省委、河南省人民政府写出加强工会民主参与和社会监督的报告，提出把参政议政即"参与"作为工会的重要社会职能。1990年12月12日，省总工会与省政府举行第一次联席会议，到1991年6月，全省有9个市（地）、35个县（市）建立了工会与同级政府的联席会议制度。

河南省总工会不断加大对职工进行思想政治教育和科学文化教育的力度。1985年5月，省总工会与省直有关部门联合成立河南省职工思想政治工作研究会，1987年4月成立河南省工人运动研究会。特别是中共十三大以后，河南各级工会采取多种形式对职工进行基本国情和基本路线教育，大张旗鼓地在职工群众中开展学习劳动模范活动，表彰读书自学积极分子，加强职工岗位技能培训、班组长培训和职工中级技术教育工作，广泛组织职工开展各种文体活动。

1992年至1994年年底，河南省各级工会贯彻全国人民代表大会1992年通过的《中华人民共和国工会法》，全面履行"维护、建设、参与、教育"四项社会职能。每年元旦、春节期间，从省总工会到基层工会上万名工会干部参加"进万家门、知万家情、解万家难、暖万家心"活动，督促和协助企业办好职工食堂、职工浴池、职工宿舍；河南省总工会继续深入开展民主管理达标活动，3次共评选"河南省职工民主管理优秀企业"143家；全省职工广泛开展了"唱科技大戏，送成果下乡"活动和"为党添光彩，为民办实事，为振兴河南作贡献"活动，参与有关职工切身利益和工会职权法规的制定；对地方职工学校实行规范化管理，表彰了大批读书自学积极分子。同时，在中华全国总工会的领导下，河南省各级工会开始探索社会主义市场经济体制下工会工作的新路子。河南省总工会成立了河南省女职工委员会，会同省直有关单位制定了企业、行业集体协商谈判制度，推进集体合同的签订和履约，将河南省职工技术协作委员会更名为河南省职工技术协会。

从1995~1999年，全省各级工会贯彻落实中华全国总工会"以贯彻实施《劳动法》为契机和突破口，带动工会各项工作，推动自身改革和建设，努力把工会工作提高到一个新水平，在改革、发展、稳定中更好地发挥作用"的工会工作总体思路。全面推进"维护、建设、参与、教育"四项社会职能，以突出和履行维护职能为重点。1995年，河南省总工会在全省大力推行职工消费合作社，开封、郑州、新乡等市和一些大型企业建立一批职工消费合作社，引起了中共河南省委、中共中央领导的重视，国务院副总理李岚清、邹家华分别来河南考察。在中共河南省委领导下，河南省总工会在国有亏损企业发动和组织职工民主选择企业经营者的做法受到省委、省政府和社会的关注，1995年中华全国总工会为此向中共中央书记处递交了报告，并于1996年在郑州召开座谈会，中央机关、首都新闻单位多次派人来河南调查采访，在全国产生了一定影响。河南省职工民主管理出现了一个前所未有的高潮，全省各地国有、集体企业工会广泛开展了"当好家，做主人，民主管理工作上水平"竞赛活动。1997年后，国有企业实行下岗分流，减员增效政策，同时加快了改组、改制、改革步伐，部分国有、集体企业停产、半停产，全省下岗和生活困难职工增多。针对国企改革中出现的新情况，1998年6月，中共河南省委发出全心全意依靠职工办企业和充分发挥工会作用的意见，全省许多市（地）县（市、区）和一大批企业出台了落实省委意见的实施办法。各级工会组织抓住机遇，代表职工参与企业改革政策和方案的制定，从源头上维护职工的合法权益，同时，积极协助中共地方党委、政府和企业行政，做好企业职工的安置分流工作，建立下岗职工再就业中心，千方百计保障下岗职工的基本生活。省总工会对困难职工生活和下岗失业职工情况进行大量调查，会同政府制定优惠政策、建立困难职工档案、发放职工特困证、实施小额借款、建立职工解困市场、推行工会领导干部联系困难职工户、帮助下岗职工重新就业等，为下岗、困难职工排忧解难。1999年年初，省总工会认真贯彻中华全国总工会提出的"五突破一加强"①的要求，在全省国有集体企业完善职工代表大会（简称"职代会"）制度，大力推行厂务公开、职工董事、监事和集体合同制度，建立企业劳动关系协调机制，维护职工的政治经济权利。同时，加快新建企业建立工会步伐，加强自身改革。1999年4月，河南省厂务公开领导小组成立，进一步推动职工民主管理体系和各项职工民主管理制度的建立和完善，职工代表大会制度逐步向事业单位和非公有制企业拓展。河南省总工会围绕全省工作大局，积极参政议政，推进全心全意依靠工人阶级指导方针的落实，协助省人大、省政府制定有关工会和职工权益的法规政策，派出强有力的干部参加政府深化改革领导小组，会同省新闻单位大力开展"工人、工会、工厂"宣传活动，与省直有关部门联合召开河南省全心全意依靠职工办企业经验交流大会。在河南省总工会突出和履行维护职能的带动下，职工劳动竞赛和职工教育工作也获得较大发展。

2000年，河南省各级工会按照中华全国总工会的要求，突出和履行维护职能，以最大努力最大限度地维护职工合法权益，制定了《关于对特困职工承担"第一责任人"职责工作的初步意见》。全省各级工会与政府有关部门联合制定对于下岗困难职工实行优惠的政策性文件达62个，筹集发放小额借款1490万元；协助河南省厂务公开领导小组筹备召开全省经验交流大会，对全省厂务公开工作进行大检查；协助河南省推行集体合同制度工作领导小组，召开全省经验交流会；省总工会与省政府联席会议制度中断多年后得到恢复，并举行联席会议，就解决职工生活困难和下岗职工再就业达成一致意见。在省总工会的建议下，由中共河南省委副书记任组长的河南省新建企业建立工会组织领导小组成立，同时，中共河南省委召开全省新建企业组建工会工作座谈会。全省17个省辖市、1个直管市相继成立建会工作领导小组，把建会工作纳入党建工作目标。2000年年底，全省新建企业组建工会15855个，新发展工会会员78.83万人。河南省职工达到1200万人，工会会员达到611万人，基层工会组织达到36845个。

---

①在积极协助党政做好国有企业减员增效、下岗职工基本生活保障和再就业工作，深入实施送温暖工程，对特困职工承担第一责任人职责工作要有新的突破；坚决维护职工的经济利益，进一步理顺劳动关系，推行平等协商和集体合同制度的工作要有新的突破；切实保障职工的民主权利，坚持和完善以职工代表大会为基本形式的企业民主管理制度，实行厂务公开和民主评议企业领导人的工作要有新的突破；推动国有独资和国有控股公司的董事会、监事会中都要有职工代表参加的工作要有新的突破；加快新建企业工会组建步伐，最大限度地把职工组织到工会中来的工作要有新的突破；以改革的精神加强自身建设。

第一节 组织机构

1978年以后，河南省工会组织在中华全国总工会和中共河南省委的领导下，随着工会工作的恢复和经济体制改革的展开而获得了较快发展。1979年12月和1984年12月，分别召开了河南省工会第八、第九次代表大会，全省9个省辖市总工会、8个河南省总工会工区办事处、18个产业工会相继恢复。1984年，中共中央作出经济体制改革的决定，城市经济体制改革拉开序幕。河南省总工会根据中华全国总工会的要求，在全省开展了"整顿基层工会组织，建设职工之家"活动，并作出了成立乡镇企业工会组织的决定。1984年9月，河南省第一家乡镇企业工会——沈丘县留福建材厂工会成立。之后，河南各地工会在乡镇企业开展建会试点。截至1984年年底，全省共有基层工会组织25053个，职工548万人，工会会员350万人。1987年年底，河南各级工会在完成"整顿基层组织、建设职工之家"任务的基础上，继续开展争创先进之家、模范之家活动和在乡镇企业进行建会试点，并成立乡镇企业工会300家，发展会员5万多人。1992年召开河南省工会第十次代表大会，全省有省辖市总工会12个，河南省总工会地区办事处5个，省产业工会19个，全省职工722万人，工会会员552万人，基层工会组织32764个。工会代表大会根据中华全国总工会的要求，提出了工会"维护、建设、参与、教育"四项社会职能（1995年提出突出履行维护职能）。1997年召开河南省工会第十一次代表大会，选举产生了副省级干部担任河南省总工会主席职务。各级工会把加强工会自身建设作为突出维护职能的关键来抓，推动了工会工作和工会组织的发展。2000年，根据中共河南省委的要求，省总工会对机关及二级机构进行了改革。到2000年年底，河南省总工会有直属大企业基层工会9个，省辖市总工会15个，省辖市总工会筹备组2个，直管市总工会1个，省产业工会20个和12个金融系统工会。全省职工1200万人，工会会员611万人，基层工会组织36845个，其中新建企业工会会员78.83万人、新建企业工会组织15855个。

权力机构① 河南省总工会的权力机构是历届河南省工会代表大会选举产生的委员会。河南省工会第八次代表大会于1979年12月22~28日在郑州召开，第九次代表大会于1984年12月22~27日在郑州召开。1992年1月，中共河南省委调赵佳轩、周法成任中共河南省总工会党组成员。1992年3月，省总工会九届七次委员会增补

---

①首轮《河南省志》记述下限为1987年年底，河南省工会第八次、第九次代表大会已在首轮《河南省志》中有详细记述，故本志从略。

赵佳轩、周法成为副主席。1992年4月，中共河南省委决定省总工会九届委员会副主席邱佩华（女）调离省总工会，查敏（女）任中共河南省总工会党组成员、河南省总工会十届委员会副主席候选人。河南省工会第十次代表大会于1992年4月25~28日在郑州召开；河南省工会第十一次代表大会于1997年7月16~18日在郑州召开。

河南省工会第十次代表大会　1992年4月25~28日在郑州召开。出席大会的代表774人，特邀代表44人，代表全省722万职工中的532万工会会员。中共河南省委副书记吴基传代表中共河南省委、河南省人民政府在大会上致辞，张殿选致开幕词，顾志平作题为《团结全省职工，推进改革开放，为振兴河南而努力奋斗》的工作报告，高冠英作《河南省总工会第九届委员会财务工作报告》，王英杰作《河南省总工会第九届经费审查委员会工作报告》。大会就上述3个报告作出相应的决议。大会还听取了省计划经济委员会（简称"省计经委"）主任姚如学作的《认清形势，把握机遇，努力促进河南经济再上一个新台阶》的形势报告。大会选举出河南省总工会第十届委员会和第十届经费审查委员会。第十届委员会委员119人，常务委员13人，正副主席5人。主席：顾志平；副主席：张殿选、赵佳轩、周法成、查敏（女）。第十届经费审查委员会委员15人。主任：高冠英；副主任：李德虎、陈连秀。中共河南省委决定，中共河南省总工会党组组成人员：书记：顾志平；成员：张殿选、赵佳轩、周法成、查敏（女）、高冠英。1994年2月，中共河南省委决定查敏调离省工会，同年7月赵兰英（女）任省总工会党组成员，同年8月省总工会第十届第五次全体委员会议选举赵兰英为省总工会副主席。1995年1月，河南省总工会第十届第八次全委会在郑州召开。会议主要贯彻了全国总工会第十二届第二次执委会提出的新时期工会工作总体思路。总体思路要求各级工会"以贯彻实施《劳动法》为契机和突破口，带动工会各项工作，推动自身改革和建设，努力把工会工作提高到一个新水平，在改革、发展、稳定中更好地发挥作用"。总体思路的实质是全面履行工会各项职能，突出工会的维护职能。1995年5月，经中共河南省委批准，高冠英退休。同年8月，省总工会经费审查委员会十届八次会议选举赵兰英为省总工会经费审查委员会主任。1997年6月，中共河南省委决定：顾志平调离省总工会，张殿选退居"二线"，赵佳轩退休；按法定程序增补河南省人大常委会副主任马宪章任省总工会第十届委员会主席，吴灵臣、茹嘉效、张新芳为副主席；吴灵臣任中共河南省总工会党组书记，茹嘉效、张新芳任党组成员。同月，省总工会第十届第十次全体委员会议选举马宪章为主席，吴灵臣、茹嘉效、张新芳为副主席。

河南省工会第十一次代表大会　1997年7月16~18日在郑州召开。出席大会的代表1004人，特邀代表96人，代表着全省842万职工中的580万工会会员。中共河南省委副书记范钦臣代表中共河南省委、河南省人民政府在大会上致辞。马宪章作题为《认清形势，把握大局，团结动员全省职工为实现跨世纪的宏伟目标建功立业》的工作报告，周法成作《河南省总工会十届委员会财务工作报告》、赵兰英作《河南省总工会十届经费审查委员会工作报告》、周法成作《河南省工会第十一次代表大会代表资格审查委员会关于代表资格的审查报告》，大会就上述报告作出了相应的决议。吴灵臣致河南省工会第十一次代表大会闭幕词。中共河南省委书记李长春在省总工会十一届一次全体委员会议上作题为《高举旗帜，围绕大局，充分发挥主力军作用》的重要讲话。大会选举出河南省总工会第十一届委员会和第十一届经费审查委员会。第十一届委员会委员119人，常务委员15人，正副主席6人。主席：马宪章；副主席：吴灵臣、周法成、赵兰英（女）、茹嘉效、张新芳。第十一届经费审查委员会委员17人。主任：赵兰英；副主任：王海庆、马玉屏。中共河南省委决定，中共河南省总工会党组组成人员：书记：吴灵臣；成员：周法成、赵兰英（女）、茹嘉效、张新芳。1998年10月，中共河南省委决定张新芳调离省总工会。

工作机构　　河南省总工会的工作机构是河南省总工会机关。1979年12月河南省工会第八次代表大会后，省总工会机关机构设置为：办公室、组织部、宣传部、教育部、生活保险部、女工部、财务部、生产部、中共河南省总工会机关委员会（1983年11月成立）。省总工会直属单位有：省总工会干部学校（1979年3月恢复）、河南工人杂志社（1981年10月恢复）、河南工人龙门疗养院（1978年12月恢复）、河南工人温泉疗养院（1979年11月恢复）、河南工人鹤壁疗养院（1982年10月重建）。

1984年12月河南省工会第九次代表大会后，省总工会机关机构设置为：办公室、组织部、宣传部、教育部、生产保护部、生活保险部、女工部、财务部、中共河南省总工会机关委员会、老干部工作委员会办公室。省总工会直属单位有：省总工会干部学校、河南工人杂志社（1985年1月改名为工人月报社）、河南职工旅行社（1988年3月成立，同年成立龙祥宾馆，与河南职工旅行社一个班子、两块牌子）、河南工人郑州疗养院（1987年5月恢复）。1985年5月，省总工会撤销河南工人鹤壁疗养院。1986年6月，省总工会将河南工人龙门疗养院、河南工人温泉疗养院分别下放给洛阳市和平顶山市总工会管理。1987年7月，省总工会机关机构调整：宣传部与教育部合并，成立宣传教育部；成立政策研究室；撤销生产保护部，分别成立生产部和劳动保护部，生活保险部更名为劳动工资社会保障部。

1992年4月河南省工会第十次代表大会后，省总工会机关机构设置为：办公室、组织部、宣教部、生产部、劳动保护部、政策研究室、劳动工资社会保障部、女工部、财务部、中共河南省总工会机关委员会（1992年6月更名为中共河南省总工会直属单位委员会）、离退休老干部办公室。1992年9月，河南省总工会成立女职工委员会，同时女工部改名为女职工部。省总工会直属单位有：工人月报社（1994年1月更名为挚友杂志社）、河南省总工会干部学校、河南工人郑州疗养院（1992年10月加挂河南省职工医院牌子）、河南职工旅行社（与龙祥宾馆一个班子、两块牌子）。

1995年12月，省总工会进行了机构改革。改革后省工会机构设置为：办公室、政策法规室（实际工作中仍称政策研究室）、组织部（并挂离退休老干部处牌子）、宣教部、生产部与劳动保护部合并成立的生产保护部、劳动工资社会保障部更名后的社会保障部、财务部、事业管理部、女职工部、中共河南省总工会直属单位委员会、河南省总工会经费审查委员会办公室。省总工会直属单位有：河南省总工会干部学校、挚友杂志社（1996年1月刊改报，更名为河南工人报社）、郑州工人疗养院（并挂河南省职工医院牌子）、河南职工旅行社（与龙祥宾馆一个班子、两块牌子）；新成立河南省职工技术协作办公室、河南省职工对外交流中心。1999年2月，成立河南省总工会资产管理部，与财务部合署办公，两块牌子、一套人员。

市地总工会 1978年，全省共有8个省辖市总工会和10个地区工会办事处。地区工会办事处是河南省总工会的派出机构。省辖市总工会有：郑州市总工会、开封市总工会、洛阳市总工会、安阳市总工会、新乡市总工会、焦作市总工会、鹤壁市总工会、平顶山市总工会。地区工会办事处有：开封地区工会办事处、洛阳地区工会办事处、安阳地区工会办事处、新乡地区工会办事处、许昌地区工会办事处、商丘地区工会办事处、周口地区工会办事处、南阳地区工会办事处、信阳地区工会办事处、驻马店地区工会办事处。随着行政区划调整，1983年9月安阳地区工会办事处撤销，1983年10月开封地区工会办事处撤销，1986年1月洛阳、许昌两个地区工会办事处撤销，1986年6月新乡地区工会办事处撤销，1994年7月南阳地区工会办事处撤销，1997年11月商丘地区工会办事处撤销，1998年10月信阳地区工会办事处撤销，2000年8月周口、驻马店两个地区工会办事处撤销（同时成立周口市、驻马店市总工会筹备组）。在地区工会办事处撤销的同时，1984年8月成立濮阳市总工会，1986年4月成立漯河市总工会，1987年2月成立三门峡市总工会，1987年9月成立许昌市总工会，1995年3月成立南阳市总工会，1998年4月成立商丘市总工会，1999年5月成立信阳市总工会。原济源市总工会在济源市升格为省直管市后，于1999年5月召开了升格后的市工会第一次代表大会，市总工会由省总工会直管。2000年年底，全省共有15个省辖市总工会、2个省辖市总工会筹备组、1个直管市总工会。

省产业工会 1978年，河南省有15个省产业工会，即：中国铁路工会郑州铁路局委员会、中国邮电工会河南省委员会、中国金融工会河南省委员会、中国煤矿工会河南省委员会、中国水利电力工会黄河委员会、中国教育工会河南省委员会、中国轻工业工会河南省委员会、中国纺织工会河南省委员会、中国机械冶金工会河南省机械电子工作委员会、中国地质工会河南省委员会（2000年6月更名为河南省国土资源工会委员会）、中国财贸工会河南省委员会、中国水利电力工会河南省水利委员会、河南省电力工会委员会、河南省交通工会委员会、河南省建设工会委员会。

1978年以后，随着河南工业的发展，全省产业工会的数量有所增加，设置随之发生变化。1980年1月成立河南省国防工会（1989年3月改名为河南省国防工会联合会），1982年2月成立中国民航工会河南省管理局委员会，1983年12月成立中国石油化工工会河南省委员会，1992年10月成立河南省农业工会工作委员会，1996年4月成立河南省监狱系统工会联合会，1997年3月成立河南省冶金建材工会。1999年，随着政府机构改革，中国人民银行河南省分行撤销，中国金融工会河南省委员会也随之撤销，河南省各金融系统成立新的工会直接与省总工会联系。计有：中国开发银行河南省分行工会、广东发展银行河南省分行工会、农业发展银行河南省分行工会、中信实业银行河南省分行工会、中国银行河南省分行工会、中国工商银行河南省分行工会、中国农业银行河南省分行工会、中国建设银行河南省分行工会、中国交通银行郑州分行工会、中国人寿保险公司河南省分公司工会、中国人民保险公司河南省分公司工会、中原信托投资公司工会。截至2000年年底，全省共有20个省产业工会、12个金融系统工会。

直属大基层工会　1978年工会恢复时，河南省总工会有中原油田工会、河南油田工会、华北石油局工会3个直属大基层工会。1986年，增加了中铁十五局工会、中铁隧道局工会、中国建筑第七工程局3个直属大基层工会，1996年11月增加了黄河小浪底水利枢纽建设管理局工会，1997年4月增加了中原石油化工有限责任公司工会和省地方铁路局工会。截至2000年年底，省总工会共有9个直属大基层工会。

基层工会　基层工会是河南省工会组织建设的重点。1978年后，各级工会组织得到恢复和发展。1979年12月，河南省工会第八次代表大会召开时，全省有职工420万人，工会会员237万人，基层工会组织20704个。1984年12月，河南省工会第九次代表大会召开时，全省职工为548万人，工会会员为350万人，基层工会组织25053个。随着经济体制改革和河南经济社会的发展，职工人数和工会会员数迅速增加，基层工会组织发展较快。1984年，河南省总工会根据中华全国总工会"用三年左右的时间把工会基层组织普遍进行一次整顿"的要求，按照六条标准，以基层工会配备党政副职级干部为重点，在全省开展了"整顿基层组织，建设职工之家"活动。省总工会成立临时办公室，组织市地工会开展检查评比活动，验收合格"职工之家"，并于1986年在荥阳县召开全省经验交流大会，促进了全省工会基层组织建设。同时，从建立乡镇企业工会做起，在外资企业、私营企业、乡镇企业和国有、集体改制企业发展会员，建立工会组织。1987年，"整顿基层组织，建设职工之家"活动结束，全省建成"合格职工之家"的基层工会有24362个，建成"先进职工之家"的基层工会有2177个，分别占总数的84.7%和7.5%。

1990年7月，省总工会在河南油田召开河南省工会基层工作会议，贯彻全国总工会"职工之家要常建常新，年年建、年年验"的决定精神，制定了《河南省基层工会创建"先进职工之家"和"模范职工之家"条件》，全省建设职工之家活动进入了新的阶段。1991年10月，省总工会在洛阳召开深入建设职工之家经验交流会，总结"建家"经验，树立先进典型，明确工作目标，进一步推动全省"建家"活动的深入开展。1994年年底，全省共建成合格职工之家25114个。其中，受表彰的县级先进职工之家4782个，市（地）级先进职工之家6279个，省级模范职工之家255个，全国模范职工之家24个。

1994年以后，国有企业改革步伐加快，一部分国有企业改制后，工会组织被合并或撤销，出现了组织断线、会员流失、经费断流的现象；同时，乡镇企业、外商投资企业、私营企业迅速发展，成为工会组织建设的难点。省总工会在继续抓好"建家"活动的同时，把基层组织建设的重点放在巩固和规范改制企业工会组织和新建企业的工会组建工作上。到2000年年底，全省职工1200万人，工会会员611万人，基层工会组织36845个。

在深入"建家"活动中，全国总工会和省总工会在对"建家"活动提出具体要求的同时，还定期召开各类评先表彰活动，全省一大批基层工会和优秀工会工作者受到表彰。

1992~2000年河南省工会受表彰的各类先进集体和先进个人统计表

表36-1-1-1

类别	年份	模范职工之家（先进基层工会）（个）	模范职工之家（先进分厂车间班组）（个）	优秀工会工作者（优秀工会干部）（人）	优秀工会积极分子（兼职工会干部）（人）	荣誉工会积极分子（人）
省总表彰	1992	113	299	157	502	106
	1995	142	482	417	758	
	1997	127	252	208	446	
	2000	90		200		37
	合计	472	1033	982	1706	143
全总表彰	1993	24	52	25	35	6
	1995	14	22	27	48	
	1998	30	47	47	31	14
	2000	17	28			
	合计	85	149	99	114	20

新建企业组建工会　　新建企业是指改革开放以后建立的乡镇企业、外商投资企业和私营企业。1984年，部分工会从试点入手，开始在新建企业中组建工会。同年9月，河南第一家乡镇企业工会在沈丘县留福建材厂成立。由此，试点工作在全省铺开。1987年11月，省总工会在荥阳召开全省乡镇企业组建工会座谈会，总结推广荥阳、

温县、辉县、沈丘等县工会和部分乡镇企业建会工作经验，集中解决对乡镇企业建立工会组织的认识和乡镇企业组建工会的指导思想等问题。会后，各地在抓试点的基础上，积极发展乡镇企业工会组织。1991年，省总工会把乡镇企业建立工会组织列为工会组织工作的重点工作，实行目标管理。同年年底，全省乡镇企业建会试点300家，发展会员5万多人。随着改革开放的推进和经济的发展，河南省外商投资企业、私营企业大量增加，省总工会提请省人大常委会加快外商投资和私营企业建立工会的有关立法。1994年4月，在省总工会的积极参与下，河南省第八届人大常委会第九次会议审议通过了《河南省外商投资企业和私营企业工会条例》，《条例》从当年10月1日起实施。同年7月，省总工会向中共河南省委提出《关于加强我省外商投资企业和私营企业工会组建步伐的报告》。1994年12月15日，中共河南省委、河南省人民政府联合召开外商投资企业组建工会工作会议。各市、地主管工会的中共市（地）委副书记和负责外商投资企业的副市长（副专员）、工会主席参加了会议。省委副书记任克礼、副省长俞家骅在会上对外商投资企业和私营企业建立工会组织提出要求，并作出部署。会后，各级党委、政府把外商投资企业建立工会工作列入日程，制定工作目标，督促检查，推动工作的开展。当年年底，全省有24家外商投资企业建立了工会组织，发展会员约5000人；108家私营企业建立了工会组织，发展会员650人。此后，省总工会把私营企业、外商投资企业、乡镇企业建立工会工作统一进行部署、检查和考核。

1997年中共十五大后，非公有制经济迅速发展，新建企业组建工会任务越来越重。1997年11月~1998年7月，河南省总工会抽出干部进驻郑州市，成立新建企业"建会、建制"（建制，即建立平等协商和签订集体合同制度）工作领导小组，指导郑州市新建企业建会工作。2000年3月，中共河南省委、河南省人民政府成立河南省新建企业建会工作领导小组，并下设办公室，负责指导全省新建企业建会工作。2000年6月，中共河南省委在洛阳召开全省新建企业工会工作座谈会。中共河南省委副书记范钦臣、河南省人民政府副省长张以祥在会上对新建企业组建工会组织作出安排。2000年年底，全省新建企业共成立工会组织15855家，发展会员78.83万人。

2000年年底河南省新建企业组建工会统计表

表36-1-1-2

企业类别	建会数（家）	工商注册数（家）	建会率（％）	会员（万人）	员工入会率（％）
外商投资企业	1526	2894	52.70	19.35	56.90
私营企业	8058	24519	32.90	25.40	26.20
乡镇企业	6271	28760	21.80	34.08	33.70
合　计	15855	56173	35.80（平均）	78.83	38.93（平均）

第二节 维护职工民主权利

河南省职工民主管理始于第二次国内革命战争时期,中华人民共和国成立后有了发展,"文化大革命"期间工作中断,中共十一届三中全会后得到恢复和发展。1981年,中共中央、国务院批准公布《国营工业企业职工代表大会暂行条例》。1984年,全省全民所有制工业、交通、邮电、基建系统4710家企业中有3568家建立了职工代表大会制度。此后,"双保"①集体合同制度在一些企业开始试点。1986年,中共中央、国务院颁发《全民所有制工业企业职工代表大会条例》,河南职工民主管理工作获得较快发展。1987年,全省全民所有制工业、交通、邮电、基建系统企业建立职工代表大会制度的达4358家,"双保"集体合同制度也由点到面逐步展开。1988~1990年,河南全省普遍开展了以落实职代会职权为主要内容的"民主管理达标活动"。这一活动的开展,使全省15824家国有单位和4279家集体单位建立了职工代表大会制度,涌现出143家"河南省职工民主管理优秀企业"和200多名"河南省职工民主管理先进工作者"。同时,"双保"集体合同随着《中华人民共和国劳动法》的颁布和河南省推行集体合同制度工作领导小组的成立,更名为企业集体合同,并在全省正式推开。1995年后,随着贯彻实施《劳动法》和深化国有企业改革,河南省总工会在全省范围内开展了"当好家,做主人,民主管理上水平"活动。同时,在国有中小型亏损企业组织职工开展民主选择企业经营者工作,在中共党委考核国有企业领导班子中组织职工民主评议企业领导人,在股份制企业推行职工董事、职工监事制度,在国有、集体企业及其控股企业推行厂务公开制度,在非公有制企业试行职代会制度。1999年9月,省人大常委会颁布《河南省企业集体合同条例》后,河南省总工会会同省有关部门把集体合同工作推进到一个新的阶段。到2000年,全省有11981家公有制企业建立和完善了职工代表大会制度,其中有10191家企业实行了民主评议领导人制度;全省股份制企业有1226家建立了职工董事制度、1394家建立了职工监事制度;全省民主选择企业经营者的国有、集体企业达1395家;实行厂务公开的企业达9581家;建立集体合同制度的企业达18761家,覆盖职工451.17万人。

推行平等协商和集体合同制度　　1950年6月,中央人民政府颁布的《中华人民共和国工会法》规定了集体合同制度,集体合同制度在国营企业中迅速发展,后于1957年中断,1978年中共十一届三中全会以后,集体合同制度又逐步恢复和发

---

①职工保证完成生产计划和经济效益指标,企业保证改善职工物质文化生活。

展起来。1985年，河南省部分市、地和企业从外地实行"双保合同"的经验中得到启发，开始进行"双保合同"试点。1988年12月，省总工会制定了《"双保"集体合同工作试行细则（征求意见稿）》。由此，"双保"集体合同制度由点到面逐步推广。1989年，河南省总工会在郑州印染厂召开现场会，推行该厂"双保"集体合同经验。同年，河南省总工会在调查研究的基础上制发《关于企业推行"双保"集体合同的意见》。河南省人民政府下发文件，把推行"双保"集体合同列为深化企业改革的内容，并作出部署。中共河南省委把实行"双保"集体合同作为治理整顿、深化改革三年规划的重要措施组织实施。1990年，河南省人民政府与河南省总工会召开第一次联席会议，通过了《关于在承包企业中试行"双保"合同的意见》。之后，"双保"集体合同在全省获得较快发展。许昌、南阳、郑州、新乡、漯河、三门峡、信阳、驻马店等市、地成立了由主管副市长、副专员和有关部门参加的推行"双保"集体合同领导小组。全省各地通过交流经验、表彰先进，把推行"双保"集体合同工作推向高潮。到1990年年底，全省有3900家企业签订了"双保"集体合同。

1994年《中华人民共和国劳动法》颁布后，河南省总工会会同省直有关部门联合印发了《关于建立企业地区、行业劳动集体协商谈判制度的意见》，省政府成立了河南省推行平等协商、集体合同制度工作领导小组，召开全省推行平等协商和集体合同制度工作会议，把"双保"集体合同正式更名为企业集体合同，并在全省正式推开。1996年3月，省总工会召开全省工会民主管理工作会议，把贯彻《中华人民共和国劳动法》、签订企业集体合同作为重要内容，并与市、地工会就推行企业集体合同制度签订了目标责任书。下半年，省总工会组织5个小组对全省17个市、地的平等协商和集体合同工作进行调研和工作检查，在此基础上提出了"积极推进、狠抓难点、保证质量、加强监督、务求履约"的工作要求。1996年年底，全省建立平等协商和集体合同制度的企业达8054家。1998年，河南省总工会根据中共河南省委《关于全心全意依靠职工办企业和充分发挥工会工作的意见》，提出"抓建会促建制，抓建制带建会"[1]的工作要求，抓住郑州市人大常委会颁布《郑州企业集体合同条例》之机，派出工作组到郑州市调研、帮助工作8个多月，总结经验，研究措施。在此基础上，省总工会召开全省建会建制工作座谈会，对建立集体合同制度作出进一步部署。

1999年9月，省人大常委会颁布《河南省企业集体合同条例》，把河南省集体合同工作推进到一个新阶段。省人大常委会法制工作委员会、省劳动和社会保障厅、省总工会联合召开会议，贯彻《河南省企业集体合同条例》精神，各级工会抓住颁布条例的大好时机，重点推进改制企业、新建企业和困难企业的建制工作，把全省平等

---

[1]抓建立工会组织促进平等协商和集体合同制度建立，以建立平等协商和集体合同制度带动工会组织建设。

协商和集体合同工作全面推向深入。

2000年,河南省总工会根据全国总工会"坚决维护职工的经济利益,进一步理顺劳动关系,推行平等协商和集体合同制度的工作要有新的突破"的要求,对推行集体合同制度工作提出"全面展开、突出重点、规范提高、建立机制"的新部署,同时,河南省推行集体合同制度工作领导小组也重新进行了调整,并于当年10月在郑州市召开全省推行集体合同制度工作经验交流会,对进入新世纪后深化河南省建制工作的指导思想、目标任务、措施要求和组织领导作出部署。

1996~2000年河南省企业建立集体合同制度统计表

表 36-1-2-1

年份	建制企业（家）	覆盖职工（万人）
1996	8054	
1997	12578	382.80
1998	13358	415.90
1999	13768	410.00
2000	18761	451.17

推行职工代表大会制度　　中共十一届三中全会以后,以职工代表大会制度为基本形式的企业民主管理,成为各级工会组织的工作重点。1979年河南省工会第八次代表大会后,在一些企业进行了职代会制度的试点工作。1981年7月,中共中央、国务院批准公布《国营工业企业职工代表大会暂行条例》,中共河南省委组织部、省经济委员会（简称"省经委"）、省总工会及时联合召开全省企业民主管理座谈会。各市、地成立推行职代会制度工作领导小组,进行督促检查,推动该项工作的开展。1982年4月,省总工会和中共河南省委组织部、省经委召开全省企业经验交流会,制发《关于进一步推行、完善职工代表大会制度中若干问题的意见》。1984年,全省全民所有制工业、交通、邮电、基建系统建立职工代表大会的企业达3568家。其中:建立了职工代表大会、车间职工代表大会或职工大会、班组工段民主管理小组三级民主管理形式的3477家;职代会审议企业重大决策的3326家;民主评议干部的1132家。1986年,中共中央、国务院颁发《全民所有制工业企业职工代表大会条例》和《全民所有制工业企业厂长工作条例》《中国共产党全民所有制工业企业基层组织工作条例》（以下简称"三个《条例》"）。中共河南省委、河南省人民政府召开有市、地主管工业的副书记、副市长、副专员和有关部门负责人参加的贯彻三个《条例》会议,

省委书记杨析综、省长何竹康作了重要讲话。会后，各市、地也召开了相应的会议，全省形成了宣传贯彻三个《条例》的高潮。至1987年年底，全省全民所有制工业、交通、邮电、基建系统建立职代会制度的企业达4358家。其中：建立三级民主管理形式的2555家；实现组织体系网络化、行使职权程序化、开展活动经常化的达1814家；实行民主评议干部的达2917家。1987年，全省企业职代会提案200450件，属于生产经营的96870件，占提案总数的48.2%。

1988年，河南省深化企业改革领导小组颁布《河南省关于实行企业民主化管理的暂行规定》，省总工会根据暂行规定要求，制定了《河南省企业民主管理合格单位标准》，在全省各地开展了民主管理达标活动。1989年，河南省人民政府通过评审授予中国第一拖拉机厂等26家企业"河南省职工民主管理优秀企业"称号。1992年，全省又涌现出63家"河南省职工民主管理优秀企业"。1992年年底，全省有15824家国有单位已建立职代会制度，其中有8693家实行三级民主管理制度；有4279家集体单位建立职代会制度，其中有2664家实行三级民主管理制度。1994年，省总工会、省计划经济委员会、省体制改革委员会（简称"省体改委"）通过评审，授予安阳钢铁公司等54个单位"河南省职工民主管理优秀企业"称号，授予郑州市总工会副主席王伯翔等200人"河南省职工民主管理先进工作者"称号。

1995年，省总工会抓住实施《中华人民共和国劳动法》和贯彻中华全国总工会提出的工会工作总体思路的时机，在全省开展"当好家，做主人，民主管理工作上水平"活动。这一活动，在抓职代会建设的同时，突出抓民主选择企业经营者工作和工会参与现代企业制度试点工作两个重点，处理好继承与创新、集体合同与职代会两个关系。1995年年底，全省已有19094家基层单位建立了职代会制度，大中型企业普遍形成了三级民主管理体系，全省企业提交职代会审议的重大决策方案14.2万件，经职代会审议同意或通过的方案10.8万件，否决或建议撤销的方案2.3万件；民主评议干部基本形成制度化，全省12457家单位实行了民主评议干部，共评议23.4万人，经评议受到奖励的3.8万人，被免去领导职务的1839人。

民主选择企业经营者是落实职代会职权的重要措施。河南省总工会在调查职代会依照职权和政府的有关规定，开展选择企业经营者的基础上，于1995年会同中共河南省委组织部、河南省人事厅联合制发《关于在国有亏损企业民主选择经营者工作中充分发挥工会和职工代表大会作用的意见》，并组成联合调查组，对17个市、地民主选择企业经营者的情况进行全面调查，总结洛阳市色织一厂、安阳矿务局、安阳市无缝钢管厂、新乡市半导体厂的经验和中共安阳市委的做法，相继召开职代会民主选择企业经营者座谈会和现场会。河南省民主选择企业经营者的做法引起全国总工会的关注。全国总工会派出调查组，对郑州、洛阳、安阳、焦作等市民主选择企业经营者进行调研。1996年4月，全国总工会在郑州召开"职工民主选择企业经营者座谈会"。

中共中央办公厅等部门以及中央新闻单位派人来河南调研和采访，随后《人民日报》、《求是》杂志、新华社《内参选编》等报刊做了连续报道。中共河南省委常委、组织部部长黄晴宜在全国总工会、中共中央党校、人民日报社联合召开的理论研讨会上对河南民主选择企业经营者工作作了介绍。在中共河南省委领导下，省总工会、中共河南省委组织部、省人事厅、省经济贸易委员会（简称"省经贸委"）联合组成工作组，再次深入企业调查，召开市、地有关部门领导人研讨会，于1997年制定了《关于在中小型企业中推进和完善民主选择企业经营者工作的意见》，推动职代会民主选择企业经营者工作持续深入开展。1998年，河南省推行职代会民主选择企业经营者工作的范围进一步扩大，在国有企业领导班子考核建设中，有333家企业实行了职代会民主选择经营者，占调整领导班子数的10.6%。一些地方还把职代会民主选择企业经营者与企业改制工作相结合，在改制中组织职代会投票决定公司发起人。

设立职工董事和职工监事是现代企业制度职工参与企业民主管理的一种组织形式。1996年，全省各级工会参与现代企业制度试点和企业改革、改制、改组工作。省总工会与省经贸委、省体改委联合制定《河南省现代企业制度试点企业工会工作和职工民主管理的实施意见》。各级工会在现代企业制度试点工作中，以职工代表大会为载体，把好民主参与关，推动企业建立职工董事、职工监事制度。职工董事、职工监事由企业职工代表大会选举产生，代表职代会参与企业高层决策。全省绝大多数现代企业制度试点企业和改制、改组企业坚持了以职工代表大会为基本形式的民主管理制度。

民主评议企业领导干部是职代会的重要职权，随着企业的发展和领导班子建设的加强，这项职权不断得到落实。1997年，省总工会抓住中共各级党委考核国有企业领导班子、加强企业党的建设的有利时机，以职代会民主评议企业领导干部为重点，推动职代会职权落实。省总工会和各市、地、县工会负责人均参加了当地考核建设企业领导班子协调领导小组。中共河南省委也作出规定，强化职工参与企业的管理和监督权利。同年年底，全省被考核的5929家企业，有26312名企业领导班子成员接受职代会民主评议，经职代会建议，给予表彰、奖励和晋升职务的有2199人，被调整、降职或免职的有1674人。

保障职工的知情权，是落实职代会制度的基础。1998年，根据中共中央领导的指示，河南省厂务公开制度开始在企业试点。厂务公开以职工代表大会为载体，企业通过职代会、公开栏等形式把生产经营的重大事项、领导干部廉洁自律情况等职工关心的热点、焦点问题向职工公开，接受职代会和职工群众的监督。1999年，河南省总工会会同有关部门制定了《关于推行厂务公开制度的意见》。在中共河南省委的领导下，成立了河南省推行厂务公开工作领导小组，两次召开经验交流会，组织全省厂务公开大检查，把厂务公开工作在全省迅速推开。

2000年，河南省总工会把职工代表大会建设作为工作重点，在狠抓国有、集体及其控股企业民主管理的同时，把职代会建设、厂务公开、民主评议企业领导干部向非公有制企业拓展，强化职代会运作机制、监督机制和保证机制。到2000年年底，全省有11981家公有制企业建立完善了职代会制度，其中，有10191家企业实行了民主评议干部制度；全省有1226家股份制企业建立了职工董事制度，有1394家建立了职工监事制度；职代会民主选择企业经营者的国有、集体企业达1395家；实行厂务公开的企业9581家。

中华全国总工会在郑州召开民主选择企业经营者座谈会　1996年4月17~20日，中华全国总工会在郑州召开职工民主选择企业经营者座谈会。出席会议的有中央有关单位和部分省、市工会干部，企业的中共领导人和行政人员及社会理论工作者共97人。中共河南省委、河南省人民政府及有关部门的领导也出席了会议。会议的主题是交流、研讨河南省及其他省市职工民主选择企业经营者的典型经验。中共河南省委组织部部长黄晴宜作了《实行职工民主选择企业经营者，推动国有企业改革和发展》的发言，中共河南省委组织部副部长王忠厚作了《河南省民主选择企业经营者的基本情况》的发言，河南省总工会副主席赵兰英作了《积极支持职工民主选择企业经营者，为扭转国有企业亏损局面作出贡献》的发言；中华全国总工会副主席、书记处书记张国祥出席会议并作长篇讲话；全国城镇集体经济研究会会长戴苏理、执行会长何光及部分理论工作者作了发言。中华全国总工会基层工作部部长常木昌、工运研究会常务副理事长张天民主持座谈会，工运研究会常务副理事长刘实作了会议总结性发言。通过交流经验和研讨，与会代表认为：职工民主选择企业经营者是历史的选择，是建设有中国特色社会主义企业的具体体现，是国家和企业干部人事制度改革的重大举措，是搞活国有企业的重要途径，是加强基层民主政治建设的有益尝试，代表了企业改革的方向。

新乡国营第七六〇厂职代会罢免案　国营第七六〇厂是省管大型国有企业。1998年3月3日，该厂第七届第十五次职工代表大会召开，下午6时收到全厂18个代表组职工提案115件，其中有2/3以上提案建议免去时任董事长、总经理职务。3月3日晚，大会主席团作出决议：将提案提交本次职代会进行审议表决，并以书面形式，报告中共第七六〇厂党委。中共第七六〇厂党委收到报告后，一方面建议职代会暂时休会，一方面向中共河南省委组织部和省总工会汇报。中共河南省委组织部于4月3日派人到厂宣布：接受职代会建议，免去第七六〇厂董事长、总经理的职务，同时，免去其兼任的中共第七六〇厂党委副书记职务。4月6日下午，职代会复会，作出了关于拥护省委决定及对原任董事长、总经理严格审计的决议。

洛阳市色织一厂民主选举厂长　洛阳市色织一厂从1982年起，因经营不善连年亏损，固定资产仅有400万元，而内外欠债却达1700万元，1991年被迫停产，工人放假，工资停发。1992年4月，厂职代会决定进行生产自救，召开特别职工代表大会，会上以压倒多数票选举布机车间主任、区人大代表、共产党员马明山为厂长。新班子上任后带领全厂职工日夜奋战，修复机器，筹措资金，开拓市场，使企业起死回生，实现了扭亏为盈。后来，企业与港商合资成立了洛阳冯氏染织有限公司，与另一企业合作成立以生产牛仔布料为主要产品的洛阳市万安有限责任公司。

第三节　维护职工经济权益

　　1978年中共十一届三中全会后，不仅职工的民主权利得到恢复和发展，而且职工的经济权益也得到了恢复和发展。1980年，省总工会会同省直有关部门在全省国有小型企业开展了小食堂、小淋浴、小厕所、小更衣室、小托儿所"五小"竞赛活动，在大中型企业开展了职工食堂、澡堂、集体宿舍"两堂一舍"竞赛活动，并对职工住房紧张等问题展开调查，提出意见和建议，解决了部分职工的住房困难。随着经济体制改革的展开、企业经营方式的转换和商品物价的放开，河南省总工会在抓企业职工福利设施改善的同时，把职工物价监督、帮扶困难职工列入工作日程。1985年，在郑州等市进行职工参与物价监督试点，到1987年，全省109个市、县建立了职工物价监督总站，下设401个分站，职工物价监督员达3097人。1992年，县以上工会帮扶困难职工77977户，并拨出资金200多万元慰问困难职工。全省16个市的县以上企业职工食堂发展到7893个，职工集体宿舍发展到6313个，女职工卫生室发展到2004个，离退休职工活动室发展到5685个。中共十四大提出建立社会主义市场经济体制后，河南省总工会逐步调整自己的社会职能，更加重视职工的物质生活，把职工生活福利与物价监督、帮扶困难职工、兴办职工消费合作社和开展送温暖活动结合起来。1995年，河南省总工会为帮助下岗失业和生活困难职工，在全省实施了送温暖工程。1998年，职工物价监督随着国家《价格法》的出台调整了监督的形式和内容，由工会直接组织职工监督物价转变为工会组织职工协助政府规范市场物价行为；河南省总工会进一步开展送温暖活动，全省有12655个基层单位为困难职工建立档案，有8736名工会领导干部联系困难企业888个、联系困难职工9483人；举办培训机构852个，培训职工18万多人次；兴办职业介绍所106个，介绍和安置10万多名下岗职工再就业；兴办职工消费合作社1084个，为职工让利1167万元；送温暖工程基金达9268万元，同时，在全省开展了小额借款扶贫活动。随着改革的深化，河南省总工会不断加大维护职工经济权益的力度，2000年制定《关于对特困职工承担"第一责任人"职责工作的意见》，并付诸实施。到2000年年底，全省各级工会与政府有关部门联合为困难职工制定优惠性政策文件62个，有6385个企业建立了特困职工档案，领导干部联系困难职工9525户，培训下岗职工近50万人次，职业介绍工作机构105个，介绍近20万人再就业；送温暖工程基金达1.2亿多元；为4067名省（部）级以上劳动模范和先进人物办理了养老补充保险，筹集保险金达2061万元；职工消费合作社巩固和发展到1040个，为职工让利1356万元。

维护职工生活福利 "文化大革命"期间,群众生活福利工作受到严重破坏。粉碎江青反革命集团后,安排好职工集体福利事业,改善职工生活成为中共各级党委、政府和各级工会组织的迫切任务。

1980年,省总工会会同省直有关部门对职工生活、住房展开了一系列调查;组织全省小企事业单位开展了小食堂、小淋浴、小厕所、小更衣室、小托儿所"五小"竞赛活动。1987年,省总工会把开展职工食堂、澡堂、集体宿舍的"两堂一舍"活动作为工作重点,制定了河南省大中型企事业单位职工食堂、澡堂、集体宿舍竞赛达标条件,连续4年在全省开展"两堂一舍"竞赛活动。1988年,河南省总工会根据全国总工会解决职工住房问题的指示精神对职工住房进行调查,并联合省建设厅向省政府制定《解决城镇居住特别困难户问题的意见》,省政府批示下发文件,要求"各地加强领导,有计划、有组织、有步骤地做好这项工作"。省总工会在召开会议,贯彻省政府批示精神后,又与省建设厅联合召开了全省城镇居民住房解困工作座谈会。

1991年,根据全国总工会把职工扶贫工作作为一项长期战略任务来抓的指示精神,省总工会制定了《河南省工会职工扶贫工作规划》,提出1991~1993年3年扶贫万户,脱贫率65%的计划目标。各级工会采取多种形式开展扶贫工作,到1992年年底,全省工会扶持贫困职工77977户,当年脱贫职工16088户。全省16个市、地的县以上企业职工食堂发展到7893个,比1987年增长16.7%;幼儿园(所)发展到7108个,增长16.6%;职工浴池发展到4308个,增长32%;职工医院发展到1330个,增长15.2%;职工集体宿舍发展到6313个,增长13.8%;女职工卫生室发展到2004个,增长51.2%;离退休职工活动室发展到5685个,增长40.1%。同年,省总工会与省劳动厅、省财政厅在联合调查的基础上,研究制定了国营企业职工死亡待遇办法,调整提高了部分待遇。

1995年,省总工会在贯彻《劳动法》、加大维护职工合法权益力度中进一步提出,从1996年起连续3年在全省开展送温暖竞赛活动。省总工会先后参加了中共河南省委、河南省人民政府组织的城市职工解困和再就业调查、企业离退休人员生活状况调查、纺织企业状况调查,并参与起草了解决省困难职工生活和再就业的若干意见和调整企业离退休人员离休金办法的通知。

根据国家和省关于做好国有企业下岗职工基本生活保障和再就业精神,河南省总工会于1998年正式提出在全省开展小额借款帮扶困难职工活动,1999年制定下发《河南省工会小额借款实施办法》,并与全省18个市、地工会签订借款协议。2000年,小额借款帮扶活动深入开展,河南省总工会提出全省要实现"11573"目标,即省总工会累计拿出100万元,全省累计拿出1000万元,帮扶5000名下岗困难职工,力争使帮扶对象70%脱困,30%的资金能够滚动发展。为确保目标的实现,省总工会把"小额借款"指标列入年度考核,实行"一票否决",推动了小额借款促进再就业工作的迅速展开。同年年底在焦作召开了小额借款帮扶工作现场经验交流会。全省筹集发放小额贷款资金1490万元，帮扶6500多名下岗失业人员开展生产自救和自主创业。

开展职工物价监督活动　　1985年，为确保国家逐步平稳地放开商品价格，维护国家和包括职工群众在内的消费者利益，河南省总工会在郑州、洛阳、鹤壁等8个省辖市开展职工参与物价监督试点，然后以城市为重点，在全省全面铺开。至同年年底，全省17个市、地都建立了职工物价监督站并开展了活动。1986年3月，省总工会和省物价局在洛阳召开全省职工物价监督工作会议，表彰了16个先进职工物价监督站和18名先进职工物价监督员。会后，职工物价监督组织迅速发展起来，全省共设293个职工物价监督站，2557名职工物价监督员。

1987年，全省109个市、县建立了职工物价监督总站，分站发展到401个，职工物价监督员发展到3097人，全省形成了职工物价监督体系，物价监督工作逐步走上经常化、制度化的轨道。在开展物价监督活动中，涌现出一批先进集体和先进个人。其中，洛阳、新乡两市职工物价监督总站和史全章等12名物价监督员受到国家物价局和全国总工会的表彰。

1988年至1990年10月，全省职工物价监督组织进一步发展，职工价格（计量）监督组织发展到460多个，职工价格监督员达3500多人，年累计出动检查近50万人次，各地职工价格（计量）监督组织年罚没收入高达90多万元，一些地方还把价格监督检查扩展到计量、卫生、防疫行业，形成一个群众性的条块结合、以块为主、分级建站、覆盖面广的职工价格（计量）监督检查组织网络。在此期间，省总工会不断向中共河南省委、河南省人民政府反映物价问题，引起省委、省政府有关方面的重视。省政府办公厅转发了省总工会、省物价局《关于进一步加强职工对物价监督工作的报告》，河南省总工会、省技术监督局、省财政厅、省物价局联合下发《关于颁发〈河南省职工计量监督暂行办法〉的通知》。各地职工价格（计量）监督组织和广大职工价格（计量）监督检查人员，坚持原则，秉公执法，开展市场监督检查活动，打击了乱涨价、缺斤少两、掺杂使假等不法行为。

1990年10月以后，由于市场价格和服务价格逐步放开，新一轮物价上涨趋势再度出现，到1994年河南省零售商品价格总指数上升幅度自改革开放以后首次超过了20%，尤其是人民群众生活必需品价格和服务收费上涨很快，通货膨胀成为困扰经济和社会生活的一个严重问题。1995年7月，省总工会、省物价局联合召开全省职工物价监督工作会议。省职工价格监督总站正式成立，副省长范钦臣亲自为物价站挂牌。随后，全省17个市、地都恢复了职工物价监督总站。同年10月，省总工会在郑州召开职工价格监督工作座谈会，提出适应形势要求，整顿恢复职工价格监督组织，积极开展多种形式的职工价格监督检查活动。1995~1997年间，全省职工价格监督检查组织受各级政府物价检查机构的委托，共出动检查14.96万人次，查处各类价格违法行为80多万件，收缴罚没款199.33万元，退还消费者4.33万元，没收非法量器具4000多件，向政府和有关部门提出各种建议近万件。截至1997年年底，全省尚有职工价格监督总站29个，分站（组）245个。

1997年9月中共十五大以后，职工价格监督工作的形式和内容发生了变化，工作重心由监督检查转向规范市场经济秩序。1998年5月1日《价格法》正式颁布实施，各市职工价格监督总站在个体工商户中广泛开展"明码标价""物价计量信得过"活动，并对获得"信得过"荣誉称号的商户授匾、颁发荣誉证书。1999年以后，由于全国价格总体水平持续走低，职工物价监督工作逐步停止，物价监督站逐步撤销。

实施送温暖工程

1989年以后，由于停产、半停产企业增多，部分职工生活陷入困难。为帮助下岗、困难职工渡过难关，1991年元旦、春节期间，洛阳市总工会开展了"走千家、访万户，为职工群众排忧解难送温暖"活动。河南省总工会总结洛阳市总工会的做法，于1992年元旦、春节期间，在全省开展了"走千家、访万户，送温暖"活动。省总工会机关和基层工会上万名工会干部参加了这一活动。当年，县以上工会共拨出慰问困难职工资金200多万元。1994年，根据全国总工会指示精神，河南省总工会制定了《关于送温暖工程的实施意见》，正式启动河南省"送温暖工程"，建立送温暖基金，当年送温暖基金达100万元。全省17个市、地工会都成立了"送温暖工程"领导机构。1995年年底，河南省总工会成立了河南省职工保险互助会。

从1996年起，河南省总工会连续3年在全省开展实施"送温暖工程"竞赛活动，并对"送温暖工程"量化考核。同时，省总工会领导班子建立了联系困难职工点，全省各级工会也相继建立起工会干部联系困难职工户制度，到1996年年底，全省有744名县以上党政领导干部参加了这项活动，使"送温暖工程"形成制度化、经常化、社会化。1997年，全省有142个县（市、区）工会、6645个基层工会建立了困难职工档案；8995名各级领导干部参加了联系困难企业和困难职工户活动，联系困难企业1640家，联系困难职工11359户；全省职工互助保险组织3616个，110多万名职工参加了互助保险，保险金达8600多万元；全省兴办职业介绍机构29个，介绍28755名下岗失业人员再就业；建立技能培训机构345个，培训下岗失业人员17万人。省总工会和17个市（地）工会、121个县（市、区）工会、906个基层工会建立了送温暖基金，总额达5430万元。1998年，省总工会把"送温暖工程"作为工会的形象工程，列为工作的重中之重。各地工会与政府有关部门联合制定出台了对困难职工就业、生活优惠的政策性文件。河南省总工会与河南电视台制作和播出了《转变职工就业观念》节目。同年7月，省总工会在内黄县召开"送温暖工程"和促进再就业现场会，树立了"十大再就业"典型，在全省巡回演讲。1998年年底，全省18个市（地）工会、142个县（市、区）工会、12655个基层单位建立了困难职工档案，建档率在98%以上；有8736名工会领导干部联系困难企业888个，联系困难职工9483人；全省工会自办培训机构852个，培训职工18万多人次；兴办职业介绍所106个，先后介绍和安置10万多名下岗职工实现再就业；"送温暖工程"基金总额达9268万元。同年，河南省总工会被全国总工会授予实施"送温暖工程"先进单位。

1999年，省总工会把实施"送温暖工程"与促进再就业有机地结合起来，成立了河南省总工会促进再就业领导小组，在全省广泛开展小额借款帮困活动。省总工会接受海尔集团、新飞集团、小天鹅电器有限公司向下岗职工捐赠冰柜120台，安排了100多名下岗职工再就业。在实施"送温暖工程"中，省总工会进行了小额借款帮困调查、职工思想动态调查、困难职工生活保障情况调查、百家企业调查等，受到中共各级党委、政府和新闻单位的关注，中共河南省委《调查研究》《内部参阅》，新华社《河南内参》，全国总工会《工运研究》《保障工作通讯》等分别刊登了调查报告。《河南工人报》开辟《小额借款》《下岗职工再就业》《双节送温暖活动》3个专题栏目，进行专题报道；省总工会与河南电视台联合拍摄了下岗职工再就业，小额借款帮困专题片30集。1999年年底，全省18个市（地）工会为6282家企业的困难职工建立了档案；全省送温暖工程基金总额达10037万元；各级工会领导干部联系困难企业908家，联系困难职工9278户；兴办职工互助保险2040个，参保人数101万人，近20万名职工参加了补充保险；累计举办技能培训班5583个，培训职工17万人；建立职业介绍机构126个，介绍63913人实现再就业。

2000年，省总工会按照全国总工会的要求，提出各级工会要对特困职工承担第一责任人，即第一知情人、第一报告人、第一帮助人的要求，制定《关于对特困职工承担"第一责任人"职责工作的意见》。同时，决定郑州、洛阳、开封、汝州4个职工疗养院对特困职工、劳动模范就医实行部分费用减免。

1997年至2000年年底，全省各级工会围绕职工就业、看病、子女上学等问题与政府有关部门联合制定对困难下岗职工的优惠政策性文件62个，其中，就医优惠文件23个、子女上学减免费用的文件20个、从事经营活动减免税费文件19个，全省有4.7万多户特困职工家庭得到了优惠和照顾；全省有6385个企业为特困职工建立了档案；全省"送温暖工程"基金达到1.2亿多元，其中省总工会"送温暖工程"基金1000多万元，全省工会在元旦、春节使用"送温暖"资金1966万元，救助困难职工24.8万人；各级领导干部联系困难职工9525户；培训下岗职工近50万人次；职业介绍机构105个，介绍近20万人实现再就业。

1995年至2000年年底，共为4067名省（部）级以上劳模和先进人物办理了养老补充保险，筹集保险金2061万元。同时为1500多名劳模及先进人物发放补充养老金226万元。2000年，河南省总工会被全国总工会评为全国实施"送温暖工程"先进单位。

1992~2000年河南省总工会（本级）元旦、春节期间下拨"送温暖"资金情况表

表36-1-3-1　　　　　　　　　　　　　　　　　　　　　　　　　　　　　　　　　　　　　单位：万元

年份	1992	1993	1994	1995	1996	1997	1998	1999	2000
拨款	35.0	35.0	45.0	72.0	75.0	97.0	90.0	8.3	102.6

1996~2000年河南省各级工会元旦、春节期间下拨"送温暖"资金情况表

表36-1-3-2

年份	资金总数（万元）	下拨资金（万元）	慰问企业（个）	慰问职工（人）
1996	9691.99	1760.70	3448	350307
1997	9800.50	1843.21	3126	342612
1998	10031.51	2842.65	3078	380299
1999	7733.92	1587.96	3476	346162
2000	8075.06	1966.74	4214	439513

兴办职工消费合作社　1995年10月2日，中共河南省委书记李长春向省总工会传达国务院副总理邹家华关于新加坡工会兴办连锁店的经验，希望工会能开办类似连锁店性质的合作社，使其成为自我服务的群众性互助合作经济组织，为职工帮扶解困。12月，由工会组织兴办的河南省第一家职工消费合作社在开封正式挂牌营业。1996年春节前后，郑州、濮阳、新乡、焦作、许昌等市总工会和部分基层工会兴办的职工消费合作社相继开业。省总工会先后向中共河南省委、国务院报送了"河南兴办职工消费合作连锁店情况汇报"，引起中共河南省委和中央领导的高度重视。

1996年5月，中共河南省委副书记范钦臣到开封调研，提出职工消费合作社建设要加快步伐。同月，中共河南省委办公厅、河南省人民政府办公厅制发《关于解决我省困难职工生活和再就业问题的若干意见》。意见指出，要依托工会组织积极兴办职工消费连锁店，并要求工商、税务、城管、公安、消防、物价、卫生防疫、环卫、交通等部门为职工消费合作社的发展提供良好的政策环境。1996年7月，河南省总工会与省直有关单位联合发出《支持各级工会组织兴办职工消费合作连锁店的通知》《解决困难职工生活和再就业问题有关税收政策的意见》和《职工消费合作连锁店注册登记有关问题的通知》3个文件，河南省职工消费合作社迅速发展。

河南省各级工会兴办职工消费合作社的经验在全国产生了很大影响。至1996年年底，来河南省参观学习的有10多个省、自治区、直辖市，100多个市、地、县工会组织及党政有关部门领导，累计1000多人次。1997年4月，中共河南省委、河南省人民政府成立"河南省职工消费合作社工作领导小组"。中共河南省委副书记范钦臣、河南省人民政府副省长李志斌任组长。领导小组办公室设在省总工会,省总工会副主席周法成兼任办公室主任。到2000年年底,河南省职工消费合作社发展到1040家,营业额达15019万元,安置下岗职工2601人,为职工让利1356万元。

1996~2000年河南省职工消费合作社发展情况一览表

表36-1-3-3

类别 \ 年份	1996	1997	1998	1999	2000
职工消费合作社数量(个)	172	691	1084	987	1040
营业额(万元)	1564	5938	12404	11026	15019
从业人员(人)	630	580	4202	4014	3461
安置下岗职工(人)	435	3135	3146	2917	2601
让利职工金额(万元)	120	2141	1167	1040	1356

中共中央、国务院领导重视河南职工消费合作社 1996年3月12日,中共中央政治局委员、国务院副总理邹家华在"河南兴办职工消费合作连锁店情况汇报"材料上批示:"很有意义的一项活动。"3月18日,中共中央政治局委员、国务院副总理李岚清批示:"我看了这份材料,很受启发。河南通过兴办职工消费合作连锁店不但把现代连锁经营体制同为职工生活(包括解困)结合起来,而且又把职工对企业在政治上的主人翁地位同股权上的主人翁地位结合起来,并符合十四届五中全会提出的股份合作制改革方向。这种做法很值得研究。"并对全国总工会和国内贸易部指示:"请你们同河南省合作,对此进一步探索、实践、完善、规范,总结经验。"中共中央政治局常委、书记处书记胡锦涛在看到这份材料后批示:"确实是一件大好事,但具体政策需要协调。"中共中央政治局常委、国务院总理李鹏,中共中央政治局委员、国务院副总理吴邦国也分别在汇报材料上作了批示。

1996年4月10日,中共中央政治局委员、国务院副总理李岚清在国内贸易部部长陈邦柱,全国总工会副主席、书记处第一书记张丁华,全国总工会副主席方嘉德的陪同下,到河南省考察职工消费合作社工作,实地考察了郑州调味品厂职工消费合作社的经营服务情况。在听取省总工会的汇报后,李岚清指出:职工消费连锁店不以营利为目的,把对职工特别是困难职工的节日"送温暖"活动和平时关心结合起来,把为职工生活(包括解困)与现代连锁经营结合起来,形成一个新的机制,很有意义。

继李岚清来河南考察之后,同年4月18日,中共中央政治局委员、国务院副总理邹家华到河南考察职工消费合作社。4月19日下午,邹家华在听取中共河南省委、河南省人民政府的工作汇报后指出：在市场经济情况下，对待困难职工，一是要解决他们的再就业问题，二是要把他们组织起来，帮助解决他们的困难。办职工消费合作社，这件事要大力做，群众是拥护我们的。到一定时候会对市场价格起到稳定作用，尤其是解决人们的生活必需品问题。这是河南的经验，对全国很有借鉴作用。

维护女职工合法权益 1978年，河南省总工会作为主要成员的河南省托幼工作领导小组成立。当年，省总工会在调查研究的基础上向中共河南省委和河南省人民政府呈报《关于切实加强我省托幼工作意见的报告》，中共河南省委当即作了批转，这个报告为全省托幼工作全面开展奠定了基础。1979年，全省工矿企业托幼组织发展到2957个。1980年，省总工会对全省女职工劳动保护工作进行了检查，逐步解决了一些女职工劳动保护上的问题。1984年年底，全省女职工卫生冲洗室发展到1200个，女职工淋浴室发展到3000个，孕妇休息室发展到900个，妇科治疗室发展到1000多个。到1988年年底，全省工矿企业建立托幼园所5417个，女职工卫生冲洗室发展到3780个，女职工洗澡淋浴化的程度进一步提高，妇科病发病率逐年下降。1988年6月28日，国务院发布《女职工劳动保护规定》后，省总工会向全省各市、地女职工组织发放了6400套宣传挂图，开展女职工保健和劳动保护知识竞赛。1989年，省总工会参与了省政府制定的《河南省女职工劳动保护规定实施办法》的起草和修改。该办法发布后，省总工会制定宣传提纲，编印《女职工劳动保护法规文件汇编》9万余册，并在河南电视台开辟了女职工劳动保护宣传专题节目，进行广泛宣传。1991年，省总工会会同省纺织工业厅制定了《河南省纺织系统女职工劳动保护实施细则》，解决了纺织行业女职工怀孕7个月和产后哺乳期不上夜班等难点问题。

随着深化企业改革和经济结构的调整，许多女职工比男职工面临着更多的内退、下岗、失业、转岗、自谋职业等问题。1995年，省总工会以贯彻《劳动法》为切入口，制定了《关于协助政府实施下岗女职工"再就业工程"的意见》，在全省开展"姐妹献爱心"活动，成立帮扶姐妹基金，开展对下岗女职工的再就业培训和服务等活动。1997年，省总工会制定《帮扶姐妹基金捐款意见》，并在全省工会女职工中开展"伸一双手，献一片爱心"活动和向困难企业职工子女、贫困地区儿童捐赠生活学习用品活动，全省女职工捐衣29万多件、图书42万多册、玩具12万多件、现金37万多元、学习用品19万多件。到2000年年底，全省帮扶姐妹基金组织发展到755个，工会领导干部与特困女职工结对子4000多对，为特困女职工捐款捐物865万元，救助特困女职工子女上学9000多人，帮扶特困女职工4万多人次，培训下岗女职工27.6万余人，实现再就业10余万人。开展小额借款帮扶困难姐妹活动，为困难女职工小额借款26万多元。

第四节　劳动竞赛与劳动保护

1978~1982年，是工会生产保护工作的恢复发展阶段。伴随着全国经济的复苏和快速发展，社会主义劳动竞赛工作被放在了突出位置，省总工会在全省重点组织开展了以增产节约为主要内容的"为四化建设建功立业"活动，重在提高企业劳动效率。此期间，劳动保护工作主要是恢复筹建，建立完善各级工会劳动保护组织。1983~1990年，是工会生产保护工作的探索和转轨阶段。为适应"有计划的商品经济"发展的要求，省总工会提出劳动竞赛工作要转轨变型，由体力、速度型转向智力、效益型。先后开展了技术选拔赛、班组升级赛和"上质量、上品种、降消耗、增效益""双增双节"为主要内容的群众性生产、技术活动。适应这些活动的需要，省总工会于1986年设立河南省五一劳动奖章、河南省五一劳动奖状，原则上每年评选一次，以表彰各项活动中的先进个人与先进集体。这一时期的劳动保护工作，主要是开展"一遵二反三落实[①]，人人为安全做好事，争当安全哨兵"活动，以克服违章指挥、违章作业和违反劳动纪律现象。1991~2000年，是工会生产保护工作转轨中的活跃阶段。为适应建立社会主义市场经济体制的要求，1991年省政府与省总工会成立了河南省社会主义劳动竞赛委员会，加强对群众生产保护工作的领导。为适应经济建设转移到依靠科技进步和提高劳动者素质轨道上来的需要，省总工会先后组织开展了"创生产技术新纪录""唱科技大戏，送成果下乡"活动，组织实施了"职工经济技术创新工程"，把工会生产保护工作的重点放在提高劳动者素质、促进企业技术进步和提高经济效益上。在开展"一遵二反三落实"和"安全合格班组"活动的同时，1999年又开始组织企业参加全国"安康杯"竞赛活动，工会劳动保护监督网络初步形成。

开展劳动竞赛和群众性经济技术创新活动　　粉碎江青反革命集团后，河南省群众生产工作和劳动竞赛得以恢复和发展。1978年，省总工会提出：充分发动群众，切实加强对劳动竞赛的组织领导，深入持久地开展增产节约运动，加速社会主义现代化建设。1979年8月，省总工会、省机械工业厅在洛阳轴承厂召开机械行业社会主义劳动竞赛现场经验交流会，会上命名5个"马恒昌"式班组和553个"质量信得过"班组。1980年5月，省总工会在全省职工中开展为四化建设立功活动，各级工会组织行业竞赛、厂际竞赛、同工种竞赛、对手赛、流动红旗赛、全优工程赛及最佳商店和最佳营业员等劳动竞赛活动，使劳动竞赛出现了多形式、多层次的局面，

[①] 遵章守纪，反违章指挥、反违章作业，制度落实、组织落实、措施落实。

促进了经济效益的提高。1982年12月，省总工会结合企业整顿，推广郑州第二砂轮厂工会加强班组建设，开展班组竞赛，强化企业基础工作的经验。1983年，省总工会提出劳动竞赛转轨变型，由体力、速度型转向智力、效益型，开展大规模技术选拔赛，开拓了劳动竞赛的新领域。1986年8月，省总工会、省计经委、中共河南省委企业思想政治工作部联合制发《关于开展合格班组、信得过班组、先进班组三组升级竞赛活动的意见》，提出省级先进班组条件。1987年2月，省总工会在总结以往职工技术选拔赛情况的基础上，表彰安阳市总工会、省轻工业工会等15个市、地、产业工会为组织职工技术选拔赛先进集体，同时表彰了40名先进个人。1987年，9个市、地开展了综合性劳动竞赛，各基层工会开展竞赛的单位有9013个，树立先进集体96414个，其中先进班组70603个、先进个人718390人。

1988~1991年，各级工会和产业工会广泛开展了以上质量、上品种、降消耗、增效益和"双增双节"（增产节约、增收节支）为主要内容的各种形式的社会主义劳动竞赛和群众性合理化建议、技术协作、技术比武、技术革新、技术发明活动，不断拓宽群众生产工作领域，组织职工为提高经济效益，推动技术进步和科学管理贡献聪明才智。

1991年4月10日，河南省社会主义劳动竞赛委员会成立。副省长刘源任第一届省劳动竞赛委员会主任，于6月6日召开了第一次劳动竞赛委员会全体会议。1992年6月10日，河南省社会主义劳动竞赛委员会制发了《关于在全省职工中开展创生产技术新纪录竞赛的意见》。

1992~1997年，各级工会围绕提高经济效益，动员和组织广大职工发扬工人阶级主人翁精神，开展以"创生产技术新纪录"为主要内容的社会主义劳动竞赛和合理化建议活动，涌现出各类技术能手50多万名，推动了企业技术进步、科学管理和经济效益的提高。省总工会与河南电视台联合拍摄了电视专题节目《群星灿烂》和《行行出状元》，不仅展现了河南工人阶级崭新的时代风貌，而且推广了一批新技术和新的操作方法。

1998~2000年，河南省各级工会组织以经济建设为中心，动员和组织全省广大职工开展以经济技术创新为主要内容的形式多样的劳动竞赛活动。围绕提高职工技术素质，在基层广泛开展技术培训、岗位练兵、技术比赛的基础上，经各省辖市比赛选拔，省总工会会同省劳动和社会保障厅组织开展了计算机等95个工种省级技术比赛活动。中原油田李宁等5名选手组成的河南一队、省邮政规划设计院薛国利等5名选手组成的河南二队参加了全国计算机技术比赛，分别获团体第三名、特邀队团体第六名，并获优秀组织奖，为河南争得了荣誉。围绕企业发展的重点和难点，省总工会会同省经贸委、省计委、省科技厅、省统计局等部门开展了重点建设工程等系列劳动竞赛活动。在层层表彰的基础上，命名表彰了20个河南省重点建设工程、20个河南省

"学邯钢抓管理"先进企业、20个河南省脱困增效先进企业、100名工业新产品新技术开发项目优秀带头人、100名合理化建议优秀成果获得者、100名"张玮"式职工、20名工业产品销售"状元"，认定公布了13项河南省职工经济技术创新纪录。同时，对上述名列前茅的先进集体和个人，分别由省总工会授予河南省五一劳动奖状、河南省五一劳动奖章，由省劳动和社会保障厅授予"河南省技术能手"称号。2000年年底，全省出台劳动竞赛管理办法的企业有510家；修订出台合理化建议和技术改进奖励办法的企业有623家。全省通过组织开展劳动竞赛活动创造或节约价值48.7亿多元。

职工技术协作活动 1978年9月，全国总工会等4单位在上海联合举办"全国先进工业技术表演会"，河南省总工会以此为契机，号召各地动员老技术协作委员会（简称"技协"）积极分子归队。1979年，开封市总工会首先恢复了职工技术协作活动。1983年4月，河南省职工技术协作委员会（简称"省职工技协"）成立，并召开表彰先进大会，中共河南省委副书记罗干出席大会并讲话。1985年9月12日，省职工技协制定了《河南省职工技术协作组织条例》。到1985年年底，全省有11个市和部分县形成了企业、院校、科研单位"三结合"的技术协作组织形式，全省技协组织达300多个。1987年9月，省总工会、省职工技协在郑州工业展览馆举办"河南省职工合理化建议、技术革新、技术协作成果展览"，展览以职工开展群众性活动的成果为主要内容，涉及机械、冶金、电子、化工等行业的1020个项目。其中获得国家奖38项，省、部级奖297项，获国家专利21项。

1991年，省总工会联合省政府8个相关厅局，举办了河南省职工技术选拔赛。这次比赛汇集了全省机械、电子、交通、纺织、金融、烟草、建筑行业的25个工种，是全省规模最大的一次职工技术选拔赛。同年夏，信阳、驻马店部分地区遭到严重的洪水灾害。为帮助灾区恢复工业生产，省总工会号召全省各市、地工会组织职工技协到灾区去"扶持1个企业，开发1项新产品，解决5项技术难题，实现新增产值100万元"的"1151"技术扶贫工程。该项工程历时1年，各级职工技协派技术扶贫队员712人次，解决技术难题206项，提供新技术115项，培训职工1523人次，技术咨询280次，现场技术表演43次，救活了一批濒临倒闭的企业。受援企业实现新增产值1.23亿元。1992年7月，河南省职工技术协作委员会更名为"河南省职工技术协会"。

1994年，河南省职工技协组织省内20多所大专院校、科研单位的专家、教授，带着他们研制开发的成果，深入县、乡（镇），开展"唱科技大戏，送成果下乡"活动。共在全省38个市、县举办科技成果发布会39场，参加人数达到14040人次；举办科技成果展览会40场，接待咨询9562人次，签订技术合同和意向合同2003项，成交额达4580万元。

随着公有制企业改革的深化，省职工技协把工作重点转向帮扶困难地区和困难企业。1995年12月，河南省职工技术协作办公室成立。1997年，全省职工技协组织帮助亏损企业295家，完成技术攻关项目900项，新增效益8000万元，为下岗职工再就业举办各种培训班699次，培训下岗职工64262人次，近万名下岗职工走上了就业岗位。省职工技协从1998~2000年连续3年举办"创造学"巡回演讲报告，组织了14场报告会，听众达2万人次。至2000年年底，全省已成立基层技协组织1800个，技协会员达10万余人，遍布机械、纺织、煤矿、电力、交通、冶金、铁路、邮电、金融等行业，已形成自上而下、纵横交织的由劳动模范、能工巧匠、工程技术人员和管理干部为主体的技协组织网络体系。

"双十双百技协杯"活动　　1997年，省总工会与省经贸委、省科技厅、省财政厅、省广播电视厅联合在全省开展"双十双百技协杯"活动。通过竞赛，评出"十大能工巧匠""十大职工技术攻关成果""百名一线技术英杰""百项职工技术协作成果"。全省参加活动的企业达3500家，参加活动的职工达100万人。各市、地注重实效，活动各具特色。洛阳市职工技协创造了全员职工培训、技术攻关、献绝招献绝技和先进操作法4种模式经验；郑州市职工技协以国有大中型企业为龙头，促进全市合理化建议、技术攻关、技术创新活动开展；新乡市职工技协开展了技术帮困"三扶"（扶小、扶亏、扶弱）活动。在"双十双百技协杯"活动影响下，1999~2000年，全省共组织技术攻关2241项，创经济效益5.6亿元；研究开发新产品1161个，创经济效益3.3亿元；实施合理化建议5996项，创经济效益7.5亿元。全省企业共涌现出能工巧匠、一线技术英杰22445人。

职工劳动保护工作　　1978年以后，河南省职工劳动保护工作相继恢复，省总工会配合参与了省政府有关安全检查和安全政策的制定，举办劳动保护培训班，宣传工业卫生知识，总结推广安全生产经验。

1984年以后，河南省总工会制定和完善了一大批劳动保护制度，建立了一支劳动保护监督检查队伍。1985年，河南省7名工会干部被全国总工会任命为第一批工会劳动保护监督检查员。同时，省总工会任命王玉明等19人为河南省工会劳动保护监督检查员。1986年开始，省总工会在全省职工中开展"一遵二反三落实，人人为安全做好事，争当安全哨兵"的竞赛活动，当年工伤事故下降2.65%。1987年年底，全省成立工会劳动保护监督检查委员会4546个，车间工会劳动保护监督检查委员会13535个，工会小组设劳动保护检查员134006人，从事工会劳动保护工作的专兼职干部2299人，培训劳动保护人员26279人。

1988年1月，河南省连续发生3次一次死亡3人以上生产安全事故，交通事故也急剧上升。省总工会发出紧急通知，要求各级工会组织开展群众性安全检查，遏止事故上升势头。1989年，省总工会在全省开展班组安全建设竞赛活动。同时，对一切生产性在建项目生产安全设施，按照"三同时"（同时设计、同时施工、同时投入使用）的要求，进行审查和验收。1990年9月，省总工会制定了《河南省工会劳动保护监督检查工作责任制》。1993年，根据全国总工会三年将工会小组劳动保护检查员培训一遍的要求，省总工会举办了工会小组劳动保护检查师资培训班，各市、地工会对工会小组劳动保护检查员也相继进行了培训。8月，省总工会下发《关于加强工会劳动保护监督检查工作的通知》。1994年2月，省总工会制定了《河南省工会劳动保护监督检查员暂行管理细则》。

1994年10月11日，《工人日报·情况参考》刊登《河南私营企业侵犯职工权益，帮会组织乘机发展》一文，省总工会立即进行了调查，同时对省政府关于宝丰县大营镇娘娘山煤矿1993年"11·15"特大瓦斯爆炸事故处理意见的批复的执行情况进行跟踪调查，向中共河南省委、河南省人民政府报送了调查报告。

1998年5月，省总工会举办"红旗渠杯"安全生产知识竞赛，有32万人参加了竞赛活动。9月，省总工会会同河南电视台举办"河南省安全生产知识电视大赛"，在河南卫视播出。1999年，省总工会与省煤炭工业厅联合组织了河南省煤炭系统"安康杯"竞赛活动。同时，有136个企业参加了全国总工会和国家经贸委在煤炭、石化、化工、建筑、军工5个重点行业开展的"安康杯"竞赛活动，其中有16个优胜企业和4个优秀组织单位受到表彰。河南省总工会"安康杯"组委会办公室受到表彰。2000年，河南省总工会与省经贸委、省劳动和社会保障厅对26个企业进行了表彰。当年，参加全国"安康杯"竞赛的企业达到1298个。

至2000年年底，全省各级工会共参加安全生产检查96364次，提出整改意见186782条，被采纳142876条；各级工会参加新建项目"三同时"审查验收174项；全省共任命工会劳动保护监督检查员239人；建立健全基层（车间）工会劳动保护监督检查委员会37475个，设小组劳动保护检查员120523人。

劳动模范管理 "文化大革命"期间，省总工会劳动模范档案在混乱中丢失，管理工作受到严重破坏。粉碎江青反革命集团后，劳动模范管理工作得以恢复。省总工会和各级工会对"文化大革命"前的劳动模范进行普查，核查落实，重新登记建档，并对出席"文化大革命"前7届劳动模范和先进生产（工作）者代表大会的4500多名省劳动模范、先进生产（工作）者和全国、部级劳动模范、先进生产（工作）者颁发荣誉证书。

1986年，省总工会提请河南省人民政府批准郑州大学车得基等29名有突出贡献的科技工作者为省劳动模范。劳动模范队伍中知识分子比例开始增多。1987年，省总工会征集对劳动模范管理工作的意见和建议，组织劳动模范休养等，劳动模范管理工作逐步得到加强。1988年，河南省推荐五笔字型发明人王永民为全国劳动模范，国务院予以特别批准。1992年12月，河南省人民政府出台《关于劳动模范评选管理暂行办法》。1995年3月，省政府办公厅下发《关于加强职工劳动模范管理工作的通知》，对劳动模范的工作、学习、生活及各种待遇出台了10条具体政策。1995年

10月，省总工会开办省部级以上劳动模范互助补充养老保险。1996年4月，河南省劳动模范协会成立，进一步加强全省各条战线劳动模范之间的联系和交流，发挥劳动模范队伍的整体优势、人才优势，关心劳动模范的学习、工作和生活，帮助他们解决困难，维护劳动模范的合法权益。1997年，省总工会与省卫生厅联合下发了《关于对全国劳动模范、先进工作（生产）者实行医疗照顾的通知》，规定省直各行政事业单位及中央驻郑单位的全国劳动模范、先进工作（生产）者在省直医疗单位就诊时，可享受门诊优诊、住干部病房及定期体检的待遇。

1978~2000年，河南省获全国劳动模范称号的453人，获省级劳动模范、先进生产（工作）者称号的3018人，荣获全国五一劳动奖章称号的544人，获河南省五一劳动奖章称号的1702人。

河南省劳动模范表彰大会　1978~2000年，河南省共召开了4次劳动模范表彰大会。1982年5月，在郑州召开了河南省工交、基建、财贸战线先进集体、劳动模范和先进生产者表彰大会。大会表彰了297个先进集体，299名劳动模范。1989年8月28~29日，在郑州召开了河南省先进集体和劳动模范表彰大会，大会表彰了76个先进集体、681名劳动模范。1994年4月26~29日，在郑州召开了河南省劳动模范表彰大会，大会表彰了1000名劳动模范，中共河南省委书记李长春到会并作重要讲话。1999年4月27~30日，在郑州召开了河南省劳动模范、先进工作者表彰大会，大会表彰了1000名劳动模范、先进工作者，中共河南省委书记马忠臣到会并作重要讲话。

第五节　参政议政

中共十一届三中全会以后，随着国家民主与法制建设的不断推进，工会参政议政日益凸显出来。1978~1985年，这个阶段主要是在国民经济恢复中各级工会深入企业就涉及职工切身利益的问题进行调查研究，向中共各级党委、政府、企业行政反映情况，参与企业职工民主权利和生活福利等有关政策的制定。1986~1988年，中共河南省委办公厅转发河南省总工会党组《关于工会参与国家和社会事务管理的请示》，拓宽了河南工会参政议政的渠道。省总工会深入基层广泛开展调查研究，与省直有关单位联合制定有关职工民主管理和职工生活福利的政策。1988年，省政协委员中工会系统干部达13人。1989年以后，工会组织参政议政逐步制度化。1989年，省政府转发省总工会《关于加强工会民主参与和社会监督的报告》。1990年，省总工会与省政府建立联席会议制度，召开联席会议。郑州、漯河、焦作、许昌、洛阳、安阳等省辖市总工会和罗山、淮滨、淮阳、沁阳等县级总工会也与同级政府建立了联席会议制度。1995年11月，中共中央办公厅、国务院办公厅转发全国总工会党组《关于工会参加党和政府有关会议和工作机构的请示》后，河南省各级工会参政议政工作走向制度化。1996年，全省有300多名地方工会干部参加了劳动仲裁工作，有18067家企业建立了劳动争议调解组织。20世纪90年代，省总工会对国家法律法规参与讨论和提出书面修改意见的达30多部，对省级法规参与讨论和提出书面意见的达100多部。

2000年，省政府与省总工会再次建立联席会议制度，并召开了联席会议。同时，省总工会与省劳动和社会保障厅、省经贸委及企业家协会建立河南省劳动关系协商会议制度，并举行了第一次会议。2000年年底，全省有9个市（地）、35个县（市）工会与同级政府建立了联席会议制度；8个省辖市和56个县（市）建立了劳动关系三方协商会议制度。

参与企业改革　1978年，随着各级工会组织得以恢复和发展，职工代表大会成为基层工会组织参与企业管理的主渠道。1979年，河南省工会第八次代表大会工作报告提出：凡属企业的生产、生活、劳动福利、经营管理、财务奖励等重大问题，都应提交职工代表大会或职工大会讨论，使集中领导和民主管理结合起来，实行政治民主、技术民主、经济民主和生活民主。由此，进行建立职工代表大会制度试点，摸索经验，在全省企业推开。1986年9月，中共中央、国务院颁布《全民所有制工业企业厂长工作条例》《中国共产党全民所有制工业企业基层组织条例》和《全民所有制工业企业职工代表大会条例》后，中共河南省委、河南省人民政府召开贯彻3个条例的会议。会后，河南省以职工代表大会为主要形式的职工民主管理、民主参与、民主监督制度在大多数企业建立。同时，河南省总工会和省计经委、省体改委、中共河南省委企业思想政治工作部、中共河南省委组织部建立了联席会议制度。同年，河南省总工会对全省职工队伍状况进行调查，向中共河南省委和全国总工会提交《我省职工队伍状况的调查》报告。1987年，省总工会为配合企业劳动用工制度改革，参与中共河南省委组织部、省计经委制定《关于实行厂长（经理）负责制企业干部管理办法及选拔任免程序的意见》，组织人员到郑州、漯河、开封、南阳等地进行贯彻3个条例的专题调查，组织人员对洛阳大中型企业承包经营责任制的情况进行调查，分别向中共河南省委、河南省人民政府、全国总工会报送了调查报告。

1989年，河南省人民政府转发省总工会《关于加强工会民主参与和社会监督的报告》，提出八点建议。1991年，根据全国总工会的统一部署，省总工会再次对河南省职工队伍基本状况进行调查，形成《关于河南省职工劳动积极性若干问题的调查》等4个专题报告。同年冬，河南省推行人事、劳动和分配三项制度改革，省总工会组织市、地工会和产业工会开展改革情况调查活动，为协助政府制定完善改革方案，提出许多政策性建议。

1993年，省总工会组织开展"百家企业、万名职工"改革承受能力和生活状况的调查、转换企业经营机制中民主管理情况的调查。根据省总工会的反映，省政府下发了《关于认真解决停产半停产企业及其职工生活问题的通知》。1994年，省总工会相继开展外商投资企业、私营企业劳动关系的调查，百家企业万名职工思想状况调查，财贸系统劳模现状及管理情况的调查，国有亏损中小型企业民主选择企业经营者情况的调查等。这些调查都引起了中共河南省委、河南省人民政府的重视，为推进企业改革、解决职工生活困难、维护职工合法权益提供了依据和参考。

《中华人民共和国劳动法》颁布后，河南省各级工会按照《中华人民共和国劳动法》要求建立组织，参与劳动争议处理。1995年年底，全省80%以上的国有和集体企业成立了劳动争议调解委员会，各级劳动争议调解组织受理案件达10万件以上，调解结案率达90%。郑州矿务局、河南油田等大型企业还设立专门机构、配备了工作人员。1996年，省总工会参加省人大常委会组织的《中华人民共和国劳动法》执法检查，各市、地工会参加当地的自查活动。通过执法检查，纠正了一些违反《中华人民共和国劳动法》的突出问题。同时，省总工会和绝大多数市、地、县总工会建立了劳动法律监督组织，初步形成了自下而上的组织网络。1996年年底，全省有300多名地方工会代表参加了劳动仲裁工作，有15067家企业建立了劳动争议调解组织，劳动争议调解率在85%以上。

1998年年初，省总工会与省经贸委、省体改委联合下发《关于在中小企业改制中全心全意依靠职工群众和充分发挥工会作用的意见》，同时，省总工会派出5个调查组督促各地贯彻落实该意见，并将各地落实情况向中共河南省委进行反映。同年6月，中共河南省委制发《关于全心全意依靠职工办企业和充分发挥工会作用的意见》。

1999年，省总工会参与省人大常委会对《中华人民共和国工会法》和《河南省工会条例》的执法检查，并在全省开展了约有32万人参加的"一法一条例"知识竞赛。通过执法检查和竞赛活动，推动了工会法律的贯彻落实。商丘市在执法检查中，新建工会组织308个，整顿工会组织368个，新配专职工会干部354人，收到欠缴工会经费30多万元。

2000年10月，省劳动和社会保障厅、省总工会、省经贸委建立河南省劳动关系三方协调会议制度。协调会议由省劳动和社会保障厅代表政府，省总工会代表职工，省经贸委及省企业家协会代表企业三方组成，每年召开两次，经一方提议，也可召开临时会议。协调会议由三方代表参加，各方首席代表一名、代表两名，拟协商的事项由三方协商后确定，经协调会议达成一致意见后，由三方联合发文。同年12月14日，河南省第一次劳动关系三方协调会议在郑州召开。2000年年底，全省有8个省辖市和56个县（市、区）建立了劳动三方协商会议制度。

建立工会与政府联席会议制度　　中共十三大后，工会参政议政渠道拓宽。1989年，河南省总工会向省政府提出"工会民主参与和社会监督"的要求。省政府同意扩大工会对国家事务的民主参与和社会监督，健全同工会的协商对话制度，并决定副省长刘源作为联系工会工作的联系人。1990年2月12日，在河南省总工会召开了省政府与省总工会第一次联席会议。会议协商讨论并原则通过《河南省人民政府与省总工会联席会议制度试行办法》《关于在承包制的企业中推行"双保"集体合同的试行意见》。同年，郑州、漯河、焦作、南阳等市、地工会以及罗山、淮滨等县工会都与同级政府建立了联席会议制度，并召开了联席会议。

1991年，许昌市、洛阳市、安阳市人民政府与市总工会，商水县、沁阳市人民政府与县、市总工会相继建立联席会议制度，并召开联席会议。《中华人民共和国工会法》颁布后，中共中央办公厅、国务院办公厅转发了中华全国总工会党组《关于工会参加党和政府有关会议和工作机构的请示》，为工会参政议政提供了法律和政策依据。1999年年底，全省有9个市（地）、35个县（市）建立了工会与同级政府的联席会议制度。

2000年，河南省人民政府办公厅再次制定印发《河南省人民政府、河南省总工会联席会议制度（试行）》，要求各省辖市人民政府可参照省联席会议制度，建立健全与同级工会的联席会议制度。同年12月，省政府与省总工会在省政府举行第二次联席会议。会议重点研究了下岗职工进入"再就业中心"、保障基本生活和就业工作。省长李克强就做好保障下岗职工基本生活和再就业工作作重要讲话。会后，印发了会议纪要。根据会议纪要要求，是年年底，河南省大部分省辖市筹备或召开了联席会议。

参与立法 20世纪80年代，国家的法制建设再次起步，工会初步形成了参政议政意识。1986年9月，中共河南省委办公厅转发省总工会党组《关于工会参与国家和社会事务管理的请示》，1989年4月，河南省人民政府转发省总工会《关于加强工会民主参与和社会监督的报告》，这两个文件为各级工会参政议政提供了政策依据。20世纪90年代后，随着国家法制建设不断完善，各级工会参政议政力度不断增强。在省级人大代表和政协委员中，都有工会负责人。1978年，政协河南省第四届委员会委员中有工会干部9人；1983年，第五届委员会委员中有工会干部11人；1988年，第六届委员会委员中有工会干部13人；1993年，第七届委员会委员中有工会干部13人；1998年，第八届委员会委员中有工会干部14人。1998年，省人民代表大会第九届代表中有工会干部3人。

20世纪90年代，省总工会对国家级法律法规参与讨论和提出书面修改意见的有30多部，对省级法规参与讨论和提出书面修改意见的有100多部。河南省总工会直接参与起草了《河南省工会条例》《河南省企业集体合同条例》《河南省外商投资企业和私营企业工会条例》等，指导郑州市总工会参与起草《郑州市实施〈中华人民共和国工会法〉办法》和《郑州市企业集体合同条例》，指导洛阳市总工会参与起草《洛阳市企业职工民主权利保障条例》。《郑州市实施〈中华人民共和国工会法〉办法》于1994年6月23日由河南省第八届人民代表大会常务委员会第八次会议批准。《河南省工会条例》于1995年6月24日由河南省第八届人民代表大会常务委员会第十四次会议通过。《郑州市企业集体合同条例》于1997年9月28日由河南省第八届人民代表大会常务委员会第二十八次会议通过。《河南省企业集体合同条例》于1999年9月24日由河南省第九届人民代表大会常务委员会第十一次会议通过，1999年12月1日起施行。

第六节 宣传教育

1978年工会恢复后，河南省各级工会针对"文化大革命"在宣传、教育、文化等方面给职工带来的不利影响，广泛开展"实践是检验真理的唯一标准"大讨论和"五讲四美"①活动，进而兴办各类职工学校，鼓励职工开展读书活动，恢复文化宫、俱乐部等职工文化教育阵地，对职工进行职业道德教育和"双普及"（普及初中文化教育和初级技术教育）教育。到1985年，全省95.5万名参加文化补课的职工，达到合格者75.2万人；87万名参加技术补课的职工，达到合格者70万人。同时，全省工会各类职工学校培养了62万多名中等专业人才、1万多名大专以上专业人才。1986年，河南省工会根据中央关于职工教育由政府统一管理的精神，由主管变为配合，开展工会宣传文化教育工作。

从1987年起，河南省各级工会对职工广泛进行"两基本"（基本国情、基本理论）、"三热爱"（热爱祖国、热爱社会主义、热爱中国共产党）教育和组织职工开展向劳动模范学习活动，培养职工良好的职业道德观，保持了职工队伍稳定。同时，河南各级工会一面对职工学校进行整顿，实行规范化管理；一面以职工岗位职务培训为重点，配合行政举办班组长培训班，鼓励职工自学成才。1993年，河南省总工会表彰了一批先进模范学校和一批自学成才个人。

中国共产党第十四次全国代表大会后，河南省各级工会围绕改革开放，建立社会主义市场经济体制，引导职工以经济建设为中心，投身改革和建设，开展解放思想、转变观念大讨论和改革开放热点问题知识竞赛，组织职工学文化、学技术，树立良好的职业道德。1994~2000年，河南省总工会每年都在全省职工中开展评选"河南省十佳职工"和"河南省职业道德建设十佳单位"活动。1999年，平顶山煤业集团工人张玮刻苦钻研和技术革新的事迹引起了中共河南省委、河南省人民政府的重视。中共河南省委、河南省人民政府作出向张玮学习的决定。1997~2000年，在国有企业改革、下岗职工增多的情况下，河南省各级工会发挥职工学校作用，每年培训下岗职工达10万人以上，促其再就业。工人文化宫、俱乐部随着社会主义市场经济体制的建立，不断调整工作思路，深化改革，到2000年，全省共有工人文化宫、俱乐部117个；职工文化体育活动也由大型为主逐步转向以丰富多彩的小型活动为主。2000年，河

---

① 1981年2月25日，全国总工会、共青团中央、全国妇联等9个单位，为响应中共中央关于加强社会精神文明建设号召，联合发出《关于开展文明礼貌活动的倡议》中提出开展"五讲四美"活动。"五讲"即"讲文明、讲礼貌、讲卫生、讲秩序、讲道德"；"四美"即"心灵美、语言美、行为美、环境美"。

南省总工会获国家体育总局"1996~2000年全国群众体育先进单位"称号。在深化改革中，河南省总工会组织新闻媒体开展了"工人、工会、工厂"为主题的"三工"宣传活动，从1998~2000年，每年都评选出一批好新闻，授予河南"五一"新闻奖称号。

职工思想政治教育　"文化大革命"以后，河南省总工会把职工思想教育工作转向社会主义现代化建设，各级工会组织开展"实践是检验真理的唯一标准"的大讨论，学习中共十一届三中全会的路线、方针、政策，开展"五讲四美"活动，防止和消除精神污染。1985年，省总工会与中共河南省委宣传部、省计划经济委员会联合发起成立河南省职工思想政治工作研究会。1986年，省总工会发出《做好职工思想政治工作，巩固安定团结的大好形势》的特急电报。各级工会通过多种形式，对职工进行疏导教育，全省广大职工思想稳定，安心生产。1987年，河南省各级工会对全省职工进行基本理论、基本国情教育。1989年5月，北京发生政治风波，河南省职工坚守生产岗位，职工队伍稳定。1990年，省总工会在全省广大职工中开展"国家有困难，企业怎么办？企业有困难，我们职工怎么办？"大讨论，促进了全省职工队伍的稳定和经济形势的好转。1992年，省总工会在全省开展"热爱祖国、热爱社会主义、热爱中国共产党"的"三热爱"主题系列活动和开展"知河南、爱河南、兴河南"省情教育活动，激发了全省职工的社会主义劳动积极性。

1992年《中华人民共和国工会法》颁布实施后，河南省总工会组织各级工会和广大职工开展各种宣传活动。河南省总工会印发小册子，编发简报，并在《河南日报》开辟专栏，在河南人民广播电台开办讲座，与省委宣传部、省司法厅联合举办《工会法》知识电视竞赛，为工会工作的开展营造良好的法治环境。

中共十四大以后，省总工会围绕建立社会主义市场经济体制组织职工开展解放思想、实事求是、转变观念大讨论，引导职工投身改革和建设实践。1993年7月，举办"改革开放热点问题知识竞赛"。1994年5月，省总工会下发《关于积极采取措施，进一步稳定职工队伍的意见》，发挥工会优势，引导广大职工正确认识和处理改革、发展、稳定的关系，调动广大职工参与改革、促进发展的积极性。并从6月开始，在全省百家企业万名职工中开展思想状况调查，发放调查问卷1万份，了解和掌握新时期职工思想状况，进一步加强职工思想政治工作。

在深化改革、建立社会主义市场经济体制的新时期，省总工会加大对工人阶级先进典型和工会工作的宣传力度。1998年，省总工会与省委宣传部、省新闻工作者协会联合开展河南省"五一"新闻奖评选活动，建立了工人、工会、工厂"三工"宣传工作机制。该项活动从1998年连续开展到2000年。许多市、地工会也开展了"五一"新闻奖评选活动。

1998年，省总工会在全省职工中开展学习邓小平理论、学习中共十五大精神、国有企业改革知识竞赛等系列学习教育活动，约有100万名职工踊跃参加。同时，省总工会下发《关于加强职工思想政治工作，为完成三年攻坚任务创造稳定的社会环境的意见》，教育和引导广大职工坚持用邓小平理论和中共十五大精神统一思想，紧紧围绕改革、发展、稳定大局，坚持以经济建设为中心，为实现中共十五大确定的各项任务和河南省国有企业三年脱困攻坚任务而努力工作。

1999年3月，省总工会深入基层调查研究，形成了《关于当前职工队伍稳定情况的调查》报告，引起中共河南省委领导的高度重视。2000年4~5月，省总工会采取座谈会、个别谈话、抽样调查、查阅资料、组织问卷等形式，对全省企业职工思想状况和职工思想政治工作进行全面调查。同年11月，召开全省职工思想政治工作会议，表彰一批思想政治工作先进单位和个人。同时，为适应新形势、新任务的要求，省总工会下发《关于加强和改进职工思想政治工作的意见》，要求各级工会必须从贯彻落实"三个代表"重要思想和巩固党的阶级基础与执政地位的高度，深刻认识做好职工思想政治工作的重要性和紧迫性，增强政治责任感。

开展学习张玮活动　张玮是平顶山煤业（集团）有限责任公司田庄选煤厂修理车间管工班班长。1953年5月出生，1970年参加工作，中共党员。张玮坚持以"爱岗敬业、奉献社会"为自己的人生追求，在工作中，刻苦钻研技术，成功地研制出"选矿用耐磨阀门"和"选矿用耐磨弯头"，均获得国家专利。"选矿用耐磨阀门"还被国家专利局评为中国当代最新、高、精2000项专利技术之一。他主持完成了100多项大型管道工艺的改造和安装工程，先后无偿为30多家企业解决了重大技术难题。他先后获得省、市各种荣誉奖励40多次。1998年获全国五一劳动奖章，1999年获"全国职工职业道德十佳标兵""全国十大杰出工人"称号，2000年获全国劳动模范，应邀参加国庆观礼，受到中央领导接见。1999年，省总工会发出在全省职工中开展学习张玮活动的决定，省委宣传部、省经贸委、省总工会、省精神文明办公室也联合发出学习张玮等5名先进模范人物活动的决定。省总工会在平顶山市召开全省学习张玮活动经验交流会，编辑出版《新时期工人的楷模——张玮》一书，制作张玮事迹录像带，组织张玮事迹报告团，不断推动学习张玮活动的开展。1999年11月，中共河南省委、河南省人民政府作出《关于开展向张玮同志学习活动的决定》。2000年，省总工会组织张玮、冀丙祥、王百姓、李松林4名全国劳动模范组成"河南全国劳模报告团"，到郑州等市作巡回报告，激发职工学文化、学技术，做高素质劳动者的热情。全省涌现出一大批"张玮式"职工。

职工文化教育　河南省职工文化教育在"文化大革命"中遭到严重破坏，中共十一届三中全会后，随着工会工作的恢复，河南省总工会恢复了教育部，延续了"文化大革命"前职工教育由工会主管的体制。1979年，河南省工会第八次代表大会提出：职工教育三年内以"双普及"教育（普及初中文化教育和初级技术教育）为主，同时办好业余中等专业教育和高中文化教育，并努力扫除青壮年职工中的文盲。确定企事业单位工会职工教育经费仍按留用工会经费的25%至37.5%使用，不足部分可与行政协商解决。全省各级工会展开了较大规模的"双普及"教育。1980~1981年，洛阳市职工科技学院、开封市职工业余大学、郑州市职工业余大学、漯河市职工大学和焦作市职工大学（1984年焦作市职工大学改由市政府管理，与工会脱钩）相继成立。省总工会分别在1982年和1984年创办了广播电视大学省直教学班和北京语言文学自修大学河南分校。1985年，职工"双普及"教育规划基本完成。全省95.5万人参加初、高级文化补课的职工中，合格者75.2万人，合格率达78.8%；在87万名初级技术补课的职工中，合格者70万人，合格率达80%。与此同时，全省工会各类学校还培养了62万多名中等专业人才，1万多名大专以上的专业人才。1986年年底，全省119个县（市）共办职工学校（教学点）111所（个）、职工中专1所，全省工会办学基本实现了"一县一校"的目标。

在"双普及"教育任务基本完成后，职工教育转向岗位职务培训、班组长培训和职工中级技术教育。省总工会明确提出争取在三年内将全省企业班组长轮训一遍。焦作市总工会职工中等专业学校、许昌市职工学校和襄城县职工学校相继开办职工中级技术学习班。省总工会以岗位职务培训为重点，配合行政有关部门有计划地举办班组长培训班，随后班组长培训在全省推开。1986年，全国成人教育工作会议规定职工教育由政府统一管理实施，工会由主管单位变为配合单位，工会逐渐从职工教育中淡化出来，工会办学成为民间办学性质。到1987年年底，全省工会共培训班组长30余万名。1988年，创建6年的广播电视大学省直教学班停办。

1990年，省总工会对工会系统4所职工大学进行检查评估，改善办学条件，改善学校的基础设施。1993年年底，省总工会对职工学校规范化管理实施情况进行了考核，表彰了15所模范学校、29所先进学校。

1994年，省总工会协调解决教职工工资和教育津贴发放中的问题，在第十个教师节到来之际，表彰了一批"河南省工会职工教育先进集体"和"河南省工会职工教育先进工作者"。洛阳市职工科技学院等15所学校和王增卷等14人，分别被全国总工会授予"全国工会职工教育先进集体"和"全国工会职工教育先进个人"称号。

1996年，根据全国总工会实施示范性职工学校创建计划，河南省总工会组织和支持洛阳市职工科技学院、焦作市职工中专和许昌、信阳、平顶山、鄢陵、桐柏5所职工学校参加全国总工会示范性学校创建活动。经过3年努力，焦作市职工中专和许昌、信阳、平顶山、鄢陵、桐柏5所职工学校经考核验收，被全国总工会授予"全国工会系统示范性职工学校"称号。

在建立市场经济体制和企业改革中，国有企业下岗职工逐年增多。1997年，河南省总工会把培训下岗职工工作列入议事日程，提出每年培训10万名下岗职工的目标。1998年，全省工会系统通力协作，培训下岗职工18万人。1999年，培训下岗职工17万人。2000年，培训下岗职工16万人。

职工读书自学活动　工会有组织地开展职工读书活动始于1981年，初始阶段的目的在于对职工进行思想道德教育。在此基础上开展的职工自学活动是读书活动的高层次发展阶段，目的在于提高职工的文化技术素质。1983年5月，省总工会举办了以中国近代史、中国革命史、中国共产党史和"热爱祖国、热爱社会主义、热爱共产党"为内容的故事员培训班，同时，"爱我中华、振兴中华"演讲活动在全省普遍展开，职工读书活动形成热潮。当年，全省有2440个厂矿企业成立了职工读书指导委员会，组织读书小组24294个，有40多万名职工参加读书活动，涌现出1.69万名读书积极分子。1984年，全省读书小组发展到5.1万个，参加读书的职工达到96万余人。全省建立了7个职工自修大学辅导站，参加自学职工1616人。1985年，省总工会发出《关于职工奋发读书、自学成才的通知》。同年5月，洛阳市率先成立职工自学者协会，驻马店地区工会组织马德功等7人组成自学成才报告团，到各县巡回报告，推动了职工读书活动向高层次发展。1985年年底，全省职工自修大学辅导站发展到24个，参加自学职工达3144人。1986年，省总工会颁布《职工自学成才奖励暂行条例》，作出《关于表彰职工自学成才先进个人的决定》，向30名自学成才者颁发荣誉证书和奖金。1987年，各级工会制定职工自学规划，建立和完善自学活动的组织机构，成立自学考评委员会，对学有所成者积极向有关单位推荐使用，协同有关方面解决考评、职称和待遇问题。年底，全省参加读书自学的职工有135万人，建立读书小组8万多个，居全国第五位。

职工职业道德教育　河南省总工会始终把加强职工职业道德建设作为提高职工队伍素质的一项重要内容。1981年，省总工会与省直有关单位联合在河南人民广播电台开办《关于共产主义道德教育讲座》节目。同时，各级工会组织广大职工掀起学习先进模范人物、树立良好职业道德热潮。1982年，省总工会发出《关于在全省职工中学习赵春娥，加强共产主义思想教育的通知》，全省职工广泛开展了学习赵春娥活动。之后，省总工会还分别出台《关于深入开展学习张海迪活动的通知》《关于在全省职工中开展向省劳动模范张福绥学习的决定》，并开展学习罗健夫、蒋筑英等活动。

1985年6月，省总工会组织以理想、纪律教育为主要内容的平顶山大庄煤矿王龙建英雄群体报告团，赴各地巡回报告15场，听众达1.9万多人；在河南省总工会《工人月报》杂志开辟专栏，展开理想、纪律大讨论，各市、地工会也组织了相应的活动。1987年，省总工会制发《关于加强职工队伍精神文明建设的意见》，强调要把加强劳动纪律、培养职业道德作为精神文明建设、培养"四有"（有理想、有道德、有文化、有纪律）职工队伍和促进社会主义现代化建设的一项战略任务抓紧抓好。1990年，河南省总工会抓住全国劳动模范丁百元这个典型，再次作出《关于号召全省职工向丁百元同志学习的决定》，号召全省职工学习丁百元干一行、爱一行，顽强拼搏、无私奉献的精神，并在全省开展"爱企业、当主人、作贡献"演讲比赛。1993年11月，召开了市场经济与职业道德研讨会。1994年11月，省总工会与省计经委联合出台了《关于加强社会主义职业道德建设的意见》，帮助广大职工树立艰苦创业、敬业爱厂、遵法守信、开拓创新，对国家、对人民、对企业高度负责的职业道德。

从1994年起，省总工会与省委宣传部、省经济贸易委员会等联合开展"河南省十佳职工""河南省职业道德建设十佳单位"（简称"双十佳"）评选活动，每年选树一批职业道德建设标兵。为配合活动的开展，1996年省总工会在全省职工中开展向优秀工人邓志芳学习活动。1997年，省总工会在全省组织职工开展"讲文明、树新风"活动，以加强职工职业道德建设为突破口，以窗口单位为表率，广泛开展各种精神文明创建活动。1998年，河南省职业道德建设"十佳"职工、平顶山煤业集团工人张玮的事迹引起社会的广泛关注，1999年，省总工会组织全省职工开展向张玮学习活动。同年11月，中共河南省委、河南省人民政府作出向张玮学习的决定，全省职工掀起做"张玮式"好职工的竞赛热潮。2000年，省总工会组织张玮事迹报告团赴部分市、地及大中型企业进行巡回演讲，在社会上引起了良好反响。

1990年，全国召开职工读书自学活动表彰大会，河南省有4名职工获"全国自学成才"奖、9人获"全国职工读书自学活动积极分子"称号、4个单位获"全国职工读书自学活动先进集体"称号。1992年，省总工会与省委宣传部、省计经委、省科学技术委员会、省教育委员会、省人事厅、省劳动厅制定《关于对职工自学成才人员认定和使用的意见》，成立了河南省职工自学成才奖评审委员会。1993年以后，每年评审奖励一批自学成才奖获得者，每三年表彰一批职工读书自学活动积极分子、先进集体和优秀组织者。

1995年5月，河南省自学成才奖评审委员会颁布实施新的《河南省职工自学成才奖励办法》，设立了15万元的职工自学成才奖励基金，使职工读书自学成才奖的申报、评审、奖励成为一项规范化、制度化的工作。从1983年开展职工读书自学活动到2000年，全省共表彰奖励省级职工自学成才奖获得者416人、读书自学活动积极分子505人、先进275人、优秀组织者135个；受全国表彰奖励的职工自学成才奖获得者36人、职工读书自学活动积极分子30人、先进20人、优秀组织者12个。

评选职业道德建设"双十佳"活动　1994年8月，省总工会与省委宣传部、河南日报社、省广播电视厅联合发起全省企事业单位开展争创"十佳职工"活动。1995~1996年，省总工会与省委宣传部联合开展"河南省职业道德建设十佳职工""河南省职业道德建设十佳单位"评选活动。1997年，省总工会与省委宣传部、省经贸委3家联合成立"双十佳"职工评选活动领导小组，推动评选活动的开展。同时，全省18个省辖市（地）也开展了当地的"双十佳"评选活动。从1994~2000年，全省共有60人获"河南省十佳职工"称号，50个单位获"河南省职业道德建设十佳单位"称号，159人被评为优秀职工，143个单位被评为先进单位。其中，陈玉庭、冀丙祥、张玮、闵建功获"全国职工职业道德建设十佳标兵"称号，郑州亚细亚商场、巩义邮电局获"全国职工职业道德建设十佳单位"称号。

职工文体活动　　"文化大革命"结束后，河南省职工情绪高涨，文化活动蓬勃展开。1984年，河南省第一届工人运动会在漯河举行，1985年，河南组队参加全国第二届工人运动会。1985年，河南省被评为全国职工体育先进省。之后，职工参加体育活动更为多样，如马拉松长跑、操、拳赛等。

1988年，河南省职工灯谜研究会成立，举办首届职工灯谜会。之后，每年举办一届全省职工灯谜赛，到2000年共举办了13届职工灯谜赛。

1989年，省总工会举办全省职工美术、书法、摄影展，展出作品600余件。同年，省总工会与省文化厅等4个单位联合举办全省企业文艺会演，共演出17场。1990年5~8月，全省百万职工响应全国总工会、国家体委号召，开展了"百日锻炼迎亚运"体育活动。

改革开放的深入发展，促进了河南省职工文化的对外交流活动。1993年7月，省总工会与日本三重县劳福协签订了"中国河南省与日本三重县劳动界书画摄影展"协议书，商定中、日的两省、县轮流，每年举办一届中、日的两省、县劳动界书画摄影作品展。1993年10月，第一届中国河南省、日本三重县劳动界书画摄影作品展在中国郑州举办。1993~1998年，河南省与日本三重县连续举办了6届中日职工书画摄影展。

1996年，河南省成立职工体育代表团，组队参加了全国第三届工人运动会。河南团取得了5金2银5铜的好成绩，金牌总数居全国第七位。省总工会授予在全国第三届工运会上勇夺两块金牌的洛阳中国第一拖拉机厂工人孙运道河南省五一劳动奖章。

1997年，全省各级工会围绕庆祝香港回归，广泛开展了群众性文体活动，营造了喜庆、热烈、祥和的氛围。1998年，为展示河南工人阶级在"两个文明"建设中的风采，省总工会举办了《工人之歌》文艺晚会。省总工会与省体育运动委员会联合表彰了100个职工体育先进单位、92名职工体育先进个人、39名支持职工体育的优秀领导干部。同年，省总工会获全国职工体育先进单位称号。

1999年，围绕中华人民共和国成立50周年和澳门回归祖国，全省职工展开多种形式的庆祝。省总工会举办了"庆中华人民共和国成立50周年，迎澳门回归祖国河南省职工书法、美术、摄影展"，并推选出12件优秀作品参加"内地（北京）与澳门职工庆回归美术、书法、摄影巡回展"；开展了"迎国庆，全省职工体育活动月"，参加活动职工达180万人次。河南送变电建设公司被全国总工会选派,代表中国工人参加在纳米比亚举行的世界"大洋杯"拔河比赛,展示了中国工人的精神风貌和力量。

2000年,以迎接新世纪为主题,各级工会广泛开展职工文体活动。在全国第九届运动会上,国家体育总局授予河南省总工会"1996年至2000年全国群众体育先进单位"称号。

职工文化阵地建设　　"文化大革命"期间,河南省的工人文化宫、俱乐部被挪作他用,职工文化事业处于停顿状态。1979~1983年,省总工会一方面积极做好文化宫、俱乐部的收回工作,一方面拨专款对文化宫、俱乐部进行修缮和另行筹建。截至1983年10月,县以上文化宫、俱乐部恢复和发展到109个。1985年,随着经济体制改革的发展,工会文化宫、俱乐部也开始进行改革,省总工会提出了逐步实行主任负责制,创造条件实行选聘制,建立各种形式的经济责任制,做到以事业养事业、以事业发展事业。之后,工会文化宫、俱乐部不断深化改革,在激烈的文化市场竞争中求生存求发展。

1993年,省总工会制定了《河南省工会文明文化宫、俱乐部考评试行办法》,在全省县以上工人文化宫、俱乐部中开展"达标创先"活动。工人文化宫、俱乐部坚持为职工服务、为社会主义"两个文明"建设服务、为工运事业服务的宗旨,不断增强改革和发展的紧迫感、责任感,主动适应市场,加强宫容宫貌建设,增加和改善活动场地及设施,开展健康有益、丰富多彩的群众文化活动,发挥"职工学校和乐园"的作用。1997年,安阳市工人文化宫被中华全国总工会命名为"职工灯谜的学校和乐园"。1998年,平顶山市工人文化宫被中华全国总工会命名为"全国工会系统示范性文化宫"。截至2000年年底,全省共有县以上工人文化宫、俱乐部117个。

第七节 外事活动

中共十一届三中全会后，河南省工会外事活动随着国家改革开放，逐步得到恢复和发展，到1987年，工会先后派出4批人员出国访问和考察，同时，先后接待6个国家的14个代表团来河南省参观考察和访问。中共十三大以后，河南省工会对外友好交流与合作的领域进一步拓宽，外事工作的步伐也随之加快，全省工会系统共接待来自27个国家和地区的来访团组46个、426人次；组织全省工会干部、劳动模范、技术工人及相关产业、系统出国友好访问、考察学习团组64个，出访了49个国家和地区，出访人数406人次。

组织人员出国访问和考察　20世纪80年代，河南省工会开始派遣人员参加中国工会代表团和中国产业工会代表团出国访问。出访的国家主要是日本。1980年省总工会副主席盛宛、1984年省教育工会主任金荣清分别出访日本。1985年，省总工会主席顾志平作为中国工会代表团成员到罗马尼亚和南斯拉夫考察访问。1987年，安阳卷烟厂工会副主席崔福保到日本访问。进入90年代后，工会系统组织出国访问的人数不断增加，出访的国家和地区也不断扩大。到1994年年底，河南省总工会派出以副主席徐民、高冠英、周法成为团长的3个代表团到日本访问，组织科技人员和技术工人36人到日本、泰国企业研修。1995年后，河南省工会组团出访英国、法国等欧洲国家。1998年后，河南省工会组团出访美国，出访的人数增加、人员层次提高。1991~2000年，河南省工会组织代表团64个，共406人次出访49个国家和地区。

接待国际和地区工会代表团来访　中共十一届三中全会拉开了改革开放的序幕，中国逐步敞开了国门，来河南访问和参观考察的外国工会团体不断增加，到1987年年底，先后有日本、联邦德国、贝宁、津巴布韦、伊朗、黎巴嫩6个国家的14个工会代表团158人次来河南省访问和考察。其中，日本代表团人数最多，达7个代表团138人次。1995年后，来河南访问和考察的国家和地区工会代表团大量增加，日本仍然居首位。其中，应河南省总工会的邀请，1997年5月，以日本连合冈山会长村上格为团长的连合冈山工会访华团一行20人对河南省进行友好访问，河南省总工会主席顾志平与连合冈山会长村上格，洛阳市总工会主席伏秀霞与冈山地域协议会长条谷川长夫分别代表河南省总工会、洛阳市总工会与连合冈山、冈山地域协议会签订了双方建立友好工会组织交流关系协议书。1999年8月，河南省总工会副主席吴灵臣率团赴日本三重县访问时，与日本连合三重会长北冈胜征共同签订了双方正式建立友好工会组织关系协议书,与日本连合三重正式缔结了友好工会组织关系。到1999年年底,先后有日本、苏联及其他地区的14个工会代表团来河南访问和考察,来访83人次。1991~2000年,共有29个国家和地区的46个工会代表团来河南参观考察和友好访问,人员达426人次。

1990~2000年河南省工会接访和出访团队及人员一览表

表 36-1-7-1

年份	来访团队数	来访人数	来访国家/地区	出访团队数	出访人数	所出访国家、地区
1990	3	20	日本、苏联,中国香港	1	1	日本
1991	1	5	日本	2	7	日本
1992	2	26	日本,中国香港	5	28	日本
1993	7	60	日本,中国香港	3	12	日本
1994	3	36	日本,中国澳门	4	11	日本、泰国,中国澳门
1995	5	20	日本,中国澳门	8	31	日本、加拿大、法国等
1996	8	119	澳大利亚、日本,中国香港、中国澳门	12	104	美国、英国、俄罗斯
1997	9	66	日本、贝宁、立陶宛,中国香港	6	50	日本、美国、法国
1998	3	27	日本、马其顿	6	28	日本、美国、俄罗斯
1999	3	24	日本、智利	8	27	美国、德国、日本等
2000	2	23	日本,中国台湾等	9	107	英国、法国、日本等
合计	46	426	计29个国家、地区	64	406	计49个国家、地区

第二章　共产主义青年团

1978年12月，中共十一届三中全会作出了把工作重点转移到社会主义现代化建设上来的战略决策。1979年7月，共青团河南省第七次代表大会召开，会议号召全省青年做"四有"①新人，为促进河南省的社会主义物质文明和精神文明建设作贡献。1979~1987年，河南省共青团组织对青年进行四项基本原则和反对资产阶级自由化教育，整顿团的基层组织，开展了"新长征突击手"和植树造林活动，全省被团中央和省、市（地）、县级团委命名的新长征突击手达27375人；全省青少年平均每年植树1亿株以上，营造了4400多项青年绿化工程。广大青少年积极参加"五讲四美三热爱"和"学雷锋树新风"等活动，至1992年，全省共成立近30万个学雷锋小组，在全省城乡传播文明新风。团组织自身建设经过"做一名合格共青团员"教育活动和重点整顿农村松散、瘫痪基层团组织的工作得到加强，全省团员达到343万人，有团总支、支部13万多个，基层团委5000多个，专职团干部9000多人。

河南省共青团与中共中央保持高度一致，带领广大团员青年，以执着的政治追求、诚实的劳动创造、丰硕的建设成果，维护安定团结的政治局面。团组织引导全省青年积极参加社会主义思想教育活动，帮助青年明辨是非，构筑抵御和平演变的思想防线，确立紧跟中国共产党走社会主义道路的坚定信心。

---

①有理想、有道德、有文化、有纪律。

为促进河南省经济发展，广大农村团员青年踊跃参加实用技术培训、星火带头人培养、劳务输出和沿黄两山（沿黄青年农业综合开发和大别山、伏牛山综合）青年农业综合开发工程。至1992年上半年，全省团组织向省外输送了10万名农村劳务青年；联合有关部门在沿黄地区开发出349个经济项目，帮助一部分农户脱贫致富；圆满完成了青年黄河防护林一期工程建设任务。工矿企业的团员青年则以创业奉献、建功立业为主题，100多万名青工参加了"创业杯"青工技术大赛；有200多万名青工参加"振兴河南、建功成才"五杯竞赛活动。在该活动中实现增收节支约2亿元；完成自1988年开始的"五小"竞赛成果7万多项，创效益约6.4亿元。这一时期，体制改革成为团组织建设的重点。团组织从团员管理体制改革入手，结合在团员中开展的"推荐优秀团员做党的发展对象"和"争做新时期合格共青团员"教育活动，向合格团员颁发了团员证，领证率达87.2%；在团干部队伍中试行了任期目标责任制、考核制、交流制和聘任制。初步建立了以岗位培训为重点的教育培训体系。

1992年以后，河南共青团紧紧抓住经济建设这个中心不动摇，创工作名牌，树崭新形象，投身改革开放，为河南经济再上台阶办实事、作贡献。以促进农民脱贫致富奔小康为目的的"富民兴团工程""河南青年扶贫致富行动""领办科技推广项目，创办共青开发基地"等工作相继展开并逐步深化。到1998年，全省共创建461个共青开发基地，完成沿黄两山青年农业综合开发投资1.54亿元，创效益8.38亿元，辐射带动近百万人脱贫致富。1994年，"跨世纪青年文明工程"开始在河南省团员青年中实施，并开展了一系列生动有效的创建工作。河南青年志愿者行动中首创"实体+服务"的建站模式，走在了全国共青团的前列；"双争"（争创青年文明号和争当青年岗位能手）活动遍布各行各业，至2000年先后有60万个青年集体和300万名青年个人参加"双争"活动，其中5200个青年集体分别获市级以上"青年文明号"，50多万名青年获市级以上"青年岗位能手"称号；"希望工程"自1990年开始实施后的10年间，全省共筹措资金逾1亿元，援建希望小学530所，救助失学少年儿童9.2万多人。这一时期，大学生暑期社会实践活动和科技文化艺术节持续不断，"文化、科技、卫生"三下乡活动和"跨世纪中国少年雏鹰行动"、"手拉手"互助活动蓬勃开展，提高了青少年的综合素质。

1995年，以开发青年人力资源为主线的"跨世纪青年人才工程"在河南省团员青年中启动，建立了"青年人才库"和"助学成才"专项基金，先后评选出四届河南青年"五四奖章"获得者、五届河南"十大杰出青年"、五届河南省优秀企业家、五届河南省"十佳少先队员"。青少年的合法权益受到重视和保护，全省各级团组织认真宣传、贯彻《中华人民共和国未成年人保护法》《中华人民共和国预防未成年人犯罪法》和《河南省未成年人保护条例》，开展了创建优秀"青少年维权岗""青少年法律学校"等活动，构建以"青少年维权岗"为阵地、"148"青少年维权热线为纽带、青少年维权监督员为督导的"三位一体"的青少年权益保护网络。2000年，共受理侵犯权益事件的投诉5000件，创建国家级优秀"少年维权岗"16个、省级105个，保护青少年的合法权益，净化了青少年健康成长的社会环境。

团组织建设以"围绕经济抓团建，抓好团建促发展"和"服务兴团，实力助团"为指导思想，创造性地推出了"支部抓服务，实业兴支部"的团建模式，新经济领域的团建工作和外来务工团员的管理都得到了不断完善。1992~1998年，有350多万名青年加入共青团，25万名团员经"推优"加入中国共产党。

1998年，共青团河南省第十一次代表大会以后，河南团组织带领全省团员青年高举邓小平理论伟大旗帜，认真贯彻落实中共十五大精神，紧紧围绕改革、发展、稳定的大局，以"扶贫·解困·科技创新"为工作重点，使河南省团的工作再上新台阶。各级团组织继续深入地用马克思列宁主义、毛泽东思想、邓小平理论和江泽民"三个代表"重要思想武装教育青年，帮助青年进一步树立为实现中华民族复兴而奋斗的崇高理想和走中国特色社会主义道路的坚定信念。组织青年积极参与群众性精神文明创建活动，"河南省新世纪青年文化工程"、"新世纪读书计划"、创建"青年文明社区"活动、"青年志愿者爱心包"、"18岁成人仪式"等各种活动围绕重大节庆日相继开展，仅"18岁成人仪式"一项活动，每年参加的适龄青少年就逾百万人。1998年，"河南下岗青工创业行动"开始实施，"万名党团员下岗职工创业培训计划""青年职工创新创效活动"等工作相继展开。这些工作紧紧围绕转变下岗青工就业观念、拓宽就业门路、培养青年兴业带头人、为国企改革和发展进行。到2000年年底，全省培训下岗青工10万多人次，培养900多名青年兴业领头人，为20多万名下岗青工提供再就业服务，直接帮助5万多名下岗青工就业或创业。通过实施"河南青年科技创新行动""河南省青年学生新世纪素质工程"，培养青年的科学精神和创新意识，调动青年的创新热情，提高青年的创新能力。

1999年，"共青扶贫示范村"在全省22个贫困县开始创建。各级团组织按照"举全团之力，聚青年之才，播科技之火，建共青新村"的工作思路，本着集中团内力量、整合外围力量、借助政府力量、调动社会力量的原则，经过一年多时间，实现了示范村人均增收350元以上的目标，使1.9万名贫困人口甩掉了贫困的帽子。为给示范村发展插上科技的翅膀，团组织于2000年下半年开始将"共青扶贫示范村"向"共青科技示范村"过渡，已推广领办"906小麦"等科技项目1163项，建立县级以上共青开发基地330个，并在农村举办了3届"百日百乡百万农村青年科技文化大集"和"乡村青年文化节"，全省60%的县（市、区）和40%以上乡镇的近千万名群众参与活动，接受了科技文化知识教育。同时，"保护母亲河行动"中的小浪底项目进展顺利，命名兴建了"桃花峪省会青年万亩世纪林"等一批绿色工程。这一时期，团组织建设以党建带团建，促进团建工作全面健康发展为主线，大力推进了"五四红旗团委"

的创建活动和团干部的协管工作以及团员队伍的教育管理工作,加大了非公有经济组织、民办学校和城市社区的团建工作力度。至2000年年底,全省共有415万多名团员,8132个基层团委,14万多个团支部、团总支,8266名专职团干部。河南省青年联合会、河南省学生联合会、河南省的少年先锋队等青少年组织都得到显著发展。青年外事工作也日趋活跃,与3个国家和地区建立了长期友好关系,接待外国青年访问团和出访共13次,先后向国外派遣研修生300人。

第一节 组织机构建设

中国共产主义青年团(简称"共青团")是中国共产党领导的先进青年的群众组织。河南省于1951年成立新民主主义青年团河南省委员会，1957年改名为中国共产主义青年团河南省委员会。"文化大革命"10年，团的工作受到严重干扰。1978年3月，河南省团组织进行恢复整顿。1979~2000年，先后召开第七至第十一次代表大会。选举产生了共青团河南省第七至第十一届委员会。历届团省委在中共河南省委的领导下，根据共青团中央的要求，加强民主集中制，健全各级团的机构，加强团的组织建设，先后开展了做合格共青团员教育、整顿农村基层团组织、推动优秀团员加入中国共产党、实行团员证制度、提高中学共青团工作水平、团员达标支部升级、提高团干综合素质等工作，推动并指导省青年联合会、省学生联合会和省少年先锋队组织积极开展各项活动，团结带领全省各族各界广大青少年勤奋学习、开拓进取，在振兴河南的伟大实践中建功立业、锻炼成长，成为河南现代化建设中一支最有生机和活力的力量。

代表大会　《中国共产主义青年团章程》规定，地方各级团的代表大会和它产生的团的委员会是同级团的领导机关。河南省共青团的代表大会是河南省共青团组织的最高权力机关，每5年举行1次。1978年河南省团组织恢复整顿后，于1979年召开了共青团河南省第七次代表大会，此后又分别于1982年、1987年、1992年、1998年召开了第八至第十一次代表大会[①]。

共青团河南省第十次代表大会　1992年8月28~30日在郑州召开。480名代表参加会议，代表全省330多万名团员。中共河南省委副书记吴基传到会并作《当代河南青年的历史使命》的讲话，团省委书记孔玉芳作《在改革开放振兴河南的伟大实践中继往开来，建功立业》的工作报告。报告认真总结了第九次团代会以后全省团的工作和经验，提出以后一个时期全省团的工作任务是：全面贯彻党的基本路线，致力培养"四有"新人，为河南经济发展多办实事，为青少年健康成长优化环境，以改革的精神加强团的组织建设，发展壮大团的事业，团结带领全省广大团员青年为实现"团结奋进、振兴河南"的宏伟目标而英勇奋斗。大会讨论通过了工作报告，选举产生了共青团河南省第十届委员会，选举委员60人、候补委员30人。在接着召开的第十届第一次全委会上，选出常务委员15人，选举孔玉芳为团省委书记，申振君、史宁安、赵建才为团省委副书记。

[①]共青团河南省第七至第九次代表大会详见首轮《河南省志·青年运动志》。

共青团河南省第十一次代表大会 1998年3月29日~4月1日在郑州召开。600名代表参加会仪，代表全省449万名共青团员。中共河南省委书记马忠臣、省党政军领导接见了与会代表。中共河南省委副书记范钦臣作重要讲话，团省委书记宋璇涛代表上届委员会作《高举伟大旗帜，投身改革实践，团结带领全省青年满怀信心奔向二十一世纪》的工作报告。报告总结了过去5年的工作，指出以后的工作任

照36-2-1-1　1998年3月29日，共青团河南省第十一次代表大会在郑州召开

务是：高举邓小平理论伟大旗帜，坚定不移地贯彻执行党的基本路线，在服务党政工作大局、服务经济发展和社会进步全局、服务人民群众生产生活基本需求的有机结合中，切实履行共青团教育青年、带领青年、服务青年的神圣职责，大力加强团的改革和建设，整体提高"跨世纪青年文明工程""跨世纪青年人才工程"和"富民兴团工程"的建设水平，在"团结奋进、振兴河南"的跨世纪进程中再建新功。大会审议通过了工作报告，选举产生了共青团河南省第十一届委员会，选出委员60人、候补委员30人。在接着召开的第十一届第一次全委会上，选出团省委常务委员15人，选举宋璇涛为团省委书记，宋丽萍、李亚、张笑东为副书记。

组织机构　共青团河南省委受中共河南省委的领导，同时受共青团中央的领导，并领导全省共青团的工作。

1978年后，河南省共青团组织得到全面恢复和加强，组织建设逐步健全，内设机构趋于合理，在"文化大革命"中被停止的所属机构也得以重建，到2000年，从省、市（地）、县（市、区）到乡（镇）村及街道学校厂矿企业均设有共青团组织。各级共青团组织在上级共青团组织和同级党委的领导下，充分发挥了先进青年的积极作用，勇于参加改革开放，生动活泼、富于创造性地进行工作，成为中国特色社会主义建设的突击队和联系广大青年的桥梁，为河南经济社会的发展作出了贡献。

共青团河南省委　共青团河南省委是河南省团的领导机关，由河南省团的代表大会选举产生的委员会组成，在团的代表大会闭幕期间负责执行代表大会的决议。团的河南省委员会选举产生常务委员、副书记、书记，团的河南省委员会全体会议每年至少召开一次，在委员会全体会议闭会期间，由常务委员会行使委员会的职权。共青团河南省委负责日常工作。1978年共青团工作恢复以后，团省委设书记1人、副书记3人。内设：办公室、研究室、组织部、宣传部、青工部、青农部、学校部、军体部、统战

部9个部门。1981年3月,改军体部为文体部;1983年6月,取消文体部,增设研究室;1984年8月,团省委增设青运史研究室;1984年9月,共青团河南省委中共机关党委成立;1985年1月,统战部并入宣传部;1985年2月,将研究室并入办公室,成立行政处,青工部和青农部合并为工农青年部;1989年,青工部和青农部分开,行政处取消;1990年4月,恢复统战部;1993年1月,青运史研究室并入河南省青少年研究所;1996年,成立少年部。2000年,团省委机关内设办公室、组织部、宣传部、青工部、青农部、学校部、统战联络部、少年部、中共机关党委9个部门,下设河南省团校、时代青年杂志社、河南青年报社、河南省中国青年旅行社、河南省青少年研究所、河南省青少年读物发行社、河南省青少年社会服务中心、河南省希望工程办公室、全国青少年活动洛阳基地9个直属机构,下辖18个团市委、15个直属团(工)委和157个团县(市、区)委。

1987年7月7~11日,共青团河南省第九次代表大会在郑州召开,选举产生了共青团河南省第九届委员会①。

书　记　吉炳轩（1987.7.11~1990.12.25）

副书记　孔玉芳（女，1987.7.11~1991.1.25）

　　　　申振君（1987.7.11~1992.8.30）

　　　　史宁安（1987.7.11~1992.8.30）

　　　　方晓宇（1987.7.11~1992.8.30）

　　　　刘怀廉（1987.7.11~1991.12.24）

1991年1月25日,中共河南省委任命孔玉芳为团省委书记（1991.1月25日~1992年8月30日）。

1992年8月28~30日,共青团河南省第十次代表大会在郑州召开,选举产生了共青团河南省第十届委员会。

书　记　孔玉芳（女，1992.8.30~1994.1.18）

副书记　申振君（1992.8.30~1994.1.18）

　　　　史宁安（1992.8.30~1994.5.17）

　　　　赵建才（1992.8.30~1997.11.10）

1994年1月,孔玉芳调离,中共河南省委任命申振君为团省委书记,同时任命了两名副书记。

书　记　申振君（1994.1.18~1998.2）

副书记　李文惠（1994.1.18~1998.2.24）

　　　　宋璇涛（1994.1.18~1998.2.24）

---

①第六届、第七届、第八届委员会领导成员见首轮《河南省志·青年运动志》。

1996年11月，中共河南省委任命宋丽萍为团省委副书记（1996年11月~1998年4月1日）。

1998年2月24日，中共河南省委任命宋璇涛为团省委书记，同时任命了两位副书记。

　书　　记　宋璇涛（1998.2.24~1998.4.1）
　副书记　李　亚（1998.2.24~1998.4.1）
　　　　　张笑东（1998.2.24~1998.4.1）

1998年3月29日~4月1日，共青团河南省第十一次代表大会在郑州召开，选举产生了共青团河南省第十一届委员会。

　书　　记　宋璇涛（1998.4.1~2000.12.30）
　副书记　宋丽萍（1998.4.1~2000.12.30）
　　　　　李　亚（1998.4.1~2000.12.30）
　　　　　张笑东（1998.4.1~2000.12.30）

共青团河南省委直属机构　截至2000年年底，共青团河南省委共有直属机构9个：

河南省团校：1979年3月恢复重建，新校址设在郑州市经七路与丰产路交会处，事业编制90人，全额拨款。

时代青年杂志社：1979年6月《河南青年》恢复出版，1985年1月更名为《时代青年》杂志。1985年5月增设《流行歌曲》编辑部，1995年8月经费实行自收自支，事业单位编制22人。

河南青年报社：1985年5月7日恢复，更名为青年导报社，是共青团河南省委员会的机关报。1986年改为全国发行。1995年8月经费实行自收自支，事业单位编制43人。1996年1月更名为河南青年报社。

河南省中国青年旅行社：是经国家旅游局批准的国际旅行社。1979年，共青团河南省委开始对外办理旅游业务，由团省委统战部代办。1984年3月，中国青年旅行社河南分社成立，编制4人，与团省委统战部合署办公。1985年2月，中国青年旅行社河南分社独立，编制增至10人。1995年8月，经费开始实行自收自支，更名为河南省中国青年旅行社，事业单位编制30人。

河南省青少年研究所：1983年9月16日成立，1984年8月与团省委青运史研究室合署办公。1987年8月恢复独立，事业编制12人。1995年8月，经费实行全额预算管理。1988年8月创刊《青少年论坛》，内部发行、季刊，1994年停刊，共出版26期。

河南省青少年读物发行社：1988年7月15日成立，全民所有制企业，独立核算、自负盈亏。其任务是为广大青少年提供健康有益的读物。发行社主营图书、报刊发行，兼营与图书报刊有关的文化用品。

河南省青少年社会服务中心：1989年5月12日成立，主要任务是紧密围绕服务青年、服务社会、服务经济建设大局的宗旨，积极开展以青年为主要服务对象的劳务输出、职业介绍、升学指导等中介服务工作。经费实行自收自支，事业单位编制8人。

河南省希望工程办公室：1990年成立。1995年8月，经省编委批准为全额拨款的事业单位，编制12人。主要任务是贯彻政府关于多渠道筹集教育经费的方针，动员海内外民间的财力资源，建立基金，资助河南省贫困地区的失学少年儿童继续学业，保障适龄少年儿童接受义务教育的权利，改善贫困地区的办学条件，促进贫困地区基础教育事业的发展。

全国青少年活动洛阳营地：1991年3月成立。其基本任务是服务全国和全省的青少年活动，服务团的事业发展。

共青团河南省委辖属机构　1987年，共青团河南省委下辖郑州、开封、洛阳、安阳、濮阳、鹤壁、新乡、焦作、三门峡、许昌、漯河、平顶山12个团市委和商丘、周口、信阳、驻马店、南阳5个团地委。南阳、商丘、信阳分别于1994年、1997年、1998年撤地建市，周口、驻马店于2000年撤地建市，济源于1997年被批准为省直管市，所撤地建市的团组织也进行相应的调整和变化。

截至2000年年底，共青团河南省委下辖18个团市委和省直团工委、黄委会团委、郑州铁路局团委、省民航局团委、南方航空河南公司团委、华北石油地质局团委、武警总队团委、中建七局团委、工商银行河南省团委、十五工程局团委、隧道局团委、中原乙烯团委、中原油田团委、河南油田团委、小浪底建管局团委15个直属团（工）委。

组织建设　1978~1987年，共青团组织建设的重点是加强团的基层组织建设，进一步健全团内民主集中制的组织原则。

1988年5月，中国共产主义青年团第十二次全国代表大会正式通过《关于团员证制度的决议》，决定在全国实行团员证制度。共青团河南省委随后制发《关于在全省实行团员证制度的工作意见》，开始在全省逐步实行团员证制度。各级团组织采取宣传培训、开展"争做新时期合格共青团员"教育活动、举行颁证仪式、制定《团员证管理细则》等措施，确保团员证制度的顺利实施，到1990年，河南省全部实行团员证制度。据统计，颁证期间，河南省新建团委、总支（支部）5830个，有1845个二类支部跨入一类行列，发展新团员471978人，有2762019名团员获得团员证，占颁证团员总数的87.2%。

1990年6月，共青团河南省委制定了《关于广泛开展"团员达标，支部升级"活动的意见》，旨在对广大团员进行正面教育，进一步激发广大团员在治理整顿、深化改革和各项社会生活中发挥模范作用。活动分四个步骤：第一是确定目标，填写共青团员达标考评表和共青团支部升级考评表；第二是组织实施阶段；第三是评议考核阶段；第四是表彰先进与组织处理阶段。活动从1990年7月开始，1991年1月结束，对在社会主义物质文明和精神文明建设中表现突出的192名优秀共青团员、工作成绩显著的103名模范共青团干部、工作活跃的100个先进团（总）支部和49个先进基层团委予以表彰。

1996年7~12月，共青团河南省委在全省开展乡镇团委集中建设活动，旨在全面加强乡镇团委的思想、组织、作风建设，建立健全领导班子，提高团干部素质，转变工作作风，理清工作思路，把乡镇团委的工作提高到一个新水平。活动使乡镇团委领

1988~2000年河南省团的基层组织状况表

表36-2-1-1　　　　　　　　　　　　　　　　　　　　　　　　　　　　　单位：个

年份 \ 项目	团委	团总支数	团支部数	总计
1988	5763	8357	126303	140423
1989	6230	8895	128637	143762
1990	6559	9144	132572	148275
1991	6578	8978	132959	148515
1992				
1993				
1994	7746	20345	124143	152234
1995	8120	11822	134258	154200
1996	8656			
1997	9949	12933	176950	199832
1998	9873	17039	133719	160631
1999	10306	12203	146304	168813
2000	8132	10743	136922	155797

1988~2000年河南省团员状况表

表36-2-1-2　　　　　　　　　　　　　　　　　　　　　　　　　　　　　单位：人

年份 \ 项目	团员总数	发展新团员数	团员入党数	性别 男	性别 女	团员分布 工交财贸	农林牧渔	学校	城镇区街	机关	其他
1988	3346267	578117	29137	2099715	1246552	695930	1460425	1087173	32593	61577	8569
1989	3169998	527345	23916	1955021	1214977	702635	1291668	1084384	24672	60893	5746
1990	3183809	558435	24440	1966595	1217214		1281211	1060971	24251	71149	7003
1991	3289705	625639	24149	2016388	1273317	771045	1304919	1109974	25089	73311	5367
1992											
1993	3606248						1383514				

续表

项目 年份	团员总数	发展新团员数	团员入党数	性别		团员分布					
				男	女	工交财贸	农林牧渔	学校	城镇区街	机关	其他
1994	3933866	741818	40220								
1995	3978904	719605	46538								
1996	4137000										
1997	4491927	885924	46696	2679615	1812312		1749150	1775312	49176	74919	12489
1998	4701565	889466	113587	3166723	1534842		1890000	1889800	45514	88026	20994
1999	4304463	614737	42695	2764527	1539936		2020976	1580145	269302	68432	37760
2000	4150525	605017	45473	2591656	1558869		1665566	1771929		66974	18292

1988~2000年河南省团的专职干部状况表

表 36-2-1-3　　　　　　　　　　　　　　　　　　　　　　　　　　　　　　　单位：人

项目 年份	女	少数民族	中共党员	同级中共党委委员	大专以上	高中	初中	25岁以下	26至30岁	31至35岁	36至40岁	41岁以上	总计
1988	2005	179	5336	199	3785	5215	286	4527	3871	770	96	22	9286
1989	2116	162	5374	237	4587	4382	247	3497	4465	1059	122	25	9168
1990	2260	206	5575	298	5394	4458	241	3638	4881	1372	170	32	10093
1991	2399	205	5874	219	6176	4301	240	4064	5252	1209	164	28	10717
1992													
1993													
1994													10077
1995													10019
1996													
1997	2711	362	5725	148	6572	3040	81	2617	4789	2140	131	16	9693
1998	2904	272	5655	211	6720	2887	77	2932	4823	1796	280	123	9954
1999	2080	355	4563	166	4896	2232	14	1963	3646	1296	210	27	7142
2000	2288	147	5284	177	5738	2392	136	1770	4083	2022	327	64	8266

导班子得到加强，一批年龄不超过28周岁的优秀年轻干部选入领导班子，解决了部分乡镇团委班子"软"和"散"的问题；对团干部进行培训，提高了团干部的综合素质；建立健全了一系列规章制度。由于各级团组织的重视，活动取得了成效。到2000年年底，河南省共有415万多名团员，当年有4.5万多名加入中国共产党，新发展团员60多万人；有8132个基层团委，14万多个团支部、团总支，8266名专职团干部。

河南省中学共青团工作会议 1989年12月19~21日,河南省首届中学共青团工作会议在郑州召开。各市(地)团委主管学校工作的副书记、学校部部长,部分团县(区)委书记、中学团委书记和论文作者参加会议。团省委书记吉炳轩在会上作了题为《振奋精神,坚定信心,为培养造就合格的无产阶级革命事业接班人奋发工作》的讲话。1994年4月,为进一步探讨新形势下如何做好中学共青团工作,河南省中学共青团工作会议在洛阳召开。各市(地)团委主管学校工作的副书记、学校部部长、部分团县(区)委书记、中专中学团委书记参加了会议,共青团中央学校部部长金东、共青团省委副书记李文惠出席会议并讲话。2000年3月19~20日,为进一步加强和改进新世纪中学共青团工作,提高中学共青团工作水平,全省中学共青团会议在郑州召开。共青团中央学校部部长邓勇,省教委副主任马振海、共青团河南省委副书记李亚出席会议并作重要讲话。会议总结交流了河南省中学共青团工作经验,研究规划了面向新世纪河南省中学共青团工作的方向和任务。决定实施"青年学生跨世纪素质工程",并以此统揽河南省中学共青团工作,要求广泛开展18岁成人仪式教育活动。2000年年底,河南省98%以上的中学建有团的组织,全省470多万名团员中的70%是中学阶段加入共青团组织的,为造就跨世纪的合格建设者和接班人奠定了基础,培养了骨干。

河南省共青团组织工作会议 1990年4月19~22日在周口召开。共青团各市(地)委、直属团委的书记、组织部部长和部分基层团干部参加了会议。共青团河南省委书记吉炳轩、副书记史宁安出席会议并讲话。会议进一步贯彻全团组织工作会议精神,总结河南省集中颁发团员证阶段的工作,表彰了集中颁证工作成绩突出的10个市(地)级团委、31个县(市、区)团委、114个基层团委和6个团市委组织部,交流研讨了基层组织建设和团员管理工作,讨论修改了《关于建立河南省各级团的领导班子和领导干部考核制度的意见(讨论稿)》和《河南省青少年工作表彰奖励条例(讨论稿)》。会议认为,由于资产阶级自由化思潮的泛滥,在一定程度上影响了一部分团员青年的思想,削弱了团组织的建设。为改变这种状况,必须用共产主义思想教育青年,把广大青年紧密地团结在中国共产党的周围,维护安定团结的政治局面,巩固人民民主专政,巩固社会主义制度。必须加强团的自身建设,为共青团各项工作的顺利开展提供坚实可靠的组织保证。必须从反对"和平演变"、维护和巩固党的领导的政治高度来充分认识搞好团的自身建设的重要性和紧迫性,认真贯彻"团要管团"的方针,把重点放在团的基层组织建设上。会议指出今后河南省团的组织工作任务是:以"整瘫治白"为重点,以活跃团的支部工作为目标,全面加强基层团的组织建设;加强团的队伍建设;以实行工作目标责任制为抓手,逐步建立起科学化、规范化的团的工作管理体系。

其他青少年组织 河南省以共青团组织为核心、由共青团组织直接指导或带领的比较广泛的青少年组织有河南省青年联合会、河南省学生联合会和河南省的共产主义少年先锋队组织。中共十一届三中全会以后，在改革开放政策推动下，各青少年组织章程进一步完善，组织更加健全，活动领域更加广泛，团结凝聚全省各族各界广大青少年，肩负起跨世纪的历史使命，为河南经济社会发展和中华民族振兴开展了大量活动。

河南省青年联合会　河南省青年联合会（简称"省青联"，原名河南省民主青年联合会）于1951年在河南省开封市成立，它是全省各族各界青年的爱国统一战线组织，是以共青团组织为核心的河南省各青年团体的联合组织，为中华全国青年联合会的团体会员。1954年迁郑州与共青团河南省委统战部合署办公，1958年改名为河南省青年联合会，"文化大革命"期间工作中断，1979年恢复工作。1979年、1983年、1988年、1994年、1999年在郑州分别召开第五至第九届河南省青年联合会会议①，选举产生新的委员及新的青联主席和副主席，推动青联组织高举爱国主义和社会主义旗帜，团结凝聚各族各界青年，为河南省经济社会发展大局和团的工作全局服务。河南省青年联合会委员会每届任期5年，设主席1人、副主席若干人。常设工作机构是河南省青年联合会秘书处，机关刊物为《青联通讯》。河南省青年联合会成立至2000年已历经9届。

1988年12月20~23日，河南省青年联合会第七届委员会第一次会议在郑州召开，中共河南省委副书记赵地到会祝词，上届省青联主席申振君作题为《在爱国主义旗帜下团结起来，为推进改革开放振兴河南经济努力奋斗》的工作报告。会议选举产生了河南省青年联合会第七届委员会，由200名委员组成，选出25名常务委员，选举申振君为省青联主席，选举副主席7人。

1994年5月3~5日，河南省青年联合会第八届委员会第一次会议在郑州召开，河南省320名青联委员参加会议。中共河南省委副书记任克礼、省政府副省长张世英、省政协主席林英海出席会议。团省委副书记赵建才代表省青联第七届委员会作题为《全省各族、各界青年团结起来，肩负跨世纪的历史使命，在建立社会主义市场经济体制进程中再创新的业绩》的工作报告。会议选举产生了河南省青年联合会第八届委员会，由320名委员组成，选出常务委员54人，选举赵建才为主席，选举副主席11人。

1999年7月9~11日，河南省青年联合会第九届委员会第一次会议在郑州召开，399名委员参加会议。中共河南省委副书记黄晴宜出席会议并作重要讲话，团省委书记宋璇涛致题为《用青春的创造谱写河南青年运动新篇》的祝词，宋丽萍代表省青联八届委员会作题为《高举爱国旗帜，肩负神圣使命，带领全省各族各界青年向着新世

---

① 1979年第五届委员会第一次会议、1983年第六届委员会第一次会议详见首轮《河南省志·青年运动志》。

纪的宏伟目标奋进》的工作报告。会议作出了《关于设立河南省青年联合会第九届委员会界别工作委员会的决议》《关于设立河南省青年联合会第九届委员会名誉主席、副主席的决定》，选举产生了河南省青年联合会第九届委员会，选出常务委员95人，选举宋丽萍为省青联主席，选举副主席13人。宋璇涛为省青联名誉主席。

河南省学生联合会 河南省学生联合会（简称"省学联"）成立于1950年，其前身是中原解放区学生联合会。它是河南省高等和中等学校学生会的联合组织，河南省青年联合会的团体会员。共青团组织受中共党的委托指导学联工作。省学联的办事机构初设开封，后迁至郑州，与共青团河南省委在同一处办公。1989年11月，恢复学联组织按照法律章程规定开展工作，发挥吸引凝聚青年学生的作用。1979年、1983年、1991年、1999年在郑州召开了第四至第七次河南省学生联合会代表大会[①]。

1991年5月5～8日，河南省学生联合会第六次代表大会在郑州召开。322名正式代表出席会议，代表全省370万名大中专学生。会议期间，中共河南省委常委、省政府副省长于友先作题为《青年学生要坚定不移地走健康成长的正确道路》的报告，团省委书记孔玉芳作重要讲话，河南省学联主席李献峰作题为《勤奋学习，开拓进取，在"团结奋进、振兴河南"的伟大实践中锻炼成长》的工作报告。大会选举产生了河南省学生联合会第六届委员会，选举27所高等院校和18所中学为委员单位，选举11所院校为主席团成员单位。

1999年6月10～12日，河南省学生联合会第七次代表大会在郑州召开。来自全省大中专学校的325名正式代表出席会议，代表全省600万名大中专学生。中共河南省委副书记黄晴宜、副省长陈全国等党政军领导出席大会，团省委书记宋璇涛向大会作题为《明确任务，发挥优势，团结带领广大青年学生在"振兴河南"的伟大实践中建功成才》的致辞。大会期间，中共河南省委常委、宣传部部长林炎志作了专题报告。大会听取并审议通过了杨怀东代表上届委员会所作的题为《高举旗帜，刻苦学习，在迈向新世纪的伟大进程中奋发成才》的工作报告，审议通过了《河南省学联章程》，选举产生了河南省学生联合会第七届委员会，选举51个团体单位组成的委员会。选举15所院、校为主席团成员，郑州大学的潘晗当选为主席。

中国共产主义少年先锋队 中国共产主义少年先锋队（简称"少先队"）是中国共产党创立和领导的，并委托共青团直接带领的中国少年儿童的群众组织，是学习共产主义的学校，是建设社会主义和共产主义的预备队。1949年10月，河南省逐渐建立健全了少年儿童队组织，1953年7月，将共产主义少年儿童队改名为中国共产主义少年先锋队。"文化大革命"开始后，中国共产主义少年先锋队被"红小兵"代替。1978年10月，中共中央批准，恢复中国共产主义少年先锋队的名称，少先队工作全

[①] 1979年第四次代表大会、1983年第五次代表大会详见首轮《河南省志·青年运动志》。

面展开，原大批"红小兵"转为少先队员。1985~1998年，分别召开了中国共产主义少年先锋队河南省第一至第三次代表大会。

1985年7月9~12日，中国共产主义少年先锋队河南省第一次代表大会在郑州召开。450名会议代表参加会议，代表全省850万名少先队员和24万名辅导员。这是河南省少先队组织恢复工作以后首次召开的河南省少先队员和辅导员代表会议。中共河南省委书记杨析综及省党、政、军领导出席会议。中共河南省委副书记刘正威、赵地在会上讲话。团省委副书记申振君作《坚持"三个面向"，造就富有创造精神的一代共产主义新人》的工作报告。省教育厅副厅长汤瑞桢作《改革教育思想和教学方法，加强少先队工作，为培养全面发展的一代新人而奋斗》的报告。这次会议成立了中国少年先锋队河南省工作委员会（以下简称"省少工委"），选举产生了第一届河南省少工委主任1人、副主任3人、委员31人。申振君当选为主任。会议表彰了150名优秀辅导员、50名优秀校外辅导员、50名优秀少年工作干部和40个少先队工作先进集体。

省少年工作委员会为团体会员制，由团省委、省教育厅和团各市委少年干部的代表组成。负责指导全省少先队工作，加强少先队辅导员队伍建设；研究少年儿童的思想品德教育，协调和配合社会有关部门调查研究、反映情况、制定政策；指导少先队校外阵地建设，指导少年宫（家、站）开展各种有益于少年儿童的文化、体育活动；负责少先队宣传工作，对河南省少先队报刊进行管理和指导；加强社会协同，广泛吸纳社会力量为少先队服务，对社会与教育部门关心少先队事业的人士进行表彰和宣传，坚持以共产主义精神教育少年儿童，引导他们努力学习，锻炼身体，立志为建设社会主义现代化作贡献，做共产主义事业的接班人。

1991年5月31日~6月3日，中国共产主义少年先锋队河南省第二次代表大会在郑州召开，370名会议代表参加会议，代表全省900多万名少先队员和29万名少先队辅导员。会议期间，中共河南省委副书记吴基传作题为《以赖宁为榜样，做合格接班人》的讲话，团省委副书记申振君作《培养和造就一代社会主义事业的合格接班人》的工作报告。大会选举产生了中国少年先锋队河南省第二届工作委员会，由43名委员组成。选举申振君为省少工委主任。会议还命名表彰了17名"标

照36-2-1-2　1998年6月11日，中国少年先锋队河南省第三次代表大会在郑州召开

兵辅导员"和10名"十佳少先队员"。

1998年5月31日~6月2日，中国共产主义少年先锋队河南省第三次代表大会在郑州召开，来自全省各地的少年儿童代表、辅导员代表等共297人参加会议。中共河南省委副书记范钦臣代表中共河南省委、河南省人民政府向大会祝贺并发表重要讲话，团省委书记宋璇涛向大会作《肩负起新世纪的希望》的致辞。大会听取并通过了上届工作委员会所作的题为《努力培养和造就跨世纪的社会主义事业合格建设者和接班人》的工作报告。大会选举产生了少先队河南省第三届工作委员会，由87名委员组成。选举张笑东为省少工委主任。会议还命名表彰了10名河南省"十佳少先队员"、20名河南省"优秀少先队员"和1000名河南省"好少年、好儿童"。

1988~2000年河南省少年儿童组织状况表

表36-2-1-4 单位：人

年份	少年儿童数	少先队员数	辅导员数
1988	11620754	8922097	259479
1989	11272317	8695544	251600
1990	11453594	9026327	280381
1991	11479278	9086342	290330
1992			
1993	11587369	9302983	300310
1994	11557396	902988	
1995			
1996			
1997			
1998			
1999			
2000			

说明：1995~2000年数据缺失

青年协会研究会 青年社会团体（以下简称"青年社团"）是社会团体中最有生机和活力的部分。随着改革开放的不断深入和社会主义市场经济的不断发展，青年社团作为代表不同利益群体需求的青年组织，其数量和种类越来越多，涉及领域越来越广，规模和实力越来越大，管理水平和自治水平越来越高，发挥的作用和产生的影响也越来越广泛和深刻。青年社团分学术类社团、行业类社团、公益类社团、互益类社团4种类型。其活动方式：一是举办各种理论探讨会、座谈会、报告会、交流会等；

二是开展各种理论培训、技能培训和学历培训等；三是出版简报或书刊，举办各类展览展示；四是评选优秀青年人才，开展各类技能竞赛；五是组织公益性活动；六是组织合作交流项目以及其他中介服务。1980年10月，国务院公布《社会团体登记管理条例》，确立了对国内社团进行双重管理的基本框架。据统计，1978~2000年，河南省有各种青年社团15个。其中，有12个青年协会，即：

河南省青年翻译协会，是群众性青年翻译学术团体，河南省青年联合会的团体会员。1985年7月在郑州成立，有会员45人，分为6个语种。

河南省青年企业家协会，是群众性青年企业家团体，河南省青年联合会和中国青年企业家协会的团体会员。1986年8月在郑州成立。

河南省青年艺术家协会，是群众性青年艺术家团体，河南省青年联合会的团体会员。1987年10月在郑州成立，有会员55人，集中了崭露头角的艺术新秀。

河南省青年世界语协会，是青年世界语学术团体，河南省青年联合会的团体会员。1988年7月在郑州成立。

河南省青年新闻工作者协会，青年新闻工作者联谊活动团体，河南省青年联合会的团体会员。1988年10月9日在郑州成立，有会员150人。

河南省青年乡镇企业家协会，由河南省乡镇企业青年厂长（经理）自愿组成的群众团体，是联系河南省广大乡镇企业青年管理者的桥梁和纽带。接受中国青年乡镇企业家协会和河南省青年联合会的工作指导。1989年10月在郑州成立。协会首届会员由136人组成，至2000年共发展会员290多人，有团体会员13个。协会实行会员制，其最高权力机关是全体会员大会，会员大会每三年举行一次，至2000年共召开4次。1999年10月21日，更名为"河南青年（乡镇）商会"。

河南省企业共青团工作协会，是共青团河南省委领导下的，由河南省企业团组织和团干部组成的跨地区、跨行业的群众团体。1989年11月召开协会成立大会，至2000年年底共发展会员120多人。

河南省青年收藏协会，1989年1月在郑州成立，会员40人。

河南省青年书法家协会，是青年书法家开展学术交流，弘扬书法艺术，培养青少年书法人才的群众团体。1989年4月在郑州成立。

河南省青少年研究会，1991年11月在郑州成立，原名河南省青年工作研究会，1999年10月更名为河南省青少年研究会。研究会有理事70人、常务理事20人、会员150人/个（团体会员52个，个人会员98人）。

河南省青年志愿者协会，由志愿从事社会公益、社会服务事业的各界青年组成的全省性社会团体。1995年4月在郑州成立。

第二节 思想政治教育

青年思想政治教育是对青年的思想品德施行有目的、有计划、有组织、有系统的共产主义思想影响，把青年培养成为共产主义新人的过程。思想政治教育的主要内容是理想信念、爱国主义、道德品质、法制等方面的教育。共青团思想政治教育通过团的组织工作和各项活动来进行，团的独立教育活动是对青年进行思想政治教育经常性主要途径。在青年的成长中，思想政治教育起着主导作用，因而成为青年工作中最重要的内容。在改革开放的各个时期，团组织加强青年思想政治教育工作，引导河南省团员青年积极参加社会主义思想教育活动和倡树文明新风活动，组织青年积极参与群众性精神文明创建活动，用共产主义思想教育青年，启发和提高青年的思想政治觉悟，调动青年建设高度文明、高度民主的社会主义现代化国家的积极性和创造性，在实践中提高青年认识和改造世界的能力，引导青年逐步锤炼成为有理想、有道德、有文化、有纪律的共产主义新人。重点开展了以理想教育、爱国教育、道德品质教育、法制教育等为主要内容的青年思想政治教育活动。

理想信念教育 进行共产主义理想教育是一项长期的思想教育任务。由于各个历史时期的中心任务不同，共产主义理想教育的内容也各有侧重。改革开放以后，河南省各级团组织始终坚持用马克思列宁主义、毛泽东思想、邓小平理论和江泽民"三个代表"重要思想武装全团，通过各种形式，教育青年牢固树立正确的世界观、人生观、价值观，坚定走中国特色社会主义道路的政治信念。

1978年9月开始，全省学校团的组织与有关部门密切配合在全体学生中开展了"学雷锋、创三好"[①]活动，促进了中共党的教育方针的全面贯彻落实，调动了学生以"三好"为目标，以学习为中心，走德、智、体全面发展道路的积极性。

1989年春夏之交北京政治风波后，共青团河南省委以高校为重点，以"学马列树人生航标，学雷锋树时代新风"为主题，在河南省团员中掀起了学习马克思列宁主义热潮。1990年9月5日，团省委在郑州召开河南省高校学习马克思主义理论积极分子代表座谈会。中共河南省委书记侯宗宾在会上作题为《认真学习马克思主义，做合格的革命事业接班人》的重要讲话。他指出：认真学习马克思主义是当代大学生迫切、自觉的要求，希望大学生们掌握马克思主义的立场、观点和方法，塑造大学生的新形象。还要求有关部门加强引导，把高校大学生学马列活动引向深入。1990~1992

---
①思想好、学习好、身体好。

年，全省大专院校每学年都有学马列小组2000个左右，参加团员人数达2.5万多人，占河南省高校团员总数的30%以上。其中郑州大学就有3467人参加了学马列小组，占学生总数的60%。

1998年7月，中共中央《关于在全党深入学习邓小平理论的通知》下发后，共青团河南省委迅速在河南省青年学生中掀起了学习邓小平理论的新高潮。各校团委利用大学生业余党校、业余团校和学马列、学党章小组等组织形式，开展征文、社会调查、主题演讲、专题讲座等活动，对学生进行正面引导，促进学理论活动深入开展。同时指导学生成立学理论社团，如MMD（马克思列宁主义、毛泽东思想、邓小平理论）研讨会、改革与发展研究会、邓小平理论研究会、青年共产主义学校等，吸引大量学生参加到学理论活动中。其中，华北水利水电学院的MMD研究会影响较大，拥有150多个学习小组，会员1500人。该社团还创办《MMD论坛》会刊，成为学生学习、研究、交流的园地。1998年11月，团省委在华北水利水电学院召开了"河南省青年学生学习邓小平理论经验交流会"，中共河南省委宣传部副部长何东成、团省委副书记李亚出席会议并讲话。会议总结交流了全省青年学生学习邓小平理论的基本经验和成果，推动了学习邓小平理论活动的进一步开展。

"学赖宁做党和人民的好孩子"活动 由中共河南省委宣传部、河南省教育委员会、共青团河南省委联合举办的"学赖宁做党和人民的好孩子"活动，于1990年2~12月在河南省广大中小学生中普遍开展。活动通过动员大会、电话经验交流会、"赖宁在我心中"有奖征文、举办夏令营等活动，派人分赴各地动员、辅导、检查等步骤，取得了很好的效果，使全省80%以上的中小学生都参加了此项活动，涌现出一批先进集体和先进个人。同年12月15日，活动举办者命名表彰了198名学赖宁先进个人、110个"赖宁大队"、295个"赖宁中队"，并颁发了55个组织奖。

河南省百万青年学理论百题基础知识竞赛活动 是河南省共青团在理论学习、宣传和教育工作上的一项重要举措。其目的是促进广大青年全面学习和掌握邓小平理论，进一步在河南省青年中掀起学习高潮，提高全省青年思想素质。活动从1998年10月开始，至12月底结束。直接参加学习竞赛的青年达百万余人，回收"双百"知识竞赛答题卡166820份，充分体现了全省广大青年对学习邓小平理论的高度重视和积极参与。活动评选严格按照电脑阅卷、组织审查、专人抽奖等评选办法，最后评出10名一等奖、50名二等奖、100名三等奖，郑州、南阳、济源等9个市（地）团委获优秀组织奖。活动得到了各级党政领导的高度重视，各级团组织、广大青年、社会各界人士踊跃参与，使活动收到了良好的效果。

爱国主义教育 爱国主义教育是青少年思想教育工作的一项基本内容。河南省各级团组织把中国近代史、现代史，中共党史和国情、省情教育作为新时期青少年思想教育的主要内容，引导广大青年自觉维护国家尊严、民族利益和集体利益，把在重大纪念日、重大历史事件和重大社会活动开展的集中性教育与平时开展的升国旗、唱国歌等经常性教育结合起来,使爱国主义教育活动规范化、制度化;采取有效的形式,依托各类阵地,结合青少年的成长特点,开展各种生动活泼的爱国主义教育,引导青少年正确认识和理解爱国主义内涵,弘扬爱国主义精神,提高民族自尊心、自信心和自豪感,维护国家统一,把爱国之情转化为报效祖国的实际行为,在改革开放和现代化建设的伟大实践中建功立业。

1995年6~8月,共青团河南省委于世界反法西斯战争和中国抗日战争胜利50周年之际,在河南省青少年中开展了"牢记抗战历史,担负跨世纪责任"主题活动。其间,团省委联合省委宣传部等单位举办了河南省抗日战争历史知识竞赛,直接参加书面答题的青少年有800万人。在此基础上,又组织了21个代表队参加全省的电视决赛,郑州代表队获一等奖。同时,还围绕该主题开展了一系列活动:组织了纪念抗战胜利50周年座谈会,邀请部分抗日老战士、专家学者和省会青年座谈;开展"为抗日老战士献爱心"青年志愿服务活动,全省有5000名青年志愿者走进600多名抗日老战士家中进行服务;开展以"祖国在我心中"为主题的成人仪式活动,17个市(地)近30万名步入18岁的公民面对国旗庄严宣誓。活动结束时,在河南电视台举办了纪念抗日战争胜利50周年专题晚会。

为纪念"一二·九"运动60周年和"一二·一"运动50周年,弘扬光荣革命传统和振奋广大青年学生的爱国主义精神,1995年12月7日,中共河南省委宣传部、河南省委高校工作委员会、河南省教育委员会和共青团河南省委在郑州市体育馆联合举行了纪念大会。省内部分高校3000多名大学生参加大会,会后举行了合唱比赛。省委常委、省委宣传部部长张文彬,省委常委林炎志,省关心下一代工作委员会主任张赤侠,团省委书记、副书记等领导出席大会。会上,河南省学生联合会向全省青年学生发出了《继承发扬革命传统,做跨世纪合格人才》的倡议书。

1996年,团省委利用《中华人民共和国国旗法》颁布实施6周年和香港回归祖国进入倒计时阶段的有利时机,开展了"国旗伴我迎回归"活动。活动从7月开始至9月结束,以知识竞赛为主要形式,有20多万青少年参加。此次活动强化了青少年的国旗意识和爱国情感。9月26日,团省委在郑州举行知识竞赛颁奖仪式和国旗徽章首发式,

照36-2-2-1　1997年3月23日,团省委组织的各大院校庆祝香港回归倒计时100天活动

来自河南省各市（地）直属单位的团委书记、少年部部长和少先队、中学生代表共120余人参加了仪式。共青团中央书记处书记孙金龙，中共河南省委常委、宣传部部长林炎志，共青团河南省委副书记赵建才、李文惠等领导出席了仪式。

照36-2-2-2　1999年5月4日，河南省纪念五四运动80周年大会在郑州召开

1999年，为纪念五四运动80周年，全省各级团组织结合本地实际，在"五四"期间以"爱国、学习、创业、成才"为主题，通过召开纪念大会、表彰先进、文艺演出、志愿服务、座谈和论坛等多种形式开展了丰富多彩、隆重热烈、生动活泼的纪念活动。

5月3日，团省委和省青年联合会组织的大型文艺晚会在省人民会堂举行，晚会还为评选出的第三届河南青年"五四"奖章和第五届"河南十大杰出青年"获得者颁奖。

5月4日，河南省纪念五四运动80周年大会在郑州市召开，中共河南省委书记马忠臣、省长李克强以及省委、省人大常委会、省政协、省军区的主要领导出席会议，省委副书记黄晴宜作重要讲话，团省委书记宋璇涛主持大会。于此前后，团省委围绕纪念五四运动还举行了省会中学生18岁成人仪式、入党积极分子培训班，并组织第三届"河南青年五四奖章"获得者到"共青扶贫示范村"开展结对帮扶活动，引导广大青年弘扬"五四"精神，致力振兴河南。

1999年5月7日，以美国为首的北约组织悍然轰炸中国驻南联盟使馆，粗暴侵犯中国主权的事件发生后，河南省2000多万名青年和14万名青年学生表示极大愤慨。9日，省青联、省学联联合发表抗议书，强烈要求以美国为首的北约组织对给中国人民造成的严重后果承担全部责任，并立即无条件停止对南联盟的侵略行径。此外，共青团河南省委、省青年联合会、省学生联合会召集省会各界青年代表40多人举行座谈会，强烈谴责以美国为首的北约组织的霸权主义行径。大家纷纷表示：要立场坚定，旗帜鲜明地拥护中国政府的严正立场，坚决捍卫中国主权，在思想上、行动上与中共中央保持高度一致；遵纪守法，维护社会稳定，立足本职，干好工作，用创业、奉献的实际行动为党和政府分忧解难，把中国的改革开放大业不断推向前进。

道德品质教育　对青年进行道德品质教育是共青团按一定的社会要求，有计划、有目的地对青年施加影响，把青年培养成为有共产主义道德修养的过程。1978年以后，共青团组织一直把道德品质教育作为对青少年进行思想政治教育的一项重要内容，把提高青少年的道德水准作为新时期共青团工作的一项重要任务，通过开展青少年道德品质教育，推动全社会公民道德建设。

为适应时代发展和教育改革需要，适应新时期少年儿童自身发展需要，1986年，共青团河南省委、河南省教育委员会、少先队河南省工作委员会联合在河南省少先队组织中开展以共产主义教育为中心的"奋飞杯"竞赛活动。2月20日开始，至7月1日结束。活动坚持群众性、系列性、社会性，不仅活跃了全省少先队工作，增强了少先队组织的吸引力和号召力，促进了少先队组织作用的发挥和队员主人翁精神的培养，而且对少先队员树立创造志向、锻炼创造才干、接受共产主义教育、适应未来现代化建设的需要起到积极作用。河南省近千万少先队员参加此项活动，普及率达90%。在活动中有1000个少先队获"奋飞杯"奖，有10个市（地）获组织奖。1988年2~10月，在少先队"奋飞杯"竞赛活动的基础上，又开展了少先队"奋飞达标"竞赛活动，评出10个市（地）、38个县（区）、75个乡（镇）、1900个少先队大队为"奋飞达标"竞赛活动优胜单位。

1987年9月~1989年6月，"做优秀未来建设者"竞赛活动在全省中学生中开展。目的在于促进中等教育体制改革的深入进行，改进和加强中学思想政治工作，全面活跃和深化中学团的工作，培养社会主义现代化建设需要的"四有"人才。活动的重点是抓好实践教育和团的基础教育。实践教育主要在高中二、三年级和初中三年级及农村中学生中进行，通过开展实用技术培训、社会考察、岗位劳动服务等，提高这些学生的实践能力；对高中一年级和初中一、二年级的学生，进行以理想、人生观、人才观和团的知识为主要内容的基础教育。活动第一阶段是制定计划、确定进步目标，第二阶段开展智能、技能表演，第三阶段进行推荐评比。活动结束后，团省委、省教委对全省135个最佳活动、436篇最佳活动征文、37名"智能、技能"最佳能手、187名"优秀未来建设者"、107名"优秀组织者"和16个"最佳组织奖"单位，给予命名表彰。

依托阵地开展爱国主义教育，是加强青少年爱国主义教育的重要途径。1988年，河南省创立了全国第一所少年军校，培养小学和初中学生的国防观念。1991年9月9~11日，团省委在安阳召开团的社教工作暨河南省青少年思想教育基地命名会议，

照36-2-2-3 1995年9月12日，共青团周口地委把吉鸿昌将军纪念馆作为全区青少年思想教育基地。图为周口地区各界青年纪念吉鸿昌将军100周年诞辰

命名了首批青少年思想教育基地10个，即：郑州"二七"大罢工革命传统教育基地、八路军驻洛阳办事处革命传统教育基地、扶沟吉鸿昌烈士纪念馆革命传统教育基地、镇平彭雪枫纪念馆革命传统教育基地、确山竹沟中共中央中原局旧址革命传统教育基地、新县鄂豫皖苏区革命传统教育基地、林县红旗渠精神教育基地、兰考焦裕禄精神教育基地、洛阳第一拖拉机制造厂社会主义建设成就教育基地、新乡县七里营乡刘庄村及小冀镇京华实业公司社会主义新农村教育基地。1993年6月，团省委又命名了第二批青少年思想教育基地，即：中国神马帘子布（集团）公司改革开放教育基地、永城陈官庄淮海战役纪念馆革命传统教育基地、巩义丁烟村社会主义新农村建设教育基地、郑州烈士陵园革命传统教育基地、方城杜凤瑞纪念馆革命传统教育基地。截至2000年，全省有各级青少年爱国主义教育基地30个，市、县级建立各类教育基地400个，1800万人（次）青少年到基地受教育。广泛开展的直观、生动、形象的爱国主义教育，为营造爱国主义教育氛围发挥了重要作用。

1994年1月27日，河南省少先队开始实施"跨世纪中国少年雏鹰行动"（简称"雏鹰行动"），旨在引导和帮助广大少年学会生存，自理自律；学会服务，乐于助人；学会创造，追求真知，提高全面素质。"雏鹰行动"主要通过主题性活动来展开，其中有以科技和创造为主要内容的"启明星科技活动"，以生存教育为主要内容的"五自"（自学、自理、自护、自强、自律）学习实践活动，以团结互助为主要内容的"手拉手互助活动"，以文化艺术为主要内容的"百花园文化艺术活动"。"雏鹰行动"的实施，受到各级少先队组织、广大少先队员和社会各界及家长们的普遍欢迎，取得了显著成效。到2000年11月，河南省有7个少先队大队获全国雏鹰奖章"消防章"争章活动先进单位称号，省少先队工作委员会获全国组织奖。

为了对18岁的青年进行爱国主义教育和公民意识教育，帮助其树立成人意识和社会责任感，勉励他们珍惜青春、发奋学习、积极进取，并推动全社会形成关心、支持青少年成长成才的共识和氛围，1995年5月，共青团河南省委开始试行"跨世纪青年人才工程"，实施计划以18岁成人仪式教育为重点推进项目，活动的主要内容为组织16~18岁的青少

照36-2-2-4　1997年5月6日，河南省第四届十杰青年参加新县高级中学18岁成人宣誓仪式

年进行仪式前的理论学习。学习内容包括公民的权利和义务、社会公德和社会责任、法律常识、心理卫生等知识，并参加公益劳动、志愿服务、生存技能等实践活动。仪式在每年的五四青年节和国庆节举行，让适龄青年在庄严的国歌声中面对国旗宣誓。誓词为："我是中华人民共和国公民，在18岁成人之际，我立志成为有理想、有道德、有文化、有纪律的社会主义公民。遵守宪法和法律，热爱社会主义祖国，拥护中国共产党的领导。正确行使公民权利，积极履行公民义务，自觉遵守社会公德。服务他人，奉献社会；崇尚科学，追求真知；完善人格，强健体魄。为中华民族的富强、民主和文明，艰苦创业，奋斗终身！"仪式上还进行领导勉励、前辈祝愿、成人心声、颁发成人纪念物等活动。这一活动已成为团组织对青少年进行思想教育的常规活动。

2000年4月1日，省会青年学生18岁成人宣誓仪式在郑州市烈士陵园举行。省会10余所中学、中专的4000余名青年学生参加了宣誓仪式。当天河南省18个市（地）分别举行18岁成人宣誓仪式，据统计，全省近30万中学生参加了成人宣誓仪式。据不完全统计，1995~2000年，参加活动的青少年达800余万人。

全国第一所少年军校　1988年1月11日，河南省少先队工作委员会与中国人民解放军54651部队在商丘联合创立了全国第一所少年军校。少年军（警）校针对孩子的生理、心理等身心发育规律，进行早期国防知识教育，使少年儿童经过严格的管理、严格的训练、严格的要求，在生动有趣的军事训练活动中，学习国防知识，增强国防观念。培训对象是小学四、五年级和初中一、二年级的学生。校歌是《少年军校之歌》。时任国防部部长张爱萍为军校题写了校名，共青团中央书记处书记李源潮、某集团军政委杨兴隆等被聘为名誉校长。第一批学员60人，学习了解放军的光荣传统、识别使用地图，参加了兵器常识和实弹射击等课程。至2000年共举办15期，总计500多名学生参加。在各级党政部门和社会各界的关心支持下，在驻豫人民解放军部队、武警部队、各级教育部门和共青团的努力下，少年军（警）校在河南省

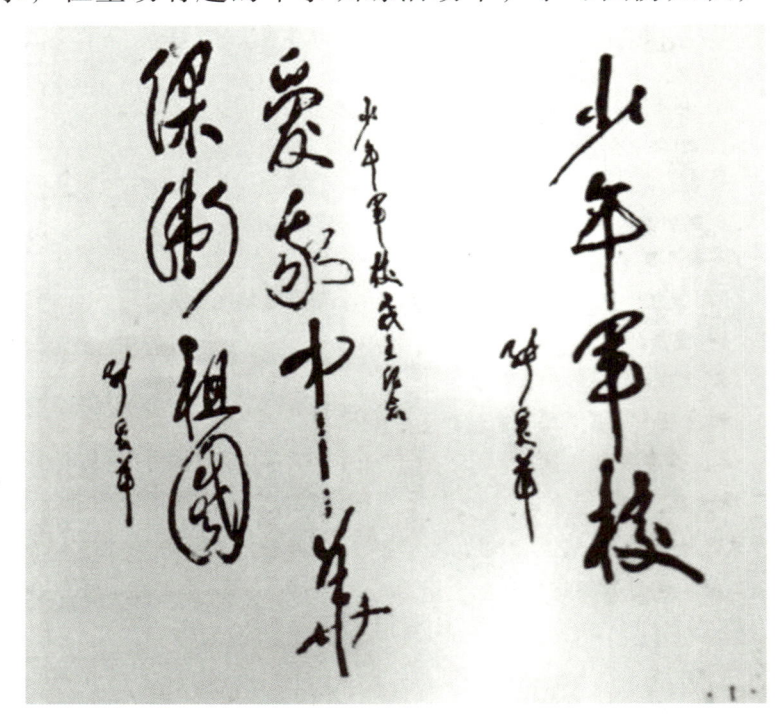

照36-2-2-5　国防部时任部长张爱萍上将于1988年1月11日为全国第一所少年军校——商丘少年军校的题词

各地迅速普及。1988~2000年，全省共成立少年军（警）校300所，累计培训小学员近百万名，已初步形成了以少年军（警）校为骨干，以大规模军事学习营、训练营、夏令营为基础的少年儿童校外教育和国防教育体系。

河南省青年职业道德状况调查活动 1996年，共青团河南省委以当代河南青年职业道德状况调查为题，抽调50多名团干部，组成14个专项调查组，对郑州、开封等14个市（地）近20个行业的青年农民、工人、知识分子、机关干部以及个体私营企业、"三资"企业青年进行调查。调查采取座谈、访谈、问卷的形式，共召开35场座谈会，发放回收调查问卷3500份，有效率96%。调查结果认为：适应社会主义市场经济发展是当代青年职业道德状况的总体趋势和本质特征；多层次、多元化是当代青年职业道德状况的突出特点；安于现状，片面追求个人利益，是当代青年职业道德状况值得忧虑的问题。

法制教育 在青少年中开展法制教育，是共青团组织义不容辞的责任。实行改革开放以后，河南各地团组织通过举办法律座谈会、报告会，组织法律讲师团，开展法律知识竞赛、法制宣传月宣传周，开办法律知识培训班等形式，广泛开展了普法教育、帮教、有关法规宣传教育等活动，在全省营造开展法制教育的强大舆论，为河南省社会治安综合治理作出贡献。

1982年，中共中央对教育失足青少年提出了"教育、感化、挽救"的6字方针和"像父母对待孩子、像医生对待病人、像老师对待学生"的"三个像"要求。1985年，中共中央又提出"进一步加强青少年教育，预防青少年违法犯罪"。全省各级团组织配合社会治安综合治理做了许多工作。

1986年2月，共青团焦作市委与河南省劳动改造第六支队签订对罪犯的帮教协议书，帮助犯罪青少年走向新生。为落实国家有关普及法律知识的规定，1986年3月，团省委机关报《青年导报》举办了历时5个月的青年法律常识竞赛。1986年9月，团省委出台《关于在全省青少年中进一步开展普法教育的通知》《关于加强青少年教育，进一步做好社会治安综合治理工作的意见》，要求各级团组织进一步重视和加强青少年普法教育。

1990年5~12月，由团省委、省公安厅联合举办的道路交通管理法规宣传教育活动在省辖市和县级市中广泛开展。活动分宣传发动、学习深化、考核评比、总结表彰四个阶段。8个月中，河南省近400万名青少年和群众参加活动，其中110多万人参加交通法规知识竞赛。12月，团省委、省公安厅联合表彰了100名优秀交通民警、100名优秀青年驾驶员、10名安全文明行车标兵，命名了20个文明交通岗、20条共青团路、20条红领巾路、10条警民共建路。

1999年11月，《中华人民共和国预防未成年人犯罪法》正式颁布施行，河南省各级团组织集中开展青少年法制教育宣传月活动，进一步促进青少年法律法规宣传普及，增强青少年的法律意识和依法自我保护的能力。

2000年6月，团省委联合郑州少年管教所组织5名少年犯先后到郑州牧业工程高等专科学校、河南省财税高等专科学校、郑州亿龙学校、华士达学校、郑州第八中学现身说法，对青年学生进行法制教育，增强青少年法律意识。现场听报告学生达3000余人。

第三节 参与经济建设

中共十一届三中全会以后,共青团组织率领广大青年以经济建设为中心,以争当"新长征突击手(队)"为主体,开展"青工技术比武"、"五小①竞赛"、"一团两户"②、青年智力开发、植树造林、豫东黄河故堤青年防护林等有影响见实效的活动。1985年开展农业实用技术培训,1989年开展农村青年服务体系建设、培养农村青年星火带头人活动,1997年开展"领创"③活动,为河南省农村经济的发展作出积极贡献。河南团组织紧紧围绕中共党和人民政府在各个时期的中心工作,立足服务河南经济,带领广大青年积极参与经济建设,服务经济发展,开发青年人力资源,广泛开展了培养农村青年带头人、富民兴团工程、共青扶贫示范村、河南青年科技创新行动、青年创新创效、跨世纪青年人才工程、保护母亲河行动、沿黄(两山)青年农业综合开发工程等一系列活动,全方位、多渠道地投身河南省经济建设,为促进河南科技进步和经济发展作出了积极贡献。1999年,获得团中央"青年创新创效活动优秀组织奖""下岗青工创业行动优秀组织奖""青年文明号活动优秀组织奖"。

服务农村经济发展　　中共十一届三中全会后,为促进农村经济体制改革的深入发展,带动广大农村青年共同致富,团省委及农村青年组织先后实施了"一团两户"、沿黄(两山)农业综合开发、青年黄河防护林工程、富民兴团活动,有效服务了河南省的经济建设。

1984年,共青团中央根据农村经济发展的需要,提出在全国农村开展"一团两户"活动,河南省广大青年积极响应。3月,团省委组织由10名青年组成的"科学致富报告团"到河南省17个市、地进行巡回报告,宣传中国共产党的农村政策,传播致富经验,共报告29场,听众达2.8万人次。4月,各级团组织为建立和发展"专业户""科技户",开展了大规模的赠书活动,共向5000名青年"专业户""科技户"赠书3万多册。汝南县、邓县发展"两户"1.4万个。农村团组织大力扶持发展青年"两户",帮助青年沟通信息,寻找致富门路,为他们办班、办校、学科学、用科学,同时积极牵线搭桥,解决"两户"在资金、原料、运销等方面的困难。活动中涌现了一大批青年专业户和科技示范户,发展壮大了农村"两户"队伍。9月26日,

---

①小发明、小革新、小创造、小设计、小建议。
②科技致富报告团,青年专业户、科技示范户。
③领办科技推广项目,创办共青开发基地活动。

团省委对在河南省"一团两户"活动中涌现出的19个先进集体给予表彰。

为适应农村产业结构调整,满足青年致富需要,1985年6月,团省委协同省农牧厅、省科学技术协会、省教育厅联合下发《关于在暑假期间对农村青年开展实用技术培训活动的通知》,要求各地坚持"实际、实用、实效"的原则,在全省普遍开展农村青年实用技术培训活动。各高等、中等农业院校充分利用师资技术力量,组织师生办班办学。各地、市、县、乡也充分利用和发挥本地回乡度假大、中专学生的作用,开展技术服务,为家乡出力献策。至暑假结束,全省共举办各种类型实用技术培训班33759期,参加培训活动的专业技术人员、能工巧匠和大、中专学生20多万人,有193.5万名农村青年受到了短期培训,200多万农村青年得到技术指导和咨询。1986年12月,团省委与省农牧厅、省科协、省教育厅共同在南阳召开全省实用技术培训活动会议,制定"七五"期间河南农村技术培训规划草案,提出了培训700万名农村青年的任务。各地在活动中采取了多种措施。一是各级团组织深入实际,对青年学习技术需求、培训内容、师资力量、当地资源状况等进行调查摸底,建立档案,制定培训规划。二是采取多渠道、多层次、多形式,本着国家、集体、个人一齐上的精神,组织"两户"传帮带,开办各类技术、科技讲座,组织大学生"播火团",组织青年上刊授、广播学校等,为培训工作提供条件。被共青团中央授予"全国农村科普工作先进集体"称号的兰考县孟角技校的6名团员发挥自己一技之长,坚持自办油漆美术工艺、食用菌、农业、裁剪培训班,学员遍布全国12个省、市,3年培训1.12万余人次,使80%以上受训青年走上脱贫致富道路。三是与有关部门配合,形成齐抓共管局面。1987年,河南省17个市、地的团组织都与有关部门联合下发文件,共同部署指导这一工作。共青团南阳地委围绕本区农村经济工作"一调、二转、三突破"的战略决策,对全区青年进行分行业、分类型的技术培训,举办3413期培训班,培训青年18万人次,同时还组织1.1万多名青年参加中央农村致富函授大学学习。3年中,河南省有70%的青年掌握了一至二门实用技术,有30%的青年脱贫致富。

1990年,共青团河南省委开始实施沿黄(两山)青年农业综合开发,内容包括基地开发项目、招标项目和植树造林三部分,1995年结束。旨在进一步巩固河南青年黄河防护林工程的绿化成果,发挥当地资源优势,促进农、林、牧、副、渔全面发展,农工商贸综合经营;树立一批典型,并通过他们的启发、诱导、辐射、扩散作用,带动更多的人摆脱贫困,走向富裕;探索区域性经济开发的基本规律和经验。团省委协同有关部门经过反复论证,在沿黄地区共设立349个项目,共建立高产、高效示范田和良种繁育基地23个约0.6万公顷,发展塑料大棚、立体种植、节水农业、高产瓜菜1.03千公顷,开发滩涂2.53千公顷,建立了一批规模化养殖场,饲养牛、猪、羊、鸡、鸭、鹅等牲畜家禽60多万只,利用和改造坑塘养鱼1.76千公顷,完成青年防护林补栽、种树更新1.02万公顷,发展果树4.41千公顷,实现经济效益3亿元。发展、扶持乡镇企业和农产品加工业45家,创办科技示范基地50个,参加青年200万人。1996年5月,团省委命名表彰共青团郑州市委等47个单位为"沿黄(两山)青年农业综合开发实验先进单位",115人为"沿黄(两山)青年农业综合开发实验先进工作者"。

为带动农村青年脱贫致富,1995年6月开始实施"富民兴团工程"。各地团组织在实施中,把加强基层组织建设与服务农村经济发展、服务青年致富成才有机结合起来,共确定1048个村为"富民兴团工程"联系村。至1998年年底,为750个村找到致富项目,使其摆脱了贫困;帮助联系村与企业、院校、机关结对的数量达到975个;联系村的团支部书记和青年致富能人受到了集中培训;有98%的联系村得到各级团组织提供的科技、信息、文化、政策、资金服务。

为深化"富民兴团工程",1997年下半年,团省委开始实施领办科技推广项目、创办共青开发基地活动。该活动采取"团组织+农户""公司+农户""团组织+公司+基地+农户"等多种领办形式。各级团组织带头领办,创建项目基地;通过创建实体性的服务组织,推进领办项目。为使"领创"工作健康顺利地开展下去,各级团组织在领办过程中还制定了配套措施。如确定重点示范县,开展群众性的科技传播活动,建立严明的奖惩、督导机制等。1998年,开展了评选共青团领办科技推广项目优秀奖、贡献奖活动,表彰奖励了一批优秀项目和先进个人,推动了"领创"活动的开展。至2000年年底,市、县团委项目领办率达到60%,乡团委项目领办率达到30%;确立40多个重点示范县,建立县以上项目基地230多个;创办乡镇青年科技图书站120多个、其他服务实体80多个;举办项目培训班1300多期,使50多万农村青年学到了一技之长,带动近20万名青年脱贫致富。2000年10月,团省委表彰共青团领办科技推广项目优秀项目奖10个、贡献奖20人。

河南省青年扶贫致富行动 由团省委、省扶贫办、省财政厅、农业发展银行河南省分行联合组织,是共青团组织动员社会力量参与推进贫困地区经济与社会发展的重大行动,也是共青团中央"服务万村行动"和河南省"富民兴团工程"的重要组成部分。1996年开始在河南省34个贫困县实施。其目标是使贫困地区500个村实现脱贫致富、团支部健全、团组织活跃,从而带动100万青年达到国家的脱贫要求;使青年参与建设的绿化工程和绿化项目达到6.67万公顷,改善贫困地区的生态环境;使500万名青年得到脱贫、技术培训,全面提高贫困地区青年劳动者的素质。组织单位采取选试点县、安排扶持资金、办好《农业实用技术信息》报、筹措建立"河南省青年扶贫致富行动"发展基金等措施,扎实有效地推进工作的开展。到2000年,共建立620多个青年科技图书站,领办科技推广项目730个,直接带动100万农村青年脱贫;扶持村500个,举办培训班500多期,培训与扫盲500万人,使大多数农村青年有了一技之长;落实青年扶贫开发项目35个,总贷款规模620万元;组织动员50家乡镇企业、国有企业与贫困村结对；建立"河南青年扶贫致富行动"发展基金，首批基金90万元由开封上禾集团捐赠；发展了团的事业，活跃团支部400个，团办实体达500个，建立青年服务组织550个。

创建"共青扶贫示范村" 是共青团河南省委为服务全省三年扶贫攻坚目标的实现、探索面向新世纪全面活跃农村团的工作的新路子、促进农村社会经济发展和"两个文明"建设而采取的重大举措。创建活动于1999年3月开始，以扶贫为切入点，以"领办科技推广项目，创建共青开发基地"为抓手，以实现脱贫致富奔小康为目标，以团省委、团市（地）委为项目责任单位，以团市（地）委书记为项目责任人，在全省共创建22个"共青扶贫示范村"。其中团省委创建4个，各市（地）团委创建18个。经过一年多时间的集中攻坚，实现了示范村人均增收350元以上，使1.9万名贫困人口甩掉了贫困的帽子。团省委先后于1999年3月、5月、10月3次召开"共青扶贫示范村"建设工作会议，推进"共青扶贫示范村"建设工作。2000年4月22~29日，团省委抽调18名干部分6个组对全省22个"共青扶贫示范村"进行检查验收，创建之初确定的"三大目标"已全部完成。通过各种渠道为示范村筹措资金2495万元，其中团省委直接协调公路、以工代赈、财政拨款500万元，河南省希望工程办公室出资225.5万元，团省委各部门通过调动社会资源筹资150多万元，各团市（地）县委筹措资金1200多万元。全省团组织为22个示范村修路66.385千米，改造农电网4.5万米，农田打井171眼，打饮水深井7眼，建人畜饮水池6座，修桥16座，建小型水坝8座，改造硬化水渠6500米，为特困户新建、改建、翻修房屋610间，新建共青敬老院、老年公寓15间。各级团组织、青年先进人物、青年文明号单位向示范村捐赠化肥、农药、衣物等价值120多万元的生产生活用具。各级团组织在示范村结合农产品种植结构调整，培植食用菌、茶叶、中药材、大棚蔬菜、高效花卉、黑提葡萄、"906"小麦等20多项经济作物200余公顷；推广小尾寒羊、肉鸽、獭兔、蝎、白玉蜗牛、肉狗、山鸡等15项养殖项目，创建了30个共青种养加项目基地；绿化荒山荒坡，新造林地86.67公顷。组成有600多名团干部参加的轮流驻村工作组，其中500余名团干部与贫困农户签订了帮扶协议，直接向贫困户捐款捐物10多万元。受创建活动影响，22个示范村的村民无偿义务投工30多万个，自筹资金300多万元，由当初的要钱要物变成了要项目。2000年8月，团省委在郑州召开创建"共青扶贫示范村"建设总结表彰会议。授予命名表彰了18个河南省"共青扶贫示范村"建设组织奖、16个实施奖、26个贡献奖、22个单项工程奖、112名建设先进个人。2000年11月，团省委将"共青扶贫示范村"转向创建"共青科技示范村"活动。

优质小麦"906"万亩示范观摩现场会 2000年5月27日在民权召开。由共青团中央青农部、共青团河南省委联合举办。来自河北、山西、陕西、山东、江苏、安徽、湖北、甘肃8个省的有关人员230人参加了会议。与会人员现场参观了民权县团委创建的866.67公顷"906"小麦示范园，听取了小麦专家、种植户代表对该品种的详细介绍。"906"小麦是一种优质、高产、高效、适应范围广的品种，平均每亩增产200千克左右，是共青团服务农村青年增效增收成长成才而领办的科技推广项目。河南省从1997年开始少量育种，经过两年培育，实现了大田种植的成功跨越，至1998年示范推广1.33千公顷，1999年扩展到黄淮麦区8个省的100多个县（市），布点2000多个，播种面积达到13.33千公顷左右，得到中共河南省委、河南省人民政府和共青团中央的充分肯定，"906"小麦被社会誉为"共青良种"。1999年10月，"906"小麦正式通过河南省农作物品种审定委员会的审定，统一标号为"豫麦66号"。

技术比武与科技创新 20世纪80年代开始，河南省各级团组织不断开展岗位练兵、技术比武、青年创新创效等活动，引导青年岗位成才，不断强化青工的创新意识和创造能力。1983年，开展了"五小"智慧杯竞赛，目的是培养青工勇于进取的创新意识和改革精神，引导他们发挥聪明才智，为青年提供一条参加改革的有效途径。

1991年2月~1992年2月，由团省委、省计经委、省劳动厅、省科委主办的"振兴河南、建功成才"的"五杯"竞赛活动在河南省青工战线展开。"五杯"即双增双节奉献杯、质量安全效益杯、"五小"成果智慧杯、优质工程创业杯、规范服务文明杯。全省近200万名青工参加了竞赛。据不完全统计，在"五杯"竞赛活动中，实现增收节支2亿元，建立青年质量、安全监督岗2500个，成立青年QC攻关小组7000个，完成"五小"成果1.43万项，创经济效益1.5亿元，建立各级"五小"协会450个、"五小"市场250个，1314个企业建立"五小"奖励基金，创建青年优质工程689个，开展促销、扩销活动4万余次，增加销售额3200万元。1992年2月，团省委等主办单位对竞赛活动中的先进单位进行了表彰，39个单位获双增双节文明杯，29个单位获质量安全效益杯，23个单位获"五小"成果智慧杯，14个单位获优质工程创业杯，17个单位获规范服务文明杯。

1998年10月1~31日，河南省"'98中国青工技能月"活动重点在河南省国有大中型企业和基层事业单位中开展。活动的主题是"发扬抗洪精神，争当岗位能手"。活动中对在岗、待岗青工举办技能培训班，举办"跨世纪挑战与提高青工技能"宣传周活动，开展"导师带徒"活动，组织青年岗位能手巡回演讲，传授绝技绝活，还举办了一次小科技、小发明、小创造的小型评比活动。据不完全统计，全省有5060家企事业单位踊跃参与活动，参加青工达320万人；组织各类技能比武1960次，举办岗位能手培训班2100期，涉及20个行业；16万余人结成师徒对子，签订师徒合同67万份，推广先进操作法508个工种。

1999年8月，由团省委、省经贸委、省科委、省科协主办的青年职工创新创效（以下简称"双创"）活动在河南省青工战线全面展开。活动以青年职工为主体，以服务青年职工创新创效为目的,广泛动员组织占职工总数60%以上的青年职工投身技术创新、管理创新、营销创新、服务创新的实践,为促进青年人才的培养和企业经济效益的提高作出贡献。该活动是以项目化运作为主要载体的群众性实践活动,通过实施"培养1000个青年创新创效项目,培养1000名青年创新标兵"的"双千计划",不断组织青年职工立足岗位开展创造性劳动。据不完全统计,河南省共青团组织共举办"双创"推进会、研讨会、创新成果展示会等100余场,实施市级以上青年创新创效项目3100多项,参加"双创"活动青年职工达50余万人次,直接创造经济效益15亿元,取得了一大批科技创新成果。1999~2000年年度,有44个单位被授予"河南省青年创新创效活动先进单位"、25人被授予"河南省青年创新创效活动支持者"称号、37人被授予"河南省青年创新创效新标兵"称号。团省委被授予"全国企业青年创新创效活动优秀组织单位"称号。

为贯彻落实"科教兴国"战略和全国技术创新大会精神,1999年10月,团省委、省青联、省教委等10个单位决定在全省联合实施河南省科技创新行动。目的是搭建一个促进青年成长成才的舞台,激发青年的创新热情,引导青年瞄准科技发展前沿,参与重大和关键技术的研究和开发,帮助青年科技工作者开发具有自主知识产权的技术和产品,促进经济发展,参与国内国际竞争,为青年人才成长与发展提供广阔的舞台。12月,首批设立河南青年科技创新行动教育基地14个、示范基地8个。

青工技术比武 青工岗位练兵、技术比武活动是各地团组织经常开展的、旨在提高青年工人技术技能水平的一项传统性活动。1980~1987年,河南省共举办200多场次技术比武,有10万名青工参加了多种层次的练兵比武活动;还举办各类培训班1000多期,有60%的青工接受了培训。1990年7~10月,河南省首届"创业杯"青工技术大赛在郑州、洛阳两地同时举行。大赛在车工、钳工、焊工、细纱挡车工、织布挡车工、瓦工、抹灰工、烹调、理发9个工种的青工中开展,分岗位练兵、选拔赛、大赛三个阶段。全省有100多万名青工参加岗位练兵,有2000多名选手参加由各市、地举办的选拔赛,有200多名选手参加河南省大赛。12月,团省委联合其他单位在郑州召开表彰大会,命名表彰了31个先进集体、45名"河南省青工技术能手",评出大赛团体总分前5名。在此之前,河南省推选出19名选手参加全国首届青工技术大赛,郑州国棉六厂女工赵艳红获得6个比赛项目中的5项第一,成为闻名全国的"织布状元"。青工技术比武活动,调动了广大青年工人学技术、钻业务的积极性,提高了青工的技术和操作水平,涌现一大批本行业的新秀和能手,为国家集体创造了大量财富。1994年,"青工技术比武"活动转化为"争当青年岗位能手,争创青年文明号"活动。

"五小智慧杯"竞赛 1983年5月,共青团河南省委、省计划经济委员会、省总工会联合发出《关于在全省青年职工中开展"五小"竞赛活动的通知》,要求竞赛分行业和系统以企业为基本单位进行。截至1986年12月，全省有百万青工参加这一活动，共完成"五小"成果24055项，其中经省级有关部门鉴定的479项，包括一等奖60项、二等奖176项、三等奖243项。1989年10月，全省第三届青工"五小"智慧杯竞赛活动结束，表彰了380项成果、30项共青成果，授予19家企业为先进集体称号、6个团市（地）委活动组织优胜奖。1992年9月，全省第四届青工"五小"智慧杯竞赛活动表彰优秀成果520项、共青成果20项、鼓励奖340项，4个市、地的20个企业获得优秀组织单位和先进集体称号。1994年1月，全省第五届青工"五小"智慧杯竞赛活动为163项成果授予"金奖"，为317项成果授予"新星奖"，为20个单位授予"最佳组织奖"，为30个单位授予"组织奖"，同时为276项成果颁发优秀奖证书。1994年4月，"五小"智慧杯竞赛活动转入"争当青年岗位能手"活动中。

河南省青年科技交流会、博览会 以"交流、合作、参与、提高"为主题的河南省青年人才科技信息交流会于1988年11月4~7日在郑州举行。交流会由共青团河南省委联合省计划经济委员会、省科学技术委员会、省轻工业厅、省总工会、省科学技术协会共同举办。开幕式上，中共河南省委副书记赵地致贺词，副省长刘源为交流会剪彩。交流会共进行人才交流1522项、技术转让1773项、咨询服务8978人次，成交项目经济价值达6400万元。这次交流会，促进了科学技术向生产力的转化，促成一批有志青年投身商品经济发展的行列。1998年10月，河南省"青年科技博览会"在郑州举办。博览会的内容有三大项：一是通过图片、图表、实物、音像等形式展示青年科技成果；二是组织一批优秀青年科技新产品展销；三是设立青年科技市场，以"河南省青年人才、科技、信息交流会"为载体，组织国营、集体、民办科

照36-2-3-1 1999年，河南省青年科技论坛现场会在郑州举行

研单位、大专院校及青年干部、青年科技工作者与乡镇企业开展人才、技术的洽谈与交流，进行科技咨询和科技成果转让，促成一批青年干部、青年科技工作者下乡下厂，领办、创办、承包企业。

'99河南青年科技论坛 由团省委、省青联和省教委联合举办的'99河南青年科技论坛活动于1999年12月在郑州举行。活动的宗旨是：激励和引导全省青年科技工作者投身"科教兴豫"实践，展示当代青年献身科学、致力创新的风采，为青年传播

科技知识提供舞台，在全社会广泛营造关注科技创新、支持青年科技创新事业的良好氛围，探索21世纪科技经济发展趋势，促进科技进步与发展。论坛的主题是"新世纪青年与新科技革命"。论坛由科学技术交流、科技论文评奖和专家专题讲座三部分组成，共收到300多篇学术论文。活动期间，中共河南省委副书记范钦臣，省委常委、宣传部部长林炎志等亲任论坛顾问，中国科学院院士何祚庥作了专场报告。论坛对13个优秀组织单位进行了表彰，命名了河南省博物院等14个首批河南青年科技创新行动教育基地和示范基地。

照36-2-3-2　1984年，中共河南省委书记刘杰等省委领导参观省青年人才开发成果展览

开发青年人力资源　开发青年人力资源是共青团服务经济建设的有效途径，也是优势所在。1979年，共青团河南省委在全省广泛开展了新长征突击手（队）活动。1984年，团省委联合省经委、省科委、省教育厅、省科协等部门开展了"青年智力开发年"活动。1985年又在全省开展了"青年人才开发年"活动。1988年，开始实施"培养农村青年星火带头人"活动。为进一步激发河南省广大青年开拓创新的积极性和工作热情，团省委联合各相关部门进行了一系列的评比、表彰活动。1989年，进行了首届"河南省优秀青年企业家"评选活动，之后又进行了评选优秀青年乡镇企业厂长（经理）、河南省十大杰出青年、河南省十大杰出农民、十大杰出青年私营企业家、五四奖章、十佳少年等活动。各级团组织以开发青年人力资源为着力点，团结带领广大青年投身社会主义物质文明建设，为经济发展提供智力支持，表彰、举荐、扶持了大批优秀青年人才，营造了尊重知识、尊重人才、鼓励创新的良好社会氛围，促使各行各业的青年在改革开放和现代化建设的宏伟事业中不断成长成材，建功立业。1994年，共青团十三届二中全会决定实施"跨世纪青年人才工程"，共青团河南省委制定了《跨世纪青年人才工程实施意见》，通过参与生产经营、推动企业进步的实践，促进科技成果向现实生产力转化，培养一代适应社会主义市场经济要求、掌握过硬实用技术的熟练劳动者和面向21世纪具有较高科学文化素质的青年人才。全省在青工战线开展了培养青年岗位能手活动，到2000年年底累计培养50万人，并使青工的实际技术水平普遍提高两个技术等级。在青农战线开展培养青年致富能手、青年星火带头人活动，推进"富民兴团工程"，每年组织100万名农村青年参加实用技术培训，到2000年累计培养3.5万名县以上青年星火带头人，并使农村青年普遍掌握一至二

门农村实用技术。在学校继续推动大中专学生社会实践活动深入开展，每年有10万名学生参加大学生社会实践活动，到2000年累计参加人数达70万人，建立实践教育和实用技术培训基地1000个，使大中学生实践教育活动与农业部"绿色证书工程"相衔接。在全省建立了"河南省跨世纪青年人才信息库"，培养造就高层次的青年科技人才和管理人才，全省县以上青年人才库的入库人数每年递增5000人，到2000年累计达3万人。1998~2000年，河南省各级团组织紧紧抓住培育、聚集、举荐和扶持等环节，从青年人才开发到青年智力开发，从农村星火带头人培养到争当青年岗位能手，从新长征突击手表彰到十大杰出青年表彰、青年五四奖章的评选，推出了一大批高素质的青年劳动者和适应现代化建设需要的青年人才，成为激励河南广大青年奋发成才的楷模，为河南省经济发展发挥了应有的作用。

新长征突击手（队）活动 1978年，中共中央向全国青年发出"英勇地站到新长征的前列"的号召。同年8月，共青团河南省委在河南省团员代表会议上作出开展"新长征突击手"活动的决定。1979年3月1日，共青团中央正式发出开展"新长征突击手"活动的决定，共青团河南省委根据共青团中央的决定，紧紧围绕现代化建设中心，在全省广泛开展以增产节约、增收节支为重点的青年突击队活动。广大团员青年在各自岗位上勇挑重担，涌现了一大批新长征突击手（队）。1979年5月，团省委把新长征突击手活动推向高潮，至1984年年底，河南省市、地以上团委命名表彰的新长征突击手达2.96万余人次、新长征突击队达6800多个。1985年1月，河南省首次新长征突击手（队）代表大会在郑州召开，大会总结了河南省开展新长征突击手（队）活动的经验，命名表彰了118个新长征突击队和989名新长征突击手，树立10个新长征突击队红旗单位和30名新长征突击手标兵。1988年12月，共青团河南省委授予27名青年"新长征突击手"称号。1994年6月，授予5名青年"新长征突击手"称号。2000年4月，授予12名"河南省新长征突击手标兵"称号，授予87名"河南省新长征突击手"称号。同年11月，团省委授予参加第十一届残疾人奥运会并取得优异成绩的4名河南省运动员"河南省新长征突击手"称号。1979年至2000年年底，河南省有62人被团中央授予"全国新长征突击手"，全省涌现了6万名各级新长征突击手，有6000个集体被授予新长征突击队称号。争当新长征突击手（队）活动成为共青团的一项经常性工作，它与改革相适应，促进了生产力的发展，锻炼了青年，成为当代青年参加生产活动的重要标志。

"培养农村青年星火带头人"活动 是共青团中央、国家科学技术委员会为适应农村经济社会发展的需要，在农村青年中开展的以"推动星火计划的实施，开发农村人才资源，提高农村青年素质，为实施科教兴农战略作贡献"为宗旨的活动。1988年下半年开始在河南省实施。活动的主要内容是对农村青年进行实用技术培训，提供致富的科技生产技术和项目以及开发资金，培养青年致富带头人。至2000年，河南省累计培养青年星火带头人6万余人、青年星火带头人标兵130人。其中，5人被团中央、国家科委授予"全国杰出青年星火带头人"称号，42人被评为"全国青年星火带头人"，70人被评为"全国青年星火带头人标兵"，3万多名带头人获得了农民技术职称。青年星火带头人已经成为农村先进生产力的代表、农村优秀青年的代名词。13年中，河南省有近千万名农村青年接受实用技术培训，其中大部分掌握了一至二项实用技术；推广应用科技成果1100余项；建立青年星火技术培训、示范基地570个，成立青年专业技术协会、研究会等各类青年服务组织近万个。据不完全统计，由星火带头人推广应用技术所产生的经济效益达10多亿元。河南省先后6次被国家科委和团中央授予先进组织单位称号，并获"全国培养青年星火带头人活动十年成就奖"。

河南省优秀青年企业家评选活动 为进一步激发河南省青年企业家开拓创新的积极性，造就一支适应社会主义市场经济要求的青年企业家队伍，促进青年企业家尽快成长，共青团河南省委、河南省青年企业家协会于1989年1月进行了首届"河南省优秀青年企业家"评选活动。授予王纪年等10人"河南省优秀青年企业家"称号，授予104人"河南省优秀青年厂长（经理）"称号。1993年11月第二届授予何建生等10人"河南省优秀青年企业家"称号，100人"河南省优秀青年厂长（经理）"称号。1994年11月第三届授予王济昌等12人"河南省杰出青年企业家"称号，50人"河南省优秀青年企业家"称号。1995年12月第四届授予尚建升等10人"河南省杰出青年企业家"称号，60人"河南省优秀青年企业家"称号。1996年12月第五届授予潘义民等10人"河南省杰出青年企业家"称号，60人"河南省优秀青年企业家"称号。河南省获"全国杰出（优秀）青年企业家"称号的有罗建平、枉坤、肖宝恒、郝以声、渠文广、胡春良、王成来、步兴亮、王志华9人。

评选优秀青年乡镇企业厂长（经理）活动 为激发乡镇企业青年厂长（经理）在企业改革发展中的工作热情，提高企业效益和自身素质，改进经营管理和经营作风，充分发挥他们的骨干带头作用，为振兴河南经济作出新的贡献，1990~2000年，团省委、省乡镇企业局先后共组织4次优秀青年乡镇企业厂长（经理）评选表彰活动，表彰了10名明星青年乡镇企业家，在全省树立了400多名优秀青年乡镇企业厂长（经理）典型，激励广大青年乡镇企业经营管理者学习先进，争作贡献，促进河南省乡镇企业的发展。河南省获"全国优秀（明星）青年乡镇企业家"称号的有任志军、魏志军、冯守勤、王元茂、李建中、宁坤让、陈勇、枉天贞、乔彬、李爱云（女）、刘宏道、高长社12人。

河南省十大杰出青年评选活动 该活动由中共河南省委宣传部、共青团河南省委、河南省青年联合会、河南省精神文明建设指导委员会、河南省广播电视厅、河南日报社联合举办。其目的是激发全省广大青年投身改革开放和社会主义现代化建设的积极性和创造精神，引导广大青年热爱家乡、建设河南，为河南省的"两个文明"建设和中原振兴建功立业，使在改革和建设实践中作出突出贡献的优秀人才脱颖而出。活动自1991年开始，至2000年共评出5届。评选出河南省优秀青年50人。河南省的王遂舟、董明玉、张少鸿、徐洪刚、张荣5人青年入选中国十大杰出青年。

河南省十大杰出青年农民评选活动 该活动由中共河南省委宣传部、共青团河南省委会同河南省农业厅、水利厅、财政厅、林业厅共同举办，1994~2000年共开展3届，树立了一批立足农村、学用科技、艰苦创业、勇于创新、奋发有为的青年农民典型，在全社会产生了广泛的影响。1997~2000年，河南省的3名农村青年秦英林、安晨明、万正和分别入选第二、第三、第四届中国十大杰出青年农民。

下岗青工创业行动 由团省委和省劳动厅联合开展，旨在引导下岗青工通过创业实现再就业，培养青年兴业领头人，教育下岗青工转变就业观念，是共青团实施跨世纪青年人才工程的主要内容。1998年4月下旬开始。活动开展期间，通过召开"下岗青工创业行动推进会"、成立"河南省青年再就业培训与服务中心"、兴办青年再就业培训学校和培训中心、建立再就业信息中介服务网络等措施，实现下岗青工的再就业。1998年9月5~6日，团省委、省劳动厅联合举办河南省下岗青工再就业供需洽谈会。这是团组织参与再就业工程的有益尝试。洽谈会在全省15个市、地同时举行，共有2883家用工单位、15万名下岗职工到会洽谈。会上签订用工意向5.6万多份，有近4000名下岗职工通过这次洽谈会走上新的工作岗位，有1万多名下岗青工报名参加团组织举办的再就业培训班。截至2000年年底，河南省共培训下岗青工26万多人次，培养命名青年兴业领头人900多人，建立各类下岗青工再就业培训中心（学校、站）100多个、青年就业服务中心12个，为20多万名下岗青工提供再就业服务，直接帮助5万多名下岗青工重新走上工作岗位，实现了再就业。1999年3月，在"下岗青工创业行动"的基础上启动"河南青年创业行动"。该行动的主题是"面向新世纪创业成才"，主要实施对象为第二、第三产业青年职工和城镇下岗待岗青工及待业青年。基本工作内容包括青年创业能力培养训练、青年兴业领头人培养扶持、优秀职业青年群体和个人岗位奉献。实施重点是"培养百名青年兴业领头人，建立百个青年创业基地"（简称"双百计划"）。截至2000年年底，河南省共建立青年创业培训基地89个，举办培训班220多期，培训下岗职工7666人次；建立了一批青年兴业领头人实践基地和下岗青工再就业基地，共安置下岗青工5673人。同时，举办了青年兴业领头人培训班，实施了"扶持青年兴业领头人行动"，让144名青年企业家结对扶助兴业领头人，对兴业领头人实行资质认定制度，认定了40名省级青年兴业领头人。

全省农村青年"星火"培训基地 为落实团中央"服务万村行动"计划，推动河南省农村实用技术培训工作更好开展，1995年9月，共青团河南省委确定了首批15个农村青年"星火"培训基地。它们是：周口地区农村青年科技培训基地、平顶山市团校、许昌县青年食用菌培训基地、驻马店地区青年实用技术职业学校、巩义市第一职业高中、偃师市第二职业高中、濮阳市市区王助乡农科教培训中心、武陟县食用菌开发中心、林州大学、三门峡市湖滨区高庙乡农村科技服务中心、新乡县职业中等专业学校、尉氏县农村青年"星火"培训中心、唐河县团校、罗山县第一职业高中、浚县青年食用菌培训学校。

河南省十大杰出青年私营企业家 为表彰河南省私营企业中涌现出的文明经营、勤劳致富、照章纳税、懂管理、善经营，企业效益突出并且热心赞助社会公益事业，积极带领群众脱贫致富、扶贫济困的青年私营企业家，1996年3月27日，共青团河南省委、河南省工商行政管理局等在郑州召开命名表彰大会，表彰郭长奎等10人为河南省十大杰出青年私营企业家，同时还表彰了河南省优秀青年私营企业家19人。

河南青年五四奖章表彰活动 该活动是"跨世纪青年人才工程"的重要组成部分，该奖项是共青团河南省委和河南省青年联合会授予河南省青年的最高荣誉称号。开展活动的目的是要在全省广大青年中形成崇尚先进、学习先进的风气，引导和激励广大青年在新的历史时期继承和发扬"五四"光荣传统，积极投身改革开放和社会主义现代化建设，在建设有中国特色社会主义的伟大实践中建功立业，健康成长。首届表彰活动始于1997年5月，共有3人获河南青年五四奖章。至2000年共进行4次表彰活动，除首届获奖者外，另有29人各行各业优秀青年获河南青年五四奖章。

河南省十佳少先队员评选活动 由团省委、省教委、省少工委联合开展。1997年3月5日，该活动在河南省少年儿童中开始进行。其目的是充分展示当代少先队员自学、自理、自护、自强、自律的精神风貌，进一步激发少先队员奋发向上、勇于拼搏的精神，引导他们学先进、学榜样，更积极地投身"跨世纪中国少年雏鹰行动"，做社会主义事业的合格建设者和接班人。首届评选活动颁奖大会于1997年5月30日在郑州召开，表彰了10名少先队员。至2000年共评选4届，评出40名"十佳少先队员"，还表彰了90名"优秀少先队员"，3500名"好少年、好儿童"。

保护环境活动 河南省人口众多，资源有限，环境问题突出，要实现跨越式发展，搞好环境保护非常必要。河南省团组织十分重视环境保护工作，在积极参与经济建设的同时，响应国家号召开展了一系列保护环境活动。

1979年3月5日，为响应全国青年造林大会向全国青少年的倡议，共青团河南省委发出迎接第一个植树节（3月12日）、立即组织青少年开展植树造林活动的紧急通知。全省共青团员和广大青少年广泛开展"突击日""突击周""突击年"植树活动，营造了一批"青年林""少年林""青年苗圃""红领巾苗圃"。1981年，河南省青少年开始投入全民性的植树造林突击月活动。至1982年9月，全省青少年营造青年林约8.53万公顷，建起共青团、红领巾苗圃2.94万公顷，植树3亿多株。河南省青少年每年3月12日都开展植树活动，1979~2000年共植树22亿株。

1982年冬，在团省委倡议和省林业厅的支持下，商丘、开封2地5县的团组织与林业部门密切配合，准备营造豫东黄河故堤青年防护林。1983年3月，动员和组织7万多名青少年和群众一道营造全长200千米的防护林带，共植树160万株。为此，河南省人民政府于4月14日将其命名为"黄河故堤青年防护林带"。

1984年2月，共青团中央、林业部、水利部联合发出"绿化黄河、美化黄河、造福当代、荫及子孙"的号召，河南省相关部门积极响应，迅速制定《河南青年黄河防护林工程规划》。黄河防护林河南段西起灵宝县文底乡，东至台前县吴坝乡，途经6个地、市，全长715千米，两岸要建各宽5千米的防护林带。沿黄各地团组织把河南青年黄河防护林（以下简称"青防"）工程作为围绕当地经济建设办实事、办大事、作贡献的一次尝试，列入了重要议事日程，与林业、水利等部门紧密协作，艰苦奋斗了13个春秋。从1984年秋到1989年春的6年中，河南省共完成植树种草9.98万公顷、村镇植树3600万株，全省"青防"工程第一期规划栽植任务胜利完成。1990~1996年4月，再经过7年营建，并对防护林进行重点抽查、细致验收，第二期工程的任务胜利完成。13年中，全省共投入财政资金2000多万元、农贷资金近亿元，植树造林近14万公顷，发展高产高效示范田1.5万公顷，建节水农业和良种繁育基地5340公顷，开发荒山滩涂5193公顷，饲养大家畜2.36万头、猪羊9.42万头、家禽61万只，植桑养蚕6.51万张，小流域治理2166公顷，坑塘养鱼1466公顷，发展乡镇企业62家，取得了良好的经济效益和社会效益。

1996年4月7日，第五次全国青少年绿化祖国表彰动员大会在洛阳举行。共青团中央第一书记李克强、林业部副部长李育才、水利部副部长朱登铨在会上讲话，中共河南省委副书记范钦臣、河南省人民政府副省长张以祥等领导出席会议并致辞。会上表彰了305个全国青少年绿化祖国先进集体、374名全国绿化祖国先进个人，命名了99个优秀青年绿化工程。同时对在青年黄河防护林二期工程建设中成绩突出的63名先进个人和34个先进集体进行了表彰。河南省22个先进集体和26名先进个人受到表彰。

1999年3月12日，河南省"保护母亲河行动"启动揭牌仪式在中牟县黄河岸边隆重举行。这是由共青团中央、全国绿化委员会、水利部、国家林业局和中国青少年发展基金会共同组织实施的一项旨在保

照36-2-3-3　1999年10月17日，"中国青少年水保世纪林"暨"全国少年儿童素质教育基地"奠基仪式在洛阳市孟津县黄鹿山乡和济源市小浪底库区举行

护哺育中华民族和亿万人民的母亲河——黄河、长江等主要江河流域生态环境的社会性公益活动，是21世纪的绿色希望工程。在启动仪式上，把每年3月9日作为"保护母亲河行动日"。"保护母亲河行动"的主要内容是：通过"5元钱捐植1株树""200元捐植1亩林"等方式，建立"保护母亲河基金"；在少先队中开展"省下压岁钱，种株世纪树"和"捡拾一个希望，还母亲河一片绿色"等主题队日活动；

照36-2-3-4　2000年12月，香港保护母亲河大专生交流团应邀来河南参观考察

在大中专学校开展以"保护母亲河行动"为主题的成人教育活动，营造各种形式的纪念树、纪念林，建设大面积的青年防护林工程。通过充分调动青少年和社会力量参与义务植树的积极性，努力在黄河两岸建设一批"青字号"绿色工程、生态工程，给子孙后代留下一片碧水蓝天。1999年10月17日，"中国少年水保世纪林"暨"全国少年儿童素质教育基地"正式奠基。该基地地处孟津县小浪底水利枢纽工程黄河岸边，是在全国少工委开展"手拉手捡回一个希望，还母亲河一片绿色"主题教育活动的基础上，由全国少先队志愿捐资兴建的一处集青少年劳动实践、素质教育、技能培训为一体的多功能爱国主义教育活动基地。到2000年年底，已完成造林整地533.33公顷，栽种水保林147.67公顷、经济林69公顷，植树21万余株。同时还有澳门保护母亲河少年儿童交流团在黄河岸边植下的第一批象征中华民族团结的世纪林。2000年3月9日，"保护母亲河行动"重点项目——"桃花峪省会青年万亩世纪林"营建仪式在荥阳市桃花峪隆重举行，有3000多名青少年代表参加营建仪式和植树活动。此次营建仪式的举行，标志着河南省"保护母亲河行动"进入项目化运作新阶段。3月13日，"保护母亲河，伴世纪林成长"主题教育活动在孟津县小浪底水利枢纽工程黄河岸边的"中国少年水保世纪林"隆重举行，上千名少先队员和青年志愿者参加了活动。3月16日，河南省"保护母亲河行动"在小浪底库区北岸济源项目区举行了"河南省青年民警世纪林"营建仪式。该基地是由团省委、省公安厅和省"保护母亲河行动"领导小组等共同发起营建，是河南省青年民警每年的义务植树和生态教育基地。仪式结束后，省市领导和1000余名公安民警在百亩梯形条子田里栽下了3000多棵侧柏。2000年12月23日，由香港7所大学的大学生和香港青年联合会的58名人员组成的香港保护母亲河大专生交流团应邀来河南省参观考察。此次活动的目的在于配合内地的"保护母亲河行动"，考察了解黄河的生态状况和治理前景，引导香港大学生

了解黄河文化，培养热爱祖国的热忱，增加环保意识。交流团在洛阳、济源等地进行参观考察，与当地青少年、大学生开展广泛交流，并在小浪底"中国少年水保世纪林"种植了象征热爱祖国、保护生态环境的松柏树。"保护母亲河行动"活动显示了强大的感召力和凝聚力，使广大青少年的母亲河意识、绿色文明意识、生态意识和持续发展意识在实践中得到了增强和提高。

第四节 倡树文明新风

1978年后,河南省各级共青团组织带领广大青少年,积极参与社会主义精神文明的创建活动,在服务社会的实践中锤炼品德。20世纪70年代倡导的学习雷锋活动的不断深入,有效优化了社会环境,涌现出一批雷锋式的青少年模范人物。1984年,河南省大中专学生暑期社会实践活动拉开序幕,他们走进社会,开展调查研究,了解国情。1990年,河南省开始实施希望工程,10年间,累计筹资逾亿元,救助失学儿童95935人。1994年,河南省开始实施跨世纪青年文明工程,这一工程包括形式多样、内容广泛的各种活动,全省每年参加活动的青年有10万多人。通过这些活动,倡树文明新风,弘扬社会主义先进文化,实践社会公民道德建设,提高青年的科技文化素质,丰富了广大青少年的科技文化生活,推动了社会风气的好转,促进了社会主义精神文明建设。

跨世纪青年文明工程 是共青团组织在世纪之交的变革过程中推出的重点工程。旨在用建设有中国特色的社会主义理论教育青年,帮助青年树立正确的理想、信念、人生观和价值观,突出爱国主义、集体主义和社会主义教育,弘扬适应社会主义市场经济发展要求的社会公德、职业道德和艰苦奋斗精神,倡导健康、文明、科学的生活方式,确立青年正确的文化导向,提高青年的思想道德素质和科学文化素质,把蕴藏在青年中的精神力量不断转化为促进改革和建设的巨大物质力量。1994年1月,跨世纪青年文明工程开始在河南省团员青年中实施。到2000年,开展的主要工作有:组织各条战线热心公益事业和社会活动的各界青年开展志愿者服务活动,为见义勇为者、离退休职工、五保户、军烈属、孤寡老人送温暖;在工交、基建、财贸、工商、税务、城区街道等行业青年中开展"争创青年文明号,争当青年岗位能手"活动,对青年进行创业精神、敬业意识和质量、效益、服务意识教育,培养他们良好的职业道德和职业理想;用青年喜闻乐见的形式开展健康向上的文化娱乐活动,如"青年喜爱的书""青年喜爱的歌""青年喜爱的影视片"的推荐、阅读、演唱、鉴赏、评选等活动,创建青年文明社区活动,建立21世纪青年书屋,推动青年文化工作的繁荣和发展;开展"手拉手"互助活动,在少先队先后开展"手拉手情系贫困地区小伙伴""手拉手智力扶贫""手拉手解困助救"等形式多样的活动。每年河南省参加活动的青少年有10万多人。

学雷锋活动 1977年3月5日,共青团河南省委发出《关于更广泛深入地开展向雷锋学习的群众运动的通知》,并于3月18~22日,召开学习雷锋工作会议,部署进一步开展向雷锋学习的群众运动。1979年3月，团省委在郑州召开"学雷锋、树新风"座谈会，授予55个单位"学雷锋树新风先进集体"称号、12人"学雷锋树新风标兵"称号、125人"学雷锋树新风积极分子"称号。此后，学雷锋活动与全民文明礼貌月活动融为一体，以更灵活多样的形式在全省青少年中持久开展。1981年，团省委授予15个单位"学雷锋树新风先进集体"称号、39名青少年"学雷锋树新风积极分子"称号。1983年，团省委授予43个单位"学雷锋先进集体"称号、63人"学雷锋积极分子"称号。1984年，河南省有6个青年集体被团中央授予"全国学雷锋先进单位"称号，团省委通报表彰49个"学雷锋学海迪"先进集体和60名先进个人。从此把每年的3月1~7日定为"学雷锋、树新风"活动周，不断深化学雷锋活动。1990年3月，学雷锋活动的主题是"学雷锋精神，做'四有'青年"。当年表彰"学习雷锋先进集体"50个、"学习雷锋先进个人"100人。1993年3月2日，河南省学习雷锋30周年纪念大会在郑州召开。中共河南省委副书记任克礼出席会议并作题为《弘扬雷锋精神，为中原振兴建功立业》的讲话，中共河南省委宣传部副部长葛纪谦和共青团河南省委书记孔玉芳也分别讲了话。会议表彰了一批学雷锋先进集体和个人。至2000年3月，每年河南省各地志愿参加学雷锋活动的青少年有60万人。

大学生暑期社会实践活动 1984年6月，共青团河南省委、河南省学生联合会发出在河南省大中专学生中开展暑假社会实践活动的通知，号召全省大中专学生积极开展暑期社会实践活动。该项活动20世纪80年代以走进社会、调查研究为主，90年代初开始有组织地开展志愿者扫盲与科技文化服务活动。1988年和1989年，开展了主题为"在社会中求知，在实践中成才"的大中专学生社会实践活动。1990年和1992年，广泛深入地开展了以"求知于工农，奉献于社会"为主题的暑期社会实践教育活动。1993~1995年，开展了以"热爱家乡、建设河南，为中原振兴奋发成才、建功立业"为主题的暑期大中专学生社会实践活动。1996年，开展了以"大中专学生志愿者扫盲与科技文化服务"为主题的暑期社会实践活动。1997年，开展了以"热爱家乡、建设河南，为中原振兴奋发成才、建功立业"为主题，以"志愿者扫盲与科技文化服务"为主要内容，以送文化、科技、卫生"三下乡"为基本形式的社会实践活动。1998年，河南省大中专学生志愿者暑期文化科技卫生"三下乡"社会实践活动暨"东风特别行动"启动仪式在河南农业大学举行，主题为："在服务农村两个文明建设、服务农民生产生活的实践中深入学习贯彻党的十五大精神，深入学习邓小平理论，受教育、长才干、作贡献。"1999年，暑期"三下乡"活动的主题是"弘扬'五四'爱国精神，勇担强省富民重任"。2000年7月4日，河南省大中专学生志愿者暑期"三下乡"暨博士志愿服务团出征仪式在郑州大学举行，主题是"向新世纪迈进，在实践中成才"。据不完全统计，自开展大学生暑期社会实践活动起，每年有近10万名大中专学生参加活动，组织各种服务队2000余次，足迹遍布18个市（地）、110个县

（市）、1900个村庄，开展科技扶贫、企业帮困、文化宣传、支教扫盲、医疗卫生服务、环境保护等各种志愿服务活动。1984~2000年，团省委共表彰"社会实践活动先进单位"584个、"社会实践活动先进工作者"4148人、"社会实践活动先进个人"（在校学生）8146人。1997~2000年，共青团河南省委连续4次获团中央表彰的大中专学生志愿者暑期"三下乡"社会实践活动"优秀组织奖"。

"燎原行动"夏令营　1992年7月3日在郑州正式开营，主题是"到工农中求知，在实践中成长"。夏令营设省营和22个市（地）专题分营，活动时间半个月。省营具体承办"红领巾军事学习营"和"知国情、爱劳动，做赖宁式好少年"辅导员夏令营。活动期间，各级少先队组织与有关单位密切配合，带领广大少先队员分赴工厂、农村、军营、经济开发区、革命老区等地了解国情，参加劳动，接受军事训练。少先队员通过夏令营活动，增长知识，锻炼体魄，增强了为祖国现代化建设努力学习的决心和信心。10月15日，"燎原行动"夏令营活动组委会表彰了75个主题鲜明、形式活泼的夏令营，并授予其"燎原之星夏令营"称号。

大学生科技文化艺术节　1988年5月4日~6月4日，第一届河南省大学生文化艺术节在全省大学生中开展。艺术节由中共河南省委宣传部、省委高校工作委员会、河南省教育厅、共青团河南省委、河南省学生联合会联合举办，旨在改进和加强高等学校的思想政治工作，通过健康向上、丰富多彩的文体活动，积极进行文化引导，建设有利于大学生成才的校园文化环境，促进大学生全面发展。随后两年举办一次，每次都有约10万名大学生参加，到2000年年底共举办了7次。1994年第四届起，更名为"河南省大学生科技文化艺术节"，加大了科技含量。首届艺术节的主题是"扬知识风帆，展青春才华，做'四有'人才"；第二届主题是"高举爱国旗帜，发扬革命传统，致力振兴中华，争做'四有'新人"；第三、第四、第五届主题是"崇尚科学真知，弘扬时代新风，争做'四有'新人"；第六届主题是"弘扬'五四'精神，追求科学真知，倡树文明新风，争做'四有'人才"；第七届主题是"求科学真知、树文明新风、强综合素质、做'四有'新人"。每届艺术节都为大学生设计了丰富多彩的活动项目，如："热心献社会"科技文化志愿服务月，"走向世界"英语演讲比赛，"校园采风"书法、篆刻、摄影、美术作品展览，"灿烂青春"校园歌手大赛，"迎接挑战"计算机技能比赛，"祖国颂"文化会演等。全省大学生踊跃参加，涌现出一大批科技、文化、艺术方面的人才。科技文化艺术活动是学校团组织的一项经常性工作，其内容和形式不断创新，是校园精神文明建设的重要载体。

青年志愿者行动　该行动于1994年年初开始在河南省实施，是团组织以招募为形式，以自愿为原则，组织各条战线青年开展的无偿的公益事业和社会活动，是共青团跨世纪青年文明工程的重要组成部分。开展的主要工作：一是"为见义勇为英雄志愿服务活动"，建立起514支青年服务队，为508名英雄提供医疗保健、生活救助、生产帮扶等各种服务。二是组织青年志愿者与各种需要救助的特殊社会阶层建立"一助一"长期服务对子，共结成服务对子8万对。三是营建青年志愿服务站。河南省青年志愿服务站的前身是河南油田青年服务站，1994年筹建。志愿服务站推行"实体+服务"的建站模式，实施以建站推动经济实体，以经济实体推动服务站自行运转的方针，创办了河南油田青少年发展基金和河南油田青少年服务中心及经济开发部。1995年8月16日，团省委决定把该服务站升级为河南青年志愿服务站，并举行了挂牌仪式，中共河南省委副书记任克礼和共青团中央宣传部致信祝贺。该站建有5个分站、34支青年志愿者服务队、87个志愿服务点，招募有4786名志愿者。8月23日，共青团中央宣传部和中国青年志愿者协会在河南油田召开现场会，总结推广河南省青年志愿服务站的工作经验。四是创建各种类型的服务基地，如"青年志愿者双休日服务基地""青年志愿者文明标志区""青年志愿者科技服务站"等。五是推出"科技文化进农家"青年志愿服务活动，把服务的领域导向农村，直接为农村扶贫攻坚和农村精神文明建设服务。首批为全省2000户农民家庭提供致富奔小康所急需的实用技术，建立一批"科技文化书屋"。1996年1月27日，团省委、省青年志愿者协会在罗山县举行了活动启动仪式。来自省直有关厅局、科研单位、大中专院校等单位的青年志愿者30余人，当场与急需服务的农民签订了"一助一"长期结对服务协议，并成立有27人参加的科技文化巡回服务团，另有100名志愿者与农民结成服务对子。参与"科技文化进农家"的结对数达4000余户，建立各种形式的"科技文化书屋"近400个。六是开展以治理"六乱"（乱贴、乱占、乱倒、乱建、乱停、乱行）为目的的"我做城市美容师"志愿服务活动。1997年3月1日，郑州、开封、洛阳3市6万名青年志愿者走上街头治理"三乱"。同年3月5日全国环境日，全省各地动员县以上城市约30万名青年志愿者走上街头治理"三乱"。同年7月26日，为深化这一活动，团省委、省青年志愿者协会启动"讲文明、树新风"活动，10个城市的10万名青年志愿者走上街头，深入居民小区，集中清除非法张贴物。为确保活动取得有效成果，各级团组织还加强机制建设，组织青少年制定各种《文明公约》和《行为规范》，同时加强阵地建设，增强活动的依托功能，建立了一批"青年志愿者双休日服务基地"。至1997年11月，河南省有193个单位共计7.6万余名青年志愿者到

照36-2-4-1　1998年9月2日，全省启动第一批"河南省青年志愿者支教扶贫接力计划"

各个文明标志区基地参加了服务活动。七是启动"河南省青年志愿者支教扶贫接力计划"。1998年9月7日，团省委、省青年志愿者协会正式启动接力计划——宁陵项目和新县项目，10名大专以上学历的青年成为接力计划的第一批志愿者。扶贫接力计划经过首批实施，初步形成扶贫接力计划组织实施的管理机制，为更广泛地深化实施这项计划打下坚实基础。1999年10月，由37名具有较高素质的青年专业人才和技术骨干组成的第二批扶贫队员赴宁陵、泌阳、淅川、孟津、台前5县开展支教、支医、支农志愿服务，其中10名队员被授予"河南省杰出青年志愿者"称号。2000年10月，第三批30名青年志愿者再次接过接力棒，到上述5县开展文化、卫生、科技扶贫工作，两年中共有40名队员被授予"河南省青年志愿者"称号。八是开展"河南省杰出（优秀）青年志愿者和服务集体"的评选工作。有2人当选全国杰出青年志愿者，2个服务集体获"全国青年志愿者服务优秀集体"称号，3个志愿者协会获全国"优秀志愿者服务集体"称号，4人获全国"优秀志愿者"称号，3人获全国"青年志愿者服务奖"。九是启动"新世纪绿色家园"活动。3000余名青年志愿者代表聚集在一起，向全省青少年发出绿色倡议书。十是实施"新世纪志愿者服务计划"。该计划是为迎接2001年"国际志愿者"年而开展的活动。实施内容以"世纪·千年"口号为统揽，动员和组织广大青年踊跃参与社区服务、扶贫开发、环境保护等领域的志愿服务活动。

争创"青年文明号"、争当"青年岗位能手"活动 简称"双争"活动，是跨世纪青年文明工程和跨世纪青年人才工程的重要组成部分，是以建设职业文明为核心，以行业管理为规范，以科学管理为手段，以岗位创优为重点，以先进典型为导向的群众性精神文明创建活动。"青年文明号"是指以青年为主体，在生产、经营、管理和服务中创建高度职业文明，创造一流工作成绩的青年岗位（岗、台、车、船、站、所等）。"青年岗位能手"是指年龄在35岁以下，有优良的思想品德和职业道德，敬业爱岗，熟练掌握各项业务技能和理论知识，能够优质并超额完成本岗位各项年度考核指标，创造较好经济效益的企业青年职工。1994年4月，活动开始在河南省青工中实施。该项活动通过拜师学艺、操作练兵、现场示范、技能竞赛等手段，使企业的青年职工素质有明显提高。为抓好这项工作，1999年，省"双争"活动组委会制定《河南省青年文明号管理办法（试行）》，并成立河南省"双争"活动组委会，经常进行大检查。为推动"双争"活动深入进行，还开展了导师带徒活动，全省有80%以上企业、340万青工参加，推广先进操作法606个工种，师徒结对18万余人，签订师徒合同5.3万份，组织各类技术比武2084次，举办岗位能手培训3500期，涉及20个行业。从1994年活动开始至2000年年底，全省共有60万个青年集体参加"双争"活动，评出全国杰出青年岗位能手1人、全国青年岗位能手34人、全国青年文明号197个，评出河南省青年岗位能手1739人、省级青年文明号1013个、市级青年文明号8530个。共有5200个青年集体分别获市至国家级"青年文明号"称号，50多万名青年获"青年岗位能手"称号。共青团河南省委连续3年获全国最佳组织奖。

"手拉手"互助活动　是由团中央、全国少工委发起的,以城市和农村、富裕地区和贫困地区、健康的和有残疾的以及不同民族的少年儿童互相结对、互助互学、共受教益的一项实践教育活动。宗旨是通过少先队员和队组织之间的交流、互助、服务,引导少年儿童了解国情,认识社会,从小培养爱国情感和集体主义、社会主义精神,培养乐于助人、团结友爱的健全人格。"手拉手"互助活动是"跨世纪中国少年雏鹰行动"的重要内容,也是少年儿童素质教育的有效载体。活动从1994年开始,河南省不断拓宽"手拉手"互助活动领域,在少年儿童中先后开展了"手拉手情系贫困地区小伙伴""手拉手智力扶贫""手拉手解困助救"以及书信交友、书报结友、外出访友、捐助失学小伙伴等形式多样的活动,促进"手拉手"互助活动由少先队教育行为向经常性的队员自觉行为转化。全省"手拉手"结对小伙伴达100多万对,17个市(地)及150个县(市、区)都建立了"手拉手"联谊关系,联谊校和辅导员结对达1万对以上。1997年9月14日"辅导员手拉手扶贫助教"活动在郑州举行启动仪式。通过城市和农村、富裕地区和贫困地区辅导员之间的"手拉手",加强相互帮助,优势互补,促进共同进步。参加首次活动的20名城乡辅导员结成对子,进行双向交流。活动到1998年4月底结束。"手拉手"互助活动的开展,在城市和农村、富裕地区和贫困地区、健康儿童和残疾少年之间架起了一座互通信息、互助互学、互敬互爱、共受教育的桥梁,具有较大的社会影响和雄厚的组织基础,已成为河南省少先队的一项主导性、经常性教育活动。1998年,河南省继续扩大"手拉手"互助范围,结合时代特点不断探索新的活动形式。"手拉手三辰影库伴我快乐成长""手拉手送欢乐""手拉手争做安全小卫士"等活动,吸引更多少年儿童加入活动中,收到了良好效果。1998年,河南省共有472名少先队员被全国少工委命名为"全国手拉手好少年"。据有关调查统计,截至2000年年底有52.7%的少先队员参加了"手拉手"互助活动。全省各级少先队组织共向贫困地区小伙伴捐赠旧课本和其他课外书籍40余万册,电脑56台,衣物10万余件,各种文具、学习用品、教学用品器材150万件,学校结对1774所,少先队员结对40余万对。

创建"青年文明社区"活动　1996年10月,团省委同省民政厅、省建设厅、省工商行政管理局联合下发《关于加强城市社区精神文明建设、开展创建"青年文明社区"活动的通知》,开始全面推进创建"青年文明社区"活动。该活动以城市街道为基础,以区、街道团组织作为主要力量,配合有关部门,动员、组织广大青少年面向社区,积极参与社区经济发展和思想、文化、卫生、体育、社会服务等多方面活动,使社区青年的文明程度有明显提高,在社区稳定和发展中发挥积极作用。1996年11月,创建"青年文明社区"活动指导小组成立。各"青年文明社区"创建有"社区青年文明号"、社区青年志愿者服务站(点)、社区职业介绍或技能培训站(点)和社区青少年科技、文化、法制教育活动阵地及社区青少年服务项目。截至2000年年底，河南省共创建国家级"青年文明社区"4个，分别是郑州市大学路街道、安阳市红旗街道、登封市嵩阳路街道、郑州市电新街居委会。全省共创建20个示范点，有力地促进了社区群众性精神文明建设的开展。

大中专学生志愿者社区援助活动 是大中专学生社会实践活动的进一步深化和发展。通过动员和组织大中专学校学生，以志愿参与的方式，利用周末或其他课余时间，深入城镇社区，发挥自身优势，开展多种形式、多方面的专业援助服务。其主要内容是：开展社区公益事业援助；社区人员就业前培训援助；社区内民工培训援助；敬老助残；英雄模范人物子女家教；健康咨询；医疗卫生和法律权益等多种形式的专业援助；高校自身的文明建设项目。活动于1996年5月开始启动。采取中心示范、重点推进、全面深入三个步骤进行。同年9月24日，河南大学学生志愿者社区援助中心挂牌成立，与郑州大学学生志愿者社区援助中心一起成为活动的两个示范区。同年10月9~10日，团省委在南阳召开座谈会，决定开展大中专学生志愿社区援助站活动。同年10月19日~11月17日，"援助站"活动在河南省中心城市展开，广大学生踊跃参加。他们深入社区，开展助残服务、义务家教、民工培训等。在服务过程中，"有什么要求告诉我，有什么困难来找我"成为志愿者向广大群众的承诺，深受群众好评。1997年6月9日以"校街结对"为抓手，进一步深化了大学生社区援助活动。

中国互联网络大赛河南赛区活动 "中国互联网络大赛"是唯一由政府批准并指导的国家级互联网络比赛。由国家信息化办公室、中国青少年发展基金会、中央电视台等有关机构联合举办。其目的是促进互联网络在中国的应用，提高全民族的科学文化素质，推动国家信息化建设。1998年开始首赛，1999年为第二届大赛。第二届大赛以"网络与新世纪"为主题，推出了"全国Internet知识竞赛""中国企业信息化水平竞赛""中国网络小姐选拔赛""中国家庭网上购物大奖赛"等多项专题竞赛。河南赛区赛事由团省委具体承担。1998年8月20日，大赛河南赛区指导委员会和大赛河南赛区工作部成立，省政府副省长陈全国任名誉主任，团省委书记宋璇涛任主任委员。同年12月底活动结束。河南赛区获得全国优秀代表队奖、全国网络小姐第四名、全国优秀组织者奖。2000年8月28日，第三届中国互联网络大赛河南赛区开幕式在省多媒体信息局举行活动启动仪式。中共河南省委组织部副部长王笑南为仪式剪彩，使河南省成为全国第一个报名的省份。团省委副书记宋丽萍等人参加了开幕式。9月27日，大赛10项赛事之一的互联网知识竞赛代表队进行第一场热身赛，由新乡、驻马店、漯河3市组成的河南省代表队参加了网上热身赛。10月12日，河南省代表队又参加网上代表队热身赛，取得了第二名的好成绩。11月3日，互联网知识竞赛第二场赛事在漯河市举行，河南省代表队以80分满分摘取全国第二场赛事桂冠。11月27日，第三场赛事开始，河南省代表队以147分再次获单场成绩第一名，以累计得分297分列全国第四名，取得了河南省历届比赛的最好成绩。

河南省"乡村青年科技文化节"暨"百日百乡百万农村青年科技大集"活动 简称"三百科技大集"，即利用100天时间使100个乡村以上的百万农村青年受到科技文化服务。是团省委配合"三下乡"活动的深入开展、加强农村"两个文明"建设的一项重要举措。1999年1月12日在林州市启动第一届大集，同年12月18日在荥阳市广武镇启动第二届。继续以推广科技、倡树新风、传播文明为主题，以乡村两级为活动

照36-2-4-2 2000年12月，共青团河南省委在商丘市梁园区刘口乡举行的第三届"百日百乡百万农村青年科技大集"活动现场

重点，创建"共青团文明一条街""乡村青年大擂台"等具体项目，推动"科技大集、文体大赛、卫生大扫除"等活动深入开展，带动农村团的工作进一步活跃。活动结束时表彰"三百科技大集"优秀组织奖9个单位、十佳医疗名人10人、"三百科技大集"活动先进个人63人。2000年12月23日在商丘市梁园区刘口乡举行第三届"科技大集"，围绕"青年·科技·文明"主题，以"推广农业科技，倡树文明新风"为口号，以服务河南省农村经济和社会发展、丰富和活跃农村青年文化生活为宗旨，开展了内容丰富、形式多样的科技、文化、卫生"三下乡"活动。主要形式有科技大篷车、科技展板、文艺演出、医疗卫生、专家咨询、发放科技资料等。活动期间，累计制作展板、图片、宣传条目6500多块，散发科技信息资料480多万份，文艺演出1260场次，累计1.19万多名专业技术人员为群众提供了科技、文化和医疗服务。活动在河南省60%的县（市、区）和30%的乡镇相继展开，带动近万名科技、文化、卫生人员随同下乡，使近千万名农村青年参与活动，万余名群众在大集上找到了致富项目。"三百科技大集"成为河南省"三下乡"活动的重要组成部分和知名品牌。

"热爱河南、增辉中原"青年志愿者万里行活动 是团省委、省青年志愿者协会贯彻落实省委、省政府关于在全省开展"热爱河南、增辉中原"活动指示精神的具体行动。1999年6月28日，活动出征仪式在省人民会堂隆重举行，中共河南省委常委、宣传部部长林炎志和共青团河南省委领导为经过严格评选出的80名青年志愿者送行。他们分成文艺演出组、法律咨询组、卫生医疗组和科技环保组，历时60天，途经60个城镇，行程4000余千米，深入城乡，入村到户，开展宣传、演讲、咨询活动，深受群众欢迎。

少先队庆祝建队50周年大型检阅式 1999年10月13日，由团省委、省教委、省少工委、团郑州市委等有关单位联合组织的中国共产主义少年先锋队建队50周年

大型检阅式在郑州市体育场举行，省会万名少先队员参加了检阅。这次检阅式旨在回顾少先队50年的光辉历程，展示当代少先队员的良好精神风貌，对省会少先队组织进行检阅，并对面向新世纪的少先队进行一次再动员。中共河南省委副书记范钦臣、共青团河南省委书记宋璇涛等出席检阅式。由2500名少先队员组成的4个方阵，即"星星火炬指航程""队鼓咚咚震长空""雏鹰展翅竞飞翔"和"携手迈向新世纪"接受了检阅。

照36-2-4-3 1999年10月13日，省会万名少先队员在郑州市体育场举行"省会少先队员庆祝建队50周年检阅式"

创建河南"新世纪青年文化工程" 由省委宣传部、团省委、省教委、省体委、省文化厅、省广播电视厅、省文联、河南日报社共同发起，旨在贯彻落实中共中央《关于加强和改进思想政治工作的若干意见》和总书记江泽民关于宣传思想工作和教育工作的一系列重要指示，繁荣青少年文化生活，开展各级各类青年都能参与的群众性文化活动。2000年4月开始在河南省实施。活动内容有：举办"中原青年文化项目擂台赛"；推动青少年新世纪读书计划深入开展；建立青少年新世纪读书俱乐部，利用青少年读书俱乐部、读者协会、读书书屋、青少年宫、活动中心等活动阵地，发挥团组织优势，加强对青少年的思想教育；举办"城市青年网络文化大赛"；举办"青少年宫少儿文艺调演"暨青少年校外教育成果展。为加强对活动的领导，发起单位联合成立了活动组委会。"青年与文化"网上论坛，是"新世纪青年文化工程"的一项主题活动，由团省委与河南报业网联合发起，2000年4月26日在河南报业网"山楂树"聊天室举行。活动旨在构建河南青年健康向上的网络文化，倡导网络文明，抵制各种低级趣味的网上垃圾对青少年身心健康的影响。论坛开办两个小时，共有338名青年网友上网参与，最高在线人数达126人。8月9~11日，在郑州市青少年宫举办了河南省首届青少年少儿文艺调演暨校外教育成果展。节目共计58个，展板18块，优秀书画作品40幅，小制作39件，最后评选出节目一等奖3个、二等奖7个、三等奖11个，优秀节目31个，优秀辅导员老师45人、优秀作品79幅（件）、优秀组织奖4家单位。11月21日，在周口举办了中原青少年书法擂台赛，河南省17个市的130余名青少年书法好手参加了擂台赛。通过选手现场书写，专家认真评选，共评出一等奖10人、二等奖20人、三等奖30人、优秀组织奖5个。省委宣传部、团省委、省文联对获奖人员和单位联合进行了表彰。"河南省新世纪青年文化工程"是一项各级各类青年都能参与的群众性文化活动，具有群众性和普及性的特点，受到广大青年的欢迎。

希望工程 是由中国青少年发展基金会于1989年10月发起实施的一项为青少年发展服务的社会公益事业。其宗旨是：贯彻政府关于多渠道筹集教育经费的方针，动员海内外民间的财力资源，建立基金，资助贫困地区的失学少年继续学业，保障适龄儿童少年接受义务教育的权利，改善贫困地区的办学条件，促进贫困地区基础教育事业的发展。河南省于1990年开始实施希望工程。1991年年底，经过中国青少年发展基金会授权，共青团河南省委成立河南省希望工程办公室，在河南省组织实施希望工程。1991年12月27日，共青团中央、中国青少年发展基金会捐资10万元，地方配套30万元，总投资40万元，在河南省新县陡山河乡援建的河南省第一所"希望小学"——新县"希望小学"落成。学校有教师26人，学生425人。团中央书记处书记冯军、团省委副书记孔玉芳为学校落成剪彩。从1992年起，河南省希望工程办公室面向全省推出了一系列大型筹资活动。1992年，配合中国青少年发展基金会开展了"希望工程——百万爱心行动"。其主要内容是通过广泛的宣传动员工作，让更多的人了解"希望工程"，通过基金会和各级团组织牵线搭桥，让捐赠者（个人或集体）与贫困地区的失学孩子建立直接联系，进行定向资助。1992年4月27日，团省委实施希望工程办公室在《河南日报》上发出"百万爱心行动"号召后，得到社会各界的广泛关注和热烈响应。中共河南省委书记侯宗宾、河南省人民政府省长李长春带头捐款，并给予"希望工程"高度评价，号召社会各界大力支持。中共河南省顾问委员会、河南省人大常委会和许多单位的领导，以及各界、各阶层、各行业的人们都伸出援手，掀起了向"希望工程"捐款的热潮。截至当年7月底，省"希望工程"办公室收到海内外结对申请卡4610份，意向受助名额近5000人，捐款近70万元。1994年，开展"希望工程1（家）+1助学行动"。1995年，在全省大型商场设立希望工程捐款箱。1996年，团省委与省工商银行联合开展"向希望工程献爱心有奖储蓄活动"，动员社会各界积极参与认购储蓄奖券，支持希望工程，向贫困地区的失学孩子献出一份爱心。活动吸储目标为10亿元，其中1%用于捐赠希望工程，设立河南省助学基金。9月2日，活动启动仪式在河南省人民会堂举行，中共河南省委副书记范钦臣、河南省人民政府副省长张世英出席了启动仪式。截至11月底，预定吸储任务全部完成，为希望工程募捐款900余万元，活动圆满结束。1998年，团省委与省邮政局联合推出了"希望工程邮政邮资明信片"。该种明信片的发行在全国尚属首次，在河南省共发行200万套，每套10枚。发行结束后，省邮电管理局把全部利润800万元捐赠给河南省希望工程。10年间，河南省希望工程累计筹资逾亿元，救助失学少年儿童95935人，其中小学生93773人、中学生2162人，另救助大学生383人。援建希望小学530所。河南省共有17个市（地）（除鹤壁市）的116个县（市、区）实施了救助工作。其中，中国青少年发展基金会和省青少年发展基金会累计救助

1990~1999年河南省希望工程救助情况统计表（表一）

表 36-2-4-1 单位：人

年份	中青基、省青基救助部分		市（地）救助部分		县（市、区）救助部分		合计
	小学生	中学生	小学生	中学生	小学生	中学生	
1990	1000				850	150	2000
1991	300	20			904	203	1427
1992	6838				1553	291	8682
1993	4289	41	1518		2816	460	9124
1994	8980	24	11773	78	8129	13	28997
1995	2228	19	7897	29	3691	51	13915
1996	381	15	5906	54	3391	137	9884
1997	695	25	4221	63	3120	160	8284
1998	832	5	9052	321			10210
1999	285	3	1236		1888		3412
合计	25828	152	41603	545	26342	1465	95935

1990~1999年河南省希望工程救助情况统计表（表二）

表 36-2-4-2 单位：人

地点	中青基、省青基救助部分		市（地）救助部分		县（市、区）救助部分		合计
	小学生	中学生	小学生	中学生	小学生	中学生	
郑　州	121	1	3338	19	2212	118	5809
洛　阳	5570	17	6639	45	1920	34	14225
平顶山	830		2782	56	1311	59	5038
新　乡	22		995	1	945	43	2006
安　阳	4		2043		463		2510
焦　作		12	632				644
濮　阳	1685	1	2491	2	2686	14	6879
许　昌	59		830	43	914	10	1856
漯　河	1	7	4356		2060	5	6429
三门峡	1094	13	3686		1976		6769
南　阳	2992	6	7642	29	2880	76	13625
商　丘	1763		1132		732	1	3628
周　口	14	17	449	22	694	74	1270
驻马店	3222	31	1763	28	2936	42	8022
信　阳	8418		947	108	4687	980	15140
济　源			720				720
合　计	25795	105	40445	353	26416	1456	94570

25980 人，市（地）、县累计救助 69955 人，各占总数的 27.08% 和 72.92%。

全国第二所"手拉手"希望小学 1994 年 8 月 28 日在河南省光山县王大湾乡落成。是继河北省西柏坡希望小学之后，由全国小朋友用压岁钱捐建的第二所希望小学。中共中央政治局常委、中央军委副主席刘华清为该校题写校名，中央宣传部常务副部长徐惟诚担任学校名誉校长。团中央书记处书记赵实，中共河南省委常委、宣传部部长张文彬，共青团河南省委书记申振君参加落成典礼。赵实向希望小学赠送了国旗，并授少先队队旗。该校占地 0.85 公顷，拥有 6 个教学班，可容纳 300 多名适龄儿童。

香港"苗圃行动"在河南 香港"苗圃行动"是香港的一个非宗教、非政府、非营利性的慈善团体行动。其活动宗旨是通过实地考察、以直接资助和长期跟进的方式，支持中国贫困地区发展教育事业。1996 年 3 月 31 日~4 月 4 日，香港"苗圃行动"在河南省桐柏县考察 5 所山区小学，选择了建校地点。1997 年 3 月 31 日~4 月 4 日，香港"苗圃行动"一行 3 人赴河南省南召县和桐柏县考察希望工程工作，并与省希望工程办公室签署了资助 72 万余元在南召县援建 4 所希望小学的协议。为推动更多人士关注内地教育，筹集更多资金改善内地贫困地区办学条件，香港"苗圃行动"与中国青少年发展基金会共同组织，实施"'97 行路上北京"活动。该活动在河南省的起始时间是 1997 年 4 月 24 日~5 月 18 日，沿国道 107 线行路 527 千米，途经 8 个市（地）、22 个县（市）。其间，为河南省捐助希望小学建校资金 220 多万元。截至 1998 年年底，香港"苗圃行动"共向河南省希望工程捐款 458 万元人民币，援建 21 所希望小学。

中华古诗文经典诵读工程 简称"古文诵读工程"。是共青团中央、中国青少年发展基金会继成功实施希望工程后推出的又一项具有开创性和跨世纪深远意义的社会文化工程，是希望工程的延续和发展。其宗旨是让广大青少年儿童通过诵读、熟背中华古诗文经典的方式，帮助他们从小打好语言文字功底，开发记忆力，获得中华传统文化的熏陶和修养，继承和发扬中华民族的优秀传统，促进少年儿童健康成长。1999 年 9 月，"中华古诗文经典诵读工程"河南省推广委员会成立，中共河南省委常委、宣传部部长林炎志和省政府副省长陈全国任顾问，团省委书记宋璇涛任主任委员，其办公室设在河南省青少年发展基金会，具体负责该工程的组织实施和日常工作。河南省"古文诵读工程"计划用 10 年时间实现 100 万人以上参与规模，使诵读古诗文成为社会时尚，在全社会形成"书声琅琅、文以载道、寓教于乐、继往开来"的良好局面。"古文诵读工程"以《中华古诗文读本》为指定教材，主要对象为 6~13 岁少年儿童，从 1999 年 11 月开始实施。近 50 万名少年儿童参与活动，受其影响的成年人超过 300 万。2000 年 12 月 26 日，"传承中华文明，喜迎 21 世纪，河南省少年儿童中华古诗文朗诵会"在省人民会堂举行。会上授予 22 个单位"古文诵读"工程组织奖、27 所学校"古文诵读"工程特色学校称号、16 人"古文诵读"工程贡献奖、53 人"古文诵读"工程优秀辅导员称号、74 名学生"古文诵读"工程朗读标兵称号。

第五节 维护青少年权益

维护青少年权益,帮助有特殊困难的青年群体解决实际问题,是共青团组织义不容辞的责任。1978年后,针对下岗青工、外来务工青年和未成年人、少年儿童服务需求的不同特点,全省各级团组织广泛开展了一系列活动。1988年12月,河南省第七届人大常委会第七次会议通过了《河南省未成年人保护条例(试行)》。1989年10月,中共河南省委批准成立河南省未成年人保护委员会。1999年年初,河南省开始创建青少年维权岗活动。2000年,共青团河南省委与司法部门联合开通了全国第一条"148"青少年维权热线,深入调查研究,了解青年的需求和状况,为相关青年法律和青年政策的出台提供依据;配合有关部门实施好《未成年人保护法》和《预防未成年人犯罪法》,深入贫困地区、工厂,以下岗失业青年、贫困学生、残疾青年为重点,采取募集钱物、济困助学等措施,帮助他们解决实际问题,缓解他们在工作、学习和生活中遇到的困难;开展为下岗失业青年送岗位、送政策,为下岗职工子女送温暖活动。力求满足不同青少年群体的发展需求,切实维护青少年的合法权益,优化青少年健康成长的环境。

河南省未成年人保护 河南省是颁布实施未成年人地方保护法规较早的省份之一,同时也是开展未成年人保护工作较早的省份之一。1988年3月,河南省青少年研究所受省人民代表大会常务委员会委托,开始起草《河南省未成年人保护条例(草案)》(以下简称"《条例》")。当年12月22日,省人大常委会通过该《条例(试行)》。《条例》分总则、未成年人自我保护、违法犯罪的未成年人的矫治与保护、奖励与处罚及附则等共9章56条。1989年6月1日开始试行。1989年10月31日,中共河南省委批准成立河南省未成年人保护委员会。保护委员会的主要职责是通过法律、道德等手段,维护未成年人的合法权益,保障未成年人的健康成长。1991年9月,全国第七届人大常委会第二十一次会议通过了《中华人民共和国未成年人保护法》(以下简称"《保护法》")。同年12月2日,省会371个单位近5000名团员青年走上街头,向社会各界群众广泛宣传《保护法》。1994年、1998年,中共河南省委两次调整省未成年人保护委员会,加强对河南省未成年人保护工作的领导。河南省各级团组织积极宣传贯彻《中华人民共和国未成年人保护法》《中华人民共和国预防未成年人犯罪法》和《河南省未成年人保护条例(试行)》,使"两法一条例"的普及面达70%以上,并协助有关部门查处各种侵害青少年权益的案件。1997年,共青团河南省委维护青少年权益办公室获"全国未成年人保护工作先进集体"称号。1999年《预防未成年人犯罪法》颁布实施之际,省未成年人保护委员会、团省委联合在全省开展《预防未成年人犯罪法》宣传月活动,印制宣传挂图3000张,发放宣传材料5万份,促使广大青少年增强依法自我保护和预防能力,努力预防和减少青少年违法犯罪。同时借助有利时机集中在全省组织开展知识竞赛,编发《河南省未成年人保护条例手册》等有关宣传材料,各地利用各种新闻媒介,通过设立咨询服务点、宣传一条街、举办培训班、知识竞赛等多种形式,大张旗鼓地进行宣传。

献爱心送温暖"快乐新春"活动 由共青团河南省委、河南省青少年发展基金会共同组织开展,旨在为下岗特困职工子女学习提供资助,是促使团组织参与"扶贫""解困"工作的又一重要举措。1999年2月9日,活动启动仪式在郑州纺织机械厂隆重举行。河南省人民政府副省长李志斌,共青团河南省委书记宋璇涛,副书记宋丽萍、张笑东等出席了启动仪式。活动为期一个月。活动期间,由省青少年发展基金会出资50万元对全省1000名下岗特困职工子女提供资助;由团省委维护青少年权益办公室借助中国青少年权益保护基金对河南省部分下岗特困职工子女和受灾地区的适龄儿童提供资助。各地团组织通过送上一份助学金、组织一次参观或游园活动、赠一份学习用品、送一本有价值的图书、看一场有意义的电影等形式,让下岗职工子女过一个快乐的春节,度过一个有意义的寒假。

创建优秀"青少年维权岗"活动 创建活动于1999年年初在共青团、综治办、法院等14个系统和行业广泛开展。旨在维护青少年合法权益,为青少年健康成长提供服务和保障,促进社会文明进步。该项活动有利于动员社会各方面的力量,共同关注和参与青少年维权工作;有利于缓解社会矛盾,预防和减少青少年犯罪,在维护社会稳定中发挥积极作用;有利于加强政法队伍和相关部门内部建设,树立良好的社会形象;有利于密切中共党和群众的血肉联系,调动广大青少年投身"两个文明"建设的积极性。1999年4月26日,"河南杰出(优秀)青年卫士暨河南省优秀青少年维权岗表彰大会"在郑州举行。大会表彰了10名河南省杰出青年卫士和80名优秀青年卫士,聘请了100名"青少年维权监督员",命名了河南省首批5个优秀"青少年维权岗"创建单位和100个"青少年维权岗"创建单位。1999~2000年,河南省创建优秀"青少年维权岗"活动中,涌现出16个国家级优秀"青少年维权岗",105个省级优秀"青少年维权岗",1000个市、县级优秀"青少年维权岗",成为依法维护青少年合法权益的有效阵地。韩超、申文生、何欣、梁彦伟、张环礼、徐洪刚、夏蕾7人获"中国杰出(优秀)青年卫士"称号。

"148"青少年维权热线 为贯彻落实中共十五大提出的依法治国、建设社会主义法治国家的方略,切实加强青少年法制教育,维护青少年合法权益,预防和减少青少年犯罪,营建青少年健康成长的良好环境,深化创建优秀"青少年维权岗"活动,共青团河南省委联合司法部门在河南省范围内依托"148"法律服务专用电话(简称"'148'电话"），开设青少年"维权热线"。这是全国开通的第一条青少年维权热线，旨在更好地为广大青少年提供法律服务、法律援助，及时处理有关青少年权益的事件，切实为青少年成长成才提供服务。"148"电话是司法行政机关开设和运用特定的电话专线和电信网络，统一组织律师、公证人员、基层法律服务人员和乡镇（街道）司法所工作人员，面向广大群众和社会组织，提供便捷、高效的法律咨询和法律服务的一种形式。2000年5月12日，在郑州市"148"协调指挥中心举行了启动仪式，正式在河南省158个县（市、区）设立并开通法律服务专用电话，架起一座服务青少年的维权之桥，成为河南省维护青少年合法权益，为青少年健康成长提供服务和保障，促进社会文明进步的有效阵地。据统计，自"148"青少年维权热线启动至2000年年底，河南省各地共接到咨询电话5000多个，接待来访青少年和群众3万余人次，印发宣传材料5万份，展出青少年法制宣传展板534块。"148"青少年维权热线的设立、开通，初步形成了以"青少年维权热线"为纽带、"青少年维权岗"为阵地、青少年维权监督员为督导的"三位一体"的权益保护网络，有力推动河南省青少年权益工作的健康发展。

第六节 对外友好往来

1979年11月省青年联合会恢复，随着改革开放的深入和旅游事业的发展，河南省的青年对外友好往来活动逐渐频繁，接待青年外事团组次数逐渐增多。外事团组抵豫后，主要到郑州、洛阳、开封等地参观访问，并进行友好联欢、报告会、座谈会等活动，共叙友谊，相互交流。20世纪80年代，河南省青年组织出访次数也大为增加，主要是日本、朝鲜、韩国等国家。走出去加强与世界青年和外国青年组织的相互了解、相互学习，加强联系与交流。20世纪90年代，接待来访和组织出访更加频繁，河南省青年组织与国外青年组织的交流更为广泛和深入。

接待来访 1979年，赞比亚、斯里兰卡、孟加拉、几内亚等国青年代表团35人来河南就共青团工作、青年工作进行访问。

1980年，索马里、法国、罗马尼亚、日本等国摄影家访华团青年代表团109人来河南访问，并进行了参观考察。

1981年，德国、日本、瑞典、荷兰、苏丹等国家和地区青年及英中协会友好代表团441人来河南省就共青团工作、青年工作进行访问。

1982年，刚果社会主义青年联盟、国际青年电子乐团、瑞典学联，及英国、博茨瓦纳、津巴布韦、日本、美国等国青年代表团访问河南并参观了农业项目。

1983年，日本、英国、比利时、瑞典等国青年友好代表团215人来河南省就青年工作进行访问。

1984年，日本、意大利、英国等国家和地区青年代表团228人来河南省就共青团工作、青年工作、学院建设进行友好访问、考察、座谈。

1985年5月16~19日，朝鲜青年代表团、斐济青年代表团、印度民主青年联合会代表团、马尔代夫青年代表团、巴布亚新几内亚青年代表团、莫桑比克青年代表团、加拿大理贾纳大学代表团、贝宁青年代表团、丹麦国际合作协会代表团、亚洲学生协会代表团一行73人到郑州参加"亚太地区青年友好会见活动"，河南省人民政府省长何竹康、中共河南省委副书记赵地等党政领导会见参会代表团。当年还有日本、瑞士、新加坡、挪威等国青年代表团211人来河南省就青年工作、学校工作进行友好访问、考察。

1986年，日本、联邦德国、巴西等国青年代表团211人来河南就共青团工作、青年工作进行访问。

1988年11月25日，省青联负责人吉炳轩、申振君等会见了日本三重县日中友好协会访问团，双方就青年交流与友好往来等问题交换了意见。

1989年4月9~10日，索马里青年代表团访问河南，中共河南省委副书记赵地会见并宴请了客人，代表团与省青年工作者进行了座谈。10月25日，省青联主席申振君会见来河南省访问的日本三重县日中友协代表团。11月2~4日，毛里塔尼亚青年代表团在郑州参观访问，了解河南省青少年的工作情况及青少年在社会各方面发挥的作用。

1994年5月20~21日，应团中央邀请，朝鲜学生委员会代表团一行5人来郑州访问，与各大院校团委、学生会代表进行了座谈。

1995年3月23~25日，应团中央邀请，朝鲜社会主义劳动青年同盟体育工作者代表团一行5人对河南省进行友好访问。6月4~6日，应全国青联邀请，赞比亚全国青年发展理事会代表团一行4人对河南省进行友好访问。7月21~23日，应全国青联邀请，韩国青少年团体协议会代表团一行5人对河南省进行友好访问，就进一步巩固和促进中韩两国青少年事业发展、增进中韩友好与合作关系进行了系统交流。11月18~20日，应团中央邀请，朝鲜社会主义劳动青年同盟代表团一行6人在豫举行课外教育座谈会，双方就各自的青少年课外教育工作情况交换了意见。

1996年4月23~25日，应全国青联邀请，日本日兴会代表团一行7人对河南省进行友好访问，了解河南省改革开放取得的成绩及发展前景、河南省青联组织的状况及青年组织在社会发展中的作用。7月5~7日，应省青联邀请，韩国南蔚山青年会议所访问团一行20人对河南省进行友好访问，就两国青年团体之间在经贸等方面的友好合作进行了探讨，还举行了友好交流意向书签字仪式。9月19~22日，应全国青联邀请，日本青年代表团一行19人来豫访问，日本青年首次在郑州部分省青联委员家里举行民宿活动，参观、访问、座谈、联欢、民宿等一系列活动加深了日本青年对改革开放的河南的了解，增进了两国青年之间的交流和友谊。10月17~19日，应全国青联邀请，以色列青年企业家代表团一行5人来河南进行了友好访问。

1997年5月14~15日，应全国青联邀请，英国国际经济学及商学学生协会代表团一行4人抵豫访问。该团此次来访主要就人才培养合作事宜进行磋商，并在郑州举行了"中国青年赴国（境）外研修生"考试（笔试和面试）。

1998年7月2~5日，应省青联邀请，韩国南蔚山青年会议所代表团一行7人来豫开始第二轮双方交流活动，探讨在经济、教育等方面的合作意向，并就推动两地经济文化等方面的发展进行了磋商。7月30日~8月2日，应全国青联邀请，韩国青少年与指导者代表团一行21人来豫进行友好访问，副省长陈全国会见了代表团全体成员。10月19~21日，应全国青联邀请，阿联酋青年代表团一行5人来豫进行友好访问，就青年工作进行座谈交流，并参观游览了名胜古迹。

1999年9月4~7日，应全国青联邀请，世界民主青年联盟代表团一行3人对河南省进行友好访问。省青联常务副主席张笑东会见并宴请了代表团一行。通过参观、座谈、游览，代表团对改革开放的河南有了较为全面的了解。

2000年5月23~26日，日本三重县日中友好协会副理事长和中国事务局局长一行2人对河南省进行友好访问。5月27~30日，波兰农村青年联盟代表团一行7人对河南省进行友好访问。河南省人民政府副省长王明义亲切会见并宴请了代表团一行，双方就服务农村青年问题进行了友好会谈与沟通。10月25~29日，应全国青联邀请，日本知名社会活动家访华团一行4人对河南省进行友好访问，河南省人民政府省长李克强会见了代表团一行。代表团参观游览了名胜古迹及大型厂矿企业等，与河南省各界青年进行了广泛接触与交流。11月15~18日，应全国青联邀请，澳大利亚代表团一行7人来河南进行了友好访问。11月27~30日，朝鲜金日成社会主义青年同盟代表团一行8人对河南省进行友好访问，参观考察了新乡刘庄、小冀镇和新乡化纤厂。

组织出访　1985年3月4~15日，应日本外务省邀请，河南省青联主席郭国三参加中国青年代表团访问日本。7月18日~8月2日，应日本总务厅邀请，中国青年企业家协会理事、安阳平原制药厂厂长陈超随中国青年代表团访问日本。10月27日~11月12日，应日本200多个友好团体的邀请，省政协常委杜耀敏、省青联副主席孔玉芳等8人参加中国青年访日友好之船代表团，访问了日本。

1990年8月28日~9月4日，应日本三重县日中友好协会邀请，以省青联主席申振君为团长的河南省青年友好访日代表团一行5人赴日访问，通过联欢、座谈等方式了解该县青年和青年组织状况，就今后进一步加强青年之间的友好交流广泛交换了意见。

1991年3月26日~4月2日，河南省青年企业家赴苏考察团17人对苏联（1991年12月解体）远东地区进行考察，参观当地建设开发情况，拜会苏联企业界领导人，就商务、劳务、技术合作等项目与苏方进行了洽谈。该次活动促进了河南省企业与苏联方面的经济关系。

1995年1月15~23日，应日本三重县青年联合会和日本青年会OBG三重分会的邀请，以省青联主席赵建才为团长的河南青年访日代表团一行9人访问日本，与日本青年一起共同栽植了中日青年友好纪念树。

1996年9月3~9日，应朝鲜金日成社会主义青年同盟中央委员会国际部邀请，以团省委副书记李文慧为团长的河南省青年代表团一行6人对朝鲜进行考察访问。这次访问进一步加深了两国青年的友谊，考察学习了朝鲜青少年教育工作。

1997年3月，应韩国南蔚山青年会议所邀请，以省青联主席赵建才为团长的河南青年代表团对韩国进行为期6天的友好回访，进一步加强两国青年之间的交流，完成双方第一轮互访活动。

1999年5月19日~6月15日，河南省青联副主席张笑东率中国青年考察团赴日本考察访问。

第三章 妇女联合会

1978年，中共十一届三中全会后，全省各级党委落实中共中央的干部政策，调整了一批妇女联合会干部，对"文化大革命"中造成的冤假错案进行平反昭雪；全省各级妇女联合会加强领导班子和组织建设，在思想上、理论上、组织上开展了一系列拨乱反正工作。

1979年3月，中共河南省妇女联合会核心小组撤销，中共河南省妇女联合会党组成立。12月，河南省妇女第六次代表大会在郑州召开。大会确定河南省妇女工作的主要任务是：坚持辩证唯物主义的思想路线，贯彻以生产为中心的方针，充分发挥各级妇联组织的作用，调动广大妇女的一切积极因素，团结一切可以团结的力量，为建设社会主义现代化的河南而奋斗。

1981年2月，中共中央作出关于"妇联要把抚育、培养、教育儿童少年健康成长作为工作重点"的指示；5月，中共河南省委在《关于加强儿童工作的决定》中要求："儿童少年工作，要由妇联牵头。"河南省妇女联合会（简称"河南省妇联"）与河南省总工会、共青团河南省委、河南省文学艺术界联合会、河南省科学技术协会联合发出《关于响应〈全社会都来为孩子们健康成长做好事〉联合倡议的通知》，呼吁全社会都来关心儿童少年工作。河南省人民政府于当年拨出1000万千克专用粮食、制糖原料和1000万元低息贷款用于扶持儿童食品、用品、图书的生产。经新建和扩建，1981年年底，全省少年宫、儿童乐园、少年之家等儿童活动场所总数达到1000余个。河南省儿童少年工作协调委员会于同年成立，办公室设在河南省妇联。

1983年，为使妇女合法权益受到保护，河南省各级妇联加强受理妇女群众的来信来访工作，将信访工作人员由兼职改为专职，并单独设立信访接待室。河南省妇联建议并协助制定河南省人民代表大会常务委员会《关于保护妇女儿童合法权益的若干规定》，并于1984年12月施行。随着1984年河南省妇联法律顾问处的成立，各级妇联法律顾问组织陆续创办，全省妇联系统五级信访工作网络和信访工作制度逐步建立健全。

鉴于发展生产对妇女素质的要求，1985~1987年，河南省妇联在全省妇女中相继开展以"一学两赛"（学知识，赛科学致富、赛革新创造）为主要内容的"提高妇女素质年"活动、"建功成才"活动。全省有562万名妇女分别参加扫盲班、文化补习班的学习，参加农业广播学校以及电视大学、夜大学、刊授大学、函授大学的学习，参加各种农业实用技术培训班的培训。河南省妇联与有关单位联合举办的"河南省提高妇女素质成果展览"，吸引省内外6万多人次参观。随着商品生产的发展，全省农村专业户中，以妇女为主的专业户占专业户总数的51.4%。其间，河南省妇女问题理论研究会、河南省家庭教育研究会在郑州成立。依据河南省妇联与河南省卫生厅、河南省教委联合下发的《关于积极兴办家长学校的通知》精神，至1987年，全省成立市（地）级家庭教育组织和研究机构14个、家长学校1万余所。

1988年，中共河南省委组织部转发中共中央组织部《关于在改革开放中加强培养选拔女干部工作的意见》，要求全省尽快达到县、乡级党政领导班子中配备一名女干部的目标。同年，河南省妇联与河南省委组织部、河南省委党校联合举办首期"河南省女领导干部培训班"。河南省委组织部、河南省妇联还联合召开"河南省培养选拔女干部工作经验交流会"。

进入20世纪80年代，各级妇联仍注重结合形势，开展妇女思想教育工作，分别组织妇女干部群众学习中共十一届三中全会精神，参与"实践是检验真理的唯一标准"大讨论，逐步把思想从"左"的束缚中解放出来；并相继恢复三八红旗竞赛和五好家庭创建活动，引导妇女向英雄模范人物学习，"树立新风、抑制陋俗"。至1988年，全省各地基层妇女组织参与发起并建立"移风易俗理事会""丧嫁协会""妇女禁赌理事会"等民间组织2万余个。

为激发妇女群众学习科学技术的热情，提高素质、建功成才，根据全国妇联及有关部门通知精神，1989~1991年，河南省妇联分别与河南省农牧厅、河南省教委等20余个单位先后发出《关于在全省农村妇女中深入开展学文化、学技术，比成绩、比贡献竞赛活动的联合通知》，制定下发《关于在城镇妇女中开展"巾帼建功成才"活动的实施方案》；并决定建立河南省"双学双比"竞赛活动协调小组，对城乡"双学双比"和"巾帼建功成才"（以下简称"巾帼建功"）活动实行统一领导。河南省"双学双比"竞赛活动协调小组办公室设在河南省妇联。自此，在农村妇女中开展的学文化、学技术，比成绩、比贡献的"双学双比"竞赛活动和在城镇妇女中开展的"巾帼建功"活动由试点逐步向全省推开。全省农村参加各类实用技术培训的妇女达1580万人次，以妇女为主的专业户、重点户、经济联合体已过百万个，占其总数的45%；乡镇企业从业人员中有女性260万人，其比率为30%。

20世纪90年代初，各级妇联以举办培训班、召开座谈会等多种形式宣传邓小平视察南方谈话精神，引导全省妇女群众坚定建设中国特色社会主义的信念。

1993年，全省女职工中参加各种技术比武的达17.6万人，参加各种知识竞赛的达100万人次。至1993年年底，全省农村成年妇女接受实用技术培训的共有1400余万人，培训率达87%。全省涌现出以妇女为主的庭院经济开发重点户1万个，重点开发村2000个。

依据国务院颁布的《九十年代中国儿童发展规划纲要》，1994年3月，河南省人民政府发布《九十年代河南省儿童事业发展规划》。4月，《河南省实施〈中华人民共和国妇女权益保障法〉办法》（以下简称"《实施办法》"）颁布实施。各级妇联分别以宣传月、宣传周活动的形式宣传《实施办法》。为资助失、辍学女童重返校园，同年"春蕾计划"实施活动在全省范围内展开。

1995年，河南省妇联协助中共河南省委组织部制定了《关于进一步做好培养选拔女干部工作的意见》，明确提出全省1996~2000年培养选拔女干部工作的五年规划；由中共河南省委组织部、河南省委统战部、河南省妇联联合组织的"河南省培养、选拔年轻干部、女干部、党外干部工作座谈会"于同年召开。9月，联合国第四次世界妇女大会（简称"世妇会"）在北京召开，由71名妇女组成的河南省代表团赴京参加世妇会非政府组织妇女论坛研讨活动。

鉴于全省下岗职工中女性几乎占半数的情况，1996年，河南省妇联与河南省劳动厅联合下发《关于开展"巾帼创业"活动促进下岗女工再就业工作的通知》，要求把"巾帼创业"活动纳入"再就业工程"，从宣传、教育、培训等多环节入手，帮助下岗女职工再创新业。当年，各级妇联与劳动部门配合，共培训下岗女职工2.4万人次；以妇联为主创办经济实体达900多个，为下岗女职工提供再就业岗位。同年，河南省妇联、河南省扶贫办公室联合发出关于实施"巾帼扶贫行动"的通知。随后，河南省妇联在制定的《河南省"巾帼扶贫行动""九五"规划》中提出实现"7115"计划[1]的目标。自此，各级妇联广泛开展"11527"帮带大行动[2]。至1996年年底，全省各

---

[1] 对贫困地区的70万名妇女进行文化和生产技术培训，使之掌握1门以上实用技术；扶持脱贫示范户1万户；发展以妇女为主的扶贫经济实体1000个，安排10万名贫困妇女就业；帮助50万名妇女脱贫。

[2] 省、市、县级妇联各联系一个贫困村，妇联干部每人每年帮助1户脱贫；乡镇妇联每年帮助5户脱贫，村妇代会每年帮助2户脱贫；达到思想、组织、帮扶、项目、资金、技术、检查7落实。

级妇联兴办或帮助创办种植、养殖、加工等扶贫项目800多个,创办"公司+农户"实体化基地2100多个。

1996年12月召开的河南省妇女第九次代表大会,确定河南妇女在政治参与、教育、就业、卫生保健等方面发展的10项目标,并决定在全省妇女中实施跨世纪创业工程、跨世纪扶困工程、跨世纪人才工程、跨世纪文明工程、跨世纪维权工程和跨世纪"三优"(优生、优育、优教)工程。同年,河南省妇联与有关部门联合,首次命名"河南十大女杰"。

依据国务院颁布的《中国妇女发展纲要(1995~2000年)》精神,1997年3月,由中共河南省委、河南省人民政府制定的《河南省妇女发展规划(1996~2000年)》发布实施。

根据中共中央宣传部、全国妇联等18个部委《关于深入持续开展"五好文明家庭"创建活动的联合通知》精神,1997年4月,由中共河南省委宣传部、河南省妇联等18个单位参与的河南省"五好文明家庭"创建活动协调小组成立(办公室设在河南省妇联)。随之,下发《关于深入开展"五好文明家庭"创建活动的联合通知》,要求将"五好家庭"活动及各地各种名目的家庭评选活动,统一规范为"五好文明家庭"创建活动。至1997年年底,全省获得乡级以上表彰的"五好文明家庭"达493.5万户,占全省总户数的21%。

为推进妇女参选参政工作,1997年河南省妇联下发《关于做好1998年县(市、区)人大、政府、政协换届中妇女参选参政工作的通知》,配合中共河南省委组织部对全省各地培养选拔女干部工作目标落实情况进行检查督导。至1997年年底,全省市(地)、县(市、区)和乡(镇、街道)党政领导班子中配备一名以上女干部的比率分别为100%、100%、93%。

1998年,河南省妇联筹建下岗女工再就业培训中心、下岗女工再就业指导中心,并在漯河召开全省下岗女工再就业工作现场经验交流会。至年底,县级以上妇联建立巾帼家政服务中心(公司)、巾帼信息指导中心158个,直接或协调安置下岗女工4万人,培训下岗女工5万人。同年,河南省妇联还与河南省农业科学院联合建立农村妇女科技指导中心,与有关部门联合在农村开展"科技推广年"活动。

在维护妇女合法权益的实践中,南阳首创"妇女维权法庭"取得成功经验。1998年10月,河南省妇联与河南省高级人民法院在南阳联合召开"河南省'妇女维权法庭'现场经验交流会",向全省推广其经验。经全省各级妇联组织多年努力,为妇女儿童提供法律服务的机构逐渐形成网络。至年底,各级妇联创办律师事务所60个、法律顾问处69个、妇女法律援助中心65个,在乡、村级共设立维权投诉站3226个。

20世纪90年代末期,由农村转移到城镇务工的女性(俗称"打工妹")已形成一个庞大群体。针对其整体素质偏低、维权意识偏弱、生存环境欠佳的状况,河南省妇联于1999年发起组织在全省开展面向"打工妹"的"爱心计划"实施活动。当年，全省共培训"打工妹"3万人次。10月，时任全国人大常委会副委员长、全国妇联主席的彭珮云批示："河南省实施爱心计划，为'打工妹'排忧解难的经验很好，可以进一步了解、总结、推广。"

1999年，河南省妇联与河南省扶贫办公室联合在栾川召开"河南省小额贷款'巾帼扶贫示范村'现场会"，提出创建"巾帼扶贫示范村"的目标。为协助组织部门做好培养选拔女干部工作，同年，省妇联在全省开展"万、千、千"活动，共培训女领导干部2.2万人次，得以换岗、交流的女干部达2930人，并有1482名女干部被确定为县（处）级后备干部。

围绕"我为河南添光彩，巾帼奋发创新业"主题，1999年各级妇联在妇女群众中开展"三迎"①"三颂"②宣传教育活动。在全省妇联干部中开展的"走千村（街）、进万户、送温暖、交朋友"活动于同年启动。

2000年，河南省妇联与有关部门联合，开展利用"148"法律服务电话专用线路为妇女儿童提供法律服务的活动，并在全省开通"1603861"维权电话热线，形成省、市、县三级维权热线网络。至2000年年底，全省共建立"妇女维权法庭"149个，妇联系统干部出任人民法院陪审员者达761人。

截至2000年，全省农村共建立乡级以上妇女科技指导中心2000多个、各类"三八"专业技术协会近4000个；营造"三八"绿色工程3万多个，建"三八"农田水利工程700多个、"巾帼高效农业示范园（区）"200个。各级妇联共帮助47万名妇女脱贫，有82个村达到"巾帼扶贫示范村"标准。在城镇，全省妇联系统创办的家政服务中心（公司）、巾帼社区服务网点已达2200多个；培训下岗女职工16万人次，直接或协调安置女职工10余万人。全省创办家长学校2万余所、广播电视父母学校1747所、规范化示范家长学校30所。在"春蕾计划"活动中，全省社会各界共募捐资金1900万元，开办"春蕾计划"女童班17个，帮助9万多名失、辍学女童重返校园学习。

2000年年底，全省单位从业人员中有女性274.55万人，占从业人员总数的37.4%；全省有女干部70万人，占干部总数的35.55%。全省省辖市、县（市、区）、乡（镇、街道）三级党政领导班子中，配备一名以上女干部的比率分别为100%、98.1%、95.4%；省、省辖市、县（市、区）党政直属工作部门领导班子中配备女干部的比率分别为39%、45.6%、49.2%。企业中有女职工代表22万人，占职工总数的31.25%。各级人大、政协都有20%~30%的女代表、女委员。全省适龄女童入学率小

---

①迎中华人民共和国成立50周年、迎澳门回归祖国、迎新世纪。
②祖国颂、社会主义颂、改革开放颂。

学达99.8%、初中达95.8%，高等院校在校女生占在校学生总数的38.25%。已有14个省辖市实行女职工生育费用社会统筹。在农村，劳动力中女性占65%，有80%的成年女性掌握一至二门实用技术，有7.8万名妇女获农民技术员职称。全省有女性专业技术人员54.33万人，占专业技术人员总数的40.65%。全省有2589户次被评为全国、省"五好文明家庭"，有7000余人次被评为全国、省三八红旗手；有20名女性获得第一、第二届"河南十大女杰"称号，3名女性相继被命名为"中国十大女杰"。

第一节　组织建设

1979年3月，中共河南省妇联核心小组撤销，中共河南省妇联党组成立。1979年12月，河南省妇女第六次代表大会在郑州召开。

针对基层组织涣散、干部年龄老化且素质不高等问题，1979年起，全省各级妇联加强基层组织建设，并着力开展干部的培训工作。1980年，全省经各种渠道培训的妇联干部占妇联干部总数的77%。1986年，中共河南省委决定将基层妇女组织整建纳入农村整党工作中。同年，省妇联在郑州市开展基层组织整建试点工作，以试点经验推动面上的工作。至1986年年底，全省建立基层妇女代表会（简称"妇代会"）组织的村民委员会（简称"村委会"）占其总数的96%。尝试在乡镇企业中建立妇女组织和在党政机关、科教文卫事业单位中建立妇女组织的试点工作于同年启动。

1993年，村妇代会整建工作被纳入全省农村以中共村级支部委员会（简称"村支部"）为核心的基层组织建设总体规划。同年，全省有7548名妇联干部接受岗位培训。至1995年年底，全省有98%的农村妇代会和97%的城镇妇代会达到整建标准。当年，各级妇联共培训妇联干部4500人次。

经省妇联党组请示省委同意，自1995年起，全省妇联组织乡级以上妇联领导称谓由"主任""副主任"改为"主席""副主席"。

1996年，省妇联在全省农村妇代会中开展"划类升级"活动①。省妇联制定的《1996~2000年河南省妇联干部培训规划》（以下简称"妇联干部培训五年规划"）于1997年1月出台。结合全省第三届村民委员会换届工作，省妇联与省民政厅于1998年联合发出通知，要求把妇代会整建列入换届工作议程，建立健全村级妇代会组织。

1999年，省妇联制定的《1999~2003年妇联基层组织建设规划》开始实施。2000年年初，在全省妇联组织中已开展一年的"学习吴金印②，学习徐桂姣③，县、乡、村三级联创先进妇联组织，争当优秀妇联干部"活动，将城镇妇联基层组织整建纳入其中，活动目标又增加"争创一流工作业绩"内容，因而简称为"三级联动、争先创新"活动。

至2000年，全省各省辖市、县（市、区）、乡（镇、街道）均建立有妇联组织。

---

① 将妇代会按照好、较好、差的标准分为一、二、三类界定后，要求二、三类分别升级至一、二类。
② 吴金印为中共卫辉市唐庄乡党委书记，带领全乡群众发展生产成绩显著，荣获全国五一劳动奖章。
③ 徐桂姣为濮阳市妇联信访工作干部，虽重病在身，却常年工作在一线，为权益受侵害的妇女群众仗义执言。

在52365个村委会、居委会中成立妇代会的占94%；有县级以上党政机关、事业单位妇委会6417个，乡镇企业、专业市场妇代会2619个；团体会员中仅女职工委员会就达4233个。全省有乡级以上专职妇联干部4283人。在实施妇联干部培训五年规划中，各级妇联共培训妇联干部15万人次。

河南省妇女联合会　　河南省妇女联合会是全省各族各界妇女在中国共产党领导下，为争取进一步解放而联合起来的社会群众团体，是党和政府联系妇女群众的桥梁和纽带，是国家政权的重要社会支柱。其基本职能是：代表和维护妇女权益，促进男女平等。

妇联的主要任务有：团结、动员妇女投身改革开放和社会主义现代化建设，促进经济发展和社会全面进步；引导妇女提高综合素质，促进全面发展；代表妇女参与国家和社会事务的民主决策、民主管理和民主监督，维护妇女儿童合法权益；协调推动社会各界为妇女儿童办实事。

1973年，在"文化大革命"中一度中断工作的河南省妇联恢复工作。至1979年9月，省妇联机关设有：办公室、组织部、宣传部、城市工作部、农村工作部、妇幼保健部、河南省托幼工作领导小组办公室。1983年6月，撤销城市工作部和农村工作部，增设儿童少年工作部、妇女运动研究室。1984年2月，成立法律顾问处；6月，撤销福利部，设立权益部。至此，省妇联机关共设有：办公室、组织部、宣传部、生产福利部、儿童少年工作部、妇运史研究室、法律顾问处。1995年7月，省妇联机关设置调整为：办公室、组织部、宣传部、城乡工作部、权益部、儿童工作部、发展联络部。之后，至2000年，省妇联机关设置未曾变动。

河南省妇联事业单位　　河南省妇女干部学校：1979年3月复校后，以举办各类短期培训班培训妇联干部为主。1987年兼办女子职业中专班；1996年始，与河南大学等主考院校联办自考大专班；1999年，开办普通中专班。1984~2000年，共举办各级妇联干部培训班140余期，培训学员1.2万人次；校外办妇女培训班320余期，听众达18万人次。

妇女生活杂志社：《妇女生活》于1982年3月创刊，坚持"为妇女的进步与发展服务"的主旨。发行至全国的2000多个县（市、区），并远销10多个国家和地区。1995~1999年，先后获"全国优秀社科期刊奖"，第一、二届"全国百种重点社科期刊"和"首届中国期刊奖"荣誉。截至2000年，总发行量突破1.4亿册。

河南省妇女儿童活动中心：1996年全面开馆。以"一切为了孩子"为宗旨，开展丰富多彩的主题教育活动以及语言、艺术、科技、体育等各类知识和技能的培训。1998年，专业由13个增至17个，年培训学员由2000多人次增至6000多人次；天文馆接待观众近2万人。同年，创办寄宿小学——河南少年先锋学校。至2000年，各类培训专业增至20个，班次达461个，年培训学员万余人。被国家科委评定为"全国青少年科普教育基地"。

妇联律师事务所：又称作河南省第四律师事务所。1985年9月设立。初与省妇联法律顾问处合署办公，以信访工作为主，仅代理与妇女儿童有关的案件。1988年单设，开始全面开展律师各项业务，健全规章制度。1995年更名为"河南省法威律师事务所"。截至2000年，办理各类案件4236件，其中涉及妇女儿童受侵害的案件1756件；为受害妇女儿童免费代理案件415件；为8500人次提供法律咨询服务。

河南省妇女问题理论研究会：1986年7月成立。以"开展妇女理论研究和学术交流，培训妇女理论研究队伍"为宗旨。至2000年，与有关部门联合举办妇女问题理论研讨会8次，开展论文评选活动3次，办妇女理论讲习班1次；编撰出版了《河南省志·妇女志》《河南妇女社会地位调查》。

河南省家庭教育研究会：1986年5月成立。宗旨为：开展家庭教育理念研究和学术交流活动，宣传普及儿童少年家庭教育和卫生保健知识。至2000年，多次召开理论研讨会，举办家教工作培训班，开展家教知识竞赛活动，并编撰出版家庭教育科普读物和家长学校系列教材6种，发行11万余册。

《妇运通讯》：1980年2月创刊。初为省妇联指导工作、组织经验交流的业务性内部刊物，不定期出版，免费发行。1985年改为月刊，订阅发行，对象扩展至各级科教文卫等部门的妇女工作委员会干部和大型企业工会女干部。1996年，期发行达5000份。1998年起，改为内部资料，双月刊，面向专职妇联干部免费发行。

河南省妇联地区办事处 "文化大革命"前，省妇联在各地区设立办事处，称"河南省妇联××地区办事处"。"文化大革命"期间，各地区曾一度召开妇女代表大会，选举产生地区妇女联合会。1981年8月，省妇联重新明确各地区妇联为省妇联派出机构，称"河南省妇联驻××地区办事处"。至1987年年底，全省设立有商丘、周口、驻马店、信阳、南阳5个地区办事处。1994年、1997年、1998年，南阳地区办事处、商丘地区办事处、信阳地区办事处先后撤销。2000年，周口地区、驻马店地区办事处撤销。在省妇联驻各地区办事处撤销的同时，分别成立南阳市妇联、商丘市妇联、信阳市妇联、周口市妇联、驻马店市妇联。

市、县（区）、乡（镇、街道）妇女联合会 1973年以后，随着省妇联工作的恢复，全省各市、县（区）、乡（镇）妇联也都相继恢复了工作。至1987年年底，全省共有18个市（其中含12个地级市、6个县级市）、111个县、40个市辖区和2112个乡（镇）妇联会。此后，虽然全省行政区划多有变动，但各级妇联组织随变动而变动，始终保持了健全和稳定。2000年，全省有市妇联38个（其中地级市17个、县级市21个），县（区）妇联137个，乡（镇、街道）妇联2416个。

基层妇女代表会 1973年，各级妇联组织得以恢复。然而，基层组织涣散，干部年龄老化且素质不高的问题却凸显出来。继1979年河南省妇女第六次代表大会提出整建基层组织的要求之后，1980年省妇联第六届第二次执委会会议又向各级妇联提出，要结合党的中心工作，分期分批建立健全基层妇代会组织；除生产大队设立妇代会以外，在社队企业、农工商联合企业和专业队中，根据妇女人数多少，成立妇代会或妇女代表小组。至1982年年底，全省已有67%的农村妇代会进行整建。

1986年，中共河南省委在关于农村整党工作的决定中，要求结合整党工作整建好基层妇女组织。省妇联同郑州市妇联联合在密县、登封县开展整建农村妇代会试点工作，以此推动全省整建工作。同年，在乡镇企业中建立妇女组织和在党政机关、科教文卫事业单位成立妇女组织工作启动；"一家""一校""一户"（妇女之家、妇女夜校、妇女活动中心户）创建活动在各地普遍展开。

至1989年年底，全省已成立妇代会组织的村民委员会占村委会总数的96%；村妇代会主任中享受定额补贴者达94%。全省党政机关、科教文卫系统妇女工作委员会或妇女小组发展至2360个；各地共建立"妇女之家""妇女活动中心户"3.7万个。

1990年12月，省委、省政府召开全省村级组织建设试点工作会议，要求把搞好妇代会整建作为村级组织配套建设工作的一项内容，重点抓"配好妇代会班子、选好妇代会主任、健全工作制度、建立活动阵地、解决活动经费、落实妇代会主任待遇"六个环节。同年，省妇联在濮阳召开全省妇联系统基层组织建设工作会议。

为激励全省基层妇女干部向因公殉职的村妇代会主任刘兴英①学习，1991年4月，省妇联在全省基层妇代会中开展"达标升级"和争创"刘兴英杯"活动。

在深入调查基础上，省妇联于1993年向省委呈报《关于加强我省农村基层妇代会工作的意见》，村妇代会整建工作纳入全省农村以党支部为核心的基层组织建设总体规划。全省妇代会按照"组织健全、人员落实、职责明确、制度完善"的目标进行全面整建。1993~1994年，省妇联共表彰先进妇代会100个，授予其中21个妇代会"刘兴英杯"。

至1995年年底，全省有98.3%的村妇代会达到整建标准；在城镇居委会中有3465个成立妇代会，占应建数的96.5%。全省县级以上党政机关、科教文卫事业单位共成立妇委会（妇女小组）4928个，占应建数的80%以上；妇委会主任（组长）大部分由机关综合部门负责人兼任。鉴于城镇专业市场经营业主中有70%以上的女性，各级妇联尝试在专业市场成立妇女组织。同年，全省专业市场成立妇委会150多个。

1996年，省妇联制发《关于开展农村妇代会划类升级活动的意见》，提出村妇代会要达到"配备一个好班子，选出一个好主任，完善一套好制度，建立一个好活动阵地，理出一条好思路"的整建目标，并进一步界定了一、二、三类村妇代会标准。

---

①刘兴英系南召县河店镇桑树坪村妇代会主任，因制止毁林不法行为而牺牲。

同年,省妇联发出通知,要求各级妇联加强乡镇妇联组织建设,以达到"强乡带村"的目标。

自1998年开始的全省第三届村民委员会换届工作实行直接选举。省妇联同省民政厅联合下发《关于在村委换届中进一步加强基层妇女组织建设的通知》,提出"要把妇代会整建列入换届议程,力争在年底建立健全所有村级妇代会,并争取村妇代会主任选进村委会班子"的目标。为确保目标实现,省妇联转发全国妇联转发民政部《〈关于努力保证农村妇女在村委会成员中有适当名额的意见〉的通知》,并以民权县、南乐县、济源市为联系点,总结其工作经验向全省推广。

1999年年初,省妇联第九届第三次执委会议作出《关于在全省开展"学习吴金印,学习徐桂姣,县、乡、村三级联创先进妇联组织,争当优秀妇联干部"(以下简称"联创争优")活动、推进基层组织建设的决定》,并下发开展活动的意见。据1999年村委会换届后统计,全省建村妇代会45419个,占应建数的94.3%;妇代会主任年龄在45岁以下的占82%,初中以上文化程度的占85%;有88.7%的妇代会主任报酬得以解决。有1712名妇女被选为村党支部书记或村委会主任。

2000年年初,省妇联第九届第四次执委会议决定,在全省妇联组织中开展"三级联动、争先创新"活动,将城市妇联基层组织建设纳入"联创争优"活动,内容改为:学习吴金印、学习徐桂姣,县(区)、乡(街道)、村(居委会)三级联动,争创先进妇联组织,争当优秀妇联干部,争创一流工作业绩。

截至2000年年底,在全省48206个村委会和4159个居委会中,建立妇代会的达94%;妇代会主任被选进村(居)党支部、村(居)委会的达75%。全省各级妇联创建妇女活动阵地3.7万个、经费创收基地2314个、经济实体117个。全省有县级以上党政机关、事业单位妇委会6417个,乡镇企业妇代会2331个,专业市场妇代会288个。

干部培训　"文化大革命"结束后,为改变妇联干部素质偏低状况,全省各级妇联以送干部到妇干校学习、各级党校代训、办读书班、以会代训等多种渠道多种方式培训干部。1980~1987年,全省经各种渠道培训的妇联干部有9万人次。1988年,全省有乡级以上专职妇联干部4583人。其中:45岁以下的有3888人,占84.84%;高中文化程度的有2503人,占54.61%;大学文化程度的有1042人,占22.74%。

根据全国妇联和省委组织部有关文件精神,1992年,省妇联制定全省妇联系统干部岗位职务培训五年规划,在规划实施中形成岗位培训与大中专学历教育、短期培训相结合,党校、妇干校培训并举的干部教育格局。1993年,全省有7548名妇联干部接受岗位培训。1995年,全省共培训妇联干部4500多人次。1996年,全省有乡级以上妇联干部4231人。其中:45岁以下的有3807人,占89.98%;高中文化程度的有2151人,占50.84%;大专以上文化程度的有1919人,占45.36%。

1997年1月,省妇联制定的《1996~2000年河南省妇联干部教育培训规划》开始实施。1998年,全省共培训村(居)妇代会主任以上的妇联干部1.96万人。

1999年,省妇联在全省妇联干部中开展"学习新知识,迈向新世纪"读书竞赛活动,提倡干部坚持"天天一小时"自学,45岁以下干部学习一门外语、掌握计算机操作技能。当年,全省共举办岗位培训班598期,培训干部3.2万人次。

至2000年,在实施妇联干部培训五年规划中,全省共举办岗位培训班1093期,培训妇联干部15万人次。全省乡级以上专职妇联干部有4283人。其中:45岁以下的有3757人,占87.72%;高中文化程度的有1681人,占39.25%;大专以上文化程度的有2528人,占59.02%。

河南省妇女儿童工作委员会 是省政府负责全省妇女儿童工作的协调议事机构,其前身是1991年7月成立的河南省妇女儿童工作协调委员会;办公室设在省妇联。1994年2月,按照省委办公厅、省政府办公厅联合下发的《关于将省妇女儿童工作协调委员会更名为省妇女儿童工作委员会并调整领导成员的通知》(厅文〔1994〕14号)精神,省妇女儿童工作协调委员会更名为省妇女儿童工作委员会(简称"省妇儿工委")。主任由省政府副省长张世英兼任;省政府秘书长鲁茂升、省委组织部副部长黄晴宜、省委宣传部副部长马心浩、省委政法委副书记李连魁、省妇联主任杨碧如兼任副主任;成员单位有26个。1998年6月,按照省委办公厅厅文〔1998〕30号文件精神,对省妇儿工委领导成员进行调整,主任由省政府副省长陈全国兼任;副主任有:省政府副秘书长董豪、省委组织部副部长王忠厚、省委宣传部副部长常有功、省委政法委副书记李连魁、省人大常委会内务司法工作委员会副主任杨碧如、省妇联主席吴全智。委员会成员单位增至30个。省妇儿工委成立后,每年召开一至二次全体成员会议,协调解决妇女儿童工作中的问题,推动有关部门做好维护妇女儿童合法权益的保障工作、为妇女儿童办好事办实事。省妇儿工委负责起草的《九十年代河南省儿童事业发展规划》《河南省妇女发展规划(1996~2000年)》(以下简称"两规划")经省委、省政府发布实施后,省妇儿工委又履行协调、督促规划实施的职能。经组织检查、评估,至2000年年底,"两规划"主要目标基本实现。

第二节 代表大会

妇女代表大会是各级妇女联合会的最高权力机构。其职权为：讨论决定本地区的妇女工作任务；审议批准本级妇女联合会执行委员会的工作报告；选举本级妇女联合会的执行委员会。县级以上妇联一般每5年举行1次。会议选举的执行委员会作为代表大会闭会期间执行其决议的机构；并由执行委员会选举的主席、副主席、常务委员组成常务委员会，领导本地区妇女联合会工作。1979年12月，河南省妇女第六次代表大会在郑州召开，这是中共十一届三中全会后，河南省首次召开的妇女代表大会。之后，河南省分别于1984年、1991年、1996年召开了第七、第八、第九次妇女代表大会[①]。

河南省妇女第八次代表大会 1991年12月14~16日在郑州召开。出席大会的正式代表437人，特邀代表26人。省委副书记、省政府省长李长春，省委副书记吴基传出席开幕式。杨碧如代表省妇联第七届执行委员会作题为《全省妇女高举团结奋进振兴河南的旗帜，为实现"八五"计划努力奋斗》的工作报告；吴基传代表省委、省政府在大会上讲话。大会审议通过了关于工作报告的决议。根据中共河南省第五次代表大会会议精神，大会提出今后河南妇女运动的总任务是：以经济建设为中心，加强对妇女的社会主义思想教育和"四自"[②]教育，大力提高妇女自身素质，增强妇女的群体意识和参与能力，切实维护妇女儿童的合法权益，充分发挥妇女在社会主义物质文明和精神文明建设中的作用，为完成河南省国民经济和社会发展"八五"计划而努力奋斗。大会选举产生由90人组成的河南省妇联第八届执行委员会。杨碧如为主任，吴全智、张新华、王菊梅为副主任。常务委员会委员有王丽环、王若冰、王菊梅、孙天荣、刘志华、刘彩萍、祁敦芳、杨韬、杨碧如、张玉彬、张新华、吴全智、李宝芝、李学敏、徐晖、徐春亭、魏爱。

河南省妇女第九次代表大会 1996年12月25~28日在郑州召开。出席大会的正式代表753人，特邀代表35人，列席代表10人。省委书记李长春，省委副书记、省政府省长马忠臣，省委副书记任克礼、宋照肃，省委常委、省军区司令员王英洲，省委常委、宣传部部长林炎志，省委常委、省政府副省长李成玉，省委常委、组织部部长黄晴宜，省委常委、郑州市委书记王有杰，省委常委、省纪委书记董雷，省人大常委会副主任马宪章，省政府副省长张世英，省政协副主席刘玉洁出席开幕式。

[①]河南省第六、七次妇女代表大会详见首轮《河南省志·妇女运动志》。
[②]自尊、自信、自立、自强。

任克礼代表省委、省政府在大会上讲话。杨碧如作题为《肩负使命、团结奋进，以新作为和新发展跨入辉煌的21世纪》的工作报告。大会审议通过了关于工作报告的决议。大会确定在面临世纪之交的历史时期，河南妇女运动总的指导思想是：以邓小平建设中国特色社会主义理论和党的基本路线为指导，紧紧围绕中共河南省第六次代表大会提出的宏伟目标，广泛动员全省妇女积极投身于改革开放和社会主义现代化建设的伟大事

照36-3-2-1 1996年12月，河南省妇女第九次代表大会会场

业，大力提高妇女素质，依法维护妇女权益，全面提高妇女地位，以行动谋求平等与发展，为实现河南省经济社会发展"九五"计划和2010年远景目标作出新的、更大的贡献。大会提出今后5年河南妇女在政治参与、教育、就业、卫生保健等方面发展

河南省妇联第七至九届领导人任职情况表

表36-3-2-1

届别	姓名	职务及任职时间
第七届	杨碧如	妇联主任、党组书记，1984.12~1991.12
	吴全智	妇联副主任、党组成员，1984.12~1991.12
	张新华	妇联副主任、党组成员，1984.12~1991.12
	方洪莲	妇联副主任、党组成员，1984.12~1989.10
	王菊梅	妇联副主任、党组成员，1991.12
第八届	杨碧如	妇联主任、党组书记，1991.12~1996.12
	吴全智	妇联副主任、党组成员，1991.2~1996.12
	张新华	妇联副主任、党组成员，1991.12~1996.12
	王菊梅	妇联副主任、党组成员，1991.12~1994.10
	祁敦芳	妇联副主任、党组成员，1994.10~1996.12
	李 萍	妇联副主席、党组成员，1996.11~1996.12
第九届	吴全智	妇联主席、党组书记，1996.12~
	张新华	妇联副主席、党组成员，1996.2~
	祁敦芳	妇联副主席、党组成员，1996.12~
	李 萍	妇联副主席、党组成员，1996.12~

说明：自1995年起，妇联领导称谓由主任、副主任改为主席、副主席

的10项目标；通过《关于开展跨世纪工程活动的决议》，决定以实施跨世纪创业工程、跨世纪扶困工程、跨世纪人才工程、跨世纪文明工程、跨世纪维权工程、跨世纪"三优"工程推进妇女发展目标的实现。大会选举产生由95人组成的河南省妇联第九届执行委员会。吴全智当选为主席，张新华、祁敦芳、李萍当选为副主席。常务委员会委员有：孙天荣、刘志华、刘敏珊、祁敦芳、李萍、李学敏、杨韬、吴全智、张淑芬、张新华、孟玉英、庞梅英、徐晖、徐春亭、魏爱。

第三节 参与经济建设

中共十一届三中全会确定把全党的工作重点转移到社会主义现代化建设上来之后，于1979年召开的河南省妇女第六次代表大会，明确妇女工作要围绕经济建设中心，要求"必须从这个根本任务出发，围绕这个中心，服从这个中心，并为这个中心服务"。1981年3月，中共中央、国务院转发国家农村经济工作委员会《关于积极发展农村多种经营的报告》，各级妇联发动全省农村妇女因地制宜发展多种经营，扩大商品生产，打破单一种植粮食作物的格局；并配合有关部门举办各类培训班，提高妇女的生产技能。同年，新乡、开封、许昌、洛阳地区举办小麦、棉花、烟叶、刺绣、编织等种植和加工实用技术培训班，培训妇女12万人。随着农村产业结构的初步调整，农村妇女从事生产的范围越来越广，其经营项目由20多种发展到60多种。不少人亦农亦工、亦副亦商。1984年，河南省妇女第七次代表大会号召广大农村妇女"积极发展养殖业、编织业和食品加工业，努力搞好粮食转化和加工增值，争当专业户、科技户"。至同年年底，全省涌现出以妇女为主的专业户、重点户、经济联合体85.64万个。

1985年，全省250万名农村妇女参加种植、养殖、编织、刺绣等各类实用技术培训。1986年，省妇联召开会议，推广南阳地区妇联以"四联"[①]活动方式为农村妇女提供服务的工作经验。至1987年年底，全省有以妇女为主的专业户81.52万户，占专业户总数的51.4%；参加乡镇企业生产的妇女有205.24余万人，占从业人员总数的18.3%。

1989年5月，根据全国妇联等部门的有关通知，省妇联与省农牧厅、省教委等19个单位联合发出《关于在全省农村妇女中深入开展学文化、学技术，比成绩、比贡献竞赛活动的联合通知》，由发起单位组成的河南省"双学双比"竞赛活动协调小组（简称省"'双协'小组"）亦随之成立，指导全省"双学双比"活动。至1990年年底，参加各类实用技术培训的妇女达1580万人次；以妇女为主的专业户、重点户、经济联合体有104万个；乡镇企业中的女职工占从业人员总数的30%。1991年，省"双协"小组决定在城镇妇女中开展以"五学"[②]、"五比"[③]为主要内容的"巾帼建功"活动；同时明确，"巾帼建功"活动由省"双协"小组统一领导。

---

①地区联县包村、县联乡包点、乡联村包产、村联组包人。
②学政治、学文化、学科学、学技术、学管理。
③比思想、比质量、比效益、比成绩、比贡献。

照36-3-3-1　1998年，河南省农村妇女科技指导中心成立

1992年，"十杯"①竞赛活动在全省城镇妇女中展开。同年，"四个系列工程"②建设开始在农村妇女中实施。至1993年，农村妇女中接受实用技术培训的共有1400余万人；全省涌现出以妇女为主的庭院经济开发重点户1万个、重点开发村2000个。

1996~1999年，在农村，省妇联与省扶贫办公室联合发起实施"巾帼扶贫行动"。各级妇联根据省妇联制定的《河南省"巾帼扶贫行动""九五"规划》所提出的"7115"计划目标，在妇联干部中组织"11527"帮带活动，并发动各界妇女与贫困妇女一对一，结为帮扶对子。全省各级妇联兴办或帮助创办种植、养殖、加工等扶贫项目800多个，创办"公司+农户"实体化基地2100多个。省妇联联合有关部门运用国家贴息贷款，实施巾帼扶贫项目，探索资金到户、项目到户以妇女为贷款对象的扶贫形式；并与省扶贫办公室联合召开"河南省妇女扶贫工作暨'双学双比'经验交流会""河南省小额贷款'巾帼扶贫示范村'现场会"。为提高农村妇女的科技意识和科技水平，省妇联与省农业科学院联合建立农村妇女科技指导中心；与省农业厅、省科委、省科协联合在农村妇女中开展"科技推广年"活动。省妇联协助省"双协"小组筹办的全国"双学双比"活动10年成果展览——河南展厅工作，获得多个奖项，得到省委、省政府领导的肯定。

照36-3-3-2　信阳市妇联组织妇女学习果树嫁接技术

在城镇，省妇联注重下岗女工再就业工作，与省劳动厅联合下发

---

①工业战线效益杯、科技战线成果杯、教育战线园丁杯、财贸等行业服务杯、卫生战线天使杯、农业战线支农杯、党政机关公仆杯、新闻战线奉献杯、武警部队长城杯、街道文明杯。
②"三八"绿色工程、庭院经济开发工程、"三八"农田水利工程、高产开发工程。

通知，要求加强对下岗、转岗女工的教育培训工作，兴办经济实体，为下岗女工创造再就业机会；筹建下岗女工再就业培训中心和下岗女工再就业指导中心，指导、帮助下岗女工再就业；在漯河召开全省下岗女工再就业工作现场经验交流会，推动再就业工作。同时，在全省女性比较集中的商贸、金融、公交、卫生、教育等十大窗口行业开展"巾帼文明示范岗"创建活动。

截至2000年，全省共建立乡级以上农村妇女科技指导中心2000多个、各类"三八"专业技术协会3989个，创建"巾帼龙型服务实体"200多个。全省营造"三八"绿色工程3万多个，建"三八"农田水利工程700多个、"巾帼高效农业示范园（区）"200个。在"巾帼扶贫行动"实施中，省妇联争取贴息贷款及配套经费3350万元，扶持万余贫困户增收；各级妇联共帮助47万名妇女脱贫。全省妇联系统创办的家政服务中心（公司）、巾帼社区服务网点已达2200多个；培训下岗女职工16万人次，直接或协调安置女职工10万余人。

"双学双比"竞赛活动　　1989年5月，根据全国妇联与有关部门《关于在全国各族农村妇女中深入开展学文化、学技术，比成绩、比贡献竞赛活动的联合通知》精神，省妇联与省农牧厅、省教委、省林业厅、省科委、省科协等19个单位联合发出《关于在全省农村妇女中深入开展学文化、学技术，比成绩、比贡献竞赛活动的联合通知》，由发起单位组成的"双学双比"竞赛活动协调小组随之成立。省人大常委会副主任胡廷积兼任组长；省妇联主任杨碧如、省人大常委会农工委主任赵凤岐、省政府副秘书长张永昌、省农经委副主任卫斌、省农牧厅副厅长马政宣、省林业厅副厅长吴烈继、省教委副主任李祥、省科委副主任杨成林、省科协副主席蒋家樟兼任副主任；其他成员单位各一名负责人为小组成员。协调小组办公室设在省妇联。"双学双比"竞赛活动旨在激发农村妇女学习文化科学技术的热情，发挥其在商品生产中的作用。省"双协"小组制定五年活动规划。全省下至乡级层层建立"双协"组织，制定规划，开展试点工作。

1990年，各级"双协"组织成员单位结合本职业务特点，为参赛妇女提供信息、技术、资金、物资、销售等各种服务，建立产前、产中、产后系列服务网络。当年，参赛妇女达1200万人，占农村成年妇女的80%。1991年，"双学双比"竞赛活动纳入全省"科教兴农"及农业发展的总体规划。

1992年，省"双协"小组要求抓好"三八"绿色工程、庭院经济开发工程、"三八"农田水利工程、高产开发工程"四个系列工程"建设。各级"双协"组织对"双学双比"活动实行目标管理，层层签订目标责任书；健全档案，规范管理。至1993年，经各级培训的农村成年妇女达1400余万人，培训率达87%，获技率达77%。

根据全国"双协"组织关于持续开展"双学双比"活动的要求，1994年"双学双比"

活动进入第二个五年周期。经调整，省人大常委会副主任胡廷积兼任省"双协"小组第一组长，副省长李成玉兼任组长；省妇联主任杨碧如、省政府办公厅副主任王春生等14人兼任副组长。

1995年，世妇会在北京召开期间，省"双协"在郑州举办"今日河南妇女"展览，展出先进人物（集体）图片100余幅、妇女美术和工艺作品300多件。同年，全省营造"三八"绿色工程9528个，面积达13.33万公顷；有700多万名妇女参与水利工程建设。

照36-3-3-3　在"双学双比"竞赛活动中，卫辉市柳庄乡建成"三八"示范棉田

1996年始，各级妇联将"巾帼扶贫行动""跨世纪扶贫工程"作为"双学双比"活动的重要内容，以开展"11527"帮带活动的形式落实"7115"计划。各级妇联层层建立联系点、联系户，直接帮助农村妇女脱贫；同时，通过发动各界妇女与贫困妇女结帮扶对子、推广孟加拉国小额贷款扶贫模式等多种形式，健全扶贫网络，帮助妇女脱贫。

1997年年初，省"双协"小组调整，省政府副省长张以祥兼任组长；省妇联主席吴全智等14人兼任副组长。1998年5月，省"双协"小组调整，省政府副省长王明义兼任组长。

1999年3月，省妇联与省农业综合开发办公室联合举办"巾帼高效农业科技示范园区骨干培训班"；11月，在新乡召开全省农村妇女科技推广现场经验交流会。同年，全国举办"双学双比"活动10年成果展览。省妇联协助省"双协"小组筹办题为"中原千万农家女，十年学比铸辉煌"的河南展厅工作。在北京开展期间，展厅播放了"双学双比"竞赛活动专题片，展出各类图片66幅，发放宣传画册1200册；并组织农产品展销。河南展厅获优秀组织奖、设计奖、制作奖。此后，"双学双比"活动内容由学文化、学技术，比成绩、比贡献修订为学科技、学管理，比发展、比效益。农村妇女科技推广体系和服务网络逐步形成。当年，由2000元起步，发展成为拥有固定资产265万元、年创产值840万元、缴税100余万元的鄢陵县晨阳福利服装厂厂长杨香莲，获得世界妇女高峰基金会颁发的"世界农村妇女生活创造奖"。

截至2000年年底，全省共建立乡级以上农村妇女科技指导中心2000多个，成立各类"三八"专业技术协会3989个；创建"巾帼龙型服务实体"200多个、"巾帼高效农业示范园（区）"200个；营造"三八"绿色工程3万多个、"三八"农田水利工程700多个。

在"双学双比"竞赛活动中，全省涌现出先进女能手6.5万人，其中获得全国、省级表彰的先进女能手有1233人，新乡小冀镇的刘志华获全国"十大农民女状元"称号。

"巾帼扶贫"工程 "双学双比"竞赛活动开展之初，扶贫工作就被纳入其中。1989年10月，省妇联与省贫困地区经济开发办公室联合举办"河南省贫困县乡暨'双学双比'试点县妇联主任培训班"，百余名妇联干部参加培训。培训除讲授种植、养殖、加工等实用技术及市场信息等内容外，还组织经验交流及现场观摩。经妇联发动，率先致富的女能手热情帮助贫困妇女脱贫。至1992年，由228名获"双学双比"先进女能手称号的妇女，在3年期间内，共拿出资金7.46万元帮助2.88万户脱贫，向近20万名妇女群众传授技术。

为加大扶贫力度，1996年年初，省妇联与省扶贫办联合发出关于实施"巾帼扶贫行动"的通知。随后，在省妇联制定的《河南省"巾帼扶贫行动""九五"规划》中提出"巾帼扶贫行动"的目标是：实现"7115"计划。自此，各级妇联广泛开展"11527"帮带大行动，层层建立联系点、联系户，帮扶到人。同时，还在全省妇女中广泛开展"手拉手、一帮一，脱贫致富奔小康"活动：发动率先致富的妇女帮助贫困妇女学文化、学技术，筹集资金、选择项目，实行连环脱贫；组织妇联团体会员、女企业家、女科技人员、女教师、女能手、女知名人士开展包村联户、贫富结亲、城乡结对子活动。仅驻马店地区就结对子近3万个。各级妇联在帮扶中，注重建立实体化基地，以"公司＋农户"的方式辐射式扶贫。濮阳县妇联成立"濮阳县凤祥养殖服务公司"，组织引进美国AA肉鸡代养生产项目，为农户提供鸡苗和技术服务，赊销饲料和药品，回收成鸡。累计代养量突破200万只，赢利600余万元。至1996年年底，全省各级妇联自办或帮助兴办种植、养殖、加工等扶贫项目达800多个，形成一批专业村、专业户；共创办"公司＋农户"实体化基地2100多个，帮助贫困户连片脱贫致富。

1997年7月，省妇联与省扶贫办联合召开"河南省妇女扶贫工作暨'双学双比'经验交流会"。省政府副省长张以祥在会议讲话中要求各有关部门，把贫困妇女列为帮扶重点对象，在帮扶措施、资金上实行"妇女优先"原则。同年，在省政府划拨120万元国家贴息扶贫贷款的支持下，省妇联与省扶贫办、农发行河南省分行联合实施全省第一批以妇女为贷款对象的巾帼扶贫项目。选定国家级贫困县栾川、宜阳、台前3县作为试点，借鉴孟加拉国小额贷款扶贫模式，探索资金到户、项目到户的扶贫路子。其形式主要有"小组互助"型、"公司＋贫困户"型、"妇联＋公司＋贫困户"型、"示范户＋贫困户"型等。至1997年年底，全省各级妇联共建立扶贫联系点2700多个，联系户13.4万多个；与贫困妇女结帮带对子10万多个。1998年，各级妇联组织妇女结帮扶对子8.7万个，帮助17万名妇女脱贫。

为帮助更多贫困妇女解决温饱问题，并体现扶贫工作中物质文明与精神文明建设同步发展，1999年省妇联提出两年内创建100个"巾帼扶贫示范村"的目标。示范村条件中对全村的经济发展以及妇女组织建设，妇女的文化、技术素质，"五好文明家庭"户数都提出了具体的标准要求。各贫困县妇联将"巾帼扶贫示范村"创建作为重点工作，制定规划和管理办法，健全扶贫档案。11月，省妇联与省扶贫办联合在栾川召开"河南省小额贷款'巾帼扶贫示范村'现场会"，省政府副省长王明义出席会议并讲话。

至2000年年底，在"巾帼扶贫行动"实施中，省妇联争取国家贴息贷款2290万元，配套经费60万元，经在21个国家级贫困县循环投放，滚动扶持1.1万余个贫困户，户均年增收1000~3000元；共帮助全省47万名妇女脱贫，有82个村达到"巾帼扶贫示范村"标准。

"三八"绿色工程　　1990年，省妇联、省林业厅、省绿化委联合发出《关于开展"三八"绿色工程活动的通知》，号召妇女投身平原绿化、荒山造林、十大经济林基地建设。1991年，"三八"绿色工程建设纳入"双学双比"活动。各级妇联与林业部门配合，开展"巾帼绿化月""我为太阳城添绿"等具有地方特色的植树造林活动。至1992年，全省共建"三八"绿色工程基地1792个，面积达1.15万公顷万亩；有200万名妇女投入建设，植树3652万株。

为使工程管理逐步走向规范化、制度化，1993年省妇联与省林业厅、省绿化委联合制定《河南省"三八"绿色工程实施细则》，要求自省至村，各级都建"三八"绿色工程基地，并对基地的选点以及工程建设资金来源、收益分配、工程管理等作明确要求或规定。1995年，全省参加植树造林的妇女有1280万人，植树6592万株，建工程9528个，面积达13.33万公顷。

1996年，省妇联与省林业厅联合制定的《河南省"三八"绿色工程到2000年规划基本思路》出台，各地据此制定相应措施，推动"三八"绿色工程向规模化、效益化方向发展。孟州市槐树乡"三八"绿色示范基地种植苹果树5000棵，采用集中指导、分散管理的方式，使基地达到了规模效应，果农人均收入2000余元，其中有1/3的妇女仅果园收入就超万元。在新县每年组织的10万人造林队伍中，女性占60%。至1997年，新县达到了县有千亩林场、乡有百亩基地、村有10亩"三八"林。

各级妇联负责对基地进行规划设计、施工管理、登记造册、竖碑立牌，并通过组织灵活的管护承包方式，确保工程质量和效益的发挥。至2000年，全省参加义务植树的妇女达3200万人次，累计植树1.2亿株，营造"三八"绿色工程3万多个，接受林业技术培训的妇女达100余万人。有50个工程分别被评为全国、省级"三八"绿色优质工程；获全国、省级"三八"绿色奖章者有132人。

"三八"农田水利工程　　1991年，省妇联与省水利厅联合发出《关于开展"三八"

农田水利基本建设活动的通知》。1992年,"三八"农田水利基本建设被纳入"双学双比"活动。各级妇联与水利部门互相配合,组织妇女群众投身以小流域治理为主要内容的"三八"农田水利工程建设。至1993年,参与水利工程大会战的妇女达500万人,创建"三八"农田水利工程339个。在林县组织的红旗渠技术改造施工工地,上有60多岁、当年修建红旗渠的"铁姑娘",下有十八九岁的小姑娘。在会战的1.3万多人中,妇女占60%以上。1995年,全省有700多万名妇女劳动力投入水利工程建设。

自1996年起,"三八"农田水利工程建设以发展灌溉、节水、小流域治理为主要内容,以推进农业基础设施建设为目标。商丘县坞墙乡妇联动员7000多名妇女组成"三八"农田水利工程队,承担开挖引黄干渠的任务。至1997年11月,纵贯全乡15千米长的河渠正式开通,可浇灌麦田约2.67千公顷;河渠被县委命名为"铁姑河"。

至2000年,全省共建"三八"农田水利工程700多个,其中有54个工程被评为省"三八"农田水利优质工程。

庭院经济开发工程　1991年,各级妇联根据省"双协"小组工作意见,结合本地实际,发动妇女利用房前屋后的空闲地,发展种植业、养殖业和加工业。至1993年,全省扶持的以妇女为主的1万个庭院经济开发重点户、2000个开发村、150个开发乡、17个开发县取得成效,形成立体种植、养殖,密集加工,综合配套服务的格局。1993年上半年,全省生猪出栏率比1992年同期增长12.27%。

在庭院经济开发工程建设中,各地根据地区资源优势,帮助妇女选择一些投资少、见效快、辐射面广的种植、养殖、加工项目。扶沟县曹里乡妇女群众踊跃参与全乡"蛋鸭领头、鱼藕并举"的富民工程建设,至1996年,该乡涌现出以妇女为主的养鸭专业村20个、专业户1000个;全乡建鸭棚2000座,养鸭190万只。

随着时间的推移,全省庭院经济开发工程逐步向专业化、区域化方向发展,形成"一村一品""一乡一业"的格局。卫辉市以养鸡作为经济发展的龙头项目,至1998年发展蛋鸡养殖专业村100多个;新密市以妇女为主的庭院经济专业户有4.2万户,年创产值14亿元。至1998年,全省有庭院经济开发重点户360万个、科技示范户40余万个。

"一优双高"开发工程　初时名为"高产开发工程",起始于1992年,省"双协"小组在工作意见中,要求各级协调组织"抓好以粮、棉、油、瓜菜为主要内容的高产开发工程"。各级妇联与有关部门配合,组织农村妇女开展各种竞赛活动,改良中、低产田,提高农作物单产产量。1993年,全省建高产开发工程237个,面积达320.6万公顷,参赛妇女达389万人。

在实施中,高产开发工程逐步由优质、高产、高效即"一优双高"开发工程所取代。各地根据不同的种植结构,把"一优双高"开发工程同当地的"吨粮田开发工程""菜篮子工程"等结合起来,在扩大种植面积的同时,注重以增加科技含量的方法提高单位面积产量。范县妇联配合农牧局在水稻、小麦、玉米产区开展"一优双高"开发竞赛活动,妇女之间展开了田与田比产量、户与户比收入的竞赛。1996年,水稻亩产平均达600千克,加上小麦产量,实现了亩产吨粮的目标。截至1996年,全省共建"一优双高"开发工程2.3万个,参赛妇女达700多万人。

1997年,省妇联落实全国"千万农家女推广百项新技术"项目,在新乡、许昌两市的12个县实施"万人万亩小麦高产开发工程",共建小麦高产开发田1.03千公顷,参与高产开发的妇女达1.4万余人。当年获得总产791万千克、平均单产513.6千克、最高单产达600千克的成效,创历史最高水平。

1998年始,各级妇联引导农村妇女在"一优双高"开发工程基础上向创建"巾帼高效农业示范园(区)"方向发展。至2000年年底,全省共创建"巾帼高效农业示范园(区)"200个。

"巾帼建功"活动　　根据全国妇联与有关部门发出的《关于在全国城镇妇女中开展做"四有"①"四自"女性,为"八五"计划建功的联合通知》精神,1991年,省"双协"小组制定《关于在城镇妇女中开展"巾帼建功成才"活动的实施方案》(以下简称"《实施方案》"),同时决定,省"双学双比"竞赛活动协调小组对城乡"双学双比"和"巾帼建功"活动实行统一领导。

"巾帼建功"活动主旨为:引导、激励广大城镇妇女发扬"四自"精神,立足本职、勤奋工作,提高素质、争作贡献,积极进取、做"四有"新女性。《实施方案》要求,以学政治、学文化、学科学、学技术、学管理,比思想、比质量、比效益、比成绩、比贡献即"五学""五比"为"巾帼建功"活动的主要内容。各地利用广播、电视、报刊、板报等多种宣传工具,广泛宣传开展"巾帼建功"活动的意义;采取新闻报道、演讲报告会、成果发布会等形式宣传妇女先进典型;组织女职工围绕"八五"计划制定集体或个人建功规划。全省范围内展开了岗位练兵、技术比武,诸如"百日安全岗""万米无疵布""班组升级赛""个人对手赛""学春娥②,我为企业作贡献"等竞赛活动遍及各行各业、各条战线。至1992年年底,全省有197万名城镇妇女参与"巾帼建功"活动。

1993年,突出行业特点、各具特色的"十杯"竞赛活动在各地兴起。1993~1995年,全省女职工中参加岗位培训的有75万人次,参加各种技术比武的有77.6万人次,有100万人次参加各种知识竞赛;并有30%的女职工参加各种成人教育和自修学习。

自1996年起,各地"巾帼建功"活动覆盖面扩展至下岗女职工。各级妇联开展多种教育培训工作,引导下岗女职工转变就业观念,帮助她们掌握多种生产技能。

---

①有理想、有道德、有文化、有纪律。
②赵春娥,洛阳市老集煤场工人,因病于1982年去世。生前曾获全国商业特级劳模、模范共产党员等称号;1983年被国务院追认为全国劳动模范。

截至2000年，全省参加岗位技能培训的女职工达150余万人；有100万名女职工参加各种技术比武、知识竞赛活动。全省被授予全国、省"巾帼建功"标兵称号者达802人。

"十杯"竞赛活动　1992年，省"双协"小组决定在全省城镇妇女中开展"十杯"竞赛活动。各地妇联协调有关部门，每年有所侧重地开展1~3项达标夺杯竞赛，并及时表彰活动中涌现出的先进典型，逐步增强"十杯"竞赛活动的影响力。1995年，省妇联与有关部门联合开展"天使杯""服务杯"竞赛活动；与省贸易厅、省劳动厅联合组织全省商业系统"碧沙杯"职工服务技能大赛；与省卫生厅联合举办'95护理知识及《妇婴保健法》知识竞赛。当年，省妇联与省科委联合对在"成果杯"竞赛中涌现出的47名先进个人予以表彰，并授予其中20人省"巾帼建功"标兵和省三八红旗手称号；与省物资集团公司联合表彰"巾帼建功"标兵11人。

1996~1999年，省妇联分别与省贸易厅、省高级人民法院、省农业厅联合，对在"服务杯""支农杯"等竞赛活动中涌现出的70名先进个人予以表彰。2000年，省妇联与农业银行河南分行联合组织业务技术比赛，对各项比赛前两名的12名女能手授予省"巾帼建功"标兵、省三八红旗手称号。并分别与省卫生厅、省地税局联合表彰10名优秀护士、10名优秀税务工作者，授予其省三八红旗手称号。各市（地）都开展了各具特色的竞赛活动。仅信阳市就开展了"园丁杯""天使杯""公仆杯""支农杯"竞赛，树立行业标兵370多人。

"巾帼文明示范岗"创建活动　1997年，河南省以树行业新风为目标，在全省女性比较集中的商贸、金融、公交、卫生、科技、教育、邮电、轻工、纺织、化工十大窗口行业开展"巾帼文明示范岗"创建活动。开始，各地通过宣传发动、方案实施、考核验收等措施，取得了试点工作的初步成效。1998年，各地规范争创制度及服务标准。洛阳、郑州等地对获省级"巾帼文明示范岗"称号的单位举行隆重的挂牌仪式；漯河、南阳等市则制作示范岗创建工作专题录像在全市播放。同年，全省涌现出市级以上"巾帼文明示范岗"600多个。

1999年，各地加强示范岗管理工作，多数市（地）制定了"巾帼文明示范岗"管理办法，对符合条件的岗位先挂争创牌，经严格考评、认定合格后再正式授予其"巾帼文明示范岗"牌匾。各地以召开表彰会、举行挂牌仪式等方式，扩大"巾帼文明示范岗"创建活动的影响面，使创建活动逐步由十大窗口行业拓展到各行各业，甚至延伸到非公有制经济领域。

至2000年年底，全省共创建省辖市级以上"巾帼文明示范岗"1569个，其中有全国示范岗29个、省级示范岗201个。参与创建活动的女职工达23.2万人。

下岗女工再就业工作　随着工业结构的调整和企业改革的不断深化，1996年全省下岗和待业女职工已有15.1万人，占下岗、待业总人数的48%。为帮助下岗女工重新就业，同年6月，省妇联与省劳动厅联合下发《关于开展"巾帼创业"活动促进下岗女工再就业工作的通知》，要求：把"巾帼创业"活动纳入"再就业工程"中统筹规划；加强对下岗女工的思想教育和培训工作，使之树立新的择业观念，提高技术水平，增强竞岗能力；兴办经济实体，为下岗女工创造新的就业机会。至1996年年底，全省为下岗女工举办各类培训班600余期，培训女工2.4万人次，经培训重新上岗的女工达1.7万人；以妇联为主创办的经济实体达900多个，可安置下岗女工2.3万人。

1997年，全省下岗女职工已有30多万人，占下岗职工总数的50%以上。11月，省委书记李长春召集省妇联领导班子成员，针对如何做好下岗女工再就业工作提出具体要求。之后，省妇联发出《关于贯彻落实李长春书记指示精神，进一步做好下岗女工再就业工作的通知》，要求各级妇联创办"巾帼家政服务公司"，把解决下岗女工再就业作为主要工作目标。当年，全省共培训下岗女工10万人次，有2万名下岗女工重新就业。

1998年，省妇联成立下岗女工再就业培训中心和下岗女工再就业指导中心，先后举办下岗女工再就业骨干培训班、"巾帼创业带头人"培训班和下岗女工微机操作培训班，并授予下岗后又创新业的郑州市阳光午托部经理魏玲省"巾帼创业带头人"、省三八红旗手称号，专为其举行了授牌仪式。各级妇联发挥组织优势，协调社会力量安置下岗女工。安阳市妇联开展的"互助行动"系列活动，开幕式当天，40个用工单位为下岗女工提供就业岗位2000多个。开封市妇联与市劳动局等6个部门联合举办下岗女工再就业洽谈会，有1600多人与用工单位签订用工意向协议书。当年，全省县级以上妇联共组织60余名下岗女工再就业先进典型进行巡回演讲100多场，直接听众达4万余人。至年底，省及省辖市妇联建立再就业培训基地16个，培训下岗女工5万人；省、市、县三级妇联成立巾帼家政服务中心（公司）或巾帼信息指导中心158个，直接或协调安置下岗女工4万人。全省女干部、女科技人员、女企业家与下岗女工结为帮扶对子3600个；有5000余名下岗女工到农村承包土地。同年，省妇联在漯河召开全省下岗女工再就业工作现场经验交流会。由于省妇联多次就下岗女工再就业工作提出有针对性的建议，省委、省政府在制定的《关于做好国有企业下岗职工基本生活保障和再就业工作的若干意见》中，确定了女工孕、产、哺乳期的保护政策和下岗女工再就业的优惠政策。1999年，全省妇联的重点工作是启动"社区服务工程"、兴办社区服务网点，为下岗女工开发再就业领域。各级妇联创办的巾帼家政服务中心（公司）除直接开展业务外，还挑选或帮助经培训有一定能力的下岗女工领办社区服务项目；或发挥在技能培训、人才推荐、组织协调等方面的优势，与街道组织及有关部门联建服务网点。全省市、县两级妇联自建或联建社区服务网点1084个，网点内直接安置下岗女工2万多人。开封市妇联与开封花生集团合作，安置下岗女工

2700多人。同年，全省各级妇联举办美容美发、裁剪缝纫、编织刺绣、电脑打字等多种服务项目的培训班，共培训下岗女工5.5万多人，通过巾帼家政服务中心直接或协调安置下岗女工3万余人。

至2000年年底，全省妇联系统共成立巾帼家政服务中心（公司）200多个、巾帼社区服务网点2000多个；接受各级妇联培训的下岗女工达16万人次，接受妇联再就业指导的下岗女工达14.7万人次。

第四节 维护妇女合法权益

中共中央书记处于1982年、1983年连续两年,就妇联工作的方针任务作指示,要求妇联组织"坚决维护妇女儿童的合法权益"。全省各级妇联普遍以加强信访工作、建立法律顾问组织、协助制定有关法规等方式加强维护妇女儿童合法权益工作。在各级妇联主动协助下,河南省人民代表大会常务委员会《关于保护妇女儿童合法权益的若干规定》于1984年颁布施行。至1987年,全省县级以上妇联共建立法律顾问组织154个,配备信访专职干部381人;聘请法律顾问500余人。

1988年,省委组织部转发中共中央组织部关于《在改革开放中加强培养选拔女干部工作的意见》,要求全省尽快达到县、乡级党政领导班子中配备一名女干部的目标。1991年,省委组织部又在制发的《河南省培养选拔女干部工作意见》中,提出"力争在1993年达到每个市(地)、县(市、区)党政领导班子中至少有一名女干部"的目标。1988~1991年,省妇联与省委组织部、省委党校联合举办首期"河南省女领导干部培训班";与省委组织部两次联合召开"河南省培养选拔女干部工作经验交流会"。省妇联还下发通知,要求各级妇联通过努力,改善县、乡两级人大换届中妇女参选参政工作的状况。其间,全省妇联系统的信访工作制度不断健全,各级妇联就案件的立案、归档、转办、催办、统计、总结等,都作了明确规定,使之更加趋向于规范化。

1992年,《中华人民共和国妇女权益保障法》(以下简称"《妇女权益保障法》")颁布实施之后,省妇联积极建议并协助制定地方法规,促使《河南省实施〈妇女权益保障法〉办法》于1994年颁布实施。

根据国务院发布的全国妇女、儿童发展纲要精神,省妇联协助省妇儿工委起草妇女、儿童发展规划。1994~1997年,《九十年代河南省儿童事业发展规划》《河南省妇女发展规划(1996~2000年)》先后经省委、省政府发布实施。自此,妇女儿童发展被纳入全省经济社会发展总体规划。其间,省妇联协助省委组织部制定培养选拔女干部工作五年规划(1996~2000年);配合省委组

照36-3-4-1 省会宣传贯彻《河南省妇女发展规划》动员大会

织部对全省各地培养选拔女干部工作目标落实情况进行检查，推进妇女参政工作。至1997年年底，全省100%的市（地）、县（市、区）和93%的乡（镇）党政领导班子中都配备了一名以上女干部。

1998年，省委组织部、省妇联联合召开全省培养选拔女干部、发展女党员工作座谈会，重点研究如何实现《河南省妇女发展规划（1996~2000年）》中妇女参政目标的有关问题。经多年发展，全省妇女儿童法律服务机构逐渐形成网络。至年底，全省各级妇联创办律师事务所60个、法律顾问处69个、妇女法律援助中心65个；在乡、村级，全省共设立维权投诉站3226个。为推广"妇女维权法庭"创建工作的经验，同年，河南省妇联与河南省高级人民法院联合在南阳召开"河南省'妇女维权法庭'现场经验交流会"。

照36-3-4-2　1991年，省委组织部、省妇联联合召开"培养选拔女干部工作经验交流会"

至1999年年底，全省共培训女领导干部2.2万人次，换岗、交流女干部达2930人，并有1482名女干部被确定为县（处）级后备干部。2000年，省妇联与有关部门联合开展以"148"法律服务专用电话为妇女儿童提供法律服务的活动；在全省各地开通"1603861"维权热线电话。当年全省建立的"妇女维权法庭"达149个。全省建立并形成五级信访网络。1988~2000年，全省各级妇联受理来信来访26.44万件（次）。

至2000年年底，《河南省妇女发展规划（1996~2000年）》《九十年代河南省儿童事业发展规划》的主要目标基本实现。全省省辖市、县（市、区）、乡（镇、街道）三级党政领导班子中配备一名以上女干部的比率分别为100%、98.1%、95.4%；省、市、县（市、区）党政直属工作部门领导班子中配备女干部的比例分别为39%、45.6%、49.2%。企业中有女职工代表22万人，占职工总数的31.25%。各级人大、政协都有20%~30%的女代表、女委员。全省适龄女童入学率小学达99.8%、初中达95.8%，高等院校在校女生占在校学生总数的38.25%。已有14个省辖市施行女职工生育费用社会统筹政策。

信访工作　随着1973年妇联工作的恢复，信访工作也得到了恢复。1979年，全省共受理信访案件3342件。1983年，省妇联机关成立了信访科，配备两名专职干部。1984年，省妇联召开系统信访工作会议，学习贯彻《全国妇联信访工作暂行条例》。1985年，省妇联在许昌召开维护妇女儿童合法权益工作现场经验交流会，要求各级妇联加强信访工作。1987年，全省妇联系统共受理信访案件2.38万余件。

为适应信访量不断增加、妇女权益受侵害案呈现出多样性和复杂性的情况，妇联系统信访工作的制度日臻完善。至1989年，各级妇联建立了诸如领导接待日制度，大案的立案、查办、归档制度，信件转办、催办制度，信访数字统计、文字总结制度等。鉴于妇联系统多年存在着上一级向下一级转交案件过多、影响办案时效性的状况，1990年，依据"分工负责、归口办理"的原则，各级妇联进一步健全信访管理制度，改"多转少办"为"多办少转"。郑州、新乡、洛阳、许昌、南阳等市（地）将信访工作纳入年度目标管理进行考核。省妇联坚持凡遇重大疑难案件即深入调查，以《情况反映》《来信摘编》等形式向省委、省政府及有关部门反映，促使案件尽快得到处理。同年，全省妇联系统共受理信访案件2.07万件（次）。

1993年，各级妇联贯彻落实省委、省政府信访局关于推行"逐级上访"制度的文件精神，省、市（地）妇联普遍成立了信访工作领导小组。1995年，全省各级妇联受理信访案件2.02万件（次）。1999年，省妇联发出《河南省妇联关于实行领导批示信访案件责任制的通知》，并在制定的《关于进一步贯彻〈中共河南省委、河南省人民政府关于全面推行逐级上访制度的若干规定〉的意见》中，就工作程序、工作制度、信访干部的选配及培训提出明确要求，推进妇联信访工作向规范化、程序化、法制化方向发展。

2000年，全省已形成省、市、县（市、区）、乡（镇）、村五级信访网络，全省各级妇联受理信访案2.32万件（次）。

协助处理重大案件　各级妇联组织积极参与有关妇女儿童合法权益受侵害重大案件的调查工作，协助、督促有关部门对案件进行及时、公正的处理。

1979年年底，新郑县小乔公社王某被丈夫邱某某砍断双臂、挖掉双眼，造成重度终身残疾。全国妇联、省妇联与当地各级妇联一同深入调查，协助司法部门查清事实后，邱某某于1980年年底被依法判处死刑，缓期两年执行。鹤壁市丁某被其丈夫赵某某倚仗权势虐待、摧残达两年之久。中共中央、中共河南省委，全国妇联、共青团中央等有关领导都对此案有关问题作了批示。省妇联与当地妇联协助司法部门反复调查取证。1984年1月，赵某某被依法判处死刑。

1989年，宝丰县观音堂乡发生一起8岁女童遭一史姓家族叔侄6人轮奸一案。1992年，受害人起诉后，由于史姓家族在本村势力强大，致使调查取证工作严重受阻；且在调查案情期间，女童又多次被轮奸。后经省妇联与平顶山市妇联、宝丰县妇联主动配合司法机关反复调查、核实取证，省高级人民法院于1997年9月对被告作出终审判决。6名案犯分别被判处死刑、死缓、无期及有期徒刑。

1997年，焦作市一13岁少女被郑某及王某、文某、靳某多次强奸、轮奸。犯罪嫌疑人虽被公安机关当场抓获，却时过一年余未能结案。省妇联接到此案情况反映后，即督促当地妇联组织配合司法部门调查取证。1998年12月，除一名被告在逃外，其余3名被告均被依法判处有期徒刑及经济赔偿。在办理此案过程中的徇私枉法者受到了相应的党纪或政纪处分。

"姑娘街"的创建 郑州市中原区中原乡为已出嫁女性划分宅基地建住宅，由于所建住宅集中而被称作"姑娘街"。中原乡地处城乡接合部，村民以种植蔬菜为主。因该乡周边与第二砂轮厂等企业相邻，土地不断被征用，许多女青年进厂做工，并与男工结婚；也有务农女青年与附近企业的男工结婚，形成"男城女乡"的婚姻状况。由于男方所在企业住房紧张，而女方虽户口未迁，但出嫁却得不到宅基地，致使一些"男城女乡"者无住房问题突出。随着1984年河南省人民代表大会常务委员会《关于保护妇女儿童合法权益的若干规定》的施行，中原乡的朱屯、北陈五寨等部分村着手为出嫁女性划分宅基地，解决本村"男城女乡"家庭无住房的困难。至1986年，中原乡共有125名出嫁女性获得宅基地。

协助制定有关地方法规 1983年，省妇联就拐卖妇女儿童犯罪活动、嫖娼卖淫活动、溺弃女婴和虐待生女孩母亲等情况分别进行专题调查，调查报告经省委向各级党委转发通报。1984年年初，省妇联在向省委所作的关于全省维护妇女儿童合法权益法制宣传月活动情况汇报中，建议制定维护妇女儿童合法权益的地方法规。之后，参与《关于保护妇女儿童合法权益若干规定》的起草工作。同年12月，河南省人民代表大会常务委员会《关于保护妇女儿童合法权益的若干规定》（以下简称"《若干规定》"）得以颁布实施。1988年，省妇联参与《河南省老年人合法权益的若干规定（草案）》《河南省未成年人保护条例（草案）》和《中华人民共和国婚姻管理处罚条例（征求意见稿）》的修改工作，并将起草的《河南省乡镇企业妇女劳动保护与卫生保健工作的暂行规定（草案）》提交有关部门。1989年，在充分征求意见基础上，就《河南省计划生育条例（草案）》《全国未成年人保护法（草案）》《女职工劳动保护实施细则》提出了修改意见。

1992年，《中华人民共和国妇女权益保障法》颁布实施后，省妇联通过提议案、交提案，建议省人大常委会制定《妇女权益保障法》实施办法。随后，作为实施办法起草小组成员，省妇联多次在全省就妇女在政治、经济、文化、教育、劳动、财产、人身、婚姻家庭等方面权益的保护情况组织专题调查，并多方借鉴有关立法资料，先后六易其稿，形成《河南省实施〈妇女权益保障法〉办法（草案）》提交省人大常委会。1994年4月，《河南省实施〈妇女权益保障法〉办法》颁布实施。

为使《若干规定》适应形势的发展变化，1998年省妇联就《若干规定》中的部分条款提出修改意见，同时还就加强立法问题提出建议。2000年，全省各级妇联组织着重就婚外恋、重婚、纳妾问题，家庭暴力问题，关于离婚妇女的财产分割问题，子女抚养问题等，广泛调查、征求意见，为《婚姻法》的修改提供参考依据。

河南省妇女发展规划（1996~2000年） 根据《中国妇女发展纲要（1995~2000年）》《河南省国民经济和社会发展"九五"计划及2010年远景目标纲要》所提出的总目标，结合河南妇女发展现状制定了《河南省妇女发展规划（1996~2000年）》，1997年3月经中共河南省委、河南省人民政府发布实施。该规划提出20世纪末河南妇女在参政、就业、劳动保护、卫生保健、教育、消除贫困、人身权利等方面要达到的目标以及为实现目标所采取的政策措施。1998年6月，《河南省妇女发展规划（1996~2000年）》监测评估领导小组成立，同时成立的还有监测评估专家委员会和监测统计组，对规划实行年度监测评估制度。各级都成立了相应机构。在规划实施中，各级妇儿工委通过召开新闻发布会、电视电话会、座谈研讨会、演讲报告会，举办知识大赛，编发宣传手册100多万册，开展宣传月、宣传周等活动形式宣传规划内容及实施意义，引起全社会的关注和支持。省妇儿工委分别于1998年、2000年组织对规划实施情况进行检查。至2000年年底，《河南省妇女发展规划（1996~2000年）》的主要目标如期得以实现。

九十年代河南省儿童事业发展规划 根据《九十年代中国儿童发展规划纲要》精神，1994年3月，河南省人民政府发布《九十年代河南省儿童事业发展规划》，确立儿童在卫生保健、教育、文化、体育等方面发展的18项具体目标，并提出相关措施。各级政府相继颁布本地区儿童事业发展规划。1995年6月，规划监测评估领导小组成立，下设专家委员会和监测统计组，对规划实行年度监测、通报制度。全省各级都成立相应的监测评估机构。在规划实施期间，《河南省母婴保健条例》《河南省计划免疫条例》《河南省盐业管理办法》《河南省义务教育实施办法》等法规相继颁布，使规划顺利实施。各级妇儿工委在组织开展的宣传规划活动中突出对"儿童优先"原则的宣传。经全面监测评估，至2000年年底，《九十年代河南省儿童事业发展规划》的主要目标基本实现。

协助做好培养选拔女干部工作 1981年，省委要求妇联、青年团、工会组织在各级人民代表大会换届选举中把妇女、青年、工人中的最优秀者推荐给全体选民。同年，妇联组织所推荐的55名女干部多数走上县级领导岗位。1982年，在换届选举中有94名女性当选为正、副县长，36名女性当选为县级人大常委会正、副主任。1984年，鉴于女领导干部所占比例下降情况，省委组织部批转省妇联党组关于培养选拔、推荐中青年女干部的报告，要求各级党委把培养选拔女干部工作列入议事日程。1986年，全省女干部总数达到25万人，占干部总数的21.98%。

经县、乡级换届选举，1987年，全省158个县（区）党委、政府领导班子中有女干部139人；乡级党政领导班子中有女干部399人。各级妇联向党委推荐的5116名女干部中，有2268人被任用，占推荐数的44.33%。

1988年，省委组织部转发中共中央组织部关于《在改革开放中加强培养选拔女干部工作的意见》，要求各市（地）、县（市、区）党委及省直各部门党组在检查培养选拔女干部工作的基础上，制定培养选拔女干部工作规划，尽快达到各县、乡党政领导班子中配备一名女干部的目标。同年11月，省委书记杨析综在省委组织部、省妇联联合召开的"河南省培养选拔女干部工作经验交流会"上，提出"特别要注意对妇女干部的培养、教育、选拔、使用"。由省委组织部、省委党校、省妇联联合举办的首期"河南省女领导干部培训班"于同年开班，县处级以上女干部近200人参加培训。1989年，省妇联与省委组织部联合召开了"河南省女干部参政与实践研讨会"。

鉴于部分地区换届选举中存在着女代表比例低、党政领导班子中女干部参选人数少的情况，省妇联继1989年下发通知之后，再次于1990年3月发出《关于进一步做好县乡人大换届选举中的妇女参选参政工作的通知》，要求：各市、地妇联做好女干部的宣传、推荐工作；同时，多次向省委汇报妇女参选情况，使省委及时采取有效措施扭转局面。换届期间，全省各级妇联向党委组织部门推荐优秀女干部1992人，被任用677人，占推荐数的34%。在换届选举中，全省选出女正、副县（市、区）长104人，女正、副乡（镇）长443人；158个县（区、市）中有81%配备了一名以上女领导干部。同年，各级妇联进一步健全、完善妇女人才信息库。

1991年，省委组织部在制定的《河南省培养选拔女干部工作意见》中，提出"力争在1993年达到每个市（地）、县（市、区）党政领导班子中至少有一名女干部"的目标。同年，省委组织部、省妇联联合召开"河南省培养选拔女干部工作经验交流会"。1993年，全省有女干部41.6万人，占干部总数的29.2%；在158个县（市、区）中有138个县（市、区）党政领导班子配备了一名以上女干部，配备率达87.34%。

1995年11月，省委组织部、省委统战部、省妇联联合召开"河南省培养、选拔年轻干部、女干部、党外干部工作座谈会"。省委副书记任克礼在会议讲话中要求："把女后备干部的培养选拔纳入后备干部队伍建设的总体规划"，"要坚持在同等条件下，优先选拔女干部进班子"。同年，省妇联协助省委组织部制定的《培养选拔女干部工作的意见》出台，提出了1996~2000年培养选拔女干部工作中、长期目标。1996年，在全省公开选拔副厅（局）级优秀年轻干部中，有4名女干部脱颖而出，被提拔任用。

1997年，省妇联下发《关于做好1998年县（市、区）人大、政府、政协换届中妇女参选参政工作的通知》，要求各级妇联做好推荐工作，"力争女代表候选人比例不低于28%"，"县（市、区）党政领导班子中已有一名女干部的争取配备两名"。同年，省妇联配合省委组织部对全省各地培养选拔女干部工作目标落实情况进行检查。至年底，全省100%的市（地）、县（市、区）和93%的乡（镇）党政领导班子中都有一名以上女干部；全省女干部达53万人，占干部总数的32%。

为顺利实现《河南省妇女发展规划（1996~2000年）》中的妇女参政目标，1998年9月，省委组织部、省妇联联合召开全省培养选拔女干部、发展女党员工作座谈会。

省委副书记黄晴宜在讲话中，要求建立健全培养选拔女干部工作制度，把培养选拔女干部工作的目标任务作为领导班子和领导干部年度工作考核内容之一。至年底，省、市（地）、县（市、区）党政直属工作部门领导班子中女干部配备面分别为46%、45%、48%。

1998~1999年，省委组织部和部分市（地）委组织部门都从应届大学毕业生中考录一批优秀者到基层任职，其中有20%的女性。1999年，全省妇联系统开展"万、千、千"活动，共培训女领导干部2.2万人次，确定县（处）级女后备干部1482人，有2930名女干部得以换岗交流。

至2000年年底，全省共有女干部70万人，占干部总数的36%。省辖市、县（市、区）、乡（镇、街道）三级党政领导班子中配备一名以上女干部的比率分别为100%、98.1%、95.4%；有89.8%的村党支部、村民委员会配备有女干部。省、市、县（市、区）党政直属工作部门领导班子中女干部配备的比率分别为39%、45.6%、49.2%。女性较集中的企事业单位领导班子中配有一名以上女干部的比率达42.9%。省妇联与省委组织部、省委党校联合共举办女领导干部培训班12期，培训地厅级、县处级女干部2400余人。

创办法律服务机构 1984年1月，郑州市妇联在全省率先成立法律顾问组。同年2月，省妇联法律顾问处正式成立。其主要任务是：为妇女提供法律咨询服务，向权益受侵害的妇女儿童提供法律帮助；向立法机关提供关于保护妇女儿童合法权益的建议。1985年9月，省妇联设立律师事务所，重点代理与妇女儿童有关的案件。至1988年，全省县级以上妇联普遍设立法律顾问处或律师事务所等法律服务组织，其中尤以信阳市浉河区妇联与司法局共同创办的维权法律事务所为突出。该所行政隶属于妇联，业务由司法局主管，工作人员实行聘任制；经费自收自支，自负盈亏。维权法律事务所于1994年在原法律顾问处基础上开办，6年内共办理各类案件474件，其中涉及妇女儿童权益的案件有436件；为妇女儿童免费提供法律援助65件。

为便于妇女群众投诉，一些乡、村妇女组织设立了维权投诉站，一般问题投诉由妇联给予解决，侵权问题由妇联协调司法机关予以处理。至1998年，全省共设立维权投诉站3226个；全省各级妇联还创办律师事务所60个、法律顾问处69个、妇女法律援助中心65个。

2000年年初，省妇联与省司法厅联合下发《关于充分利用"148"法律服务专用电话为广大妇女儿童提供法律服务的通知》，并于三八妇女节联合开展"'148'维护妇女权益联动服务"活动。同年，省妇联与省电信公司合作，开通全省维权热线电话"1603861"，全省形成省、市、县三级妇女维权咨询服务热线网络。至年底，"148"专线接待有关妇女儿童权益问题的咨询或来信2.39万件。

创建"妇女维权法庭" "妇女维权法庭"即"维护妇女儿童合法权益巡回法庭"

的简称,由南阳市妇联、南阳市中级人民法院共同首创于1996年5月。

"妇女维权法庭"的设立,不仅使妇联工作人员作为陪审员能够直接参与案件审理的全过程,对案件的裁决具有发言权,而且使妇联善于做群众思想工作的优势与法院严谨审理、公正判决的优势相结合,有利于惩治罪犯、维护妇女儿童的权益。"妇女维权法庭"设立后,把法院民事、刑事自诉案件中涉及妇女权益内容的案件集中起来,由妇联陪审员承担审判前期工作,使审判人员能够集中精力投入专门审理,因而办案效率大为提高。至1998年8月,南阳市共设立"妇女维权法庭"14个,且大都设在妇联。妇女维权法庭坚持方便群众、巡回办案的原则,除依法不公开审理的案件外,有80%的案例到案发地开庭。

1998年10月,省妇联与省高级人民法院联合在南阳召开河南省"妇女维权法庭"现场经验交流会,向全省推广"妇女维权法庭"创建工作的经验。至2000年年底,全省共设立"妇女维权法庭"149个。

创建"陪审员"制度　　建立由妇联干部出任陪审员的制度由濮阳市首创。

1995年11月,濮阳市妇联与市中级人民法院联合建立维护妇女合法权益协调小组。协调小组坚持定期开会研究案例及互访回访制度;坚持由妇联干部参与有关案件的调查取证、庭审旁听、代理诉讼。由于妇联干部在工作中仅靠庭前庭后的协调力度有限,且旁听经常受阻,影响案件的审结,市妇联便与市法院一同尝试在保留协调小组的前提下实行了妇联干部出任"陪审员"制度。"陪审员"制度的推行,使妇联干部作为特邀陪审员参与审判,享有与审判员同等的权利,具备与法官同堂问案的资格。由于妇联干部直接参与案件的调查、取证和开庭审理,对一些大案、疑难案件,妇联能及时向协调小组提出自己的意见,督促协调小组召开专案例会,进而妥善处理妇女权益受侵害的案件。至1998年,濮阳市、县、乡三级都实行了妇联干部出任陪审员制度。

鉴于濮阳市"陪审员"制度在维护妇女合法权益中取得的良好效果,1998年,省妇联与省高级人民法院联合向全省推广妇联干部出任"陪审员"工作的经验。至2000年年底,全省妇联系统已有761名干部被聘任为"特邀陪审员"。

参与"打拐"专项工作　　"打拐"即"打击拐卖妇女儿童犯罪活动"的简称。1980年,据各级妇联对99个县(市)的调查,被拐卖妇女儿童达1.4万人。1981年10月,省委批转南阳地委《关于邓县拐卖劫持妇女的情况的处理意见》,打击拐卖妇女儿童犯罪活动工作在全省展开。1982年8月,省政府发出《关于认真查处拐卖儿童犯罪活动的通知》,各级妇联深入对拐卖妇女儿童犯罪活动进行调查,配合公安部门解救受害妇女儿童。至1984年,全省共解救受害儿童2800余人。据部分妇联组织统计,1987年至1990年上半年,全省共解救受害妇女8063人、儿童52人。

1990年,全国"打击拐卖妇女儿童犯罪活动工作座谈会"在北京召开,省妇联把"打拐"作为维护妇女权益的工作重点,各级妇联都抽调人员参与同级"打拐"领导小组和"打拐"办公室工作。1991年,全国人大常委会颁布《关于严惩拐卖、绑架妇女儿童的犯罪分子的决定》《关于严禁卖淫嫖娼的决定》(以下简称"两个《决定》")后,省妇联发出通知,要求:各级妇联组织学习、宣传、贯彻两个《决定》精神;举办培训班,对妇联干部进行相关知识培训;并于1992年在全省妇联系统开展维护妇女权益调查月活动。

为贯彻1993年全国海南"打拐"工作会议精神,省妇联要求各级妇联参与"打拐"工作要在"堵源"上下功夫。各级妇联帮助农村妇女掌握生产技能,增强其致富能力;有计划地组织妇女劳务输出。至年底,仅驻马店、商丘、信阳、漯河、南阳等地妇联就组织妇女劳务输出5.58万多人。各级妇联还建立婚姻介绍所、"红娘小组",帮助农村大龄男青年解决婚姻问题。新乡市各级妇联建婚姻介绍所100余个,40%的村、居委会设有"红娘小组"。各级妇联发挥信访网络作用,协助公安部门做解救工作。1995~1999年,各级妇联协助公安部门共破获拐卖妇女儿童案件4822起,解救妇女儿童7332人。

2000年,全国范围内又一次展开打击拐卖妇女儿童犯罪活动专项工作。省妇联3次下发通知提出具体要求。全省拐卖妇女儿童案件多发地妇联均成立"打拐"专项工作领导小组。洛阳市妇联从往年信访资料中筛选线索30余条,经基层妇联逐户核实后提供给公安部门,帮助破获案件。4月6日,省妇联组织慰问参加"打拐"斗争"零点行动"的公安干警。同年,全省共解救被拐卖妇女、儿童6万多人。

第五节　提高妇女素质

1979年，河南省妇女第六次代表大会向全省妇女提出"学文化，学科学，学技术，攀登科学技术高峰"的要求。1984年召开的河南省妇女第七次代表大会，则把"不断提高广大妇女的政治、思想和文化素质"作为全省妇女运动的任务。1985年是河南省妇联第七届第一次常委会议确定的"提高妇女素质年"。年初，省妇联等9个单位联合发出通知，要求在素质年中，以"学知识，赛科学致富、赛革新创造"为主要内容开展活动。各地采取组织各种实用技术培训班或专业培训班、知识竞赛、技术比武、岗位练兵等形式的活动，吸引数百万妇女参加。至年底，全省参加各类学习培训的妇女有250余万人。1986年3月，省妇联与有关单位联合举办"河南省提高妇女素质成果展览"。展览期间接待省内外观众6万多人次。自1987年始，省妇联在全省妇女中开展贯穿于"七五"计划时期的"建功成才"活动。同年，全省有325万名妇女业务骨干制定学习规划，有312万名妇女参加文化科技知识的学习培训。各级妇联还配合有关部门组织各类演讲会、报告会、知识竞赛、技术比武5700多场次，参与妇女达88万人次。

1988年起，省妇联通过争取国际项目实施工作，对贫困地区妇女进行种植、养殖和加工等实用技术培训。从1989年开始，"巾帼扫盲"活动伴随着"双学双比"竞赛活动在全省农村妇女中展开。各级妇联与教育部门密切配合，本着"实际、实用、实效"原则，将扫盲与农业实用技术推广相结合，采取多种形式培训农村妇女。至1993年，全省共扫除妇女文盲172.4万人，占脱盲总人数的70%。在各种实用技术的普及型和提高型系列培训中，参加培训的妇女累计达1400万人次，获技率达77%。

1996~1998年，省妇联制定《河南省"巾帼扫盲行动""九五"规划》；与省农业厅联合实施"百万农家女百项新技术推广培训计划"；与省畜牧局、省扶贫办联合举办有近百名贫困地区基层妇女干部参加的新技术推广培训班；与省农科院联合成立了农村妇女科技指导中心；与省农业厅、省科委、省科协联合在农村妇女中开展"科技推广年"活动。在"科技推广年"活动中，全省各级妇联共举办各类培训班1.4万期，培训妇女220万人次。全省各级妇联、科协联合组织招收农函大女学员6552人；各地还组织10万名农村妇女参加全国开展的"千万农家女，百项新技术"知识竞赛，发行《千万农家女，百项新技术知识100问》一书2万册。1998年11月，省妇联在新乡召开全省农村妇女科技推广现场经验交流会。至年底，全省有215万名妇女脱盲，有1400万名妇女接受实用技术培训，农村成年妇女中掌握一门以上实用技术的占80%；全省60%的县（市）达到了村村有女农民技术员的目标。

1999年，由省妇联提议、省妇儿工委在全省开展面向"打工妹"的"爱心计划"活动。至年底，全省共培训"打工妹"3万人次，编印、发放《打工妹100问》2万册。同年，省妇联争取国际项目的外援资金累计达265.78万元，汽车、办公用具等实物价值80万元。共有7800余名妇女接受项目培训。

2000年，全省有100万名农村妇女接受了实用技术培训。至年底，全省共建立乡级以上农村妇女科技指导中心2000多个，各类"三八"专业技术协会近4000个。基本实现全省村村有女农民技术员的目标。

"巾帼扫盲"活动 鉴于全省15~40岁的女文盲、半文盲有420万人、占文盲总数70%的情况，省"双学双比"竞赛活动协调小组在1989年制定的五年规划中，要求教育部门每年制定扫盲计划时，要明确扫除女文盲的比例不低于70%。自此，"巾帼扫盲"活动在全省展开。各级妇联协助当地政府制定诸如"三缓"[1]、"两不"[2]、"一清理"[3]等制度，还与教育部门配合，本着"实际、实用、实效"原则，将扫盲与农业实用技术推广结合起来，采取多种形式对农村妇女进行文化科技知识培训。至1992年年底，全省参加各类实用技术培训的妇女达300万人次；有25.9万名妇女脱盲，占脱盲总人数的64%。

1994年，结合科教兴农总体规划，各地有计划地开展妇女扫盲教育和实用技术的普及型、提高型系列培训，组织回乡女初、高中毕业生参加农函校学习。当年，全省共有28万名妇女脱盲。脱盲后成为女企业家的新郑市的靳喜俊，1995年获国际扫盲奖，应邀在联合国召开的国际扫盲大会上发言。

1996年，省妇联制定《河南省"巾帼扫盲行动""九五"规划》，提出"对150万农村妇女进行文化和多种实用技术培训，使1200万妇女掌握一门以上实用技术，达到村村都有女农民技术员"的目标。各地除利用"妇女之家"、妇女夜校举办扫盲班外，还发挥家庭教育作用，动员夫教妻、子教母；并采取举办"夫妻学堂""妈妈学堂"等灵活方式开展扫盲工作；同时，广泛开展"爱心献春蕾"活动，募集社会资金帮助辍学女童重返学校。当年，全省扫除妇女文盲135.6万人，有1300万名农村妇女接受实用技术培训，70%以上的农村成年妇女掌握了一至二门实用技术；许昌市、驻马店地区提前达到村村有女农民技术员的目标。

1998年，全省各级妇联、科协联合组织招收农业函授大学女学员6552人；省妇联与省畜牧局、省扶贫办联合举办有近百名贫困地区基层妇女干部参加的新技术推广培训

---

[1] 对有文盲的户缓批宅基地，对文盲者缓办结婚登记手续，对文盲夫妇缓发准生证。
[2] 不吸收文盲入党入团或进乡镇企业，文盲个人或家庭不能获得先进奖项。
[3] 对乡镇企业中的文盲职工进行登记，限期脱盲。

班。驻马店地区与大专院校联合办学，380名村妇代会主任取得大专毕业证书。至年底，全省有215万名妇女脱盲，157个县（市）全部通过国家扫盲验收，青壮年非文盲率达98%；有1400万名妇女接受实用技术培训，农村成年妇女中掌握一门以上实用技术的占80%。

截至2000年，全省基本实现村村有女农民技术员的目标。在扫盲活动中，有184个集体或个人获得全国、省级"巾帼扫盲奖"。

实施国际项目 1988年，省妇联与加拿大驻华使馆开展合作项目，举办有100人参加的"河南省乡镇企业女厂长（经理）研讨班"。自此，省妇联每年都与国际有关组织或国家合作，争取外援资金举办各种类型的培训班，帮助农村妇女儿童提高素质、摆脱贫困。培训采取分层次、多方位、双向参与的方式。至1999年，先后与加拿大驻华使馆、加拿大计划开发署、联合国儿童基金会、德国EZE等组织或机构开展关于妇女参与发展、妇女创收、女童教育、小额信贷等12个合作项目，接受外援资金265.775万元，汽车、办公用具、电视机、录像机等实物价值80万元。省政府批拨项目配套资金111.2万元；各项目执行县政府也按1∶1的比例落

照36-3-5-1　省妇联与联合国儿童基金会的合作项目——"贫困县农村妇女实用技术培训班"

1988~1999年河南省妇联实施国际项目情况一览表

表36-3-5-1

年份	项目名称	外援机构	外援资金（万元）	地方配套资金（万元）	培训人数（人）
1988	河南省乡镇企业女厂长、女经理研讨班	加拿大驻华使馆	6.549	6.0	100
1989~1991	河南省家庭教育骨干培训班	联合国儿童基金会	40.000	18.8	1491
1992	太康县妇女科学植棉技术骨干培训班	加拿大计划开发署	9.230	3.0	300
1992~1993	河南省妇女参与保险事业、创办"三八"保险站	加拿大计划开发署	24.982	4.0	1100
1994	河南省贫困县妇女灾后自救实用技术培训	联合国儿童基金会	4.400	4.4	100
1995	河南省贫困县妇女实用技术培训	联合国儿童基金会	25.040	10.0	817

续表

年份	项目名称	外援机构	外援资金（万元）	地方配套资金（万元）	培训人数（人）
1996	河南省贫困县女童入学社会动员	联合国儿童基金会	24.560	15.0	1200
1996	商城县妇女企业管理培训	德国 EZE	29.500		60
1997	河南省贫困县女童入学社会动员	联合国儿童基金会	24.720	20.0	1700
1998	台前、栾川县妇女养鸡、栽培香菇循环金使用	联合国儿童基金会	32.000	15.0	320
1998	滑县扎蜡染技术培训中心妇女企业管理培训班	德国 EZE	11.994		20
1999	渑池、卢氏、宜阳、南召县妇女养殖循环金使用	联合国儿童基金会	32.800	15.0	600

实配套资金。全省 25 个贫困县参与项目培训的妇女年人均收入都在原有基础上增加 300~500 元。全省共有 7800 余名妇女接受项目培训；间接受益者达 24.8 万人，其中脱贫者达 70%。

科学技术推广活动 随着"双学双比"活动深入发展，各级妇联与有关部门配合，建立实用技术培训基地，以回乡女知识青年、致富女能手、村妇代会主任为对象进行提高型培训，推广农业新技术。至 1993 年年底，全省建立实用技术培训基地 311 个。1994 年，省妇联编辑出版《河南省农村妇女科技致富百例》一书，发行 1000 册，用于培养农村妇科

照 36-3-5-2 女科技人员送科技下乡

技致富带头人。1996 年，省妇联与省农业厅联合下发《关于"九五"期间在全省实施"百万农家女百项新技术推广培训计划"的通知》；同年，各地组织 10 万名农村妇女参加全国开展的"千万农家女，百项新技术"知识竞赛，发行《千万农家女，百项新技术知识 100 问》一书 2 万册。

1998 年，省妇联与省农业厅、省科委、省科协联合在农村妇女中开展"科技推广年"活动，并与省农科院联合成立农村妇女科技指导中心。郑州、濮阳、信阳等市（地）分别建立农村妇女科技指导中心；各类妇女专业技术协会相继成立。同年 11 月，省农村妇女科技指导中心组织女专家赴新乡对 400 余名农村妇女进行蔬菜、果树种植和食用菌栽培技术培训。南阳市县两级妇联组织技术专家和女能手组成 200 多个小分队，

赴乡村开展新技术推广工作。在"科技推广年"活动中，全省各级妇联共举办各类培训班1.4万期，培训妇女220万人次。

为推进高效农业科技示范园（区）建设，1999年3月，省妇联与省农业综合开发办公室联合举办巾帼高效农业科技示范园（区）骨干培训班。11月，省妇联在新乡召开全省农村妇女科技推广现场经验交流会。同年，杨秀荣、徐桂芬、郝艳玲、梁发琴、尚绒花、任金荣、张社、宋来芝、赵丛玲、郑淑芳10名农村女性获"河南省科技致富十大女状元"称号。2000年8~9月，省妇联与省农业厅、省林业厅、省扶贫办、省科协等部门联合在全省农村妇女中开展"科技推广月"活动。全省共组织科技工作者、女大学生科技服务志愿者1万余人送科技下乡，发放科技资料、书籍100余万份；直接参与科技培训、咨询的农村妇女达20万人。

至2000年年底，全省共成立乡级以上农村妇女科技指导中心2000多个、各类"三八"专业技术协会3989个。

"爱心计划"活动　　农村产业结构调整使大批富余劳动力转向城镇务工。据有关部门统计，1998年全省城镇中来自农村的"打工妹"达350万人。1999年年初，省妇联根据对工厂、宾馆、娱乐场所2000名"打工妹"的思想、工作、生活状况的调查情况，提议在全省实施"爱心计划"活动。随即，由省委宣传部牵头，建立有省综合治理办公室、省妇联等13个单位参与的实施"爱心计划"领导小组，并下发活动实施方案，召开实施"爱心计划"活动新闻发布会。

此项活动，旨在动员全社会对"打工妹"给予必要的关注、关心、教育和帮助，提高其素质，维护其权益，改善其生存环境。领导小组成员单位利用各级妇联活动阵地，依托各地职工学校、社会就业培训中心，以举办培训班、开办专题讲座、开通热线电话、以会代训等形式对流动务工女性进行世界观、人生观、价值观教育和"四自"精神教育，讲授法律、卫生保健等知识；组织优秀"打工妹"事迹报告会、演讲会、表彰会。省妇儿工委编发包括"人生与发展""劳动与就业""法律与指南""卫生与保健"等内容的《打工妹100问》2万册。河南省"打工妹之家"于同年12月在省妇女儿童活动中心成立。至1999年年底，全省共培训"打工妹"3万人次。

1999年10月26日，时任全国人大常委会副委员长、全国妇联主席的彭珮云批示："河南省实施爱心计划，为'打工妹'排忧解难的经验很好，可以进一步了解、总结、推广。"

2000年，各级有关部门与新闻媒体合作，开辟报纸专栏，制作电视、广播专题节目。河南卫视连续播出"打工妹沙龙"专题，请教育专家与"打工妹"对话；《郑州晚报》连续推出《"打工妹"实话实说》等专版；河南人民广播电台、郑州经济广播电台均开通"打工妹热线"电话，为"打工妹"解答疑难问题。省妇儿工委、省妇联、省劳动厅与郑州市各级相应单位联合，面向农村来郑务工者举办求职咨询活动，为2000

余名"打工妹"提供服务。驻马店市、信阳市妇联联合有关部门对即将外出务工的女性进行文化、法律知识和务工技能的培训。

至2000年年底,全省共编发各种有关宣传资料6万余份(册),培训"打工妹"5万余人次。"爱心计划"实施活动至此形成了"四抓"(抓源头培训、抓入口引导、抓社区维权、抓返乡创业)教育模式。2000年7月,在全国妇联召开的省区市妇联主席工作会议上,河南省介绍了"爱心计划"实施工作的经验。

第六节　宣传教育

以1978年中共中央召开的十一届三中全会为标志，中国进入了全面改革的社会主义建设新时期。新时期之初，各级妇联加强对妇女的思想政治工作，以多种形式宣传党在新时期的路线、方针和政策，恢复开展"三八"红旗竞赛、"五好"家庭评选活动，引导妇女向先进典型学习，"树立新风、抑制陋俗"。至1988年，全省各地共建立"移风易俗理事会""礼宾协会""丧嫁协会""妇女禁赌理事会"等民间组织2万余个。

1992~1995年，各级妇联以宣传贯彻邓小平视察南方谈话精神和中共第十四次代表大会会议精神为重点，通过举办培训班、召开座谈会研讨会、组织参观考察等形式，引导广大妇女干部和群众坚定建设中国特色社会主义的信念；采用多种方式集中宣传中共中央颁发的《爱国主义教育实施纲要》内容；借联合国第四次世界妇女大会在中国召开之时，开展丰富多彩的迎接世妇会宣传活动，促进尊重妇女、支持妇女发展的社会风尚的形成。其间，省妇联与有关部门联合在全省开展《妇女权益保障法》宣传月活动。

1996年后，结合中共十五大的召开和香港、澳门回归祖国，各级妇联采取召开座谈会、庆祝会，举办歌咏比赛、文艺联欢会等形式对妇女进行爱国主义、集体主义、社会主义教育和社会公德、职业道德、家庭美德教育；在妇女群众中开展"三迎""三颂"活动和"爱心读书征文"活动。并与有关部门联合开展河南省贯彻实施"两法、两纲、两规划"①宣传月活动。针对北约袭击中国驻南联盟使馆、李登辉发表"两国论"三大政治事件，各级妇联以多种形式引导教育妇女明辨是非，维护国家主权、国家统一和社会稳定。

各级妇联根据省妇联下发的《关于加强和改进妇女思想政治工作的意见》精神，开展"走千村（街）、进万户、送温暖、交朋友"活动。在活动中，全省妇联干部与2万多名妇女建立联系。

1978~2000年，全省涌现全国和省级"五好文明家庭"2589户（次）、三八红旗手7000余人次、三八红旗集体537个。有20名女性先后被命名为"河南十大女杰"，3名女性相继获"中国十大女杰"称号。

---

① 《中华人民共和国妇女权益保障法》《河南省实施〈中华人民共和国妇女权益保障法〉办法》；《中国妇女发展纲要（1995~2000年）》《九十年代中国儿童发展规划纲要》；《河南省妇女发展规划（1996~2000年）》《九十年代河南省儿童事业发展规划》。

思想教育　　1979年,各级妇联以举行座谈会、报告会等形式在妇女干部群众中重点进行坚持四项基本原则教育和社会主义民主、法制教育,宣传中共中央关于农村的经济政策,组织妇女群众开展关于劳动致富的讨论,消除怕"右"、怕冒尖露富等疑虑。同年始,在妇女中恢复开展争当三八红旗手、争创三八红旗集体活动。1983年,各级妇联结合开展"五好"家庭创建活动,发动妇女参与"学雷锋、树新风"文明礼貌月活动,开展新《婚姻法》宣传月活动。在1985年各级妇联开展的"三讲"①活动中,全省有12个市(地)组织理想报告会1390场。"树立新风、抑制陋俗"活动于1986年起在全省妇女中展开。

1988年,各级妇联通过组织各种学习培训、专题讲座、知识竞赛、读书征文、巡回展览等活动,对妇女进行理想、爱国主义教育和"四有""四自"教育。全省各地共建立"移风易俗理事会""礼宾协会""丧嫁协会""妇女禁赌理事会"等民间组织2万余个。1989年,在省妇联组织的"中州巾帼颂"系列宣传教育活动中,各级妇联以论文征集、知识讲座、摄影比赛等活动形式引导妇女理解改革、投身建设,全省妇女参与活动者达200多万人次。

1990~1991年,各级妇联通过开展"学先进、见行动,比思想、讲奉献"等活动,宣传先进典型,在妇女中掀起了向焦裕禄、雷锋、赵春娥、刘兴英等先进人物学习的热潮。

作为宣传教育工作的重点,1992~1993年,全省各级妇联集中宣传贯彻邓小平视察南方谈话和中共十四大会议精神。各级妇联以举办培训班,召开座谈会、研讨会,组织参观、考察的形式,引导广大妇女干部和群众坚定建设有中国特色社会主义的信念。

1994年,《爱国主义教育实施纲要》颁布后,各级妇联采用多种方式予以集中宣传;并借联合国第四次世界妇女大会1995年在中国召开之时,开展丰富多彩的迎接世妇会宣传活动,促进尊重妇女、支持妇女发展的社会风尚的形成。

1996年,中国共产党河南省第六次代表大会召开后,各级妇联以开展讨论、组织知识竞赛、编演文艺节目等形式进行宣传,鼓励妇女为河南"九五"计划时期和2010年远景目标的早日实现作贡献。1997年,以中共十五大召开和香港回归为主题,各级妇联采取召开庆祝会、座谈会,举办歌咏比赛、文艺联欢会等形式对妇女进行爱国主义、集体主义、社会主义教育和社会公德、职业道德、家庭美德教育。同年,省妇联结合制定《关于加强社会主义精神文明建设,实施跨世纪文明工程规划》,在妇女群众中开展"从我做起,争当文明新女性"活动;并与有关部门联合开展河南省贯彻实施"两法、两纲、两规划"宣传月活动。

---

①讲妇女先进典型、讲提高妇女素质的重要性、讲妇女的成绩与贡献。

1998年，省妇联发出《关于深入学习邓小平理论的通知》。各级妇联以举办培训班、报告会等多种形式组织妇女干部群众学习邓小平理论。1999年，各级妇联围绕"我为河南添光彩，巾帼奋发创新业"主题，在妇女群众中开展"三迎""三颂"宣传教育活动和以弘扬家庭美德为主题的"爱心读书征文"活动。针对北约袭击中国驻南联盟使馆、李登辉发表"两国论"三大政治事件，各级妇联通过召开座谈会、发表抗议书、举办相关的知识讲座等方式，引导教育妇女明辨是非，为维护国家主权、国家统一和社会稳定作贡献。同年，"走千村（街）、进万户、送温暖、交朋友"活动在全省妇联干部中展开。

2000年年初，省妇联制发《关于加强和改进妇女思想政治工作的意见》。在"走千村（街）、进万户、送温暖、交朋友"活动中，全省妇联干部与2万多名妇女建立一对一的联系方式。

迎接世妇会宣传活动 为迎接'95世妇会的召开，1994年8月，省委专门召开常委会议，对全省迎'95世妇会工作进行部署，并成立由22个单位组成的河南省迎接第四次世界妇女大会筹备工作领导小组。之后至1995年，围绕世妇会关于以行动谋求"平等、发展、和平"的主题和"健康、教育、就业"的次主题，各级妇联开展了丰富多彩的宣传活动。省妇联在全省广泛征集

照36-3-6-1 1995年"三八"节，省妇联举行迎接世妇会、"奔向北京"象征性长跑活动

妇女问题理论研究论文100余篇；对参加'95世妇会非政府组织妇女论坛代表团全体成员进行系统培训；与省文化厅联合举办"河南妇女风采展""河南妇女美术作品展""河南妇女手工艺品及妇女博物馆馆藏陈列展"；与河南电视台联合拍摄电视专题片4部，组织《巾帼风采》系列报道50集、《女性空间》专题20集；编印并发放有关世妇会知识的宣传折页2万余份。

全省各级妇联与有关部门联合，共举办培训班700余期，培训宣传骨干20余万人；编印、发放有关世妇会宣传资料110余万册（份）；开办报刊、广播、电视专栏和专题节目442个，宣传妇女先进典型4780个；举办迎世妇会专题文艺晚会500余场；发放世妇会知识竞赛问卷50万份，举办专题知识竞赛150余场次。全省有120多万名妇女参加各地举行的"迎'四大'（第四次世界妇女大会），通向北京"象征性长跑活动。

参与世妇会非政府组织妇女论坛 1995年8月28日，河南省参加联合国第四次

世界妇女大会辅助性会议——非政府组织妇女论坛的代表团启程赴京。代表团由71名女性组成,分别来自妇联、工会、九三学社、海外联谊会、企业家协会、妇女问题理论研究会等30多个非政府组织,其中有领导干部、专家学者、妇女工作者等。

在非政府组织妇女论坛举办期间,河南代表团共参加论坛120多场次,人均每天3场次;有10余位代表在会上发言。代表们参与讨论的内容涉及妇女与经济、妇女参政、妇女就业、妇女与子女教育、家庭暴力、妇女与工业、妇女与环境、女职工劳动保护、妇幼卫生保健、计划生育等议题。

与会期间,代表们与30多个国家和地区的近千名妇女进行友好交流,发放反映河南经济社会发展的宣传册1万余份。论坛会议期间,河南团还组织参加妇女用品展售活动,并由民间艺人现场表演国画牡丹、面人、汴绣的绘制或制作过程。

"走千村(街)、进万户、送温暖、交朋友"活动 为贯彻落实中共河南省委《关于加强和改进思想政治工作的意见》,1999年,省妇联第九届第四次执委会会议决定,在全省妇联干部中开展"走千村(街)、进万户、送温暖、交朋友"活动。

按照省妇联提出的关于结交一位妇女知心朋友,为妇女办一件好事,提供一条反映社情民意的信息,提出一条好建议的"四个一"要求,广大妇联干部深入田间地头、街道企业以及群众家庭,与妇女谈心,了解她们的愿望和要求,帮助她们解决实际困难。各级妇联干部重点同农村贫困妇女、城镇下岗女工、"打工妹"、老年妇女、残疾妇女等群体的妇女结为帮扶对子,做细致的思想工作。

2000年元旦、春节期间,全省各级妇联慰问、救助城乡贫困妇女家庭1.5万户,捐赠慰问金200余万元。同年,郑州、漯河、新乡、平顶山等地妇联干部向洪灾地区捐款12万元;正阳县有10位老人联名写信,感谢妇联干部的家访,使其子女懂得了关心、孝敬父母。

2000年,全省各级妇联干部与2万多名妇女结成对子,做耐心细致的思想工作,送去各级妇联的温暖,向党委、政府及有关部门提供反映社情民意的信息2500多条,提建议2000多条。

普法宣传教育 1984年1月,由省委政法委牵头、省妇联等有关部门参与的河南省法制宣传月领导小组,在全省开展以保护妇女儿童合法权益为主要内容的法制宣传月活动。活动中,全省培训70多万名骨干深入基层向群众宣讲《宪法》《婚姻法》《刑法》《关于严惩严重危害社会治安的犯罪分子的决定》等法律、法规内容。受教育者达150万人次。

1985年2月,省委宣传部、省妇联等9个单位联合组织开展以宣传河南省人民代表大会常务委员会《关于保护妇女儿童合法权益的若干规定》为主要内容的法制宣传周活动。全省抽调18万名宣传骨干深入乡村、街道、企业进行宣讲。

1986年,全国普及法律知识"五年规划"开始实施。年初召开的省妇联第七届第三次执委会会议要求，各级妇联在普及法律知识活动中，重点抓好《婚姻法》《继承法》《经济合同法》的宣传教育工作。至年底，全省共举办法律培训班2.6万多期，128.2万名妇女参加培训。各级妇联还以举办法制广播讲座、法律知识竞赛等形式宣传法律知识，开展法律咨询活动。至1987年，全省共有8.8万余名群众接受了法律知识咨询服务。

照36-3-6-2　全国各地举行《妇女权益保障法》宣传活动

为加强对妇联系统普法工作的指导，1991年省妇联成立普及法律知识第二个五年规划（以下简称"'二五'普法规划"）工作领导小组，制定妇联系统"二五"普法规划，并争取将妇女普法宣传教育工作纳入全省普法宣传总体规划中。

《妇女权益保障法》于1992年4月经七届全国人大五次会议审议通过后，省委宣传部、省司法厅、省妇联、省总工会、团省委于6月联合下发《关于学习、宣传〈中华人民共和国妇女权益保障法〉的通知》；由省委宣传部、省司法厅、省妇联等15个单位参与，联合部署《妇女权益保障法》宣传月活动。宣传月期间，各地采取文艺演唱、知识竞赛，开设电视、广播专题节目等多种形式宣传《妇女权益保障法》。全省共出动宣传彩车4550部，悬挂过街宣传横幅1.1万余幅，张贴宣传标语150万条，办宣传板报27万块，设立宣传咨询站1.6万个，接待咨询54万余人次，复制《妇女权益保障法》宣传录像带2.3万盘，组织文艺宣传队2240个。省人大常委会、省妇联联合编写《〈妇女权益保障法〉讲话》《最新保护妇女儿童权益法规选编》，并印发8000套。全省各地共印发各种宣传材料450万份，印发《妇女权益保障法》单行本380万册。

为纪念《妇女权益保障法》实施1周年，1993年，各级妇联和新闻单位以开办广播讲座、发表电视广播讲话、录制专题片等形式，再次集中宣传《妇女权益保障法》。1994年4月，《河南省实施〈妇女权益保障法〉办法》（以下简称"《实施办法》"）颁布后，省政府召开电话会议，要求将《实施办法》的宣传纳入"二五"普法规划。同年10月，各级妇联分别组织"宣传月""宣传周"活动，通过广播、电视、报刊等新闻媒体宣传《妇女权益保障法》及《实施办法》。省妇联与有关部门联合编发《保护妇女权益最新法规选编》6万册。至1995年，全省共培训普法宣传骨干10万余人。

1997年，省妇联建立普及法律知识第三个五年规划领导小组，并制定普及法律知识五年规划。5月，为纪念《妇女权益保障法》颁布实施3周年、《河南省实施〈妇女权益保障法〉办法》颁布实施3周年、《河南省妇女发展规划（1996~2000年）》发布实施第一年，省委政法委、省人大常委会内司委、省妇儿工委、省妇联联合召开河南省贯彻实施"两法、两纲、两规划"电话会议，部署宣传月活动。在宣传月活动中，各地采取的宣传形式主要有：领导发表电视讲话或报刊署名文章、召开座谈会、组织宣传一条街、设立法律咨询站、制作宣传展板、开展法律知识竞赛等。1999年，省妇联协助省妇儿工委在全省开展持续5个月的"两纲要、两规划"知识竞赛活动，并由电视台向全省转播决赛情况。

"五好文明家庭"创建活动　　中共十一届三中全会后，始创于20世纪50年代，中止于"文化大革命"的"五好"家庭评选活动得以恢复。1980年，河南省各级妇联将"五好"活动内容修改为"遵守纪律政治思想好，关心集体完成任务好，尊老爱幼教育子女好，邻里团结文明礼貌好，计划生育移风易俗好"。

1983年，"五好"家庭评选活动普及全省的乡、村和街道、居委会，初步达到半年初评，年终总评。当年全省涌现"五好"家庭51万余户，占全省总户数的3.2%。省妇联表彰1000户，其中有520户同时受到全国妇联的表彰。随着形势发展，有的地方在制定"五好"条件时有所侧重地突出家庭成员的文化素质、科技素质和致富能力等内容。至1987年，全省"五好"家庭发展到218万多户，占总户数的13.5%。

1989年，由荥阳县结合"五好"家庭活动经验，率先在农村开展的"十星级文明农户"[①]评选活动在全省得以推广。各级妇联与有关部门配合，发动农村妇女参与"十星级文明农户"评选活动。

1991年1月，省妇联在七届六次执委会会议上提出要"继续开展'五好'家庭活动，加强家庭文化建设"。并决定在"八五"期间，开展以"爱我中州兴我家"为主题的"四进四比"[②]家庭文化建设宣传教育系列活动。各级妇联将法律知识和家庭教育知识的普及、科学技术的培训作为家庭文化生活的组成部分，开展具有地方特色的家庭文化建设活动。

1992~1994年，省妇联与省计生委、省卫生厅等单位联合开展"恩威杯"美好家庭知识大赛、迎接"国际家庭年"百题竞赛、省会"国际家庭日宣传咨询服务捐献"活动，广泛宣传与家庭有关的法律知识、科学知识和伦理道德知识，发放家庭试卷50万份，回收率达63%。1994年，全省有120户家庭分别被授予省"五好"家庭和"美好家庭"称号；有4户获得全国"美好家庭"称号。

---

①在农村，将思想文化、科学技术、家庭教育、计划生育、生活方式、邻里关系等方面的内容，以一定标准分解为10项，每项对应一颗星，根据各农户达标情况，确定星的多少，并制成牌匾挂在各农户门上；全部达标者即得10颗星，被称作"十星级文明农户"。

②思想进家庭，比对国家的贡献；科学技术进家庭，比科技致富；传统美德进家庭，比勤俭和睦新家风；文化艺术进家庭，比建立文明健康科学的生活方式。

1997年，中央宣传部、全国妇联等18个有关部委下发《关于深入持续开展"五好文明家庭"创建活动的联合通知》，提出将"五好"家庭活动及各地开展的其他名目的先进家庭创评活动统一规范为"五好文明家庭"创建活动，明确以"爱国守法、热心公益好，学习进取、爱岗敬业好，男女平等、尊老爱幼好，移风易俗、少生优育好，勤俭持家、保护环境好"为评选条件。

照 36-3-6-3　1997年10月，河南省"五好文明家庭"表彰大会

4月，由省委宣传部、省妇联等18个单位参与的河南省"五好文明家庭"创建活动协调小组在郑州成立（办公室设在省妇联），随即下发《关于深入开展"五好文明家庭"创建活动的联合通知》，明确创建活动的指导思想、创建目标及管理办法。同年，各级妇联开展"我爱我家"演讲赛、"文明新风进我家"报告会、"年轻妈妈读书"评选等特色活动。以环保卫生、便民服务为主要内容的"家庭志愿者"活动在郑州、平顶山等地兴起。10月，创建活动协调小组表彰省"五好文明家庭"100户、"五好文明家庭"标兵10户。至年底，全省乡级以上表彰的"五好文明家庭"达493.5万户，占全省总户数的21%。

1998年，各地在创建活动中突出"尊老爱幼"的主题，组织"光荣母亲"评选、"家庭伦理道德"讨论等活动。省妇联组织"尊老爱幼"先进人物事迹报告会，与郑州市妇联联合在省会绿城广场举办"尊老爱幼"大型宣传咨询活动。当年，有90名女性被省妇联授予"光荣母亲"称号。

在1999年的"五好文明家庭"创建活动中，各地加强管理工作，对当选的家庭登记造册，建立创评活动档案。同年，全省还结合"国际老人年"开展向困难家庭送温暖、向老人献爱心的"五好文明家庭"奉献月活动；以"三迎""三颂"为主题，举办家庭文化节、运动会、演唱会、书画摄影展等特色活动。广大家庭踊跃参加"家庭志愿者绿色环保行动"，植树种草、护绿节水，清理白色污染、整治环境卫生；参与美化居室、阳台、庭院竞赛活动。同年，省妇联推广鄢陵县经验，在全省开展"美在农家、富在庭院，争创文明小康户"活动。

家庭角色系列评选是2000年"五好文明家庭"创建活动的特征。各地在"三八"节、重阳节等节日期间，开展"婆媳对夸会""老人居室美大赛""夸媳妇、贺娘家"等活动和"敬老好儿女""优秀母亲"等家庭角色评选活动。各地还配合全国首届家庭文化艺术节活动，分别组织家庭文化艺术节综艺晚会，家庭书画、摄影展览，时装表演,手工艺品制作,秧歌大赛,家庭趣味运动会等群众性家庭文化、健身活动。当年,有60人分别获得省妇联授予的"优秀母亲""敬老好儿女"称号。

截至2000年,获乡级以上表彰的"五好文明家庭"已占全省总户数的30%。有2046户被评为省"五好文明家庭",543户获得全国"五好文明家庭"称号。

"家庭文明示范村(社区)"创建 1999年,省妇联把"五好文明家庭"创建与文明村镇、文明社区创建活动结合起来,与有关部门联合,开展"家庭文明示范村(社区)"创建活动,旨在推进"五好文明家庭"创建活动更加广泛深入地开展。"家庭文明示范村(社区)"标准是:领导班子思想作风好,思想政治工作好,遵纪守法风气好,环境净化美化好,发展生产好。同时将有关妇女发展、妇女组织建设、家庭美德建设内容纳入其中,分别作量化界定;并要求全村(社区)达到"六无",即无虐待老人、无家庭暴力、无适龄儿童失学、无违反计划生育、无封建迷信和非法宗教活动、无"黄赌毒"①现象。同年9月,省"家庭文明示范村(社区)"活动试点工作在驻马店地区启动。经半年的创建实践,2000年4月,全省"家庭文明示范村"命名暨创建活动经验交流现场会在驻马店地区汝南县召开。会议对首批达标的9个试点村进行了表彰。至2000年年底,全省共建立试点村(社区)227个,其中有25个村(社区)达标。

三八红旗竞赛活动 始于1960年的三八红旗竞赛活动因"文化大革命"而中断,"文化大革命"结束后在全省恢复开展。1979年三八国际劳动妇女节期间,省妇联表彰三八红旗手1080人、三八红旗集体120个;其中受到全国妇联表彰的有520人(个)。1982年,省妇联授予拥军模范段兰英等51人三八红旗手称号,追授全国商业特级劳动模范赵春娥三八红旗手标兵称号,表彰三八红旗集体20个。

1983年,省妇联命名三八红旗手(集体)1000人(个),其中有520人(个)受到全国妇联的表彰。1989年,省妇联对在改革中涌现出的284名妇女先进个人、40个先进集体分别授予三八红旗手、三八红旗集体称号。

自1990年起,省妇联将三八红旗手、三八红旗集体的命名与在全省城乡妇女中开展的"巾帼建功""双学双比"两项活动结合起来,对两项活动中涌现出的"十大女杰"、"双学双比"女能手、"巾帼建功"标兵、"巾帼成才奖"获得者、三八绿色奖章获得者、"巾帼创业带头人"等先进个人同时授予三八红旗手称号。对于在突发性事件或具有国内外影响的活动中涌现出的先进妇女典型,省妇联都及时予以表彰,授予三八红旗手称号。她们中有临危不惧,从歹徒手中安全解救30名幼儿、教师的公安民警王玉荣;有奋不顾身保护国家财产的信用社职工张玉萍、贾秋玲;有在奥运会上为国家赢得荣誉的优秀运动员邓亚萍、范运杰。

1978~2000年,全省涌现出省三八红旗手5970人、三八红旗集体427个,全国

---

①黄指色情活动,赌指以营利为目的的设赌聚赌活动,毒指吸毒、制毒、贩毒活动。

三八红旗手1087人、三八红旗集体110个。

"十大女杰"评选 1995年12月,省妇联与省委宣传部、省总工会、团省委、省广播电视厅、河南日报社联合在全省首次开展"十大女杰"评选活动,旨在宣传和弘扬世妇会精神,宣传河南妇女的进步与成就。评选活动坚持"自下而上、优中选优"原则,历经数月,由各地、各系统推荐候选人41人,最终于1996年3月产生首届"河南十大女杰"。她们中既有贡献卓著的科技人员、锐意改革的企业家、蜚声国际体坛的明星,也有广受人们尊敬的人民教师和默默奉献的基层干部。她们

照36-3-6-4 1999年10月,全省"十大科技女杰""十大女杰"表彰大会会场

是王凤阁、王惠萍、刘玉琴、刘淑梅、张宝花、张海燕、郑惠芳、赵兰凤、晋凤莲、贾明芳;刘志华、邓亚萍获"十大女杰"特别奖;另有29人获"十大女杰"提名奖。

1999年,省委宣传部、省妇联、省人事厅、省广播电视厅、河南日报社联合开展河南省第二届"十大女杰"评选活动。10人当选优秀女性中既有屡获国际、国家大奖的科技人员,也有实施现代企业管理模式的企业家;既有创办全日制民办大学的教育精英,也有带领群众致富的基层干部;既有勇于探索农业新技术的普通农民,也有忠实履行人大代表职责、被群众称为当代"女包公"的产业工人。她们是王喜华、刘桂青、张敏、张建平、李纪新、胡大白、赵勇、赵鑫荣、姚秀荣、郝桃枝。在全国妇联与有关部门联合组织的第一至三届"中国十大女杰"评选活动中,河南的刘志华、王玉荣、胡大白相继当选。

"巾帼成才奖"评选 与"提高妇女素质年"活动相应和,1986年年初,省妇联与有关部门联合设立"河南省女子成才奖"奖项,并于"三八"节期间首次向10名各行各业优秀女性颁奖。成才奖获得者中有多次荣膺全国、省科技奖项的工业、农业、卫生、教育战线的科技人员,有获得飞碟双向射击世界冠军的体育健儿,有捧得全国、省演唱赛大奖的文艺界新秀,也有刻苦钻研技术、常年坚持义务为老弱病残者理发的服务业标兵。1987年"三八"节期间,省妇联表彰一批"建功成才"活动中涌现出的妇女先进典型,授予其中20名具有突出贡献的优秀女性"女子成才奖"。

1997年,"女子成才奖"更名为"巾帼成才奖"。省委组织部、省妇联联合开展"河南省第三届巾帼成才奖评选"活动。经自下而上层层推荐,9名乡镇党委书记(乡、镇长)、10名村党支部书记(村委会主任)、10名科技工作者、10名厂长(经理)

脱颖而出，获"巾帼成才奖"；省妇联同时授予其三八红旗手称号。在省委宣传部、省妇联、省人事厅、省广播电视厅、河南日报社联合于1999年开展的妇女先进人物评选活动中，有13名优秀女性获得第四届"巾帼成才奖"，省妇联同时授予其三八红旗手称号。

第七节 妇幼福利

1978年开始，妇女儿童福利保健工作重新受到重视。河南省财政拨专款316万元，逐年免费为妇女治疗多种妇科病。1979年，河南省托幼工作领导小组成立，办公室设在省妇联。

1981年，中共中央号召全党全社会都要重视儿童少年的健康成长，要求妇联把抚育、培养、教育儿童少年健康成长作为重点工作。中共河南省委作出《关于加强儿童少年工作的决定》；省妇联等5个单位根据全国妇联等5单位联合发出的关于为儿童做好事的倡议精神，联合发出《关于响应〈全社会都来为孩子们健康成长做好事〉联合倡议的通知》。省委、省政府领导分别主持召开会议，专题研究有关儿童生活用品、学习用具、图书等生产问题；并调拨1000万千克商品粮和制糖原料、拨出1000万元低息贷款扶持儿童食品和儿童用品的生产。当年，全省各地新建、扩建和改建少年宫、少年之家、儿童乐园等儿童活动场所1000余个，举办了全省儿童用品展销会。

1985年，在省妇联与有关部门联合发出关于兴办家长学校的通知之后，全省开办家庭教育学校、妈妈学堂等近2000个。1986年，河南省儿童少年工作协调委员会、河南省儿童福利基金会、河南省家庭教育研究会相继成立。

1987年，省委办公厅、省政府办公厅联合转发省妇联《关于加强乡镇企业妇女劳动保护和卫生保健工作的报告》。至年底，乡镇企业中制定女工劳动保护制度的企业已达总数的23.3%；全省妇幼保健站已达138个；开设托幼园所学前班4.5万余个，入托（班）儿童占学龄前儿童总数的41.7%；家长学校已有1万余所。

1988年始，根据有关文件，托幼工作改由省教委牵头主抓。1989年，全国妇联制发《关于进一步做好儿童工作的意见》，要求各级妇联"推动社会力量促进托幼事业的发展"。《全国优生优育优教试点工作指导纲要》于同年出台，宣传、普及优生优育优教"三优"知识成为家庭教育的主要内容。

1991~1992年，《河南省〈女职工劳动保护规定〉实施办法》出台。省劳动厅、省卫生厅、省总工会、省妇联联合发出通知，要求各企事业单位制定女职工劳动保护实施细则。省财政于1991年起，每年拨专项资金投入妇幼保健设施建设。其间，省妇联与有关单位联合组织了全省首届电视短剧、小品评选展播活动，并制作、播出《家庭·社会·儿童》24集家庭教育系列电视节目。在省妇联与省教委、省家教会等8个单位联合开展的"河南省家庭优生优育优教知识竞赛"活动中，全省共培训"三优"知识宣传骨干15万人。1992年，《河南省关于优生保健的规定》经省政府颁布施行。

1994年，省政府副省长张世英在六一儿童节期间，就如何普及"三优"知识、提高家长科学育儿水平问题发表电视讲话；为救助因贫困而失学女童重返校园的"春蕾计划"活动在全省展开。

1997年，省妇联与省教委联合制定出台《河南省家庭教育工作"九五"计划》。同年，省妇联发起在全省开展"把知识送给家长"活动，发放各种宣传材料52万份（册）。

1998年，全省各级妇联与报社、广播电台联手开辟《春蕾桥》专栏或专题节目，为救助贫困地区失学女童返校学习牵线搭桥。全省共收到捐款348万元，资助失学女童1.5万人。省妇联为保证"春蕾计划"捐赠资金专款专用，制定下发《关于"春蕾计划"捐赠资金管理办法》，使"春蕾计划"实施活动的管理工作逐步规范化。

1998年，省妇儿工委检查结果表明，在6700多个企业中制定女职工劳动保护规定实施细则的占92%。

1999年，省妇联发起在全省家长中开展以"四个一"①为主要内容的"河南省家庭优生优育优教知识传播与实践行动"活动。同年，省妇联与洛阳迪奥斯化妆品有限公司联合在全省开展"向贫困地区、下岗特困户失学女童献爱心日用品有奖义卖"活动，共筹集资金300多万元。全省各级妇联自办托幼园所已达120所，收托幼儿1.85万余人。

至2000年年底，全省共有妇幼保健机构136个，各级妇幼保健人员6万多人；孕产妇保健覆盖率达85%，住院分娩率达77.74%；农村新法接生率达95%；孕产妇死亡率为54.15/10万。全省创办家长学校2万余所、广播电视父母学校1747所、规范化示范家长学校30所。在"春蕾计划"实施活动中，全省共募集捐款1900万元，帮助9万多名失、辍学女童重返校园学习。经各级妇联牵线，1758名贫困儿童找到了"代理爸爸妈妈"。

妇幼保健　"文化大革命"期间，全省妇幼保健事业萎缩停滞；1978年重新起步。至1983年，全省各市（地）、县普遍建立妇幼保健院（站、所）等专业机构，拥有专用床位3101张，有妇幼卫生专业人员4849人。1987年，全省共有妇幼保健站138个。为健全妇幼保健机构，自1991年起，省财政每年投入资金1400万元，用于乡级、县级妇幼保健院（所）建设。省政府于1992年颁布《河南省关于优生保健的规定》。1993年始，全省开展以改革产科、儿科制度，实行母婴同室为主要内容的创建"爱婴医院"活动。

随着《河南省母婴保健条例》于1995年施行，妇幼卫生保健工作逐步由行政管

---

① 读好一本书——《现代家长应知应会手册》，树立一个正确的教子观念，当一名合格家长，为儿童营造一个良好的成长环境。

理向依法管理转变。各级妇幼保健机构开设婚前检查、优生咨询门诊及康乐待产、家庭式病房等卫生保健项目。1996年始，有关部门对全省从事母婴保健技术服务的机构和人员进行统一考核、培训。

1997年，全省在10个市、县开展社区妇幼卫生保健服务项目，由专门人员对所辖区域内妇女儿童基本健康状况入户调查，建立家庭健康档案；同时，开办孕妇学校、家长学校，定期进行健康宣传教育，举办专题讲座，普及保健知识。河南省新生儿疾病筛查中心于同年建立，对严重危害儿童健康的先天性甲状腺功能低下和苯丙酮尿症等疾病进行筛查，对查出患儿予以及时治疗。

1998年，全省有妇幼保健机构167个、病床3000余张，创建爱婴医院432所、爱婴卫生院692所。全省婚前医学检查率为34.2%，儿童计划免疫覆盖率达96%。

至2000年年底，全省共有妇幼保健机构136个，县级以上妇幼保健专业人员1.2万人；乡级妇幼保健工作人员近万人，女村医4万多人。设立省级母婴保健专项资金每年20万元；省财政累计投资300万元，为50余所县级妇幼保健机构的优生遗传室配置设备。全省孕产妇保健覆盖率达85%，住院分娩率达77.74%；农村新法接生率达95%。全省孕产妇死亡率为54.15/10万。

女职工劳动保护　　根据国家有关规定，1978年起，省财政拨专款316万元，逐年免费为妇女治疗子宫脱垂、尿瘘等多种妇科疾病。1980年，省妇联与省总工会、省劳动厅、省卫生厅等有关部门联合在全省开展女工劳动保护大检查。全省恢复、设立女工卫生冲洗室229个，安装简易冲洗器1183个；大多数企业为从事对身体有害工种的女工调整了岗位。至1986年，全省企业建女工冲洗室达3995个。1987年，省妇联经调查撰写的《关于加强乡镇企业妇女劳动保护和卫生保健工作的报告》为省委办公厅、省政府办公厅所转发。至年底，全省3.84万个有20名以上女工的乡镇企业中，制定女工劳动保护制度的企业已达23.3%。

1988年，《女职工劳动保护规定》经国务院颁布实施。省劳动人事厅、省总工会、省妇联等单位联合转发劳动人事部等有关部门《关于认真贯彻执行〈女职工劳动保护规定〉的联合通知》，1991年，《河南省〈女职工劳动保护规定〉实施办法》出台后，又联合发出《关于认真贯彻执行〈河南省女职工劳动保护规定实施办法〉的通知》，要求各企事业单位制定女职工劳动保护实施细则。经1993年组织检查，有558个企业制定实施细则，占被检查企业总数的82%。各企事业单位加强女职工"四期"[①]保护工作，大多数单位把女职工产假由56天增加到90天，对符合晚婚晚育者另外奖励产假3个月；为从事有害于女性生理机能工作的女工调整工作岗位。关于女职工怀孕和哺乳期间不做夜班的规定在纺织行业逐步得到落实。

---

①经期、孕期、产期、哺乳期。

至1997年年底，有关部门对女职工劳动保护情况全面调查的结果表明，80%的企业能够落实关于女职工劳动保护的法律法规。1998年，省妇儿工委组织检查的6700多个单位中，已制定女职工劳动保护规定实施细则的占92%。2000年，省妇儿工委再次组织检查，以推进女职工劳动保护工作。

托幼工作 1979年9月，河南省托幼工作领导小组成立，办公室设在省妇联。同年11月，省委批转省托幼工作领导小组《关于切实加强我省托幼工作意见的报告》，强调各行各业齐动手，发展多种形式的托幼园所。1981年，各级妇联协同托幼工作办公室，动员社会各方面"两条腿走路"，公办、民办一起上，多层次、多渠道兴办托幼事业。当年，全省儿童入托率达到42%。1983年始，各级妇联配合教育部门，重点发展附设在中、小学校的幼儿学前班，在城镇注重扩建正规幼儿园。1985年，省托幼工作领导小组撤销，其业务工作由省妇联负责。至1987年，全省有托幼园所1.7万余个、学前班2.8万余个；入托（班）儿童占学龄前儿童总数的42%。接受专业知识培训的幼儿保教人员达1.2万人。

根据国务院办公厅国办发〔1987〕69号文件关于"明确幼教管理职责分工"的精神，1988年起，托幼工作改由省教委牵头主抓。

1989年，全国妇联制发《关于进一步做好儿童工作的意见》，要求各级妇联"从当地实际情况出发，继续努力配合有关方面，推动社会力量促进托幼事业的发展"。全省各级妇联结合本地情况，探索以创办高质量托幼园所的形式促进托幼事业发展。在创办园所中，各级妇联本着"建好一个、管好一个、巩固一个"的原则，努力抓托幼园所领导班子配备、保教队伍建设以及工作制度的建立健全。至1992年，全省市（地）级妇联自办幼儿园4所，县（市、区）级妇联自办园所12所。

至1999年，全省县（市、区）级以上妇联自办园所40所，内设270个班，收托幼儿1.45万余人；乡（镇）、街道妇联自办托幼园所80所，收托幼儿4000余人。平顶山市、新乡市妇联所属的3个幼儿园均达到一级一类水平。省妇女儿童活动中心的内设幼儿园（幼儿艺校）自开园至2000年的5年内，有400余名幼儿的绘画作品在全国或国际儿童绘画比赛中获奖。

家庭教育 1981年11月，省妇联召开家庭教育座谈会，要求各级妇联利用各种形式向社会宣传家庭教育的重要意义，普及科学育儿知识；深入调查研究，总结推广家庭教育经验。继郑州市金水区纬四路居委会举办全省首家传授家庭教育知识的"妈妈学堂"之后，同年12月，全省第一个从事家庭教育研究的社会团体——开封市儿童少年家庭教育研究会成立。1984年7月，省妇联在陕县召开全省农村家庭教育工作经验交流会，推广其创办"家庭教育课堂"的经验。1985年，省妇联与省卫生厅、省教委联合下发《关于积极兴办家长学校的通知》。同年，全省开办家庭教育学校、妈妈学堂、家庭教育辅导站等1988个，有7万多名家长接受家庭教育知识培训。

1986年，河南省家庭教育研究会（简称"省家教会"）在郑州成立。1987年，省妇联、省家教会举办有70多人参加的全省首届家庭教育骨干培训班，并在焦作召开以农村家庭教育为主要内容的全省儿童工作现场经验交流会。至年底，全省有市级家庭教育组织和研究机构14个、家长学校1万余所。

在国务院1989年召开"全国优生优育优教工作研讨会"并制定《全国优生优育优教试点工作指导纲要》之后，宣传、普及优生优育优教"三优"知识成为家庭教育工作的主要内容。4月，"河南省首届家庭教育理论研讨会"在郑州举行。与会者就儿童早期智力开发和品德教育、幼儿创造力的培养、儿童不良行为的矫正、离异家庭子女的教育等问题进行研讨。全国妇联书记处书记、副主席康泠，省人大常委会副主任胡廷积到会并讲话。

1989年、1990年连续两年的六一儿童节期间，省儿童少年工作协调委员会与郑州市儿童少年工作协调委员会联合举办"优生优育优教"宣传咨询活动。采取图片、板报、文艺节目、电视录像、专家解答等形式宣传计划生育、卫生保健、儿童教育等方面的知识。1990年，全省各级妇联在家庭教育知识宣传咨询服务活动中共接待咨询者达100余万人次。由河南省妇联、海燕出版社、河南电视台联合制作的《家庭·社会·儿童》24集家教系列电视节目于1991年6月开播。

1992年，省妇联、省教委、省卫生厅、省家教会等8个单位联合开展持续半年的"河南省家庭优生优育优教知识竞赛"活动。竞赛活动中，全省共举办"三优"知识宣传骨干培训班1136期，培训骨干15万多人；举办"三优"知识讲座1147期，听众达50多万人；办"三优"知识宣传栏、板报5195期，张贴宣传标语1.5万条，出动宣传车50多辆；设咨询服务台（站）275个，接受咨询服务的群众达3.6万人；发放《三优知识》一书2万余册、"三优"知识试卷20万份，试卷回收率达90%以上。同年，省妇联还分别与中国儿童发展中心联合举办"儿童成长与教育"骨干培训班，与武汉大学早期儿童智力开发中心联合举办"早期教育理论与实践"培训班，与省计生委、省卫生厅、省教委、省家教会等单位联合组织"河南省'保险杯'百名健康儿童评选"活动和"优生优育优教"知识宣传咨询服务活动；向全省30多个特困县的儿童家长们赠送《家庭思想品德教育》《为了使娃娃更健壮》等通俗读物2万册。省家教会编纂的《家庭教育知识问答》《幼儿趣味游戏集锦》等普及型宣传读物出版。在省妇联、省广播电视厅、省家教会共同组织的河南省首届家庭教育电视短剧、小品评选展播活动中，有4部作品分别获得一等、二等奖。至1994年，全省共开展"三优"知识宣传咨询活动5240余次，咨询服务达160多万人次。

1995年起，各地普遍开办广播电视父母学校。1996年，省妇联、省教委、省卫生厅、省广播电视厅联合在全省范围内开展"河南省'小大人杯'百名优秀儿童评选"活动。

在全省各级妇联开展"年轻妈妈读书评比""年轻妈妈读书演讲比赛"等活动，共发放《写给年轻妈妈的书》9万余册。"跨世纪三优工程"于1996年年底开始在全省实施。

1997年，根据《全国家庭教育工作"九五"计划》精神，省妇联、省教委联合制定了《河南省家庭教育工作"九五"计划》。同年，省妇联在全省重点开展"把知识送给家长"活动，编发《把知识送给家长》宣传手册1.5万册。全省举办电视、广播讲座2791期，印发宣传材料52万份，印发"三优知识百道测试题"试卷69万份。

1995~1997年连续3年，省妇联与卫生、教育、计生等有关部门联合，于六一儿童节期间开展丰富多彩的"三优"知识宣传咨询服务活动，宣传儿童心理学、教育学、卫生学、营养学等知识。3年内，全省各地共设置"三优知识宣传一条街"1296条，印发全国《家长教育行为规范》等宣传材料82.4万份，展出宣传展板3.92万块，悬挂横幅标语14.6万条，举办广播讲座5342期，成立家教咨询服务站4555个，受益家长达360余万人次。1998年，漯河市首创家长学校、文明市民（农民）学校"两位一体"的教育模式。

1999年，省妇联发起在全省家长中开展以"四个一"为主要内容的"河南省家庭优生优育优教知识传播与实践行动"活动，举办由600多名幼教工作者和家长参加的"河南省婴幼儿科学识字培训班"；发放家教知识宣传手册2.5万余册。

截至2000年，全省乡（镇、街道）级以上共建立家教领导小组（研究会）2638个；创办以中小学校、幼儿园为阵地的家长学校2万余所，广播电视父母学校1747所，规范化示范家长学校30所。在妇联与教育部门联合组织的表彰活动中，全省获得全国、省级表彰的家庭教育工作先进集体167个、先进个人204人，优秀家长学校199所、优秀家长172人；有68人获"全国家庭教育工作园丁奖"。

"春蕾计划"活动　　1994年六一儿童节前夕，省妇联与郑州市妇联联合，在省会开展"伸出一双手，奉献一颗爱心"宣传、咨询、服务、捐献"一条街"活动，发动各行各业的干部职工为贫困儿童捐款、捐衣、捐学习用具。自此，旨在募集资金救助因贫困而失学女童重返校园的"春蕾计划"活动在全省展开。当年，有25万人参与"献爱心"活动。1995年六一儿童节期间，省妇联与有关单位又一次联合组织"伸出一双手，奉献一颗爱心"宣传、咨询、服务、捐献"一条街"活动。两年全省共为失学女童捐款721.9万元，救助女童2.4万余人。

1996年，省妇联争取中国儿童少年基金会6万元资金，在新蔡县棠村镇棠村完全小学设立的全省第一个"春蕾计划"女童班于秋季开学，帮助50名特困女童复学。1996~1997年，省妇联利用联合国儿童基金会资金及省政府的配套资金，先后在嵩县、信阳县、宁陵县、确山县等10个贫困县开展"女童入学社会动员"项目培训、宣传、募捐活动。项目执行中共培训宣传骨干3076人；利用集市，通过图片、录音、录像资料等方式向群众巡回宣传咨询30余次，召开各类"献爱心"大会12次，共收到捐款130万元，直接救助女童7568人，帮助510名女童减免学杂费。通过此项活动，10个贫困县的县政府设立了"救助女童入学基金会"和女童入学工作责任制；每年各县资助100名贫困女童至初中毕业。两年内，10县女童入学率平均提高7个百分点。

1997年，南阳市妇联在全省率先以结对子形式开展"代理妈妈"活动，寻求志愿者做孤儿或单亲家庭儿童的代理妈妈，当年即结对子1193对。全省各级妇联为1.36万名失、辍学女童建立了档案。9月，省政府副省长张世英就省委编发的《十五大前夕固始县社会捐款70万元救助女童入学》信息批示："省妇联在保护妇女、儿童权益方面做了大量工作，要进一步加强在领导层的工作力度，并抓好社会各界关心的典型，使春蕾计划等工作家喻户晓。"截至年底，全省社会各界共筹措、捐赠资金1040余万元，救助失、辍学女童5万多人；开办"春蕾计划"女童班4个；扶贫济困结对子1.88余万对。

1998年6月，为做好牵线搭桥工作，省妇联与大河报社联合，在《大河报》上开辟《春蕾桥》专栏，分5期刊登200名贫困地区失学女童的名单及其家庭情况；与河南人民广播电台联合举办3期《春蕾桥》节目，共播出40名失学女童的情况；同时开通捐资救助热线电话。省妇联将收到的30多万元捐款，用于筹建"春蕾计划"女童班两个，帮助600余名失、辍学女童重返学校。各地妇联都与当地新闻单位联合推出"春蕾桥"活动。当年，全省共收到捐款348万元，资助失学女童1.5万人。省妇联还制定《关于"春蕾计划"捐赠资金管理办法》，设立专门账户以保证"春蕾计划"捐赠资金专款专用；同时建立健全受助女童档案，促使"春蕾计划"实施活动的管理工作逐步规范化。

1999年，省妇联与洛阳迪奥斯化妆品有限公司联合，在12个市（地）的80多个县（市、区）开展"向贫困地区、下岗特困户失学女童献爱心日用品有奖义卖"活动，共筹集资金300多万元。

截至2000年，全省"春蕾计划"实施活动共募集捐款1900万元，开办"春蕾计划"女童班17个，帮助9万多名失、辍学女童重返校园学习。各级妇联牵线，帮助1758名贫困儿童找到了"代理爸爸妈妈"。

第四章　工商业联合会

河南省工商业联合会于 1954 年成立，是中国共产党领导的具有统战性、经济性、民间性的人民团体和民间商会，是中国人民政治协商会议河南省委员会的组成单位之一。1966 年"文化大革命"开始后，河南省工商业联合会被迫停止工作，1977 年 11 月恢复活动。1978 年中共十一届三中全会以后，河南省工商业联合会在中共河南省委和河南省人民政府的领导下，落实对原工商业者的各项政策，做好对原工商业者的安排使用工作。组织会员发挥自身的生产技术专长和经营管理经验为社会主义现代化建设服务，积极开展经济咨询服务和工商专业培训；协助发展集体经济，领办和创办集体企业，安置待业青年；举办经济实体；开展对外联络，协助政府和企业引进资金、技术、人才；取得了良好的社会效益和经济效益。1984 年后，河南省工商业联合会开始吸收各类经济成分的新会员。1991 年，中共中央批转下发了中央统战部《关于工商联若干问题的请示》（中发〔1991〕15 号）文件，明确工商联要以私营企业主、个体工商户和台湾同胞、港澳同胞和海外侨胞投资者为主要工作对象，配合党和政府做好非公有制经济代表人士的思想政治工作。根据中共中央的指示精神，河南省工商业联合会进行了工作重点、会员结构和组织结构的调整；积极向非公有制经济代表人士宣传党和国家的方针、政策，进行爱国、敬业、守法、诚信教育，做好会员的思想政治工作；代表和维护非公有制企业合法权益，对非公有制经济发展动态进行深入系统的调查研究，为中共河南省委、河南省人民政府制定对非公有制经济的有关政策提出意见和建议；组织会员企业举办或参加各类商品交易会和经贸洽谈会；为会员企业发展提供融资、培训、质量技术监督、职称评定、出国政审等多方面的服务；引导非公有制企业开展扶贫开发等光彩事业活动，帮助贫困地区脱贫致富。经过近10年的努力，基本完成了会员结构、组织结构和工作重点的调整。至2000年年底，河南省工商业联合会会员总数达109757个，其中非公有制经济会员占89%。河南省工商业联合会成为河南省非公有制经济领域的一个主要的人民团体，为河南省非公有制经济人士健康成长、非公有制经济健康快速发展和对外经济交流与合作作出了应有贡献。

第一节 组织机构

河南省工商业联合会1954年1月在开封市成立。根据1952年8月政务院颁布的《工商业联合会组织通则》，河南省工商业联合会由包括国营企业在内的各类工商企业会员和从事工商业的个人会员组成，主要工作对象是私营工商业者。河南省工商业联合会在河南省的各省辖市、县成立市、县工商业联合会，在行署所在地成立省工商业联合会办事处，上级工商业联合会对下级工商业联合会的工作关系为业务指导关系，下级工商业联合会的会员同时也是上级工商业联合会的会员。1954年，河南省工商业联合会成立时，全省各市、县工商业联合会均已成立。1966年"文化大革命"开始后，河南省各级工商业联合会被迫停止工作。1977年11月，河南省工商业联合会恢复活动，1977~1980年，郑州、开封、洛阳、新乡、安阳5市工商业联合会先后恢复活动。1984年后，河南省工商业联合会开始吸收新会员，新会员包括国营企业、集体企业、乡镇企业、"三胞"①投资企业、有代表性的个体工商户等。1985~1995年，河南省其他各市（地）、县（市、区）工商业联合会先后恢复活动。1991年，中共中央15号文件下发，明确工商联的会员对象应以私营企业主、个体工商户和台湾同胞、港澳同胞和海外侨胞投资者等非公有制经济代表人士及其企业为主。根据中共中央的指示精神，河南省工商业联合会进行了会员结构和组织结构的调整。至2000年年底，河南省工商业联合会会员总数为109757个，其中，非公有制经济会员为98522个，约占全省会员总数的89%，会员结构和组织结构调整基本完成，河南省工商业联合会成为以非公有制经济代表人士及其企业为主要会员对象的人民团体。

河南省工商业联合会　　1954年1月22日，河南省工商业联合会第一届会员代表大会在开封市召开，选举产生第一届执行委员会，宣告正式成立。同年，由于省会迁移，河南省工商业联合会从开封迁至郑州。根据1952年8月政务院颁布的《工商业联合会组织通则》，河南省工商业联合会的会员由各类工商企业和从事工商业的个人组成，主体是私营和公私合营企业以及私营工商业者，国营工商企业及其主管机构、合作社及其主管机构作为发挥主导作用的力量也参加了工商联，是工商界企业和工商业者个人的一个整体性组织。1956年年底，河南省基本完成对私营工商业生产资料所有制的社会主义改造后，河南省工商业联合会的会员逐步改变为以参加公私合营的私营工商业者个人为主。

---

①台湾同胞、港澳同胞、海外侨胞。

1966年"文化大革命"开始后，河南省工商业联合会被迫停止工作。

1977年11月，河南省工商业联合会恢复活动。1979年，河南省工商业联合会配合中共河南省委统战部等有关部门落实对原工商业者的政策，把小商贩、小手工业者、小业主从原工商业者中区分出来，恢复其劳动者的身份。同时，明确经过区分后保留的原工商业者经过改造，已经成为自食其力的劳动者。经过区分保留的原工商业者共有1000多人，是河南省工商业联合会恢复活动后的会员主体。1983年，按照中华全国工商业联合会（简称"全国工商联"）的安排，河南省工商业联合会在全省进行了会员调查和建立人才档案的工作。1984年，根据调查结果，原工商业者会员大部分年事已高，且人数越来越少，其中在职的会员更少。同时，随着党和国家的工作重点转移到社会主义现代化建设上来和《中共中央关于经济体制改革的决定》的颁布，对内搞活、对外开放政策的实行，多种经济成分、多种经营形式并存体制的出现和发展，工商联工作进入了一个新的时期，发展新会员和在更多的市、县恢复建立工商联组织成为一种必然要求。根据全国工商联的要求与河南省的实际，河南省工商业联合会开始逐步发展新会员和在尚未恢复工商联活动的市、县恢复建立工商联组织。至1991年3月，共吸收新会员12576个，其中企业会员4613个、团体会员695个、个人会员7268个。企业会员中国营企业1288个，集体企业1348个，乡镇企业957个，共占企业会员总数的77.8%；非公有制企业973个，占企业会员的21%；经济联合体47个，占1.2%。个人会员中公有制企业的负责人和政府有关部门的代表2145人，占个人会员的30%。会员结构基本形成了与国家总体经济结构相一致的，以国营、集体企业和个人为主，其他经济成分和经营形式的企业和个人为辅的模式。

由于工商联是一个以统一战线性质为主的人民团体，不具备协调公有制经济相应的职能和手段，工作中存在一定困难；同时，由于非公有制经济的存在和发展，很需要一个对私营企业主、个体工商户和台湾同胞、港澳同胞、海外侨胞投资者介绍中共党的方针、政策，进行爱国、敬业、守法的教育，并维护他们的合法权益，反映他们正确意见，对他们进行思想政治工作的人民团体。1991年6月，中共中央批转了中央统战部《关于工商联若干问题的请示》（中发〔1991〕15号）文件，明确工商联作为党领导下的以统战性为主，兼有经济性、民间性的人民团体，可以配合党和政府承担这方面的任务，成为党和政府联系非公有制经济的一个桥梁。要求各级党委、政府要加强对工商联工作的领导，支持工商联的工作，继续发挥原工商业者的作用。根据中共中央的指示精神，河南省工商业联合会进行了会员结构和组织结构的调整，全省各级工商联组织积极发展非公有制经济代表人士入会。1991~1993年为第一阶段，共吸收新会员2622个，会员总数达到26363个，使非公有制经济会员的比例从贯彻15号文件以前占会员总数的24%上升到32%。同时，省、市、县各级工商业联合会都从非公有制经济代表人士中确定了一批重点联系对象，其中河南省工商业联合会选定了 122 名联系对象，向全国工商业联合会推荐了 22 人，为他们建档立卡，建立了较为密切的联系。1993~1997 年为第二阶段，河南省工商业联合会会员结构发生了重大变化，全省会员已发展到 80824 个，其中，非公有制经济会员总数达到了 58822 个，约占全省会员总数的 72%，基本实现了会员结构的调整。此后，会员发展进入了正常发展阶段。1998 年，河南省工商业联合会对全省会员进行了核实、登记、造册，向全国工商业联合会报送了担任省、市工商业联合会执行委员的会员和直属企业会员情况登记表，建立了会员数据库。到 2000 年年底，河南省工商业联合会共有会员 109757 个（企业会员 20829 个、团体会员 1663 个、个人会员 87265 个），非公有制经济会员总数达 98522 个，约占全省会员总数的 89%。

随着非公有制经济会员人数的增多和会员结构的调整，非公有制经济代表人士逐步进入全省各级工商联领导班子。从河南省工商业联合会第八届会员代表大会开始，非公有制经济代表人士在河南省各级工商联领导班子执行委员会的构成中已超过半数。

根据中共中央〔1991〕15 号文件精神，为加强党的领导，省级工商联应建立党组，市、县工商联凡有工作需要的，经当地党委批准均可建立党组。各级工商联党组在工商联工作中居于核心领导地位。1992 年，河南省工商业联合会成立第一届党组，党组书记：李健；党组副书记：韩致祥；党组成员：郭臣聚、张峰（女）。1993 年成立第二届党组，党组书记：王德华；党组成员：赵从华、孔繁奇、樊立生、郭臣聚。1997 年成立第三届党组，党组书记：王玉英；党组成员：赵从华、孔繁奇、杨龙驰。

河南省工商业联合会的机构设置主要由会议机构、执行机构、办事机构组成。会议机构是河南省工商业联合会会员代表大会，执行机构是河南省工商业联合会执行委员会和常务委员会，办事机构是河南省工商业联合会处理日常事务的办事机关。

根据《中国工商业联合会章程》，中华全国工商业联合会同时是中国民间商会，各级地方组织可称商会或总商会，由于国外工商界组织一般均称为总商会，为与国际接轨，河南省工商业联合会于 1990 年赴香港招商会上，首次使用了"河南省总商会"的名称。1993 年，河南省工商业联合会第七次会员代表大会通过了河南省工商业联合会同时启用"河南省总商会"名称的决定。1994 年，经河南省编制委员会批准，河南省工商业联合会同时又称为"河南省总商会"，按照一个机构、两个名称的模式运行，并于同年 12 月举行了揭牌仪式。

会议机构 根据《中国工商业联合会章程》规定，河南省工商业联合会的最高权力机关是会员代表大会或会员大会，会员代表大会或会员大会每 5 年召开 1 次，必要时可以提前或延期召开。河南省工商业联合会历届会员代表大会均设大会主席团，作为会议最高领导机构，研究决定大会的重大事项；大会主席团下设大会秘书处，在大会秘书长领导下负责处理大会会务工作。会员代表大会听取、讨论和通过上届执行委员会的工作报告，就重大问题作出决议，选举产生新一届执行委员会。1978~2000 年，河南省工商业联合会先后召开了第四届、第五届、第六届、第七届、第八届共5次会员代表大会。

执行机构 河南省工商业联合会会员代表大会闭会期间，执行委员会是最高领导机构，负责贯彻执行代表大会的决议，讨论决定工作方针和任务。执行委员会每年召开一次，对代表大会负责并报告工作。执行委员会选举主任委员（第七届以后称会长）1人、副主任委员（第七届以后称副会长）若干人、秘书长1人、常务委员若干人，组成常务委员会。常务委员会在执行委员会闭会期间行使执行委员会的职权，对执行委员会负责并报告工作。主任委员领导会务工作，副主任委员协助主任委员工作，秘书长在主任委员、副主任委员领导下负责处理日常工作。常务委员会可选任副秘书长若干人，协助秘书长工作。1978~2000年，共产生了5届执委会，负责执行代表大会的决议。

办事机构 河南省工商业联合会下设处理日常事务的办事机关，办事机关根据工作需要设立若干工作部门。1977年11月，河南省工商业联合会恢复活动后，机关设办公室。1983年，设办公室、组织宣传处、业务处，行政编制14人。1990年，设办公室、组织宣传处、咨询培训处、经济联络处，行政编制40人。1991年，行政编制减为38人。1996年8月参照机构改革精神，经省编委确定，机关设办公室、组织部、宣传教育部、经济联络部，行政编制38人。2000年4月4日，增加行政编制1人，共有行政编制39人。

市（地）工商业联合会 1949年1月，开封市工商业联合会成立，并代行河南省工商业联合会职权。1952年，河南省各市工商联全部成立。1966年"文化大革命"开始后，河南省各市工商联先后被迫停止工作。1977年年底，郑州市工商联恢复活动。1978~1980年，开封、洛阳、新乡、安阳市工商联先后恢复活动。1985年，河南省工商业联合会开始在其他省辖市恢复建立工商联组织，在各个地区恢复建立省工商联办事处。1994年1月，省辖市工商联和省工商联地区办事处全部恢复建立。随着各地区行政建制由地区先后改为省辖市，各地区工商联办事处从1995年8月起先后改建为省辖市工商联。济源市行政建制由县级市升为省直管市后，济源市工商联按省辖市工商联对待。

市工商联的会议机构、执行机构与省工商联相同。办事机构因编制多少的差异有所不同，编制较多的郑州、开封、洛阳、新乡、安阳、平顶山、焦作等市工商联办事机构与省工商联大体相同；编制较少的信阳、许昌等办事机构内部设置较少。中央统战部、劳动人事部、财政部在1981年、1985年、1987年3次共下达河南省工商业联合会系统行政编制360人，河南省工商业联合会相应分配至省、市（地）、县（市、区）工商联，其中分配到市工商联的行政编制为155人。加上各市人民政府自行配备的编制，市级工商联组织编制总数2000年为174人，其中行政编制167人、事业编制7人；市级工商联组织编制10人以上的7个，5~9人的6个，不足5人的5个；最多的郑州市工商联为20人，最少的信阳市工商联为3人。2000年年底，河南省17个省辖市和1个省直管市中有14个建立了市工商联党组（周口、信阳、焦作、驻马店4个市尚未建立）。

县（市、区）工商业联合会 1952年，河南省各县和一个工矿区全部成立了工商联组织。"文化大革命"时期，全省各县工商联先后被迫停止工作。1985年，河南省工商业联合会开始在部分经济较为发达的县（市、区）恢复建立工商联组织。从1985年淮阳县等第一批县级工商联组织恢复，至1995年6月渑池县工商联恢复，全省各县（市、区）工商联组织全部恢复建立。1998年又成立了郑州高新技术产业开发区工商联、漯河贸易区总商会。

河南省各县（市、区）工商联的会议机构、执行机构与省工商联大体相同。但执行机构有的设常委会，有的不设常委会。办事机构因编制少，一般只设秘书长（秘书）与办公室。中央统战部、劳动人事部、财政部在1981年、1985年、1987年3次共下达河南省工商业联合会系统的360人行政编制中，由河南省工商业联合会先后分配到各县（市、区）工商联的行政编制为161人。加上各县人民政府自行配备的编制，全省县级工商联组织编制总数2000年年底为410人，其中行政编制241人、事业编制169人；县级工商联组织编制3人以上的86个，一至二人的48个，没有编制（与统战部合署办公，由统战部人员兼职）的23个。2000年年底，河南省各县（市、区）工商联中，共建立中共工商联党组59个。

乡镇商会 乡镇商会是工商联按行政区划成立的基层组织。自1995年河南省各市（地）、县（市、区）工商联全部恢复建立后，河南省工商业联合会十分重视乡镇商会的建设。至2000年年底，河南省2160个乡镇中，已有1841个先后恢复建立了工商联乡镇分会，占全省乡镇总数的86%。其中洛阳、南阳、焦作、开封、鹤壁、漯河、商丘、济源、信阳9个市的乡镇商会全部恢复建立。乡镇商会的会议机构为会员大会，每3年召开1次；执行机构为会长会议，实行会长分工负责制；办事机构由专人负责，主持日常事务。

行业商会（同业商会、同业公会） 根据《中国工商业联合会章程》中关于"工商业联合会可按行业设立同业公会或同业商会等专业组织"的规定及全国工商业联合会的要求，1989年，河南省作为全国工商业联合会在中国中部地区建立同业公会的一个试点，在中共河南省委统战部的指导帮助下，河南省工商业联合会先后在巩县的旅栈业，郑州市二七区的服装、饮食行业，新乡市的眼镜业和禹县的药材业进行了县区级的同业公会试点工作，成立了同业公会；并在开封市进行了市级同业公会试点，成立了开封市印刷业同业公会。此后，同业公会逐步在全省范围内建立起来。至2000年年底，河南省各级工商联共有行业商会组织72家。其中省级2家、市级25家、县级45家；共涉及餐饮、美容、皮革、医药、酒店等22个行业；已在民政部门注册登记的 28 家，约占总数的 39%；工商联内部组织 44 家，约占总数的 61%。行业组织的建立和发展，对促进河南省相关企业的行业自律和协调发展起到了积极作用。

第二节 会员代表大会

《中国工商业联合会章程》规定，会员代表大会是同级工商联的最高权力机关，省级工商联组织会员代表大会每5年召开1次，特殊情况可提前或延期召开。1978~2000年，河南省工商业联合会先后召开了第四届[①]、第五届[②]、第六届、第七届、第八届共5届会员代表大会。

第六届会员代表大会 1990年9月24日，河南省工商业联合会第六届会员代表大会在郑州召开，出席会议代表247人。朱书泉代表河南省工商业联合会第五届执行委员会作题为《坚持改革开放，团结工商界，为开创工商联的新局面而奋斗》的工作报告。中共河南省委副书记、河南省人民政府常务副省长胡笑云，河南省政协主席阎济民，河南省政协副主席、中共河南省委统战部部长武守全到会并讲话。全国工商联向大会发来了贺信。河南省各民主党派，河南省总工会、共青团河南省委、河南省妇女联合会等人民团体分别向大会致贺词。会议通过了《关于学习贯彻全国和省统战工作会议精神的决议》，研究确定了适应改革开放新形势要求的工作方向和任务。会议决定中国民主建国会河南省委员会和河南省工商业联合会正式分署办公。会议号召广大会员齐心协力，团结一致，为振兴河南，为实现祖国和平统一大业作出新的贡献。会议选举产生了河南省工商业联合会第六届执行委员会。

河南省工商业联合会第六届执行委员会名单

主任委员	叶仁寿				
副主任委员	李　健	王树廉	杨显明	杨洪绶	苏富先
	宋道善	张慧玉（女）	韩致祥		
秘书长	郭臣聚				
常务委员	马培良	马鸿恩	孔繁奇	王玉英（女）	王世英
	史玉璞	江武生	孙金芳	张文学	张其俊
	李汉斌	李灵安	李克俊	益　堂	余　恒
	苗天喜	郑兴谦	钟树仁	赵炳申	柳曙光

[①] 首轮《河南省志·工商业联合会志》已详细记述，此略。
[②] 首轮《河南省志·工商业联合会志》已详细记述，此略。

	高永贵	高同仁	袁占琴	高育才	黄书德
	崔愉恩	董明玉	蔡振兴	程连慧	褚汉生
	摆献忠	樊纪宪			
执 行 委 员	马光远	马鸿恩	马培良	孔繁奇	王玉英（女）
	王玉锁	王世英	王宝庆	王树廉	尹国耀
	叶仁寿	史玉璞	白世周	卢国伟	吕义云
	孙立芝	孙玉萍（女）	孙金芳（女）	刘炳银	刘梦贤
	江武生	许寿仁	齐顺祥	张太杰	张文成
	张文学	张生林	张兴在	张其俊	张　峰（女）
	张慧玉（女）	李开会	李书安	李汉斌	李灵安
	李克俊	李金星	李茂堂	李柏枝（女）	李益堂
	李　健	李道灵（女）	杜明山	余　恒	邢海隆
	苏富先	宋道善	杨永刚	杨显明	杨洪绥
	杨建华	杨瑞祥	苗天喜	周同喜	陈好勇
	陈绪森	昌佩民	金保庆	罗国珊	胡建民
	赵太和	赵炳申	郑兴谦	费志义	钟树仁
	庄逸兴	柳曙光	高永贵	高同仁	高育才
	袁占琴	栾汝斌	耿治国	郜庭玉	徐基德
	黄书德	黄体文	郭　爱（女）	郭臣聚	阎廷瑞
	崔学曾	崔愉恩	韩文学	韩长金	韩致祥
	董明玉	董远峰	程连慧	蔡振兴	褚汉生
	窦振芳	摆献忠	裴　斐	潘长水	樊立生
	樊纪宪	聂长宏	魏炎生		

第七届会员代表大会　　1993年10月4日，河南省工商业联合会第七届会员代表大会在郑州召开，出席会议代表257人。杨洪绥代表河南省工商业联合会第六届执行委员会作题为《努力发挥工商联在社会主义市场经济中的作用，为改革开放和现代化建设作出新贡献》的工作报告。中共河南省委副书记任克礼，河南省政协副主席、中共河南省委统战部部长胡树俭分别到会讲话。全国工商联向大会发了贺信。河南省各民主党派和河南省总工会、共青团河南省委、河南省妇女联合会等人民团体分别向大会致贺词。会议通过了《关于反对腐败，加强廉政建设的决议》，通过了河南省工商业联合会同时启用"河南省总商会"名称的决定。会议以中共十四大精神和邓小平建设中国特色社会主义理论为指导，审议通过了省工商联六届执委会的工作报告，全面总结省工商业联合会六大以后的工作，探讨在建立和完善社会主义市场经济体制这一新的历史形势下工商联的工作方向和任务。会议号召广大会员高举爱国主义、社

会主义旗帜，坚持党的基本路线，充分发挥统一战线的政治优势、商会组织的经济特长和民间桥梁的有利条件，抓住机遇，加快发展，努力为统一祖国、振兴中华，为河南省社会主义现代化建设事业作出更大的贡献。会议选举产生了河南省工商业联合会第七届执行委员会。

河南省工商业联合会第七届执行委员会名单

会　　长　杨洪绶

副 会 长　王德华　赵从华　苏富先　宋道善　江武生　孔繁奇　史玉璞
　　　　　赵红江　樊立生　朱治国　汪远思　房延修　褚汉生
　　　　　尹爱萍（女）

秘 书 长　郭臣聚（1993.10~1995.7，任）
　　　　　赵从华（1995.7~1997.10，任）

常务委员　于运城　马　群　王遂舟　王矛龙　亢进璞　李汉斌　李益堂
　　　　　李谊人　李隆仁　杨建华　杨国政　孙立芝　柳曙光　张文成
　　　　　郭学星　郭土岭　梁平日　程连慧　蔡振兴　史增田　房延修
　　　　　管景文　魏宝山　马属未　冯厚学　李学逵　刘士良　宋国士
　　　　　范孟强　赵欣欣　罗和平　栾如斌　徐玉昌　曹忠义　焦洪太

执行委员　于秀荣（女）　于运城　马　群　马培良　马洪志　马廷云
　　　　　王　杰　王德华　王清华（女）　王永禄　王遂舟　王树森
　　　　　王矛龙　王亦兵　王光平　王长庚　孔繁奇　亢进璞　巴长明
　　　　　史玉璞　卢国伟　白振兰（女）　白玉民　石万顺
　　　　　叶　琳（女）　江武生　孙立芝　孙建忠　齐顺祥　吕义云
　　　　　刘炳银　邢海隆　苏富先　李隆仁　李汉斌　李益堂　李谊人
　　　　　李开会　李定仁　李国林　李灵安　张海祥　张太杰　张文成
　　　　　张　峰（女）　张少鸿　张继祖　宋道善　陈建新
　　　　　陈风云（女）　吴宝志　吴军旺　吴如芳　汪远思　杨洪绶
　　　　　杨龙驰　杨国政　杨建华　杨永刚　杨瑞祥　罗国珊　罗和平
　　　　　范梦强　周兴明　昌佩民　赵从华　赵红江　赵红栓　赵太和
　　　　　赵宇明　赵云昌　胡建民　柳曙光　洪建选　郝郑山
　　　　　钟玉彩（女）　侯朝春　侯建顺　郭臣聚　郭志鹏　郭土岭
　　　　　郭学星　袁占琴　袁茂臻　栾汝斌　高同仁　宰文甫　耿玉印
　　　　　曹忠义　梁平日　韩长金　程连慧　彭荣军　褚汉生　蔡振兴
　　　　　滕宝贤　樊立生　魏德山　马属未　王洪亮　王　伟　王继增

尹爱萍（女）	冯厚学	白玉民	刘德章	刘士良	任太平
李新华	李东明	李学逵	朱志国	宋国士	邱新航	陈泽民
赵西安	赵年德	赵欣欣	郑有全	周楯	耿西明	徐玉昌
夏平义	管景文	焦洪太	史增田	房延修

第八届会员代表大会　1997年10月27日，河南省工商业联合会第八届会员代表大会在郑州召开，出席会议代表300人。杨洪绥代表河南省工商业联合会第七届执行委员会作题为《高举邓小平理论伟大旗帜，以新的姿态和面貌跨入崭新的二十一世纪》的工作报告，中共河南省委副书记范钦臣，河南省政协副主席、中共河南省委统战部部长胡树俭分别到会讲话。全国工商联向大会发了贺信。河南省各民主党派和河南省总工会、共青团河南省委、河南省妇女联合会等人民团体分别向大会致贺词。会议学习了中共十五大精神和省委六届五次会议精神，审议通过了省工商联第七届执委会工作报告。会议号召全省各级工商联组织和广大会员，高举邓小平理论伟大旗帜，紧密团结在以江泽民为核心的党中央周围，解放思想，抓住机遇，开拓进取，在建设中国特色社会主义的伟大事业中作出新的贡献。会议选举产生了河南省工商业联合会第八届执行委员会。

河南省工商业联合会第八届执行委员会名单

会　　长	张玉麟
副会长	王玉英（女）	赵从华	汪远思	江武生	史玉璞	孔繁奇
	朱治国	尹爱萍（女）	范梦强	谢国胜	李义超	马群
	王超斌	宋克耀	赵太安	孙晓宁
秘书长	杨龙驰
常务委员	于运城	马涛	王力伟	王润湘	冯厚学	白玉民	叶继华
	李学魁	张鹏	张东华	张茂清	张黎军	陈泽民	陈清道
	杨根水	邵兰芳（女）	邵成东	罗和平	赵磊	赵年德
	赵奋明	赵欣欣	赵顺祥	郭学星	姜明	栾汝斌	栾祖礼
	梁平日	程守利	葛明军	管景文	藤宝贤	魏富广
执行委员	于运城	马廷云	马庆刚	马洪志	马涛	马群	王伟
	王力伟	王长庚	王玉英（女）	王矛龙	王光平	王运生
	王和平	王劲松	王佩琼（女）	王秋江	王树森	王洪亮
	王银良	王润湘	孔繁奇	毛连城	巴长明	尹玉林	尹爱萍（女）
	付红（女）	石合欣	史玉璞	白玉民	白明	叶继华
	冯厚学	江武生	朱东升	朱治国	任太平	孙健	刘万安

刘先清	刘传章	刘金安	刘其岩	刘跃进	李义超	李　伟
李学魁	李富增	张少鸿	张玉麟	张东华	张永福	张延皋
张茂清	张　林	张　鹏	张　群	张歌伟	张新亮	张黎军
汪远思	宋松继	陈风云（女）		陈书法	陈泽民	陈建新
陈清道	邱新航	邵兰芳（女）		邵成东	杨龙驰	杨根水
罗和平	郑汉钿	范梦强	孟庆华	尚保卿	昌佩民	赵从华
赵宇明	赵年德	赵奋明	赵欣欣	赵顺祥	赵泰和	赵　磊
郭　爱（女）		郭学星	郭兰芳（女）		郭振岭	姜　明
侯建顺	高文荣	高安国	栾汝斌	栾祖礼	耿玉印	夏平义
夏松奇	梁平日	崔乃保	崔公民	韩长金	韩永夫	程守利
程相海	程道兴	彭荣军	葛明军	谢国胜	谢增福	管景文
翟有忠	蔡大章	滕宝贤	潘全林	魏富广	王超斌	宋克耀
赵太安	孙晓宁					

第三节　会务活动

河南省工商业联合会恢复活动以后，1978~1980年，配合中共河南省委和河南省人民政府落实对原工商业者的各项政策，解决历史遗留问题，做好对原工商业者的安排使用工作。1980~1991年，组织会员发挥生产技术专长和经营管理经验为社会主义现代化建设服务。具体为：开展经济咨询服务和工商专业培训；协助发展集体经济，安置待业青年；兴办会办企业；协助引进资金、技术、人才；积极参与国家大事和地方政治、经济、人民生活等重要问题的讨论和协商；发展新会员，为更多的工商界人士服务。1991年，中共中央15号文件下发后到2000年年底，根据中共中央的指示精神，河南省工商业联合会进行了工作重点、会员结构和组织结构的调整，认真做好非公有制经济代表人士的思想政治工作。具体为：加强宣传舆论引导，进行爱国主义、社会主义教育；宣传党对非公有制经济的方针、政策，评选表彰优秀的非公有制经济代表人士，在政治上关心非公有制经济代表人士的成长；开展调查研究、参政议政工作，代表和维护非公有制企业合法权益，促进非公有制经济健康快速发展；引导非公有制经济代表人士在自身富裕起来的同时，积极投身到帮助贫困地区脱贫致富的光彩事业活动中去；努力为政府服务、为社会服务、为会员企业发展服务，发挥桥梁助手作用，开展经济联络工作，协助招商引资，组织会员企业举办或参加各类商品交易会和经贸洽谈会，为会员企业发展提供融资、培训、质量技术监督、职称评定、出国政审等多方面的服务。上述活动为引导河南省非公有制经济人士健康成长，促进河南省非公有制经济健康快速发展，促进河南省对外经济交流与合作作出了贡献。

落实政策　1978~1979年，河南省工商业联合会配合中共河南省委、河南省人民政府落实对原工商业者的各项政策。一是解决历史遗留问题，发放定息、归还被查抄的财物、退还房产、补发工资、为冤假错案平反等。二是把小商小贩、小手工业者、小业主（简称"三小"）等劳动者从原工商业者中区分出来，恢复其劳动者身份；同时，明确经过区分后保留的原工商业者经过改造，已经成为自食其力的劳动者。三是做好原工商业者安排使用工作，做到用其所长、各得其所。通过一系列工作，极大地调动了"三小"和原工商业者为社会主义现代化建设服务的积极性。

经济咨询服务与工商专业培训　1980~1991年，河南省各级工商联发挥会员的生产技术专长和经营管理经验,广泛开展了经济咨询服务和工商专业培训活动。经济咨询服务主要是通过召开经验交流会、成立经济咨询服务中心和经济咨询服务公司等,为企业提供生产技术和经营管理方面的咨询,协助引进实用技术,提出改善经营、管理、质量、销售等方面的建议;与其他省、区、市进行信息交流和技术、业务合作。同时,向党和政府提出宏观经济政策方面的咨询建议,如关于调整国民经济、恢复振兴中药事业、稳定副食品市场物价、正确对待私营企业等。工商专业培训主要是根据经济、社会发展的需要,和有关部门合作,通过举办专业培训学校、各类工商专业培训班、讲座、以师带徒、编写实用教材等不同方式提高待业和在职人员的从业知识和能力。经济咨询服务和工商专业培训活动取得了良好的社会效益,对河南省改革开放初期的经济、社会发展产生了积极影响。

会办企业 河南省工商联系统创办会办企业,是1984年在中共中央、国务院制定了允许工商联办企业的特殊政策鼓励下,把办企业作为会员服务社会主义现代化建设的重要渠道和开展活动的实践基地,在开展经济咨询服务、工商专业培训和领办、创办集体企业的基础上开始起步的。1984~1990年,河南省工商联系统共创办各类企业126个。按行业分:商业企业70个,工业企业30个,服务业14个,饮食业5个,养殖业2个,金融业5个。按类别分:自办企业88个,合办企业37个,中外合资企业1个。共筹资5531万元,安排待业人员3100多人,上缴税利736万元。1990年,在康华公司违规经营问题出现后,国务院要求各地行政机构对所办公司进行清理整顿。河南省工商业联合会系统对所属公司进行了清理整顿,除少部分产权明晰、经营情况好的企业继续保留外,其他公司则被撤销或与工商联脱钩。1991~1993年,全国工商联根据当时国务院允许工商联继续办企业的政策,提出"工商联一定要办企业,工商联一定能办好企业"的口号,河南省工商业联合会开始了第二个创办企业的热潮。3年时间又新发展各类挂靠企业40家。由于管理机制不严,会办企业在经营中出现不少问题。1998年,中共河南省委办公厅下发《关于彻底清理挂靠省直机关的经济实体的紧急通知》,河南省工商联对会办企业全部进行了脱钩清理。创办会办企业发挥了工商联组织和会员参与经济建设的积极性,创造了一定的社会财富,解决了部分就业问题;但由于机关办企业本身就存在体制上不协调的问题,加上管理和监督机制的不健全,企业出现了很多问题,给后来的工作留下了严重的后遗症。

调查研究 参政议政 调查研究、参政议政是河南省工商业联合会的一项基本政治职能。1977年11月,河南省工商业联合会恢复活动以后,积极参加中共河南省委、河南省人民政府召开的协商会、情况通报会、座谈会,就河南省国民经济和社会发展的长期规划、五年计划、政府工作报告、一些重要政策和人事变动问题等提出建设性意见;围绕不同历史时期中共党和国家的中心任务,深入调查研究,积极参与国家大事和地方政治、经济、人民生活等重要问题的讨论和协商,发挥了重要作用。1985~1987年，河南省工商业联合会先后就改革、开放、搞活，"两个文明"建设，民主法制建设等专题进行调查研究，提出意见和建议；省工商联部分政协委员参加了省政协组织的物价问题的讨论和研究；对私营企业的作用和存在问题、如何对待私营企业、工商联如何对私营企业进行工作等进行调查研究，提出意见和建议。1989~1990年，河南省工商业联合会、中国民主建国会河南省委员会对河南省的国营大中型企业进行调查，向中共河南省委、河南省人民政府提出了《关于解决河南大中型工业企业问题的意见和建议》，受到省委和省政府的重视，在省政府办公厅《领导参阅》第25号全文刊登，并由河南省计划经济委员会组织研究落实。

1991~2000年，河南省工商业联合会充分发挥全省各级工商联组织和担任各级人大、政府和政协职务的1000多名工商联会员的作用，积极参加各种视察活动，了解情况，调查研究，向中共河南省各级党委和河南省各级政府提出关于制止一些部门向非公有制经济乱收费、乱摊派、乱罚款的情况调查等维护非公有制企业合法权益、促进非公有制经济健康发展的意见和建议，被采纳300多条。河南省工商联和工商联界别的省政协委员在每年的河南省政协全体会议上先后提交提案240余件，进行大会发言10余次。1998年，河南省工商业联合会会长张玉麟在政协河南省第八届第一次会议上作了《调整和完善所有制结构，促进非公有制经济发展》的大会发言，建议中共河南省委、河南省人民政府以大力倡导、积极扶持、加快发展为方针，作出进一步放手发展非公有制经济的重大决策，出台新的政策措施。同年，河南省16个市、地工商联撰写调查报告，就加快非公有制经济发展向当地中共党委和政府提出了建议；河南省工商业联合会经省政协同意，以河南省政协的名义向中共河南省委提交了《关于进一步加快我省非公有制经济发展的建议》，省委《工作通报》作了转发。1999年，中共河南省委就《关于大力促进个体、私营等非公有制经济发展的决定（送审稿）》征求意见，河南省工商联在广泛听取各方面意见的基础上，就充分发挥工商联作用、加强非公有制企业中中国共产党和共青团基层组织的建设、非公有制企业社会保险费税前列支等方面提出了有针对性的建议，受到省委、省政府重视。在中国人民政治协商会议河南省第八届第二次会议期间，河南省工商业联合会会长张玉麟代表省工商联作了《关于当前我省非公有制经济亟待解决的几个问题》的书面发言。同年，河南省工商业联合会组织机关干部赴基层深入调查，形成《关于我省非公有制经济代表人士思想政治工作的情况调查》等专题调研报告。其中《关于充分发挥工商联职能作用，大力发展我省个体、私营等非公有制经济的意见》，受到中共河南省委、河南省人民政府重视，省委办公厅、省政府办公厅联合制发了《关于进一步加强工商联工作的意见》（豫办〔2000〕23号），推动了河南省工商联工作的新发展。2000年，河南省工商业联合会配合中共河南省委、河南省人民政府及有关部门，对河南省全省非公有制经济发展情况进行调查，并赴浙江、河北、山东等地学习考察，对思达集团参与国有企业改革情况进行了专题调查，分别向中共河南省委、河南省人民政府写出考察调研报告，受到高度重视。

思想政治工作　　思想政治工作是中国共产党赋予中华全国工商业联合会的重要职责和任务。河南省工商业联合会1977年11月恢复活动后，及时对原工商业者的思想政治情况进行了调查摸底，组织会员进行学习座谈、参观考察和开展"五讲四美三热爱"、争当三八红旗手、创"五好家庭"等活动，加深会员对中国共产党改革开放方针政策的理解和对社会主义建设形势的了解，把思想统一到加速进行社会主义现代化建设上来，号召会员发挥各自专长为现代化建设多作贡献。1983年，河南省工商业联合会组织广大会员学习《邓小平文选》，贯彻中共十二届二中全会精神，坚定会员走社会主义道路的政治信念。1984年，中华全国工商业联合会、中国民主建国会中央联合召开了思想政治工作会议，同年5月，河南省工商业联合会第五届第二次执委会作出《关于进一步加强思想政治工作》的决议，要求会员进一步树立听党的话，跟党走，走社会主义道路的决心。同年，组织学习《中共中央关于经济体制改革的决定》，号召广大会员积极投身到改革开放的伟大实践中去。1990年，组织学习中共中央《关于坚持和完善中国共产党领导的多党合作和政治协商制度的意见》，提高了广大会员参政议政的积极性。

1991年，中共中央15号文件下发后，河南省工商业联合会及时召开会议，在会员中掀起了学习、贯彻、落实文件精神的热潮，坚持团结、帮助、引导、教育的方针，努力做好非公有制经济代表人士的思想政治工作，致力于建立一支拥护党的领导的非公有制经济代表人士积极分子队伍。为加强宣传，交流经验，做好非公有制经济代表人士的思想政治工作，1991~1997年，河南省工商业联合会还创办了《河南工商》杂志（月刊），在宣传中国共产党和国家对非公有制经济的方针政策、做好非公有制经济代表人士思想政治工作等方面发挥了重要作用。

向会员宣传中国共产党和国家的有关方针政策，组织会员学习时事政治，是开展思想政治工作的一项重要内容。1995年以后，河南省工商业联合会及时组织会员学习座谈总书记江泽民"关于促进祖国统一的八项看法和主张"；学习中共十五大和全国人大宪法修正案关于非公有制经济是社会主义市场经济的重要组成部分的重要论述和内容，鼓励会员企业进行"二次创业"；学习江泽民"三个代表"重要思想；学习贯彻中共中央《关于加强和改进思想政治工作的决定》；学习贯彻总书记江泽民"致富思源、富而思进"的指示精神，在会员中广泛开展"致富思源、富而思进"教育活动和"守信用、讲信誉、重信义"活动，推动会员企业积极开展企业文化建设，努力提高企业素质，树立良好的企业形象。

河南省工商业联合会重视在政治上关心非公有制经济代表人士的成长，大力宣传非公有制经济代表人士中涌现出来的先进典型，通过召开表彰会、先进事迹报告会，利用新闻媒体，宣传表彰非公有制经济代表人士的先进事迹，扩大他们的社会影响。

1999年，河南省工商业联合会与河南省妇女联合会联合在非公有制企业中开展了评选优秀女厂长（经理）活动，至2000年，先后有20名非公有制企业的女厂长（经理）被授予河南省三八红旗手称号；有两位非公有制经济代表人士当选为省劳动模范。为提高非公有制经济代表人士的政治地位，反映非公有制经济界的意见和建议，河南省工商业联合会积极考察推荐符合条件的非公有制经济代表人士担任各级政协委员和人大代表，协助做好非公有制经济代表人士的政治安排。1998年至2000年年底，河南省工商业联合会的会员中共有1613名非公有制经济代表人士被推荐担任各级人大代表和政协委员，其中有59人担任省人大代表、省政协委员，10人担任全国人大代表和全国政协委员。

会员联谊　为加强思想政治工作，促进会员企业间的联系和沟通，引导和促进非公有制经济健康发展，1994年12月22日，河南省工商业联合会在郑州成立了民营企业家联谊会，中共河南省委统战部副部长、河南省工商业联合会党组书记王德华，河南省工商业联合会会长杨洪绶任名誉会长；河南省工商业联合会副会长、河南省思达集团公司董事长汪远思任会长。1995年，联谊会组织部分民营企业到安阳玻壳公司、安阳钢铁公司两个国营大型企业学习考察，加深了对国有大中型企业在国民经济中的主体地位和作用的认识，学习其先进的经营管理经验。1996年，联谊会组织部分民营企业到江苏省、上海市、福建省，学习考察了沿海省、市的非公有制经济发展，张家港精神文明建设和工商联工作开展情况，与当地的非公有制企业进行了交流，并与福建省工商联结成友好商会。

重视做好女会员和会员家属的思想政治工作是工商联的历史优良传统。1956年，河南省工商业联合会成立了家属工作委员会，1980年与中国民主建国会河南省委员会联合成立了妇女工作委员会，做了许多有益的工作。1996年10月18日，河南省工商业联合会在郑州成立了女企业家联谊会，聘请中共河南省委常委、组织部部长黄晴宜和河南省政协副主席刘玉洁为名誉会长，河南省江海（集团）有限公司董事长尹爱萍为会长。女企业家联谊会创办了《工作信息》，结合各个时期的中心工作组织学习、座谈、考察等活动，通过活动加强河南省各地女企业家之间的相互联系与交流，提高女企业家自身素质，维护其合法权益，促进会员企业健康发展。2000年，河南省工商业联合会女企业家联谊会向"视觉第一中国行动"捐款1.15万元，帮助漯河市38名因白内障致盲的妇女儿童重见光明。

光彩事业　1994年4月23日，在中华全国工商业联合会第七届第二次常委会议上，四川希望集团董事长刘永好和河南思达集团董事长汪远思等10位民营企业家，响应国家提出的"八七"扶贫攻坚计划，向全国非公有制企业发出了《让我们投身到扶贫的光彩事业中来》的倡议。1994年7月，河南思达集团董事长汪远思等29位企业家在河南省工商业联合会第七届第二次常委会上，向全省的非公有制企业发出倡议书，提出以义利兼顾、开发扶贫为原则，每年为河南省的老、少、边、穷地区培训1000名人才，开发100个项目，开发10种资源，为缩小贫富差距，实现共同富裕，动一份真情，献一份爱心，作一份贡献。该倡议得到了全省非公有制企业的积极响应。为促进光彩事业的发展，1994年8月，河南省工商业联合会成立了光彩事业工作委员会，作为光彩事业的工作机构；1995年5月，河南省工商业联合会和中共河南省委统战部联合成立了河南省光彩事业推动委员会，为光彩事业工作的领导机构（工作委员会在推动委员会的指导下工作）。河南省18个市（地）、34个贫困县及部分县（市）先后成立了光彩事业组织。河南省光彩事业推动委员会提出对光彩事业项目实行"分级管理、动态管理、项目管理"的模式，指导和推动光彩事业的深入发展。1999年5月，河南省工商业联合会光彩事业工作委员会、河南省光彩事业推动委员会同时进行了换届，河南省光彩事业推动委员会改名为河南省光彩事业促进会。至2000年年底，全省已有1800多家非公有制企业参与光彩事业，投资实施项目1086个，其中50万元以上的项目154个，被中国光彩事业促进会批准为全国重点项目的9个，累计总投资17.15亿元；为社会公益事业捐资7589万元，兴建光彩小学13所，救助贫困学生1800人，建立教育等基金8个，为贫困地区培训专业技术人员26万人次，帮助脱贫42万人，吸纳贫困地区富余劳动力就业29万余人，争取国家扶贫资金7900万元。驻马店市形成了具有区域特色和较强带动能力的光彩事业项目群体和一批积极参与光彩事业的民营企业家，受到中央统战部、全国工商联的高度重视，被中国光彩事业促进会确定为"全国光彩事业示范基地"。

河南省光彩事业推动委员会
顾问、主任、副主任、执行主任、秘书长名单
（1995.5）

顾　　问　胡廷积　李成玉
主　　任　胡树俭
副 主 任　杨洪绶　王德华　赵从华　孔繁奇　齐协山　汪远思　朱治国
执行主任　汪远思
秘 书 长　孔繁奇

河南省光彩事业促进会会长、副会长、秘书长名单
（1999.5）

会　　长　郭国三

| 副 会 长 | 孔繁奇　汪远思　朱治国　刘跃进　陈泽民　杨根水　陈书法 |
| 秘 书 长 | 孔繁奇 |

河南省工商联光彩事业工作委员会
第一届主任、副主任、秘书长名单
（1994.7）

主　　任	孔繁奇
副 主 任	朱治国　汪远思　陈泽民　杨根水　陈书法
秘 书 长	张守文

河南省工商联光彩事业工作委员会
第二届主任、副主任、秘书长名单
（1999.5）

主　　任	汪远思
副 主 任	孔繁奇　朱治国　刘跃进　陈泽民　杨根水　陈书法
秘 书 长	王永禄

1996~2000年河南省全国重点光彩事业项目一览表

表 36-4-3-1

项目实施单位	项目名称	总投资额（万元）	利税（万元）	带动脱贫（户/人）
上蔡县大成实业公司	"公司＋农户"养猪	1200	750	5000 人
南阳市伊诺岢金属镁公司	金属镁生产	1200	450	1200 人
平顶山市汇源工业公司	氢氧化铝生产	14200	920	5200 人
濮阳市耀民食品公司	"公司＋农户"规模化养鸡	3900	2567	1800 人
内黄县成达公司	"公司＋农户"种兔培育及兔肉深加工	2263	480	1000 人
驻马店地区新世界发展公司大和庄园	"公司＋农户"肉羊、糯玉米基地	1500	500	500 户
桐柏县吴城林果开发公司	万亩板栗基地综合开发	4360	400	1900 户
西平县棠河就业公司	600亩高效农业示范园	2980	1516	2400 人
南召县金田农业综合开发公司	万亩辛夷林基地开发	2700	1000	1500 户

说明：表中数据为计划数

驻马店市光彩事业项目群 1994年，驻马店地区有国家级贫困县4个，省级贫困县1个，贫困人口高达120万。1995~2000年，驻马店市（2000年8月撤地建市）紧紧围绕国家"八七"扶贫攻坚计划，大力开展光彩事业活动，取得了显著成效，光彩事业被确立为驻马店市对外开放、东西合作的主要品牌，成为推动经济和社会发展的重要载体。驻马店市光彩事业活动有四个方面的特点。一是企业参与广泛，全国光彩事业的倡导发起和驻马店市开放带动、东西合作战略的实施，充分调动了当地民营企业、外来企业和城市民营企业到贫困乡村兴办光彩事业项目的积极性，先后共有830家民营企业参与了光彩事业活动，实施光彩事业项目471个，投入资金10.78亿元。其中，当地民营企业兴办项目230个，省内城市民营企业兴办项目122个，沿海发达地区民营企业和国外企业兴办项目119个。二是项目规模不断壮大。由于光彩事业的基本原则是义利兼顾、开发式扶贫，民营企业通过参与光彩事业，在开发扶贫的同时，把大量农户分散的、零星的、闲置的生产资料和劳动力有效地组合利用起来，产生规模效益，企业自身也得到快速发展，出现了企业不断追加投资的现象，投资在千万元以上的光彩事业项目达到36个，其中3个被中国光彩事业促进会确定为重点项目。三是经营领域不断拓宽。参与光彩事业的民营企业在选项时充分发挥自身优势，宜工则工、宜农则农、宜贸则贸，使经营活动渗透到各个领域、各行各业。其中，列入河南省和驻马店市"星火计划"的科技项目13个，出口创汇项目7个，并出现了一些生态环境开发项目。四是社会效益日益显著。截至2000年，共吸纳安置农村贫困人口和下岗职工25万人；培训各类实用人才10万人；帮助13万名农民脱贫；捐资助学、兴办公益事业投入2256万元，使49所中小学改善了办学条件，980多名失学儿童重返校园，430多名贫困大中专学生得到救助，2000多名孤寡老人和残疾人得到妥善安置。驻马店市光彩事业活动受到中国光彩事业促进会、河南省光彩事业促进会的高度重视和充分肯定，河南省光彩事业促进会和工作委员会两次在驻马店市联合召开光彩事业先进经验交流会，授予驻马店市光彩事业工作委员会"光彩事业项目群建设先进单位"称号；中国光彩事业促进会把驻马店市确定为全国光彩事业重点联系地区和示范基地；在中国光彩事业促进会第二届第二次、三次理事会上，驻马店市连续两次获"光彩事业组织奖"；中共驻马店市委书记卢大伟两次应邀参加中国光彩事业促进会会议并作典型发言，受到广泛好评。

对外联络与经贸活动 开展对外联络和经贸活动是工商联组织的一大特点和优势。1978~2000年，河南省工商业联合会积极协助政府和会员企业引进资金、技术、人才，加强对外经济合作与交流，先后同20多个国家和地区的30多个商会、工商社团和460多家海外厂商、公司建立了友好联系，接待海外客商48批307人次。组织企业先后到美国、墨西哥、泰国、新加坡、俄罗斯等国家和地区展销、招商、考察11批131人次。为企业牵线搭桥，同海外客商达成经济合作、贸易意向220多项，直接协助引进资金人民币 3.19 亿元、美元 3.5 亿元。比较重大的活动有：

1991 年 4 月 8~15 日，组织 50 多家企业、70 余名代表参加了"第二届北京国际博览会"。

1991 年 6 月 19~22 日，组织 53 家企业、150 多名代表参加在广西壮族自治区桂林市举办的"全国各地工商联第二届企业商品展览交易会"，总成交额 2090 万元。

1991 年 9 月 12~17 日，组织 15 家企业参加在山东省济南市举行的"华东六省一市工商联第五届商品交易会"，总成交额为 2300 多万元。

1992 年 5 月 18 日，组团参加"墨西哥（'92）中国商品展销会"，河南省 4 个厂家 10 人参会。

1992 年 8 月 27~9 月 5 日，组织香港招商会，发布了 200 多个项目，17 家港商与河南省 19 家企业的 35 个项目签订合作意向书和协议书，投资总规模 53.4 亿元，其中外商投资 34.43 亿元，占投资总额的 64%。

1996 年，与泰国总商会结成友好商会。

1999 年 9 月，组团参加"澳大利亚第五届世界华商大会"。

2000 年 7 月，组团参加在郑州市举行的"豫沪合作经贸洽谈会"。

2000 年 12 月，组织 200 余人参加了在云南省昆明市举办的"首届中国民营企业交易会"，成交额 16 亿元。

组团参加首届中国民营企业交易会 2000 年 12 月 8~12 日，由国家经贸委、全国工商联等部门主办的首届中国民营企业交易会在昆明市举行。这是中国首次以民营企业为参与主体，集展示、洽谈、交易、论坛、项目合作与科技成果转让为一体的全国性会议。中共中央政治局常委、全国政协主席李瑞环向大会发了贺电，全国政协副主席孙孚凌、经叔平等国家领导人出席了会议。参加交易会的海内外客商 1.8 万人。

河南省代表团由河南省政协副主席、河南省工商业联合会会长张玉麟，中共河南省委统战部副部长、河南省工商业联合会党组书记王玉英率领，组织了 15 个市 230 多名代表参会，布置了 18 个展位，百余种产品参展，包括机械、电子、化工、纺织、医药、食品、工艺品等。代表团取得了显著成果。一是签订项目合同、协议 64 项，投资总额 14.45 亿元人民币，美元 650 万元。二是签订贸易合同 28 个，贸易额 6.5 亿元。一些化工、机械、土特产品受到外地客商的欢迎，现场销售 3000 多万元。三是签订高新技术成果转让协议 4 项，金额 4330 万元人民币。四是建立了广泛的协作联系。会议期间，河南省的民营企业与全国各地的民营企业进行了广泛交流，就加强相互合作进行了深入探讨。焦作市工商联与云南省昆明市、河北省沧州市、四川省广元市、江苏省连云港市工商联正式结成友好商会关系。五是扩大了河南省的对外宣传，树立了河南的良好形象。会议期间，河南代表团积极向各地与会代表和新闻媒体介绍河南的省情、投资环境、优惠政策和资源优势，发放各种宣传资料 5 万多份，欢迎国内外客商来河南投资和贸易；印发了寻求投资、合作的项目141个，并在因特网进行了发布。河南省代表团的活动引起广泛关注，当地媒体做了大量报道。

非公有制企业人员专业技术资格评定

1991年，河南省工商业联合会的工作对象转向以非公有制经济代表人士为重点以后，由于非公有制企业无主管单位，无法进行职称评定，影响企业的人才引进和技术队伍的稳定，成为一个比较普遍的问题。1994年，河南省人事厅、河南省委统战部转发了人事部、中央统战部《关于非公有制企业人员评定专业技术资格（职称）由工商联牵头管理，并纳入当地人事（职改）部门统一组织的通知》（豫人职〔1994〕1号），河南省工商业联合会于1994年下半年开始逐步在全省非公有制企业中开展了职称评审工作。省工商联设立了经济系列和工程系列两个中级评委会，参评高级职称由省工商联统一报送河南省人事厅进行评审。国家对经济系列的职称评审统一改为"以考代评"后，省工商联经济系列中级评委会停止了评审工作。据统计，至2000年年底，河南省共有5206名非公有制经济从业人员通过全省各级工商业联合会参加了职称评审。

协助会员开展产品质量技术达标

1996年年初，中华全国工商业联合会在上海召开全国非公有制经济质量工作会议。会后，河南省工商业联合会按照会议确定的开展非公有制经济质量工作的思路、内容、方法和要求，结合河南实际，与河南省技术监督局联系协商，于1996年2月8日联合制发了《关于加强河南省非公有制企业技术监督工作的若干意见》；8月，河南省工商业联合会和河南省技术监督局召开第一次联席会议，商定明确了定期联系制度、承办机构和阶段性具体工作意见。会后，河南省工商业联合会对该项工作进行了专题部署，并举办骨干培训班。为贯彻落实国务院《质量振兴纲要》和河南省人民政府《河南省质量振兴实施意见》，河南省工商业联合会和河南省技术监督局于1998年9月28日召开第二次联席会议，形成《河南省技术监督局、河南省工商联联席会议纪要》，印发全省技术监督局、工商联系统。会后，又共同起草制定《河南省非公有制企业质量工作指南（试行）》。针对非公有制企业质量工作基础薄弱这一关键性问题，河南省工商业联合会把培训骨干、熟悉业务知识作为当务之急的基础性工作来抓。1999年10月与河南省技术监督局再次联合举办了骨干培训班，在1996年、1999年这两次培训班中，全省各市、地工商联分管该项工作的干部、骨干会员企业共178人参加了培训；各市、地工商联培训企业骨干460多人。为把加强非公有制企业质量工作的要求落到实处，河南省工商业联合会和河南省技术监督局通过上下配合考核推荐的办法，确定了48家企业作为河南省技术监督局和河南省工商业联合会的重点联系企业，实行全方位服务和重点保护政策，对他们免除省以下的各种检查，联合打击假冒伪劣活动，代为协调解决省内外质量纠纷。1996~2000年，河南省工商业联合会先后推荐了13家企业参加名牌产品评比，其中9家企业的产品被评为河南省名牌产品。

第五章　残疾人联合会

残疾人是一个特殊困难群体，任何社会都无法回避残疾人问题。在清末、民国时期，河南也曾设有残疾人管理、服务、教育机构，但不健全，政府很少关心残疾人的生活，广大残疾人读书无门，就业无路，受人歧视，生活凄惨。

1949年中华人民共和国成立后，中共河南省委和河南省人民政府采取各种措施，扶贫济残，保障残疾人的生活。在国民经济恢复时期，对缺乏土地和生产工具的农村残疾人分配给土地和生产工具，保证了他们的生产和生活；对生活困难和无业而有劳动能力的城镇残疾人，扶持他们参加贫民生产组织；对无依无靠的孤老残等生活无着人员实施紧急救济和安置；对国民政府遗留的和接受国外津贴的孤儿院、救济院、残童院、残废院等救济机构，接收后逐个进行改组、整顿，成立儿童教养院、养老院，以办成新的社会福利事业单位。随着国民经济的恢复和发展，各级人民政府因地制宜，从实际出发，相继兴办了一批新的盲人、聋哑人学校，社会福利院，福利工厂，精神病医院，盲人按摩医院（诊所）等社会福利单位，使残疾人在教育、就业、康复、文体活动和生活保障等方面得到不断改善。在特殊教育方面，1952年，教育部门接管了1950年开封市何丙麟首办的聋哑学校，改名为开封市聋哑学校。1957年11月，河南省人民政府在地处洛阳的河南省儿童教养院首办盲聋哑习艺班（1959年扩建成河南省盲聋哑学校）。1962年，全省盲聋哑学校增加到120所。在收养救济方面，1958年全省有生产教养院18个，有城市社会敬老院70多个（1959年统一改称为社会福利院），对城镇贫困的孤老残居民实行定期定量救济。在康复事业方面，1953年省政府在新乡、洛阳成立了河南省荣军学校，后分别改为河南省荣军教养院和河南省复员军人休养院，专门收治和供养无家可归的伤残和患精神病的复员军人。同年，还在新乡市建立了平原省假肢厂，后改为河南省假肢厂并迁郑州。从1958年开始，省民政、公安、卫生3个部门合办精神病防治所。1960年，全省有精神病防治所20个。1964年，经过调整、整顿，保留10所，共收治精神病患者300多人。1965年，实行离开城市定点办院，确定在开封、新乡、洛阳、许昌、南阳、商丘6个专区布点，并改名为精神病人收容所。在兴办社会福利工厂方面，1959年有57个县将具有一定生产规模和生产能力的福利生产组织交由民政部门直接管理。1965年，全省新建和改建福利工厂35个，安置盲聋哑残人员800人。在兴办盲人按摩诊所方面，1957年河南省儿童教养院开办了盲人班。1959年，成立了河南省盲聋哑学校附属按摩医院。1964年，郑州、洛阳、商丘、商水、密县等地开办了按摩诊所。1966年，全省有按摩诊所25个，从事按摩的盲人100余人。在文化体育方面，1957年河南省选派两名运动员参加了在北京举行的全国聋哑人田径、游泳运动会，分获铅球、游泳第一、二名。1959年，组派河南省聋哑人篮球队参加了在南京举行的全国聋哑人篮球分区赛。同年，在郑州举行了河南省第一届聋哑人篮球赛。1960年7月，河南省选派5名运动员参加在沈阳举行的全国盲人田径运动会，获男、女铅球第三名，男子60米短跑第二名。1960年，省内各专区（市）成立了残疾人运动队、曲艺队。郑州、开封等市开办了残疾人俱乐部和说唱厅，1964年以后，陆续解散。

1966~1976年"文化大革命"期间，残疾人事业遭受了重大创伤。1968年，省民政厅被撤销，一部分社会福利企业事业单位相继停办或移交，残疾人工作被迫停顿。

1978年以后，河南省残疾人事业进入新的发展时期。1980年，河南省盲人聋哑人协会成立。1981年，在郑州、开封、洛阳3市分别举办了全省盲人聋哑人文艺会演、篮球运动会和工艺美术摄影作品展览。1984年，举办了河南省第一届伤残人运动会，并组团参加了在合肥举行的全国第一届伤残人运动会，获4枚金牌、3枚银牌、4枚铜牌。同年，张喜安入选国家队，在纽约举办的第七届国际伤残人运动会上获游泳项目银牌4枚。1986年，河南省残疾人福利基金会成立。1987年，河南省进行了历史上第一次残疾人抽样调查并开展了防盲治盲工作。根据20个县（市、区）的抽样调查结果推算，河南省有各类残疾人450.5万人，占全省总人口的5.77%。其中：听力语言残疾173.7万人，占残疾人总数的38.55%；视力残疾73.4万人，占16.29%；肢体残疾55.5万人，占12.32%；智力残疾58.4万人，占12.96%；精神残疾11.2万人，占2.49%；综合残疾78.3万人，占17.38%。

1988年3月，中国残疾人联合会成立。12月，中共河南省委、河南省人民政府批准组建河南省残疾人联合会。当年全省有盲聋哑学校17所、弱智人辅读学校6所、盲人按摩学校1所,在校学生2300余人。县以上民政部门举办有社会福利院64所,增设了伤残部和精神病人管理部,安置孤、老、残、精神病人2256人。由民政部门管理的精神病医院3所,由卫生部门管理的16所。郑州、洛阳、鹤壁开设了聋儿听力语言训练试点班。民政部门兴办的福利工厂由1976年的27个发展到1987年的197个,安排残疾人由693人扩大到3941人;街道办事处和居民委员会共兴办350个福利工厂,安排残疾人3600余人。按摩医院(诊所)发展到53个,安排盲人按摩技术人员745人。成立聋哑人业余篮球队11个。

1989年1月,河南省残疾人联合会第一次代表大会召开。会上成立了河南省残疾人联合会,建立了各专门协会。至1991年1月,全省17个市(地)均成立了残疾人联合会。至1992年6月,157个县(市、区)全部成立了残疾人联合会。1993年7月,河南省残疾人联合会第二次代表大会召开,选举产生了新的领导机构。随着社会人口的增长,1996年全省残疾人数量变更为520万人。其中,听力语言残疾200万人,视力残疾85万人,肢体残疾64万人,智力残疾68万人,精神残疾13万人,多重残疾90万人。1998年9月,河南省残疾人联合会第三次代表大会召开。至2000年,全省2411个乡(镇、街道)全部成立了残疾人联合会。省、市(地)、县(市、区)残疾人联合会常设执行理事会,乡(镇、街道)残疾人联合会设专职理事长,负责残疾人联合会的日常工作。

由于河南人口众多、经济欠发达,以及历史的原因,河南省残疾人生活状况较差,不少残疾人的温饱问题尚未解决,残疾人事业的发展滞后于国民经济的发展水平。为加快残疾人事业发展,河南省人民政府将残疾人事业纳入全省经济和社会发展计划之中,加强领导,综合协调,统一部署。省政府先后批转实施了《河南省残疾人事业五年工作规划(1988~1992年)》《河南省残疾人事业"八五"计划(1991~1995年)》《河南省残疾人事业"九五"计划(1996~2000年)》3个残疾人事业发展计划。1989年,各级人民政府设立了残疾人事业领导小组,至1992年,省残疾人事业领导小组先后召开3次全体会议。1993年,各级残疾人事业领导小组改为常设议事协调机构——残疾人工作协调委员会。至2000年,河南省人民政府残疾人工作协调委员会先后召开5次全体会议,研究部署残疾人工作。有关部门各司其职,互相配合,围绕事业发展,先后召开计划、康复、教育、就业、扶贫、体育、法制建设、宣传等专项会议,采取措施,落实任务,促进发展。各级残疾人联合会,从满足残疾人基本生活需求出发,本着"讲求实效、打好基础、促进发展"的原则,通过深入贯彻实施残疾人保障法及河南省的实施办法,协助政府,动员社会,整合资源,不断拓宽业务工作领域,力促各项目标任务的实现,维护残疾人的合法权益,不断改善残疾人的生活状况。

至2000年,全省共建立各种残疾人服务机构273个;通过各种措施,使52.8万残疾人得到不同程度的康复。盲童入学率由1988年的1%提高到52%,聋哑儿童少年入学率由4.9%提高到69.38%,智障儿童少年入学率由0.2%提高到82%;特教学校由24所发展到152所,建立残疾人职业中等教育机构18个,2.8万名残疾人接受了职业中等教育,256名残疾人考生进入普通高校学习。各类福利企业集中安排残疾人6.2万余人,按比例安排5.1万余人,城镇个体从业11.1万人,培训残疾人17.3万余人;扶持兴办了135个残疾人扶贫基地,帮助99万残疾人脱离贫困,48.5万特困残疾人生活得到保障。残疾人在国内国际重大体育比赛中取得了辉煌的成绩,其中在国际比赛中获金牌34枚、银牌19枚、铜牌14枚,在全国比赛中获金牌68枚、银牌72枚、铜牌70枚。郑州、濮阳、安阳、漯河、焦作等市开始实施了城市道路和建筑物无障碍建设。开展了对外交往,加强了国际和地区间的联系;募集残疾人福利基金773万元及一批捐赠物资。广大残疾人自尊、自信、自强、自立,自身素质明显提高,在社会主义精神文明和物质文明建设中发挥了积极作用,并涌现出一批自强模范和优秀分子。通过广泛宣传和残疾人工作的开展,人道主义作为社会主义的基础思想和人际关系准则之一,不断深入人心,社会环境进一步改善,扶弱助残、关心和帮助残疾人、支持残疾人事业的社会风尚不断发扬光大,涌现出大批助残先进集体和先进个人。

第一节 组织机构

《中国残疾人联合会章程》规定，按照国家行政区划设立中国残疾人联合会的省（自治区、直辖市）、市（地区、州）、县（市、区、旗）和乡（镇、街道）各级地方组织，在同级政府领导下，接受上级残疾人联合会指导。村民委员会、居民委员会、残疾人集中的企业事业单位，建立残疾人协会或残疾人小组。大型企业事业单位，经省（自治区、直辖市）残疾人联合会批准，可设残疾人联合会。残疾人联合会的宗旨是：弘扬人道主义，发展残疾人事业，保障残疾人平等参与社会生活，共享社会物质文化成果。省、市（地）、县（市、区）残疾人联合会每5年召开1次代表大会。代表大会及其选举产生的主席团是权力机构。主席团下设常设执行机构执行理事会，负责残疾人联合会的日常工作。省残疾人联合会设立监督咨询机构评议委员会。县（市、区）及县以上残疾人联合会设立专门协会。乡（镇、街道）残疾人联合会每3年召开1次代表大会，设主席、专职理事长，专职理事长负责日常工作。

河南省残疾人联合会自1989年1月成立到2000年，共召开了3次代表大会，选举产生了3届主席团，主席团主席由分管副省长兼任；组成了3届执行理事会。在主席团下设评议委员会和各专门协会。为加强对残疾人工作的领导，河南省人民政府和省辖市人民政府、地区行政公署、县（市、区）人民政府先后成立了残疾人事业领导小组。1993年，按照国务院通知精神，各级人民政府不再设立残疾人事业领导小组，改设常设议事协调机构——残疾人工作协调委员会。至1991年1月，全省17个市（地）全部成立了残疾人联合会。1992年6月，全省157个县（市、区）全部成立了残疾人联合会。至2000年年底，全省2411个乡（镇、街道）全部成立了残疾人联合会，51074个村（居）民委员会有30693个成立了残疾人协会。

权力机构 残疾人联合会实行代表大会制度。代表大会的职权是：审议同级残疾人联合会主席团工作报告，确定工作方针和任务；选举产生主席团。主席团由主席、副主席、委员组成。县以上主席团每届任期5年。主席团会议由主席团主席召集，每年举行1次。主席团实行民主集中制。主席团职权是：选举主席、副主席；检查代表大会决议执行情况；审议执行理事会、评议委员会工作报告；决定其他重大事项。河南省残疾人联合会第一次代表大会于1989年1月26~28日在郑州召开，产生了省残疾人联合会第一届领导机构。1993年7月、1998年9月分别召开了河南省残疾人联合会第二次和第三次代表大会，产生新的领导机构，确定了工作方针和任务。

河南省残疾人联合会第一次代表大会 1989年1月26~28日，河南省残疾人联合会第一次代表大会在郑州召开。全省304名代表、23名特邀代表出席大会，其中各类残疾人及亲友代表210人。副省长胡悌云主持开幕式。省长程维高、中国残疾人联合会主席邓朴方出席开幕式并讲话。出席开幕式的省领导还有赵地、赵文甫、韩劲草、林晓、胡廷积、岳肖峡、邵文杰、左明生、董民声和吕永盛及省直有关部门负责人。共青团河南省委、省总工会、省妇女联合会、中原石油勘探局、澳门合裕贸易公司向大会致了贺词。

大会听取了阎国祥作的《为开创残疾人事业新局面而团结奋斗》的工作报告；选举产生了136名委员组成的第一届主席团，选举胡悌云为第一届主席团主席，王英洲、李至兴、卢振庭、林治开、王全书、徐玉坤、杨万书、黄振英、杨德恭、刘全喜、卢新民、张国良、阎国祥、曹传瑞、张万钧为副主席；聘任王国权、赵文甫为主席团名誉主席，岳肖峡、胡廷积、叶仁寿、左明生、董民声、肖章、于黑丁、吕永胜、陈天然、张效房为名誉副主席。推举阎国祥为河南省残疾人联合会第一届执行理事会理事长。推选邵文杰为评议委员会主任，乔甫、王席珍、孔子臣为副主任。推选产生了省盲人协会、聋人协会、肢残人协会主席、副主席。大会审议通过了工作报告，通过了《〈中国残疾人联合会章程〉河南省实施细则》《河南省评议委员会组织规则》《关于河南省市、地、县残疾人联合会组建工作的若干意见》。

河南省残疾人联合会第二次代表大会 1993年7月27~28日，河南省残疾人联合会第二次代表大会在郑州召开。全省189名代表出席大会，其中残疾人代表96人。中共河南省委书记、省人大常委会主任李长春向大会发了贺电。省委副书记、省长马忠臣，中国残疾人联合会理事滕伟民出席大会并讲话。省政协副主席崔光华、省顾问委员会副主任张赤侠以及省直有关部门负责人应邀出席大会开幕式。中国残疾人联合会、共青团河南省委、省总工会、省妇女联合会、台湾启智工作专业人员协会向大会发了贺信。

大会听取了省残疾人联合会理事长阎国祥作的《真抓实干、开拓进取，推动我省残疾人事业再上新台阶》的工作报告；选举产生了由107名委员组成的第二届主席团，张洪华当选第二届主席团主席，王英洲、郭廷凡、杨德恭、马心浩、钱晔、夏宗勇、赵世信、许传福、张国良、徐晖、杨万书、阎国祥、郁国民、刘兆仁、蔡柏顺、孙金川、安士玉为副主席；聘任王国权为名誉主席，岳肖峡、秦科才、左明生、邵令方、张效房为名誉副主席。推举阎国祥为第二届执行理事会理事长。推选邵文杰为评议委员会主任，王席珍、孔子臣为副主任。选举产生了省盲人协会、聋人协会、肢残人协会、智残人亲友会、精神残疾人亲友会主席、副主席。大会选举郭廷凡等14人为出席中国残疾人联合会第二次代表大会代表。大会审议通过了工作报告。

河南省残疾人联合会第三次代表大会 1998年9月10~12日，河南省残疾人联合会第三次代表大会在郑州召开。全省有193名代表、9名特邀代表出席大会，其中残疾人代表111人。9月11日,中共河南省委副书记、代省长李克强,省委副书记、省委组织部部长黄晴宜出席开幕式并讲话。出席开幕式的还有省人大常委会副主任张德广、副省长李志斌、省政协副主席张国荣、省军区副政委胡庆海、中国残疾人联合会机关中共党委副书记张安发及省直有关部门的负责人。中国残疾人联合会、共青团河南省委、省总工会、省妇女联合会向大会致了贺词。

大会听取了阎国祥理事长作的《脚踏实地、开拓进取,为实现跨世纪残疾人事业发展目标而努力奋斗》的工作报告;选举产生了由107名委员组成的第三届主席团,李志斌当选第三届主席团主席,胡庆海、米剑峰、杨德恭、阎国祥、马振海、张国良、徐晖、刘兆仁为副主席;聘任王英洲、张德广、杨显明、岳肖峡、胡悌云、刘玉洁、邵令方、董民声、张效房为名誉主席。推举阎国祥为第三届执行理事会理事长。推选王世民为第三届评议委员会主任,郭廷凡、宋学贵、冯炳勋、蔡柏顺为副主任。选举产生了省盲人协会、聋人协会、肢残人协会、智残人亲友会、精神残疾人亲友会主席、副主席。选举李志斌等15人为出席中国残疾人联合会第三次代表大会代表。大会审议通过了工作报告。

协调机构 为加强对残疾人事业的领导,1991年5月,河南省人民政府成立了河南省残疾人事业领导小组。至1992年,除郑州市、漯河市、驻马店地区外,各市(地)也相继成立了地方政府残疾人事业领导小组。随着形势的变化和发展残疾人事业的需要,根据国办发〔1993〕67号文件精神,1993年11月,在原河南省残疾人事业领导小组的基础上,重新设立了河南省人民政府残疾人工作协调委员会。1996年6月,因工作需要和人事变动,省政府对残疾人工作协调委员会的部分成员作了调整。各市(地)、县(市、区)也陆续设立了地方人民政府残疾人工作协调委员会。残疾人工作协调委员会作为政府常设的议事协调机构,其主要职责是:综合协调有关残疾人事业方针、政策、法规的制定与实施,负责所辖行政区域内有关残疾人工作规划、计划的制定与实施,协调解决残疾人工作中的重大问题。具体工作由同级残疾人联合会承担,委员会秘书处设在同级残疾人联合会。

河南省残疾人事业领导小组

(1991.5~1993.11)

组　　长　胡悌云(中共河南省委常委、河南省人民政府副省长)
副组长　李至兴(省政府副秘书长)　卢振庭(省人大常委会委员、省民政厅厅长)
成　　员　徐玉坤(省教育委员会主任)　贾连朝(省计划经济委员会副主任)
　　　　　杨德恭(省民政厅副厅长)　　阎国祥(省残疾人联合会理事长)
　　　　　刘全喜(省卫生厅副厅长)　　刘运珍(省人事厅副厅长)
　　　　　张国良(省劳动厅副厅长)　　丁发杰(省文化厅副厅长)

　　　　杨万书（省财政厅副厅长）　　　卢新民（省体育运动委员会副主任）
　　　　刘征远（省建设厅副厅长）　　　黄振英（省物资厅厅长）
　　　　王南方（省广播电视厅副厅长）　　张圣诚（省交通厅副厅长）
　　　　吴有良（省商业管理委员会副主任）　符文朗（省工商管理局副局长）
　　　　刘启明（省工商银行副行长）　　李全鑫（省农业银行副行长）
　　　　董　豪（省法制局副局长）　　　宋兰亭（省税务局副局长）

河南省人民政府残疾人工作协调委员会

（1993.11~2000.12）

主　任　张洪华（省政府副省长；1993.11~1994.6）
　　　　李志斌（省政府副省长；1994.6~2000.12）
副主任　李新民（省政府副秘书长；1996.6~1997）
　　　　杨德恭（省民政厅厅长；1993.11~2000.12）
　　　　米剑峰（省政府办公厅副主任；1997~2000.12）
　　　　郭廷凡（省政府副秘书长；1993.11~1996.6）
　　　　夏宗勇（省计划经济委员会副主任；1993.11~2000.12）
　　　　马心浩（省委宣传部副部长；1996.6~2000.12）
　　　　徐　晖（省卫生厅副厅长；1993.11~2000.12）
　　　　赵世信（省教育委员会副主任；1993.11~1996.6）
　　　　马振海（省教育委员会副主任；1996.6~2000.12）
　　　　张国良（省劳动厅副厅长；1993.11~2000.12）
　　　　杨万书（省财政厅副厅长；1993.11~1996.6）
　　　　赵江涛（省财政厅副厅长；1996.6~2000.12）
　　　　阎国祥（省民政厅副厅长、省残联理事长；1993.11~2000.12）
委　员　马心浩（省委宣传部副部长；1993.11~1996.6）
　　　　黄振英（省物资厅厅长；1993.11~1996.6）
　　　　刘运珍（省人事厅副厅长；1993.11~1996.6）
　　　　许传福（省人事厅副厅长；1996.6~2000.12）
　　　　祖德昭（省体育运动委员会副主任；1993.11~2000.12）
　　　　杨成林（省科学技术委员会副主任；1993.11~2000.12）
　　　　江　峰（省公安厅副厅长；1993.11~2000.12）
　　　　许林章（省司法厅副厅长；1993.11~2000.12）
　　　　刘征远（省建设厅副厅长；1993.11~1996.6）
　　　　张圣诚（省交通厅副厅长；1993.11~2000.12）

丁发杰（省文化厅副厅长；1993.11~1996.6）
刘清俭（省文化厅副厅长；1996.6~2000.12）
王南方（省广播电视厅副厅长；1993.11~1996.6）
翟宗洲（省广播电视厅副厅长；1996.6~2000.12）
张留然（省计划生育委员会副主任；1993.11~2000.12）
王天喜（省外事办公室纪检组长；1993.11~2000.12）
赵喜朝（省统计局副局长；1993.11~2000.12）
吴有良（省商业管理委员会副主任；1993.11~1996.6）
房延修（省工商行政管理局副局长；1993.11~2000.12）
宋兰亭（省税务局副局长；1993.11~1996.6）
黄仕明（省国家税务局副局长；1996.6~2000.12）
谢应权（省地方税务局副局长；1996.6~2000.12）
王献林（省新闻出版局副局长；1993.11~2000.12）
宋学贵（省政府法制局局长；1993.11~2000.12）
刘玉广（郑州海关副关长；1993.11~2000.12）
卫　斌（省农业办公室主任；1993.11~2000.12）
车迎新（人民银行河南省分行副行长；1993.11~2000.12）
刘启明（工商银行河南省分行副行长；1993.11~1996.6）
任增祥（工商银行河南省分行副行长；1996.6~2000.12）
李全鑫（农业银行河南省分行副行长；1993.11~1996.6）
张银海（农业银行河南省分行副行长；1996.6~2000.12）
胡庆海（省军区政治部副主任；1993.11~2000.12）
查　敏（省总工会副主席；1993.11~1996.6）
赵兰英（省总工会副主席；1996.6~2000.12）
申振君（共青团河南省委副书记；1993.11~1996.6）
李文惠（共青团河南省委副书记；1996.6~2000.12）
张新华（省妇联副主席；1993.11~2000.12）
杨东亮（省科学技术委员会纪检组长；1996.6~2000.12）
朱培善（省建设厅纪检组长；1996.6~2000.12）
贺德生（省贸易厅副厅长；1996.6~2000.12）
李在丰（省环境保护局副局长；1996.6~2000.12）

秘书长　阎国祥（兼）

执行机构　各级残疾人联合会执行理事会是同级残疾人联合会的常设执行机构，代表残疾人联合会负责日常工作。执行理事会由理事长、副理事长、理事组成。

实行理事长负责制。执行理事会下设办事机构，承办具体工作。1989~1996年，省残疾人联合会享受副厅级待遇，由省民政厅代管，副理事长、理事由理事长提名，经中共河南省民政厅党组批准。机关内设机构5个，事业编制40人。1997年，省残疾人联合会升格为正厅级规格，副理事长由理事长提名，经中共河南省委批准，省政府任命；理事由理事长提名，经中共河南省残疾人联合会党组任命。机关内设机构5个，事业编制42人。至2000年，全省18个省辖（管）市残疾人联合会执行机构，有15个配有专职理事长，7个升为县处级规格。157个县（市、区）残疾人联合会执行机构，有151个升为正科级规格，136个实行了计划单列，126个配有专职理事长。2411个乡（镇、街道）残疾人联合会有1032个设有专职理事长。

省残疾人联合会执行机构 1989年省残疾人联合会成立，规格为副厅级，由省民政厅代管，在省级计划中单列户头，与省政府各部门和各市地建立业务关系。1989年，省编制委员会核定省残疾人联合会机关事业编制40人，内设办公室、事业开发部、群工部、康复部、基金管理部（均为副处级）。1996年4月，省政府批准《河南省残疾人联合会机构改革方案》，省残疾人联合会升为正厅级规格，内设机构名称不变。

1996年9月，撤销基金管理部设立教育就业部。1997年3月，成立中共河南省残疾人联合会党组，省民政厅不再代管。同年6月，省残疾人联合会进行机构改革，内设机构为办公室、事业开发部、群工部、康复部、教育就业部（均为正处级）。至2000年年底，省残疾人联合会机关有事业编制42人，内设机构未变。

市（地）残疾人联合会执行机构 市（地）残疾人联合会是按照国家行政区划设立的中国残疾人联合会在市（地）一级的地方组织。市（地）残疾人联合会执行理事会是市（地）残疾人联合会的常设执行机构，由理事长、副理事长、理事组成。执行理事会下设办事机构，承办市（地）残疾人联合会的日常工作。1987年8月，鹤壁市在全省最早成立了省辖市级残疾人联合会，选举产生了残疾人联合会秘书长，负责残疾人联合会日常工作。按照1989年河南省残疾人联合会第一次代表大会通过的《〈中国残疾人联合会章程〉河南省实施细则》的规定，省辖市成立残疾人联合会，地区成立残疾人工作联合会，均设立执行理事会负责日常工作。到1991年1月，全省12个

河南省残疾人联合会第一至三届执行理事会成员一览表

表36-5-1-1

名称	时间	理事长	副理事长	理事
第一届执行理事会	1989.1~1993.7	阎国祥	郭 玺	管 瑛、李心清、程文一、曾照先、田 昶
第二届执行理事会	1993.7~1998.9	阎国祥	王永章 汪晓微	李心清、曾照先、田 昶、刘兆仁
第三届执行理事会	1998.9~2000.12	阎国祥	王永章 汪晓微	曾照先、刘兆仁、王永领、韩春辉、王茂田、陈殿奇

省辖市全部成立残疾人联合会，南阳、信阳、商丘、周口、驻马店5个地区成立了残疾人工作联合会。1993年，《中国残疾人联合会章程》修改后，地区残疾人工作联合会统一改称为地区残疾人联合会。省内各地区自1995年开始相继撤地建市后，均在原来地区残疾人联合会的基础上，重新组建了市残疾人联合会。到2000年年底，全省18个省辖（管）市中有15个配有专职理事长，其中郑州、开封、平顶山、焦作、三门峡、漯河、商丘的残疾人联合会升为县处级规格。除鹤壁、南阳、信阳外，其余均不再由民政局代管。18个市残疾人联合会机关共有编制243人。内设4部1室的有：洛阳市、安阳市、漯河市、周口市；内设3部1室的有：郑州市、开封市、平顶山市、新乡市、焦作市、濮阳市、南阳市、济源市；内设2部1室的有：许昌市、商丘市、驻马店市、信阳市；内设1部1室的有：鹤壁市、三门峡市。

县（市、区）残疾人联合会 县（市、区）残疾人联合会是按照国家行政区划设立的中国残疾人联合会在县一级的地方组织。县级残疾人联合会执行理事会是同级残疾人联合会的常设执行机构。执行理事会由理事长、副理事长、理事组成。执行理事会下设办事机构。1989年8月，开封市顺河区在全省第一个成立了县级残疾人联合会。至1992

河南省残疾人联合会第一至三届专门协会一览表

表 36-5-1-2

届次	协会名称	主席	副主席
第一届 （1989.1~1993.7）	省盲人协会	曹传瑞	海连池、关灵凤
	省聋人协会	张万钧	姬保安
	省肢残人协会	李小然	杨明彰、王而栋
第二届 （1993.7~1998.9）	省盲人协会	郁国民	关灵凤
	省聋人协会	刘兆仁	古培红
	省肢残人协会	蔡柏顺	李国安
	省智力残疾人亲友会	孙金川	穆成宗
	省精神残疾人亲友会	安士玉	张家麟
第三届 （1998.9~2000.12）	省盲人协会	杨永谦	王　哲、马锡纯
	省聋人协会	刘兆仁	古培红、聂新民
	省肢残人协会	王英超	刘峥伟、赵福运、李国安
	省智力残疾人亲友会	王世民	穆成宗、王友海
	省精神残疾人亲友会	安士玉	李秀珊、袁福山

年6月，全省157个县（市、区）全部成立了残疾人联合会。1995年，县级残疾人联合会开始升格，升格后当地民政局不再代管。到2000年年底，有151个县（市、区）残疾人联合会升为正科级规格，136个县（市、区）残疾人联合会实行了计划单列，126个县（市、区）残疾人联合会配有专职理事长。全省县级残疾人联合会机关共有编制1126人。其中，编制人数最多的方城县、长葛市和汝州市，分别有编制26人、23人和22人。

乡（镇、街道）残疾人联合会执行机构 乡（镇、街道）残疾人联合会是按照国家行政区划设立的中国残疾人联合会的基层地方组织，设专职理事长，负责日常工作。至2000年年底，全省2411个乡（镇、街道）全部成立了残疾人联合会，共有专职干部1032人、兼职干部1656人。此外，全省51074个村（居）民委员会，建立残疾人协会或小组的有30693个，占60.1%。中原石油勘探局、南阳油田、郑州铁路局、安阳钢铁集团公司、西华黄泛区农场等大型企业事业单位也成立了残疾人联合会。

专门协会 《中国残疾人联合会章程》规定，县（市、区、旗）及县以上残疾人联合会可设专门协会。各专门协会由同级残疾人联合会主席团委员中的残疾人、残疾人亲属按残疾类别组成。专门协会设主席、副主席，由专门协会会议推选。专门协会的主要任务是：联系本类别残疾人，反映特殊需求，开展适宜活动。

河南省残疾人联合会第一届（1989.1~1993.7）专门协会有盲人协会、聋人协会、肢残人协会。第二届（1993.7~1998.9）、第三届（1998.9~2000.12）有盲人协会、聋人协会、肢残人协会、智力残疾人亲友会、精神残疾人亲友会。各专门协会属群众性组织，未进行社团登记，没有法人资格，人员分散在全省各地、各个行业，无办公场所和活动经费。除每5年召开1次代表大会时相聚外，基本上没有开展活动。

第二节 工作会议

残疾人工作是多学科、跨部门，业务广泛、综合性强的社会工作。建立以政府为主导、各有关部门密切协作的工作运转机制，是确保各项工作任务落实，促进事业发展的关键。1991~1992年，河南省残疾人事业领导小组共召开3次全体会议。1993~2000年，省人民政府残疾人工作协调委员会先后召开5次全体会议，加强综合协调，研究部署工作，对重大问题作出决定。1996年，河南省人民政府召开第一次全省残疾人事业工作会议，部署贯彻执行河南省残疾人事业"九五"发展计划。各有关部门将残疾人工作融入本部门工作规划之中，统筹安排，互相配合，先后联合召开了计划、康复、教育、就业、扶贫、体育、法制建设、宣传等工作会议，制定措施，专项安排，推动工作，促进发展。

<mark>河南省残疾人事业领导小组全体会议</mark>　1991年5月6日，召开了省残疾人事业领导小组第一次全体会议，由中共河南省委常委、河南省人民政府副省长、河南省残疾人事业领导小组组长胡悌云主持。会议听取了省残疾人联合会关于河南省残疾人事业和残疾人工作情况的汇报，研究了宣传贯彻《残疾人保障法》，实施白内障手术复明、小儿麻痹后遗症矫治、聋儿听力语言训练三项康复（以下简称"三项康复"）工作及河南省残疾人事业先进集体和先进个人表彰等问题。会议决定：将宣传贯彻《残疾人保障法》纳入河南省"二五"（1991~1995年）普法规划；起草《河南省〈残疾人保障法〉实施办法》，提交省人大常委会审议；卫生、民政、财政、计划、残疾人联合会等相关部门采取措施，保质保量按时完成国家下达的残疾人三项康复工作任务；1991年6月底在郑州召开全省第二次残疾人三项康复工作会议；当年内在郑州召开河南省残疾人事业先进集体和先进个人表彰大会，表彰100个助残先进集体和1000名先进个人。会议还决定，召开省残疾人联合会第一届第二次主席团会议，传达中国残疾人联合会第一届第三次主席团会议精神，审议省残疾人联合会执行理事会工作报告，调整增补省残疾人联合会主席团委员。

1991年12月14日，召开了省残疾人事业领导小组第二次全体会议，由中共河南省委常委、河南省人民政府副省长、河南省残疾人事业领导小组组长胡悌云主持。会议听取了全国助残先进集体、先进个人暨自强模范表彰会情况和省残疾人联合会第一届第二次主席团会议暨河南省残疾人事业先进集体、先进个人表彰会筹备情况的汇报；听取了全国康复扶贫试点工作会议精神和河南省康复教育研究中心筹建情况的汇报；听取了省残疾人联合会关于河南省贯彻执行《河南省残疾人事业五年工作规划

（1988~1992年）》情况的汇报。会议决定，1991年12月28日召开省残疾人联合会主席团第一届第二次会议和残疾人事业先进集体和先进个人表彰会；同意省残疾人联合会执行理事会工作报告。

1992年9月16日，召开了省残疾人事业领导小组第三次全体会议，由中共河南省委常委、河南省人民政府副省长、河南省残疾人事业领导小组组长胡悌云主持。会议听取了中国残疾人联合会赴河南调研组的反馈意见①。调研组认为，河南省的残疾人工作在较低的起点上有了很大的发展，各项工作全面展开，广大残疾人工作者特别是基层残疾人工作者，在艰苦的条件下，创造性地开展工作，积累了很多好的做法和经验，并对河南省的残疾人工作提出了一些意见和建议。领导小组要求有关部门采取措施，抓好落实，认真解决。

河南省人民政府残疾人工作协调委员会全体会议 1993年11月30日，召开了省人民政府残疾人工作协调委员会第一次全体会议，由河南省人民政府副秘书长、河南省残疾人工作协调委员会副主任郭廷凡主持。副省长、协调委员会主任张洪华出席会议并讲话。会议传达了中共河南省委书记李长春在北京接见河南省出席中国残疾人联合会第二次全国代表大会代表时的讲话。省民政厅厅长杨德恭宣读了河南省人民政府《关于成立河南省人民政府残疾人工作协调委员会的通知》；省残疾人联合会汇报了《中国残疾人事业五年工作纲要（1988~1992年）》总结会和中国残疾人联合会第二次全国代表大会盛况及主要精神；省卫生厅、省教育委员会分别作了《河南省残疾人事业五年工作规划（1988~1992年）》执行情况的报告；省司法厅作了全国宣传、实施《残疾人保障法》座谈会精神和贯彻意见的报告。会议要求，全面落实河南省残疾人事业"八五"计划时期（1991~1995年），确保完成康复、教育、劳动就业、扶贫、法制建设等各项任务指标。

1995年11月28日，召开了省政府残疾人工作协调委员会第二次全体会议，由河南省人民政府副省长、河南省残疾人工作协调委员会主任李志斌主持。会议听取了中国残疾人联合会赴河南调研组调研情况反馈②。调研组对河南省残疾人工作给予肯定，同时对河南省残疾人事业发展规划、残疾人工作方向提出了建议。

1996年8月1日，召开了河南省人民政府残疾人工作协调委员会第三次全体会议，由河南省人民政府副秘书长、河南省残疾人工作协调委员会副主任李新民主持。副省

---

① 1992年9月2~16日，中国残疾人联合会调研组在中国残联群工部主任张安发带领下，分赴平顶山、新乡、安阳、南阳4个市地和42个县（市、区），检查了残疾人保障法和残疾人事业"八五"计划落实情况，调查了市（地）、县（市、区）残疾人联合会基本建设等方面的情况，协调当地解决残疾人工作中存在的一些困难和问题。

② 1995年11月11~25日，中国残疾人联合会赴河南调研组会同河南省残疾人联合会20名机关干部分组对郑州市等11个市（地）、80个县（市、区）的残疾人工作进行了考察和调研。

长、协调委员会主任李志斌出席会议并讲话。会议听取了省残疾人联合会关于第一次全国残疾人事业工作会议情况的汇报；听取了省计划经济委员会关于《河南省残疾人事业"九五"计划时期（1996~2000年）（草案）》的说明；听取了省民政厅关于表彰全省残疾人工作先进县的说明。会议原则通过了《河南省残疾人事业"九五"计划（草案）》和省政府残疾人工作协调委员会《关于表彰"全省残疾人工作先进县"的决定（草案）》。

1998年10月29日，召开了省人民政府残疾人工作协调委员会第四次全体会议，由河南省人民政府副省长、河南省残疾人工作协调委员会主任李志斌主持。会议听取了关于中国残疾人联合会第三次代表大会盛况和主要精神的汇报，研究了全国第三次残疾人联合会代表大会精神的贯彻意见。

1999年5月12日，召开了河南省人民政府残疾人工作协调委员会第五次全体会议，由河南省人民政府副省长、河南省残疾人工作协调委员会主任李志斌主持。会议讨论了省政府办公厅即将下发的《关于进一步发展我省残疾人事业的意见》；按照国务院残疾人工作协调委员会和中央19个部门下发的《关于开展第九次"全国助残日"活动的通知》精神，对省会第九次"全国助残日"活动进行了部署。会议要求：1999年要通过扶贫开发，解决34万贫困残疾人的温饱问题；全面实施按比例安排残疾人就业，对2.5万名残疾人进行职业培训；加强康复训练与服务，为3万名白内障患者实施复明手术，对939名聋儿、920名智残儿童进行康复训练，为3494名肢体残疾者装配矫形器，为残疾人提供2.2万件用品用具，确保"视觉第一中国行动"①国际合作项目的顺利实施；强化事业宣传，加强城市无障碍建设，营造良好的社会环境。

河南省第一次残疾人事业工作会议　1996年9月19~20日，省政府在郑州召开河南省第一次残疾人事业工作会议。出席会议的有省政府残疾人工作协调委员会各成员、各市（地）残疾人工作协调委员会的领导以及出席全国残疾人工作先进县的部分代表共200余人。中国残疾人联合会组联部主任王印朝到会祝贺。会议的主要任务是，总结河南省残疾人事业"八五"计划时期的执行情况，部署实施河南省残疾人事业"九五"计划。河南省人民政府副省长、省政府残疾人工作协调委员会主任李志斌作《开拓进取、扎实工作，推动我省残疾人事业再上新台阶》的报告。省残疾人联合会传达了全国第一次残疾人事业工作会议精神；省教育委员会、省劳动厅、省卫生厅、省扶贫开发领导小组办公室分别作专题报告，部署了相关领域的残疾人工作。会议表彰了37个全省残疾人工作先进县（市、区）、48个特殊教育工作先进单位和44个残疾人康复工作先进单位。

---

① 1997年8月，国际狮子会与中国卫生部、中国残疾人联合会签订的在中国开展以防治失明为主的国际合作项目。

专项会议 为推进残疾人事业的发展,确保河南省残疾人事业发展计划各项任务指标的完成,省政府各有关部门将残疾人事业纳入本部门业务工作之中,相互配合,密切协作,1989~2000年先后联合召开了1次计划工作会议、4次残疾人康复工作会议、1次特殊教育工作会议、2次就业工作会议、3次扶贫工作会议、1次体育工作会议、2次法制工作会议、2次宣传工作会议等专题会议,制定工作规划,分解任务目标,研究落实措施,加强部署指导。

计划工作会议 1992年12月30日,为贯彻省政府批转的《河南省残疾人事业"八五"计划(1991~1995年)》,省计划委员会、省残疾人联合会在郑州召开了河南省残疾人事业计划工作会议。省政府副秘书长亓国瑞等出席会议并讲话。会议要求,各级政府要加强对残疾人事业的领导,将残疾人事业纳入国民经济和社会发展的全局,整体研究,统筹规划,同步发展。各有关部门要各司其职,密切配合,共同推动残疾人事业"八五"计划时期任务指标的落实。

康复工作会议 为完成国家下达的残疾人康复工作任务,经河南省人民政府同意,省民政厅、省卫生厅、省财政厅、省计划经济委员会和省残疾人联合会等有关部门于1989~2000年先后4次召开全省残疾人康复工作会议。

1989年7月26~28日,河南省第一次残疾人康复工作会议在郑州召开。17个市(地)政府(行署)秘书长,计划委员会主任,民政、卫生、财政局局长,残疾人联合会(筹)负责人及有关医疗专家共140余人出席了会议。河南省人民政府副省长、省残疾人事业领导小组组长胡悌云出席会议并讲话。会议传达了全国残疾人康复工作会议精神,讨论了全省残疾人三项康复工作实施方案。提出了"布点、设站、建中心"的发展思路,即:合理布局,确定白内障手术复明和小儿麻痹后遗症矫治手术医疗点,设立残疾人用品用具服务站,建立残疾人三项康复技术指导中心和分中心。

1991年9月15~17日,河南省残疾人事业领导小组主持召开了河南省第二次残疾人康复工作会议。各市(地)民政、卫生、财政、教育、残疾人联合会和残疾人三项康复工作办公室的负责人共120余人参加会议。中共河南省委常委、河南省人民政府副省长、省残疾人事业领导小组组长胡悌云出席会议并讲话。全国残疾人三项康复工作办公室主任韩凤、中国康复研究中心主任吴金章出席了会议。省卫生厅作《关于我省残疾人三项康复工作总结及今后两年的任务》的报告。省民政厅厅长、省残疾人事业领导小组副组长卢振庭作会议总结。会议的主要任务是:传达贯彻国家9部委《关于确保完成残疾人三项康复任务的通知》和全国三项康复工作中期检查总结会议精神,总结检查河南省1989~1991年残疾人三项康复工作任务完成情况,研究部署后两年的残疾人三项康复工作任务。要求各地广泛布设聋儿听力语言训练点(班)。市(地)尚未建立聋儿听力语言训练分中心的要尽快建立,同时要加强语训师资培训;要多渠道筹措经费,对确属困难的残疾人给予适当补助。

1994年3月24~26日，省政府残疾人工作协调委员会主持召开河南省第三次残疾人康复工作会议。各市（地）卫生、财政、残疾人联合会、残疾人康复办公室负责人参加了会议。河南省人民政府副省长、省政府残疾人工作协调委员会主任张洪华出席会议并讲话。会议回顾第二次残疾人康复工作会议以后的工作进展情况，部署了"八五"计划时期后两年的康复工作。要求全省各地认清形势，加强领导，充分发挥政府的主导作用，全面开展残疾人调查登记工作，摸清各类残疾人底数，提高康复质量。对新开拓康复工作领域试点要有新突破。加强服务实体的管理和专业技术队伍的培训。

1998年5月7日，省人民政府残疾人工作协调委员会、省卫生厅、省残疾人联合会在郑州召开河南省"视觉第一中国行动"工作会议。各市（地）政府（行署）秘书长、卫生局、残疾人联合会的负责人，省财政厅等有关部门的负责人，省白内障复明技术指导中心的专家等100余人参加了会议。省政府办公厅副主任米剑峰主持会议。省政府副省长、省政府残疾人工作协调委员会主任李志斌出席会议并讲话。会议要求，各级政府残疾人工作协调委员会要高度重视这项工作，列入议事日程，切实加强领导，明确职责，狠抓落实，确保成功。会上印发了河南省"视觉第一中国行动"项目计划及8个配套实施方案。

特教工作会议 1989年11月14~16日，省教育委员会、省民政厅、省残疾人联合会联合召开了河南省（第一次）特殊教育工作会议。省人大常委会副主任胡廷积、省政府副省长于友先、省政协副主席董民声出席了会议。中国残疾人联合会发展部主任李志岐到会祝贺。会议主要任务是贯彻省政府批转实施的《河南省残疾人事业五年工作规划（1988~1992年）》和《关于发展我省特殊教育事业的意见》。会议要求，按照国务院办公厅转发国家教育委员会等部门《关于发展特殊教育的若干意见》，制定切实可行的特殊教育发展规划，做到统一领导、统一规划、统一部署、统一检查。会议确定，河南特殊教育发展的规划指标为：第一阶段，到1992年，全省聋哑学龄儿童入学率由1989年的4.9%提高到15%左右；盲学龄儿童入学率由1%提高至10%左右；智障学校在校学生数有较大提高。第二阶段，到1995年，全省聋哑学龄儿童入学率达到30%左右；盲学龄儿童入学率达到20%左右；智障学校在校学生在1992年的基础上有更大提高。第三阶段，到2000年，全省聋哑学龄儿童入学率达到70%左右；盲学龄儿童入学率达到50%左右；基本解决智障儿童入学问题。

就业工作会议 1994年10月14~16日，省计划经济委员会、省劳动厅、省人事厅、省卫生厅、省民政厅、省人民银行和省残疾人联合会在洛阳召开了河南省按比例安排残疾人就业试点工作会议。中国残疾人联合会教育就业部主任尚英春、劳动部就业司的有关人员出席了会议。会议期间，与会人员参加了洛阳市按比例安排残疾人就业动员大会；传达学习了省计划经济委员会等7个部门制定的《河南省按比例安排残疾人就业暂行规定》。会议确定，全省按比例安排残疾人就业试点工作总体部署是：17个市（地）的试点工作从1994年开始，1996年上半年结束。要求各地制定实施办法，设立专门机构，搞好试点工作。

1997年11月19~20日，省政府在郑州召开河南省按比例安排残疾人就业工作会议。各市（地）分管市长、专员，劳动局局长，残疾人联合会理事长，残疾人就业服务机构负责人，省政府残疾人工作协调委员会成员单位负责人共100余人参加了会议。中国残疾人联合会派人参加了会议。省政府秘书长鲁茂升主持会议。河南省人民政府副省长、省政府残疾人工作协调委员会主任李志斌出席会议并讲话。省政府法制局、省残疾人联合会、省劳动厅、省人事厅、省统计局等部门的负责人发了言。洛阳、商丘介绍了经验。会议的主要任务是贯彻省政府发布的《河南省按比例安排残疾人就业办法》（即1997年省政府37号令），全面部署河南省按比例安排残疾人就业工作。要求各级政府加强领导，周密部署，建立按比例安排残疾人就业的保障机制，管好用好残疾人就业保障金，积极稳妥地推行按比例安排残疾人就业。

扶贫工作会议 1996年9月2日，农业发展银行河南分行和省残疾人联合会在郑州召开了河南省残疾人康复扶贫工作会议。全省17个市（地）农业发展银行信贷业务负责人和残疾人联合会理事长参加了会议。会议传达了全国残疾人扶贫工作会议精神，安排了1996年年度和1997年年度康复扶贫贷款项目申报工作，明确了康复扶贫贷款管理办法。

1998年5月12日下午，全国残疾人扶贫攻坚电视电话会议后，省政府接着召开了河南省残疾人扶贫攻坚电视电话会议。河南省人民政府副省长、省政府残疾人工作协调委员会主任李志斌作《坚定不移、真抓实干，确保完成全省残疾人扶贫攻坚任务》的讲话。省残疾人联合会、省扶贫开发领导小组办公室、农业银行河南分行有关负责人发了言。

1998年8月18~21日，经省政府批准，省扶贫开发领导小组办公室、人民银行河南分行、农业银行河南分行、省财政厅、省残疾人联合会在三门峡市陕县召开了河南省残疾人扶贫攻坚工作现场会。各市（地）残疾人联合会理事长、农业银行专项贷款科长及当年使用国家康复扶贫贷款的43个县（市）的残疾人联合会理事长参加了会议。河南省人民政府副省长、省政府残疾人工作协调委员会主任李志斌作《知难而进、锐意攻坚，为实现全省残疾人扶贫攻坚目标而努力奋斗》的讲话。农行河南分行、省残疾人联合会负责人发了言。会议期间，学习了《河南省残疾人扶贫攻坚实施方案》《中国农业银行康复扶贫贷款管理办法》和财政部等4部门《关于康复扶贫贷款贴息及有关事宜的通知》；听取陕县、义马市开展残疾人扶贫工作的经验介绍，进行现场参观；研讨小额信贷扶贫到户的操作办法。

体育工作会议 1993年3月29~30日，省体育运动委员会、省残疾人联合会、省残疾人体育协会在郑州召开了河南省残疾人体育工作会议。各市（地）体育运动委员会、残疾人联合会分管领导人参加了会议。会议回顾了中华人民共和国成立以后，河南省残疾人体育工作的发展历程，部署了后3年的工作。要求以迎接远东及南太平洋地区运动会和第四届全国残疾人运动会为契机，抓普及、抓提高、保重点、创纪录，打好残疾人体育工作翻身仗。1993年，抓好田径、射击、乒乓球、游泳等项目的训练，5月下旬组团参加全国分区比赛；开展盲人门球、肢残人羽毛球等新项目训练，下半年组团参加全国新项目比赛；抓好远东及南太平洋地区运动会中国代表团河南籍运动员的训练工作。1994年，举办河南省第三届残疾人体育运动会；开展14个竞技项目比赛，选拔优秀运动员，建立残疾人体育骨干队伍。1995年，狠抓骨干队伍训练，组团参加第四届全国残疾人运动会，力争进入前15名。

法制工作会议　1996年12月29日，省人大常委会内务司法工作委员会、省司法厅、省残疾人联合会在郑州召开了全省残疾人事业法制工作会议。各省辖市、地区人大常委会法制工作委员会、司法局（处）、残疾人联合会的负责人出席会议。省人大常委会副主任马宪章，省政府副省长李志斌，省人大常委会内务司法工作委员会主任张惠初，省司法厅厅长徐国红，省民政厅副厅长、省残疾人联合会理事长阎国祥分别在会上讲话。会议总结了全省残疾人事业法制建设工作取得的成绩，部署了"九五"计划时期残疾人事业法制建设工作任务。会议要求：完善地方性法规、规章体系；深入开展法制宣传教育，提高干部群众的法制意识和法制观念；加大执法力度，加强执法监督和检查；广泛开展法律服务，为残疾人排忧解难。特别是围绕解决残疾人基本需求问题，重点研究了将县、乡、村扶助残疾人规定规范化，纳入依法治理的轨道。

1999年12月1日，省司法厅、省残疾人联合会在郑州召开了全省残疾人法律援助工作会议。各市（地）法律援助中心、残疾人联合会、省直有关部门及部分基层法院、司法局的负责人参加了会议。省人大常委会副主任张德广、省政府副省长李志斌、全国人大常委会内务司法工作委员会内务室副主任初世同、司法部法律援助中心负责人刘南征、中国残疾人联合会发展部副主任相自成、省人大常委会内务司法工作委员会主任亓国瑞、省司法厅厅长徐国红、省残疾人联合会理事长阎国祥等出席了会议。会议要求：大力推动残疾人法律服务和法律援助网络建设，督导法律服务机构和法律援助机构，切实为残疾人提供法律服务和法律援助；适时筹建各地残疾人法律援助促进会；以政府为主，多方筹措法律援助基金，落实各项措施，把残疾人法律服务和法律援助工作提高到一个新水平。

宣传工作会议　1990年8月25~27日，中共河南省委宣传部、省民政厅、省残疾人联合会在郑州召开了河南省第一次残疾人事业宣传工作会议。各市（地）委宣传部、民政局、残疾人联合会的负责人，部分县（市）新闻工作者共80余人参加了会议。中共河南省委宣传部副部长张文彬、中国残疾人联合会宣教部主任赵济华、省民政厅厅长卢振庭、省残疾人联合会理事长阎国祥出席会议并讲话。会议传达了全国残疾人事业宣传工作会议精神，总结交流了全省残疾人事业宣传工作，研讨了加强残疾人事业宣传工作的措施，部署了残疾人事业宣传工作的任务。会议期间还参观了各市（地）残疾人事业宣传工作成果展览，举行了"全省残疾人广播节目展播"选拔赛颁奖仪式。

1997年4月18日，中共河南省委宣传部、省残疾人联合会在郑州召开河南省第二次残疾人事业宣传工作会议。各市（地）委宣传部副部长、新闻科科长，残疾人联合会理事长，在郑的省残疾人事业新闻宣传促进会名誉会长、会长、副会长、理事共100余人参加了会议。河南省人民政府副省长、省政府残疾人工作协调委员会主任李志斌出席会议并讲话。省委宣传部常务副部长常有功作《把握大局、团结协作，努力把我省残疾人事业宣传工作提高到一个新水平》的工作报告。会议要求，1997年年底前，河南电视台开办配有手语的残疾人专题栏目。1998年年底前，市、县广播电台普遍开播残疾人专题节目。2000年年底前，省辖市电视台开辟手语专题节目。

第三节 事业发展

1949年中华人民共和国成立后，河南省残疾人事业取得不少成就。但是，由于历史的原因和生产力水平的限制，残疾人事业滞后于经济社会的发展水平。残疾人受教育机会少；劳动就业率低，相当一部分残疾人温饱问题还没有解决；在社会生活中和某些环节上，对残疾人依然存在不同程度的歧视和偏见。1978年后，随着改革开放和经济社会的进步，协调发展残疾人事业成为国家发展的一个组成部分。残疾人事业法制建设进一步发展，1991年，《中华人民共和国残疾人保障法》颁布实施，1993年《河南省〈残疾人保障法〉实施办法》颁布实施，为保障残疾人合法权益和发展残疾人事业奠定了法律基础。

1989年河南省残疾人联合会成立后，市（地）、县（市、区）、乡（镇、街道）陆续建立了统一的残疾人组织，形成了残疾人组织工作体系。各级人民政府将残疾人事业纳入国民经济和社会发展计划，加强领导、加大投入、统筹规划、统一部署。有关部门各司其职，通力合作。社会各界广泛参与、关心、支持残疾人事业。残疾人工作不断加强，业务领域不断扩大，事业日趋兴旺。1989~2000年，根据国家下达的残疾人事业发展计划，本着"讲求实效、打好基础、促进发展"的原则，省政府批转实施了《河南省残疾人事业五年工作规划（1988~1992年）》《河南省残疾人事业"八五"计划（1991~1995年）》《河南省残疾人事业"九五"计划（1996~2000年）》。通过3个五年计划的实施，不断加强残疾人事业法制建设和残疾人服务机构、服务设施建设，从康复、教育、就业、扶贫、宣传文体、环境福利等各个方面，努力改善残疾人状况，维护其合法权益，使残疾人获得了实实在在的利益，残疾人事业也进入一个前所未有的发展阶段。至2000年，直接为残疾人服务的机构和基础设施逐步建立。省残疾人联合会有直属事业单位3个，市残疾人联合会直属事业单位36个，县（市、区）残疾人联合会直属事业单位234个。河南省康复教育研究中心和信阳、平顶山、漯河、安阳等市及19个县（市、区）建成了残疾人综合服务设施。

1978~2000年，河南省残疾人事业在康复、特教、就业、扶贫解困方面有了长足进展。通过各种途径，全省有52.8万残疾人得到不同程度的康复。其中：白内障复明手术30.1万余例，小儿麻痹后遗症矫治5.9万余例，聋儿听力语言训练1.4万余人，为近0.9万名低视力者佩戴助视器，肢体残疾康复训练2.4万余人，智力残疾儿童康复训练1.2万余人，8.8万名精神病患者得到社会化、开放式、综合性的防治康复。为特需人群补服碘油丸1277万余人次。装配假肢、矫形器2万余例，供应残疾人用品用具16万余件。盲童入学率由1988年的1%提高到52%，聋哑儿童少年入学率由

4.9%提高到69.38%，智障儿童少年入学率由0.2%提高到82%。特教学校由1988年的24所发展到152所，普通学校设特教班由8个发展到343个。在特教学校、特教班就读的残疾儿童少年近1.8万人，随普通班就读的有2.9万余人。残疾人中等职业教育机构18个，2.8万余名残疾人接受了中等职业教育，其中近2.6万人获得学历和资格证书。256名残疾考生进入普通高等学校学习，另有272人通过自学考试和电大、夜大、函大等学习取得大专以上文凭。各类福利企业集中安排残疾人6.2万余人，按比例安排残疾人5.1万余人，城镇个体从业残疾人11.1万余人，培训残疾人17.3万余人。投放康复扶贫贷款16520万元，扶持兴办了135个扶贫基地，通过小额信贷、"公司+农户"等方式，帮助99万残疾人摆脱了贫困。通过实行最低生活保障制度和应保尽保政策，使48.5万特困残疾人的基本生活得到保障。

河南省在组织残疾人文体活动中取得许多成绩。全省共举办4届残疾人文艺会演，组织参加了全国第二、三、四届残疾人艺术调演。1984年、1991年、1999年分别举办了3次河南省残疾人运动会。组团参加了第三、第四、第五届全国残疾人运动会，团体总分分别居全国第二十三、第十二、第十位。1992年，在第九届残疾人奥运会上，赵学恩以1.92米的成绩打破世界纪录，获J4级男子跳高金牌。1996年，在第十届残疾人奥运会上，赵学恩获F46级男子三级跳远金牌，并打破世界纪录。2000年，在第十一届残疾人奥运会上，朱宏艳获S12级女子游泳项目金牌5枚，另外，河南运动员还夺得男子田径项目银牌1枚、举重项目铜牌1枚。在第五届远东及南太平洋地区残疾人运动会上，河南运动员共夺得金牌5枚、铜牌1枚。在第六届远东及南太平洋地区残疾人运动会上，河南运动员共夺得金牌3枚、银牌5枚、铜牌3枚。在第七届远东及南太平洋地区残疾人运动会上，河南运动员共夺得金牌6枚、银牌4枚、铜牌2枚。此外，在其他国际残疾人体育比赛中，河南运动员还夺得金牌13枚、银牌6枚、铜牌5枚。郑州、濮阳、安阳、漯河、焦作等市开始实施了城市道路和建筑物无障碍建设。开展了对外交往，加强了国际和地区间的联系。募集残疾人福利基金773万元及一批捐赠物资。残疾人中涌现出一批自强模范和优秀分子，同时，还涌现出大批助残先进集体和先进个人。

法制建设 残疾人事业法制建设是社会主义法制建设的一个组成部分，是在社会主义市场经济条件下发展残疾人事业、维护残疾人合法权益的重要保证。1990年12月28日，国家颁布《中华人民共和国残疾人保障法》，为残疾人事业的发展奠定了法律基础。为维护残疾人合法权益，依法发展残疾人事业，全省各级人大、政府和有关部门在开展残疾人工作中以贯彻执行残疾人保障法为重心，不断建立、完善维护残疾人合法权益的地方法规、规章体系，加强执法检查，开展法律服务和法律援助，使河南残疾人事业逐步迈入依法发展的轨道。

1993年2月16日，省七届人大常委会颁布了《河南省〈残疾人保障法〉实施办法》（以下简称"《实施办法》"）。《实施办法》除重申了残疾人保障法确定的法律原则和各项规定外，结合河南实际情况，还具体规定：残疾人联合会可以采取多种形式募集资金，办好经济实体，为残疾人事业的发展积累资金；省、市（地）建残疾人康复教育中心；市（地）、县（市、区）设聋儿听力语言训练部（班），对聋儿实施听力语言训练；对无劳动能力、无法定扶养人、无生活来源的残疾人，属城镇户口的，由社会福利院收养或由民政部门发给救济金，属农村户口的，按照五保户供养办法，保障其生活；对农村无劳动能力或者基本丧失劳动能力的残疾人，家庭生活困难的，应当依法免去残疾人的农业税、义务工、劳动积累工、乡统筹、村提留和其他社会负担；其家庭成员中又无劳动力的，应当依法减免其家庭成员的农业税、义务工、劳动积累工、乡统筹、村提留、子女接受义务教育期间的杂费和其他社会负担。1993年4月10日，河南省人民政府下发《关于贯彻〈河南省残疾人保障法实施办法〉的通知》，要求全面贯彻《实施办法》，并决定将河南省残疾人事业领导小组更名为河南省人民政府残疾人工作协调委员会，负责领导和协调全省残疾人工作。要求在基建投资中列出专项经费，用于残疾人康复设施建设，力争各市（地）残疾人康复教育中心在1995年年底以前全部建立。规定机关、团体、企业事业单位、城乡各类经济组织，应当按不低于本单位在职职工总数1.5%的比例安排残疾人就业。凡达不到此规定比例的，每少安排一名残疾人，每年年度应缴纳当地在职职工年平均工资数额的残疾人就业基金。

照36-5-3-1 1993年2月16日，河南省第七届人民代表大会常务委员会第三十三次全会审议通过《河南省〈残疾人保障法〉实施办法》

从1994年起，省人大常委会内务司法工作委员会把"一法一办法"的实施列为执法检查重点，每年由省人大常委会和省政府有关部门组成2~3个检查组，分赴市（地）及县、乡、村检查贯彻落实情况，提出整改意见，推动依法办事，维护残疾人的合法权益。省普法办公室将"一法一办法"列入"二五"（1991~1995年）、"三五"（1996~2000年）普法宣传教育内容。

1997年9月26日，省政府37号令发布了《河南省按比例安排残疾人就业办法》。规定：本省行政区域内的机关、团体、企业、事业单位，均应按不低于本单位在职职工总数1.5%的比例安排残疾人就业；安排残疾人达不到规定比例的用人单位，每年年度必须向残疾人劳动就业服务机构缴纳残疾人就业保障金。同时还规定县级残疾人劳动就业服务机构按年度收缴保障金总额的10%上缴市地残疾人劳动就业服务机构，市（地）残疾人劳动就业服务机构按年度收缴保障金总额的8%上缴省残疾人劳动就业服务机构，用于建立省、市（地）调剂使用的残疾人就业保障金。1997年10月30日，省财政厅、省残疾人联合会制定了《河南省残疾人就业保障金管理办法》。

为维护残疾人的合法权益，随着国家法律援助制度的逐步建立，各级残疾人联合会同当地司法部门，不断探索对残疾人开展法律援助的途径和办法。1996年12月18日，省司法厅、省残疾人联合会转发司法部、中国残疾人联合会《关于做好残疾人法律援助工作的通知》。1999年12月1日，省司法厅、省残疾人联合会在郑州召开了全省残疾人法律援助工作会议，成立河南省残疾人法律援助促进会。至2000年，全省初步建立以省、市、县（市、区）法律援助机构为中心，以各种法律服务机构为主体，以指定和委托的律师事务所为骨干的残疾人法律服务体系，完善了由各级法律援助中心审查、指定并指派援助事项，由各级法律援助中心工作人员、律师、公证员、基层法律服务工作者具体实施援助事项的工作机制，使残疾人在需要法律帮助的时候，能得到及时、方便的法律服务。全省共指定或委托221个律师事务所为残疾人提供法律服务，建立残疾人法律援助机构173个，40多个县（市、区）法院还设立"维护残疾人合法权益法庭"，其中安阳市、鹤壁市、许昌市、漯河市的市、县两级法院全部设立。

濮阳市法律援助中心　濮阳市法律援助中心成立于1997年9月。该中心将维护残疾人合法权益列为法律援助工作重点之一，采取适当放宽对残疾人提供法律援助的条件；与濮阳市残疾人联合会共同建立法律援助信息网络；组织、指导所属法律服务机构开展"优先、优惠、优质"的法律服务；对侵害残疾人合法权益的典型案件向媒体曝光；加大监督检查残疾人法律援助案件的办案力度；对办理残疾人法律案件成绩突出的律师事务所和律师给予表彰等措施，使残疾人法律援助工作落到了实处。至2000年年底，该中心共办理残疾人涉案的援助案件63件，维护了残疾人的合法权益，取得了良好的社会效果。如该中心下属的三和律师事务所律师张海燕为承办外来务工青年电击伤致残一案，顾不上女儿生病，多次调查取证，并拿出自己的钱为受援人支付生活费、鉴定费，最终使残疾青年获得应有的赔偿。此案件办结后，《中国律师报》《法制日报》先后做了报道，1998年被司法部收录到《法律援助案例精选100例》一书中。

安阳市文峰区维残巡回法庭　1999年5月15日，安阳市文峰区人民法院成立了"维护残疾人合法权益巡回法庭"。该法庭由安阳市残联理事长南松喜、文峰区残联理事长郭成担任名誉庭长，区法院民事庭庭长晁顺祥兼任维残巡回法庭庭长，抽调2名审判员、1名书记员为成员，并聘请若干陪审员。对涉残案件实行优先、优惠、优质的"三优"原则和"快立、快审、快执、快结"的"四快"方针,不断拓宽助残维权工作新途径,切实维护残疾人的合法权益。至2000年,共审理涉残案件306起,减、缓、免残疾人当事人诉讼费34610元。中央人民广播电台、《法制日报》《人民法院报》等媒体多次报道了该院助残的先进事迹。该法庭被评为河南省志愿者助残先进集体。

照36-5-3-2 安阳市文峰区人民法院成立"维护残疾人合法权益巡回法庭",积极维护残疾人合法权益

服务机构 1986年4月,经河南省人民政府批准,河南省残疾人福利基金会成立。至1988年,洛阳市、郑州市、开封市、鹤壁市先后成立了聋儿听力语言训练机构。1989年后,为不断满足残疾人在康复、就业、职业培训、用品用具供应等方面的实际需求,省和各地陆续成立了一批直接为残疾人服务的机构。至2000年,省残疾人联合会下设3个直属事业单位。18个省辖(管)市各自成立为残疾人服务的直属事业单位2~3个。157个县(市、区)有61个成立了残疾人康复教育机构,103个设立了残疾人就业服务机构,70个设立了残疾人用品用具服务机构。

省级服务机构 经河南省编制委员会批准,省残疾人联合会共设立了3个直属事业单位:河南省康复教育研究中心、河南省残疾人就业服务中心、河南省残疾人用品用具服务站。

1994年11月,河南省康复教育研究中心成立,规格相当于处级,事业编制80人,其中全额预算管理60人、差额预算管理20人、领导职数3人。其职能是:承担残疾人康复医疗和科研工作;开展聋儿语训及残疾人职业技术培训;为残疾人文化、体育、娱乐活动服务。研究中心成立当月起,首先开展了聋儿听力语言训练和对听力残疾患者进行的听力检测业务。1995年起,开展肢体残疾康复业务,采用针灸、推拿按摩等治疗方式,结合教育训练对肢体残疾儿童进行康复训练。1998年10月起,在北京师范大学特殊教育系的技术指导下开展智力残疾儿童康复训练。2000年6月起,承担中国聋儿康复研究中心和西门子听力集团联合开展的"听力助残"河南项目的主要任务。至2000年年底,共收训聋儿294人,其中140人进入普通小学或幼儿园随班就读,入普通小学和普通幼儿园率达48%,超过国家规定的25%的标准;为听力残疾患者听力检测4200人次,配助听器950余台,其中为贫困地区聋儿减免费验配助听器100余台;训练肢体残疾儿童164人,其中80多人有明显疗效;训练智力残疾儿童240人，其中160人有明显成效。

1996年4月16日，批准成立河南省残疾人就业服务中心，规格相当于处级，事业编制5人，领导职数1人，经费实行差额预算管理。其职能是：承担按比例安排残疾人就业的具体业务，收取、管理使用残疾人就业保障金；做好残疾人个体经营的管理工作，扶持农村残疾人参加生产劳动；组织残疾人职业培训，开展残疾人职业指导、职业介绍和技能鉴定工作；负责保健按摩师培训、技能鉴定和医疗按摩人员技术职称评审工作，对盲人按摩进行行业管理。该中心于1999年11月正式组建。2000年9月，在该中心开办了河南省特殊培训学校，当年招收残疾人206人，进行保健按摩、工艺美术、家电维修、服装剪裁等职业培训。

1993年11月，批准成立河南省残疾人用品用具服务站，规格相当于副处级，事业编制15人，领导职数2人，经费自收自支。其职能是：开展残疾人用品用具、特殊用品的供需调查、信息咨询、产品组织、商品供应、维修服务和质量监督，为残疾人做好用品用具供应和服务工作，并承担对全省各地服务站的供货和指导工作。2000年，该站正式组建，当年未开展业务。

市（地）服务机构　市（地）残疾人服务机构主要有三类，即：残疾人康复教育服务机构、残疾人就业服务机构、残疾人用品用具服务机构。

1988年4月，鹤壁市防治聋哑康复中心成立。1989年9月，焦作市聋儿语训中心成立；10月，新乡市聋儿语训中心成立。1990年3月，安阳市聋儿语训中心成立；4月，周口地区聋儿培训中心成立；6月，开封市聋儿语训中心成立。1991年3月，驻马店地区聋儿听力语言康复训练中心成立。1992年11月，漯河市聋儿听力语言训练康复中心成立。1993年，洛阳市残疾人康复医疗中心成立。1994年3月，信阳地区残疾人康复教育中心成立；7月，濮阳市聋儿听力语言训练中心成立。1996年3月，平顶山市残疾人康复教育中心成立；8月，商丘市残疾人康复教育中心成立；9月，三门峡市残疾人康复教育中心成立。至2000年年底，全省共有市（地）级残疾人康复教育机构14个。

1994年，洛阳市残疾人劳动就业管理办公室成立。1996年3月，平顶山市残疾人劳动就业管理办公室成立；8月，商丘市残疾人就业办公室成立。1998年，济源市残疾人就业服务所成立；11月，三门峡市残疾人就业服务部成立。1999年，开封市按比例安排残疾人就业服务中心成立，新乡市残疾人就业办公室成立；9月，鹤壁市残疾人就业服务部成立；12月，漯河市残疾人就业服务部成立。2000年1月，焦作市残疾人就业服务中心成立；6月，郑州市残疾人就业服务中心成立。至2000年年底，全省共有市（地）级残疾人就业服务机构11个。

1990年4月，周口地区残疾人用品用具服务站成立；5月，驻马店地区残疾人用品用具供应站成立；9月，安阳市残疾人用品用具服务站成立。1991年1月，焦作市残疾人用品用具服务站成立；12月，新乡市残疾人用品用具服务站成立。1992年4月，漯河市残疾人用品用具服务站成立；9月，鹤壁市残疾人用品用具服务站成立；同年成立的还有洛阳市、开封市。1996年8月，商丘市残疾人用品用具服务站成立；9月，三门峡市残疾人用品用具服务部成立。至2000年年底，全省共有市（地）级残疾人用品用具服务机构11个。

县（市、区）服务机构 1989年以前，各县（市、区）没有专门的残疾人服务机构。1990年以后，各地根据残疾人事业的需要，陆续成立县级残疾人服务机构，至2000年，全省157个县（市、区）有61个成立了残疾人康复教育机构，103个成立了残疾人就业服务机构，70个成立了残疾人用品用具服务机构。

服务设施 1953年，平原省假肢厂在新乡建立。平原省撤销并入河南省后，改称河南省假肢厂，1956年迁郑州。1989年立项筹建河南省康复教育研究中心，1996年全面建成投入使用，总投资1442万元，总建筑面积15153平方米，其中康复楼4400平方米、教育楼4600平方米、听力语言训练楼1447平方米。该项服务设施为河南省康复教育研究中心、河南省残疾人就业服务中心、河南省残疾人用品用具服务站办公和开展业务的场所。

在市（地）残疾人服务设施方面，1959年，南阳地区设立了假肢装配维修站。1994年，安阳市投资60万元，建成了754平方米的聋儿语言训练中心；信阳地区投资168万元，建成了2188平方米的残疾人康复教育中心。1996年，平顶山市投资140万元，建成了3700平方米的残疾人康复教育中心。1996年4月，漯河市投资38万元，建成了960平方米的残疾人康复中心。

1992年以前，全省各县（市、区）均无残疾人专项服务设施。至1997年，先后有淇县、郸城县、通许县、新野县、项城市、西华县建成了残疾人综合服务设施。1998年起，国家采取分批对每县补贴10万元，支持县级残疾人综合服务设施建设。当年国家补贴了18个县，1999年补贴了6个县，2000年补贴了8个县。至2000年年底，全省有20个县（市）已建成残疾人综合服务设施，即：淇县、郸城县、通许县、新野县、项城市、西华县、兰考县、禹州市、偃师市、襄城县、汤阴县、光山县、新县、叶县、中牟县、清丰县、鲁山县、温县、潢川县、伊川县。

康复工作 残疾人康复是通过医疗的、工程的、心理的、社会的以及其他手段，使残疾人恢复或补偿功能，平等参与社会生活。1987年，河南省防盲治盲领导小组成立，在全省开展了防盲治盲工作。1989年，河南省残疾人联合会成立后，省政府下达了《河南省残疾人事业五年工作规划（1988~1992年）》，国家和地方政府拨出补助经费，有组织、有计划、有步骤地开展了白内障手术复明、小儿麻痹后遗症矫治、聋儿听力语言训练三项抢救性残疾人康复工作。同年7月，省政府批准成立了由省民政厅、省卫生厅、省残疾人联合会联合组成的河南省残疾人三项康复工作办公室，具体负责组织开展三项康复工作。同年7月26~28日，经省政府同意，在郑州召开了河南省第一次残疾人康复工作会议，制定《河南省残疾人三项康复工作实施方案》，提出"布点、设站、建中心"的工作思路。1991年9月，全省第二次残疾人康复工作会议要求加强薄弱环节，增加经费投入，狠抓任务落实。1992年6月，省民政厅、省卫生厅、省残疾人联合会在新乡市开了全省三项康复工作办公室主任会议，推动康复机构建设。至年底，全省各市（地）和县（市、区）全部成立了残疾人三项康复工作办公室；省分别建立了白内障复明、小儿麻痹后遗症矫治、聋儿听力语言训练技术指导中心，成立了专家顾问组；全省各地共设立了342个手术医疗点；建聋儿听力语言训练班（点）142个；组派三项康复医疗队15批；举办三项康复技术人员培训班26期；完成白内障复明手术69865例，为国家下达任务数（38230例）的182.7%；完成小儿麻痹后遗症矫治手术20583例，为国家下达任务数（19938例）的103.2%；完成聋儿听力语言训练2700人，占国家下达任务数（2294人）的117.7%。

"八五"计划时期，全省在继续巩固三项康复的同时，调整康复机构，扩大康复领域，增加康复内容。1993年4月，全省第三次残疾人康复工作会议出台《河南省残疾人康复工作"八五"实施方案》，拓展了社区康复、低视力康复、智残儿康复、精神病防治康复、智力残疾预防等康复项目和残疾人用品用具供应服务。经省政府批准，省残疾人三项康复工作办公室增补省财政厅、省计划委员会、省教育委员会、省计划生育委员会、省公安厅、省妇女联合会、省医药管理局7个成员单位，更名为河南省残疾人康复工作办公室。对新开拓的康复项目一是进行专业培训，举办管理和技术人员培训班40期，培训管理和技术人才1471人；二是抓各类康复项目试点，取得经验后，在全省逐步推广；三是为推动后进地区残疾人康复工作的开展，邀请省内外专家组派医疗队赴全省12个市（地）进行巡回医疗；四是建立健全康复机构，在郑州市妇幼保健院和省精神病医院分别设立了河南省智力残疾康复训练技术指导中心和河南省精神病防治康复技术指导中心。到"八五"计划末（1995年），全省残疾人康复服务部（站）和康复点达到1308个，聋儿语训部28个，低视力康复部22个，智残儿童康复站43个，初步形成了康复服务体系。"八五"计划时期，完成白内障复明手术99363例，为国家下达任务数（39324例）的252.7%；完成小儿麻痹后遗症矫治手术30214例，为国家下达任务数（15983例）的189%；收训聋儿6395人，为国家下达任务数（3058人）的209.1%；为2678名低视力者配用助视器，进行康复训练，为国家下达任务数（1000人）的267.8%；收训智力残疾儿童1264人；培训智残儿童家长2580人，为国家下达任务数（1400人）的184.3%；精神病防治康复试点安阳市、新野县实现了社会化、开放式的综合性防治康复，精神病防治康复人数43367人，被关锁的368名精神病患者全部解除了关锁，监护率达96.7%，显好率达82.1%，社会参与率达79.3%，肇事率下降到0.8%；特需人群补用碘油丸467.8万余人，为国家下达任务数（240万人）的195%。

"九五"计划时期，全省调整工作重点，逐步完善了集手术医疗、功能训练、康复服务、残疾预防为一体的康复工作格局。1996年10月，制定了河南省残疾人康复工作7个配套实施方案，巩固发展三项康复，全面推进新开拓项目，重点实施康复训练和社区康复服务。1998年5月，全省"视觉第一中国行动"工作会议召开，制定下发了《1997~2001年河南省"视觉第一中国行动"项目计划及配套实施方案》。省残疾人康复工

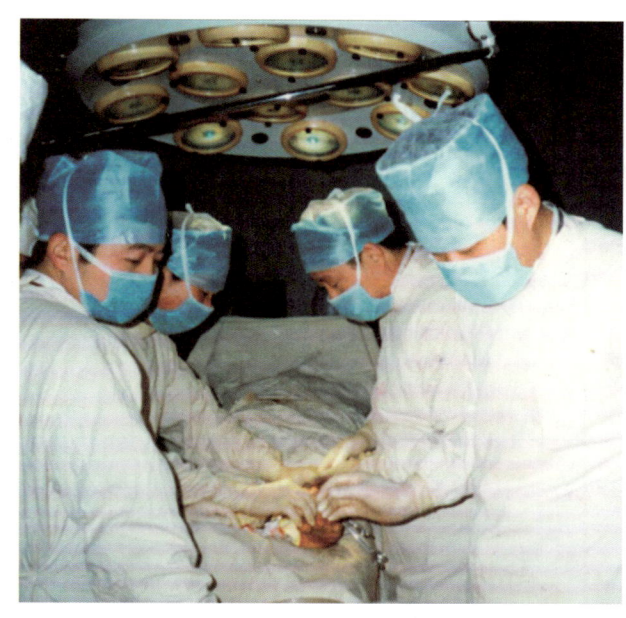

照36-5-3-3　省医疗队专家为小儿麻痹后遗症患者实施矫治手术

作办公室在郑州、濮阳、周口等地开展了组织管理、服务指导、社区训练服务和家庭康复训练"四位一体"的社区康复试点；实施了新乡县－联合国儿童福利基金会残疾儿童社区康复合作项目；向15个市的65个边远、贫困县组派了白内障手术复明医疗队；进行了全省残疾人康复工作"九五"中期、末期检查验收；成立了省聋儿家长学校和5所省辖市聋儿家长函授学校、8个聋儿听力语言训练部、52个低视力康复部；成立了省残疾人康复服务指导中心、18个市（地）康复服务指导部和120个县级残疾人康复服务指导站，近2000个基层社区设立康复点。"九五"计划时期，共完成白内障复明手术168498例，为国家下达任务数（11.37万例）的148.2%；完成小儿麻痹后遗症矫治手术20694例，为国家下达任务数（4500例）的459.9%；收训聋儿7502人，为国家下达任务数（4700人）159.6%；完成肢体残疾康复训练24352人，为国家下达任务数（8200人）的297%；完成智残儿童康复训练8223人，为国家下达任务数（4600人）的178.8%；完成低视力者配用助视器6167人，为国家下达任务数（2000人）的308.4%；精神病防治康复人数44659人，为国家下达任务数（4.3万人）的103.9%；装配假肢、矫形器20116例，供应残疾人用品用具160843件，为国家下达任务数（11万件）的146.2%。

1988年至2000年年底，共有52.8万残疾人得到不同程度的康复。

白内障手术复明　在1987年防盲治盲的基础上，1989年河南省开始按照"布点、设站、建中心"的工作思路，先后设立了省、市、县三级白内障手术复明技术指导中心。在省眼科研究所设立了河南省白内障手术复明技术指导中心，成立了专家顾

表 36-5-3-1

河南省残疾人事业五年工作规划（1988~1992年）和"八五"计划时期（1991~1995年）康复任务完成情况统计表

省辖市（地区）	社区康复 智残儿童训练完成数（人）	收训聋儿 三年*任务数（个）	收训聋儿 合计完成数（个）	收训聋儿 完成率（%）	培训智残儿童家长 八年**任务数（个）	培训智残儿童家长 合计完成数（个）	培训智残儿童家长 完成率（%）	视力残疾康复 白内障复明手术 八年任务数（个）	视力残疾康复 白内障复明手术 合计完成数（个）	视力残疾康复 白内障复明手术 完成率（%）	低视力配戴助视器 八年任务数（个）	低视力配戴助视器 合计完成数（个）	低视力配戴助视器 完成率（%）	聋儿康复 入普小普幼人数（个）	儿麻及肢体矫治手术 八年任务数（个）	儿麻及肢体矫治手术 合计完成数（个）	儿麻及肢体矫治手术 完成率（%）	特需人群补用碘油 任务数（人）	特需人群补用碘油 完成数（人）
郑州	92	89	143	160.7	4353	5642	129.6	140	127	90.7	240	328	136.7	42	1751	2429	138.7	167687	487845
开封	118	68	367	539.7	3672	7653	208.4	160	244	152.5	176	355	201.7	36	1361	2620	192.5		
洛阳	179	90	249	276.7	4650	8069	173.5	140	208	148.6	279	743	266.3	151	1820	2752	151.2	255449	869541
平顶山	43	83	66	79.5	4173	4400	105.4	50	68	136.0	306	215	70.3		2263	1225	54.1	227742	415230
新乡	43	79	150	189.9	3919	8539	217.9	135	244	180.7	223	385	172.6	6	1509	1999	132.5	352172	
焦作	129	57	64	112.3	3951	4367	148.0	105	132	125.7	157	205	130.6	13	1151	1078	93.7	161889	104301
安阳	150	78	99	126.9	3852	10018	260.2	140	82	58.6	252	437	173.4	28	1550	2111	136.2	85962	
鹤壁		33	6	18.2	1305	2325	178.2	30	20	66.7	67	87	129.9	10	388	260	67.0	26045	56873
濮阳	57	60	198	330.0	2763	8516	308.2	45	75	166.7	187	250	133.7	9	1157	1189	102.8	78128	215268
三门峡	11	60	140	233.3	1554	2292	147.5	40	66	165.0	127	120	94.5	21	593	504	85.0	73010	180631
许昌	78	60	106	176.7	2640	4853	183.8	50	40	80.0	204	205	100.0	15	1065	1062	99.7	60321	128463
漯河	17	61	140	233.3	1734	2484	143.3	50	42	84.0	95	159	167.4	20	1000	366	36.6		
南阳	124	225	140	101.7	7593	12883	169.7	155	206	132.9	481	793	164.9	58	3797	6409	168.8	431712	893022
商丘	29	179	225	160.7	5072	9267	182.7	135	211	156.3	368	579	157.3	47	1789	4146	231.7	312328	511204
信阳	31	110	230	191.7	5674	8537	150.5	120	104	86.7	380	716	188.4	81	2190	3403	155.4	88341	126056
周口	133	123	194	157.7	6531	12406	190.0	135	691	511.9	460	594	129.1	88	2916	3341	114.6	186770	384402
驻马店	23	90	103	114.4	5900	16788	284.5	70	60	85.7	448	366	81.7	32	2500	2964	118.6		
省直	7					3671			58		0	167		2	0	0		0	802
济源																			
合计	1264	1400	2580	184.3	72671	132710	182.6	1700	2678	157.5	3367	6704	199.1	659	24429	38660	158.3	2134935	4886897

说明：*1993~1995年；**1988~1995年

表 36-5-3-2

河南省残疾人事业"九五"计划时期（1996~2000年）康复任务完成情况统计表

省辖市(地区)	康复训练服务 肢体残疾系统康复训练 完成数(人)	完成率(%)	智力残疾儿童康复训练 完成数(人)	完成率(%)	白内障复明 完成数(人)	完成率(%)	低视力与用助视器 完成数(人)	完成率(%)	肢体残疾康复 收训聋儿 完成数(人)	完成率(%)	培训聋儿家长 完成数(人)	完成率(%)	肢残矫治手术 完成数(个)	完成率(%)	聋儿康复 装配矫形器 完成数(个)	完成率(%)	特需人群补用碘油(个)	用品用具供应服务 完成数(个)	完成率(%)	精神病防治康复人数(人)
郑州	3095	628	586	195	11792	162	763	587	455	147	106	104	1151	384	132	69	575859	20038	286	12185
开封	3357	741	910	379	12173	215	554	528	371	155	254	318	1776	807	285	197	1164124	5590	102	4327
洛阳	3692	693	551	172	11241	150	188	139	647	205	129	123	1414	467	69	36	649976	16766	236	6703
平顶山	366	82	286	110	6748	102	311	259	294	105	65	69	311	118	70	40	478377	3038	47	
新乡	494	109	157	58	8484	133	55	50	409	151	164	182	427	164	114	69	424899	6674	111	3871
焦作	1151	414	342	219	5918	150	408	648	200	120	49	88	318	227	84	81	324544	14680	362	5325
安阳	1087	240	266	102	10480	167	163	142	287	108	72	81	366	145	110	68	449171	10341	167	4260
鹤壁	1018	595	72	144	2634	126	112	373	94	134	11	46	853	129	1	2	133064	1749	42	
濮阳	1345	405	176	117	6681	177	131	154	262	154	159	279	375	227	104	99	343883	4715	115	
三门峡	212	103	148	164	3813	146	131	164	171	163	82	234	160	160	10	14	260469	1219	47	1340
许昌	473	142	242	134	6790	156	118	215	317	176	210	350	684	415	91	81	391652	5355	128	
漯河	316	128	149	149	4679	155	88	176	215	179	72	180	456	425	113	151	176913	3026	108	
南阳	2481	277	708	126	12898	100	349	155	710	131	149	83	1531	299	478	145	1230887	15247	125	6648
商丘	1032	158	721	212	12818	137	537	370	576	169	172	151	4025	1076	291	119	425424	4317	45	
信阳	1602	245	1097	298	13684	137	702	439	974	253	754	584	2966	108	286	121	621814	12185	143	
周口	1629	200	1157	223	14707	120	672	510	164	170	337	484	473	315	229	608199		11100	70	
驻马店	767	105	466	117	13550	139	134	79	514	125	333	243	1578	410	101	40	574405	4554	48	
济源	189	350	34	142	711	95	11	92	30	125	9	113	16	44	20	125	40324	596	93	
省直																0				
合计	24352	297	8223	179	168498	148	6167	308	7502	160	3503	223	20694	460	4090	140	7883984	160843	143	44659

问组,全省共设立191个白内障复明中心及医疗点,举办白内障复明手术医师培训班9期,培训专业技术人员262人次。1998年,为落实"视觉第一中国行动"国际合作项目,专门召开河南省"视觉第一中国行动"工作会议,制定项目计划和配套实施方案,推动了白内障手术复明工作。新成立5个县级医院眼科,至此全省县以上医院均能独立开展现代白内障囊外手术和人工晶体植入手术,为基层白内障患者手术复明提供了技术保障。开展了预防保健教育和公众宣传,普及防盲治盲和眼保健知识。省和直辖市还建立白内障手术复明数据库。受国家委托,抽调眼科专家组派3批白内障手术复明国家医疗队赴贵州、海南、新疆实施复明手术。组派省内医疗队21批,分赴全省15个市(地)65个县(市、区)实施复明手术,诊查各类眼疾患者达10多万人。至2000年,共为301208名白内障盲人实施了复明手术,年手术能力由1988年1.1万例提高到4.5万例,连续两年实现了白内障盲人负增长的目标。人工晶体植入率达67.8%,脱盲率为99%,脱残率为96.4%。

"视觉第一中国行动"在卢氏　2000年10月26日,"视觉第一中国行动"白内障复明手术医疗队来到卢氏县。卢氏县将白内障患者复明作为解决残疾人贫困问题的一个重要途径,抓住机遇,多方配合,支持专家医疗队开展"视觉第一中国行动"。卢氏县人民政府成立残疾人复明工程领导小组,制定实施方案,召开会议部署,组织干部分片包村,摸底调查,登记造册,将白内障患者按规定时间送到医疗点。县直机关单位和个人捐款50余万元,对白内障手术患者实施全免费康复。手术医疗队在卢氏工作近40天,共实施白内障复明手术634例。

小儿麻痹后遗症矫治　1989年,河南医科大学一附院骨科建立了河南省小儿麻痹后遗症矫治技术指导中心,成立了专家顾问组。各地设立了分中心和医疗点。通过举办小儿麻痹后遗症矫治医师培训班,培训专业技术人员;组派小儿麻痹后遗症矫治手术医疗队,进行巡回医疗;制定贫困小儿麻痹后遗症患者医疗费补助办法,推广区域合作和医疗点包县、分解任务到乡等做法,保证了国家下达给河南的小儿麻痹后遗症矫治任务的完成。1989~1995年,全省共举办培训班8期,培训技术人员192人次,组派医疗队12批,完成小儿麻痹后遗症矫治手术38660例,为国家下达任务数的158.3%。随着计划免疫工作的深入,脊髓灰质炎发病率大幅度降

照36-5-3-4　1989年11月,河南省举办第一期小儿麻痹后遗症矫治手术培训班

低，小儿麻痹后遗症患者逐年减少。1995年后，除对为数不多的小儿麻痹后遗症患者实施矫治手术外，对有脊柱、上下肢骨与关节等疾患的残疾者实施了矫治手术。至2000年，共有59354名小儿麻痹后遗症和肢残患者得到了手术矫治，恢复或改善了肢体功能。其中，"九五"计划时期完成20694例小儿麻痹后遗症和肢残患者手术矫治。

聋儿康复 1980年，河南省盲人、聋哑人协会成立后，对聋儿开展了听力语言训练工作。1986~1988年，鹤壁、洛阳、开封、郑州市先后建立了聋儿听力语言训练机构。1989年，在河南医科大学第一附属医院耳鼻喉科设立河南省聋儿听力语言训练技术指导中心，成立专家顾问组。各市（地）建立了聋儿听力语言训练技术指导分中心。各县（市、区）残疾人联合会相继自办或依托社会力量等设立了语训部（班、点），对0~7岁聋儿进行听力语言训练。1994年，省康复教育研究

照36-5-3-5　1989年4月，河南省举办聋儿听力语言训练师资培训班

中心康复楼竣工并投入使用，建立了省聋儿康复中心。至2000年，全省共建聋儿语训机构121个，其中国家批准注册的语训部36个、聋儿家长学校6所、语训班（点）78个；举办聋儿康复骨干培训班14期，培训管理人员、聋儿语训教师和家长764人次；14206名聋儿经过训练已开口说话，其中2067人进入普通小学和幼儿园，入学入园率达14.6%，超过国家规定12%的标准。

安阳市聋儿听力语言训练中心　安阳市聋儿听力语言训练中心成立于1990年4月，核定全供事业编制18人。1993年，建成了800平方米的教学楼。至2000年年底，该中心先后对426名聋儿进行了听力语言训练，使其开口说话，有110名聋儿经康复训练后进入普通小学读书，有的已高中毕业考入大学。聋儿王午相于1992年10月进入语训中心，经听力语言康复训练后，到安阳市健康路小学就读，2000年被评为安阳市十佳少年，河南省第四届好少年、好儿童。该中心于1993年10月被国务院残疾人工作协调委员会等7个单位授予"全国残疾人三项康复工作先进单位"称号，语训教师赵梅花被评为"全国残疾人三项康复工作先进个人"。

低视力康复　1993年，在开封、洛阳、新乡、南阳进行了低视力康复试点工作。设立低视力康复部，为低视力者检查诊断、配戴助视器，进行视功能训练；在盲校开展低视力分类教学和随班就读；举办低视力康复技术人员培训班。1994年，推广试点经验，在全省开展低视力康复工作。至2000年，全省共建立84个低视力康复部，

为8845名低视力者配戴了助视器,并进行了视功能康复训练,使其脱离盲人状态。

精神病防治康复 1993年以前,精神病防治康复分别由几个部门管理,缺乏统一规划和协调,方式方法单一,基本上只在有限的精神病医院集中治疗,且床位数量少,远远不能满足患者的需求。1993年,在安阳市和新野县开展了精神病防治康复试点工作。"九五"计划时期,在河南省精神病医院设立省精神病防治康复技术指导中心,制定了实施方案,将试点扩展到郑州市、开封市、洛阳市、新乡市、焦作市、三门峡市。各试点市、县、区通过摸底调查、建档立卡,精神病患者检出率均超过6‰,达到国家要求;举办精神病防治康复培训班,培训管理与技术人员;对精神病患者建立监护小组、家庭病床和工疗站,对关锁精神病人及时解除关锁,实行开放式管理和综合性治疗。至2000年年底,8个试点单位的精神病人监护率达94.2%,显好率达74%,社会参与率达66.4%,肇事率下降至0.23%,使88026名精神病患者得到了社会化、开放式、综合性的防治康复。

康复训练与服务 1992年,河南省残联在信阳地区的信阳市和罗山县进行社区康复试点。1993年,省残联在信阳市召开全省社区康复工作现场会,推广信阳市和罗山县康复训练服务的经验。"九五"计划时期,根据国家的部署,全省自上而下制定了康复训练与社区康复服务实施方案,建立了省残疾人康复服务指导中心,各市、县设立了残疾人康复服务指导部(站)。举办全省社区康复培训班5期。结合残疾人证发放工作,进行残疾人康复需求调查,全面展开了康复训练与服务工作。至2000年,全省共成立残疾人康复服务指导中心(部、站)176个,为24352名肢体残疾者和12067名智力残疾儿童进行了康复训练。

新乡县残疾儿童社区康复 1996年,新乡县利用中国残联-联合国儿童福利基金会合作项目开展了对0~14岁残疾儿童社区康复工作。新乡县人民政府解决社区康复指导站的人员编制、办公经费、训练场地,并划拨20万元康复专项经费。联合国儿童福利基金会资助训练器材和交通工具。县、乡成立康复服务指导站,设立康复工疗站,建立了残健结合幼儿园。村成立了社区康复联络协会,依托村卫生所设立康复室。动员社会力量,组织康复志愿者队伍,深入社区,为残疾儿童提供服务。至2000年,共为294名14岁以下儿童提供了以家庭康复为重点的训练服务,有效率达80%以上。

智力残疾预防 智力残疾预防工作,重点是对新婚育龄妇女、孕妇、0~2岁婴幼儿3种人群补服碘油丸。1993年,省残联在巩义市、济源市和罗山县进行试点,1994年在全省铺开。各地将特需人群补服碘油丸工作纳入当地计划生育、地方病防治、婚姻登记、妇幼保健、计划免疫等部门工作之中,密切配合,严格把关,推广科学服用碘油丸。每年在"防治碘缺乏病日""全国助残日"期间做好宣传工作。至1998年,全省14个缺碘地区、73个缺碘县共有1277万余名新婚育龄妇女、孕妇和0~2岁婴幼儿服用了碘油丸,有效地控制了因缺碘导致智力残疾的发生。1999年起,特需人群补服碘油丸工作由卫生行政部门负责组织实施。

残疾人用品用具供应服务　　1989年9月，省计划经济委员会、省民政厅、省卫生厅、省财政厅和省残疾人联合会制定下发《河南省残疾人三项康复工作实施方案》，确定在濮阳市及商丘、周口、驻马店地区成立第一批残疾人用品用具服务站。"八五"计划时期，河南省残疾人联合会投入68万元扶持各市（地）用品用具供应站建设。1995年，全省有残疾人用品用具供应服务站54个。洛阳市、安阳市、新乡市残疾人用品用具服务站通过调查残疾人需求，疏通供应渠道，开拓市场，强化服务，使用品用具供应服务走上规范化的发展轨道。至2000年，全省共建立用品用具服务站（部）81个。其中，省辖市11个，县（市、区）70个，供应残疾人用品用具117种160843件。

安阳市残疾人用品用具服务站　　安阳市残疾人用品用具服务站于1991年3月经安阳市人民政府批准成立，正科级全供事业单位，编制15人。服务站坚持全心全意为残疾人服务的宗旨，广泛开展残疾人用品用具需求调查，宣传普及用品用具知识，提供信息咨询、用品用具供应服务和普及型假肢矫形器装配，帮助和指导县（市）用品用具服务站工作，取得了较好的社会效益。残疾人用品用具服务站为残疾人提供各种型号手动、机动、电动轮椅，手摇三轮车，手杖、拐杖，助听器及配件，残疾人、老年人自助及辅助用品用具等100余种，服务范围涉及河南及河北、山东、山西等周边地区。至2000年年底，共为残疾人提供各种用品用具及配件近5万余件，为残疾人提供用品用具维修服务2万余人次。该站被定为全国示范站。

特殊教育　　改善残疾人状况，最终取决于残疾人科技文化素质的提高。残疾人教育工作在整个残疾人工作中处在重要的基础地位。1988年，全省有特殊教育学校24所，普通学校设特教班8个，在校学生2300多人。全省盲、聋哑、智障儿童少年入学率分别为1%、4.9%和0.2%；全省没有一所专门为残疾人开办的职业教育机构，残疾人接受普通高等教育的机会很少；残疾人青壮年文盲率达68%，从而导致其就业能力低下，直接影响残疾人参与社会生活。为加快河南省特殊教育事业的发展，1989年11月，省教育委员会、省民政厅、省残疾人联合会召开了河南省第一次特殊教育工作会议。1990年5月，河南省人民政府批转省教育委员会、省计划经济委员会、省民政厅、省财政厅、省劳动人事厅、省卫生厅、省残疾人联合会关于发展河南省特殊教育事业的报告，并在先后制定的3个残疾人事业发展五年计划中确定了发展目标和任务。1995年，特殊教育学校发展到109所，普通学校设特教班218个，在校学生达53220人，盲、聋哑儿童少年入学率分别提高到32%和50%，智障儿童少年入学率达80%。2000年，残疾人教育初步形成了以特殊教育学校为骨干、以特教班和随班就读为主体的特教事业发展的新格局，残疾儿童少年教育纳入国家义务教育之中，残疾人职业教育有了进步，高等教育向残疾人敞开了大门。全省有特教学校152所，特教班343个；在特教学校、特教班就读的盲、聋哑、智障残疾儿童少年17927人，随普通班就读的残疾儿童少年29210人，盲、聋哑、智障残疾儿童少年入学率分别提高到52%、69.38%、82%；28147名残疾人接受了中等职业教育；256名残疾考生被普通高等院校录取。

义务教育　1988年，全省有特教学校24所，其中盲聋哑学校17所、智障人学校6所、盲人按摩学校1所、普通学校设特教班8个；盲、聋哑、智障儿童少年入学率分别为1%、4.9%和0.2%。为尽快改变特殊教育严重滞后的局面，各级政府和教育、计划、民政、财政、残疾人联合会等有关部门，采取措施，加大力度，促进发展。1989年11月，召开河南省第一次特殊教育工作会议，统一部署，将残疾儿童少年教育纳入义务教育之中。1991年10月，省教育委员会在洛阳召开全省特殊教育现场会，树立典型，推动工作。到1992年，全省特殊教育学校由24所发展到80所，普通学校附设特教班由8个发展到87个，分别增长2.9倍和近11倍，在校学生由1989年的2300人增加到5200多人，增长2.2倍。盲、聋哑儿童少年入学率分别由1%、4.9%提高到8%和24%，智障儿童少年入学人数大幅度增加。"八五"计划末（1995年），特殊教育学校发展到109所，普通学校设特教班218个，残疾儿童少年在校学生53220人。盲、聋哑、智障儿童少年入学率分别达到32%、50%、80%。"九五"计划末，特殊教育学校152所，普通学校设特教班343个，盲、聋哑、智障儿童少年入学率分别达到52%、69%、82%。1992年、1997年，全国人大常委会教科文卫工作委员会、国家教育委员会、中国残疾人联合会检查团两次来河南检查验收残疾儿童少年义务教育工作，都给予肯定和赞扬。

职业教育　河南省盲聋哑学校于1959年成立后，积极开展残疾人职业教育，1980年，更名为河南省按摩学校，1998年更名为河南省针灸推拿学校。尤其自1989年以后，全省依托社会广开办学渠道，推动了残疾人职业教育发展。各级残疾人联合会因地制宜，兴办残疾人非学历教育机构；教育、劳动部门兴办的职高、中专、技校等教育机构开始招收培训残疾人学员；社会力量办学也招收残疾人学员。1992年，全省有残疾人职业技术学校4所，特教学校开设职业技术班30多个，4794名残疾人接受了中等职业教育。2000年，全省共有残疾人中等职业教育机构18个，28147名残疾人接受了中等职业教育。此外，2.56万名残疾人通过各种职业教育机构获得了学历和资格证书。

周口海燕职业中等专科学校　前身为周口海燕技校，是徐国志、李海燕夫妇于1981年创办的一所中等职业教育学校，是全国社会力量办学先进单位。学校开设有汽车驾驶修理、电子电器、服装设计制作、计算机等10个专业。该校采取优惠措施，每年专门招收一部分残疾人，使他们学到专业知识和实用技术。1997年，海燕职业中专和周口地区残疾人联合会在该校共建了周口地区残疾人职业培训中心。自学校成立以后，共招收残疾人学员4850人，免收学费48万多元。同年，河南省人民政府残疾人工作协调委员会、省人事厅、省残疾人联合会授予周口海燕职业中专"残疾人之家"荣誉称号，授予徐国志"助残先进个人"称号。

河南省残疾人就业及就业保障金情况统计表

表 36-5-3-3

项目 区划	残疾人就业服务机构（个）	职业培训		残疾人就业			就业保障金	
		残联系统培训（人）	社会力量培训（人）	按比例就业（人）	集中就业（人）	个体从业（人）	收取总金额（万元）	支出总金额（万元）
郑 州	13	3511	1985	8517	5690	4104	1736.15	859.81
开 封	8	477	5147	354	5047	4464	156.00	54.90
洛 阳	16	883	690	3743	1975	3282	568.00	406.80
平顶山	9	1232	4580	6900	6588	10821	338.25	65.45
安 阳	9	1535	3507	5269	5476	7700	246.20	84.60
鹤 壁	6	224	3171	1242	2243	1582	46.82	8.23
新 乡	12	633	2107	2206	3265	2387	139.67	66.60
焦 作	11	249	5345	3590	5336	5655	421.93	139.68
濮 阳	7		5458	1647	1533	1697	436.25	136.24
许 昌	7	1023	2293	1702	1936	2954	182.20	82.60
漯 河	5	1202	3069	1670	3106	886	168.64	144.30
三门峡	7	1165	2041	1684	928	1549	95.07	41.55
商 丘	9	1088	1475	2606	2745	4799	226.20	121.50
周 口	11	523	6510	2146	2313	4706	128.20	52.55
驻马店	9	419	4139	2439	928	6141	94.80	38.20
南 阳	14	6145	39848	4046	5822	37012	68.92	32.50
信 阳	8	102	1114	1401	6904	9675		
济 源	1	160	400	513	720	1860	88.00	70.00
合 计	162	20571	92879	51675	62555	111274	5141.30	2405.51

高等教育 1991 年 5 月 15 日正式实施的《中华人民共和国残疾人保障法》，以法律形式保障了残疾人享受高等教育的权利，各地普通高等院校也开始逐步录取残疾人考生。国家在长春大学、滨州医学院等设立了特殊教育学院或特教部，安排专项计划，招收残疾学生。此外，一部分残疾人通过成人高招或自学考试等途径享受到高等教育。河南省残疾人联合会自 1990 年起，每年都派人参加河南省高招录取工作，通过主动推荐，加强协调，使每年上线残疾人考生录取率均在 90% 左右。至 2000 年，全省共有 256 名残疾考生被省内外普通高等院校录取。其中，黄河科技学院 1996~2000 年录取残疾考生 41 人，长春大学特教学院、滨州医学院特教部共录取

69人。省内一些高等院校也在探索开办招收残疾学生的大专班。1991年,河南中医学院开办了残疾人中医大专班,接连3届招收残疾考生44人(1994年停办)。另有272名残疾人通过自学考试和电大、夜大、函大等学习取得大专以上文凭,其中6人被中国残疾人联合会和香港德敏集团授予"德敏学习成才奖"。

照36-5-3-6 安阳钢铁公司集中安排残疾人就业

劳动就业 1976年,全省由民政部门兴办的福利工厂有27个,安排残疾人693人。1987年,工厂发展到187个,安排残疾人3941人。有城镇街道办事处和居民委员会兴办的福利企业或经济组织

1992~2000年部分年份河南省残疾人康复扶贫贷款使用情况一览表

表36-5-3-4　　　　　　　　　　　　　　　　　　　　　　　　　　　　　　　单位:万元

贷款金额 区划	1992	1993	1994	1996	1997	1998	1999	2000	总计
郑 州			20	90	50	200	320	450	1130
开 封			25	70	90	200	160	150	695
洛 阳		30		60	50	100	500	350	1090
平顶山			20	50	70	260	200	200	800
新 乡		30		60	50	200	280	400	1020
安 阳			15	60	40	200	300	250	865
焦 作		25		60	60	200	300	400	145
濮 阳			20	50	80	100	250	200	700
鹤 壁			20	40	40	100	100	100	400
三门峡			20	60	30	180	250	200	740
许 昌			20	50	40	200	220	400	930
漯 河			30	50	40	240	180	350	890
商 丘			30	70	90	260	270	200	920
周 口			50	70	100	400	370	450	1440
驻马店			25	80	120	200	370	300	1095
南 阳		35	30	80	80	300	520	450	1495
信 阳	50		25	100	70	160	340	350	1095
济 源							70	100	170
总 计	50	120	350	1100	1100	3500	5000	5300	16520

350个，安排残疾人3600余人。1991年5月，《中华人民共和国残疾人保障法》实施后，河南省坚持集中与分散相结合的方针，不断完善残疾人劳动就业法规体系，建立健全就业服务网络，多渠道、多层次、多形式为残疾人创造劳动就业条件，通过推行按比例安排残疾人就业，积极鼓励和扶持残疾人个体就业，稳定发展福利企业，使残疾人劳动就业逐步向普及、稳定、合理的方向发展。同年，全省有福利企业2895个，安排残疾人31587人，城镇有劳动能力的残疾人就业率达40%以上。1995年，全省有各类福利企业2931个，安排残疾人39284人，城镇残疾人就业率达到60%。2000年，全省福利企业集中安排残疾人62555人，按比例安排残疾人就业51675人，城镇个体从业残疾人111274人。城镇有劳动能力的残疾人就业率上升到80%。有按摩医院（诊所）53个，安排盲人按摩人员745人。福利企业和盲人按摩业由民政部门负责管理。

按比例就业　按比例安排残疾人就业是《中华人民共和国残疾人保障法》中确定的一项法律原则。1992年，国家确定5个试点省和9个试点城市推行按比例安排残疾人就业，河南省和洛阳市名列其中。1993年，省人大常委会通过了《河南省〈残疾人保障法〉实施办法》，对按比例安排残疾人就业作出明确规定。同年，省政府确定，机关、团体、企业事业单位等应当按不低于本单位在职职工总数1.5%的比例安排残疾人就业。1994年7月，经省政府同意，省计划委员会、省民政厅、省劳动厅、省人事厅、省卫生厅、省人民银行、省残疾人联合会制定了《河南省按比例安排残疾人就业暂行规定》；同年10月，在洛阳召开了试点工作会议。省政府于1992年批转的《河南省残疾人事业"八五"计划》和1996年批转的《河南省残疾人事业"九五"计划》，都把按比例安排残疾人就业列入残疾人事业发展计划。省劳动厅、省民政厅、省残疾人联合会根据残疾人事业发展计划要求，分别制定了实施方案。1997年9月，省政府37号令发布《河南省按比例安排残疾人就业办法》。11月，省政府在郑州召开河南省按比例安排残疾人就业工作会议。到1997年年底，全省有11个市（地）、30多个县（市、区）建立了残疾人就业服务机构，进行残疾人就业状况和社会用人单位情况调查，推行按比例安排残疾人就业。1999年11月3~5日，省政协视察组对郑州市实行按比例就业情况进行考察，并向中共河南省委、省人大常委会、省政府、省政协领导提出建议。中共河南省委副书记范钦臣，省政府副省长、省残疾人工作协调委员会主任李志斌作了批示。省政府残疾人工作协调委员会转发了省政协委员视察组的考察报告，提出具体落实措施。2000年，全省18个省辖（管）市都出台了按比例安排残疾人就业办法，召开残疾人就业工作会议，其中有17个市全面启动了按比例安排残疾人就业工作。省和11个市及103个县（市、区）成立了残疾人就业服务机构。通过依法推行按比例安排残疾人就业，共安排残疾人51675人。机关、团体、企业事业单位分散安排残疾人就业比例由1993年的0.8%上升到1%以上。全省共收缴残疾人就业保障金5140万元。

个体从业 1978年后，各级人民政府和有关部门制定优惠政策，鼓励和帮助残疾人个体从业。在扶贫开发中，将残疾人列为重点扶持对象，采取帮、包、带、扶措施，使一大批残疾人走上脱贫致富的道路。2000年2月，省财政厅、省残疾人联合会等部门联合下发《关于积极扶持残疾人个人或自愿组织起来从事个体经营的通知》，要求各级残疾人联合会为个体从业人员发放残疾人个体从业

照36-5-3-7 失去双臂的安阳市残疾人薛玉双用口练习书法

优惠证，使用残疾人就业保障金扶持残疾人个体从业；工商部门对个体从业的残疾人减免个体工商户注册登记费、市场管理费、个体工商户管理费等相关费用；税务部门对残疾人个体免征营业税、所得税；对残疾人从事个体经营的，免征增值税；劳动和社会保障部门逐步将个人或自愿组织起来从事个体经营的城镇残疾人纳入社会保险范围。至2000年，全省仅城镇残疾人从事个体经营的就有11.13万人。

职业培训 河南省残疾人联合会不断开展残疾人职业培训，提高残疾人职业技能和生产技术，为残疾人实现就业创造条件。1989年2月27日～3月1日，在郑州举办了河南省第一届残疾人职业技能竞赛。全省17个市（地）共63名选手参加了14个项目的比赛，并推选11名选手参加全国第一届残疾人职业技能竞赛。在全国比赛中，河南省总分排名第二十六位。1991年，在郑州举办河南省第二届残疾人职业技能竞赛，全省60多名残疾人参加了编织、珠宝加工、机械安装、木工、会计、计算机编程、织物印刷等项目的比赛。为加强残疾人职业培训工作，各级残联以残疾人职业培训机构为纽带，以社会定点培训基地为主体，充分发挥各类培训机构的作用，广泛组织残疾人参与各种职业技能培训，逐步形成残疾人职业培训网络。至2000年，全省共成立残疾人职业培训机构164个，劳动、教育部门举办的职业培训机构有300多个承担了残疾人职业培训任务。1991～2000年，全省共培训残疾人173450人。

扶贫解困 1992年，全省有贫困残疾人156万，占全省贫困人口的20%以上。随着国家扶贫工作的开展，国家和省定贫困县在制定当地扶贫计划时，将残疾人纳入其中，统筹安排，同步实施。从1992年起，国家设立康复扶贫贷款，在非贫困县开展残疾人专项扶贫。"九五"计划时期，国家进一步加大残疾人扶贫工作力度，增加扶贫资金投入。1996年8月，农业发展银行河南分行、省残疾人联合会在郑州召开全省残疾人康复扶贫工作会议，确定将扶贫贷款集中用于投资少、见效快、周期短、

覆盖面大的种植业、养殖业和农副产品加工业等。1998年5月，省政府召开全省残疾人扶贫攻坚电视电话会议。7月，经省政府批准，省扶贫开发领导小组办公室、人民银行河南分行、农业发展银行河南分行、省财政厅和省残疾人联合会共同制定了河南省《残疾人扶贫攻坚计划（1998~2000）实施方案》。同年8月18~21日，省扶贫开发领导小组办公室等5部门在陕县召开全省残疾人扶贫攻坚工作现场会，进一步部署残疾人扶贫攻坚工作，研讨残疾人小额信贷扶持到户操作办法。各级残疾人联合会在做好康复贷款扶贫工作的同时，动员社会各界开展"帮、包、带、扶"活动，采取一帮一、结对子、众帮一、单位包户、科技推广和技术培训等多种形式，使一大批残疾人解决了温饱问题。至2000年，全省共投放康复扶贫贷款16520万元，扶持兴办了135个扶贫基地，直接安排2700余名残疾人就业，采取发放小额信贷、"公司+农户"等多种扶持方式，使99万残疾人脱离了贫困。此外，全省在城镇实行最低生活保障制度，在农村实行"五保"供养和减免优惠政策，使48.5万特困残疾人的基本生活得到保障。

临颍县残疾人扶贫基地　1998年3月，临颍县残疾人联合会利用康复扶贫贷款创办了"临颍县豫南绿色养殖中心"。对残疾人采取优先供应种兔、优先跟踪服务、优先收购商品兔及供应种兔、饲料，兔笼价格各优惠20%的办法，扶持残疾人脱贫致富。1999年上半年，该县在大郭乡胡桥村又创办了以饲养波尔羊为主的残疾人扶贫中心，采取"公司+农户"的经营方式，统一购买种羊，发放给残疾人及农户饲养。累计扶持残疾人养殖户86户、农户810户，户均年增加纯收入2000多元。至2000年年底，全县共扶持残疾人养殖户303户，脱贫率95%以上。

文化生活　20世纪80年代初，河南省民政部门和盲人聋哑人协会开始有组织地开展残疾人文化活动，活跃残疾人文化生活。1989年以后，各级民政、文化、残疾人联合会等有关部门进一步制定规划，落实措施，通过举办残疾人文艺会演、工艺美术书法摄影作品展览，在有条件地方开办残疾人阅览室等，鼓励、帮助残疾人参加各种文化娱乐活动，丰富残疾人的精神文化生活，培养和造就了一批残疾人文化艺术骨干。至2000年，全省共举办了5届残疾人艺术会演、2届残疾人工

照36-5-3-8　1994年5月，全省《残疾人保障法》电视知识竞赛在河南电视台举行

1991~1999年河南省残疾人事业好新闻评选情况一览表

表36-5-3-5

名称	举办单位	时间	评选结果
第一届河南省残疾人事业好新闻评选	河南省残疾人联合会、河南省新闻工作者协会	1991.5	一等奖8个，二等奖12个，三等奖13个、鼓励奖8个。其中：郑州晚报社郑菡采编的《她，像张海迪那样》，新乡晚报社史国新采编的《让人类充满爱的滋润爱的阳光》，三门峡日报社任战洲、金一采编的《落红化春泥，烛照残疾人》，开封人民广播电台马杰、马广采编的《他为残疾人塑筋骨》，河南人民广播电台王哲采编的《钢铁就是这样炼成的》，郑州经济广播电台邓志平、左丽娟编播的《石曼信箱》专题，信阳电视台李丽华、沈心平采编的电视专题片《我的一天——陈涛自述》，濮阳日报社高林拍摄的照片《放学路上》获一等奖
第二届河南省残疾人事业好新闻评选	河南省新闻工作者协会、河南省残疾人联合会、河南省残疾人事业新闻宣传促进会	1999.12	一等奖13个，二等奖21个，三等奖44个。其中：河南日报社马宏图、吴烨采编的《"自强模范"乔天义》，大河报社李岚采编的《朱老汉的心愿》，河南法制报社牛国华、陈琪采编的《村规民约与法律的碰撞》，郑州晚报社赵娅君采编的《让小克永"站"起来》，鹤壁日报社吕游、刘世琛采编的《31个孩子背出的爱》，郑州晚报社程芬采编的《我市盲人有望踏上盲道》系列报道，河南电视台李艺凡、李明采编的《特殊家庭》，河南有线电视台邓志平、宋雪莉、马明德采编的《无障碍，延伸脚下的路》，平顶山有线电视台李照林、王红军、张延军、于正采编的《朋友》，许昌有线电视台杜建伟、齐冰采编的《俊杰》，河南人民广播电台李松华、钟敏、李蓁、李保平采编的《轮椅上的微笑》，平顶山人民广播电台徐艳丽采编的《爱心、恒心，铸就奋发路》，焦作日报社刘金元、史文生拍摄的照片《王育才拄着拐育英才》获一等奖

1990~1998年全国残疾人事业好新闻评选河南获奖情况一览表

表36-5-3-6

名称	举办单位	时间	获奖情况
全国残疾人广播节目展播选拔赛	中央人民广播电台、中国残疾人联合会	1990	河南人民广播电台王哲采写的《盲姑娘的笑声》获一等奖
首届中国残疾人事业好新闻评选活动	中国残疾人联合会、中华全国新闻工作者协会	1991	王哲采写的《钢铁就是这样炼成的》获一等奖，李丽华、沈心平采编的《我的一天》获二等奖，史国新采写的《让人类充满爱的滋润、爱的阳光》获三等奖，郑菡采写的《她，像张海迪那样》获鼓励奖
首届奋发文明进步奖评选活动	中国残疾人联合会等	1992	王哲获表彰和奖励
第三届中国残疾人事业好新闻评选活动	中华全国新闻工作者协会、中国残疾人联合会、中国残疾人事业新闻宣传促进会	1995	史家民拍摄的《坐着的人生，站着的事业》获图片类一等奖，邱海理采写的《陈海云养蛇》获广播类三等奖，王长立采编的《省委、省政府召开庆功会》和宋玉杰采编的《独臂冠军赵学恩》获电视类三等奖，高山采写的《关于人道和爱的断想》获报刊类优秀奖，王长立、刘建新采编的《自强模范吴靖僚》获电视类优秀奖

续表

名称	举办单位	时间	获奖情况
第四届中国残疾人事业好新闻评选活动	中华全国新闻工作者协会、中国残疾人联合会、中国残疾人事业新闻宣传促进会	1997	曹迪、王小兵采编的《不能站立的园丁》，李新亭拍摄的组照《妈妈教我一支歌》获一等奖；河南日报社评论员的文章《自强不息，创造更加美好的明天》，付小妹等采编的《我们的心声》，宋玉杰等拍摄的专题片《中国第一位盲人体育节目主持人——古灏》，《母与子》4件作品获三等奖；高铁军等采编的《村委主任》，邱海理等采编的《轮椅上的百灵》，潘锐等采编的《友爱架起生命的桥梁》，李新亭拍摄的《构筑生命的支点》4件作品获优秀奖
第二届奋发文明进步奖评选活动	国家文化部、广播电影电视总局、新闻出版署、中国残疾人联合会	1998	郑州电视台《看不见的太阳》获电视奖

艺美术书法摄影作品展览，并在全国会演和参展中获得好成绩。洛阳市图书馆开办了全省首家残疾人图书阅览室，郑州市图书馆开办了全省首家残疾人电子阅览室。

文艺会演 自1981~2000年，河南省共举办5届全省残疾人文艺会演，评选出优秀节目，参加了全国第二、第三、第四届残疾人艺术会演。

1981年9月25~29日，河南省第一届残疾人文艺会演（即首届盲人聋哑人文艺会演）在郑州举办。郑州市、洛阳市、开封市、平顶山市、鹤壁市等12个市（地）派团参加，演出节目61个。中共河南省委书记韩劲草、省民政厅及郑州市党政军领导观看了演出。1990年9月19~20日，河南省第二届残疾人文艺会演在郑州举办，参加的演职员达300多人。副省长胡悌云及省委宣传部、省民政厅、省残疾人联合会领导观看了演出。会演结束后，组成河南省残疾人艺术团，参加了同年10月举办的第二届河南艺术节。1993年2月，河南省第三届残疾人文艺会演以报送录像的方式进行。全省有12个市（地）参加，共推荐98个节目。徐仁红等21名演员获表演一等奖，《我们共同拥有》等15个节目获创作一等奖。1995年12月，举办河南省第四届残疾人艺术会演，各市（地）报送录像节目73个。郑州市、洛阳市、驻马店地区获团体一等奖。2000

照36-5-3-9 平顶山市肢残人巴红玲在省残疾人文艺会演中演唱

年7月，举办河南省第五届残疾人艺术会演，各市（地）共报送录像节目84个。郑州市、洛阳市、安阳市获团体一等奖。

1989年3月，河南省组团参加了全国第二届残疾人艺术会演。郑州市盲人王宜平演奏的古筝独奏《渔舟唱晚》获器乐演奏一等奖，郑州市肢残人樊海江、盲人师路现的唢呐、笙合奏《喜庆》获器乐演奏三等奖。同年6月，王宜平随中国残疾人艺术团赴苏联进行演出。1993年10月，在第三届全国残疾人艺术会演中，平顶山市肢残人巴红玲的女声独唱《雁南飞》、洛阳市老城区培智学校的集体舞《课间十分钟》、鹤壁市苏金保的口琴吉他二重奏《打虎上山》获表演三等奖；南阳地区岳文兴、朱敬武创作的《轮椅上的歌》和洛阳市的《课间十分钟》获创作奖。1997年9月，在"汇洋杯"第四届全国残疾人艺术会演中，河南省获表演二等奖2个、表演三等奖3个。

工艺美术书法摄影展　　1981年11月28日~12月5日，河南省第一届残疾人工艺美术书法摄影展（即河南省聋哑人工艺美术摄影展）在洛阳市举办。参选作品1300余件，遴选330件展出。中国美术家协会会员、全国电影美术协会副会长、画家钟灵，诗人、金石书法家高飞专程从北京赶赴洛阳参加开幕式并题词作画，著名相声表演艺术家侯宝林发了贺信。1991年5月，河南省第二届残疾人工艺美术书法摄影展在郑州市举办。参选作品700余件，遴选250余件在河南省博物馆展出。中共河南省委书记侯宗宾，省委常委、副省长胡悌云，省委常委、郑州市委书记宋国臣等参观了展览。

残疾人阅览室　　1996年4月，洛阳市残疾人联合会依托洛阳市图书馆，开办了全省第一个残疾人图书阅览室。有报纸杂志50余种，盲人书籍、有声读物、助听资料、工具书等近1000册（件）。每年接待残疾人近3000人次，并定期或不定期在此组织残疾人交谊活动，交流读书体会，加强沟通与友谊。1998年，郑州市残疾人联合会投资5万元，在郑州市图书馆开办了全省第一个残疾人电子（有声读物）阅览室，有全文光盘数据库50余种、多媒体光盘1万余件，免费对残疾人开放。

体育活动　　1984年8月，河南省伤残人体育协会成立，同时举办了河南省第一届残疾人运动会。1991年12月、1999年9月，举办了河南省第二届、第四届残疾人运动会[①]。残疾人参与体育活动的人数越来越多，竞技体育水平不断提高，一批优秀残疾人运动员脱颖而出，在国内外重大比赛中取得了优异成绩。1984年10月、1987年8月、1992年3月、1996年5月、2000年5月，河南省先后组派残疾人体育代表团参加了第一至五届全国残疾人运动会。1992年，团体总分全国排名第二十三位，1996年全国排名第十二位，2000年全国排名第十位。此外，还相继组队参加了在北京、石家庄、福州、郑州、南京、西安、武汉、昆明等地举行的田径、射击、乒乓球、游

[①]河南省第三届残疾人运动会因故未举办。

泳、举重等全国锦标赛和选拔赛。在国际性比赛中，河南残疾人运动员参加了第七、第八、第九、第十、第十一届残疾人奥运会。在第七届残疾人奥运会上，张喜安获男子截肢A3级游泳项目银牌4枚。在第九届残疾人奥运会上，赵学恩获男子J4级跳高金牌1枚，并以1.92米的成绩打破世界纪录。在第十届残疾人奥运会上，赵学恩夺得男子三级跳远金牌1枚。在第十一届残疾人奥运会上，朱宏艳获女子游泳项目金牌5枚，梁海晨获男子田径项目银牌1枚。1986年、

照36-5-3-10　在第十一届残奥会上一人夺得5枚游泳金牌的朱宏艳在领奖台上

1989年、1994年、1999年，河南残疾人运动员参加了第四、第五、第六、第七届远东及南太平洋地区残疾人运动会，还先后被选派参加了其他国际赛事，均取得了好成绩。

1981~1999年河南省残疾人运动会情况一览表

表36-5-3-7　　　　　　　　　　　　　　　　　　　　　　　　　　　　　　　单位：人

名称	时间	地点	代表队数	运动员数	比赛项目	获奖情况
河南省第一届聋哑人男子篮球邀请赛	1981.6.23~1981.7.9	开封	14		篮球	郑州市、开封市、洛阳市分获前3名
河南省第一届残疾人运动会	1984.8	洛阳	13	165	田径、游泳、乒乓球	创立了首批残疾人体育运动的全省纪录
河南省第二届残疾人运动会	1991.12.18~1991.12.25	焦作	17	210	田径、游泳、举重、射击、乒乓球	郑州市、许昌市、洛阳市分获团体总分前3名
河南省第三届残疾人运动会	只下发通知，未举办					
河南省第四届残疾人运动会	1999.9.10~1999.9.14	平顶山	19	310	田径、游泳、乒乓球、举重、射击、盲人柔道	郑州市、平顶山一队、濮阳市分获团体总分前3名。决出金牌137枚、银牌81枚、铜牌77枚

1984~2000年河南省残疾人运动员参加全国体育比赛成绩一览表

表36-5-3-8　　　　　　　　　　　　　　　　　　　　　　　　　　　　　　　单位：人

名称	时间	地点	参赛运动员数	参赛项目	成绩
第一届全国伤残人运动会	1984.10.7~1984.10.14	合肥	21		金牌3枚、银牌5枚、铜牌7枚
第二届全国残疾人运动会	1987.8~1987.9	唐山	23		金牌7枚、银牌11枚、铜牌15枚

续表

名称	时间	地点	参赛运动员数	参赛项目	成绩
第三届全国残疾人运动会	1992.3.18~1992.3.23	广州	36	游泳、射击、田径、乒乓球、举重	金牌4枚、银牌3枚、铜牌12枚，团体总分列全国第二十三位
全国残疾人体育运动分区赛	1993	西安		田径、射击、乒乓球	田径5个第一名、3个第二名；乒乓球男、女团体冠军，男单第一名
		石家庄		游泳	获全部3个第一名
		福州		举重、羽毛球	67.5公斤级举重第一名，省残疾人体育协会被国家体委授予"全国群众体育先进单位"称号
全国残疾人田径、游泳锦标赛	1995.6	郑州	21	田径、游泳	10个第一名，9个第二名，12个第三名，打破3项世界纪录
第四届全国残疾人运动会	1996.5.10~1996.5.15	大连	57	田径、游泳、射击、乒乓球、举重、盲人门球、轮椅篮球	金牌8枚、银牌15枚、铜牌10枚，超世界纪录2个，平世界纪录1个，团体总分列全国第十二位
全国残疾人田径选拔赛	1998.6.29~1998.7.20	南京	10	田径	9项冠军，6项亚军，6项季军，3人4次打破世界纪录
第五届全国残疾人运动会	2000.5.6~2000.5.14	上海	67	田径、游泳、乒乓球、举重、射击、盲人门球、轮椅篮球	金牌14枚、银牌17枚、铜牌6枚，1人超2项世界纪录，14人次破12项全国纪录，团体总分列全国第十位，并获体育道德风尚奖

1984~2000年河南省残疾人运动员参加国际体育比赛获奖情况一览表

表36-5-3-9

名称	时间	地点	参赛运动员	参赛项目	获奖情况
第七届国际残疾人奥运会	1984.6	美国纽约	张喜安	游泳	男子截肢A3级游泳4枚银牌
亚太地区伤残人体育运动会	1986	印度尼西亚	张喜安	游泳	破4项世界纪录，获游泳项目4枚金牌、2枚银牌
第二届国际伤残人运动会	1987	法国	张喜安	游泳	游泳项目2枚铜牌
第五届远东及南太平洋地区残疾人运动会	1989.9	日本神户	赵学恩 张喜安 侯桂兰	田径、游泳、乒乓球	赵学恩获A6A8级跳高、铁饼、4×100米接力3枚金牌，1枚铜牌；张喜安获400米接力游泳金牌，侯桂兰获乒乓球女子团体金牌
世界伤残人运动会	1990.7	荷兰阿森	赵学恩	田径	F46级跳高、跳远金牌各1枚
第九届残疾人奥运会	1992.9	西班牙巴塞罗那	赵学恩	田径	男子J4级跳高金牌，并打破世界纪录
第六届远东及南太平洋地区残疾人运动会	1994.9	中国北京	孙宝军 赵学恩 孙津 王文彦 代爱香 侯占静	田径、游泳、乒乓球3个大项14个小项	赵学恩获A6A8级跳高银牌、F46级男子五项全能金牌和跳远银牌；王文彦获男子F46级铁饼金牌；孙宝军获乒乓球男子团体金牌，TT9级男子单打银牌；孙津获400米自由泳银牌，100米仰泳铜牌；侯占静获F46级女子标枪银牌、铁饼铜牌；代爱香获乒乓球女子单打铜牌

续表

名称	时间	地点	参赛运动员	参赛项目	获奖情况
第十届残疾人奥运会	1996.8	美国亚特兰大	赵学恩	田径	男子F46级三级跳远金牌，并打破世界纪录
世界盲人运动会	1998.7	西班牙	朱宏艳	游泳	游泳项目2枚金牌、1枚银牌，并打破盲人200米蝶泳世界纪录
残疾人田径世界锦标赛	1998.8	英国	梁海晨 郭东方	田径	郭东方获100米第二名、三级跳远第三名
残疾人世界举重锦标赛	1998.10	阿联酋	吴亚东	举重	90公斤级举重金牌
第七届远东及南太平洋地区残疾人运动会	1999.1	泰国曼谷	王奕斌 赵学恩 梁海晨 郭东方 金海江 吴亚东	田径、举重	赵学恩获F46级男子跳高金牌；吴亚东获90公斤级举重金牌；郭东方获田径100米金牌、200米金牌、4×100米接力银牌、跳远铜牌；王奕斌获T11级800米金牌、1500米银牌；梁海晨获400米金牌、200米银牌、100米铜牌；金海江获标枪银牌
世界残疾人田径锦标赛	1999.7	西班牙巴塞罗那	赵学恩 郭东方 梁海晨	田径	赵学恩获F46级男子三级跳远金牌；郭东方获100米、200米2枚金牌；梁海晨获400米金牌，100米、200米银牌各1枚
第十一届残疾人奥运会	2000.10	澳大利亚悉尼	朱宏艳 梁海晨 郭东方 吴亚东	游泳、田径、举重	朱宏艳获得女子S12级100米自由泳、200米混合泳、50米自由泳、100米仰泳、100米蝶泳5枚金牌；梁海晨获男子田径项目100米银牌；郭东方获男子田径项目100米第四名；吴亚东获举重90公斤级铜牌

1992~2000年河南省人民政府通令嘉奖残疾人运动员一览表

表36-5-3-10

时间	通令嘉奖人员名单
1992.9.17	赵学恩
1994.9.13	赵学恩、孙宝军、孙 津、王文彦、代爱香、侯占静
1996.5.17	王奕斌、王文彦、孙 津、陈润峰、张 岩、金海江、侯占静、李玉琪、常小芝、孙宝军、张宝贵、梁海晨、袁宝伟、赵学恩、郭东方、马国奇、王进国、陈 庚、刘长松、王力月、奚俊峰、王云彬、马红霞、刘淑裴、赵景川、陈志慧、陈 慧、刘 鸣
2000.5.16	王奕斌、郭宏燕、郭东方、赵学恩、梁海晨、金海江、王文彦、常玲玲、侯占静、陈润峰、张 岩、李永兴、吴亚东、乔艳红、陈亮亮、陈 琦 记大功：张忠诚、吕振界、张福田、牛建国、刘长明、张宝贵、李满州、陈 旭、孙宝军、茹德成、刘景丽、陈 如、任小芬、张建设、郭建乾、徐振坤、王海燕
2000.11.4	朱宏艳 记大功：梁海晨、郭东方、吴亚东

事业宣传 在推动残疾人事业发展的过程中,中共河南省委、河南省人民政府及省残疾人联合会始终重视做好宣传工作。通过宣传,动员社会营造良好的舆论氛围,形成理解、尊重、关心、帮助残疾人的社会风尚,加大政府各职能部门在康复、教育、就业、扶贫等与残疾人需求密切相关领域的工作力度,推动残疾人事业健康持续地发展。1990年和1997年,河南省委宣传部、省民政厅、省残疾人联合会先后两次召开全省残疾人事业宣传工作会议,研究部署各项具体工作。先后制定河南省残疾人事业"八五"计划时期、"九五"计划时期宣传工作实施方案。全省各级都注重发挥新闻媒体的作用,成立新闻宣传促进会。通过组织每年的"全国助残日"活动,广播、电视开办专题节目,开展好新闻评选,组织巡回报告演出等多种形式,宣传残疾人事业,收到良好的社会效果。至2000年,全省共开展10次"全国助残日"活动。1997年10月5日,河南电视台一套节目正式推出《一周新闻综述》手语专题节目,播出169期。举办广播节目选拔赛及好新闻评选7次。

助残日活动 《中华人民共和国残疾人保障法》规定,自1991年起,每年5月的第三个星期日为"全国助残日"。1991~2000年,分别以"宣传残疾人保障法""走进每个残疾人家庭""扶助与共进""我们同行""一助一、送温暖""预防残疾、增进健康""助残与自强""扶贫解困""无障碍与视觉第一""志愿者助残"为主题,开展了10次"全国助残日"活动。

照36-5-3-11　1997年5月,省政府隆重召开全省自强模范暨扶残助残先进集体和个人表彰大会

助残日活动由各级政府残疾人工作协调委员会组织宣传、民政、司法、教育、文化、卫生、广播电视、工会、共青团、妇联、残联及当地驻军等共同参与实施。在助残日活动期间,河南省各级党政领导发表广播电视讲话,走访福利企业、福利院、按摩医院、聋儿语训机构、盲聋哑学校等单位和残疾人家庭;有关部门举行座谈会等活动;公园、影剧院等文化娱乐场所对残疾人免费开放;文艺工作者深入残疾人集中的单位和社区为残疾人表演节目;医疗卫生部门为残疾人就医提供优惠服务。各地开展了"一条街服务"活动,由健全人和残疾人共同参加义务修理、理发、裁剪、义卖、义演、法律咨询、康复义诊等双向服务;出动宣传车,张贴宣传品,出板报,新闻媒

照36-5-3-12 河南省自强模范、开封县肢残人苗林在"自强不息、振兴河南"巡回报告会上演讲

介开辟专栏,开办专题节目,举办征文活动,集中宣传残疾人事业。

"自强不息、振兴河南"巡回报告演出活动 1996年12月28日~1997年5月19日,河南省文明建设指导委员会、中共河南省委宣传部、省残疾人联合会共同组织了"自强不息、振兴河南"巡回报告演出活动。由6名报告员和7名演员组成的巡回报告演出团,在全省各地报告演出50场,直接听众10万人。首场报告演出在省人民会堂举行,省党、政、军领导李长春、任克礼、宋照肃、范钦臣、林英海、王英洲、王全书、董雷、李志斌以及省直机关3000多名干部听取和观看了报告演出。1997年5月21日,中共河南省委书记李长春、河南省人民政府副省长李志斌等出席了"自强不息、振兴河南"巡回报告演出总结座谈会。李长春赞扬这次巡回报告演出活动取得了出乎预料、超乎想象的社会效果。巡回报告演出团起到了播种机的作用,向全省播撒了社会主义精神文明建设的种子,进一步弘扬了自尊、自信、自强、自立的民族精神;巡回报告演出团起到了一支宣传队的作用,宣传了社会主义的人际关系、道德规范,弘扬了助人为乐的传统美德。

无障碍建设 设立城市道路和建筑物无障碍设施,是满足残疾人参与社会生活的基本体现,也是完善城市功能、提高城市品位、提高人民生活质量的重要标志。1988年,建设部、民政部、中国残疾人联合会发布《方便残疾人使用的城市道路和建筑物设计规范(试行)》后,省残疾人联合会一方面通过新闻媒体加强无障碍设计规范的宣传,一方面派人协调郑州火车站、郑州国际机场、河南省博物院等公共建筑采取无障碍措施。

照36-5-3-13 1998年,郑州市修建了全省城市道路第一条盲道

1992年，洛阳市图书馆利用世界银行贷款改建时，进行了无障碍设施建设。1993年，郑州商业大厦、花园商厦、紫荆山百货大楼、凤凰影院等大型商场和公共文化场所增加了无障碍通道。1994年，河南省残疾人康复教育中心按照无障碍标准建成。1998年，省建设厅、省民政厅、省残疾人联合会下发通知，要求各建设、设计等有关单位，对新建和改建的城市道路、公共建筑工程等必须按规定进行无障碍设施建设。同年，郑州市率先在全省城市道路中修建了第一条盲道。濮阳市人民政府结合创建文明城市，投资80余万元，对全市主要街道路口进行了坡道改造，新建、改建无障碍公厕38座。至2000年，安阳、漯河、焦作等市在部分城市道路上也铺设了盲道。

对外交往　　伴随着改革开放，河南省残疾人联合会坚持为残疾人事业的发展服务，开拓渠道，探索合作，不断加强国际和地区间的联系。

1989年1月省残疾人联合会成立时，澳门同胞陈定国先生到会祝贺，并向省残疾人福利基金会进行了捐赠。

1989年4月18日，波兰盲人协会按摩部主任阿·尤尔班斯基率波兰按摩师访华团抵洛阳市访问，进行了学术交流。

1993年8月，日本国际协力事业团来河南省举办聋儿教师培训班，培训教师62人，并考察了河南省康复教育研究中心、信阳地区康复教育中心。

1993~1995年，澳门天主教福利会主任莫庆恩先生等先后5次来河南省考察访问。

1995年8月，台湾河南同乡会一行8人应邀来豫考察，并向河南省残疾人福利基金会进行了捐赠。

1996年5月，台北曹氏基金会董事长曹仲植先生亲临郑州，参加捐赠轮椅大会。

1997年9月21日，应河南省残疾人联合会邀请，由香港圣雅各福群会康复部主任钱文红女士、服务发展部主管胡良善先生、康复部副主任刘丹娜女士和跑马地展能训练中心主任袁惠全先生组成的考察团来豫进行为期5天的考察。在豫期间，与省残疾人联合会机关人员进行座谈交流，参观了河南省康复教育研究中心、郑州市金水利智学校、开封市SOS儿童村、洛阳市聋儿听力语言康复中心和涧西区培智学校。

1992年8月24日，应日本全国肢体不健全者联合会邀请，河南省残疾人联合会理事长阎国祥、干部杨洪涛随中国残联代表团前往日本访问，同日本各类残疾人组织进行交流，参观了日本国立康复中心，并受到东京都知事金平女士的接见。

1996年12月9日，河南省残疾人联合会理事刘兆仁、焦作市山阳区残疾人联合会理事长赵福运随中国残疾人友好交流团前往日本，参加日本、中国、韩国3国残疾人国际交流活动。

1997年5月8~13日，应香港圣雅各福群会邀请，中国残疾人联合会组团参加了"'心连心'全港智障人士舞蹈大赛迎'97"活动。洛阳市老城区培智学校参赛节目《课间十分钟》获演出第三名。

1997年10月20~29日，应德国康斯坦茨社会福利局的邀请，河南省残疾人联合会副理事长王永章、汪晓微，康复部部长张春茂等前往德国进行友好访问，参观了假肢工厂、老人院、儿童和残疾人福利机构，与德国社会福利局、社会保障部门进行了工作交流。

1998年6月，应韩国方圆物产株式会社邀请，河南省残疾人联合会理事曾照先、安阳钢铁集团公司福利厂厂长齐植廉、河南省豫盛精细化工厂厂长孟治明一行3人，赴韩国参加了"'98汉城国际残疾人社会福利产业展览会"。

1998年8月22~30日，河南省残疾人联合会理事、事业部部长韩春辉，康复部副部长刘景梅，河南省康复教育研究中心副主任陈萍，随中国残疾人联合会代表团赴香港参加康复国际第十一届亚太区会议。

1998年12月4~14日，河南省残疾人联合会康复部部长张春茂随中国残疾人联合会代表团赴挪威考察残疾人康复工作。

1999年1月，由河南省残疾人联合会理事长阎国祥、河南省劳动厅副厅长张国良、河南省卫生厅副厅长徐晖、河南省民政厅助理巡视员赵云雨等30人组成的第七届远东及南太平洋地区残疾人运动会河南观摩团赴泰国曼谷观摩。

1999年7月，河南省残疾人联合会副理事长汪晓微随中国残疾人联合会代表团赴挪威考察残疾人康复工作。

2000年6月，河南省残联人联合会理事长阎国祥、理事陈殿奇一行15人赴香港参加21世纪资讯研讨会。

2000年10月，河南省政府办公厅副主任米剑峰、河南省残疾人联合会副理事长汪晓微赴澳大利亚观摩第十一届残疾人奥运会。

残疾人福利基金

为弥补事业经费不足，更好地为残疾人服务，促进残疾人事业发展，1986年4月，经河南省人民政府批准，成立了残疾人社会福利团体——河南省残疾人福利基金会，归属省民政厅管理。1986~1988年，共接收捐赠资金127万元。1989年1月，河南省残疾人联合会成立以后，省残疾人福利基金会划归省残疾人联合会，其日常

照36-5-3-14　1986年6月，河南省残疾人福利基金会成立大会

1986~2000年捐款万元以上单位一览表

表 36-5-3-11　　　　　　　　　　　　　　　　　　　　　　　　　　　　　单位：万元

单位	金额	单位	金额
河南省人民政府（资助）	50.0	河南省外经委	2.0
郑州亨通期货经纪有限公司	30.0	河南省商检局	2.0
澳门天主教福利会	25.0	河南省消防总队	1.8
河南雅郦化妆品有限公司	20.0	河南省工商银行	1.6
中原石油勘探局	10.0	许昌振华纺织厂	1.5
郑州电缆厂	10.0	河南省建一公司	1.0
台湾河南同乡会	7.0	黄河水利委员会	1.0
安钢福利厂	6.8	驻马店地区民政局	1.0
54631 部队	6.2	河南省公安厅劳动服务公司	1.0
平顶山矿务局	6.0	河南省农业银行	1.0
洛阳市民政局	6.0	南阳市民政局	1.0
平顶山帘子布厂	6.0	开封市民政局	1.0
郑州长城铝业公司	6.0	许昌市民政局	1.0
洛阳炼油厂	5.0	平顶山宝丰福利洗煤厂	1.0
河南省电力工业局	5.0	河南黄淮实业有限公司	1.0
河南省豫盛精细化工厂	5.0	商丘地区民政局	1.0
三门峡市人民政府	5.0	郑州康华福利造纸厂	1.0
洛阳铜加工厂	5.0	郑州第二砂轮厂	1.0
平顶山市民政局	5.0	鹤壁市民政局	1.0
河南省军区	4.0	焦作市民政局	1.0
80304 部队	4.0	信阳地区民政局	1.0
许昌煤炭运输公司	4.0	信阳市民政局	1.0
河南石油勘探局	3.5	周口地区双扶办公室	1.0
郑州铁路局	3.5	河南省万达医药开发公司	1.0
河南省有奖募捐委员会	3.0	河南省豫威石化公司	1.0
信阳木工机械厂	3.0	郑州长生制药厂	1.0
武警河南省总队	2.7	河南省机械电子公司	1.0
河南省电力工业局	2.0	温县马庄乡福利厂	1.0
郑州市民政局	2.0	河南省万富鞋业有限公司	1.0
54774 部队	2.0		

1986~2000年捐款千元以上个人一览表

表 36-5-3-12　　　　　　　　　　　　　　　　　　　　　　　　　　　　　　　　　　　单位：元

姓名	地区/单位/职称	金额	姓名	地区/单位/职称	金额
秦先生		90000	李全国	河南省医学会医院	5000
马　鸣	河南省福利公司康复部	85000		郑州市康华公司残疾职工	2000
田瑞生	洛阳市	35000	李经谋	郑州商品交易所党委书记、理事长	2000
杨宏伟	兰州大学	30000	鲁古玺	政协新野县委员会	1000
郭建林	林州市	15000	程国贤	登封火电厂	1000
白本杰	郑州市	10000	马腾肖	西华县	1000
康金安	郑州高级医师	10000	张锡华	河南省审计厅	1000
武聘卿	郑州市	10000			

1986~2000年河南省残疾人福利基金会接收捐赠物资情况一览表

表 36-5-3-13

时间	捐赠人、单位与捐赠物资
1986.4~1988	劳丁、李剑晨、魏紫熙、张德育、郭述文、陈天然、唐玉润等一批省内外书画家捐赠字画108幅
1989.1	澳门同胞陈定国先生捐赠面包车4部。谢瑞阶、陈天然、唐玉润等书画家捐赠了字画
1995.8	台湾河南同乡会捐赠残疾人篮球运动专用轮椅12辆
1996.5	台胞高五江先生捐赠自动售卡机43部
1996.12	郑州少林汽车厂捐赠少林中巴车1部
1994.5~2000.5	台北曹仲植基金会捐赠轮椅1200辆
2000.9	省直单位及个人捐赠二手电脑50台

工作由省残疾人联合会办事机构承担。通过社会宣传，加强组织协调，开展"捐献一元钱，扶残作贡献""亲人献爱心，扶残作贡献""迎远南、献爱心""视觉第一中国行动"等募集活动，多渠道、多形式地开展基金募集工作。社会各界关心、支持残疾人事业，伸出热情之手，捐款捐物，扶残助残，为这一崇高事业的发展作出了贡献。至2000年12月，省残疾人福利基金会共接收捐款773万元和汽车、轮椅、服装、名人字画等一批捐赠物资。残疾人福利基金用于残疾人康复、教育、宣传等支出458.3万元，其中残疾人康复401.3万元、教育31万元、宣传文体26万元。

表彰先进 截至 2000 年年底，在弘扬人道主义精神，扶残助残，关心、支持残疾人事业中，全省涌现出一大批助残先进集体和先进个人；各级残疾人联合会和残疾人工作者艰苦创业，开拓进取，为残疾人事业的发展作出了不懈努力，涌现出一批先进单位和先进工作者；广大残疾人发扬爱国主义和乐观主义精神，自强不息，奋发进取，努力为社会主义现代化建设贡献力量，涌现出一批自强模范和优秀残疾人。为树立典型，促进全社会进一步关心支持残疾人事业，激励残疾人热爱生活、热爱事业，自尊、自信、自强、自立，国家和地方政府及有关部门作出表彰决定，召开表彰大会，对先进集体和先进个人给予表彰。

1991~2000年河南省"全国残疾人工作先进集体和先进个人"一览表

表 36-5-3-14

表彰单位	时间	授予称号	名单
民政部、人事部、中国残疾人联合会	1991.5.9	全国自强模范	吴靖僚、王光明、贺自江、严绍钧
中央宣传部、民政部、人事部、解放军总政治部、中华全国总工会、共青团中央、全国妇女联合会、中国残疾人联合会	1991.5.9	全国助残先进集体和先进个人	全国助残先进集体：河南省驻马店电子技术学校、安阳市北关粮店、濮阳市第一实验小学五（一）中队、郑州经济广播电台《石曼信箱》节目组。残疾人之家：郸城县残疾人联合会、南阳地区白内障手术复明技术指导分中心、开封曹门福利总厂。全国助残先进个人：吴如芳、阎永权、彭向东、常士俊、潘海龙
国务院残疾人工作协调委员会、民政部、卫生部、国家教育委员会、国家计划委员会、财政部、解放军总后勤部、中国有奖募捐委员会、全国妇女联合会、国务院贫困地区经济开发领导小组、中国残疾人联合会	1993.10	全国残疾人三项康复工作先进单位、先进个人	全国残疾人三项康复工作先进单位：新乡市康复中心医院、洛阳市听力语言康复中心、安阳市聋儿听力语言训练部、商水县残疾人联合会、南阳地区残疾人三项康复工作办公室、南阳市眼科医院、伊川县人民医院。全国残疾人三项康复工作先进个人：张效房、杨国华、张林学、王瑞岐、左铁臣、黄保根、邹学德、周友华、贾喜凤、高淑阁、赵梅花、董雪蕾、阎国祥、梅文明、李贵生
国务院残疾人工作协调委员会、国家教育委员会、民政部、中国残疾人联合会	1993.9.26	全国特殊教育先进县（市、区）	民权县、新郑县、信阳市、南阳市、郑州市二七区
国家教育委员会、民政部、中国残疾人联合会	1995.3	全国特殊教育先进县（市、区）	罗山县、扶沟县、唐河县、商丘市、开封市龙亭区、安阳市北关区
中国残疾人联合会、国家计划委员会、国家教育委员会、公安部、民政部、财政部、卫生部、国家计划生育委员会、国家医药管理局、全国妇女联合会、中国有奖募捐委员会	1996.4	全国残疾人康复工作先进市县（单位）	全国精神病防治康复工作先进市：安阳市。全国社区康复工作先进县：罗山县。全国特需人群补用碘油工作先进市：济源市。全国低视力康复工作先进单位：开封市第一人民医院眼科。全国残疾人用品用具供应服务工作先进单位：洛阳市残疾人用品用具服务中心

续表

表彰单位	时间	授予称号	名单
国务院残疾人工作协调委员会	1996.4.18	全国残疾人工作先进县（市、区）	濮阳市市区、上蔡县、封丘县、商丘市、新野县
人事部、中国残疾人联合会	1997.4.30	全国自强模范和全国残联系统先进工作者	全国自强模范：赵福运、李全国、李德昌。全国残联系统先进工作者：周遂卿
国务院残疾人工作协调委员会	1997.4.25	全国自强模范、扶残助残先进集体和个人	全国自强模范：赵福运、李全国、李德昌。全国助残先进集体：郑州市春秋律师事务所、开封市空分设备厂四分厂。全国助残先进个人：邓志平、赵玉萍（女）。全国残疾人之家：沈丘县残疾人联合会、长葛市残疾人联合会、豫盛珠宝首饰有限公司。全国残联系统先进工作者：周遂卿
国务院残疾人工作协调委员会	2000.5.12	全国志愿者助残先进集体和个人	全国志愿者助残先进集体：济源市公安局交警支队二大队、安阳市文峰区头二三街道办事处青年志愿队。全国志愿者助残先进个人：胡玉兰、吴长江、程勇

1991~1997年河南省残疾人工作先进集体和先进个人一览表

表36-5-3-15

表彰单位	时间	授予称号	名单
省残疾人事业领导小组	1991.12.5	河南省残疾人事业先进集体和先进个人	残疾人之家：45个。助残先进集体：64个。助残先进个人：748人。自强模范：10人。优秀残疾人：253人
省人民政府残疾人工作协调委员会、省民政厅、省卫生厅、省教育委员会、省残疾人联合会	1993.11	河南省残疾人三项康复工作先进单位、先进个人	残疾人三项康复工作先进单位：68个。残疾人三项康复工作先进个人：327人
省人民政府残疾人工作协调委员会	1996.8	全省残疾人工作先进县	商丘市等37个县（市、区）
省残疾人康复工作办公室	1996.9.21	全省"八五"残疾人康复工作先进单位	郑州市残疾人康复工作办公室等44个单位
省教育委员会、省民政厅、省残疾人联合会	1996.9.17	全省特殊教育工作先进单位	郑州市教育委员会等43个单位
省人民政府残疾人工作协调委员会、省残疾人联合会、省人事厅	1997.5.12	全省自强模范、助残先进集体和先进个人	自强模范：古灏等58人。助残先进集体：郑州经济广播电台等60个单位。助残先进个人：王良臣等80人。残疾人之家：郑州市残疾人联合会等60个单位。先进残疾人工作者：王长兴等50人

第六章 归国华侨联合会

1956年8月13日，中共河南省委批复省民政厅党组，同意成立河南省归国华侨联合会。1959年5月25~31日，河南省第一次归国华侨代表大会在郑州召开，正式成立河南省归国华侨联合会（简称"省侨联"）。省侨联是在中共河南省委领导下，由全省归侨、侨眷组成的省一级人民团体，是中国人民政治协商会议河南省委员会的组成单位，是中共党和政府联系广大归侨、侨眷和海外侨胞的桥梁和纽带。

省侨联的主要任务是：根据《中华全国归国华侨联合会章程》（以下简称"《中国侨联章程》"）参政议政，积极主动、独立自主地开展工作；维护归侨、侨眷和海外侨胞的合法权益，做好侨界群众工作；广泛团结归侨、侨眷和海外侨胞，为促进社会主义物质文明、政治文明和精神文明协调发展发挥积极作用；为振兴中华、统一祖国，在国际上长期保持一支对中国友好的力量而作出努力。

"文化大革命"开始后省侨联停止工作，1979年恢复工作。省侨联恢复工作后加强组织建设，培训侨联干部，围绕工作职责，积极开展活动。20世纪80年代，主要根据中共中央关于侨务工作的指示，与各市地侨联协助党和政府落实各项侨务政策，同时积极开展对内、对外宣传，鼓励和引导归侨、侨眷积极参加社会主义精神文明建设，弘扬中华文化，让世界了解河南。20世纪90年代，随着改革开放的深入和经济的发展，中国对外交流日益增多，省侨联凭借自身优势，在参政议政、招商引资等领域发挥着越来越重要的作用。1990年,《中华人民共和国归侨侨眷权益保护法》通过;1992年,《河南省归侨侨眷权益保护法实施办法》通过,1993年1月1日起执行,侨务工作进入了法制轨道。省侨联各级组织依法维护归侨、侨眷的合法权益,为他们排忧解难,成为归侨、侨眷的依靠。至2000年,省侨联已历时7届,各省辖市和大部分县(市)及大专院校都成立了侨联组织,配备了专职干部。侨联成为名副其实的"归侨侨眷之家""海外侨胞之家",在"两个文明"建设中发挥着其他组织无法替代的重要作用。

第一节 组织建设

1956年8月13日，中共河南省委批复省民政厅党组，同意成立河南省归国华侨联合会。1959年5月25~31日，河南省第一次归国华侨代表大会在郑州召开，正式成立河南省归国华侨联合会。出席会议的归侨和归侨学生代表133人，列席代表18人。会议传达贯彻了全国侨联第一届第三次委员（扩大）会议精神，总结了省侨联筹备委员会的工作，制定了1959年侨联工作意见，讨论和通过了省侨联章程，并着重讨论了贯彻执行有关侨务政策和对华侨的宣传联系问题。大会经过民主协商和充分酝酿，选举产生了省侨联第一届委员会，委员44人，常委13人。省侨联成立后，机构归省民政厅党组代管，配备专职干部2人，负责日常工作。

1962年10月24日~11月2日，河南省第二次归国华侨代表大会在郑州召开。出席会议的归侨、归侨学生和侨眷代表132人，列席代表11人。中共河南省委第二书记何伟出席大会，并作了形势报告。会议总结了省侨联第一届委员会的工作，制定了侨联工作意见。会议经过充分酝酿，选举产生了省侨联第二届委员会，委员30人，常委13人，配备专职干部2人，负责日常工作。省侨联机构归省民政厅党组代管。

"文化大革命"开始后省侨联停止活动。1979年10月，召开河南省第三次归国华侨代表大会，省侨联恢复工作。此后分别于1985年、1989年召开第四至五次河南省归国华侨代表大会，于1994年、2000年召开第六至七次河南省归侨侨眷代表大会，选举产生了四至七届委员会。其间经历了隶属河南省民政厅党组、中共河南省委统战部代管，河南省归国华侨联合会和河南省侨务办公室合署办公，侨联、侨办组织机构分设、合署、再分设几个阶段，走过了一条从无到有、由兼职到专职、由小到大逐步发展的道路。

河南省归国华侨联合会 省侨联是中华全国归国华侨联合会（简称"中国侨联"）的团体会员，遵照《中华全国归国华侨联合会章程》开展工作，接受中国侨联的指导，并结合河南省的实际情况，制定自己的工作细则。省以下依据中国侨联章程成立的市（地）、县（市）侨联，为省侨联的团体会员，在工作上接受省侨联的指导。

省侨联的领导机关是全省归侨、侨眷代表大会及其选举产生的委员会。各级归侨、侨眷代表大会的代表应当具有归侨、侨眷身份，通过市、地侨联和其他单位民主协商或选举产生。

全省归侨、侨眷代表大会，每5年召开1次。由上届省侨联委员会召集。在特殊情况下，可提前或延迟召开。全省归侨、侨眷代表大会闭会期间，由省侨联委员会贯彻执行全省归侨、侨眷代表大会的决议，讨论并决定侨联工作中的重要问题。

省侨联委员会全体会议每年召开1次，由常务委员会负责召集；常务委员会认为有必要或有1/3以上委员建议，可决定提前或推迟召开。省侨联委员会在必要时可补选或者增选委员、常务委员，但增选名额不得超过本届委员、常务委员总数的1/5。

省侨联委员会委员、常委、主席、副主席、秘书长、名誉主席、顾问任期5年，在省归侨、侨眷代表大会推迟或提前召开时，其任期应相应延长或缩短。

省侨联委员会全体会议选举主席1人、副主席若干人、秘书长1人及常务委员若干人，组成常务委员会。省侨联委员会全体会议闭会期间，由常务委员会行使其职权。常务委员会会议每年召开两次，由主席办公会议负责召集。

驻会主席、副主席、秘书长组成主席办公会议，根据常务委员会议的决议处理日常工作。主席办公会议可以根据工作需要聘任副秘书长若干人。为发挥省侨联委员的作用，省侨联可以根据工作需要建立与委员的联系制度，具体办法由常委会议决定。

出席全省归侨、侨眷代表大会的代表名额及产生办法，由上届常务委员会决定；常务委员会根据需要，可以特邀有代表性的归侨、侨眷出席代表大会，名额不得超过代表总数的1/10。

全省归侨、侨眷代表大会，省侨联委员会议和常务委员会议，都必须有过半数的成员出席才能开会，有应出席会议过半数成员的同意，才能通过决议。

省侨联名誉主席和顾问参加省侨联委员会议和常委会议，对省侨联的工作提出建议，接受咨询，协助调查处理重大问题和承担委托的其他任务。

1979年10月14~19日，河南省第三次归国华侨代表大会在郑州召开。出席会议的归侨、侨眷代表141人，列席代表29人。中共河南省委书记、省政协主席赵文甫出席大会并致辞。这次会议进一步动员全省归侨、侨眷以新的姿态为实现社会主义现代化而奋斗。会议学习讨论了叶剑英在庆祝中华人民共和国成立30周年大会上的重要讲话和有关文件，传达贯彻了全国侨务工作会议和第二次全国归侨代表大会精神，听取并通过了省侨联第二届委员会工作报告。会议选举产生了省侨联第三届委员会，委员53人，常委13人。

河南省归国华侨联合会第三届委员会选出的主席、副主席、秘书长、副秘书长名单

主　　席　章化之（兼），中共党员，中共河南省委统战部副部长。
副 主 席　陈正华（驻会专职），中共党员，菲律宾归侨；
　　　　　陈大明（兼），中共党员，归侨，郑州市侨联主席；
　　　　　张柏坚（兼），中共党员，归侨，安阳地区纺织站科长。

秘 书 长　杨卓民（兼），中共党员，河南省侨务办公室副主任。

副秘书长　云昌万（驻会专职），中共党员，泰国归侨。

省侨联配备专职干部2人，后增至6人。该届期内，省侨联下设办公室，云昌万任办公室主任。在领导体制上，省侨联先归省委统战部代管，1983年后归省侨办党组代管。

由于省侨联主席章化之调离工作，秘书长杨卓民辞职，1983年7月，在省侨联第三届第三次委员（扩大）会议上，补选林雪梅为省侨联主席，张钦文为省侨联副主席，云昌万为秘书长，同时增补林雪梅、吴华清、崔达球、张铸仁、陈潮建、陈清枝、陈保明、陈泽辉、李兴民、钟松华、林毓菁11人为省侨联第三届委员会委员。

1983年，省侨联升格为正厅级单位，与省侨办合署办公。1984年以后，省侨联主席、副主席归中共河南省委管理。1985年全省工资制度改革时，省侨联专职主席、副主席列入厅、局级待遇。

1985年1月23~25日，河南省第四次归国华侨代表大会在郑州市召开。出席会议的归侨、侨眷代表223人，其中归侨149人、侨眷74人。代表中有各条战线的归侨、侨眷先进工作者，市、地、县侨联负责人，党政机关和企事业、科研单位的归侨、侨眷代表，人民解放军归侨代表，台湾籍归侨代表，海外华侨、华人知名人士亲属等。中共河南省委副书记赵地，省顾问委副主任李宝光，省人大常委会主任赵文甫，副省长胡廷积、胡悌云，省政协主席王化云，省军区副政委黄洪荣等参加了会议。胡悌云致开幕词，赵地作重要讲话，全国侨联致电祝贺。会议总结了省侨联第三届委员会的工作，提出了今后侨联的工作任务，制定了省侨联工作细则。会议一致认为，在新的历史时期，要进一步开创侨联工作新局面，必须把工作重点切实转移到为社会主义现代化建设服务的轨道上来。要鼓励归侨、侨眷广泛地联系海外亲友，引导华侨为本省引进资金、设备和人才进行合作。要积极扶持归侨、侨眷集资兴办集体企事业，努力把侨属企事业办好。会议选举产生了省侨联第四届委员会，委员83人，常委19人。

河南省归国华侨联合会第四届委员会选出的主席、副主席、秘书长、副秘书长，聘请的顾问名单

主　　席　林雪梅，女，中共党员，归侨，中共河南省委统战部副部长，省侨办主任，中共河南省侨联、侨办党组书记。

副 主 席　陈正华，中共党员，归侨；

　　　　　陈大明（兼），中共党员，归侨，郑州市侨联主席；

　　　　　云昌万，中共党员，归侨；

　　　　　张钦文（兼），中共党员，归侨，信阳地区行署副专员（1988年8

月调任省侨办副主任）。

秘 书 长　云昌万（兼）。
副秘书长　蚁美霞，女，中共党员，归侨。
顾　　问　张柏坚（兼），中共党员，归侨，安阳市纺织站科长；
　　　　　朱尊权（兼），中共党员，归侨，轻工业部郑州烟草工业科研所名誉所长；
　　　　　林金光（兼），中共党员，归侨，原洛阳地区文化局副局长；
　　　　　许雪玉（兼），女，中共党员，归侨，原新乡市侨办副主任、侨联名誉主席。

省侨联编制9人，内设机构办公室，蚁美霞（女）任主任。

1985年5月，省侨联成立了企业工作组和华侨历史研究组，有组织地开展工作。在此期间，省侨联配备专职干部7人、司机1人。其中陈正华、云昌万为专职副主席，蚁美霞为专职副秘书长，张亚洲任办公室主任，党组成员。

1989年9月12~15日，河南省第五次归国华侨代表大会在郑州市召开。出席会议的归侨、侨眷代表252人。代表中有各条战线上的归侨、侨眷先进工作者，市（地）、县侨联负责人，党政机关和企事业、科研单位的归侨、侨眷代表，人民解放军归侨代表，台湾省籍归侨代表，海外华侨、华人知名人士的亲属等。全国侨联副主席肖岗代表全国侨联致贺词，中共河南省委统战部副部长武守全代表省委统战部发表重要讲话，省民革主委郭长海代表各民主党派和工商联对大会表示祝贺，省科协副主席蒋家樟代表各人民团体对大会表示祝贺。会议总结了省侨联第四届委员会的工作，提出了今后侨联的工作任务，制定了省侨联工作细则。会议选举产生了省侨联第五届委员会，委员100人（其中港澳委员4人），常委29人。

河南省归国华侨联合会第五届委员会选出的主席、副主席、秘书长、副秘书长名单

主　　席　林雪梅，女，中共党员，归侨，中共河南省委统战部副部长，中共河南省侨联党组书记。
副 主 席　余　恒，中共党员，归侨；
　　　　　云昌万，中共党员，归侨；
　　　　　张钦文，中共党员，归侨，省侨办副主任（1991年6月省侨联第五届第四次全委会上补选为副主席）。
秘 书 长　张亚洲，男，中共党员，归侨。
副秘书长　林　坚，女，归侨。

省侨联人员编制为9人，蚁美霞（女）任办公室主任，陈可坚任经济联络部部长。1991年4月23日后，省侨办、省侨联又合署办公，编制31人。

省侨联内设机构2个：经济工作部、办公室。1991年4月，省侨联、省侨办合署办公后，有内设机构5个：秘书处、侨政处、国外处、经济处、宣传处。

1994年5月30日~6月1日，河南省第六次归侨、侨眷代表大会在郑州市召开。出席会议的代表242人，其中港澳代表6人。中共河南省委常委、组织部部长马宪章代表省委、省政府莅会祝贺并作重要讲话，中国侨联副主席徐发淦代表中国侨联致贺词，省总工会副主席赵家轩代表各人民团体致贺词。会议总结了省侨联第五届委员会的工作，提出今后侨联的工作任务，制定了省侨联工作细则。会议选举产生了省侨联第六届委员会，委员109人，常委25人。

河南省归国华侨联合会第六届委员会选出的主席、副主席、秘书长、副秘书长名单

主　　席　林雪梅，女，中共党员，归侨，中共河南省委统战部副部长，省侨办主任，中共河南省侨联、侨办党组书记。

副 主 席　余　恒，中共党员，归侨，省侨办副主任；
　　　　　张钦文，中共党员，归侨，省侨办副主任。

秘 书 长　张亚洲，中共党员，归侨。

副秘书长　林　坚，女，归侨。

1998年7月召开第五次全委会，补选张亚洲为副主席，张钦文辞去副主席。

省侨联、省侨办合署办公，编制35人，内设机构5个：秘书处、侨政处、国外处、经济处、宣传处。

2000年7月25~27日，河南省第七次归侨、侨眷代表大会在郑州市召开。出席大会的归侨、侨眷代表230人，其中港澳代表2人、特邀代表9人。张亚洲副主席致开幕词，中共河南省委副书记范钦臣发表重要讲话，中国侨联副主席李祖沛代表中国侨联致辞，省总工会副主席周法成代表各人民团体致贺词。《河南日报》《大河报》《郑州晚报》对大会做了专题报道。会议总结了省侨联第六届委员会的工作，提出了今后侨联工作任务，制定了省侨联工作细则。会议认为，必须进一步贯彻解放思想、实事求是的思想路线，搞好四个服务，即：为推进中国改革开放和现代化建设事业服务，为促进祖国和平统一服务，为增进中国人民同世界各国人民的友好交往服务，为广大归侨、侨眷和海外侨胞服务。工作上突出一个"联"字，搞好一个"活"字，狠抓一个"实"字，不断增加侨联的凝聚力，面对新世纪、新形势，开拓河南省侨联工作的新局面。会议开幕时，中共河南省委书记马忠臣、省长李克强、中国侨联副主席李祖

沛和省党政领导范钦臣、李成玉、郑增茂、王全书、支树平、俞家骅、杨显明亲切接见与会代表并合影留念。会议选举产生了省侨联第七届委员会，委员94人，常委25人。

河南省归国华侨联合会第七届委员会选出的名誉主席、顾问、主席、副主席、秘书长、副秘书长名单

名誉主席　林雪梅，女，中共党员，归侨，原中共河南省委统战部副部长、省侨联主席、省侨办主任，中共河南省侨联、侨办党组书记；
　　　　　张钦文，男，中共党员，归侨，原省侨联副主席、省侨办副主任。
顾　　问　张可夫。
主　　席　余　恒，男，中共党员，归侨。
副 主 席　张亚洲，男，中共党员，归侨。
秘 书 长　林　坚，归侨。
副秘书长　陈琪瑛，中共党员，侨眷。

省侨联人员编制16人。内设机构2个：办公室、文化经济联络部。

基层组织建设　　1959年5月，河南省归国华侨联合会正式成立后，各市（地）根据实际情况和工作需要相继成立侨联组织。省侨联第一、第二届期间，开封、洛阳、郑州、新乡、许昌、焦作、安阳7个市成立了归国华侨联合会，鹤壁、三门峡、平顶山、漯河市和商丘、信阳地区成立了归国华侨联合会小组。第三届期间，全省已有15个市、地和63个县（区）、工厂及大专院校成立了侨联组织。第四届期间，截至1987年年底，全省已成立各级侨联组织108个。此后为适应工作需要，全省除济源市外，所有市（地）都陆续建立了侨联组织，至2000年全省市（地）、县（市）共有侨联组织126个。除部分大专院校外都配有专职干部。各级侨联的主席、副主席和秘书长，均严格按照《中国侨联章程》规定，由归侨、侨眷代表大会选举产生。地方各级侨联组织受同级中共党委和政府领导，享受同级人民团体的待遇，在业务上接受上一级侨联的指导。

中共党组织建设　　为加强党对侨务工作的领导，1956年8月13日，中共河南省委批复省民政厅党组成立省侨联。省侨联由省民政厅党组代管。1965年7月16日，经中共河南省委批复省民政厅党组，将侨务处工作交由省委统战部代管。同时，省侨联也归属省委统战部代管。"文化大革命"期间，省侨联停止活动。

1983年，省侨联归省侨办党组代管。1985年，中共河南省委决定，省侨联与省侨办合署办公，共同成立一个党组。

党组书记　林雪梅，女，中共党员，归侨，中共河南省委统战部副部长，省侨联主席，省侨办主任（1985.1~1988.8）。

党组成员　辛洪祥，省侨办副主任（1985.1~1988.8）；
　　　　　杨卓民，省侨联副主席（1985.1~1985.12）；
　　　　　张亚洲，省侨联办公室主任（1987.4~1988.8）。

1988年8月，中共河南省委决定，省侨联与省侨办分设。1989年12月，中共河南省委同意成立省侨联党组。

党组书记　林雪梅，女，印度尼西亚归侨，中共河南省委统战部副部长，省侨联主席，（1989.9~1991.4）。

党组成员　余　恒，泰国归侨，省侨联副主席（1989.9~1991.4）；
　　　　　云昌万，泰国归侨，省侨联副主席（1989.9~1991.4）。

1991年4月，中共河南省委决定，省侨联与省侨办合署办公，成立一个党组。

党组书记　林雪梅，女，印度尼西亚归侨，中共河南省委统战部副部长、省侨联主席、省侨办主任（1991.4~1994.6）。

党组成员　余　恒，中共党员，泰国归侨，省侨联副主席，省侨办副主任（1991.4~1994.6）；
　　　　　张钦文，越南归侨，省侨联副主席、省侨办副主任（1991.4~1994.6）。

1994年5月，省侨联第六届委员会产生时，省侨联仍与省侨办合署办公，共同一个党组。

党组书记　林雪梅，女，印度尼西亚归侨，省侨联主席、省侨办主任（1994.6~1998.3）。

党组成员　余　恒，泰国归侨，省侨联副主席、省侨办主任（1994.6~1998.3）；
　　　　　张钦文，越南归侨，省侨办副主任、省侨联副主席（1994.6~1998.3）。

1998年2月，中共河南省委重新任命省侨联、省侨办党组。

党组书记　余　恒，泰国归侨，省侨办主任、省侨联副主席（1998.2~2000.7）。

党组成员　张钦文，越南归侨，巡视员（1998.3~1999.7）；
　　　　　张亚洲，马来西亚归侨，省侨联副主席、省侨办副主任（1998.4~2000.7）；
　　　　　任保华，省侨办副主任（1998.5~2000.6）。

2000年7月，根据中共河南省委《关于印发〈河南省人民政府机构改革实施意见〉的通知》"不再保留外事办公室（旅游局）、侨务办公室，组建外事侨务办公室，为省政府直属机构；组建旅游局，为省政府直属机构。归国华侨联合会按照有关规定，参加群众团体机构改革"的精神，省侨联单独设立，单独建立党组。

党组书记　余　恒，男，泰国归侨，省侨联主席（2000年7月~　　　）。

党组成员　张亚洲，男，马来西亚归侨，省侨联副主席（2000年7月~　　　）。

郑州、许昌、周口等省辖市侨联建有党组，县级市长葛市侨联建有党组。其他省辖市、大专院校、县（区）侨联均与统战部、外事侨务办等单位同一个党组或支部。

河南省客家联谊会 随着对外开放的不断深入，侨居海外的广大客家人纷纷来河南省寻根谒祖。为做好接待联谊工作，经省侨联研究决定，由省侨联主管，成立河南省客家联谊会，并于1994年11月17日在省民政厅登记注册。省客家联谊会的宗旨是广泛联系海内外客家人士和客家团体，开展友好联谊活动，弘扬客家精神，通过中原寻根，为本省对外开放服务。1994年12月28日，省客家联谊会召开第一届理事会。姚美良、李贵辉、古维夫、郑贵勋当选为名誉会长；中川学、余恒、赖运如、蒋稼樟、张兴球、康群、陈开援、沈宜钦为顾问；林雪梅为会长；张钦文、陈可坚、陈利英、张德汝、黄文基为副会长；林坚为秘书长；张富智、池雄辉为副秘书长。2000年10月27日，举行第二届理事会。李金松、陈子钦、吴德芳、郑贵勋为名誉会长；余恒、张钦文、蒋稼樟、张兴球、陈开援、康群、沈宜钦为顾问；林雪梅为会长；张亚洲、陈可坚、陈利英、张德汝为副会长；林坚为秘书长；张富智、池雄辉、沈剑昌为副秘书长。

培训工作 为贯彻中共中央、国务院对侨联工作的指示精神，使侨联工作适应新时期改革开放形势的需要，省侨联把对全省侨联干部的培训工作作为一项基础的、重要的工作列入议事日程，常抓不懈。省侨联机关干部，除按照中国侨联、省委和省政府的安排，定期轮流到中国侨联干部培训班、省委党校和省行政学院参加学习外，省侨联还对全省侨联干部有计划地进行培训。在内容上，依据《中国侨联章程》和省侨联《工作细则》，围绕中共党在不同时期的中心工作开展培训。

为提高侨联干部的业务素质，省侨联于1984年7月编写了《侨务工作讲话提纲》，由辛洪祥、鲁喜宾两位领导带领机关干部先后到焦作、平顶山、许昌、安阳、周口、商丘、三门峡、濮阳等地举办的培训班和省委党校举办的侨务、统战干部学习班上讲课。1984年12月，举办了全省第一期侨务干部学习班，进行专门培训。在学习班上，请省公安厅等单位进行了与侨务有关的专题讲座。省侨联派出6名干部参加全国性业务培训班学习。1985年选派两名机关干部经过考试送入高等院校学习两年，均获得大专文凭。1984~1987年，编辑出版了《侨务政策汇编》两集，计37万多字，4200多册，下发全省侨务系统供大家学习。

在全省侨联在职干部的培训工作上，省侨联采取脱产集中办班培训、以会代训、发现典型、现场交流等灵活多样的方法。截至2000年，共办脱产培训班6期，参加培训的有300多人。从1982年开始，省侨联召开换届大会时，都要安排一定时间组织代表学习侨联章程，同时还召开表彰先进会议，请先进工作者和先进集体代表在大会上发言，抓住典型，教育一般，以会代训，起到了很好的作用。

为适应形势发展的需要，提高侨联干部的综合素质，省侨联于1990年9月18~26日在郑州市举办了1期市地侨联干部培训班，参加学习的各地市侨联领导和专职干部共30多人。

第二节　宣传工作

宣传工作是侨联的重要工作之一。1985~1988年，省侨联与省侨办合署办公期间，为加强宣传工作，成立了中国新闻社河南记者站和华声报河南记者站，配备了专职宣传干部，编制5人，具体负责宣传工作。侨联宣传工作分为对内、对外两块和几个常项：《中原侨声》刊物、侨界子女学生夏令营活动、侨史研究、根亲文化研究等。宣传工作的内容，主要是实施《中国侨联章程》和省侨联《工作细则》中规定的内容，围绕中共党的中心工作，完成省委、省政府和中国侨联交办的其他事项。侨联宣传工作的主要对象是归侨、侨眷和海外侨胞。全省各级侨联，为依法维护广大归侨、侨眷的合法权利和利益，关心海外侨胞在国内的正当权利和利益，进一步调动他们在各自不同岗位上为祖国现代化建设作贡献的积极性，对他们开展经常性的、多种形式的、适合特点的宣传教育工作。向他们进行爱国主义、社会主义和"一法两办法"①的宣传教育工作，坚定他们热爱祖国、拥护社会主义的信念，并学会运用法律武器保护自己的权利和利益。

侨联宣传工作还有一项任务，就是向各级领导、各有关部门和社会宣传党和国家有关侨务工作的方针政策，通报侨联工作，介绍国外侨情，宣传归侨、侨眷、侨务工作者的先进事迹。其目的是争取党政领导对侨联工作的重视及各部门和社会各方面对侨务工作的支持。

1959年5月省侨联成立后，就把宣传教育、侨史研究、根亲文化研究列入议事日程。1985年5月，成立了华侨历史研究组，深入永城、民权等地，访问老归侨，调查第一次世界大战和第二次世界大战期间河南华侨出国的历史，基本澄清了河南省华侨早期出国的历史，为编写省侨务志积累了资料。省侨联还与河南大学和河南省社会科学院近现代史研究所建立联系，交流侨史资料，并组织归侨、侨眷和侨务干部参加侨史研究，撰写论文，推动宣传教育工作。

对内宣传　编印《侨务简报》《侨情反映》《侨情参考》等内部资料，及时呈送给各级党政领导和有关部门，并下发市地侨联，使领导及时掌握侨联工作动态，加强对侨联工作的领导；与有涉侨工作的部门交流信息，沟通情况，争得他们对侨务工作的理解和支持；对地市侨联的工作，也起到了指导作用。1978~2000年23年内，

---

①《中华人民共和国归侨侨眷权益保护法》《中华人民共和国归侨侨眷权益保护法实施办法》《河南省归侨侨眷权益保护法实施办法》。

累计编发《侨务简报》276期、《侨情反映》184期、《侨情参考》230期，总印数达6万多册。

向归侨、侨眷进行爱国主义和社会主义思想教育，开展经常性的、多种形式的、适合特点的宣传教育活动是侨联宣传工作的主体。面对岗位不同、居住分散、人数众多的归侨和侨眷，省侨联主要依靠基层侨联，定期或不定期组织侨联委员和有代表性人士学习党的方针政策，同时了解他们的思想，征求他们的意见。如贯彻中共十三届四中全会公报精神和邓小平南方谈话，省侨联先后3次召开在郑部分归侨、侨眷、侨联委员和海外专家学者亲友联谊会会员学习座谈会，向全省各级侨联发出关于组织侨联干部、委员、归侨、侨眷认真学习贯彻中共十三届四中全会公报的通知，制定了贯彻省委第四届第九次全会精神的4条措施。新乡、许昌、焦作、开封、平顶山、洛阳、鹤壁、南阳市和周口地区以及洛阳第一拖拉机厂、西平县侨联都上报了学习贯彻的情况简报。在学习座谈中，侨联干部和广大归侨、侨眷一致表示，坚决拥护中共中央四中全会作出的各项决定，要继续执行中共十一届三中全会以后的路线、方针、政策，继续执行中共十三大确定的"一个中心，两个基本点"的基本路线。另外，利用中国传统节日，如中秋节、春节举行座谈会、茶话会，请各级党政领导到会作形势报告或自由交谈，寓教育于活动之中。在广大归侨、侨眷思想觉悟提高的基础上，为进一步调动他们为祖国现代化建设作贡献的积极性，省侨联因势利导，开展了一系列活动。1982年5月，省侨联号召全省归侨、侨眷学习侨眷黄宜厚的先进事迹，请黄宜厚来省会郑州市作了3场报告，听众达5000多人。1991年，省侨联围绕"八五"计划，向全省归侨、侨眷、港澳同胞眷属和侨联干部发出倡议书，号召大家为实现"八五"计划开展"五个一"活动：贡献一个计策，传递一条信息，介绍一个人才，引进一个项目，推销一种产品。此倡议一经发出，立即得到全省归侨、侨眷、港澳同胞眷属和侨联干部的热烈响应。信阳地区侨联为"五个一"活动开展了声势浩大的宣传活动，如召开各类座谈会、办宣传栏、利用有线广播专题讲座、在市区街道拉起过街横幅等。据不完全统计，活动共提供信息84条，引进项目（包括意向）48个、资金人民币2800万元，建立了4个基金会，接受捐赠人民币110万元。郑州市侨联把开展"五个一"活动作为一件大事来抓，制定了奖励办法。据不完全统计，共引进项目11个，资金人民币1.61亿元，美元1138万元。南阳地区侨联帮助企业推销产品76种，引进大小项目46个，计人民币2.72亿元，其中外资折人民币2.05亿元；46个项目中，已办成31个，投资额为人民币1.03亿元。新乡市侨联成功地把泰国华彬国际（集团）公司总裁、泰国新时代国际投资公司董事长严彬介绍给新乡市市长，省委书记侯宗宾亲自接见严彬，促成其与新乡市高新技术开发区合资成立国际投资有限公司项目，还为该市化工行业引进德国先进技术——乙二醛生产流水线。新野县侨联在"五个一"活动中，引进项目8个（全部落实），为县内带来2200万元人民币经济效益，受到县政府的表彰。长葛县侨联促成台胞杨景尧捐资人民币400多万元，建"淑君中学"1所，杨清钦捐资人民币70万元，设立清钦文教基金会1个。

为迎接香港回归，省侨联编辑出版了迎1997年香港回归纪念画册《河南省侨联回顾与展望》，举办了"迎九七香港回归海内外著名画家作品邀请展"。1996年4月，省侨联和洛阳市侨联协助香港南源永芳集团董事长姚美良分别在省会郑州市和洛阳市举办了"孙中山与华侨"国际美术展，中共河南省委书记李长春、省长马忠臣、省政协主席林英海等省党政军领导出席郑州展区的开幕式。这次展出，吸引观众10多万人，取得了良好的效果。1998年1月，省侨联与中国美术家协会、中国画艺委会联合在北京、天津、郑州举办了"中国首届国画家学术邀请展"。省侨联主办的《中原侨声》杂志发行16期，读者遍及世界五大洲。

在1998年夏抗洪斗争中，省侨联机关人员捐款8000元，郑州市侨光医院捐药品价值1万余元。沈丘县侨联常委李虎臣筹资50万元，设立"李虎臣奖学金"，后又投资100万元，建博士学校。河南大学教授张仲义（归侨）先后捐资72万元，兴建两所希望小学。日本归侨秦景仪为开封市解困基金和开封市侨联互助会捐资8万元。

经省侨联推荐，1982年7月25~28日，省政府在郑州召开河南省归侨侨眷先进代表、侨务工作先进单位表彰大会。这是中华人民共和国成立后全省侨务战线第一次表彰先进大会。受表彰的114名先进个人和25个先进集体，分别来自农业、商业、教育、文化、卫生、科技等战线，有10名先进个人代表和2名先进集体代表在大会上作先进事迹介绍。省党、政、军领导出席大会并讲话。国务院侨办和中国侨联以及省各人民团体代表向大会致辞祝贺。大会通过了给全省归侨、侨眷和侨务工作者的倡议书，并推选出13名代表出席1983年1月在北京召开的全国归侨、侨眷、侨务工作者先进个人和先进集体表彰大会。《河南日报》、中国新闻社和中国国际广播电台分别发了消息。省侨联和省侨办编印了《河南省归侨侨眷先进代表、侨务工作先进单位表彰大会汇编》。

2000年7月25~27日，省第七次侨代会在郑州市召开。报经省委、委政府批准，大会作出决定对68名先进归侨、侨眷，35名先进侨务工作者和26个侨务工作先进集体进行表彰。

对外宣传 对外宣传工作是侨联经常性的重要工作之一。省侨联是中共河南省委对外宣传领导小组成员单位之一。省侨联的任务是：负责河南省对海外华侨、华人宣传工作规划的制定并组织实施；负责组织河南省围绕"根文化"开展对海外华侨、华人及港澳台同胞的宣传工作；开展民间对外宣传活动，做好通过华侨、华人社团的"二次对外宣传工作"；做好海外文化交流、文化展览等活动。

侨务外宣工作是一项政策性强、影响面广而又十分具体的工作。按照要求，从事侨务外宣工作，一定要遵循其规律，掌握稳妥、严谨的原则，坚持"多做少说"或"只做不说"的要求；要掌握好"华侨"和"华人"的国籍和政策界限，做到内外有别、外外有别；对东南亚、日本和韩国等敏感地区的华侨、华人投资兴办的企业、引进智力、捐款赠物办公益事业、寻根问祖等活动，原则上不做公开报道，个别确需公开宣传报道的，必须征得其本人同意，并经有关部门把关。

"文化大革命"结束后，特别是中共十一届三中全会后，党和政府进行拨乱反正，逐步落实了各项侨务政策。为消除海外华侨、华人思想上的疑虑和误解，省侨联号召全省各级侨联干部，从指导归侨、侨眷写家信入手，开展对外宣传工作。"家书抵千金"，一封平平常常反映实际情况的家信，就能使海外华侨、华人积存在脑海里多年的疑虑和误解烟消云散。如长葛县侨联派人帮助石象乡侨眷王丙勋给他远在美国洛杉矶市的大伯王金岭写信，说明家中落实房产、安排工作、生活改善的情况。王金岭接到信后，归心似箭，成为该县"文化大革命"后第一个回国探亲的华人，受到县领导热情接待。他亲眼看到了家乡的巨大变化。回到美国后，他把老乡召集在一起，一面放录像，一面介绍所见所闻，使聚会的人受到很大教育，消除了疑虑和误解，接二连三地回国探亲。信阳地区息县侨眷赵更生，落实政策后从息县第一高级中学的教师岗位走上侨联的领导岗位。他把"文化大革命"后落实侨务政策的实际情况，写信告诉远在美国的哥哥赵浩生（原国民党"中央日报"记者，时任美国康涅狄格州耶鲁大学东亚文学系教授，美国《纽约时报》专栏记者）。赵浩生接到弟弟的来信，立即回国探亲，受到国务院侨办、时任河南省副省长岳肖峡及省侨联、侨办领导的接待，不仅过去思想上的疑虑和误解消除，而且亲自牵线搭桥，为河南办了不少实事，他本人也被郑州大学聘为名誉教授。

中共十三届四中全会，是在1989年春夏之交北京政治风波后召开的一次具有历史意义的会议。正确宣传中共十三届四中全会公报精神和邓小平的重要讲话，成为当时对外宣传工作的重要任务。当时海外华侨、华人受到国际上反华势力对中国恶毒攻击的影响，产生了新的疑虑和误解。省侨联向全省各级侨联发出关于组织侨联干部、委员、归侨、侨眷认真学习贯彻中共十三届四中全会公报的通知。新乡、许昌、焦作、开封、平顶山、洛阳、鹤壁、辉县、南阳、周口等地和洛阳一拖侨联、西平侨联都认真组织落实通知精神，并发动归侨、侨眷向海外亲人写信，解疑释惑，起到了很大作用。与此同时，对于正在国内工作的华侨、华人采取登门拜访，寓宣传于访问之中。如省侨联主席林雪梅、副主席云昌万分别到荥阳看望了正在家乡兴办养鸡场的巴西华人宋明义，到开封看望了中外合资豫大畜牧饲料公司的总经理、泰籍华人陈惠清，对他们介绍公报精神，说明情况，起到了很好的解疑释惑作用。

利用传统节日，向海外寄赠贺卡、挂历、音像制品等，联络感情，宣传河南。省侨联号召全省各级侨联，利用传统节日，如中秋节、春节，选购印有河南名胜古迹的节日贺卡和挂历、河南地方戏磁带等于节日前一个多月寄出，确保节日时能收到，以慰他们思乡念亲之情。该项宣传活动，已形成制度，每年寄往海外的节日贺卡和挂历，都在1.2万多份，戏曲磁带6000多套。

录制专业音像制品和电视剧，创办刊物，建立通信网络，加大对外宣传力度。1983~1984年，省侨联与省广播电视厅、省文化厅、河南电视台、河南日报社、郑州大学等单位合作，完成河南曲剧《背靴访帅》、豫剧《樊梨花》、纪录片《今日河南》的录像带（中、英文版）制作，受到海外侨胞的欢迎。河南省组团出访澳大利亚时，将此音像制品赠送给旅澳侨胞，很受欢迎。陈瑞松写的《豫籍"三胞"是一支不可忽视的爱国力量》获1988年河南优秀论文奖。1989~1994年，省侨联和有关市地侨联协助台湾京华文化有限公司著名影视制片人凌峰一行在河南省拍摄大型电视系列片《八千里路云和月》。摄制组在5市（地）、11个县（市）拍摄80多个景点。在对外宣传工作中，省侨联始终把握住一条红线，即大力宣传改革开放，树立河南在海外的良好形象，让海外认识河南、关注河南，与河南进行更广泛的交流与合作。1992年9月，省侨联创办机关刊物《中原侨声》，从此有了自己的宣传阵地。接着又组建华声报河南记者站，在全省范围内建立了108人的通讯员网络，组成强大的对外宣传队伍。据不完全统计，1989~1994年间，共组织撰写、摄录各类文字、图片、声像稿件2205篇，被海内外报纸杂志、广播电台、电视台采用1050篇。焦作市、长葛市侨联先后在《华声报》上组织了《故乡》专版。信阳地区在美国《侨报》上刊发信阳专版，全面介绍信阳改革开放的情况，在美国华人中产生了较好的影响。在中国侨联举办的"当代中国侨乡摄影作品展"中，河南省归侨林特炎的作品《野趣》获优秀作品奖。1993年，省侨联拍摄了《当代中国侨乡》中的河南集《故土》，以电视片形式全面介绍了河南省历史、文化、风景名胜、各行各业的发展成就等，褒扬了海外侨胞，港澳同胞、归侨、侨眷对故土的依恋之情和可贵贡献。该电视专题片在国务院侨办总结评比中获二等奖，并向中国驻外使领馆发送，起到很好的宣传作用。1996年，"中国中西部地区对外经济技术合作洽谈会"前，省侨联同中国新闻社电影电视部一起采访了省长马忠臣，录制了《郑州商贸城》《郑州商品交易所》《少林武僧生活》《开封鼓楼夜市》《郑州新郑机场服务区》等专题片，在美国电视台《神州博览》节目中播出，同时也在香港和其他地区播出。不少华商外商是看了这些新闻才赶来郑州赴会洽谈的。1998年，周口地区侨联热情为回乡给母亲治病的港胞杨先生提供帮助和服务，周口电视台制作了《情系港胞》的专题报道。为表达谢意，杨先生向周口地区人民医院捐赠了一部价值40余万元的救护车，又捐赠100万元，请侨联帮助在家乡兴建两所小学。

侨联的对外宣传激发了海外侨胞爱国、爱乡的热情。据不完全统计，1994年以后，各级侨联协助海外侨胞和港澳同胞在河南省兴建希望小学和改造危房学校125所，捐资总额人民币4650万元。

中原侨声 《中原侨声》（季刊）杂志创刊于1992年9月，是河南省侨联、侨办（当时合署办公)的机关刊物,由省侨联、省侨办主办,省侨联、侨办宣传处主管出版、发行。

《中原侨声》主要担负着在全省侨务系统交流信息、指导工作的职责,把办出时代特色、地方特色和侨字特色作为自己的办刊宗旨。先后开辟《改革潮》《中州名人》《文学天地》《祖根地》《环宇采风》《唐人街传真》《侨事纵横》《中国之中》等数十个栏目。图文并茂,雅俗共赏。稿件80%为读者来稿。《中原侨声》宣传党和政府的侨务政策,宣传祖国尤其是河南日新月异的经济建设成就和不断改善的良好投资环境,宣传光辉灿烂的中原文化以及归侨、侨眷、港澳同胞眷属中的模范人物和先进事迹。先后重点报道了1992年海内外知名书画家作品邀请展,1993年深圳中国大中型企业对外经济技术合作洽谈会,1996年海外客属社团中原文化寻根活动,林、郑、陈、谢等大姓氏寻根活动,1996年中国中西部地区对外经济技术合作洽谈会等省侨联、侨办举办和参与的重大活动。已故全国侨联名誉主席、侨界泰斗、百岁老人张国基为《中原侨声》题词:"弘扬中原文化,广交五洲朋友"。

《中原侨声》除在国内交流、发行外,还发行到新加坡、马来西亚、泰国、印度尼西亚、美国、加拿大、瑞士、法国、荷兰、匈牙利等数十个国家和港澳地区。《包公后裔包玉刚传奇》《客家传统文化的思考》等多篇文章被《人民日报》(海外版)、《温州侨乡报》等报刊转载,《祖根地》栏目最受读者欢迎。根据国家新闻出版署整顿报刊精神,《中原侨声》于1997年年底停刊。

侨界子女学生夏令营　　中办发〔1984〕15号和〔1986〕17号文件指出,"做好国外华侨、华裔青年一代的工作,是一项具有战略意义的工作"。为了把对归侨、侨眷和海外侨胞的宣传教育工作做到第二、第三代人身上,省侨联借鉴其他省市的经验,经过研究决定利用暑假举办侨界子女学生夏令营活动。

侨界子女学生夏令营活动从1987年开办,至1996年,共举办7期,加上国外来访两期,总计9期,有300多名海内外侨界青少年学生参加(各地市自行举办的夏令营未统计在内)。侨界青少年学生是归侨、侨眷和海外侨胞的掌上明珠,活动的每个环节都牵动着他们的心,如果组织不好,发生意外,就会失信于他们。所以,每次活动从制定方案开始,省侨联领导高度重视,亲自参加研究,向省政府写出书面请示,经省政府批准后,才精心组织实施。由于领导重视,组织严密,领队尽心尽力,实现了年年举办。期期成功。

1988年举办的"华夏之源"海外青少年夏令营,经河南省人民政府和青海省人民政府批准,由两省侨务部门于7月21日~8月20日联合举办。参加营员24人(其中祖籍河南的14人,祖籍青海的10人),多数是有影响的侨胞子女,主要来自美国、加拿大和香港地区,大都为大学生、中学生。举办这次活动的目的是对他们进行民族文化和民族意识教育,增强他们对祖籍国的向心力和凝聚力,并通过他们的影响,促进资金、技术、人才的引进。夏令营根据河南、青海两省所处地域特点，以黄河为主干，贯彻游教结合、寓教于游的方针，精心选择活动路线，安排了丰富多彩，具有代表性的游教内容。青海开营，河南闭营，北京散营，途经四省市五大历史名城，先后游览了祖国壮丽山河和诸多名胜古迹，参观了反映祖国巨大变化的工业、农业、畜牧业、交通、水利和文化体育事业项目，并通过各项有意义的活动，广泛接触了中国人民。与青海的牧民联欢，骑马、射箭、住蒙古包；在河南观看武术、射击表演，开展包饺子和书法联谊活动，特别是学习具有民族武术精华之称的少林拳、太极拳，都使营员产生了极大兴趣。举办这类活动，河南、青海均为首次，两省政府和国务院侨办都十分重视，给予了大力支持。在开营式和闭营式上，两省主管省长接见了全体营员，发表了热情洋溢的讲话；国务院侨办秘书长郑宗源和国外司司长彭湛东赴青海祝贺，并赠送了礼物。散营时，司长彭湛东又赶往住地，为营员送行。两省有关部门和单位也予以积极配合，使全体营员在短短的20天内，初步了解祖国的悠久历史、灿烂文化，看到中华人民共和国成立以后的巨大变化和充满生机的改革、开放局面，加深他们对故国故乡的血缘情谊，许多营员在挥泪离别时，称这是他们人生最有意义的一次旅行，表示要为开创中国的未来尽心尽力。这次活动比较成功。

为确保活动万无一失，每次活动省侨联都要选派有高度责任心的工作人员担任带队工作。不少学生家长给侨联领导写信，表示感谢。侨界夏令营的开办，扩大了河南省侨务工作对外宣传的影响，赢得了侨心，增强了各级侨联的凝聚力。随着改革开放的日益扩大，进出境签证手续的简化、放宽，侨胞带着孩子回国探亲旅游观光非常方便，1996年夏令营活动完成了历史使命。

侨史研究　　研究华侨历史，是做好侨联工作的基础。河南省侨联成立后，就把研究华侨历史列入议事日程，省侨联副主席陈正华亲自深入豫东永城、民权访问老归侨，开始了华侨出国历史的研究。在省第四次侨代会上成立了华侨历史研究组，具体负责该项工作，积累了大量的资料。陈瑞松撰写的《河南省籍华侨出国史考》，发表在《统战理论与实践》杂志1987年第2期上，拉开侨史研究的序幕。1988年，召开了省首次侨史研讨会，把姓氏渊源研究与华侨历史研究结合起来，并逐渐成为华侨历史研究的主题。不断深入的侨史研究，基本上理清了河南人出国成为华侨的历史及其归国的情况，掌握了他们的特点，为做好归侨、侨眷及海外侨胞工作奠定了基础。

近现代河南人侨居国外始于第一次世界大战时期，他们出国的时间，大体可以分为5个时期。

第一次世界大战期间：1916年年初，法国开始在上海、天津、青岛等地设立招募所，招募华工5万人。其中永城县被招募去865人。1918~1920年，永城、夏邑两县有20多人到苏联和蒙古。他们最初（约1917年）是在安徽省宿县参加皖系军阀徐树铮的部队，一年后到蒙古打仗，被俘往苏联，成为劳工。他们在苏联、蒙古各地自谋生路，几年后陆续回国。

20世纪30年代马来西亚雇用华工时期：1934年年初，日本商人在马来西亚岑株巴辖和丁亚奴州龙道经营铁矿公司，雇用当地华侨2000多人。因需要更多廉价劳动力，到河南民权县雇用华工。经过体检后，有120多人于1934年分春、冬两批出国，从上海坐船到厦门，途经香港、新加坡到达马来西亚，赴丁奴州龙道矿山开矿。大多数华工于1938年后回国。至1984年，民权县还健在的归侨有刘本德、刘继续、李广禹等18人，其中不少人保留有外国的入境签证和认购的抗日救国公债。

抗日战争时期：抗日战争时期一些河南籍的原国民党官兵流亡到国外谋生，成为当地华侨。其中，有的在华北地区与日军作战时，不幸负伤被俘，被日军押到东北服劳役，后到蒙古、苏联等地谋生。1939年间，在云南、缅甸之间修建滇缅公路，由于缺少汽车司机和机修工人，驻在开封的国民党军队开办司机训练班，招收一部分河南青年，他们毕业后随军南下，担负了滇缅公路的运输任务。1942年滇缅公路被日军切断，一些被派往缅甸接进口汽车的司机便留散在当地。后来有的辗转到印度、伊拉克等地谋生。有的在国外亲友帮助下，离开国民党军队在国外谋生。也有一部分河南人被日军抓到日本当劳工，到日本投降后才被送回国，汲县1943年有130多人被抓到日本挖煤；有的被日军编入新兵部队，开赴东南亚打仗，直到日本投降后，他们才脱离日军生活，留居国外谋生，成为华侨。

中华人民共和国成立前夕：1949年，一大批河南籍的国民党军政人员和青年学生，随国民党军队到了台湾，或寓居香港。而后其中一部分人"弃政经商"，辗转到美国、日本等地谋生。他们的后代不少在国外留学，毕业后大部分留在国外就业，成为当地华侨和华人。据初步估计，从台湾和香港出去的河南人，约有40万人。这是河南出国人数最多的一个时期，也是河南侨居国外华侨、华人的主要组成部分。

中华人民共和国成立后：1949年10月后，为维护归侨、侨眷的切身利益，密切侨胞与祖国的联系，中国政府制定了便利归侨、侨眷出境探亲和定居的出入境规定。但由于一些国家和地区限制中国人入境，使许多归侨、侨眷不能出国出境，加之"文化大革命"的影响，因此全省归侨、侨眷出境定居的人数不多。1978年实行对外开放政策后，对于申请出境与亲人团聚、继承遗产和助理店务的归侨、侨眷，政府尽量简化手续，给予照顾和方便，一些国家和地区对入境限制有所放宽，因此批准出境定居的人数有所增多，1980~1987年，共1125人（其中包括一部分外省籍的归侨、侨眷），他们分布在12个国家和地区，其中多数人定居香港，然后又由香港陆续到国外定居。1987年以后，自费出国留学和出国经商的人数大增，由于就业和自身事业发展的需要，多数留居海外，成为新一代华侨，其中不少人已加入外国国籍，成为外籍华人。这一部分华人的祖籍意识很强，经常往返于海内外，对于促进中外交流，发挥着很好的作用。

河南省在国外的华侨、华人，多数是第二次世界大战后从台湾和香港出去的，基本上是由原国民党军政人员及其后代构成。据台湾报纸1985年公布，河南省1949年前去台湾的约12万人，以后繁衍后代21万人，共计33万人。

台北、台中、台南、高雄、新竹等地均有"河南同乡会"组织，会员很多，仅南阳县去台人员参加同乡会的就有900人，辉县参加的有270多人。这些去台的国民党军政人员中，不少人辗转到国外谋生，包括他们留居国外的后代，形成了典型的"台转侨"特点。

从河南出去的华侨、华人，以侨居美国的为多，约占河南籍华侨、华人总数的1/5，这是由于美国对台湾放宽了移民政策，名额逐步增多，由每年移居美国105人，到1965年增到2万人。从1983年起，每年又增加2万人。由于移居美国的名额较多，不少河南籍的台湾军政人员及其后代得以赴美。尤其是一部分年纪较大的军政人员关心其子女的前途，千方百计把子女送到美国去留学，毕业后定居当地。

河南侨居国外的华侨、华人，文化知识水平较高，一般都受过高等教育，多数人从事科学技术和文教卫生事业。在2500多名高级知识分子及知名人士中，从事科学技术和文教卫生事业的约占2/3以上。其中有著名学者赵浩生、物理学家袁家骝和杜培春、遗传学家陈亨、玉米专家丁玉澄、化学物理研究员李圣炎、材料力学研究员焦蔚芳、物理教授杨炳麟、天文学家邵正元、血液学教授刘荣甲、亚洲语言学教授王靖宇等，他们在科学技术和文教卫生研究方面，都取得了显著成就，享有较高的声誉。河南籍的华侨、华人中，也有一些经营工、商和其他行业的，规模一般不大，但发展很快，是新崛起的一代实业家。

河南侨居国外的华侨、华人，在大陆有亲属朋友、祖宗庐墓，在台湾有亲戚朋友、上下级的关系，不少人经常来往于海峡两岸，介绍大陆和家乡的变化。通过华侨、华人与台湾的这种关系，对沟通海峡两岸的感情、促进祖国统一大业，起到积极的作用。

河南侨居国外的华侨、华人具有爱国爱乡的光荣传统，对支援祖国的革命和建设事业，表现了极大的热情。

截至2000年，河南省在海外的华侨、华人有近60万人，分布在50多个国家和地区，其中多数人为了生存和事业的发展，已加入外国国籍，成为外国公民，只有20%左右的人保留着中国国籍，是中国公民。加入外国籍的称华人，国内有他们的亲属，和祖籍国保留着血缘上的亲戚关系，所以他们也是侨联的工作对象；省内有归侨、侨眷50多万人，总数已突破百万人。

"根文化"研究　省侨联对外宣传任务之一，就是负责组织河南省围绕"根文化"开展对海外华侨、华人及港澳台同胞的宣传工作。河南是中华民族的发祥地之一，有着博大悠远的文化渊源和深沉凝重的历史积淀。以黄帝文化、姓氏文化、客家文化等为主要内涵的文化资源丰富，对海外侨胞、港澳台同胞有着很强的吸引力和凝聚力。省侨联于1988年召开华侨历史研讨会，要求把华侨历史研究与黄帝文化、姓氏文化、客家文化研究结合起来，并逐渐成为华侨历史研究的主题。河南省侨联加强"根文化"研究，取得了一定成果，利用"根文化"研究成果，在宣传河南、招商引资、发展旅游等方面做了大量工作。并以"根文化"凝聚侨心，多渠道开展海外联谊工作，被全国人大誉为"有河南特色的侨务工作"。

黄帝文化研究与寻根活动 为准确回答中华民族传统文化之根在哪里、谁是中华民族的人文始祖等问题，河南省侨联协同各有关部门的专家、学者，开展了深入研究，并取得共识：中华民族传统文化之根扎在中原，中华民族的人文始祖是黄帝，故里就在新郑；加强黄帝故里文化的开发与建设是刻不容缓的任务。

省侨联的主要领导亲自到新郑市介绍研究成果，并提出加强黄帝故里文化的开发与建设的建议。大量的历史文献记载和众多的文物佐证，河南新郑是中华人文始祖轩辕黄帝的出生地、常居地和建都地。黄帝文化遗迹遍布新郑、新密、荥阳、郑州一带，有轩辕丘、轩辕庙、黄帝避暑宫和御花园、黄帝饮马泉、南崖宫、黄帝故都、黄帝拜华盖童子处、嫘祖洞、仓颉造字台、天心石等。这些遗迹和众多有关黄帝的传说故事，构成了河南省得天独厚、丰富多彩、影响巨大的黄帝文化资源优势。

为弘扬黄帝文化，广交天下朋友，河南省侨联参与组织和接待海外华侨、华人来河南寻根拜祖，旅游观光。1992年9月，世界客属总会理事长陈子钦率马来西亚、中国台湾等6个国家和地区的150多人到黄帝故里祭祖；1996年5月和1999年10月，马来西亚客家文化寻根团164人到黄帝故里寻根祭祖，捐款10余万元，中央电视台《天涯共此时》栏目组进行了跟踪报道；1997年4月，马来西亚赖氏宗亲会一行66人到黄帝故里祭祖；1998年4月，由13个国家和地区近百人组成的"世界华人中华圣地拜祖团""韩国黄帝大祭友好访问团"多次到黄帝故里拜谒，并捐美元5万元，修建始祖山中天轩辕阁；2000年4月，中华民族友好协会率美国、新加坡等国家和香港、澳门地区的18个拜祖团参加了"千禧龙年黄帝故里寻根拜祖大典"。黄帝文化研究与寻根活动的开展，宣传了河南，带动了河南旅游业的发展，由此而产生的实际效应是无法估量的。

姓氏文化研究与姓氏寻根活动 河南是姓氏大省。河南省华侨历史研究组陈瑞松撰写的散文《千枝一本话林氏》（原文发表于《华声报》1984年7月1日第四版。后载入《月是故乡明——征文获奖作品选》，福建海峡文艺出版社1984年10月出版），获1984年全国（含海外侨胞）"月是故乡明"征文奖。他本人在北京领奖时，接受中央电视台国际频道《关于姓氏起源》的采访，谈话对外播出后，引起海外侨界的关注。1985年，省侨联着手开展姓氏文化研究和姓氏寻根工作。1989年，省侨联副主席云昌万赴泰国访问时将卫辉林氏始祖比干的研究资料送给泰国林氏宗亲总会，经联部部长陈可坚将荥阳郑氏研究资料送给泰国侨领郑伍楼，为他们来河南省寻根搭起了桥梁。《78姓祖根在河南》一文（发表在1989年11月17日《华声报》第二版《寻根佳音》栏目内）更加引起海外华侨、华人的关注；《颍川陈氏祖根在长葛》[发表在1990年5月15日《华声报》（长葛专版）上]，不仅从历史资料上说明根据，而且表明当地政府热忱欢迎的态度,感动了侨胞,使海外来河南寻根的热潮不断升温。1990年,《百家姓溯源》一书在中国华侨出版社正式出版,经中国国际图书贸易总公司发行到海外,受到海外华侨、华人的好评。1993年,河南省侨联在长葛召开姓氏文化研究交流会。会议收到论文20多篇,会上交流了11篇,发掘出115姓的祖根在河南,如陈、郑、张、谢、刘、方、蔡、宋、李等。厚重的姓氏文化资源是河南的宝贵财富,引起了省委、省政府及各有关部门的重视。随着寻根问祖热潮的到来,河南省又相继出版了《比干的故事》《比干与林氏》《林氏宗祖比干》《颍川陈氏》《荥阳郑氏》《许由许昌许氏》《陈氏宗亲》《淮阳陈氏》《河南姓氏发源地初考》《颍川始祖陈太丘轶事》《鹿邑李氏》《上蔡与蔡氏》《庄子故里在民权》等20多部姓氏著作。这些专著,以大量的资料详细说明这些姓氏的起源、郡望、迁徙、宗族文化等,为海外华侨、华人来河南寻根谒祖提供了可靠的历史根据。

1990年10月,"世界谢氏宗亲赴豫谒祖团"一行55人,由名誉团长谢国华、谢权率领,来南阳寻根,现场捐人民币30余万元。1992年12月6日,世界郑氏宗亲150人到荥阳祭祖,捐赠人民币50多万元,签订经贸合作协议和意向12项。1993年5月,河南省侨联协同新乡市侨联,在卫辉举办"比干诞辰3085周年纪念活动",邀请13个国家和地区的23个林氏宗亲组织,527人来参加会议。纪念活动短短3天,接受捐赠人民币500多万元,签订合资合作项目9个,引资756万元。1996年11月,省侨联同驻马店地区侨联、上蔡县侨联联合举办了首届蔡氏文化研讨会,来自湖北、福建、陕西、台湾、河南的考古、姓氏、历史专家150多人参会,有19篇论文在会上进行了交流。省侨联协助长葛市侨联于1998年4月承办了"世界舜裔宗亲联谊会第十三届国际大会",20多个国家和地区的舜裔宗亲407人参加了会议。会议期间,签订了8个合作意向,落实了1.5亿元的许昌旧城改造项目。2000年10月6~7日,来自海外和港澳台地区的90多名叶公后裔相聚叶县寻根问祖,他们还自愿捐款修复古迹,热心助残、助教、修桥、绿化等公益事业。2000年11月,省侨联邀请河南大学、省社会科学研究院和河南省博物院5名专家学者,赴濮阳、范县实地考察帝舜早期活动遗迹,并举行学术座谈会。经过实地考察与历史文献、民间传说、考古发掘相照应,专家们一致认为今濮阳县境内瑕丘、姚墟、历山、雷泽为帝舜早期活动遗址。省侨联组织此次考察活动,为世界舜裔寻根认祖找到了一处新的遗址。具有河南特色的姓氏文化寻根活动,不仅使河南在海外的知名度与日俱增,还使河南结交了大批华人社团中"经济上有实力,政治上有地位,社会上有影响,学术上有造诣"的领袖人物,为河南省"三引进"工作奠定了基础,受到国务院侨办的重视,《侨务工作研究》杂志多次刊登或摘引河南省姓氏文化寻根活动的内容。

客家文化研究与客家寻根活动 北方(主要是中原)汉人由于历史原因迁往南方定居后,当地土著人称其为"客家"或"客家人"。后来他们又由南方辗转到港澳台地区和世界各地，成为港澳台同胞和华侨。所以，研究客家文化也是侨联的任务之一。河南省侨联和市地侨联做了大量工作，清理了中原人南迁的历史。中原汉人第一次大批南迁是在西晋"永嘉之乱"时期。公元311年，匈奴族刘曜与石勒攻陷洛阳，俘怀帝，大肆抢掠，民不聊生，迫使姓氏八族（林、黄、陈、郑、詹、丘、何、胡）入闽。第二次大批南迁是唐初陈政、陈元光率部入闽平山民骚乱。公元669年，高宗命陈政为岭南行军总管事，帅府兵3600人，将校123人，前往闽粤之界平山民骚乱。陈政卒，其子陈元光继任，终获全胜，开建漳州，成为当地客家人。第三次大批南迁是唐末黄巢起义和王潮、王审知率部入闽时期。公元874年，王仙芝率众数千人在今河南长葛县起义，王仙芝战败身亡，黄巢继任为王，率部到闽西宁化石壁落籍生根。公元885年，王绪率农民军攻陷光州，王潮、王审知兄弟奉命率乡民5000人从义军入闽，后王潮、王审知兄弟先后被封为福建节度使和威武军节度使，公元909年王审知被封为闽王。第四次大批南迁是在金元入侵至南宋灭亡时期。公元1126年，金围汴京，京师陷落，次年4月，俘虏徽、钦二帝。此时京城内外、黄河南北大批官民南迁，至公元1141年，大约有500万北方汉人南迁落籍，成为当地客家人。从北方迁往南方各省的中原汉人是形成中国客家人的主体。后来他们的后裔又辗转到港澳台及世界各地，据专家估计，总人口超过1亿。

河南省侨联于1992接待西北欧崇正总会220人到河南祭祖，在洛阳王城公园"根在河洛"碑前举行了大型仪式；1992年9月，促成郑州市成立中原客属总会，140多名嘉宾参加庆典。为了做好这部分客家人的接待联谊工作，经省侨联研究决定，成立河南省客家联谊会，并于1994年11月17日在省民政厅登记注册。同年12月，在海外侨胞的热心赞助下，组成河南省客家联谊会代表团一行18人，赴广东梅州参加"世界客属第十二届恳亲大会"，同时向大会提交了《河洛文化与客家渊源》论文，受到欢迎与好评。大会期间，代表团与香港中华总商会会长、金利来集团董事局主席曾宪梓，香港南源永芳集团董事长姚美良，香港绿丹兰集团董事长李贵辉，美国熊氏集团董事长熊清龙等著名客家人代表人士以及泰国、马来西亚、澳大利亚、毛里求斯、印度尼西亚等国家和台湾地区的客属团体进行了广泛接触，联络了感情，扩大了友谊，为进一步邀请他们来河南进行经贸合作奠定了基础。

1996年，省侨联协助和指导有关市地开展海外客家人士寻根谒祖，如世界客家团体两次来河南郑州、洛阳、新郑、开封等地寻根谒祖，总人数达230人，仅向新郑黄帝故里捐款即达20多万元，礼品价值2万多元。1997年，省侨联派代表参加了在新加坡举行的世界客属第十三届恳亲大会。2000年，又参加了世界客属第十五届恳亲大会。从1994年省客家联谊会成立至2000年，先后接待了欧洲崇正总会、马来西亚客家公会联合会、泰国客属总会、澳洲客属联谊会和美国台湾客属联谊会等多批客家社团，开展了"海外客属社团中原文化寻根活动"，共接待海外客属华侨、华人2000多人。

第三节 参政议政

参与河南省政治、经济、文化和社会事务活动，反映归侨、侨眷和海外侨胞的意见和要求，协商、推荐省人大代表和省政协委员人选，参与政治协商，发挥民主监督作用是河南省侨联的工作职责。

1978年后，河南省侨联贯彻全国侨务会议精神，落实侨务政策，平反冤假错案，归还华侨私房，对归侨、侨眷"一视同仁、不得歧视，根据特点、适当照顾"。20世纪80年代，在归侨、侨眷职工工资，子女就业、升学以及企业经营方面，各级侨联采取措施予以解决。1990年9月《中华人民共和国归侨侨眷权益保护法》颁布，1992年12月《河南省归侨侨眷权益保护法实施办法》颁布，河南省侨务工作有法可依，进入了法律轨道。1993年4月，省侨联作为界别组成单位，参加了省政协第七届第一次会议，从而保障了侨联参政议政，实施民主监督的权利。河南省各级侨联积极推荐各级人大、政协侨界代表和委员，全省归侨、侨眷中共有各级人大代表125人，各级政协委员922人。他们经常深入基层，了解情况，1989~1994年提出了1473条建议和议案，得到各级党委和政府的重视。河南省各级侨联在帮助农村贫困归侨、侨眷脱贫致富和子女就业方面也做了大量工作，在养殖专业户或企业遇到困难时，侨联就出面找有关部门说明情况，解决困难，使归侨、侨眷感到了祖国家庭的温暖。2000年，为强化参政议政职能，省侨联要求各地市侨联协助和组织侨界人大代表、政协委员进行提案、议案的研究和撰写，提高提案、议案质量。同年，河南省县级以上侨界人大代表、政协委员共提交议案、提案、建议257件，有许多提案、议案质量较高，受到有关部门的重视。

政治协商　积极参政议政，实施民主监督，是侨联组织的一大任务。1993年4月，省侨联作为界别组成单位，参加了省政协第七届第一次会议，从而保障了侨联参政议政、实施民主监督的权力。侨联组织参与河南省政治、经济和社会事务活动，有效地促进了社会主义建设。洛阳、商丘、开封、郑州、信阳、南阳、新乡、平顶山、鹤壁、周口、安阳等地市侨联也先后作为界别组成单位，参加当地政协会议。侨联组织作为社会政治团体的地位，得到进一步确认和重视。

河南省各级侨联积极推荐各级人大、政协侨界代表和委员，经常同他们保持密切的联系。全省归侨、侨眷中共有各级人大代表125人、各级政协委员922人，他们经常深入基层，了解情况。1989~1994年，共提出1473条建议和议案，内容涉及简化出境探亲手续、出国留学、捐赠、人民团体法、棉花工作及"三引进"中加强精神文明建设，防止带有资产阶级文化色彩的沾染，华侨投资应受法律保护等提案，引起了有关领导和部门的重视，有些意见和建议进入法律和政策的决策程序，有的问题得到了圆满答复和解决。1994年，洛阳市侨联为给两会提案工作做准备，广泛搜集各方面意见，召开由省侨联参加的"三资"企业座谈会。会上，企业的外方代表对当地的一些行政部门负责人用行政手段干涉企业行为意见很大。他们说："虽然我们的企业效益较好，赚了点钱，但赚钱赚得很悲壮。今天侨联召开座谈会，我们回到了'娘家'，郁积胸中的苦水，才有机会吐一吐，吐了出来，心中感到畅快些。"侨联将这些问题通过人大和政协会议反映上去，引起领导们的重视。1997年，省侨联配合省人大、省政协换届，推荐了2名九届全国人大代表候选人、1名省九届人大代表和13名省八届政协委员。通过提案解决了早期回国老归侨退休每月给予50元退休补贴的问题，促使省侨办会同省劳动厅、省人事厅制定了《关于企事业单位在机构改革、转制中对归侨工作安排的意见》，规定归侨职工一般不予离岗、下岗。1998年，省侨联认真听取归侨、侨眷意见，与省侨办一同会商省房改办，提出了《关于房改售房中对出国定居的归侨和新移民（新华侨）给以适当照顾的建议》，解决了部分出国定居的归侨和新移民的购房问题，维护了他们的切身利益，受到海内外的好评。

为提高提案、议案质量，强化参政议政职能，省侨联于2000年9月发文，要求各市地侨联要协助和组织侨界人大代表、政协委员进行提案、议案的研究和撰写。各市地侨联对此项工作十分重视，通过组织所在地县以上侨界人大代表、政协委员调研或召开座谈会等形式，认真准备各级人大、政协会上拟提交的提案、议案。据洛阳、商丘、周口、南阳、新乡、安阳、焦作、信阳等市地的不完全统计，一年中，县级以上侨界人大代表、政协委员共提交提案、议案、建议257件，有许多提案、议案的质量较高，受到有关部门的高度重视。如开封市的《建议市政府加快农业调整步伐》，洛阳市的《关于加强对外资企业服务职能，改善洛阳软环境》《关于解决河南省归侨子女就业问题的建议》，商丘市的《关于治理市区大气污染的建议》《关于加强黄河故道生态保护的建议》，安阳市的《关于城镇职工医疗费用的负担问题，简化住院医疗费用报销手续》，信阳市的《关于加快大别山区农业综合开发的建议》，省侨联的《关于解决住房补贴不公正问题的意见》等引起有关部门的重视，或打电话，或上门征求意见，表示认真考虑，有的已被采纳实施。省侨联主席余恒作为全国人大代表，在第九届全国人大第四次会议上提交议案、建议8件；关于《人民日报》（海外版）不能停刊的建议，中央宣传部办公厅表示要认真考虑。

贯彻《权益保护法》 1990年9月7日，第七届全国人民代表大会常务委员会第十五次会议通过《中华人民共和国归侨侨眷权益保护法》（以下简称"《权益保护法》"），该法自1991年1月1日起执行。标志着侨务工作开始进入法律轨道。为加强侨务法制建设，省侨联在组织宣传贯彻的同时，积极参与《河南省归侨侨眷权益保护法实施办法》的起草工作。1992年12月19日,河南省第七届人民代表大会常务委员会第三十一次会议通过了《河南省〈中华人民共和国归侨侨眷权益保护法〉的实施办法》(以下简称"《实施办法》"),该办法于1993年1月1日起执行。1993年7月19日,中华人民共和国国务院令(第118号)公布了《中华人民共和国归侨侨眷权益保护法实施办法》(以下简称"《权益法实施办法》")。该"一法两办法"的颁布与实施,标志着中国侨务工作完全进入法制轨道,体现了中共中央、国务院对广大归侨、侨眷和海外侨胞的关心,用法律的形式,保护他们的权益。

省侨联向全省各级侨联发出号召,把认真组织学习、宣传"一法两办法"作为依法护侨的一件大事来抓。为宣传贯彻"一法两办法",开封、信阳、平顶山、驻马店、许昌等10个市地侨联印制了"一法两办法"小册子和宣传材料5.5万余份,发给归侨、侨眷和基层政权组织。1993年年底和1994年年初,省侨联还先后两次陪同省人大常委会民侨外工委赴开封、信阳等地视察"一法两办法"的贯彻执行情况。为确保"一法两办法"的贯彻落实,洛阳、开封两市侨联还成立了华侨律师事务所,为归侨、侨眷用法律武器保护自身权益提供服务。

2000年9月7日,为纪念《权益保护法》颁布10周年,中国侨联下发《关于纪念〈中华人民共和国归侨侨眷权益保护法〉颁布十周年活动的通知》(以下简称"通知"),要求地方各级侨联开展学习、宣传、实施《权益保护法》的活动。河南省侨联及时转发了中国侨联的《通知》,并对各市地侨联提出了在9月7日前后召开一次纪念座谈会、准备一篇纪念文章、邀请一位市领导在当地电视台发表讲话、组织记者进行一次《权益保护法》颁布10周年成就专题报道等具体要求。河南省各级侨联以板报、横幅、发表纪念文章等多种形式宣传《权益保护法》。平顶山、南阳、安阳、信阳、郑州、开封、新乡等市地侨联相继召开归侨、侨眷座谈会,回顾《权益保护法》贯彻实施10年间中共党和政府对广大归侨、侨眷的关怀和当地实施《权益保护法》依法护侨的巨大成绩。信阳、平顶山、三门峡、南阳、安阳、许昌、驻马店等地市侨联分别在当地报纸发表市委副书记、副市长署名文章以及市侨联主席的专访或专稿,在电视台安排市领导的电视讲话。

2000年,修改后的《权益保护法》公布后,省侨联又发出学习、宣传、贯彻的通知,并在12月召开的省侨联第七届第二次常委会议上进行学习讨论,各市地侨联再度掀起学习、宣传贯彻热潮。平顶山市侨联于同年11月14日召开学习座谈会,并在《平顶山日报》上举办《权益保护法》与侨联知识竞赛,该市各界读者踊跃参赛,有效地扩大了对修改后的《权益保护法》的宣传层面。

适当照顾　中共党和国家历来十分重视侨务工作,并制定了侨务工作的根本方针和一系列政策。早在1945年,主席毛泽东在《论联合政府》报告中,提出要"保护华侨利益,扶助回国的华侨"。中华人民共和国成立后,由于历史的原因,受"左"

的影响，特别是"文化大革命"中把"海外关系"视为洪水猛兽，广大归侨、侨眷因海外关系受到不公正的待遇。他们在政治上受到歧视，工作上受到限制，生活上造成困难。为纠正这些错误的做法，挽回影响，发挥归侨、侨眷的聪明才智，调动一切积极因素致力于经济建设，中共党和国家对国内归侨、侨眷工作提出了"一视同仁、适当照顾"的原则。

"文化大革命"后，中共中央在总结几十年侨务工作经验的基础上，根据新形势要求，把"一视同仁、适当照顾"的原则补充为"一视同仁、不得歧视、根据特点、适当照顾"的16字原则，纠正过去的错误做法，平反冤假错案。各级侨联作为归侨、侨眷和海外侨胞自己的组织，在贯彻16字原则，帮扶归侨、侨眷脱贫致富和为"三资"企业排忧解难方面，做了大量的工作。

1978年1月，河南省侨务工作会议传达贯彻了全国侨务会议精神，进一步强调：归侨、侨眷凡因"海外关系"而受影响的问题，必须按照中共中央的政策，切实加以解决；在运动中被审查、批斗、迫害的应尽快重新审查，作出结论，所有诬陷不实之词应予推倒；有关档案材料，应剔除销毁；处分错了的，应一律平反；被迫害致死的，应予昭雪。同年1月和8月，中央组织部和省委统战部分别发出《关于归侨侨眷入党、提干等若干问题的通知》和《关于认真地处理好因"海外关系"受打击迫害的遗留问题的通知》，文件指出：在归侨、侨眷中，仍要继续遵照毛泽东主席关于革命接班人的5项条件，注意培养和选拔干部，并把那些德才兼备的干部放在适当的岗位上，凡把"海外关系"同地、富、反、坏或"杀、关、管"并列的空白表格，应一律停止使用；已填写的作废，发新表重新填写；抄家的东西应全部退还本人；家属受株连的应予纠正。

1978年12月，全国侨务会议和第三次全国侨代会召开，加快了落实侨务政策和平反冤假错案和退还华侨私房等工作。根据中共中央关于侨务工作的指示，省侨联及各市地侨联积极协助党和政府落实各项侨务政策。从1980年6月起，对全省归侨、侨眷和港澳同胞眷属干部职工档案进行了清理，清出大量的所谓"海外关系"的各种表格、交心材料和错误决定，并都经过所在单位进行了销毁，解除了广大归侨、侨眷和港澳同胞眷属干部职工的思想顾虑。协助侨办落实侨房政策，766户计138167平方米的侨房得到落实。"文化大革命"期间的986起冤、假、错案，全部得到平反纠正。20世纪60年代因"海外关系"精简下放的归侨、侨眷137人全部落实了政策。至此，"一视同仁、不得歧视"的原则得到真正落实。据统计，1980~1987年，全省共有307名归侨、侨眷先后当选为县以上各级人大代表；808名归侨、侨眷任县以上各级政协委员；还有一大批归侨、侨眷加入中国共产党、共产主义青年团，被评为先进工作者，晋升职称；部分德才兼备者担任了副省长、省政府副秘书长、省委统战部副部长、省侨联正副主席、地区副专员、科委主任、市地侨办正副主任、副县长等领导职务。

由于全省各级侨联大力宣传贯彻中共党和政府的各项侨务政策，"根据特点、适当照顾"的原则也逐步得到落实。1980年，郑州、开封、鹤壁市和许昌地区共为360名归侨、侨眷职工调升了工资。1981年，全省有166名归侨子女被安排就业。新乡市规定中学要照顾一定的分数差额录取归侨子女入学。许多单位在住房上都给归侨、侨眷以适当照顾。如郑州汽车制造厂8名归侨，人均住房达到10平方米以上。1982年，郑州市规定，对报考初、高中的归侨子女可降低3~5分录取。1979~1987年，全省归侨、侨眷子女共有457人参加高考，217人被录取，其中21人得到10分的照顾。在安置旅蒙（古）、旅朝（鲜）归侨中，国家在资金、原材料如水泥、木材、钢材等方面都从计划内拨付，给予适当照顾。对个别特殊情况，省侨联领导亲自出面，帮助解决。如1987年焦作归侨学生伍羽中在高考中取得531分的好成绩，超过当时重点大学的录取分数线，但因患小儿麻痹后遗症（生活完全可以自理），招生学校以其身残不能修满5年学业为由，不予录取。参加高招的侨务干部向他们反复宣传国家侨务政策，仍不能解决问题。省侨联主席林雪梅了解情况后，立即找省高招办和省领导说明情况，终于使该生录取入学。该件事不仅使该生家长很受感动，而且在许多归侨、侨眷中产生了极好的影响。

1990年以后，将部分"适当照顾"的做法写入了"一法两办法"中，得到了法律的保护。各级侨联积极协助归侨、侨眷证明其子女的身份，向政府反映情况，做了不少工作。各高等院校也很乐意录取侨眷学生，形成了制度，使应该得到分数照顾的都落到了实处。

帮扶工作 1978年以后，河南省各级侨联在帮助农村贫困归侨、侨眷脱贫致富和子女就业方面，做了大量工作。1987年，为开拓侨务工作新领域，省侨联派人到江苏、山东学习扶贫工作经验，研究制定《关于扶持归侨侨眷脱贫致富的试行办法》，开始了扶贫试点工作。当时共扶持贫困归侨、侨眷24户，其中养殖户18户、种植户1户，个体企业3户、集体企业2户，下拨扶贫款6万元。从当年经营情况看，多数都能保本盈利。在潢川县扶持的余以明养鸭专业户，不仅当年盈利近万元，而且带动所在地全乡的养殖业大发展。新野县是南阳地区比较贫困的地方，1991年春，为了让侨眷带头发展商品生产，脱贫致富，县侨联干部曹显峰主动带领两名农业技术员到侨眷比较集中的施安乡薛庄村蹲点。他发动18户侨眷从事高效科技农产品开发，经过200多个日夜的艰苦劳动，搭起30个日光大棚，创办食用菌种植场15个，年增收21万元。他们还指导村民对53.33公顷棉花进行科学管理，由原来每亩单产皮棉30千克增至110千克，增收51万元。18户贫困侨眷脱贫致富，带动了全村奔小康的步伐。该村被新野县评为科技兴县先进村。

周口地区沈丘县留福乡留福村侨眷张新亚是县侨联的常委，担任村党支部书记。为发展当地经济，他呕心沥血，创办了沈丘县新亚集团股份有限总公司，任总经理。

到1993年，该公司已拥有散热器、造纸、皮革、肉联、电子电器、化工等33个分公司，固定资产3500万元，流动资金6000万元，年总产值1.3亿元，年利税1100多万元，职工达5200人。5年全村3000口人年人均收入超2000元。1992年1月，中共河南省委书记李长春与国务委员陈俊生视察留福村时，陈俊生对他们说："你们的方向对，路子正。"并挥笔书写了"豫东平原上一颗璀璨的明珠"的题词。张新亚于1993年获全国五一劳动奖章、全国劳动模范。

河南省各级侨联扶持广大归侨、侨眷兴办侨属企业，基本上解决了侨界子女就业问题，受到广大归侨、侨眷和海外侨胞的欢迎。

帮扶工作的另一项任务，是帮助"三资"企业排忧解难，为他们服好务。美籍华人韩诚信、王惠文夫妇，独资在开封兴建碳化硅厂，投产时有关部门拒绝供电，河南省侨联主席林雪梅亲自出面找有关领导说明情况，使供电问题得到解决。洛阳市侨联通过长期做好泰籍华人（当时身份）王任生的工作，积极向政府反映情况，帮助他家落实房产政策，为其亲属解决实际困难，尤其是当他在洛阳投资3000万美元独资兴办的河南省东裕电气公司遇到困难时，为其排忧解难，王任生非常感谢。1992年洛阳牡丹花会期间，王任生出面邀请菲律宾著名实业家、亚洲世界（国际）集团创办人郑周敏参加，并向其介绍洛阳投资环境和投资前景，促成开发20平方千米土地、建设拥有1250套高级套房的五星级大酒店项目正式签订。1994年，巴西华人周正投资1800万元，在郑州兴办企业时遇到不少困难，省侨联主要领导亲自出面帮助解决，终于使该企业于中秋节正式开业。在洛阳召开的"三资"企业座谈会上，外方代表对侨联帮助他们解决实际困难，深表感谢，亲切地称侨联为"三资"企业的"娘家"。

维护侨益 依据《中华人民共和国归侨侨眷权益保护法》《中华人民共和国归侨侨眷权益保护法实施办法》和《河南省〈中华人民共和国归侨侨眷权益保护法〉的实施办法》，维护归侨、侨眷的合法权益是各级侨联义不容辞的神圣职责。河南省各级侨联在依法维护归侨、侨眷合法权益方面做了大量的细致工作。据不完全统计，1990~2000年间，共协助妥善处理侵犯归侨、侨眷权益案件600余起。1995年是《权益保护法》颁布实施5周年，也是《权益法实施办法》和省《实施办法》深入贯彻的重要年头。侨联系统配合各级人大对"一法两办法"的贯彻情况进行了执法检查。据12个市地统计，共有132起侵侨案件，通过执法检查，督促纠正解决128起。如省侨联向省高级人民法院反映香港同胞、省政协委员李福庆在开封投资纠纷案，终使该案得以纠正改判，李福庆获赔款200多万元。桐柏县一工厂欠一港澳同胞44万元一案，在南阳市侨联的帮助下，市中级人民法院判定返还，但该厂拒不执行。省侨联把此案向省高级人民法院作了反映，终使此案得到妥善解决。洛阳市侨联帮助归侨何毅解决了拖延6年之久的官司，由法院强制执行，获得赔偿金86970.91元。洛阳市侨联协调老归侨薛木丹解决了长期被拖欠的工资问题，避免了一场恶性事件的发生。省侨联和焦作市侨联积极向焦作市人民政府反映情况，做了大量工作，使归侨林又玲的车祸赔偿得到合理解决。

1997年，出席省人大和省政协的侨界人大代表和政协委员分别提出了《归侨职工不予下岗》的议案和提案，促使省侨办会同省劳动厅、省人事厅制定了《关于企业事业单位在机构改革、转制中对归侨工作安排的意见》，作出归侨职工一般不予离岗、下岗的明确规定。1998年，出席省人大第九届第一次会议的侨界人大代表提出的《关于解决下岗、退休归侨、侨眷生活困难的建议》提案引起省委、省政府的重视。有些侵权案子比较棘手，省侨联就以组织名义出面协助。如香港金皇企业公司诉郑州德意科技公司诈骗548万元人民币案。接到港方委托，省侨联调查了解后，做了大量的协调工作，动员中方切实履行合同，按期归还欠款；在协调无效的情况下，省侨联又帮助聘请律师调查取证，最终协助公安部门将犯罪嫌疑人德意公司总经理李某某逮捕归案，使这一案件得到妥善处理。

第四节 接待联络

河南省地处中原，豫籍侨务直接工作对象中有华侨华人 47 万多人、港澳同胞 12 万多人，合计 60 万人。中原是中华民族发祥地之一，黄帝故里在河南新郑，115 姓的祖根在河南，客家人的祖根大部分在河南，他们视河南为自己的祖根地，与河南有着密切的联系。因此河南也是侨务工作大省，接待联络工作任务比较重。

1978 年后，前来河南访问的海外侨胞不断增多，范围不断扩大，包括东南亚、欧美、大洋洲、非洲和中东等。20 世纪 70~80 年代，来访者多为探亲访友和旅游观光；80~90 年代，自带项目寻求合作的人越来越多，寻根问祖的社团也占一定比例。1995~2000 年，河南省各级侨联共接待海外华侨、华人、港澳同胞 38956 人次，加强了乡谊亲情，促进了与各国人民的友好合作。

随着对外开放的不断深入，河南省各级侨联也走出国门，加强与海外华侨、华人的联谊工作。1984 年，河南省侨务部门开始组团出访澳大利亚等国，80~90 年代又先后组织出访美国、泰国、俄罗斯、罗马尼亚、保加利亚、荷兰、印度尼西亚、新加坡、马来西亚、柬埔寨等国家。2000 年，全省侨联系统组织 10 多个代表团出境参加各种世界性社团活动，结识了新朋友，宣传了河南，加强了与外界的交流与合作。

接　待　河南省侨联的接待工作在不同历史时期侧重点不同，有着鲜明的时代特征。20 世纪 70 年代末至 80 年代初，来访的海外侨胞不断增多，但多为探亲访友和旅游观光。此时接待工作的原则是：热情接待，多做工作。在接待过程中，注意向客人介绍祖国和家乡的巨大变化及国家的各项方针政策；与有关部门联系配合，组织安排好他们的探亲、旅游、讲学、洽谈经贸等活动，在生活上，尽量提供方便。对其中重点工作对象的接待，有关领导都亲自出面。1983 年上半年，美籍华人、美国印第安纳州外科医学博士李煐来访，中共河南省委书记刘正威、副省长胡廷积分别接见并宴请。李煐表示，由他任主席的"美中教育基金会"决定，当年捐助 5 万美元，为河南培养 10 名留学生，以后将继续每年为河南提供五六名留学生的经费。1983 年 10 月，美籍华人、医学博士陈亨等来访，副省长阎济民接见了他们。袁家骝于 1986 年回国访问，9 月 11 日邓小平在人民大会堂会见并宴请了袁家骝和夫人吴健雄，同他们进行了亲切的交谈。9 月 25 日，袁吴夫妇由中国科学院专家陪同抵豫访问，省侨联主席、侨办主任林雪梅到车站迎接。袁家骝 9 月 25 日~10 月 2 日在河南省访问期间，先后参观考察了科技、教育、农业、工业等研究单位，被聘请为河南省科学院顾问和河南大学名誉教授、受到省委书记杨析综、省长何竹康、副省长赵正夫等接见和宴请。

20世纪80年代末至90年代初,接待工作出现了许多新特点:第一,是来访数量大增,特别是高阶层的人士增多。不仅有老朋友,更有许多新朋友。第二,是来访者的范围不断扩大,逐渐形成以东南亚为基础,以欧美、大洋洲为重点,范围扩展到非洲和阿拉伯世界。第三,从以人为单位扩展到海外华侨社团的集体来访,规模越来越大,规格越来越高。第四,自带项目寻求合作,为发展各自的事业或寻找项目的人越来越多。这个时期的接待工作融经济、贸易、文化科技交流为一体,其中寻根问祖的社团占据一定比例。围绕香港回归的主题,省侨联热情接待了应邀参加香港政权交接仪式的重点侨团和著名侨领60余人。其中有世界著名物理学家袁家骝博士和以张曼新为团长的欧洲华人社团联合会、匈牙利华人联合会代表团,以及以曾庆如为团长的苏格兰华人社团赴港观礼团等。20世纪90年代,来访以团体为主,"文化搭台、经贸唱戏"。1998年4月,世界舜裔宗亲联谊会第十三届国际大会在长葛市召开,为陈寔墓园揭幕,会议中间进行经贸洽谈,签订了8个合作意向,许昌旧城改造项目落实了1.5亿元人民币的投资。会后,联谊会又捐建一所"舜裔学校"。1999年3月22~25日,以会长咸生林为团长的加拿大河南同乡会一行6人赴河南访问,与河南省有关部门建立联系,促进河南与加拿大在各个领域的交流与合作。在省委、省政府和各部门配合下,省侨联圆满完成接待任务,加拿大河南同乡会决定设立"加拿大河南同乡会奖励基金"并正式签订了文件。此外,就学术交流、劳务输出,组织艺术、书法、绘画人员赴加拿大交流事宜达成初步意向。

据不完全统计,1995~2000年,河南省各级侨联共接待来豫进行文化寻根、经贸考察、参观旅游、探亲访友和讲学交流的海外华侨、华人、港澳同胞共计38956人次。通过接待,广交了朋友,与301个海外华侨、华人社团建立了密切联系,促进了河南经贸、科技、文化对外交流与合作。

出　访　走出国门,加强与海外华侨、华人的联谊工作,是各级侨联工作的重要组成部分,也是河南省同世界各个国家和地区发展经济往来和外交关系的重要组成部分。河南省侨务部门组团出访始于1984年。当年12月5日,应澳大利亚悉尼杨子贸易公司总经理、澳籍华人杨雪峰邀请,省侨联组织河南省华建股份有限公司代表团一行6人,访问了澳大利亚。团长宋玉玺(省委统战部部长),副团长李健(省委统战部副部长)。代表团在悉尼、堪培拉、布里斯班、墨尔本等地考察访问15天,向当地侨胞赠送了河南地方戏录像磁带、字画、唐三彩等礼品,所到之处受到热烈欢迎。访问中与旅澳的河南籍侨胞及社团联络了感情,增进了友谊,看望了老朋友,结交了新朋友。与侨胞探讨了经济技术合作的途径,开辟了"三引"的新渠道。

1987年5月23日~6月7日,省侨联、侨办一行5人,应邀访问美国。团长宋玉玺(省政协主席),副团长林雪梅(省侨联主席、侨办主任)。代表团先后访问了河南侨胞比较集中的洛杉矶、芝加哥、纽约、华盛顿、旧金山、夏威夷等地，拜会了南加州河南同乡会、美中西部地区中国和平统一促进会、美东区河南同乡会、全美华人协会芝加哥分会等华人社团的主要成员；参观了与社团关系比较密切的唐人街、商店、餐馆、学校、医院、科研机构和老年人活动中心，举行大型聚会5次，现场办公4次，家访9次，接受意见、建议和交办的事宜200多项；先后接触侨胞120多人，其中社团领袖18人、专家学者43人、商界26人，还有一部分第二、第三代侨胞青少年，宣传了国内形势及河南发展情况，进一步联络了感情，为长期合作奠定了基础。

1989~1994年，省侨联应7个国家的华侨、华人社团邀请，先后组团6个、成员42人次出国访问。1989年10月由省侨联牵线，组成以副省长胡悌云为团长的河南省政府代表团，第一次赴泰国访问，省侨联副主席云昌万参加了该次访问，受到泰国政府部门和泰国华侨社团、客家侨领的热情接待。省以下各级侨联根据各市、地、县的工作需要，为当地经济建设服务，也纷纷组团出访。如南阳地区侨联，为加快侨属企业的发展，先后组织38人带着所需要的项目，到美国、日本等8个国家和地区访问，引进了玉器加工、黄牛养殖等20多种技术，找到了合作伙伴，加速了侨属企业的发展，实现年利税400多万元，为1100名侨眷子女的就业提供了条件。1992年4月30日~5月21日，省侨联直属公司中国河南国际经济技术合作公司侨联公司组织了由市地8家不同所有制形式的大中型企业公司参加的河南省侨务考察团对俄罗斯、罗马尼亚、保加利亚进行考察，同20多个企业、公司进行洽谈，并签订了合作意向书。其中与罗马尼亚两个公司合资开办方便面厂项目，得到中国驻罗使馆的肯定。省侨联公司还在罗马尼亚注册"罗马尼亚国际投资贸易集团公司"，是当时中国在罗注册的第一家生产型企业，还洽谈了合资开办卷烟厂的项目。

1994年8月，应泰国林氏宗亲总会邀请，河南省经贸访问团一行9人，赴泰国访问。省政协主席林英海任团长、省侨联主席林雪梅任副团长。这次访问，广泛接触泰国各界人士，巩固与老朋友的友谊，结识一批高层次的新朋友，宣传了河南，促成了一批合作协议的签订。

1994年，应荷兰全荷华人联合会体育运动总会主席杨华根邀请，以省侨联副主席、省侨办副主任张钦文为团长的河南省海外交流协会体育代表团于当年10月访问荷兰，并参加"第十届全荷华人体育运动会暨世界华人友谊邀请赛"。邀请赛上共有来自世界各国30多个城市的华人社团组织的体育代表团参加，河南省应邀派出乒乓球队参赛，取得女子乒乓球单打冠亚军、双打亚军和男子单打冠军的好成绩，为河南赢得了荣誉。同时利用这个机会，与各国华人选手切磋球艺，并通过侨务工作宣传河南，扩大了河南在西欧的知名度。在比赛过程中，张钦文副主席和代表团成员还广泛接触各国华侨、华人代表队，与荷兰侨领胡志光等进行了初步接触，宣传河南的投资环境、投资政策和旅游资源、风土人情，吸引更多的侨胞和外籍人士来河南观光旅游、洽谈经济贸易，促进河南省经济建设和旅游事业的发展，扩大同西欧的联谊，促进海内外华人的交流与合作。

1996年4月25日~5月12日，以省侨联主席林雪梅为团长，竹林众生等企业负责人参加的河南省海外交流协会代表团一行5人，先后访问了印度尼西亚、新加坡、马来西亚，签订了河南豫源电力集团与马来西亚高丰控股集团公司合资1.86亿元人民币（外方占60%）兴建2×2.5万千瓦火力发电厂等8个项目合同、协议和意向书。

1997年，省侨联协助周口、许昌、南阳等侨联带领河南省制衣、造纸、制砖、油漆、化工等企业赴柬埔寨进行经济考察时，在柬注册了"豫柬国际有限公司""金豫制衣厂"等5家企业，为河南企业走向海外进一步打开了局面。同年，省侨联派代表出席了在新加坡举行的世界客属第十三届恳亲大会。同时，郑州、许昌、驻马店、商丘和卫辉、上蔡、民权等市地县侨联也分别应邀赴东南亚参加世界性、区域性华侨、华人社团活动，开展文化和经济交流，为河南走向世界拓宽了渠道，奠定了基础。

2000年，全省侨联系统组织10多个代表团出国参加各种世界性社团活动。如省侨联组团参加印度尼西亚亚细安客属恳亲大会，省侨联与许昌、长葛、濮阳等市组团参加在马来西亚召开的世界舜裔联谊会第十四届大会，使河南在海外的知名度大大提高。

第五节 经济工作

1979年全省侨务工作逐步恢复后，工作重点是拨乱反正，批判"左"的思想，纠正对"海外关系"的错误认识，贯彻对归侨、侨眷"一视同仁、不得歧视，根据特点、适当照顾"的原则，并落实一系列侨务政策。1983年以后，侨务工作转向为经济建设服务。各级侨联经济工作的重要任务是围绕经济建设这一中心，广泛团结和动员归侨、侨眷投身改革开放和现代化建设；积极促进海外侨胞与祖国进行经济合作和科技交流；努力为归侨、侨眷兴办企事业和海外侨胞来华投资服务；办好侨联所属企事业。

1983年7月22~28日，河南省侨务工作会议在郑州召开。中共河南省委常委、省委统战部部长宋玉玺，副省长岳肖峡和国务院侨办副主任庄炎林等出席会议并讲话。会议传达了中办发〔1983〕15号、33号和国务院侨办〔1983〕42号文件精神，拉开河南省侨务工作为经济建设服务的序幕。会议确定河南省今后侨务工作的重点是：紧紧围绕社会主义现代化建设，利用侨务部门的有利条件，积极、稳妥地开展对外联络工作，引进资金、人才。省政府豫政〔1983〕119号文件转发了会议报告。各市、地侨务部门也先后召开侨务工作会议，参加会议的达2000多人次。中共河南省委第一书记刘杰在全省农村工作会议上强调指出：要充分发挥侨务部门的作用，充分发挥河南省华侨、外籍华人的作用。从下半年开始，侨务工作重点要转向为河南经济建设服务方面。

河南省侨联围绕上述任务，积极开展经济工作，从自办企业入手，大力扶持侨属企业，开展引进资金和人才活动（简称"引资、引智"），加强海内外交流与合作，为经济建设服务，并取得了一定成绩，受到中国侨联的肯定，全国人大常委会副委员长叶飞曾亲自来河南视察侨联经济工作。

引资工作　各级侨联发挥海外关系的独特优势，按照国家产业政策和投资导向，围绕当地经济发展规划，引导归侨、侨眷利用"海外关系"，为引进资金提供信息，牵线搭桥，做了大量工作，促成了一大批合资、独资企业。仅1994~2000年，就引进项目579个，签约资金120.2亿元人民币，实际利用外资7.92亿美元。促成引进1000万美元以上的项目24个。许昌市侨联为魏都区回民住宅工程引进外资1.5亿元；南阳市侨联促成总投资6000万元的南阳正大有限公司和驻马店地区侨联促成总投资2000万元的枫华种猪改良扩繁有限公司，对促进河南省农村养殖业由粗放型向集约化方向发展起到积极作用。港胞郭文贵独资3.7亿美元，在郑州兴建裕达国贸大厦，引来了世界著名财团常驻郑州。台胞王任生以泰国华人身份投资3000万美元在洛阳开办东裕电器公司，1993年拿到订单4000万美元，约相当于洛阳市年出口创汇的2/3，解决了近3万人的就业问题。之后他又在郑州创办丹尼斯购物中心。经他介绍，菲籍华人、世界集团创始人郑周敏在洛阳投资一座拥有1250个房间的五星级大酒店，还同宜阳县合资创建中侨宜发能源有限公司，投资1亿元人民币建成2×2.5万千瓦火力发电厂。美籍华人黄忠顺投资30万美元，与新乡市新新羊毛衫厂合资，产品80%外销。

1988年起，河南省侨联把引资工作转向参与组织大型招商洽谈会方面，使引资工作有了进一步发展，并取得可喜的成绩。1991年年初，省侨联协助新郑侨光实业公司采用产品补偿方式引进500万美元，筹建苎麻纺织厂，派人共同到武汉、广州进行洽谈，与港方签订了正式合约。1992年，省侨联和市地侨联积极参与在深圳召开的恳谈联谊会，参与"中国郑州国际少林武术节""洛阳牡丹花会""开封宋都文化节""信阳茶叶节"和"三门峡国际黄河旅游节暨黄河之旅首游式"等活动，介绍并邀请了数量可观的有实力客商，受到当地政府重视。省侨联在省政府举行的深圳招商会上，邀请华人、华侨、港澳同胞44人，促成合作意向54个。其中投资的32个，提供贷款的2个，劳务输出的1个，开发旅游的2个，扩大来料加工的1个，贸易的16个。1993年，新增外商投资企业750多家，由侨务部门促成的占75%以上。1994年，省侨联对"'93深圳中国大中型企业对外经济技术合作洽谈会"的跟踪服务取得了实质性的进展。推动周口味精厂同日本味之素株式会社、新飞电器集团同美国海洋国际有限公司、新乡高新技术产业开发区同香港鹏源发展有限公司、洛阳浮法玻璃集团公司同美国GLASTECK公司签订了4项合作合同，总投资为11120万美元，其中外方投资为1083.98万美元。由归侨、侨眷牵线搭桥，向海外推销河南土特产1.37亿元人民币，引进项目380个，合同协议资金11.44亿元人民币。同年在省政府的指导下，同中国房地产协会，省建设厅、省计经委等联合举办了"'94国际房地产博览招商洽谈会"，招来外商118人，其中房地产代表团24个。展出期间，接待客商2万余人次，4天时间签订合同、协议、意向10个，总投资达13.7亿元人民币、美元1亿元、港币6800万元。此次博览会大胆探索了以会养会的新路子。

1995年，省侨联积极配合省侨办等有关政府部门，争取到"中国中西部地区对外经济技术合作洽谈会"的承办权，并全力以赴投入筹备工作。这次洽谈会是经国务院批准，由中国海外交流协会主办，得到国务院侨务办公室、国家计委、经贸委、外经贸部及中西部地区的河南、山西、江西、湖北、湖南、陕西、甘肃、青海、贵州、四川、云南、内蒙古、宁夏、新疆等省区的支持，前期工作委托河南省筹备、承办。洽谈会于1996年10月25~28日在郑州举行。参加洽谈会的各省区代表团20个，到会5000多人，其中海外客商870余人。签约230个项目，总投资额达69.2亿美元，其中外资为47.2亿美元。在签约的230个项目中，合同多达51个，总金额12.7亿美元，其中利用外资8.89亿美元。河南省以举办地的优势,省团签约23个,总投资204亿元,利用外资13.6亿美元;市、地团签约167个,总投资额544.38亿元人民币,利用外资13.66亿美元。洽谈会期间,河南省还接受捐赠425万元人民币,其中香港金心集团向开封大学捐赠300万元,香港华达投资集团公司和香港中旅集团公司华侨城向"希望工程"捐赠100万元现金和价值25万元的教学设备、器材。

1997年10月,省侨联和许昌市人民政府联合举办了"'97中原(国际)纺织服装产品交易会",澳大利亚、匈牙利、马来西亚、柬埔寨、新加坡、印度尼西亚、智利等20多个国家和地区的50多位外商和18个省市的680多家企业参展,总成交1.2亿元人民币。

1998年,"'98中国中西部地区对外经济技术合作洽谈会"于10月17~20日在长沙举行。河南省侨联、侨办(合署办公)牵头,计委、经贸委、外经贸厅、贸促会、对外宣传办公室共同参与组成河南省代表团,副省长张以祥为团长,省侨联副主席、侨办主任余恒和省计委副主任雷海军为副团长,有16个市地230人近百家企业参加大会。4天时间,洽谈签约28个项目,总投资43113万美元,利用外资27598万美元。其中合同5个,总投资9871万美元,利用外资6720万美元;协议6项,总投资5311万美元,其中外资为3488万美元;意向17个,总投资27913万美元,外资额17690万美元。在全国参会的20个代表团中,河南省交易成果居第四位。美国华宝集团总裁林国文在会上表示,1999年为河南提供30名高级管理人员的全额资助,到美国加州接受培训。这次洽谈会,河南省再次获得大会组委会"优秀组织奖"和"优秀布展奖"。

引智工作 1978年以后,为做好引智工作,省侨联对国外重点工作对象进行了筛选,建立了国外人才库。根据侨情普查,初步掌握的具有高级职称的专家、学者、教授2400多人,其中120多人建立了档案,为引智工作奠定了基础。1983~1987年,共引进19名专家学者来豫讲学,传授先进科学技术知识。他们是:美国波士顿大学生物工程教授丁玉澄,美国堪萨斯州大学遗传学教授梁学礼,美国堪萨斯州大学统计学教授彭先恐,美国农业部顾问左天觉,澳大利亚政府科学及工业研究院家畜生产研究所高级研究员、博士潘郁生,美国南康涅狄格州立大学商业经济学院教授兼院长肖镜如;以上6名海外专家,均被河南农业大学聘为名誉教授。美国印第安纳州美中教育基金会主席李焕、美国新泽西大学医学院教授杨中枢、美国威斯康星大学食品所教授朱繁生、美国卫生部科研基金会教授庄辉、美国印第安纳州立大学病理学教授韩诚信;以上5名专家被河南医科大学聘为名誉教授。美国奥克兰大学教授洪友仁被郑州工学院聘为名誉教授。美国艾奥瓦州立大学物理系教授杨炳麟同时被郑州大学、河南大学聘为名誉教授。美国康涅狄格州耶鲁大学东西文学系教授赵浩生被郑州大学聘为名誉教授。美国弗吉尼亚州工艺大学物理研究院教授胡天育、美国布鲁克海文国家实验室高级研究员袁家骝被河南大学聘为名誉教授。美国纽约大学遗传工程学教授陈亨被河南师范大学聘为名誉教授。美国底特律福特汽车公司发动机工程师莫松森被南阳汽车制造厂聘为名誉顾问。美国波士顿学院化学教授、全美华人协会主席潘毓刚被郑州近代化学研究中心聘为名誉主任。这些外籍华侨、华人专家学者来河南省高校讲学办班，带来医学、化学、物理、遗传学工程等先进技术，国内30所院校派人来听讲，听众达2万人次。

1997年5月，省侨联邀请美国纽约圣约翰大学终身教授赵江南博士到洛阳、三门峡两市讲授国际金融、企业管理、物流管理知识。当地党委组织部门、科技部门和侨务部门都十分重视，先后有600多名机关干部和企业负责人参加听课，反映很好。

引智工作促进了技术革命，取得了一批成果，安阳自行车厂先进的喷漆技术、郑州工学院研制出的轮胎无损探伤仪，都是在华侨、华人专家的帮助下获得成功的。这些技术都具有世界领先水平。

1998年，省侨联组织了5次科技、学术交流活动。分别是：美国国际普照公司总裁郭京凯博士关于烟草烘干设备到河南农业大学交流，美国耶鲁大学董子明教授到河南医科大学建立新实验室的交流，美国高科技O&E公司总裁谷继成教授就太空时代环保产品同河南海普咨询服务中心等多家企业的交流，德国比利菲尔德大学张建伟教授同郑州工学院、中国一拖、许昌继电器集团进行了机器人、计算机控制的交流，美国波士顿大学丁玉澄教授同商丘高等专科学校进行"遗传学与科技"的交流。这些交流，对促进河南省科技发展、增强经济活力，都有十分积极的作用，受到交流单位的欢迎。

1999年，省侨联邀请旅英华人专家武斌博士到驻马店地区电表厂就生产系统设计、生产策略研究、计算机辅助生产系统设计等内容进行学术交流。武博士向该厂中层以上领导和部分技术人员授课的题目有"西方工业状况""系统分析理论""生产策略理论""生产管理方式和手段"等。武博士在该厂时间较短，但能切中要害，现场指导，提出不少宝贵意见，深受该厂欢迎。

1999年年初，省侨联邀请澳大利亚华人团结联合会主席、墨尔本大学任克若博士来访。此次来访，旨在与河南省高等院校建立交流关系。2月23日上午，任博士在省侨联就赴澳自费留学举行咨询会，近百名青年学生和家长到会。任博士就自费赴澳留学的对象、条件、办理程序和一般收费标准回答了大家的提问。下午，任博士与郑州大学校长等领导就两校进行双向交流问题进行洽谈，达成两项意向：一是1999年上半年实现校级领导互访，建立校际正式关系；二是互派访问学者和留学生，就开展具体科研项目合作进行考察和协商。

2000年，省侨联设立文化经济联络部，具体负责文化和经济工作。当年4月在"2000年河南省国际经贸洽谈会"上，省侨联和周口地区侨联共同牵线，经过多次努力，促成"国道311周口公路改造"项目，投资额为1.7亿元人民币，正式签订合同。

8月周口地区（2000年8月周口撤地建市）侨联还积极牵线搭桥，在广州举办的"周口撤地建市招商引资联谊会"上，促成投资2.5亿元人民币的周口环城公路建设项目。省侨联牵线促成香港豪德集团投资1.28亿元人民币兴建信阳贸易广场。该项目实施中，因当地农民赔偿问题遇到阻力，浉河区侨联做了大量协调工作，促使问题得到解决。同年10月28日，中国侨联为加拿大中国商会会长李云祥在濮阳创办的企业举行"科教兴国示范基地"挂牌仪式。该企业总投资5063万元人民币，创办方占80%的股份。该公司承担国家级火炬计划项目——马杜霉素项目，实施进展顺利，当年前9个月实现工业总产值12750万元人民币，出口创汇1120万美元，成为海外华人回国创办高新技术产业的一个典范，具有良好的示范作用。同月，省侨联接待了世界第一米商、亚洲第二造纸商、泰国顺和成集团董事长张锦程一行5人来河南进行经济考察。驻马店市侨联为"全国乡镇企业东西部合作经贸洽谈会""全国花生交易会暨农业结构调整研讨会"邀请海外客商41人，促成投资项目4个，总投资额2255万元人民币。

自办企业 侨联为经济建设服务从自办企业开始。侨联自办企业经历了迅速发展、清理整顿、继续发展、再清理整顿的过程。中国侨联先后于1979年12月和1982年6月召开泉州会议和北京"扶持、兴办集体企业经验交流会"，引导基层侨联创造条件，兴办集体企业。在省侨联的领导和推动下，全省各级侨联兴办集体企业迅速发展，仅1983~1985年，就先后成立了22个华侨企业公司。许昌市、郑州市和荥阳县侨联创办的企业效益较好。1984年9月，省侨联在许昌召开归侨、侨眷集体企业经验交流会，进一步推动全省侨联企业的发展。到1985年年底，全省侨联企业迅速发展到122家，但同时也出现一些问题，主要是经验不足。如有的企业在商业经营中上当受骗；有的用人不当，造成企业失控；有的急功近利、管理不善等。省侨联于1985年10月及时召开企业工作组扩大会议，认真总结各地的经验和教训，要求对企业进行认真整顿。1990年，国务院下发国办函〔1990〕23号文件，要求解放思想，大胆探索，创办实体，稳步发展侨联企业。各地侨联深入贯彻落实文件精神，省侨联从政策和资金两方面积极为各级侨联兴办企业创造条件。全省侨联企业在整顿中得到巩固和发展，达到160多家，仅省侨联就有8家企业，除少数企业未摆脱困境外，大都取得了较好的效益。由归侨、侨眷集资5万元创办起来的郑州市侨光医院，已发展到拥有一座门诊、一座住院大楼和一幢职工宿舍楼的综合性医院规模，固定资产达到520多万元；省侨联与巴西华人宋明义合办两个养鸡场；周口地区侨联张新亚创建沈丘县新亚集团，拥有33个分公司，固定资产3500万元，利税1100万元。省侨联国际经济技术合作公司侨联公司和省侨联豫东集团有限公司为河南企业到境外寻求新发展牵线搭桥，做了不少工作。

1997年，省侨联加强了对自办企业和直属企业的管理，在狠抓提高经济效益和社会效益的同时，不断根据市场形势调整经营策略，努力探索国际化、集团化的企业发展方向，抓住机遇与外商合资合作，并向外向型企业方向发展。省侨联直属的河南凯泰集团有限公司与美国 WINNING 国际投资有限公司签署了兴建电厂、自来水厂、商丘机场及候机楼、高等级公路、宾馆 6 项合同，总投资额达 136402 万元人民币，其中外资金额 8135 万美元。河南省华侨经济技术开发总公司与澳大利亚南十星企业有限公司签署了合资生产"万德"口洁露系列产品的协议，总投资额 2300 万元人民币，其中外资金额 150 万美元。该公司还承担了"中国中西部地区对外经济技术合作洽谈会"的布展工作，获得成功，受到国务院侨务办公室和河南省人民政府的表彰，为省侨联赢得了声誉。1998 年，根据省政府指示，在中国侨联的指导下，各级侨联对所属企业资产进行界定和清产核资，妥善清理挂靠企业，加强了对自办企业的管理。

扶持侨眷 为鼓励全省侨联企业加速发展，河南省侨联积极配合省侨办、省工商局、省国税局、省地税局制定《河南省侨属企业优惠办法》。各级侨联积极引导农村归侨、侨眷筹集闲散资金，利用海外亲人提供的侨汇、技术、设备兴办各种侨属企业 767 家，取得了较好的社会效益和经济效益。辉县市侨联帮助三力碳素制品有限公司牵线引进外资，提高了产品产量和质量，并出口美国。许昌市侨联帮助侨眷孙安头创办泓源发制品厂，开办仅 3 年，产品出口 899 万美元，成为当地的纳税大户。新野县侨联干部曹显峰带领两名农业技术员到侨眷比较多的施安乡薛庄村，搭起日光大棚 30 个，创办食用菌种植场 15 个，当年增收 21 万元。组织村民对 53.33 公顷棉花进行科学管理，增收 51 万元。不仅使 18 户侨眷脱贫致富，也使全村迈开了奔小康的步伐。

省侨联国际经济技术合作公司侨联公司，积极为河南省走向世界创造条件。1992 年该公司创办后，先后组织全省各市地侨属企业 19 个团组、115 人次，到 15 个国家和地区开展境外经济技术合作活动，在境外开办经贸机构和劳务输出。两年时间，就向俄罗斯、罗马尼亚、阿联酋、尼日利亚、智利、泰国等 13 个国家和地区派出 45 个劳务团组，人数达 483 人，签订劳务合作合同 32 份，合同累计金额 87 万美元，完成营业额 41 万美元，实现利润 10 余万美元。南阳地区侨联为帮助侨属早日致富奔小康，制定了"四面请诸葛，八面借东风"的措施，委派 38 人到德国、美国、日本等 8 个国家和地区，学习玉器、丝毯加工等 20 多种技术，招聘黄牛养殖等 16 个方面的人才，考察草编、烙花等 35 种产品在国际市场上的销售趋势，寻找大理石加工等 35 个项目的合作伙伴。至 1993 年年底，全区侨属企业达到 375 家，年产值 1960 万元，实现利税 400 多万元，为 1100 余名侨眷子女就业提供了条件，使侨眷的生活水平得到明显提高。

侨胞捐赠 海外侨胞向家乡捐赠物品和现金，用于兴办各种公益福利和文化事业，是爱国爱乡的表现。中华人民共和国成立后，国家制定了一系列有关政策，保护这种爱国爱乡热情。1955 年中侨委指出，对华侨汇款回国兴办文教公益事业，应当欢迎，并给予支持表扬。据不完全统计，1984~1987 年，河南省各地共接受海外侨胞捐赠的实物、现金价值合计 580 万元，其中现金 73 万元。1988 年以后，随着国家改革开放步子加大，出入境手续的简化、放宽，海外华侨、华人回国探亲、旅游、洽谈经贸活动的日益频繁，各项捐赠越来越多，实际数字无法准确统计。1993年，省侨联直接参与和各级侨联报来的统计数字，华侨、华人、港澳同胞捐建公益事业40项，总金额39388万元人民币。1994年，接受捐赠钱物共计3375.64万元人民币，兴建中学10所、小学36所。仅香港同胞沈炳麟1995~2000年共捐建小学28所[①]，投入计521.265万元人民币。

1994~1999年沈炳麟捐建小学及捐资情况统计表

表 36-6-5-1　　　　　　　　　　　　　　　　　　　　　　　　　　　单位：万元

序号及项目名	县（市、区）	学校名称	捐资	捐资时间
1	商城县	苏仙石乡璃河小学	9.720	1994
2	新　县	苏河乡中心小学	20.655	1995
3	光山县	卧龙台乡屈寨小学	12.960	1995
4	息　县	临河乡中心小学	21.540	1995
5	淮滨县	栏杆乡栏杆小学	17.820	1995
6	潢川县	隆古乡堡子口小学	10.260	1995
7	固始县	城郊乡周集小学	16.740	1995
8	信阳市	金牛山区和孝营小学	9.960	1995
9	信阳县	五里乡蔬菜村小学	11.340	1995
10	罗山县	莽张乡槐店村小学	11.070	1995
11	新安县	城关镇林氏村小学	12.690	1996
12	洛宁县	赵村乡马营村小学	19.980	1996
13	伊川县	葛寨乡沙元村小学	21.870	1996
14	嵩　县	旧县乡白庄村小学	22.140	1996
15	汝阳县	城关镇杨庄村小学	12.960	1996
16	濮阳县	徐镇镇北习城寨小学	12.960	1997
17	台前县	马楼乡后秦村小学	21.870	1997
18	范　县	陆集乡坑东村小学	22.200	1997
19	安阳县	永和乡小寒村小学	19.200	1997
20	渑池县	仁村乡大水沟小学	14.580	1998
21	三门峡市	湖滨区高庙乡侯庄小学	12.960	1998

[①] 2001年又捐建了渑池县西村乡杜寺村小学、郑州市金水区桃桥乡镇黄庄小学、登封市东金店乡槐里村小学。捐资额分别为14.58万元、19.44万元、19.44万元。

续表

序号及项目名	县（市、区）	学校名称	捐资	捐资时间
22	灵宝市	五亩乡东潬村小学	17.760	1998
23	卢氏县	沙河乡果备村小学	14.580	1998
24	栾川县	合峪镇黄土岭小学	11.340	1998
25	台前县	夹河乡夹河小学	21.870	1999
26	范　县	杨集乡马桥小学	19.440	1999
27	安阳县	马家乡北齐村小学	19.440	1999
28	汤阴县	伏道乡南申庄小学	12.960	1999
	合　计		452.865	
春节慰问金发放			10.800	
救灾物品折款			57.600	
	总　计		521.265	

第六节　对台工作

河南的侨联工作和对台工作是紧密地联系在一起的。河南省籍的华侨、华人，多在第二次世界大战后从台湾或香港出去。中华人民共和国成立前，河南人民深受苦难，无以为生，许多人背井离乡，被抓入国民党军队，中华人民共和国成立前夕到了台湾。据台湾报纸1985年公布，河南省1949年前去台湾的人数约12万人，以后繁衍后代21万人。台北、台中、台南、高雄、新竹等地均有"河南同乡会"组织，会员甚多。仅南阳县去台人员参加同乡会的就有900人，辉县270人。这些去台的国民党军政人员中，不少人辗转到国外谋生，包括他们留居在国外的后代，形成了典型的"台转侨"特点。

美国的洛杉矶市是"台转侨"的华侨、华人聚居地，素有"小台北"之称。这些人的特点是知识层次高，学术成就显著，社会上享有较高的声誉，如赵浩生、袁家骝、陈亨、丁玉澄、李圣炎等。他们在大陆有亲朋、祖宗庐墓；在台湾有亲朋和上下级关系，与各界有密切联系。他们这种关系，对沟通两岸的感情、促进祖国的统一大业，能够起到积极作用。2000年4月，省侨办、侨联联合下发《关于加强侨务对台工作的通知》，明确"侨务对台工作，是党和国家赋予我们的重要职责，是促进祖国统一大业的重要组成部分"。要求全省侨办、侨联系统积极开展对海外亲台华侨、华人工作，为祖国和平统一大业积极贡献力量。

文化交流　1983年，原国民党河南省主席刘茂恩的侄女、美国华盛顿大学东方语言系教授刘勤捷来访，省侨联请副省长胡廷积接待了她，她表示愿为祖国统一和家乡河南的现代化建设多办点事情。1987年，省侨联通过做南加州河南同乡会会长赵珽的工作，阐述统一的大趋势，并通过他做一位在台有一定影响力的原国民党高层人士的工作，这位人士最后解除顾虑，于当年10月回到阔别40年的家乡，在台湾影响很大。

1988年5月，原国民党高级将领的遗孀、台湾台北文化大学教授田曼诗继1987年12月来豫洽谈建立艺术学院之事后，组织台湾文化艺术界人士再次来访。1990年5月，省侨联在河南省博物院举办了台湾著名画家张性荃画展，收到较好的社会效果。1992年5月和9月，省侨联两次邀请接待了台湾艺人凌峰来豫拍摄电视系列片《八千里路云和月》。摄制组行程3000多千米，在5市11个县拍摄景点80多个。省长李长春对此次邀请接待给予充分肯定。

1999年，台湾多次发生地震。同年11月，省侨办、省侨联、省红十字会等单位联合举办了河南省书画家对台赈灾义卖会,收到书画作品302幅,拍卖人民币8.02万元,寄往台湾灾区。

台胞捐资 1989年9月,台胞杨景尧第一次回豫,受到地方政府及父老乡亲的盛情款待。为报答故土生育之恩,弘扬中华民族的光荣传统,其捐人民币150万元,兴建以其夫人名字命名的"淑君中学"1所。其好友、台中市杨氏宗亲会会长杨清钦(台籍人)亦捐人民币40万元,兴建"清钦娱乐中心"1个,为"淑君中学"配套。

杨景尧爱国爱乡、兴学育人的行动,受到各级政府领导的重视。1990年12月5日,河南省省长李长春在郑州国际饭店接见了杨景尧,对其造福桑梓的昭著义举,给予充分的肯定。

1995年,杨景尧出资200多万元创建文教基金会,出资150万元兴建"景行园",出资30万元建基金会会馆楼。"杨景尧文教基金"成立后,先后资助大学生、中学生、小学生等完成学业。

第七章　社会科学界联合会

河南省社会科学界联合会（简称"河南省社科联"）成立于1964年2月3日，时称河南省哲学社会科学学会联合会，是全国社科联系统中成立较早的省级社科联。1982年4月，河南省社科联更名为河南省社会科学学会联合会，1996年12月，更名为河南省社会科学界联合会。

河南省社科联是河南省社会科学界学术团体的联合组织，是中共河南省委领导下的全省社会科学界的学术性群众团体，是省委、省政府联系全省社会科学界的桥梁和纽带，是各团体会员和省级民办社科研究机构的业务管理部门。

河南省社科联的宗旨是团结和组织全省哲学社会科学工作者，以马克思列宁主义、毛泽东思想和邓小平理论为指导，坚持为人民服务、为社会主义服务的方向，贯彻理论联系实际的原则和"百花齐放、百家争鸣"的方针，开展社会科学的学习研究和宣传普及活动，组织学术研究成果展示和经验交流，不断推动理论创新，促进哲学社会科学事业繁荣发展，为河南省的改革开放和现代化建设服务。

根据《河南省社会科学界联合会章程》规定，河南省社科联的最高权力机关是社科联代表大会，每5年召开1次，代表大会闭会期间,由代表大会选出的社科联委员会领导本会工作。自1964年至2000年年底，河南省社科联共召开了5次代表大会。第一至五届主席分别为郭晓棠、张树德、侯志英、胡涌、林炎志。

河南省社科联成立后，在中共河南省委的领导及在省委宣传部的具体指导下，团结和依靠全省哲学社会科学工作者，围绕中心、服务大局，紧紧围绕全省改革开放和社会主义现代化建设的实际，在为省委、省政府决策服务，为繁荣发展哲学社会科学事业等方面作出了积极贡献。

积极开展学术活动，是河南省社科联的基本任务之一。省社科联及所属各学会结合重要节日、纪念日积极开展学术研讨活动。1978~2000年，省内开展的比较重大的学术活动有：关于真理标准问题的讨论、关于社会主义生产目的讨论、学习中共中央《关于建国以来党的若干历史问题的决议》座谈会、纪念五四运动60周年学术报告会、纪念中国共产党成立60周年学术报告会、纪念辛亥革命70周年学术报告会、纪念鲁迅100周年诞辰学术报告会、新宪法理论讨论会、学习中共十二大文件座谈会、共产主义实践问题讨论会、纪念马克思逝世100周年学术报告会、学习《邓小平文选》座谈会、纪念毛泽东诞辰90周年学术报告会、城市经济体制改革理论讨论会、中华人民共和国成立35周年学术报告会、领导科学学术讨论会、纪念抗日战争胜利40周年报告会以及贯彻中共十一届四中、五中全会和全国代表会议精神座谈会等。这些学术研讨活动，由于精心组织，准备充分，参加面广，论文质量比较高，受到各方面的关注和好评。

此外，省社科联及所属各学会组织召开或参与承办了一些重要的全国性、国际性学术研讨会，影响比较大的有：全国马克思主义哲学史学术讨论会、中国古代戏曲讨论会、全国马列文论学术讨论会、仰韶文化学术讨论会、宋史学术讨论会、中国钱币学术讨论会、考古学术讨论会、许慎国际学术讨论会、杜甫国际学术讨论会、郑州商城与殷商文化国际学术讨论会、安阳《周易》与现代化国际学术讨论会等。这些学术活动，不仅对推动全省的学术研究，扩大全省社科界与国内、国际的学术交流，而且对于宣传河南、提高河南的知名度，都起到积极的促进作用。

组织社会科学优秀成果评奖活动是中共中央〔1982〕48号文件规定的社科联的四项基本任务之一。从1984年开始，省社科联在中共河南省委宣传部的领导下，分别于1984年、1986年、1988年、1990年，组织了1979~1989年间全省第一、第二、第三、第四届社会科学优秀成果评奖活动。其后，根据中共河南省委豫文〔1991〕100号文件关于设立河南省社会科学优秀成果省级奖的决定，又与中共河南省委宣传部共同组织了1990~2000年间的5次全省社会科学优秀成果评奖活动。由于历次全省社会科学优秀成果评奖委员会均由省内哲学社会科学各主要学科的知名专家组成，其评审结果具有相当的权威性，评出的社会科学优秀成果基本上代表了全省哲学社会科学研究成果的最高水平。

社会科学普及工作是社科联及其所属学会的一项重要工作。省社科联发挥知识密集、学科齐全、人才荟萃的优势，通过开展培训班、组织报告会、撰写通俗理论读物等多种有效手段，使多门类、多形式的社科知识普及和咨询服务活动取得明显效果。

截至 2000 年年底，河南省社科联共有团体会员 148 个，包括省级社会科学学会（协会、研究会）131 个、省辖市社科联 17 个。省社科联内设办公室、学会工作部（挂河南省经济学团体联合会秘书处牌子）、普及工作部 3 个部室，下辖河南省社会科学活动中心、河南社会科学杂志社、领导科学杂志社和人生与伴侣杂志社 4 个事业单位，主管或主办 3 种全国公开发行的刊物。

第一节 组织建设

河南省社会科学界联合会章程规定，河南省社科联由省级社会科学学会（协会、研究会）和市级社科联组成。省社科联成立初期，只有历史、哲学、经济3个省级学会。"文化大革命"期间，全都被迫停止了活动。1979年1月，经省委批准，省社科联暨省哲学、经济、历史3个学会恢复活动大会在郑州召开。省委、省政府领导出席会议并讲话，动员广大专家学者振奋精神、重建队伍、制定规划，积极开展学术研究和学术活动。省委书记张树德十分重视社科联的组织建设，亲自兼任省社科联主席和党组书记，多次询问省社科联机构的设置和人员调配等情况，并指示有关部门积极关心帮助社科联加强组织建设。省社科联申请了人员编制，设立了内设机构，成立了直属事业单位。同时，一系列新的社会科学各学科省级学会和市社科联应运而生，会员队伍迅速壮大，河南省社会科学事业焕发出新的生机，进入一个新的历史阶段。

省社科联恢复活动初期，尚没有正式在编办事人员和办公地址。1983年10月以前，省社科联与河南省社会科学院合署办公，人员亦有交叉。1983年10月机构改革时，经省委、省政府批准，省社科联与省社科院分设，定为省直一级机构，1983~1984年，省编委又先后下发有关省社科联编制与机构设置的文件，逐步设立了办公室、学会工作处、普及工作处等内设机构。1984年，筹建成立省社科联第一个直属事业单位——河南省社会科学活动中心。1985年后，又先后成立了领导科学杂志社、人生与伴侣和河南社会科学杂志社3个直属事业单位。

省社科联所属省级社会科学学会（协会、研究会）是按照哲学社会科学领域各门具体科学或相关交叉科学建立起来的学术性社会团体。根据河南省社科联章程的规定，凡依法成立并承认社科联章程，申请并经批准的河南省省级社会科学学会（协会、研究会），均为省社科联团体会员，亦称省社科联所属学会（协会、研究会）。截至2000年年底，省社科联所属省级学会（协会、研究会）达131个，市级学会（协会、研究会）826个，各级会员约60866人。

市级社科联是市地一级社科类学术团体的联合组织，是省社科联工作的基础。1982年4月，省社科联第二次代表大会修改通过新的《河南省社会科学界联合会章程》，第一次明确将市社科联列为省社科联团体会员。之后，在各省辖市党委、政府的领导和支持下，市社科联队伍有了较大发展，截至2000年年底，全省17个省辖市均成立了社科联。

权力机构　省社科联章程规定，河南省社科联的最高权力机关是河南省社科联代表大会,省社科联代表大会由各团体会员推选的代表及省社科联特邀代表组成,每5年召开1次。代表大会闭会期间由代表大会选出的社科联委员会负责该会的领导工作。委员会闭会期间由委员会选举产生的主席团行使其职权。省社科联代表大会的职责是:审议和批准上届省社科联委员会工作报告;决定本届省社科联的工作方针和任务;制定和修改省社科联章程;选举产生新一届省社科联委员会;决定其他重大事项。

河南省社科联是在1964年1月25日~2月5日召开的河南省哲学社会科学学术会议上宣告成立的。1979年恢复活动后,先后于1982年4月、1986年5月、1991年5月和1996年6月召开了第二、第三、第四、第五次代表大会,分别选举产生了省社科联第二、第三、第四、第五届委员会及其领导机构[①]。

河南省社会科学学会联合会第三次代表大会 1986年5月14~16日,河南省社会科学学会联合会第三次代表大会在郑州召开。省委书记杨析综和省人大常委会主任、省社科联主席张树德到会讲话。第二届省社科联常务副主席吴清波代表第二届委员会作工作报告。会议通过了修改后的省社科联章程,选举产生了新的领导机构。领导机构设主席1人、副主席14人,秘书长1人,委员156人。会议还聘请首席顾问1人、顾问16人。会后,省社科联第二届中共党组于5月23日经省委批准成立。张树德任党组书记,赵怀让任党组副书记,胡世厚、舒新辅、史先民任党组成员。

河南省社会科学学会联合会第三届委员会领导成员
（1986.5~1991.5）

主　　席　张树德（1988.4逝世）
　　　　　侯志英（1988.7起任职）
副 主 席（共15人,以姓氏笔画为序）
　　　　　石　训　　　史先民（1991.1起任职）　　任访秋　　　李润田
　　　　　张文彬　　　张　桁　　　张　静　　　周守正
　　　　　赵怀让（主持工作）　　　胡世厚　　　胡思庸
　　　　　侯志英（1986.5~1988.7任职）　　　侯　恒　　　舒新辅
　　　　　戴可来
秘 书 长　史先民（1986.5~1991.1任此职）
首席顾问　宋玉玺
顾　　问（共17人,以姓氏笔画为序）

---
①河南省社科联第一、第二次代表大会及其领导机构详见首轮《河南省志·社会科学志》。

马任平	王　晋（女，1988年7月增补）			王锡璋
王燕生	冯登紫	刘兰坡	刘问世	邵文杰
张凤昌	吴清波	胡　涌（1988年7月增补）		郭亚光
欧阳道力	龚依群	蔡康志（女）	樊道远	魏钦公

河南省社会科学学会联合会第四次代表大会　1991年5月16~18日，省社科联第四次代表大会在郑州召开。省委副书记吴基传到会讲话。第三届省社科联副主席赵怀让代表第三届委员会作工作报告。会议通过了修改后的省社科联章程，选举产生了新的领导机构。领导机构设主席1人、副主席11人，秘书长1人，委员187人。会议还推举名誉主席1人，聘请首席顾问1人、顾问22人。会后，省社科联第三届中共党组经省委批准成立。胡涌任党组书记，赵怀让任党组副书记，胡世厚、史先民、徐志刚任党组成员。1992年5月，杨全山任党组成员。1996年5月，张放涛任党组成员。

河南省社会科学学会联合会第四届委员会领导成员

（1991.5~1996.6）

名誉主席　胡悌云
主　席　胡　涌
副 主 席（共12人，以姓氏笔画为序）
　　　　石　训　　史先民（1994.8改任顾问）　张　桁　　张　静
　　　　杨承训　　胡世厚（1992.4改任顾问）　胡思庸（1993.8逝世）
　　　　赵怀让（主持工作）　徐志刚　　靳德行　　戴可来
　　　　杨全山（1992.5起任职）
秘 书 长　龚宗谦
首席顾问　宋玉玺
顾　　问（共22人①，以姓氏笔画为序）
　　　　马任平　　王　晋（女）　王锡璋　　王燕生　　冯登紫
　　　　刘兰坡　　刘问世　　任访秋　　李润田　　邵文杰
　　　　张凤昌　　张文彬　　吴清波　　欧阳道力　周守正
　　　　侯　恒　　侯志英　　郭亚光　　龚依群　　蔡康志（女）
　　　　樊道远　　魏钦公

河南省社会科学学会联合会第五次代表大会　1996年6月14~16日，省社科联第五次代表大会在郑州召开。省委副书记宋照肃到会讲话。第四届省社科联主席胡涌

---

①此处顾问人数未含换届后退下来改任顾问的胡世厚、史先民。

代表第四届委员会作工作报告。会议通过了修改后的省社科联章程,选举产生了新的领导机构。领导机构设主席1人、副主席8人,秘书长1人,委员218人。会议还推举名誉主席1人,聘请首席顾问1人、顾问33人。会后,省社科联第四届中共党组经省委批准成立。林炎志任党组书记,张放涛任党组副书记,徐志刚、王崇献任党组成员。1996年11月,段金生、喻新安任党组成员。2000年8月,刘长典任党组成员。

河南省社会科学学会联合会(社会科学界联合会)第五届委员会领导成员
（1996.6~2001.6）

名誉主席　胡悌云
主　　席　林炎志
副 主 席　张放涛　　　徐志刚　　　王春峰　　　姚聚川　　　戴羌平
　　　　　王文金　　　吴铁军　　　赵保佑
　　　　　段金生（1996.11起任此职）　喻新安（1996.11起任此职）
　　　　　王崇献（1999.3起任此职）　　刘长典（2000.8起任此职）
秘 书 长　龚宗谦　万　兵（1997.4起任此职）
首席顾问　宋玉玺
顾　　问（共33人,以姓氏笔画为序）
　　　　　马任平　　　王　晋（女）王锡璋　　　王燕生　　　史先民
　　　　　石　训　　　冯登紫　　　刘兰坡　　　刘问世　　　任访秋
　　　　　李润田　　　杨承训　　　邵文杰　　　张　桁　　　张　静
　　　　　张凤昌　　　吴清波　　　许顺湛　　　安金槐　　　赵怀让
　　　　　胡　涌　　　胡世厚　　　周守正　　　侯　恒　　　侯志英
　　　　　高　敏　　　郭亚光　　　龚依群　　　樊道远　　　蔡康志（女）
　　　　　魏钦公　　　欧阳道力　　戴可来

内设机构　1983年,省编制委员会《关于省社会科学学会联合会人员编制和机构设置的批复》同意省社会科学学会联合会内设机构为:办公室、学会工作处。事业编制25人。1984年,省编制委员会《关于省社会科学学会联合会增加机构编制的批复》同意省社科联增设社会科学普及工作处,增加事业编制5人;《关于省经济学团体联合会人员编制的批复》同意河南省经济学团体联合会事业编制15人。

1995年,省委办公厅《关于印发〈河南省社会科学学会联合会机关机构改革方案〉的通知》同意确定河南省社会科学学会联合会机关内设机构为3个部、室,分别为办公室、学会工作部、普及工作部。河南省社科联机关编制为35人(含省经济学团体联合会编制)。其中:部门领导职数4人(不含兼职),处级领导职数9人(含秘书长1人），工勤人员不超过4人。

1996年，省编委《关于省社联编制性质的通知》批准省社科联机关的35人编制为行政编制。截至2000年，省社科联机关内设机构为3个部、室，分别为办公室、学会工作部（挂河南省经济学团体联合会秘书处牌子）、普及工作部。

河南省经济学团体联合会秘书处 河南省经济学团体联合会（简称"河南省经团联"），是河南省省级经济学会、协会和研究会的群众性联合学术团体组织，成立于1985年3月16日，业务上受河南省社科联指导。其基本宗旨是：组织、协调省内经济学界的学术活动，团结广大经济理论工作者，为经济体制改革服务，为振兴河南经济服务，发挥协助省委、省政府进行决策的经济智囊作用。河南省经团联理事会下设秘书处，隶属于省社科联，负责处理河南省经团联的日常工作。秘书处工作人员编制由省编办下达至省社科联，与省社科联机关编制集中统一管理，调剂使用。

直属单位 河南省社科联直属事业单位有1个中心、3个杂志社，即河南省社会科学活动中心、河南社会科学杂志社、领导科学杂志社、人生与伴侣杂志社。河南省社会科学活动中心（简称"社科活动中心"）于1984年成立，为省社科联直属事业单位，独立法人。其职能是为全省社会科学活动提供组织与服务保障，开展国内外学术交流和软科学咨询组织与服务、相关社会调查、中介服务、信息服务及专业培训、接待与会议服务。1986年3月，社科活动中心开工奠基，时任中顾委副主任的薄一波为开工奠基题词："河南社会科学活动中心开工纪念"。1987年12月竣工，建筑面积8000平方米，含办公大楼、招待所、培训楼。1988年7月，社科活动中心内部机构组建完毕，下设学术活动部、培训部、客房部、餐饮部、销售部、财务部、办公室、软科学咨询中心等。1988年年底，省社科联机关及各杂志社从省社科院迁入办公。1994年3月，社科活动中心财产全部移交省社科联机关办公室管理。1997年，省社科联成立学术与信息中心（简称"信息中心"）后，先后创办河南社会科学网站、省社科联机关内刊《河南社科界》和河南社会科学数据库，策划和承办了河南省执法理论与实践征文评奖活动、河南省全面推进素质教育理论与实践征文评奖活动（与省教委联办）和全省社科理论与实践征文活动等大型活动及研讨会。1998年8月，信息中心申请财政经费36万元，创建河南省首家厅级单位网站——省社科联机关网站。2000年9月，信息中心和社科活动中心合并，河南省社科联网站扩建改版并移交省社科联机关办公室管理维护，《河南社科界》亦移交办公室编印，河南社会科学数据库移交普及工作处承办。截至2000年，社科活动中心事业编制17人，其中全供事业编制6人、自收自支事业编制11人。

河南社会科学杂志社为省社科联直属事业单位，其任务为编辑出版面向全国公开发行的省级社科学术理论刊物《河南社会科学》杂志。该杂志为双月刊，1997年6月，经省编委批复，河南社会科学杂志社规格相当于处级，领导职数1人，全供事业编制

6人。其前身是省社科联机关内部刊物《河南社联通讯》，后先后更名为《河南社联》、《学术百家》（双月刊）（1988年10月曾向全国公开发行）、《河南社科通讯》。1992年试办《河南社会科学》，1993年3月向全国公开发行。截至2000年，《河南社会科学》杂志为全国中文核心期刊、首届执行《中国学术期刊（光盘版）检索与评价数据规范》优秀期刊、河南省社会科学类一级期刊、中国期刊全文数据库全文收录期刊、中国学术期刊综合评价数据库统计源期刊。杂志主要以社科工作者和爱好者为读者对象，主要开设有《博导·博士论坛》《专题研究》《专家访谈》《学术综述》《政治学研究》《经济学研究》《法学研究》《哲学研究》《教育学研究》《社会学研究》等栏目。其中《博导·博士论坛》《专题研究》等栏目在国内学术界有较大影响。

领导科学杂志社为省社科联直属事业单位，其任务为编辑出版全国公开发行的《领导科学》杂志。1995年，中共河南省委办公厅批复领导科学杂志社为处级规格，经费实行差额预算管理。《领导科学》杂志为月刊，1985年3月创刊，是全国首家以各行各业各级领导干部为服务对象的领导工作专业性刊物。主要开设有《特别关注》《理论前沿》《学科专论》《领导决策》《用人之道》《领导艺术》《领导方法》《领导素养》《市县领导》《乡镇领导》《青年领导》《军事领导》《政界春秋》《中外管理》《领导博览》《外国政要》《领导鉴戒》等栏目。截至2000年，该杂志曾荣获全国首届优秀社会科学期刊时事政治类期刊提名奖，为全国中文核心期刊、河南省一级期刊、河南省20佳期刊。

人生与伴侣杂志社为省社科联直属事业单位，其任务为编辑出版面向全国公开发行的文化综合类期刊《人生与伴侣》杂志。1995年，中共河南省委办公厅批复《人生与伴侣》杂志社为处级规格，经费实行自收自支。《人生与伴侣》杂志为月刊，1985年4月创刊。1995年，《卷首语》《风雨人生》和《伴侣之间》3个栏目获河南省第三届期刊优秀栏目奖。1999~2000年，杂志被连续评为河南省一级期刊、河南省社科类期刊20佳，并作为"双效期刊"进入中国期刊方阵。

省级学会（协会、研究会）　河南省级社会科学学会（协会、研究会）是省社科联团体会员，截至2000年，全省省级社会科学学会（协会、研究会）共131家。

河南省哲学学会是河南省从事哲学研究与交流的学术性团体。成立于1964年2月，挂靠在河南省社科联。截至1999年年底，共有团体会员26个、个人会员127人。学会下设辩证唯物主义、历史唯物主义、马克思主义哲学史、中国哲学史、西方与外国哲学等专业研究委员会。第六届顾问张浩、卢广森；名誉会长石训；会长李文成，副会长肖新生、郑永扣、李保林、钱远晏、曹霞升、朱海风、王中江、徐仪明；秘书长李保林（兼）。

河南省逻辑学会是河南省从事逻辑学研究与交流的学术性团体。成立于1987年

7月，挂靠在河南省教委。截至1999年11月，共有个人会员166人。第四届名誉会长马佩；会长周洪仁，副会长李国栋、时明德、席升阳、刘治旺、梁周敏、楚明锟、谢根成、柳昌清；秘书长柳昌清（兼）。

河南省伦理学会是河南省从事伦理学方面研究与交流的学术性团体。成立于1987年4月，挂靠在中共河南省委党校。截至1999年11月，共有个人会员302人。学会下设职业道德、社会公德、家庭道德3个专业委员会。第四届会长王春峰，副会长张培强、任河身、蒋笃运、胡隆辉；秘书长胡隆辉（兼）。

河南省历史学会是河南省从事历史学方面研究与交流的学术性团体。成立于1964年2月，其前身为1951年成立的中国新史学学会河南分会（会长嵇文甫），挂靠在河南省社科联。截至1999年11月，共有个人会员645人。第六届会长高敏，副会长朱绍侯、杨凤阁、唐嘉弘、王天奖、戴可来（常务）；秘书长马小泉。

河南省文物考古学会是河南省从事文物考古研究与交流的学术性团体。原名河南省考古学会，成立于1980年12月，挂靠在河南省文物局。截至1999年11月，共有团体会员3个、个人会员300余人。学会下设史前专业委员会、夏商专业委员会、古代石刻艺术专业委员会、古城考古专业委员会、陶瓷专业委员会、文物摄影专业委员会、建筑考古专业委员会、文物旅游研究专业委员会、流散文物保护专业委员会、科技考古专业委员会。第三届名誉会长安金槐、许顺湛；会长杨焕成，副会长张文军、杨育彬、张家泰、任常中、李友谋、孙新民、杜启明、叶万松、于晓兴；秘书长杨育彬（兼）、孙新民（兼）。

河南省博物馆学会是河南省从事博物馆学研究与交流的学术性团体。成立于1984年12月，挂靠在河南省文物局。截至1999年11月，共有团体会员37个、个人会员688人。第四届会长张文军，副会长孙英民、王绣、陈素秀；秘书长孙英民（兼）。

河南省钱币学会是河南省从事钱币学研究与交流的学术性团体。成立于1984年9月，挂靠在中国人民银行郑州中心支行。截至1999年11月，共有团体会员18个、个人会员397人。第四届会长胡国瑞，副会长常俭传、楚卫东、孙传贤；秘书长刘森。

河南省地方史志协会是河南省从事地方史志研究与交流的学术性团体。成立于1984年10月，挂靠在河南省地方史志办公室。截至1999年11月，共有个人会员560人。第四届会长鲁德政，副会长许还平、王之勤、王启民、林观海、沙旭升、袁君敬、马培中；秘书长于平天。

河南省地名学会是河南省从事地名学和地名工作研究与交流的学术性团体。成立于1988年3月，挂靠在河南省民政厅。截至1999年11月，共有个人会员372人。第二届会长杨德恭，副会长李至兴、李金台、尚世英、崔灿、徐志刚、傅贵林、杨占山、翟中洲；秘书长张水。

河南省档案学会是河南省从事档案学和档案管理工作研究与交流的学术性团体。

成立于1981年7月,挂靠在河南省档案局。截至1999年11月,共有团体会员25个、个人会员1150人。第四届会长胡绍华,副会长李振华、梁向国、顾生法;秘书长顾生法(兼)。

河南省中共党史学会是河南省从事中共党史研究与交流的学术性团体。成立于1980年5月,挂靠在河南省社科联。截至1999年11月,共有个人会员468人。学会下设毛泽东思想、民主革命时期、社会主义时期、李大钊研究、鄂豫皖根据地、革命印刷史等专业委员会。第五届会长孙保定,副会长胡文澜、贺永芳、王桂兰、许还平、郭晓平;秘书长尹书博。

河南省中共党史人物研究会是河南省从事中共党史人物方面研究与交流的学术性团体。成立于1984年9月,挂靠在中共河南省委党史研究室。截至1999年11月,共有团体会员20个、个人会员485人。第三届会长胡文澜,副会长王怀安、李志强、张林南、路海江;秘书长王怀安(兼)。

河南省中华人民共和国国史研究会是河南省从事中华人民共和国国史研究与交流的学术性团体。成立于1993年12月,挂靠在中共河南省委党史研究室。截至1999年11月,共有团体会员1个、个人会员155人。第二届名誉会长林炎志、胡悌云;会长侯志英,副会长葛纪谦、王海成、王天林、申志诚;秘书长唐菊成。

河南省建筑史研究会是河南省从事建筑史方面研究与交流的学术性团体。成立于1989年3月,挂靠在河南省建设厅。截至1999年11月,共有个人会员130人。第三届会长邬学德,副会长杜宝成、王文章、肖宗林、刘炎、盛养源、张家泰、樊鸿卿;秘书长刘炎(兼)。

河南省新四军和华中抗日根据地历史研究会是河南省从事新四军和华中抗日根据地历史研究与交流的学术性团体。成立于1985年8月,挂靠在中共河南省委党史研究室。截至1999年11月,共有团体会员7个、个人会员210人。第三届会长冯登紫,副会长任永全、叶本瑞、董岐峰、曹鹤、张留学、孟庆琦、郭荣魁、王延章;秘书长陈随源。

河南省刘少奇党建经济思想研究会是河南省从事刘少奇党建经济思想研究与交流的学术性团体。成立于1996年11月,挂靠在河南省教委。截至1999年11月,共有个人会员80余人。第一届会长申志诚,副会长胡文澜、孙保定、王天文、张善余、张绛、张硕岭、穆来安;秘书长张绛(兼)。

河南省邓小平理论研究会是河南省从事邓小平理论研究与交流的学术性团体。成立于1998年8月,挂靠在河南省社科联。截至1999年11月,共有团体会员62个。第一届会长王春峰,副会长张放涛、张银波、黄亮宜、赵保佑、徐志刚、张锐、喻新安、戴羌平、孙培新、张保振;秘书长喻新安(兼)。

河南省精神文明建设研究会是河南省从事精神文明建设研究与交流的学术性团

体。成立于1997年5月，挂靠在中共河南省委党校。截至1999年11月，共有个人会员112人。第一届名誉会长侯志英；会长林炎志，副会长王春峰、杨永德、石训、黄振英、舒新辅、肖新生、杨焕成、徐志刚、滕世宗、毛万春、李留恩、黄亮宜、马正跃、桑智卿；秘书长孙玉杰。

河南省延安精神研究会是河南省从事延安精神研究与交流的学术性团体。成立于1996年10月，挂靠在中共河南省委党史研究室。截至1999年11月，共有团体会员22个、个人会员56人。第二届会长葛纪谦，副会长王春峰、舒新辅、李振华、史先民、刘春伟、薛英杰、王宏斌、赵汝湘；秘书长赵汝湘（兼）。

河南省党建学会是河南省从事党的建设方面研究与交流的学术性团体。成立于1988年12月，挂靠在中共河南省委组织部。截至1999年11月，共有团体会员51个。学会下设党的思想建设、理论建设、组织建设、作风建设和统战建设5个专业委员会。第二届会长刘广祥，副会长王海成、董万民、冯文元、冯炳勋、常有功、何广才、孙保定、王永忠；秘书长王永忠（兼）。

河南省科学社会主义学会是河南省从事科学社会主义研究与交流的学术性团体。成立于1982年3月，挂靠在河南省社科联。截至1999年11月，共有个人会员250余人。第五届会长杨永德，副会长徐志刚、南俊英、汪恩键、林今柱、张亚伟、张湘霓、姜大为、刘书亮、侯远长、黄亮宜、滕世宗；秘书长刘书亮（兼）。

河南省政治学会是河南省从事政治学研究与交流的学术性团体。成立于1985年5月，挂靠在河南省教委。截至1999年11月，共有个人会员400多人。第三届会长樊道远，副会长赵怀让、曹文光、吕志培、谢宝兴；秘书长曹文光（兼）。

河南省法学会是河南省从事法学研究与交流的学术性团体。成立于1982年3月，挂靠在河南省司法厅。截至1999年11月，共有团体会员12个、个人会员2300人。学会下设民法学研究会、经济法学研究会、刑法学研究会、警察法学研究会、青少年犯罪研究会和法理法制史研究会。第五届会长徐国红，副会长徐生富、范萍、吴祖谋、肖乾刚、陈景良、张绍谦；秘书长杨克志。

河南省检察学会是河南省从事检察学与检察工作研究和交流的学术性团体。成立于1989年3月，挂靠在河南省检察院。截至1999年11月，共有团体会员16个、个人会员1600余人。第三届会长王田海，副会长闫河川、朱亚滨、李春长；秘书长刘玉建。

河南省监狱学会是河南省从事监狱学与监狱工作研究和交流的学术性团体。成立于1993年12月，挂靠在河南省司法厅。其前身为1988年12月成立的河南省法学会劳改法学研究会，正式成立省一级学会时称河南省劳改学会，1996年年底改为河南省监狱学会。截至1999年11月，共有团体会员11个、个人会员960人。第三届会长李祥生，副会长严新堂、刘寿岐；秘书长严新堂（兼）。

河南省警察学会是河南省从事警察学与警察工作研究和交流的学术性团体。成立于1993年12月，挂靠在河南省公安厅。截至1999年11月，共有团体会员3个、个人会员400余人。第二届会长王明义，副会长李承先；秘书长郑水恩。

郑州铁路法学会是郑州铁路局系统从事法学研究和交流的学术性团体。成立于1993年8月，挂靠在郑州铁路运输中级人民法院。截至1999年11月，共有团体会员12个、个人会员2425人。第二届会长王光礼，副会长任雪芳、王德福、李学要、王建新；秘书长王金鹏。

河南省纪检监察学会是河南省从事纪检监察方面研究与交流的学术性团体。成立于1995年12月，挂靠在中共河南省纪律检查委员会（河南省监察厅）。截至1999年11月，共有团体会员50个、个人会员48人。第一届会长冯文元，副会长何广才、智思亮；秘书长何广才（兼）。

河南省行为科学学会是河南省从事行为科学研究与交流的学术性团体。成立于1996年5月，挂靠在河南省社科联。截至1999年11月，共有团体会员88个、个人会员860人。第一届会长赵怀让，副会长马运来、张鸿儒、王长山、赵保佑、赵铁锤、宋春迎、路法尧、职洪文；秘书长马运来（兼）。

河南省社会学学会是河南省从事社会学研究与交流的学术性团体。成立于1995年10月，挂靠在河南省社科院。截至1999年11月，共有团体会员14个、个人会员180人。第一届会长葛纪谦，副会长舒新辅、刘蔚峰、刘连超、王文金、郑永扣、郑效畏、林世选、翟钧聚；秘书长刘俊哲。

河南省统战理论学会是河南省从事统战理论研究与交流的学术性团体。成立于1985年4月，挂靠在中共河南省委统战部。截至1999年11月，共有团体会员212个、个人会员935人。第二届会长郭国三，副会长耿开昌、赵微、杨宏信、袁祖亮；秘书长姚龙其。

河南省工人运动研究会是河南省从事工人运动研究与交流的学术性团体。成立于1988年4月，挂靠在河南省总工会。截至1999年11月，共有团体会员100个。第三届会长李率印，副会长闪国兴；秘书长闪国兴（兼）。

河南省妇女问题理论研究会是河南省从事妇女问题研究与交流的学术性团体。成立于1986年7月，挂靠在河南省妇联。截至1999年11月，共有个人会员150人。第三届会长吴全智，副会长祁敦芳（常务）；秘书长刘梦霞。

河南省少先队工作学会是河南省从事少先队工作研究与交流的学术性团体。成立于1981年5月，挂靠在共青团河南省委。截至1999年11月，共有团体会员70个。第五届会长张笑东，副会长孟玄英、陈嵩山、皇甫鸿昌；秘书长孟玄英（兼）。

河南省职工思想政治工作研究会是河南省从事职工思想政治工作研究与交流的学术性团体。成立于1985年5月，挂靠在中共河南省委宣传部。截至1999年11月，共有团体会员133个。第九届会长林炎志，副会长葛纪谦、常有功、王忠厚、贾连朝、吴灵臣、张世余；秘书长权红军。

河南省高校思想政治教育研究会是河南省从事高校思想政治教育研究与交流的学术性团体。成立于1984年6月，挂靠在中共河南省委高校工委。截至1999年11月，共有团体会员60个。第四届会长王际欣，副会长张秉义、孙培新、黄遂清、李其然；秘书长赵豫林。

河南省领导科学研究会是河南省从事领导科学研究与交流的学术性团体。成立于1985年3月，挂靠在中共河南省委党校。截至1999年11月，共有团体会员216个、个人会员2130人。第二届会长胡悌云，副会长王春峰、石训、白威凉、曹霞升、刘景荣、徐仲华、宋劭明、张起朴；秘书长张起朴（兼）。

河南省行政管理研究会是河南省从事行政管理研究与交流的学术性团体。成立于1988年1月，挂靠在河南省人事厅。截至1999年11月，共有团体会员65个、个人会员155人。第一届会长李应龙，副会长宋玉、李学斌、刘运珍、杨万书、赵硕；秘书长方铁。

河南省政策科学研究会是河南省从事政策科学研究与交流的学术性团体。成立于1994年11月，挂靠在中共河南省委政策研究室。截至1999年11月，共有团体会员60个、个人会员150人。第一届会长崔承东，副会长蒋金波、赵怀让、王光鹏、李新民、王彦武；秘书长刘本在。

河南省决策咨询研究会是河南省从事决策咨询研究与交流的学术性团体。成立于1992年12月，挂靠在河南省人民政府发展研究中心。截至1999年11月，共有团体会员17个、个人会员355人。第二届会长（暂缺），副会长周德章、赵怀让、杨承训、赵硕；秘书长苗万选。

河南省秘书协会是河南省从事秘书学与秘书工作研究与交流的学术性团体。成立于1984年5月，初名河南省速记速读研究会，后改为河南省速记速读学会，1993年1月改名河南省秘书协会，挂靠在河南省政协。截至1999年11月，共有团体会员105个。第二届会长吕华森，副会长宋玉峰、常成斌、黄少良、夏海波、赵凡堂、杨子江；秘书长何家乡。

河南省人才学会是河南省从事人才研究与交流的学术性团体。原名河南省人才研究会，成立于1985年3月，挂靠在河南省科委。截至1999年11月，共有团体会员5个、个人会员1017人。学会下设农业人才、人才史、医药卫生人才等专业委员会。第三届会长董万民，副会长杨林波（常务）、王天兴、王新义、谢德民；秘书长王天兴（兼）。

河南省未来学会是河南省从事未来学研究与交流的学术性团体。成立于1984年8月，挂靠在河南省教委。截至1999年11月，共有个人会员300余人。第二届会长亓国瑞，副会长黄雪林、严延英、张建斌、巫继学、杨林军、李景才；秘书长何大明。

河南省教育学会是河南省从事教育学研究与交流的学术性团体。成立于1979年10月，挂靠在河南省教委。截至1999年11月，共有团体会员17个、个人会员1.2万余人。学会下设教育学、教育管理等39个专业委员会。第四届会长徐玉坤，副会长马振海、刘振中、王文仓、杨玉厚、刘彬荣、王汉澜、王玉洁、岳庭耀；秘书长孙增福。

河南省高等教育学会是河南省从事高等教育研究与交流的学术性团体。成立于1987年10月，挂靠在河南省教委。截至1999年11月，共有团体会员56个。学会下设高校教材、高校研究生教育、高校校报、高校图书馆、高校保卫等专业委员会。第二届会长亓国瑞，副会长王际欣、曹策问、李文成、王绍令。

河南省高校后勤管理研究会是河南省从事高校后勤管理方面研究与交流的学术性团体。成立于1985年10月，挂靠在河南中医学院。截至1999年11月，共有团体会员55个。研究会下设思想政治工作、伙食、房地产、绿化、幼儿教育等专业委员会。第四届会长王日新，副会长王春昶、刁玉华、陈鸣、宗根法、宁金成、郭天榜、王玉斌、徐振鲁、刘运才、曹兴霖、翟俊仁、孙天华、高建设、颜福海、李俊云、郎发轩；秘书长张璞。

河南省高等学校学报研究会是河南省从事高等学校学报研究与交流的学术性团体。成立于1984年5月，挂靠在河南大学。截至1999年11月，共有团体会员62个、个人会员362人。研究会下设社会科学版、自然科学版、青年和学术工作3个专业委员会。第四届会长关爱和，副会长辛世俊、邓莹、闫志平、丁承志、赵炳耀；秘书长刘献。

河南省党校教育研究会是河南省从事党校教育研究与交流的学术性团体。成立于1990年11月，挂靠在中共河南省委党校。截至1999年11月，共有团体会员25个、个人会员88人。第二届会长王春峰，副会长郝建武、黄亮宜、师桂新、白威凉、程传兴、王克信、孙保定；秘书长程传兴（兼）。

河南省家庭教育研究会是河南省从事家庭教育研究与交流的学术性团体。成立于1986年5月，挂靠在河南省妇联。截至1999年11月，共有团体会员17个。第一届会长王洪范，副会长张新华、李萍等。

河南省老年学学会是河南省从事老年学与老年工作研究和交流的学术性团体。成立于1992年10月，挂靠在河南省老龄工作委员会。截至1999年11月，共有团体会员4个、个人会员173人。学会下设老年保健等专业委员会或研究会。第二届会长侯志英，副会长李本立、吴清波、曹中原、谭恩河、申凤珍、魏太星、林富瑞、胡大白、张德建、李显成；秘书长张德建（兼）。

河南省文学学会是河南省从事文学研究与交流的学术性团体。成立于1981年3月，挂靠在河南省社科联。截至1999年11月，共有个人会员350人。第五届会长孙广举，副会长关爱和、陈继会、王永宽、谭兴戎、刘建生、杨贵才、傅瑛；秘书长袁凯声。

河南省外国文学学会是河南省从事外国文学研究与交流的学术性团体。成立于1985年3月，挂靠在河南省教委。截至1999年11月，共有团体会员1个、个人会员113人。第二届会长王明元，副会长梁工、李公昭、吕伟民、郭英剑；秘书长袁若娟。

河南省语言学会是河南省从事语言学研究与交流的学术性团体。成立于1981年4月，挂靠在中州大学。截至1999年11月，共有团体会员3个、个人会员328人。学会下设推广普通话研究会、许慎研究会和汉字教育研究会。第七届会长张静，副会长陈信春、许梦麟、孟昭泉；秘书长孟昭泉（兼）。

河南省世界语协会是河南省从事世界语研究与交流的学术性团体。成立于1985年9月，挂靠在河南省教委。截至1999年11月，共有团体会员1个、个人会员150人。第三届会长张昊光，副会长李云楼、郭喜照；秘书长张文祥。

河南省文字学会是河南省从事文字学研究与交流的学术性团体。成立于1994年10月，挂靠在河南省教委。截至1999年11月，共有团体会员4个、个人会员120人。第二届会长董希谦，副会长王蕴智、张生汉、徐豫生、魏清源、郝本性；秘书长李建伟。

河南省写作学会是河南省从事写作学研究与交流的学术性团体。成立于1994年11月，挂靠在河南省教委。截至1999年11月，共有团体会员218个、个人会员386人。第二届会长管金麟，副会长贾占清、金长民、建留宝、孙春；秘书长程英。

河南省新闻学会是河南省从事新闻学与新闻工作研究和交流的学术性团体。成立于1982年2月，挂靠在河南日报社。截至1999年11月，共有团体会员160个。第四届会长宋国华，副会长刘少宇、王天林、孙泉砀、王明堂、张银波、邓质钢、高世铭、李新全、杨丽萍、梁臻、梁志林；秘书长侯庆学。

河南省新闻摄影学会是河南省从事新闻摄影研究与交流的学术性团体。成立于1986年12月，挂靠在河南日报社。截至1999年11月，共有团体会员50个、个人会员570人。第三届会长李怀燎，副会长耿则先（常务）、郭玉山、范鸣涛、王刚法、孙沛然、牛子祥、贺海龙、周绍成、孙德侠、栗殿刚、王福顺、罗克忠；秘书长罗克忠（兼）。

河南省广播电视学会是河南省从事广播电视研究与交流的学术性团体。成立于1988年9月，挂靠在河南省广播电视厅。截至1999年11月，共有团体会员126个。第二届会长宋国华，副会长马福魁、翟宗洲、王明堂、王传文、周开球、姚嘉；秘书长党传聪。

河南省电影电视评论学会是河南省从事电影电视评论研究与交流的学术性团体。成立于1987年11月，挂靠在河南省电影公司。截至1999年11月，共有团体会员23个、个人会员66人。第一届会长于友先，副会长刘清惠、耿恭让、胡世厚、王明堂；秘书长石明生。

河南省图书馆学会是河南省从事图书馆学与图书馆工作研究和交流的学术性团体。成立于1979年10月，挂靠在河南省图书馆。截至1999年11月，共有团体会员5个、个人会员1400余人。第五届会长童吉永，副会长崔慕岳、张和芬、杨永霖；秘书长宋学清。

河南省版权学会是河南省从事版权研究与交流的学术性团体。成立于1991年11月，挂靠在河南省新闻出版局。截至1999年11月，共有团体会员82个、个人会员328人。第二届会长刘海程，副会长王献林、牛新民、宋学贵、张子祥、张其华、徐志刚、张培勤；秘书长李贵银。

河南省群众文化学会是河南省从事群众文化研究与交流的学术性团体。成立于1985年5月，挂靠在河南省文化厅。截至1999年11月，共有团体会员20个、个人会员220人。第二届会长丁发杰，副会长李祥辰、陶善耕；秘书长胡广爱。

河南省东方文化研究会是河南省从事东方文化方面研究与交流的学术性团体。成立于1993年2月，挂靠在河南省教委。截至1999年11月，共有个人会员1200余人。研究会下设东方文化传播中心、东方民族文化艺术发展中心等。第二届会长李民，副会长许永璋、王培刚、王新义、温玉成、史善刚、蔡运章；秘书长张玉润。

黄河文化研究会是河南省从事黄河文化方面研究与交流的学术性团体。成立于1990年11月，挂靠在河南省社科院。截至1999年11月，共有个人会员245人。研究会下设黄帝文化、旅游文化、汤斌文化、宗教文化、城市文化等专业研究委员会。第一届会长张文彬，副会长杨凤阁、许顺湛、刘蔚峰、郑洪芳、张锐、蒋书铭、胡世厚、侯彦彬；秘书长马世之。

河南省宗教文化研究会是河南省从事宗教文化研究与交流的学术性团体。成立于1993年10月，挂靠在河南省宗教局。截至1999年11月，共有个人会员260人。第二届会长麻天祥，副会长李邦儒、吕鸿儒、朱和平、徐金星；秘书长赵世立。

河南省民俗学会是河南省从事民俗学研究与交流的学术性团体。成立于1993年12月，挂靠在河南省民政厅。截至1999年11月，共有团体会员1个、个人会员120人。学会下设有礼仪专业委员会。第一届会长刘蔚峰，副会长许顺湛、张振犁、高天星、崔灿、朱可先、任聘、李绍连、马连会、孟宪明、刘永立；秘书长刘永立（兼）。

河南省社会工作者协会是河南省从事社会工作理论与实践研究和交流的学术性团体。成立于1993年12月，挂靠在河南省民政厅。截至1999年11月，共有个人会员130人。第一届会长杨德恭，副会长刘蔚峰、高冠英、李福业、徐晖、申振君、朱悦强、窦宪章；秘书长马连会。

中原宋学研究会是河南省从事宋学研究与交流的学术性团体。成立于1993年4月，挂靠在中共河南省委党校。截至1999年11月，共有个人会员80余人。第一届会长石训，副会长李保林、化汉三、师玉庆；秘书长李保林（兼）。

中原孔子学会是河南省从事孔子与孔学研究和交流的学术性团体。成立于1993年11月，挂靠在河南省文化厅。截至1999年11月，共有团体会员3个、个人会员386人。第二届会长王振铎，副会长朱保书、李玉洁、董希谦、尹建章、李绍连、苗春德、屈春山、骆承烈；秘书长孔德舜。

河南省老子学会是河南省从事老子与老学研究和交流的学术性团体。成立于1994年1月，挂靠在河南省社科院。截至1999年11月，共有团体会员2个、个人会员150人。第二届会长杨丙安，副会长吴士英、宋育文、王崇献、王富国、朱俊武、崔大华、王中江、赵保佑；秘书长赵保佑（兼）。

河南省墨子学会是河南省从事墨子与墨学研究和交流的学术性团体。成立于1997年10月，挂靠在河南省社科院。截至1999年11月，共有团体会员1个、个人会员710人。第一届会长葛纪谦，副会长唐茂荣、赵保佑、萧鲁阳、崔慕岳、张新河；秘书长萧鲁阳（兼）。

河南省中原姓氏历史文化研究会是河南省从事中原姓氏历史文化研究与交流的学术性团体。成立于1995年7月，挂靠在河南省地方史志办公室。截至1999年11月，共有个人会员75人。第二届会长林雪梅，副会长鲁德政、李振华、张锐、许还平、杨静琦、贾英歌、萧鲁阳；秘书长刘翔南。

河南省中原客家研究会是河南省从事客家研究与交流的学术性团体。成立于1994年10月，挂靠在河南省文化厅。截至1999年11月，共有个人会员136人。第二届会长周鸿俊，副会长崔灿、周常林、赵保佑；秘书长朱和平。

河南省楹联学会是河南省从事楹联学研究与交流的学术性团体。成立于1995年6月，挂靠在河南省文化厅。截至1999年11月，共有团体会员9个、个人会员257人。第二届会长彭玮，副会长徐豫生、李恩东、胡吉祥、丁林、苗鸿伟、李文郑；秘书长李文郑（兼）。

河南省人大制度新闻协会是河南省从事人大制度新闻工作研究与交流的学术性团体。成立于1997年5月，挂靠在河南省人大常委会办公厅。截至1999年11月，共有个人会员86人。第二届会长吕志培，副会长张玺均、王发水、韩华春；秘书长何建舟。

河南省信息协会是河南省从事信息学研究与交流的学术性团体。成立于1990年6月，挂靠在河南省计划委员会。截至1999年11月，共有团体会员160个。第三届会长赵硕，副会长王润理、陈国斌；秘书长卫乃良。

河南省经济学会是河南省从事经济学研究与交流的学术性团体。成立于1964年2月，挂靠在河南省社科联。截至1999年11月，共有个人会员300余人。学会下设有《资本论》研究会、政治经济学研究会、中外经济学说史研究会等。第五届会长杨承训，副会长喻新安、孙新雷、宋光华、张怀宇、王永苏、侯苏庆、田鸿钧、赵怀让、夏宗勇；秘书长郭军。

河南省经济战略学会是河南省从事经济发展战略方面研究与交流的学术性团体。成立于1992年12月，挂靠在河南省体改委。截至1999年11月，共有团体会员170个。第二届副会长唐明寅、郝延忠、尹家喜、侯恒、赵铁锤、朱长春、宋春迎、李怀清、宋培凯、杨建华；秘书长唐明寅（兼）。

河南省经济体制改革研究会是河南省从事经济体制改革方面研究与交流的学术性团体。成立于1988年10月，挂靠在河南省体改委。截至1999年11月，共有团体会员68个。第二届副会长方略、古灿云、张华贵、李天申；秘书长张富生。

河南省财政学会是河南省从事财政理论与实践方面研究和交流的学术性团体。成立于1980年8月，挂靠在河南省财政厅。截至1999年11月，共有团体会员18个。第四届会长胡树理，副会长庞学孟、鲁轶、喻新安、赵杰；秘书长赵杰（兼）。

河南省会计学会是河南省从事会计学与会计工作研究和交流的学术性团体。成立于1980年8月，挂靠在河南省财政厅。截至1999年11月，共有团体会员26个。第四届会长谭恩河，副会长张鹤喜、孙延喜、范业骏、钱国玉、崔建庄、侯相恩；秘书长邢安会。

河南省预算会计研究会是河南省从事预算会计研究与交流的学术性团体。成立于1991年9月，挂靠在河南省财政厅。截至1999年11月，共有团体会员17个。第一届名誉会长胡树理；会长夏清成，副会长杨承训、王天林、王民有、宋兰亭、邢振太；秘书长杨玲。

河南省金融会计学会是河南省从事金融会计研究与交流的学术性团体。成立于1994年8月，挂靠在中国人民银行郑州中心支行。截至1999年11月，共有团体会员17个。第一届会长裴群国，副会长何会生、杨子强、杨志宏、吴家勤、韩少华、李文占、傅筱玲、宋国栋；秘书长王毅民。

河南省外商投资企业会计学会是河南省从事外商投资企业会计研究与交流的学术性团体。成立于1993年3月，挂靠在河南省财政厅。截至1999年11月，共有团体会员20个、个人会员528人。第二届会长李现宗；秘书长王俊玲。

河南省商业经济学会是河南省从事商业经济方面研究与交流的学术性团体。成立于1983年7月，挂靠在河南省贸易厅。截至1999年11月，共有团体会员52个、个人会员122人。第三届会长孙胜名，副会长张慧玉、李殿元、杨承训、侯恒；秘书长李恩贤。

河南省农业经济学会是河南省从事农业经济方面研究与交流的学术性团体。成立于1981年8月，挂靠在河南省农业厅。截至1999年11月，共有个人会员500多人。第三届会长胡廷积，副会长马政萱、周德章、赵怀让、谷复钧、何天顺、陈章博、欧阳俊斌；秘书长欧阳俊斌（兼）。

河南省商品学学会是河南省从事商品学研究与交流的学术性团体。成立于1989

年4月，挂靠在河南财经学院。截至1999年11月，共有团体会员68个、个人会员225人。第六届会长侯恒，副会长陆观霄、李福乾、陈明秀、贾建锡、苟自钧；秘书长苟自钧（兼）。

河南省金融学会是河南省从事金融理论与实践方面研究和交流的学术性团体。成立于1980年6月，挂靠在中国人民银行郑州中心支行。截至1999年11月，共有团体会员34个、个人会员320人。第五届会长贾灿宇，副会长胡国瑞、李春亭、陈洪范、张彦森、邓世敏、张庆修、王国生、郭宏学；秘书长庞贞燕。

河南省农村金融学会是河南省从事农村金融方面研究与交流的学术性团体。成立于1984年9月，挂靠在中国农业银行河南省分行。截至1999年11月，共有团体会员18个、个人会员560人。第四届会长傅春生，副会长张银海、范来成、周照良、黄建德、吕耀宗、盛德用；秘书长董心奎。

河南省城市金融学会是河南省从事城市金融方面研究与交流的学术性团体。成立于1990年6月，挂靠在中国工商银行河南省分行。截至1999年11月，共有团体会员17个、个人会员450人。第二届会长张文学，副会长陈洪范、尚宁、宋英伟、王振虎、蒋金波；秘书长施鸿秀。

河南省保险学会是河南省从事保险理论与实践方面研究和交流的学术性团体。成立于1991年8月，挂靠在中国人民银行郑州中心支行。截至1999年11月，共有团体会员38个、个人会员516人。第二届会长张彦森，副会长傅晓玲、胡福森、宋国栋、刘林升、赵守德；秘书长赵守德（兼）。

河南省工商行政管理学会是河南省从事工商行政管理方面研究与交流的学术性团体。成立于1984年4月，挂靠在河南省工商局。截至1999年11月，共有团体会员18个、个人会员230人。第四届会长岳同生，副会长李长胜、房延修、顾俊、阮中亨、王贤婷；秘书长张全海。

河南省审计学会是河南省从事审计理论与实践方面研究和交流的学术性团体。成立于1985年4月，挂靠在河南省审计厅。截至1999年11月，共有团体会员13个、个人会员1506人。第三届会长杨万书，副会长冯义申、张祥沛、王小烈、王福民、任永源、乔百芳；秘书长树冀鄂。

河南省税务学会是河南省从事税收理论与实践方面研究和交流的学术性团体。成立于1985年12月，挂靠在河南省地税局。截至1999年11月，共有团体会员19个、个人会员806人。第二届会长魏如，副会长宋兰亭、王国英、王连清、李德章、郭乃斌、赵纬金；秘书长吕献东。

河南省统计学会是河南省从事统计理论与实践方面研究和交流的学术性团体。成立于1983年12月，挂靠在河南省统计局。截至1999年11月，共有团体会员27个、个人会员1500余人。第四届会长缪盛鸿，副会长陈相成；秘书长金美江。

河南省人口学会是河南省从事人口学研究与交流的学术性团体。成立于1979年5月，挂靠在河南省计划生育委员会。截至1999年11月，共有团体会员13个、个人会员266人。第四届会长申景仁，副会长梁维钊、张怀宇、林富瑞、张宏宇、郭光宇、马振海、徐晖、赵喜朝；秘书长马建勋。

河南省供销合作经济学会是河南省从事供销合作经济研究与交流的学术性团体。成立于1988年1月，挂靠在河南省供销合作总社。截至1999年11月，共有团体会员35个、个人会员16人。第二届会长邓建民，副会长张建刚、李海涛、张华贵、喻新安；秘书长刘兆杰。

河南省国际经济贸易学会是河南省从事国际经济贸易方面研究与交流的学术性团体。成立于1986年9月，挂靠在河南省外贸厅。截至1999年11月，共有团体会员120个、个人会员272人。第三届会长侯国富，副会长阎宝来、刘祖玉；秘书长任风轩。

河南省计划经济学会是河南省从事计划经济研究与交流的学术性团体。成立于1985年4月，挂靠在河南省计划委员会。截至1999年11月，共有团体会员17个、个人会员300余人。第二届会长宋绍明，副会长杨承训、侯恒、喻新安、杨显明；秘书长王双全。

河南省国有经济研究会是河南省从事国有经济研究与交流的学术性团体。成立于1996年9月，挂靠在河南省人民政府发展研究中心。截至1999年11月，共有个人会员60余人。第一届会长赵怀让，副会长周德章、谷灿云、胡国瑞；秘书长陈晓平。

河南省民营经济研究会是河南省从事民营经济研究与交流的学术性团体。成立于1997年，是河南省涉及民营经济创建最早的社团组织，挂靠在河南省社科联。第一届名誉会长王全书；会长周德章，副会长喻新安、李天申、赵怀让、党中选、张林等。

河南省价格学会是河南省从事物价研究与交流的学术性团体。成立于1983年12月，挂靠在河南省物价局。截至1999年11月，共有团体会员72个、个人会员1000余人。第五届会长张应祥，副会长欧阳锋、匡宝珠、许兴亚、孙新雷、张天民；秘书长宗长青。

河南省企业管理协会是河南省从事企业管理方面研究与交流的学术性团体。成立于1982年8月，挂靠在河南省经贸委。截至1999年11月，共有团体会员208个、个人会员2530人。第四届会长杨显明，副会长范保国、贾连朝、林艾英、孙仁清、张大岭、沈秋萍、马连兴；秘书长何再福。

河南省物资经济学会是河南省从事物资经济方面研究与交流的学术性团体。成立于1984年6月，挂靠在河南省物资集团公司。截至1999年11月，共有团体会员112个。第四届会长黄振英，副会长宋俊杰、梁明本、解学恒、卜道广、高秀英；秘书长赵文华。

河南省劳动学会是河南省从事劳动工作理论与实践研究和交流的学术性团体。成立于1985年1月，挂靠在河南省劳动厅。截至1999年11月，共有团体会员134个。第三届会长李本立，副会长张国良、李福业、邓永俭、钟文珍、马永志、董其武、李鸿昌、宋春迎；秘书长王新华。

河南省城市科学研究会是河南省从事城市科学方面研究与交流的学术性团体。成立于1987年7月，挂靠在河南省建设厅。截至1999年11月，共有团体会员17个、个人会员1100余人。研究会下设有历史名城、小城市、城市经济、城建监察、城建档案史志等专业委员会。第二届会长蒋书铭，副会长马连兴、周建秋、李天申、赵楷；秘书长张泽高。

河南省基本建设经济研究会是河南省从事基本建设经济方面研究与交流的学术性团体。成立于1981年11月，挂靠在河南省计划委员会。截至1999年11月，共有个人会员150人。第三届会长杨信侔，副会长周胜祥；秘书长咎淑兰。

河南省乡镇经济学会是河南省从事乡镇经济方面研究与交流的学术性团体。成立于1989年10月，挂靠在河南省教委。截至1999年11月，共有团体会员2个、个人会员240人。第三届会长张履鹏，副会长陈书栋、毕赶生、梁金玉、王文广、侯远东；秘书长孙陶生。

河南省建制镇改革与发展研究会是河南省从事建制镇改革与发展方面研究和交流的学术性团体。成立于1993年10月，挂靠在河南省体改委。截至1999年11月，共有团体会员53个。第一届会长张华贵，副会长刘征远、李金台；秘书长陈振民。

河南省粮食经济学会是河南省从事粮食经济方面研究与交流的学术性团体。成立于1986年8月，挂靠在河南省粮食厅。截至1999年11月，共有团体会员65个。第三届会长秦玉甫，副会长姚伦湘、朱廷俊；秘书长姚伦湘（兼）。

河南省煤炭经济研究会是河南省从事煤炭经济方面研究与交流的学术性团体。成立于1982年12月，挂靠在郑州煤炭管理干部学院。截至1999年11月，共有团体会员25个、个人会员1972人。第二届会长孙国成，副会长陈碧川、李永新、陈雪枫、周庆安、刘建民、袁清伟、梁克光；秘书长陈洪杰。

河南省卫生经济学会是河南省从事卫生经济方面研究与交流的学术性团体。成立于1985年3月，挂靠在河南省卫生厅。截至1999年11月，共有团体会员25个、个人会员500余人。第三届会长徐晖，副会长何敬一、夏祖昌、穆伟山；秘书长朱洪彪。

河南省渔业经济研究会是河南省从事渔业经济方面研究与交流的学术性团体。成立于1986年12月，挂靠在河南省水利厅水产局。截至1999年11月，共有团体会员4个、个人会员280人。第三届会长夏长安，副会长逯好聪、姬广闻、王忠民、王飞；秘书长王忠民（兼）。

河南省生态经济学会是河南省从事生态经济方面研究与交流的学术性团体。成立于1986年6月，挂靠在河南省社科院。截至1999年11月，共有团体会员12个、个人会员340人。学会下设有区域生态经济、城市生态经济、农村生态经济、林业生态经济和生态经济理论等专业委员会。第三届会长胡廷积，副会长蒋书铭、张松涛、张守印、冯长海、刘洪涛、王全新；秘书长樊万选。

河南省旅游学会是河南省从事旅游方面研究与交流的学术性团体。成立于1986年9月，挂靠在河南省旅游局。截至1999年11月，共有团体会员4个、个人会员120人。学会下设有旅游地理等专业委员会。第三届会长蔡流海，副会长尤滋洲、张天涛、许顺湛、张华珏、谢钧祥；秘书长张天涛（兼）。

河南省工业经济管理学会是河南省从事工业经济管理方面研究与交流的学术性团体。成立于1992年4月，挂靠在河南省社科院。截至1999年11月，共有团体会员183个、个人会员2760人。第一届会长胡悌云，副会长杨承训、陈义初、彭春成、肖继仁、喻新安；秘书长寇伟。

河南省企业管理与教育研究会是河南省从事企业管理与教育方面研究和交流的学术性团体。成立于1986年11月，挂靠在河南省经贸委。截至1999年11月，共有团体会员24个、个人会员110余人。第五届会长贾连朝，副会长黄炎中、杨承训、吴铁铸、王俊山、何再福；秘书长王文亮。

河南省城区改革与发展研究会是河南省从事城区改革与发展方面研究和交流的学术性团体。成立于1994年6月，挂靠在河南省体改委。截至1999年11月，共有团体会员37个。第一届会长张志平，副秘书长王旭。

河南省企业名人研究会是河南省从事企业名人研究和交流的学术性团体。成立于1996年7月，挂靠在河南省社科联。截至1999年11月，共有团体会员180个、个人会员200余人。第二届会长秦科才，副会长王庆宗、李天申、赵怀让、周德章、王颖俊、喻新安；秘书长申自强。

河南省豫菜文化研究会是河南省从事豫菜烹饪文化研究和交流的学术性团体。成立于2000年3月，挂靠在河南省社科联。截至2000年年底，共有团体会员47个、个人会员110余人。第一届顾问范钦臣、林炎志、陈全国；会长侯志英，常务副会长王崇献，副会长赵怀让、练岚、任素莲、徐忠、张琇、张玉骉；秘书长苏锡国。

河南省经济伦理研究会是河南省从事经济伦理研究和交流的学术性团体。成立于2000年5月，挂靠在河南省社科联。第一届会长王纪年，副会长乔法容、何再复、刘怀廉、赵志正、刘金山、郭军；秘书长乔法容（兼）。

市级社科联 市级社科联是省社科联团体会员，截至2000年，全省有省辖市社科联17个。

开封市社会科学界联合会：简称"开封市社科联"，成立于1980年2月。截至2000年年底，开封市社科联历任主席为彭玮、韩存钦、耿庆堂、段学仁、黄河章、郑瑞亭、陆卫理。1992年4月21~24日，中国宋史研究会曾委托河南大学宋代研究中心和开封市社科联共同举办了中国宋史研究会第五届年会。1996~2000年，开封市社科联连续被评为省社科联系统先进单位；1997年和1999年，先后两次被全国大中城市社科联工作会议评为全国先进社科联；1996~2000年年度被评为开封市宣传战线先进集体。

周口市社会科学界联合会：简称"周口市社科联"。1983年2月成立筹备组，同年12月正式成立。截至2000年年底，周口市社科联历任主席为张永信、彭思纯、毕起才。周口市社科联积极推动市级各学会开展社科研究和社科普及活动，组织多项专题研究，取得了不少重要成果。1983~2000年，周口市社科联结合重大历史事件开展学术研讨活动40余次，还经常深入机关、学校、企业，开展社科宣传普及咨询活动。

商丘市社会科学界联合会：简称"商丘市社科联"。1982年5月成立筹备组，1984年5月正式成立。截至2000年年底，商丘市社科联历任主席为刘福兴、马基忠、王首任。商丘市社科联先后组织和参与组织了"永城矿区综合开发""开发利用黄河故道"等课题调研，为实际部门决策服务；积极推动并广泛开展学术交流，先后邀请著名社会学家费孝通和厦门大学、省社会科学院、河南大学等单位社会科学方面的专家学者作学术报告；大力开展社科普及活动，先后举办各种不同类型的学习班、培训班和社科知识普及讲座；为推动社科界多出精品力作和优秀人才，积极开展优秀社科成果和优秀社科人才评选工作，1996年评出商丘地区有突出贡献的社会科学家6人、商丘地区优秀社科专家43人、商丘地区跨世纪优秀社科青年学术骨干98人，建立了商丘地区社会科学人才库。

郑州市社会科学界联合会：简称"郑州市社科联"。1984年3月成立筹备组，同年12月正式成立。截至2000年年底，郑州市社科联历任主席为曹磊、戴式祖、祖松臣、尚有勇、董桂香。郑州市社科联于1993年8月举办的郑州商城与殷商文明国际研讨会，有百余名中外专家学者参加会议。大会对郑州商城是早于安阳殷都的一座商代国都问题取得共识，一致通过了美国普林顿大学教授贝格立、日本东京国立博物馆研究员荒水日吕子等32名中外专家学者关于将郑州列为中国八大古都之一的倡议，产生了重要的社会反响。郑州市社科联曾连续多次被评为省社科联系统先进单位，1999年被全国大中城市社科联工作会议评为全国先进社科联。

南阳市社会科学界联合会：简称"南阳市社科联"，成立于1985年5月。截至2000年年底，南阳市社科联历任主席为李金明、刘海程、李清彪、燕来、王遂河。南阳市社科联举行的公有制实现形成多样化理论研讨会、西部大开发与加快南阳发展理论研讨会、南水北调中线工程与加快南阳发展理论研讨会等，紧紧围绕全市中心工作提出不少有参考价值的意见和建议。连续11年被评为全省社科联系统先进单位，3次被全国大中城市社科联工作会议评为全国先进社科联。

洛阳市社会科学界联合会：简称"洛阳市社科联"。1984年1月成立筹备组，1985年7月正式成立。截至2000年年底，洛阳市社科联历任主席为刘平山、刘道文。洛阳市社科联于1996年组织完成的调查报告《强根固本闯大潮》获全国"五个一工程"

奖；1999年，组织完成的调查报告《全国部分大中城市社科联现状的调查与思考》，呈报中央宣传部、省委宣传部、省社科联和市委主要领导，受到高度重视；还多次组织或承担了全省和全国社科联系统的重要学术会议和工作会议，对推动社科联系统的理论研究和工作都发挥了积极作用。曾连续多次被评为省社科联系统先进单位和全国先进社科联。

信阳市社会科学界联合会：简称"信阳市社科联"。1985年5月成立筹备组，1986年5月正式成立。截至2000年年底，信阳市社科联历任主席为曾宪堂、王清林。信阳市社科联先后举办了信阳精神理论研讨会、小康工程献计献策理论研讨会、香港回归与信阳经济振兴理论研讨会、发挥信阳优势迎接入世挑战理论研讨会等学术研讨活动，提出的不少见解和建议都被当地党委政府和有关职能部门和单位采纳。

鹤壁市社会科学界联合会：简称"鹤壁市社科联"，成立于1987年3月。截至2000年年底，鹤壁市社科联历任主席为王显、侯正玉。鹤壁市社科联曾于1996年、1997年协助省社科联分别组织承办了河南省1995年年度社科优秀成果奖评会议、河南省第十三次市地社科联协作会。

新乡市社会科学界联合会：简称"新乡市社科联"，成立于1987年7月。截至2000年年底，新乡市社科联历任主席为高四全、杨志全、高健。新乡市社科联曾组织有关专家先后完成了中央组织部交办的"关于省辖市、县（市）区'一把手'选人用人工作监管的难点与对策"、省委领导提出的"新乡先进群体现象研究"等重大调研课题，为各级领导决策提供了参考。

平顶山市社会科学界联合会：简称"平顶山市社科联"，成立于1988年4月。截至2000年年底，平顶山市社科联历任主席为刘尊法、闫清现、谷永涛、刘耀华。平顶山市社科联从平顶山市经济社会发展实际出发，发挥自身优势，先后成功举办、协办了全国曲艺理论研讨会、全国墨子里籍学术研讨会、国际苏学研讨会、世界叶姓学术研讨会等多次国际性、全国性大型学术研讨会，取得许多重要研究成果。1992年，组团参加太平洋地区世界语大会，同来自国外的朋友进行广泛接触，为发展平顶山与国外的经济和科技合作作出了积极努力。平顶山市社科联连续多次被评为省社科联系统先进单位。

安阳市社会科学界联合会：简称"安阳市社科联"，成立于1988年。截至2000年年底，安阳市社科联历任主席为于晋民、杨振清、张正军。安阳市社科联积极推动市级各学会开展社科研究和社科普及活动，取得了一些重要成果。安阳是甲骨文的发源地，安阳甲骨学会是继日本甲骨学会之后，国际甲骨文殷商文化研究界成立的第二个甲骨学会。自1986年成立后编辑出版《甲骨文研究》3期，1987年摄制了3集电视剧《甲骨魂》。该剧在中国殷商文化国际研讨会首映，并在中央电视台播出，被山东王裁兼纪念馆收藏。还先后与江苏省甲骨学会和台湾甲骨文学会等单位共同举办第二届海峡两岸甲骨文书法联展、新加坡国际甲骨文书艺展、台湾安国钧捐赠甲骨文书法展和甲骨文书法艺术研讨会等，加强了对外文化交流和殷商文化的宣传普及，取得了显著的社会效益。安阳市社科联多次被评为省社科联系统先进单位。

焦作市社会科学界联合会：简称"焦作市社科联"。1985年6月成立筹备组，1988年12月正式成立。截至2000年年底，焦作市社科联历任主席为张三平、穆玉华、董爱湘。焦作市社科联紧密结合焦作市改革开放和"两个文明"建设实际，开展课题调研和学术研讨活动，完成了多项调研课题，提出一些好的意见和建议，有效地服务了各级领导和实际工作部门的工作决策。2000年，组织全市农民致富能手及科技专家开展科技扶贫报告活动，社会反映较好。

许昌市社会科学界联合会：简称"许昌市社科联"，成立于1990年5月。截至2000年年底，许昌市社科联历任主席为杜天敏、李宪根。许昌市社科联发挥自身优势，积极组织和推动所属各学会大力开展学术研讨活动。1993年9月，承办了全国第八次《三国演义》暨三国文化学术研讨会，来自日本及国内各地的专家、学者就有关《三国演义》和三国文化的争议问题交流了看法，对许昌市以三国文化为主要内容的旅游资源开发和旅游业发展进行了论证和研讨。在社科普及工作中，通过开办学习班、组织报告会、布设社科知识展览等多种形式，开展社科知识宣传服务咨询活动，社会反映良好。

三门峡市社会科学界联合会：简称"三门峡市社科联"，成立于1991年3月。截至2000年年底，三门峡市社科联主席为宋育文。三门峡市社科联积极组织承办全省和全国社科联系统的重要学术会议和工作会议，1993年举办了河南省市地社科联第七次协作会，1999年6月承办了鄂、豫、皖、川、陕毗邻地市社科联协作会。此外还十分重视开展社科评奖活动，表彰优秀社科成果，激发社科工作者的创造精神。1994年，组织开展三门峡市首届社科理论优秀论文评选、三门峡市首届社会科学优秀成果评奖，推动了三门峡市社科事业的活跃繁荣。

漯河市社会科学界联合会：简称"漯河市社科联"，成立于1993年4月。截至2000年年底，漯河市社科联历任主席为谭英、韩宏。漯河市社科联紧密结合漯河市独有的历史文化资源，推动市级各学会开展社科研究和社科普及活动。漯河是许慎的故乡，1989年5月在漯河召开了全国许慎研究会成立大会暨第二届许慎学术研讨会，北京大学、北京师范大学、华中师范大学、湖北大学、郑州大学、河南大学等的60余名专家教授参加，对许慎研究提出了很多意见和建议，进一步推动了全国许慎文化研究，对以许慎文化为代表的漯河文化产业的发展起到了积极的促进作用。

驻马店市社会科学界联合会：简称"驻马店市社科联"，1986年6月成立筹备组，1994年9月正式成立。截至2000年年底，驻马店市社科联历任主席为田富礼、王明德。驻马店市社科联1997年以后与市委宣传部等单位联合召开了香港回归与驻马店振兴理论研讨会、学习中共十五大精神座谈会、农村工作理论研讨会、纪念中共十一届三中全会20周年理论研讨会、庆祝中华人民共和国成立50周年理论研讨会、学习江泽民关于"三个代表"重要思想座谈会等。积极开展全市优秀社科成果评奖活动，认真组织课题调研活动，积极开展社科知识下乡、社会咨询服务等一系列社科宣传普及咨询活动，调动了广大社科工作者的积极性和创造性，有力配合了党委政府和有关部门的工作。1998年，驻马店市社科联被评为省社科联系统先进单位。

濮阳市社会科学界联合会：简称"濮阳市社科联"，成立于1996年1月。截至2000年年底，濮阳市社科联历任主席为李贵重、何永增。濮阳市社科联为推动濮阳经济与社会发展，在学术研讨、课题调研、学会服务等方面积极开展各项活动。2000年，对开展生态市建设专题进行深入研究，其成果《走可持续发展之路，建设二十一世纪的生态文明——濮阳市建设生态市的探索》以理论文章的形式先后在《光明日报》《河南日报》《濮阳日报》等报刊发表，为市委、市政府提出的建设生态市目标提供了理论支持和决策参考。1997~2000年，濮阳市社科联连续4年被评为省社科联系统先进单位；1999年，被全国大中城市社科联工作会议评为全国先进社科联。

第二节 社科研究

组织开展社会科学研究和学术交流是社科联的基本职能之一。实行改革开放后，河南省社科联始终注意把握正确方向，充分发挥社科联学科齐全、人才荟萃、联系面广等综合优势，坚持把深入学习、研究、宣传马克思主义和建设有中国特色社会主义理论，努力为省委、省政府决策服务，为河南改革开放和现代化建设服务，作为社科研究的首要任务。1992年邓小平视察南方重要讲话发表后，省社科联及时与省委宣传部联合召开了省会社科界学习邓小平重要谈话、为河南改革开放献计献策座谈会和理论研讨会，提出一些有价值的意见和建议。为推动学习邓小平理论活动的深入开展，省社科联首先发起并与省委宣传部、省高校工委、省教育厅联合在全省19所高校举办了邓小平理论系列讲座。根据中共中央关于兴起学习贯彻"三个代表"重要思想新高潮的指示和要求，省社科联先后与省委宣传部、河南日报社联合，连续举办了3次系列理论研讨会，还在《河南社会科学》《领导科学》杂志和河南社科联网站开辟了学习宣传"三个代表"重要思想专栏，刊登了一批质量较高的理论文章，对全省深入学习"三个代表"重要思想起到了推动作用。

省社科联和所属各学会、协会、研究会及各省辖市社科联还积极组织力量，紧密围绕全省改革、发展、稳定的许多重大理论和实践问题进行攻关，开展对策性研究，充分发挥党政智囊团和人才库作用。1991年，在省委工作会议研究如何搞好大中型企业问题之前，省社科联及时组织省会经济学界专家学者召开座谈会，就河南省经济体制改革和改善大中型企业外部环境与内部管理等问题向省委、省政府提出了一系列意见和建议，受到省委书记李长春等与会领导的重视和肯定。1996年，省社科联与有关单位联合召开了全省可持续发展战略研讨会，会议综述报送后，李长春、马忠臣、李成玉、范钦臣、林炎志等省领导都作了批示，要求有关部门认真加以研究和采纳。1997年10月，省社科联在充分调研的基础上组织召开"邓小平理论在河南的实践"理论研讨会，总结在邓小平理论指导下全省改革开放和现代化建设的实践经验，对今后工作中应注意的问题提出意见和建议，省委主要领导批示省委《工作信息》分6期转发了会议综述。

省社科联和所属各学会、协会、研究会及各省辖市社科联还十分重视发挥全省社科界在经济理论、部门经济、文学、史学、考古学、伦理学、传统文化、地域文化以及交叉科学等方面的优势，努力推进全省社会科学各门学科的基础研究和应用研究，加强省内外、国内外这方面研究的合作和交流，先后召开了一系列有关历史文化、地域文化、名人文化等方面的全省性、全国性和国际性学术研讨会。1980年5月在开封召开全国先秦史学术讨论会；1983 年分别在郑州、信阳、开封召开中国考古学会第四次年会、楚文化综合学术讨论会和黄河文明学术讨论会；1984 年和 1993 年分别在洛阳和许昌召开全国第二届、第九届《三国演义》与三国文化研讨会；1984 年分别在开封和安阳召开中日宋史研究学术交流会、中日史学学术交流会及全国商史学术讨论会；1985 年在开封、洛阳、漯河三地召开全国纪念许慎学术讨论会，并在渑池召开首次全国仰韶文化学术讨论会；1986 年在平顶山召开全国苏轼研究会第四次学术讨论会，并在郑州召开中原传统文化讨论会；1988 年在洛阳召开全国洛学与传统文化学术讨论会，并在许昌召开全国第二次建安文学讨论会；1989 年和 1991 年在安阳召开全国《周易》与现代自然科学研讨会、《周易》与现代化国际学术研讨会，并于 1992 年在开封召开全国《周易》与宋代文化研讨会；1989 年在洛阳召开首届河洛文化研讨会，并在南阳召开纪念张衡逝世 1850 周年学术讨论会；1990 年在南阳召开诸葛亮躬耕地学术研讨会，并于 1991 年在郑州召开诸葛亮学术研讨会；1991 年在洛阳召开中国夏商文化国际研讨会，并在新郑召开全国轩辕故里文化研讨会及在漯河召开许慎与《说文解字》国际学术研讨会；1992 年起连续多年在鹿邑召开纪念老子诞辰国际学术研讨会，并于 1992 年在巩义召开纪念杜甫诞辰 1280 周年国际学术研讨会；1993 年在郑州召开郑州商城暨殷商文明国际研讨会，在巩义召开炎黄文化与河洛文明国际学术研讨会，在南阳召开首届汉画像石（砖）国际学术研讨会；1994 年在安阳召开中国甲骨文发现 95 周年国际学术纪念会，并于 1999 年在安阳召开纪念甲骨文发现 100 周年国际学术研讨会；1994 年在偃师和西安召开玄奘国际学术研讨会，在淇县召开全国首届鬼谷子研讨会，在巩义召开中国杜甫研究会成立暨首届学术讨论会；1996 年在濮阳召开中国宋学与东方文明国际学术讨论会，并在开封召开中国传统文化与 21 世纪国际学术研讨会；等等。这些学术活动，不仅对扩大河南社科界与省内外、国内外的学术交流，提高河南省哲学社会科学学术水平，而且对宣传河南、提高河南的知名度，对扩大河南的对外开放，都起到了很好的促进作用。

全省广大社科工作者潜心钻研，多角度、多层面地研究重大理论问题和实践问题，取得的研究成果涉及基础理论和应用理论等各个领域，不少成果在全省乃至全国产生了较大社会影响。省经济学会杨承训的专著《市场经济典鉴——列宁商品经济理论系统研究》，获中国经济学最高奖——孙冶方经济科学奖；省哲学学会崔大华所著《庄学研究》出版后，被同行专家认为是"当代庄学研究的最佳成果"；省历史学会朱绍侯主编的《中国古代史》和《中国古代史研究入门》被教育部（国家教委）确定为大学文科教材和教学参考书；历史学会高敏的《魏晋南北朝经济史》《魏晋南北朝兵制研究》等均为国家社科规划课题，著作出版后在省内外产生很大反响，史学界给予了高度评价；省历史学会戴可来的《越南通史》《历代疆域》等译著成为国内研究越南史的基本参考书，他发表的一系列关于西沙、南沙群岛归属问题的文章，捍卫了国家领土和主权，中国外交部给予了充分的肯定；省逻辑学会马佩撰写的《形式逻辑的思维规律》以及他与郑毅男合著的《形式逻辑讲义》是中华人民共和国成立后出版的第一批逻辑专著和大学逻辑教材；省文学学会任访秋、关爱和主编的《中国近代文学史》被推荐为全国高校中文专业通用教材；省科学社会主义学会黄亮宜的理论文章《社会主义精神文明建设中的道德导向问题》《试论"义利统一"的社会主义价值导向》和学术专著《社会主义义利观——面向21世纪的价值选择》先后获第六、第七、第九届全国"五个一工程"奖，获3届该奖项者全国仅有两人。河南省青年社科专家何向阳的文学批评论著受到全国文艺界的高度评价，接连获得鲁迅文学奖、冯牧文学奖等全国多项大奖。这些研究成果对河南的"两个文明"建设发挥了重要作用。

学术活动 社科联学术活动的主要形式是召开各种学术性的讨论会、研讨会、座谈会。1978~2000年，河南省社科联系统举办的各类重要学术会议达100余次。

河南楚文化讨论会：省考古学会举办，1981年8月23~29日在信阳召开。出席会议的有河南部分文物考古工作者及研究楚文化的专家学者共30余人，会议收到论文32篇。会议从不同角度探讨了楚文化的内涵、渊源和发展过程，正式成立了河南省考古学会楚文化研究会。

河南省纪念鲁迅100周年诞辰学术讨论会：河南省纪念鲁迅100周年诞辰委员会与省文学学会联合举办，1981年9月22~27日在郑州举行。出席会议的代表共80人，会议收到论文60篇。会议除大会发言外，主要分小说组、诗歌散文组、鲁迅生平与思想组和《阿Q正传》研究组4个组进行了学术交流。

农业生产责任制理论讨论会：省经济学会举办，1982年3月12~16日在郑州召开。出席会议的有部分省直单位、地市和科研部门、高校的理论工作者与实际工作者55人，中国社会科学副总编辑林韦等应邀出席会议并讲话。会议共收到论文、调查报告和经验介绍21篇，着重围绕农业生产责任制的完善问题、统与包的关系问题及农业生产责任制的发展前景问题等进行了讨论。

全国《歧路灯》学术讨论会：河南省社科院文学所、中州书画社和河南省文学学会联合举办，1982年9月15~20日在洛阳召开。参加会议的有全国13个省市高校、科研单位及文化出版部门的代表共60余人，会议收到论文近40篇。会议着重围绕1980年整理出版的清代河南宝丰人李绿园所著长篇白话小说《歧路灯》一书的思想意义、艺术成就、文献价值及其在文学史上的地位等问题进行了讨论。与会人员普遍认为，该书广泛、细致地反映了清代中州城市乡村中下层人民的生活面貌，是一部有价值的、值得重视和研究的作品。

河南省当代作家作品讨论会：省作协、省文学学会、省文联创作研究室联合举办，1982年12月13~18日在郑州召开。会议集中讨论河南当代著名作家苏金伞、李晖、张一弓的作品，认为3位作家各自的创作道路，都具有某种典型性和代表性。与会代表既充分肯定了3位作家的成就，也指出其中不足，并在文艺与人民、文艺与政治的关系和坚持革命现实主义创作方法、吸取国外写作技巧与表现手法等问题上取得了共识。

《资本论》研究学术讨论会：省经济学会《资本论》研究会举办，1982年12月22~27日在郑州召开。来自全省高校、科研单位从事《资本论》教学与研究的人员共70余人参加了讨论会，会议共收到论文30篇。会议主要围绕《资本论》与社会主义经济建设、《资本论》与社会主义政治经济学，及《资本论》的理论、方法与范畴等问题进行讨论，确定了编写《资本论》丛书等科研规划。

河南省纪念马克思逝世100周年学术讨论会：省委宣传部、省委党校、省教育厅、省社科院、省社科联联合举办，1983年3月13~16日在郑州召开。讨论会当时称纪念马克思逝世100周年学术报告会。参加会议的代表共150多人，会议共收到论文132篇。会议期间，代表们收看了首都纪念马克思逝世100周年大会实况，并就马克思主义在中国传播和发展的历史、怎样在马克思主义基本原理的指导下走自己的路、建设有中国特色的社会主义等问题进行了研讨。

河南省建设有中国特色社会主义理论讨论会：省委宣传部、省委党校、省社科院、省社科联联合举办，1983年10月18~22日在郑州召开。讨论会当时称河南省理论讨论会。出席会议的代表共110余人。这次讨论会是根据中央宣传部关于组织更多人深入研究、讨论共产主义实践活动和共产主义思想教育方面的问题的指示精神召开的。会议的中心议题是如何建设有中国特色的社会主义。与会代表主要就改革问题和社会主义经济建设问题，按劳分配、物质利益原则问题，加强思想政治工作问题，知识分子问题，雇工经营问题等进行了讨论。

全国第二届《三国演义》学术讨论会：省社科院文学所、省文学学会联合举办，1984年4月12~19日在洛阳召开。来自全国23个省、自治区、直辖市的160多位专家学者出席，会议共收到论文70余篇。会议主要就中国古典小说名著《三国演义》一书的主题思想、人物塑造、艺术性、版本及其在文学史上的地位等问题进行了研讨。会上正式成立了中国《三国演义》学会。

河南省城市经济体制理论讨论会：省委宣传部、省委政研室、省社科联、省社科院联合举办，1984年7月21~26日在郑州召开。出席会议的理论工作者和实际工作者共80余人，提交论文和调研报告72篇。这次讨论会紧密联系河南城市经济体制改革的实践，比较集中地讨论了城市经济体制改革的必要性和紧迫性、所有制形式和经营方式的关系、打破两个"大锅饭"、厂长（经理）负责制、流通体制改革和充分发挥经济杠杆作用等问题。讨论成果后汇编为《建设有中国特色的社会主义》一书内部出版。

河南省社科界庆祝中华人民共和国成立35周年学术讨论会：1984年9月27~29日由省社科联和省社科院在郑州联合召开。来自省社科联各学会、研究会的代表和省委党校、省社科院、大专院校及新闻出版部门从事研究、教学和宣传工作的人员共80余人参加了讨论会。省委、省人大常委会和省委宣传部、省委理论工作领导小组的负责人应邀出席。会议收到论文49篇，11人作了大会发言。与会者认真回顾35年来社科战线所走过的光辉而又曲折的历程，畅谈中共十一届三中全会以后全省社科战线所取得的巨大成就，并就社科工作如何面向实际、如何适应河南现代化建设的需要、进一步开创社科工作新局面等问题进行了探讨。

河南一、二战时期农民运动学术讨论会：省党史委和省中共党史学会主办，1984年10月21~25日在驻马店召开。出席会议的代表共60余人，会议收到论文和资料36篇。与会代表主要围绕第一次和第二次国内革命战争时期河南农民运动的历史地位、特点和这一时期河南农民运动与土地革命、武装斗争、根据地建设的关系以及它和清末以后北方地区曾经十分活跃的红枪会的关系等进行了研讨。

中国近代文化史首次学术讨论会："中国近代文化史"丛书编委会、省社科院历史所、省历史学会联合举办，1984年11月3~9日在郑州召开。参加会议的正式代表近70人，会议收到论文35篇。刘大年、蔡尚思、汤志钧、龚书铎、陈旭麓、丁守和等国内著名史学家和中华书局总编辑李侃出席了会议。会议主要围绕中国近代文化史的研究范围和任务、中国近代文化史的特点与历史作用，及编著中国近代文化史的方法、步骤等进行了讨论。

全国首次领导科学学术讨论会：由领导科学杂志社和省领导科学研究会联合发起召开，1985年4月23~28日在洛阳举行。参加研讨会的有来自全国25个省、自治区、直辖市从事领导科学教学、科研工作的人员和从事实际领导工作的人员共100多人，会议收到论文和专著70多篇（部）。与会人员紧密联系全国领导工作的实践，就领导科学的基本概念、性质、特点、研究对象、研究方法和如何建立有中国特色的领导科学体系等问题进行了探讨。讨论的成果会后由领导科学杂志社结集出版。

全国首届纪念许慎学术讨论会：中国训诂学会与河南省语言学会、河南大学等单位联合举办。整个会议分为两段：讨论会于1985年4月12~15日在开封举行，纪念活动于4月16~19日先后在许慎故里河南郾城县和许慎当年编写《说文解字》的洛阳举行。来自全国20多个省、自治区、直辖市的专家、学者100余人出席，会议共收到论文近60篇。与会代表主要围绕许慎的生平里籍、许慎和《说文解字》的地位、许慎《说文解字》的内容考辨等进行了研讨，并分别在郾城和洛阳举行了许慎墓揭碑仪式与许慎塑像揭幕仪式。

全国仰韶文化学术讨论会：河南省考古学会与渑池县文管会联合举办，1985年11月6~10日在渑池召开。来自全国各地的153名代表参加，会议共收到论文53篇。

会议对仰韶文化的分期、类型、文化分区和社会性质等重大问题进行了严肃认真的探讨交流，对如何客观地评价瑞典人安特生在仰韶进行的考古发掘活动、如何正确认识中国文明的起源和中华民族的发祥地，以及仰韶文化在中国史前研究中的地位和价值等问题取得了较为一致的认识。这次会议取得的学术成果，会后公开出版了专集。

首届中国古代戏曲学术讨论会：中国社科院文学所、《文学遗产》编辑部和河南省社科院文学所、河南省文学学会联合举办，1985年4月12~17日在郑州召开。来自全国22个省、自治区、直辖市的150多名从事中国古代戏曲教学、研究和编辑出版工作的人员参加了讨论会。著名学者王季思、张庚等出席。会议收到论文92篇。会上比较集中地研讨了中国戏曲的形成、元杂剧的成就、明清戏曲在戏曲史与文学史上的地位和价值、戏曲理论和戏曲美学思想、古代戏曲如何古为今用及古代戏曲研究的改革等问题。讨论会期间正式成立了中国古代戏曲学会。

河南省交叉科学座谈会：省委理论工作领导小组、省社科联、省科协共同举办，1986年3月18~20日在郑州召开。来自省直各有关单位的100多名自然科学工作者和社会科学工作者参加。中国科协书记处原书记田夫、书记李宝恒和中国社科院研究员乌家培、副研究员王兴成应邀到会作了学术报告。与会人员就交叉科学的性质和特点、交叉科学发展的趋势及发展交叉科学的指导思想与基本方针等问题进行了热烈的讨论，并一致通过了致全省自然科学工作者和社会科学工作者的倡议书。

全国青年美学家座谈会：河南省美学学会与郑州大学美学研究所、《美与当代人》编辑部联合举办，1986年4月在洛阳召开。会议的中心议题是：当代美学与当代人。座谈会从全球文化战略发展的角度，探讨了当代美学基础理论研究及其应用问题，其中对美学的社会功能和当代人审美素质的培养等问题作了较为深入的讨论。来自北京、上海等地的30多名青年美学工作者畅所欲言，提出许多有益的见解。与会者一致同意把《美与当代人》杂志作为全国青年美学家的喉舌和阵地，并建议美学学会和郑州大学美学研究所成为全国青年美学工作者的联络部。

中国唐代文学学会第三次学术讨论会：中国唐代文学学会、河南省社科联、河南大学、郑州大学、河南省社科院、河南师范大学等19个单位联合主办，1986年4月8~14日在洛阳召开。全国28个省、自治区、直辖市的161名代表出席了会议，提交论文共112篇。会议主要围绕唐代文学研究的进展与当前所面临的课题、唐代文学与中州的关系、白居易与新乐府的评价、陈子昂的评价以及边塞诗的评价等问题展开了讨论。

河南省经济体制改革理论讨论会：省经团联、省体改委、省委政研室联合举办，1986年4月23~26日在郑州召开。出席讨论会的有来自省内高校、科研机关和各有关厅局、各市地的理论工作者与实际工作者50余人，共收到论文130余篇。与会代表听取了省委书记杨析综和省长何竹康关于河南省经济体制改革的报告。以及副省长、省经团联理事长胡悌云关于河南经济形势及横向联合发展情况的报告，以推动河南经济体制改革中的横向联合为中心议题，就横向经济联合的定义、性质及其发展的必然性，河南在实行内、外联过程中所要解决的重要问题，联合企业中主体企业与被联合企业的关系，联合过程中企业的自主权问题，如何为横向联合创造良好的环境，以及河南省在横向联合方面存在的主要问题与发展趋势等，进行深入的讨论。

全国苏轼研究会第四次学术讨论会：全国苏轼研究学会、河南省文学学会、河南省社科联、河南省社科院、河南大学、郑州大学、河南师范大学等12个单位联合举办，1986年9月18~23日在平顶山市召开。来自全国各地的127名代表出席了会议，提交论文共87篇。大会围绕苏轼的散文创作、苏轼与北宋文学、关于苏轼在京时期的诗歌创作的评价、关于苏轼思想的研究问题展开了讨论。

河南省纪念红军长征胜利50周年学术讨论会：省党史委、省社科联、省党史学会、军事院校郑州协作中心、省军区党史办、鄂豫皖苏区研究会河南分会、空军第一航空技术专科学校7个单位联合举办，1986年9月26~29日在信阳召开。出席会议的代表近百人。会议着重讨论了红二十五军长征的准备、经过、特点、历史地位和意义等问题。会议讨论和涉及的问题还有：中央红军战略转移的提出和准备、遵义会议和黎平会议、长征中的政治工作等。

河南省机构改革研讨会：河南省社科联、河南省政治学会和中共安阳市委、安阳市人民政府联合举办，1986年12月16~20日在安阳召开。参加会议的理论工作者和实际工作者共100余人。会议总结了中华人民共和国成立后全国历次机构改革的经验和教训，探讨了新时期机构改革的理论依据、特点、目标模式和突破口，论证了全国机构改革试点城市安阳市的机构改革方案。

十一届三中全会以来对马克思主义的运用和发展研习会：省委理论工作领导小组和省社科联联合举办，1987年8月5~20日在郑州召开。参加研习会的有来自全国15个省、自治区、直辖市的110名理论工作者。中国人民大学教授高放、郑建邦，武汉大学教授陶德麟、雍涛，中国社会科学院副研究员于祖尧、杨德明等和河南省的几位专家学者在会上作了重点发言。研习会分别从哲学、经济学、科学社会主义等方面比较系统地总结了中共十一届三中全会以后马克思主义、毛泽东思想的新发展，并对建设有中国特色社会主义理论的内涵进行了初步研讨。

社会主义初级阶段理论讨论会：河南省委宣传部、河南日报社和河南省社科联共同举办，1987年7月27日在郑州召开。省会部分高校和科研单位的专家、学者20余人出席。会上主要围绕社会主义初级阶段提出的意义和它的划分依据、基本特征、基本矛盾、与改革的关系及如何正确理解和认识社会主义初级阶段问题等进行了探讨。

全国部分省市自然科学与社会科学联盟学术讨论会：省委理论工作小组、省科协、省社科联联合举办，1987年11月9~12日在郑州召开。来自全国13个省、直辖市的

100多名自然科学工作者、社会科学工作者以及科协、社科联的代表出席了讨论会，会议共收到论文150多篇。与会代表围绕"两科联盟"趋势、地位、作用、意义及促进"两科联盟"的途径等问题进行了讨论。会上一致认为：自然科学与社会科学的相互交叉、相互渗透，已经成为当代科学发展的大趋势；"两科联盟"的加强，将大大促进全国科学技术现代化、管理现代化的发展。

河南省社科界庆祝中华人民共和国成立40周年学术报告会：1989年9月25日在郑州举行，全省社会科学工作者120余人参加了会议。会议在对河南社科事业的发展进行回顾和展望基础上，认真总结了中华人民共和国成立40年来，特别是中共十一届三中全会后各学科的研究成果和工作经验，探讨了各学科未来的发展方向。

河南省农村改革和发展理论与实践研讨会：省委政研室、省社科联、省体改委、省社会经济技术发展研究中心、省社科院、省农牧厅、省农经委7个单位联合发起，1989年10月17~19日在新乡召开。与会代表113人。会议主要围绕10年中全省农村改革和发展的理论与实践问题进行了探讨。

党政领导班子建设理论与实践研讨会：省委组织部和领导科学杂志社联合召开，1989年10月31日~11月3日在焦作举行，120多人参加了会议。会议着重探讨党政领导班子建设的措施和途径，为促进全省各级领导班子的建设提供新的思路，在理论与实践的结合上从不同层次和不同角度研究探讨新形势下党政领导班子建设中的新情况、新问题，具有一定理论深度和较强的实用价值。

中华文明起源学术研讨会：中国先秦史学会、河南省社科联、河南省社科院、开封市社科联、河南省历史学会、河南省考古学会等15个单位发起，1989年11月7~13日在开封—淮阳—郑州举行。北京、上海、天津、黑龙江、广西、四川、福建等22个省、自治区、直辖市的近百名代表和50名列席人员参加了研讨会，会议收到论文近百篇。讨论的主要议题是关于中华文明的起源、中国古城的起源和性质、平粮台古城的历史地位等问题。其中，关于中华文明的起源及文明起源的标志问题是讨论的重点。这次会议对国内先秦史研究和交流起到了推动作用。

弘扬焦裕禄精神理论与实践研讨会：中共河南省委组织部、中共开封市委、中共兰考县委、河南领导科学杂志社、山东领导科学报社联合举办，1990年5月4~6日在兰考召开。来自省内外的120多名理论工作者和领导干部参加了研讨会，共收到来自全国14个省、自治区、直辖市的362篇论文，其中79篇在会上进行了交流。与会代表着重就焦裕禄精神的实质和内涵、当前重提向焦裕禄学习的意义、新形势下学习焦裕禄活动应当具有的新特点、新途径等问题进行了深入研讨。参加会议的26名县委书记、县长还在会上向全国发出了争做学习、发扬、实践焦裕禄精神带头人的倡议。《人民日报》刊登这一倡议并配发了评论员文章，中央各大新闻单位做了报道。

提高国营大中型企业经济效益研讨会：省经团联和省财政学会、省金融学会、省计划经济学会、省体改研究会、省商经学会等13家省级经济学会联合举办，1990年7月31日~8月2日在新乡召开。会上集中讨论了上述单位组织150多人参加的省"七五"社科规划联合攻关课题"提高国营大中型企业经济效益，充分发挥其骨干作用"的总体报告和《提高国营大中型工业企业经济效益的若干建议》《提高国营大中型商业企业经济效益的研究报告》《关于加强粮食企业管理，实现减亏增盈的意见》3个专题报告。会议主要围绕国营大中型企业在全省经济发展中的地位、经济效益的实质与内涵、解决国营大中型企业发展资金对策、流通领域改革发展、规范价格形成、正确处理国家与企业的分配关系、改革与完善企业劳动工资制度、加强企业内部管理及粮食企业减亏增盈问题等进行深入讨论，提出了富有价值的意见和建议。会议成果后汇集成《大中型企业经济效益探析》一书出版，有些被省政府决策时采用。

当代文学学术讨论会：省当代文学研究会、省文联文艺理论研究室、《故事家》编辑部、百花园杂志社联合举办，1990年12月7~9日在郑州召开。全省有关专家、作家70余人参加了讨论。会议的中心议题是：如何认识现实主义文学在新时期的发展。与会人员围绕现实主义文学引申出来的各种话题，诸如现实主义文学的流变过程、创作现状、发展前景、风格流派、文坛地位及其与文学思潮的关系、对当代河南文学创作的评价等问题进行了广泛的讨论。

河南省农村基层组织建设理论与实践研讨会：省社科联举办，1991年1月29~30日在郑州召开。出席研讨会的有省直、部分市地县和高校的理论工作者与实际工作者55人，会议共收到论文、调研报告40篇。会上以村级领导班子建设为重点，分析全省农村基层组织建设形势，指出存在的突出问题，剖析这些问题产生的内外原因，探讨了新形势下加强农村基层组织建设的途径。

诸葛亮学术讨论会：河南省社科院、河南省社科联、河南大学、郑州大学和南阳市诸葛亮研究会共同举办，1991年4月2~6日在郑州召开。来自北京、天津、河北、四川、湖北、山东等省市和河南省各市地的专业和业余研究人员90余人参加了讨论，会议共收到论文40余篇。会上就诸葛亮躬耕地的地理位置问题、诸葛亮与南阳的关系和诸葛亮的政治思想、军事思想、人才思想及诸葛亮文化等问题进行了讨论。会后结集出版了由赵朴初题签、史念海作序的《诸葛亮躬耕地新考》一书。

全国历史唯物主义与当代社会主义实践讨论会：中国历史唯物主义研究会与河南省社科联、河南省社科院、河南省哲学学会、郑州大学、河南大学、河南师范大学等联合举办，1991年4月18~22日在洛阳召开。来自全国各地的60余名专家学者参加了讨论。主要围绕民主社会主义的实质、特征、渊源，民主社会主义与科学社会主义的根本区别，民主社会党与共产党的根本区别，以及如何运用历史唯物主义的基本原理指导建设有中国特色社会主义的实践等问题进行了研讨。

河南省纪念建党70周年学术讨论会：省委宣传部、省委党史工委、省委党校、省社科联共同举办，1991年6月29~30日在郑州召开。出席会议的有来自全省各市地、各有关单位的社科理论工作者、党史工作者及有关领导近百人，会议共收到论文200余篇，其中83篇印发讨论会进行交流。讨论的内容广泛涉及中国共产党的领导、党的思想理论建设与组织建设、中国共产党领导下的多党合作和政治协商制度及中国共产党对科学社会主义理论的重大贡献等各个方面。

《周易》与现代化国际学术讨论会：中华炎黄文化研究会、河南省对外文化交流协会、河南省社科联、河南省社科院、河南省黄河文化研究会、郑州大学哲学系和安阳市周易研究会、汤阴县羑里周易博物馆联合举办，1991年10月23~26日在安阳召开。来自美国、英国、日本和包括台湾在内的全国25个省、自治区、直辖市的专家学者与《周易》研究爱好者260余人参加了讨论会，会议收到论文近90篇。中国周易研究会会长、武汉大学教授唐明邦，国际易经学会主席、美国夏威夷大学教授成中英等知名学者在会上发言。与会代表主要围绕《周易》与现代化管理、《周易》与现代自然科学、《周易》与中西文化、《周易》与中医学及《周易》的象、数、义、理等问题进行了研讨。

河南省廉政建设理论与实践研讨会：省纪委、省委宣传部、省检察院、省监察厅、省社科联共同主办，1991年11月15~16日在郑州召开。与会代表40余人，会议收到论文29篇。会议主要围绕廉政建设的若干理论问题、对廉政建设形势的估计、廉政建设存在的各种症结、当前加强廉政建设的对策等问题进行研讨。讨论成果结集为《廉政建设理论与实践》一书内部出版。

河南省农业综合开发理论与实践研讨会：省社科联、省农经委、省委政研室、省政府发展研究中心、省黄淮海平原农业开发领导小组办公室、省地理学会等单位联合举办，1991年12月28~30日在郑州召开。全省各地的有关研究人员和实际工作者70余人出席研讨会，会议共收到论文74篇。举办从理论和实践的结合上探讨农业综合开发问题的研讨会，当时在全国尚属首次。会上围绕农业综合开发的内容、特点、基本原则、实施措施等进行深入探讨，提出了实施农业综合开发的6种模式及其他一系列可操作性建议。

韩愈国际学术研讨会：河南省社科联、河南省社科院和中共孟县县委、孟县人民政府联合举办，1992年4月20~25日在韩愈故里孟县召开。来自美国、日本、韩国等国和香港、台湾地区及大陆部分省、自治区、直辖市的专家学者140人出席了研讨会，会议共收到论文70篇。会议集中讨论了对韩愈的历史评价、韩愈的儒学思想、韩愈的文学成就等问题。同时还开展了经贸活动，内外贸易成交额近10亿元，为该县创造了较好的经济效益。

纪念杜甫诞生1280周年国际学术讨论会：河南省社科联、河南省社科院、巩义市人民政府与四川省杜甫研究会、成都杜甫草堂、四川省社科联、山东大学等单位联合举办，1992年4月15~19日在杜甫故里巩义召开。来自日本、韩国及香港地区和国内15个省、自治区、直辖市的专家学者90余人出席了讨论会,会议收到论文62篇、专著4部。会议对杜甫的家世、生平、在河南的活动和杜甫的思想、杜诗的审美特征与创作艺术、杜诗的分期与在不同地域创作的特点,以及对杜诗的版本、资料考订与杜诗学史等进行了探讨。

中国宋史研究会第五届年会:中国宋史研究会委托河南大学宋代研究中心和开封市社科联共同举办,1992年4月21~24日在开封召开。中国宋史研究会会长、北京大学教授邓广铭,副会长、河北大学教授漆侠,副会长、杭州大学教授徐规等与来自全国40多所高校、科研单位及文化出版单位的代表90余人出席了年会,会议共收到论文78篇。会上讨论的内容广泛涉及宋代的政治、经济、军事、法律、思想、文化、学术、宗教、宗族、典籍、人物、考古等各个方面,还包括当年辽、夏、金,藏族、蒙古族等周边民族政权的历史文化,提出了一些新问题,课题研究进一步深入。

河南省妇女地位与社会发展研讨会:省妇联、省妇女问题理论研究会共同举办,1992年4月21~22日在郑州召开。来自全省各地的妇联干部和社会各方面热心妇女问题理论研究的专家学者等80余人参加了研讨会,会议收到论文57篇。与会人员主要围绕妇女地位与社会发展这一主题,对妇女地位与社会发展的内涵及相互关系,河南妇女地位的现状、特点及如何在当前改革开放新形势下进一步提高妇女地位、促进社会发展等问题进行了多方面探讨。

河南省职工失业与安置对策研讨会:省劳动厅、省政府发展研究中心、省社科联共同举办,1992年5月19~21日在郑州召开。来自全省各地劳动部门的人员和部分高校、科研单位的理论工作者共60余人参加了研讨,会议收到论文40多篇。与会代表会前做了大量调研,会上对社会反映强烈的职工失业(待业)问题进行了比较深入的讨论,在详细分析失业(待业)原因和现状的基础上,提出一系列有关搞好失业(待业)保险与失业(待业)职工再就业的可行性建议。

玄奘研究中心成立大会:中国社科院亚太研究所、河南大学、河南省社科联和洛阳市委、市政府及偃师县委、县政府等联合举办,1992年7月30日在北京召开。全国政协副主席、中国佛教协会会长赵朴初,中国社科院副院长汝信,中央统战部副部长张声作,中国人民对外友协副会长陈昊苏,著名学者任继愈等和北京、河南从事玄奘研究的专家学者及热心玄奘研究人士150多人出席了会议。应邀出席会议的还有尼泊尔、斯里兰卡驻华大使和印度、巴基斯坦、日本、韩国等国驻华外交或商务机构官员。由于玄奘为河南偃师县缑氏乡人,大会一致同意玄奘研究中心成立后应为一个以河南为依托同时面向全国的学术研究机构。赵朴初为中心名誉主任,著名宗教研究和玄奘研究专家、中国社科院亚太研究所所长黄心川为主任,中心在北京和河南洛阳分别设有一个办事处,具体承担聚集各方面人才、整理玄奘文化遗产、推动玄奘研究及促进中国与周边国家学术文化交流的责任。中心下设学术委员会、编辑委员会、联络委员会和玄奘基金会4个职能机构。

社会主义市场经济理论与实践研讨会：省委宣传部、省社科联共同举办，1992年11月14日在郑州召开。参加会议的有来自省会高校、科研单位、政府部门及企业界的代表20余人。研讨会在学习中共十四大精神的基础上，重点就社会主义市场经济理论提出的背景、历史发展、理论依据、核心内容及建立河南市场经济体制的具体措施等进行了研讨。

宋代哲学与中华文化国际学术讨论会：河南省社科联、河南省中原文化经济研究开发中心、河南省哲学学会、河南省社科院、河南大学、郑州大学、河南师范大学、河南省社科规划办与开封市人民政府联合举办，1993年4月12~14日在开封召开。出席讨论会的有来自日本、新加坡和包括台湾地区在内的海内外100多名专家学者。著名学者张岱年、罗国杰等参加了会议并作了学术演讲。会议共收到论文68篇。与会代表着重围绕宋代哲学在中国传统哲学发展中的历史地位、主题、特质、现实意义、影响及与中华文化各思想体系的联系等内容进行了比较深入的研讨。讨论成果后编为《宋代哲学与中华文化》一书公开出版。

郑州商城与殷商文明国际研讨会：中国殷商文化学会、郑州市社科联与河南省社科院、河南省博物馆、河南省文物考古研究所、郑州大学6个单位联合举办，1993年8月12~15日在郑州召开。参加研讨会的有来自美国、日本、瑞士等国和包括台湾在内的全国部分省、自治区、直辖市的专家学者76人。著名甲骨学和商史专家胡厚宣，著名历史学家田昌五，考古学家安金槐、邹衡、吴汝祚等出席研讨会。会议共收到论文88篇、著作2部。与会代表实地参观郑州商代遗址和大量商代出土文物，着重就郑州商城的断代与历史地位进行讨论，一致通过把郑州列为中国八大古都之一的倡议。

河南省纪念毛泽东100周年诞辰理论研讨会：1993年10~12月，省委宣传部、省社科联与有关单位联合，先后组织召开了河南省纪念毛泽东100周年诞辰理论研讨会、河南省纪念毛泽东生平与思想研讨会及河南省纪念毛泽东100周年诞辰党建理论研讨会3个大型学术研讨会。3个研讨会共收到论文500余篇（其中11月29~30日召开的河南省纪念毛泽东100周年诞辰理论研讨会收到论文200多篇，100多人参加研讨），212篇入选会议进行交流。3个大型学术研讨会以及各学会、各市地召开的一系列同一主题的研讨会，从各个层面对毛泽东的生平、事业和他在理论上的多方面卓越贡献，对毛泽东思想在改革开放新时期的重大发展等，进行了学习、研究和探讨，取得一批足以显示全省理论研究水平和实力的有价值的成果。这些成果经反复遴选，编入《学习·继承·发展——河南省纪念毛泽东诞辰100周年论文选》一书公开出版。

加快小型国有企业改革研讨会：河南省体改委、河南省社科院、河南省政府发展研究中心、河南日报社、河南省经济学会、中共汝州市委和市政府联合举办，1994年4月25~26日在汝州召开。来自全省各方面的理论工作者和实际工作者80余人参加了研讨会。与会代表实地考察汝州市小型国有企业改革的典型,听取平顶山市、汝州市推进企业兼并的经验介绍,围绕小型国有企业改革的形式和出路,及如何看待企业间的兼并,特别是较小企业兼并较大企业、民营企业兼并国有企业(即所谓"蛇吞象现象"),如何看待公有制的主体地位,如何对小型国有企业进行配套改革等问题进行了讨论。讨论意见公开发表后引起较大反响。

邓小平社会主义市场经济理论研讨会:省委宣传部、省委政研室、省体改委、省社科联联合举办,1994年5月25日在郑州召开。省会经济理论界部分专家学者、知名企业家和政府有关部门人员60多人参加了研讨会,会议共收到论文31篇。与会代表主要围绕进一步学习邓小平经济思想、贯彻落实中共中央《关于建立社会主义市场经济体制若干问题的决定》、加快全省社会主义市场经济体制改革步伐这一主题,比较集中地讨论了建立现代企业制度、解决国有企业深层次矛盾、大力发展多种经济成分和发展河南期货市场与证券市场等问题。

邓小平社会主义精神文明建设理论研讨会:省委宣传部、省社科联、省社科院、省科学社会主义学会联合举办,1994年10月21~22日在郑州召开。省内60多名理论工作者和实际工作者参加研讨会,会议共收到论文57篇。与会人员进一步学习邓小平关于社会主义精神文明建设的思想,探讨发展社会主义市场经济与精神文明建设的关系,总结交流刘庄、南街村、竹林镇等建设社会主义精神文明的典型经验,分析精神文明建设中存在的问题,提出了一些有针对性的对策和建议。

中国杜甫研究会成立大会暨首届学术讨论会:中国杜甫研究会筹备组和中共巩义市委、巩义市人民政府等联合举办,1994年10月31日~11月3日在巩义召开。原中纪委书记强晓初、原中共河南省委书记刘杰、原民政部副部长王国权、中华诗词学会副会长兼秘书长孙轶青、著名学者霍松林和来自全国20多个省、自治区、直辖市及台湾、香港地区的100多名代表出席。会上除正式成立中国杜甫研究会外,主要就杜甫研究的时代意义和历史意义、国内外杜甫研究和杜诗学研究的历史与现状、杜甫思想和杜甫诗歌艺术的结构与特点、杜诗对唐以后诗风及现代诗歌的影响,以及如何用现代意识和新方法研究杜诗等问题进行了探讨。

第三次沿黄七省区经济社会发展理论研讨会:省社科联、省政府发展研究中心、省社科院、省经济技术协作集团公司联合举办,1994年10月25~28日在郑州召开。来自沿黄各省、区的40多名代表出席了研讨会。与会代表主要围绕沿黄各省、区经济开发的现状、做法、经验和进行整体系统开发及加强协作等问题,深入交换意见,在若干重要方面达成新的共识。

河南省学习《邓小平文选》与建设有中国特色社会主义理论研讨会:省委宣传部、省社科联等联合举办,1995年3月25~27日在郑州举行。来自省内高校、党校、科研单位和实际工作部门的70多名理论工作者和实际工作者参加了研讨会,会议共收到论文40多篇。与会代表就邓小平建设有中国特色社会主义理论的形成、基本内容、理论体系、重要特色、精神实质、主要贡献等进行了多角度、多方位的研讨。

邓小平统战思想研讨会：省委统战部、省统战理论学会举办，1995年1月15~16日在郑州召开。来自全省各地、各部门的理论工作者和实际工作者80多人参加了研讨会，会议共收到论文70余篇。与会代表主要围绕邓小平统战思想的基本内容、形成过程、对毛泽东统一战线思想的发展及如何运用邓小平统战理论做好新时期统战工作等问题进行了研讨。

全省学习邓小平理论深化国有企业改革研讨会：1995年11月28~29日，省社科联与省委宣传部等单位联合在洛阳召开。来自全省各地的经济学专家、部分大中型国有企业的厂长（经理）和有关方面领导共40多人出席了研讨会。与会代表就全省国有企业改革的重要意义，深化国有企业改革的着力点，强化国有企业内部管理，解决国有企业亏损、债务等问题，通过深入研讨提出了深化国有企业改革的对策与建议。

嵇文甫学术思想研讨会：河南省社科联和郑州大学、河南大学、河南省社科院、河南省委党校等单位联合举办，1995年12月16日在郑州举行。省内部分高校、科研单位的60余名专家学者参加了研讨会，会议共收到论文23篇。这次研讨会是纪念国内著名哲学家、史学家、教育家和原河南省人民政府副省长、原郑州大学校长嵇文甫100周年诞辰活动的一个组成部分。与会代表主要围绕嵇文甫学术思想的特点、师承渊源和嵇文甫的文化观、史学方法论、教育思想及进一步推进嵇文甫学术思想研究的意义等进行了研讨与交流。

中国宋学与东方文化国际学术讨论会：河南省社科联、河南省行政学院（河南省委党校）、中原宋学研究会、濮阳市行政学院、开封大学和中国人民大学东方文化研究所、中国社科院东方哲学研究室等单位共同发起举办，1996年5月6~9日在濮阳市召开。出席讨论会的有包括韩国和中国台湾、香港地区在内的国内外专家学者90人，其中境外代表29人。会议收到包括日本、美国、新加坡、韩国及国内40多所高校、科研单位递交的论文73篇。与会代表主要围绕对宋学的基本内容、历史地位、宋学与中国近代哲学的关系、宋学对包括中国周边国家在内的东方文明的影响等进行了研讨。讨论成果后汇编为《中国宋学与东方文明》一书公开出版。

河南省思想道德文化研讨会：省委宣传部、省社科联等联合举办，1996年9月17~18日在平顶山召开。来自全省各地的理论工作者和实际工作者60余人参加了研讨会，会议共收到论文45篇。与会代表主要围绕社会主义市场经济条件下精神文明建设特别是思想道德建设和文化建设面临的突出问题与对策开展研讨，并对平顶山市精神文明建设先进单位进行了实地考察。

豫闽台姓氏源流国际研讨会：省地方史志办公室、省中原姓氏历史文化研究会联合举办，1996年9月18~20日在郑州召开。出席会议的有来自韩国、菲律宾和台湾地区与福建、广东、广西、江西、湖北、河南等省、区的88名专家学者及有关研究人员，会议共收到论文60余篇。会议中心议题是研讨中华姓氏特别是豫闽台3省姓氏的起源、发展播迁、与中原地区的关系等，旨在开发利用河南姓氏历史文化的丰富资源，弘扬中华民族优秀历史文化，增进中华民族的凝聚力，为河南改革开放和现代化建设服务。与会代表一致认为，河南是中华民族的重要发祥地之一，也是中华姓氏的主要发源地。闽台两省大多数姓氏根在中原，河南与这两个省份在历史上有许多重要的血缘亲情关系，应继续深化研究，进一步加强两岸同胞的交往和海内外华人之间的联络与交流。

河南省可持续发展战略研讨会：省委宣传部、省社科联、省科协联合举办，1996年12月10~11日在郑州召开。来自省内部分高校、科研单位和政府有关部门的代表60多人参加了研讨会，会议共收到论文70余篇。与会人员主要围绕河南省资源、人口、经济发展、环境、生态、社会和科技等方面可持续发展的问题进行讨论，并向省委、省政府提交了《关于加快实施我省可持续发展战略的建议》，受到省委、省政府领导和有关部门的重视，李长春、马忠臣、李成玉、范钦臣、林炎志等省领导都作了重要批示。

香港回归与河南振兴理论研讨会：省社科联、省金融学会、省文化厅和省旅游局等单位联合举办，1997年5月29~30日在郑州召开。参加会议的理论工作者和实际工作者共80余人，会议收到论文60多篇。与会代表主要围绕香港回归给河南带来的机遇和影响进行研讨，国务院发展研究中心研究员谢明干、香港中文大学亚太经济研究所所长杨汝万作了专题报告。会议讨论成果后编为《河南与香港的联系与合作现状及前瞻》一书，以中英两种文字在香港出版发行。

全国弘扬吴金印精神研讨会：河南省委组织部、中共新乡市委、领导科学杂志社等联合举办，1997年8月29~30日在卫辉召开。吴金印是中央组织部、中央宣传部表彰的新时期领导干部的楷模。中共中央组织部有关领导、中共河南省委领导及来自全国20个省、区、市的80多名代表出席了研讨会，会议收到论文70余篇。与会代表围绕吴金印精神的实质、内涵和吴金印的群众观、名利观、人生价值观及吴金印的工作方法与领导艺术等进行大会发言和讨论。出席会议的乡镇党委书记代表和新乡市的152名乡镇党委书记还共同向全国的乡镇党委书记发出《关于向吴金印同志学习，争当优秀乡镇党委书记的倡议书》，新华社、《人民日报》等媒体做了宣传报道。

河南省墨子学会成立暨墨子里籍学术讨论会：河南省社科联、河南省社科院和鲁山县人民政府联合举办，1997年10月7~12日在鲁山召开。省内外有关专家学者及墨子研究爱好者70多人参加了会议，会议收到论文30余篇。著名学者任继愈、国家文物局局长张文彬等为大会题词，著名作家李準出席。墨子为中国古代著名的思想家、教育家、军事家、社会活动家和自然科学家，关于其里籍，向有东鲁（山东省滕州市）

和西鲁（河南省鲁山县）之说。这次会议除正式成立河南省墨子学会外，还就墨子里籍及墨子思想、墨学源流等问题进行探讨，对鲁山县墨子遗迹做了考察，并从历史文献、遗迹、方言等方面对墨子故里鲁山说进行了详细论证。

邓小平理论在河南的实践学术研讨会：省社科联、省委党校、省体改委、省社科院联合举办，1997年10月30~31日在郑州召开。"邓小平理论在河南的实践"，是省委书记李长春在1997年年初给省社科联出的调研课题，省委常委、省委秘书长王全书，省人大常委会副主任张德广，省政协副主席胡悌云，省委宣传部副部长葛纪谦及有关部门领导与来自全省的理论和实际工作者80多人参加了会议，会上共提交论文70余篇。会议总结邓小平理论指导下全省改革开放和现代化建设的实践经验，就高举邓小平理论伟大旗帜，进一步加强全省改革开放步伐问题进行了探讨。研讨内容涉及农业、国有企业改革，乡镇企业发展，对外开放，高新技术开发区建设等。

刘少奇经济思想讨论会：省刘少奇党建、经济思想研究会举办，1997年11月12~14日在开封召开。来自省内外的70多位专家学者和有关研究人员出席了研讨会，会议共收到论文47篇。与会代表围绕"刘少奇对中国社会主义建设道路的探索"主题，分别对刘少奇关于新民主主义经济的性质和新民主主义经济建设的方针，关于如何正确认识和利用私人资本主义，关于大力发展合作社经济，关于从国情出发探索自己的建设道路，关于以经济建设为中心、把发展生产力放在首位，关于按经济办法管理经济，关于试办托拉斯与改革企业管理体制，关于实行农业生产责任制等一系列重要经济思想进行了深入研讨。讨论成果后汇编为《刘少奇经济思想研究》一书公开出版。

河南经济学界学习十五大经济理论研讨会：河南省社科联、河南财经学院、河南省经济学会联合举办，1997年12月4日在郑州召开。省政协副主席胡悌云及来自省内的30多位代表参加会议。会议着重研讨了中共十五大对经济理论的新突破、新贡献及其现实指导意义。会后，代表发言摘要刊发在《经济经纬》《河南社会科学》上。

河南省公有制实现形式理论研讨会：河南省委宣传部、河南省社科联、农业银行河南省分行、河南日报社联合举办，1998年1月6日在郑州召开。会议收到论文80多篇。与会人员理论联系实际，从不同角度交流对公有制实现形式问题的认识，有关媒体做了详细报道。会后，省社科联从应征论文中精选部分文章编成论文集公开出版。

国有资本人格化理论研讨会：省社科联举办，1998年1月7日在郑州召开。与会的省会经济学界专家学者就国有资本人格化的必要性、可能性、特殊性、目标、载体、结构、形成条件、实现措施等理论和实践问题进行了研讨。省委常委、省委宣传部部长林炎志到会并发表学术观点。

河南省减员增效、实施再就业工程研讨会：省委宣传部、省劳动厅、省社科联共同举办，1998年5月11~13日在鹤壁召开。省内部分经济理论工作者与劳动部门及部分企业界人士30多人参加了研讨会。与会人员主要围绕全省下岗职工再就业的现状、经验、存在问题及对策进行了研讨和交流。省委常委、省委宣传部部长林炎志在会上作了专题发言。

河南省社科界学习江泽民同志对社科联题词讲话座谈会：省社科联举办，1998年8月28日在郑州召开。省委副书记范钦臣，省委常委、省委宣传部部长林炎志出席并讲话。1998年3月19日，在上海市社联成立40周年之际，江泽民总书记为上海市社联题词："发挥社联作用，繁荣社会科学"。3月30日，《文汇报》公开发表了江泽民1988年10月24日在上海市社联第四次代表大会上的讲话《充分发挥社联作用，为两个文明建设服务》。与会人员认为，江泽民的题词和讲话，揭示了发挥社科联作用与繁荣社会科学的内在联系，系统阐明了改革开放和现代化建设新时期社科联的地位与作用，并强调必须加强和改善党对社会科学工作的领导，这对繁荣和发展社会科学及做好社科联工作，具有十分重要的指导意义。

河南省国有小型企业改革与发展研讨会：省社科联、省经团联举办，1998年9月11日在郑州召开。来自部分高校、科研单位和省委政研室、省体改委、省物价局等单位的专家学者30多人参加了研讨会。会上着重就国有小型企业改革中的热点问题，如对"放小"的理解问题、改革的形式问题、判断国有小型企业改革成败的标准问题、非国有化与私有化问题等进行了讨论，并就国有小型企业改革的走向、思路、对策向有关领导部门提出了建议。

第五届东亚实学国际学术研讨会：中国实学研究会、开封大学、河南行政学院、中原宋学研究会联合举办，1998年10月30日~11月1日在开封召开。来自韩国、日本和中国香港、台湾地区与内地部分省、市的60多名专家学者参加了研讨会，会议共收到论文40余篇。与会代表围绕"东亚实学与21世纪"这一主题，就实学的起源、发展、学术流派，东亚实学与东亚一些国家的社会经济发展，东亚实学与东方文明的关系等问题进行了研讨。

河南省社会科学发展回顾与前瞻研讨会：省社科联举办，1998年12月15日在郑州召开。省会社科界知名专家学者近30人参加了研讨会。会上着重就中共十一届三中全会以后河南社会科学事业发展的主要成就、基本经验及存在的突出问题与解决途径进行了研讨。

河南省纪念十一届三中全会20周年理论研讨会：省委宣传部、省社科联、省社科院联合举办，1998年12月16日在郑州召开。全省思想理论战线的专家学者和企业界等方面实际工作者近百人出席研讨会，共有50多篇论文入选大会交流。省委副书记范钦臣到会讲话。与会代表围绕中共十一届三中全会在党和国家发展史上的历史地位和重大意义，中共十一届三中全会以后的重要历史经验以及弘扬马克思主义学风，进一步提高学习、研究、宣传邓小平理论的水平等问题进行了研讨。

省经团联改革与发展理论研讨会：1999年2月5~7日，省经团联第三次会员代表大会暨改革与发展理论研讨会在郑州召开。全省经济理论和实际工作者200多人出席会议，提交论文140余篇。省委副书记范钦臣向会议发来贺信，省社科联名誉主席胡悌云出席会议并讲话。会上，实际工作部门的有关领导就全省工业改革、金融体制改革、乡镇企业二次创业、民营经济发展等问题作了形势报告，理论界专家就经济学热点问题作了学术报告。河南电视台、《河南日报》进行了报道，会后出版了《热点、难点、亮点——关于改革与发展的思考与建议》论文集。

全省"热爱河南、增辉中原"理论座谈会：省委宣传部、省文明办和省社科联共同举办，1999年4月5日在郑州召开。有关方面领导和社科界专家学者30余人参加了会议。与会人员充分肯定活动的重大意义，讨论了如何贯彻省委和省政府的文件精神，正确引导活动的开展，使之围绕经济建设中心，服务于改革、发展、稳定大局，为全省三年攻坚任务的顺利完成创造一个良好的社会氛围和外部环境。与会人员认为这是一项牵动全省全面工作的综合性重大活动，理论工作者要认真配合，加强理论宣传和研究，从理论上指导全省"热爱河南、增辉中原"活动健康有序开展。会后，根据全省"热爱河南、增辉中原"领导小组的部署，省社科联有重点地组织了一批理论文章在有关新闻媒体上发表。

河南省纪念五四运动80周年学术研讨会：省社科联、省教委、省科协、团省委、省委党史研究室、省党史学会等单位联合举办，1999年4月29日在郑州召开。会议共收到论文104篇，部分论文作者和省会部分特邀专家学者、有关单位负责人等80多人出席了研讨会。与会人员围绕五四运动的历史意义和现实意义、"五四"时期历史人物及其思想、发扬爱国主义精神、推进民主法制建设、培养跨世纪接班人等问题进行了研讨。研讨成果后编为《回顾·反思·展望——河南省纪念五四运动80周年学术研讨会文集》一书公开出版。

北约暴行与新世纪国际关系前瞻座谈会：省社科联举办，1999年5月18日在郑州召开。省会社科界20多名专家学者出席座谈。会议着重探讨北约战略新概念的核心与实质，其"人权高于主权"理论和科索沃战争对国际关系的危害，如何看待21世纪国际格局和"和平与发展"时代主题，新形势下中美关系，中国对外关系应采取的对策等问题。

河南省优化金融环境理论研讨会：省社科联、省经团联、省经济学会、省金融学会联合举办，1999年5月19日在郑州召开。金融工作者和理论工作者20多人参加会议。与会人员认真研究全省接连发生的三星、百花、郑州郊区基金会、郑州交通银行挤兑等影响极大的金融风险事件，深入分析探讨了金融风险的危害及其成因，提出防范和化解金融风险、优化全省金融环境的具体对策建议。

河南经济形势与走向理论研讨会：河南省委宣传部、河南省社科联、河南财经学院、河南商报联合举办，1999年7月9日在郑州召开。研讨会重点研讨全省经济形势的基本特点与基本走向，分析全省上半年经济运行的状况、特点、问题及成因，对全省国民经济的速度、比例、结构、效益问题，经济结构调整及其成效问题，银行降息与消费拉动关系问题等作了探讨，并针对经济运行中存在的问题提出若干对策建议，如尽快遏制通货紧缩、提高城乡居民收入、寻找新的消费热点、加大国企改革力度、完善积极的财政政策并辅之以一定的货币政策，等等。河南电视台做了报道，《河南商报》以整版篇幅刊登了发言摘要。

教育消费与扩大内需研讨会：河南省社科联和城市早报社联合举办，1999年7月27日在郑州召开。省政协副主席杨光喜、省教委副主任介新、河南日报社副总编辑马国强以及专家学者和部分大中学校校长30多人参加会议，主要对教育产业化的若干问题进行研讨。《城市早报》刊登了与会者发言摘要，并开设多期专栏进行讨论。

全国国史学界庆祝中华人民共和国成立50周年学术讨论会：当代中国研究所、中华人民共和国国史学会和中共河南省委宣传部、河南省社科联、河南省社科院联合举办，1999年9月2~4日在郑州召开。原中共中央政治局常委宋平，原中共中央书记处书记、中华人民共和国国史学会名誉会长邓力群，原中顾委秘书长、当代中国研究所所长李力安，中华人民共和国国史学会会长袁木等和来自全国各地的国史研究工作者90多人参加了讨论会。会议共收到论文78篇（其中河南省18篇）。与会代表全面阐述了中华人民共和国成立50年来在政治、经济、文化、外交、军事、科学技术和思想理论等方面取得的巨大成就，并紧密联系国内外大局，深入研究和总结了中华人民共和国50年来的经验教训，特别是深入总结了改革开放以后所取得的成功经验，同时对当前存在的一些困难、问题及出路进行了探讨。

1999中国东方文化中原寻根国际学术研讨会：中国东方文化研究会、河南省东方文化研究会和淇县人民政府、香港孔教学院联合举办，1999年9月14~17日在淇县召开。参加研讨会的有包括日本和中国香港地区在内的国内外代表110人，会议共收到论文80多篇。与会代表主要就中国姓氏渊源、客家文化渊源、古城朝歌的历史地位等进行了探讨。

河南省庆祝中华人民共和国成立50周年理论研讨会：省委宣传部、省社科联联合举办，1999年9月24日召开。来自全省的80多名代表出席了研讨会，会议收到论文80篇。

创建郑州金融安全区学术研讨会：中国人民银行郑州中心支行、省金融学会联合举办，1999年9月27~28日在郑州召开。省内有关大专院校、科研单位和各金融机构的专家学者和实际工作者40余人参加了研讨会。会议主要就郑州辖区金融风险的状况、成因，金融安全区的概念，建立郑州金融安全区的意义、方案和化解金融风险的对策等进行了探讨。

东方文化国际学术研讨会：中国社科院东方文化研究中心、开封大学、河南行政学院、中原宋学研究会共同主办，1999年10月30日~11月1日在开封举行。来自日本、韩国、澳大利亚、伊朗、以色列等国和中国部分省、区、市的40多位专家学者出席，大会共收到论文30余篇。与会学者主要围绕"东方文化与21世纪"这一中心议题，就东方文化的现代价值、全球化与东方文化、东方文化的未来命运等问题展开研讨。

"入世"与河南经济发展战略高级研讨会：省经济战略学会等主办，1999年12月4~5日在郑州召开。社科界部分专家学者和金融、经贸、工业、农业等方面有关人士200余人参加了研讨会。中国国际跨国公司研究会副会长孙维炎教授、对外经贸大学世贸组织研究中心主任王福明教授、中国社科院农业发展研究所研究员陈劲松等分别就加入世界贸易组织对中国经济的影响等问题作了专题发言。与会的省内外专家学者和企业家、实业家还就"入世"对河南经济发展的影响与河南经济发展战略问题进行了对话和研讨。

国企改革与发展理论研讨会：省社科联和周口等市地社科联联合举办，1999年12月15~16日在项城召开。会议就国企脱困存在的障碍、国企发展与管理体制创新、加强党对国企改革与发展的领导、建设高素质的经营管理队伍等问题进行了研讨。

"西部大开发，河南怎么办"笔谈会：2000年3月中下旬，省社科联和河南日报共同举办。笔谈会收到稿件20多篇，从不同角度论述了河南在西部大开发中的地位、机遇和对策。针对河南"非东非西"，但是又具有"靠东近西"的区位优势，专家学者们对"东引西进"战略的实施提出了可行性建议。《河南日报》进行了整版报道。

《笑迎挑战》出版座谈会：省社科联举办，2000年4月20日在郑州召开。3月1日，中共河南省委常委、宣传部部长，省社科联主席林炎志所著《笑迎挑战——社会主义市场经济条件下的执政党建设》出版，引起理论界的普遍关注和好评。出版座谈会上，与会人员对该书给予了高度评价，同时诚恳地提出了若干修改意见。

河南省全面推进素质教育理论与实践征文活动暨研讨会：省社科联和省教育学会等单位联合举办，2000年6月21~22日在郑州召开。这次活动共征集论文7000余篇。省内教育界专家学者及征文作者代表200多人参加了研讨会，就素质教育的内涵、推行素质教育的现实意义、素质教育的关键、素质教育的方法以及全面加强全省素质教育工作等问题进行了深入的交流和探讨。

河南经济发展研讨会：省社科联举办，2000年6月29日~7月1日在安阳召开，各市社科联及省内经济界专家学者参加了会议。会议深入分析研究全省经济发展中存在的主要问题，为全省经济形势发展提出了预测性报告和建议。

"三个代表"重要思想理论研讨会：省社科联举办，2000年8月28日在郑州召开。与会专家学者围绕"三个代表"重要思想的深刻内涵、理论阐释、历史贡献、社科工作中如何表现等问题进行了研讨。

省会社科界学习十五届五中全会精神座谈会：河南省社科联和河南日报共同举

办,2000年10月26日在郑州召开。会议重点结合中共十五届五中全会精神,对全省制定国民经济和社会发展"十五"计划的有关问题进行研讨,《河南日报》刊发了座谈会综述。

省会理论界思想政治工作理论研讨会:省社科联举办,2000年11月8日召开。会议探讨新时期思想政治工作的特点和规律,分析全省思想政治工作面临的形势,就如何充分发挥理论在思想政治工作中的基础性作用等问题进行了研讨。

课题调研 省社科联为适应社会科学事业发展的需要,组织和动员全省广大社科工作者,积极为改革开放和现代化建设服务,坚持把组织社科工作者开展课题调研作为一项重要工作来抓,并建立了年度调研课题工作制度。广大社科工作者踊跃申报省社科联调研课题,围绕立项课题的有关要求,深入基层调查研究,形成一大批有材料、有分析、有观点、有对策的研究报告。这些成果经省社科联统一验收结项,分别向省委、省政府和有关职能部门报送、推荐。不少调研成果成为领导决策和指导工作的依据。

省社科联调研课题主要围绕河南省经济社会发展的重大问题进行多角度、前瞻性、预测性、对策性研究,着眼于调查研究,突出其实用价值和应用价值。在立项时不以申报者的资历、名气来决定课题的取舍,既扶强、扶优,又扶弱、扶小,以课题论证的质量作为是否立项的标准,同时也考虑地区及单位分布,以利调动各方面的积极性。

省社科联课题调研工作分为两个阶段。1997年以前,主要是面向省社科联所属的省级学会和市级社科联。具体做法是:每年由学会和市级社科联根据本单位、本部门的实际,自定项目,向省社科联申报,由省社科联认定后,即作为年度调研课题。

从1997年开始,省社科联年度调研课题采取发布课题指南、公开招标、择优确定选题等方法,向规范化迈出了重要的一步。具体做法:一是制定发布《课题指南》。省社科联每年年初开始着手制定《课题指南》,指导课题的申报工作。《课题指南》来源主要有:(1)参考国家和省社科规划《课题指南》,以及省委、省政府的工作重点;(2)由省领导亲自出研究题目;(3)广泛征求专家学者及有关单位的意见。在此基础上,经过认真比较筛选,制定出省社科联《课题指南》。《课题指南》所列课题分为两类:一类是具体研究课题,申报人不得变更课题名称;一类是指示研究方向性的课题,申报人可以按原题目申报,也可以在规定的研究方向范围内自行设计题目。在《课题指南》之外,也设立少量自选课题。自选课题不受《课题指南》限制,但必须符合其指导思想。《课题指南》制定后,年底前后向社会发布,公开招标。二是立项评审。为客观公正、高质量择优确定立项课题,省社科联专门组织专家评审组进行立项评审。同时制定《省社科联年度调研课题立项评审办法》,对立项评审工作的指导思想、评定标准、注意事项等作出具体规定。立项评审工作一般在每年3月进行。三是结项与评奖。为保证调研课题的顺利完成,立项通知发布后,省社科联对课题调研活动提出具体要求,并由学会处专门负责此项工作。一般要求翌年2月底以前报送调研成果,省社科联于3月统一组织专家评审组对课题成果进行结项与评奖。为保证课题评审的公正性，省社科联制定了《课题结项标准》。《课题结项标准》要求：（1）课题组必须按照立项题目和申报提纲进行论证，达到原设计框架研究要求；（2）研究报告应占有翔实的第一手资料，并有对相关资料的分析和研究；（3）观点正确，并具有较强的说服力；（4）具有较强的对策性，所提出的观点、主张、建议具有一定的学术价值和应用价值；（5）结构严谨，语言准确通畅；（6）篇幅一般不应少于1万字。在结项基础上，对优秀调研成果进行等级奖评定。评奖标准是：在选题上有重要意义，提出了重要观点或结论，对社会经济发展和改革开放中急需解决的问题有较大贡献，有较高的学术价值和应用价值。奖项设特等奖、一等奖、二等奖、三等奖。四是课题应用。为使调研课题能在学术价值、应用价值上得到正确评价和认可，在更大范围内发挥作用，产生更大的社会效益，省社科联在对结项成果进行等级奖评定的同时，每年还将结项成果编纂成《社科调研文萃》一书公开出版。同时，将优秀成果向省委、省政府和有关部门报送、推荐，供决策参考。

评奖活动　　1984年，根据中共中央〔1982〕48号文件精神，省社科联组织开展了全省首次社会科学优秀成果评奖活动（时称"河南省第一次社会科学优秀论著评奖"），评奖的对象是河南省社会科学界1979~1983年期间的学术成果。此后，1986年、1988年、1990年，省社科联又陆续组织了全省第二、第三、第四次社会科学优秀成果评奖活动。评奖的对象分别是河南省社会科学界1984~1985年、1986~1987年、1988~1989年期间的学术成果。

1991年，省委下发豫文〔1991〕100号文件，批准成立河南省社会科学优秀成果评奖委员会；评奖办公室设在中共河南省委宣传部理论处。这标志着河南省正式设立社会科学优秀成果省级奖。此后，1993年、1995年、1996年、1999年，在省社会科学优秀成果评奖委员会和省委宣传部的领导下，省社科联积极参与组织了1990~1992年年度、1993~1994年年度、1995年年度、1996~1997年年度河南省社会科学优秀成果评奖活动，做了大量工作。

截至2000年年底，省社科联独立或参与组织了8次全省社会科学优秀成果评奖活动。其中，1991年之前，在省委宣传部的领导下，省社科联独立组织了4次省社会科学优秀成果评奖活动。1991年以后，由于省委作出了关于正式设立河南省社会科学优秀成果省级奖的决定，在省社会科学优秀成果评奖委员会和省委宣传部的领导下，省社科联又参与组织了4次省社会科学优秀成果评奖活动。

此外，1996年，经省委宣传部同意，省社科联设立了河南省社科联社会科学优秀成果奖（厅级奖）。经与省社会科学优秀成果评奖委员会和省委宣传部协商，将省社科联社会科学优秀成果奖的评审工作作为省级评奖的基础，即省社科联社会科学优秀成果奖的申报和初评等工作与省级评奖统一进行，省社科联优秀成果奖的终评结果提供给省社会科学优秀成果评奖委员会，优中选优，评出社会科学优秀成果省级奖。1996年、

1997年、1998年、1999年，省社科联社会科学优秀成果评奖委员会对全省1995年年度、1996年年度、1997年年度、1998年年度的学术成果进行了评奖。

1979~1983年年度河南省社会科学优秀成果一览表

表36-7-2-1　　　　　　　　　　　　　　　　　　　（共76项）

成果名称	成果形式	作者姓名
一等奖（4项）		
中原远古文化	专著	许顺湛
豫沪经济技术协作提出的几个问题	论文	王全书
河南省基本建设投资效果初探	论文	张泽鲁　童明渊　高兴国　金银成　季落　邵先华　王运生
梁启超年谱长编	专著	丁文江　赵丰田　申松欣　李国俊
二等奖（23项）		
汉语句法结构的基本类型	论文	张静
鲁迅散论	专著	任访秋
1848年欧洲革命史	专著	韩承文
南阳汉画像石简论	论文	周到　吕品
河南淮阳平粮台龙山文化城址试掘简报	论文	曹桂岑　马全
生产力内在因素问题的探讨	论文	巫继学　崔永和
试论我国社会主义农业中的家庭经济	论文	张雨林　杨承训　郭西萍
人口理论概说	普及读物	张怀宇　貊琦　董式珪　刘长茂　肖体平　李晏殊
论辩证逻辑的对象	论文	马佩
论《大河奔流》的教训	论文	孙广举　矫桂棠
现代汉语词类划分的标准及层次	论文	卢甲文
怎样做好班主任工作	专著	王非　贺栋　宋治宪
试探大班的语言训练	论文	吴积静
试论把县档案馆建成全县档案、资料中心的几个问题	论文	胡绍华
计划经济和商品经济是相互对立的吗？	论文	侯恒
《歧路灯》校本及研究资料	古籍整理	栾星
关于更改资金的调查和加强管理的建议	论文	河南省财政学会
抗日战争时期延安及各抗日民主根据地文学运动资料	资料汇编	刘增杰　赵明　王文金　王介平　王钦韶

续表

成果名称	成果形式	作者姓名
漏洞百出、欲盖弥彰——评越南有关西沙、南沙群岛归属问题的两个白皮书	论文	戴可来
关于银行实行责任制的探讨	论文	贾灿宇
提高科技文献利用率的基本途径	论文	王毓
《尚书》与古史研究	论文	李民
登封王城岗遗址的发掘	论文	安金槐　李京华

说明：本表及本节以下各表只列出二等奖以上奖项

1984~1985年年度河南省社会科学优秀成果一览表

表36-7-2-2　　　　　　　　　　　　（共157项）

成果名称	成果形式	作者姓名
荣誉奖（5项）		
明清社会经济史论稿	专著	秦佩珩
南阳汉代画像石	专著	本书编委会
共产主义理想纵横谈	专著	杨进军　孙保定　卫发洲
千唐志斋藏志	资料汇编	郭建邦
新经济政策的理论体系	专著	杨承训　余大章
一等奖（7项）		
中国近代文学作家论	专著	任访秋
汉碑集释	专著	高文
欧洲近代史学史	专著	孙秉莹
比较刑法	专著	金凯
南宋陆学	专著	崔大华
河南人口与协调发展规划研究报告	论文	杨林军　杨胜慧　寇伟　董式珪　何大明
河南人口地理	专著	林富瑞　陈代光
二等奖（40项）		
创作心理研究	专著	鲁枢元
小说创作中的悲剧观念	论文	刘思谦
《史记》人物传记论稿	专著	郭双成
语言简论	专著	张静

续表1

成果名称	成果形式	作者姓名
反切拼读入门	专著	许梦麟
美学史	译著	张今
我国近代师范教育及其影响	论文	程合印
《宋会要辑稿》研究	专著	王云海
孙吴奉邑制度考略	论文	高敏
《天演论》探微	论文	郑永福 田海林
河南考古	专著	杨育彬
渑池仰韶遗址1980~1981年发掘报告	论文	丁清贤
南亳、北亳与西亳的纠葛	论文	李民
河南年鉴（1984年创刊号）	工具书	《河南年鉴》编辑部
新县革命史	专著	新县文物管理委员会、河南大学编辑组
关于周代使用银币的探索	论文	郝本性
论虚概念	论文	马佩
中国哲学史上的有无之争	论文	冯憬远
论相对谬误	论文	张浩 郑永扣
探索理想社会的先驱——空想社会主义史话	通俗读物	滕世宗 阎德民 郭学德
中国历代英烈传	通俗读物	郑辉 王新义
绝对贫困化理论与当代无产者的未来	专著	王建生 巫继学
关于政府工作科学化的几个问题	论文	吕志培 董泰 张华贵 程士杰
社会主义民主和个人负责制	论文	叶尚 刘熙瑞
列宁对罗莎卢森堡《资本积累》一书的批判及其意义	论文	许兴亚
正交试验法在钢卷尺生产上的应用	论文	韩文卿 吕酿
论简政放权	论文	王全书
河南省情与经济发展战略构想	论文	郭文轩
创造仿生管理学运用生物原理推动质量管理	论文	方醒世
提高基本建设投资经济效益在于改革管理体制	论文	张泽鲁
关于建立乡镇财政机构的探讨	论文	郭兴邦 王才兴
端正理财思想发展县级经济	论文	董凤熙
河南农业发展战略初探	论文	胡廷积
社会主义商品经济讲座	通俗读物	孙胜名 王林禄

续表 2

成果名称	成果形式	作者姓名
税收知识问答	通俗读物	王国英
银行工作与经济规律	专 著	贾灿宇 索景乐 王一丁 蒋金波
竞争动力论	论 文	宋子竑
建立充满生机和活力的新型管理体制，提高农业银行企业素质	论 文	朱石麟
怎样改善农村商品流通	通俗读物	张留记
论新技术革命对劳动就业的影响	论 文	张秀玉

1986~1987年年度河南省社会科学优秀成果一览表

表 36-7-2-3　　　　　　　　　（共 242 项）

成果名称	成果形式	作者姓名
荣誉奖（1项）		
中国红军长征记	专 著	郑广瑾 方十可
一等奖（8项）		
河南省经济地理	专 著	主　编：李润田　副主编：林富瑞　尚世英
秦汉魏晋南北朝土地制度研究	专 著	高　敏
汉语语法问题	专 著	张　静
北宋哲学史	专 著	石　训　姚瀛艇　李之鉴　吴家振　刘象彬 卢连章　李保林　李书增　吴士英　朱忠明
河南省情	工具书	主　编：黄雪林 副主编：席荣珖　李家国　董　豪　毛红俊 　　　　郭文轩
新编政治经济学教程	教 材	主　编：侯　恒 副主编：王禄庆　李照麟　张岑晟　任明多
洛阳市交通志	志 书	主　编：高观波 副主编：李永祥　周宠卿　王光堂
英语在中国的两面性：汉语的英化和英语的汉化	论 文	周志培　冯文池
二等奖（64项）		
历史人物评价论稿	专 著	史苏苑
《宋会要辑稿》考核	古籍整理	王云海
孙子会笺	古籍整理	杨炳安
中国煤矿工人运动史	专 著	薛世孝
意大利统一史	专 著	赵克毅　辛　益
十九世纪英国文学	专 著	牛庸懋　卢永茂　蒋连杰

续表1

成果名称	成果形式	作者姓名
艺风遗俗	专著	任骋
青年学	专著	主　编：夏　林 副主编：王守国　靳绥东　吕华山　王建国
领导科学	专著	田伯泰　李寒林　卢广森　刘性风
马克思主义领导科学纲要	专著	主　编：魏钦公　石　训
农村专业户的若干问题	专著	张留记
中国化工经济概论	专著	耿玉波　刘子放　朱　铎
中国税务学	专著	赵维金　殷仲信
乡镇经济管理概论	专著	张起朴　阎荫丰　刘赤峰
布鲁诺传	译著	侯焕闳
人民调解简明教程	教材	主　编：潘永隆 副主编：李春霖
教育统计学	教材	王汉澜
社会心理学	教材	王洪延　陈继方
社会主义经济理论与实践	教材	张怀宇　吕　斌
语言逻辑基础	教材	主　编：马　佩
历史的启示	教材	高明俊　孙　昌　杨　波　任根苍　赵延玉
领导科学漫谈	普及读物	马任平
民主问题纵横谈	普及读物	张湘霓　徐志刚　徐玉坤
乡镇财政基础知识	普及读物	李德章　范业骏
河南党史人物传（第一辑）	普及读物	主　编：侯志英　副主编：张玉鹏
儿童少年家庭教育	普及读物	主　编：孙应康　梁伯奇
现代企业管理方法手册	工具书	主　编：岳增德　副主编：韩世景 王一民　巫继学　张献英　薛彬海
文化小百科	工具书	主　编：傅纯砾
简明政治学辞典	工具书	主　编：皮纯协　徐理明　曹文光
河南文博考古文献叙录	工具书	主　编：汤文兴　孙传贤　副主编：王赢三
沈丘县志	志书	沈丘县志总编室
河南史志论丛（第一辑）	论文集	河南省地方史志协会
中华民族的壮举——河南省纪念抗日战争胜利四十周年文集	论文集	该书编写组
高中语文（第1~6册）备课资料	资料汇编	河南省教育学会
少先队创造性系列活动选编	资料汇编	主　编：刘怀廉 副主编：皇甫鸿昌　王海鹰

续表2

成果名称	成果形式	作者姓名
关于搞好企业内部工资分配的研究报告	调查报告	潘惠弘　王　朴
"六五"时期河南省经济发展态势与宏观管理研究	论　文	姚如学　郭文轩　黄秀民　胡五岳
论"中间突破、东西结合"的战略	论　文	杨林军　何大明
论我国专业银行企业化经营机制的再构造	论　文	吴贵珍
关于我国专业银行股份制问题初探	论　文	胡连生　王卫星
自觉运用价格杠杆调整农村产业结构	论　文	欧阳锋　周文信　王庆鹤　匡宝珠
郑州旅游资源开发利用初探	论　文	李秀英
河南省社会主义商业所有制结构现状和发展	论　文	李恩贤
关于建立新型商品流通调节控制体系的初步思考	论　文	秦群立
劳务输出——我国劳务市场上一个亟待拓展的领域	论　文	杨毓朗
中国农村剩余劳动力转移问题的理论思考	论　文	貊　琦　吴国民
谈资金技术密集型产业的发展	论　文	刘振坤
企业怎样制定最优价格	论　文	韩永夫　王一民　张献英　韩世影
工业经济效益统计探索	论　文	宋绍礼
河南省2000年能源需求预测与基本对策	论　文	马培增　李家国　范　平
试论农业区划的基本任务	论　文	李　凡
对深化农业经济改革的思考	论　文	张学礼　袁晓波
论社会主义社会的全面需求	论　文	王全新　时正新　王干梅　姜学民
市场体系与工商行政管理	论　文	李琪雯　陶成川
试论我国卫生医疗部门的社会效益	论　文	程　鹰　夏清洲
考核计划生育的综合指标	论　文	尚文成
《清明上河图》旧说疏证	论　文	刘益安
略论春秋时代的变法改制及霸业	论　文	唐嘉弘
河南明清地方建筑与官式建筑的异同	论　文	杨焕成
龙门北朝期小龛的类型与分期及北魏石窟的排年	论　文	温玉成
论商周时期的金属称量货币	论　文	蔡运章
马克思主义妇女理论的历史哲学范畴	论　文	李小江
贤级律管窥	论　文	徐仲华
调研员问题初探	论　文	杨宏信

1988~1989年年度河南省社会科学优秀成果一览表

表36-7-2-4　　　　　　　　　　　　　　　　　（共227项）

成果名称	成果形式	作者姓名
一等奖（10项）		
庄子歧解	专　著	崔大华
故意犯罪过程中的犯罪形态	专　著	叶高峰　黎煜昌　张绍谦
社会主义商品经济下的合作制与家庭经济	专　著	杨承训
中国人口·河南分册	专　著	主　编：貊　琦　副主编：林富瑞　刘长茂
中国解放区文学史	专　著	刘增杰　赵　明　王文金
夏史初探	专　著	郑杰祥
淅川下王岗	专　著	曹桂岑　杨肇清　李绍连　刘式今　王明瑞
河南经济事典	工具书	胡悌云　赵怀让　李铁夫　姚江汉 李正平　张宏宇　赵保佑
建安七子集	古籍整理	俞绍初
林县志	志　书	本书编委会
二等奖（45项）		
中原文化艺术社会调查	专　著	马紫晨
李準新论	专　著	孙　荪　余　非
写作运思学引论	专　著	金长民
语言的学习和运用	专　著	张　静
学前儿童的家庭教育	专　著	王磐琳
影视美学	专　著	张　涵
十八、十九世纪德国美学论稿	专　著	张　凌
新华社史话	专　著	刘云莱
潜研堂集	古籍整理	吕友仁
宋东京考	古籍整理	单远慕
刘邓大军挺进大别山史	专　著	主　编：骆荣勋　郑明新　刘世勇　马同增 副主编：蔡传玮　李吉光　祝明干　杜　新 雷科社
论精神生产	专　著	李文成
侵犯财产罪新论	专　著	金　凯　曹江轮　钟新岭　赵秉志
河南经济发展史	专　著	韩建青　郭豫庆　杨松林　冯宛平
河南经济概论	专　著	主　编：郭文轩 副主编：黄秀民　王双全　张廷建

续表1

成果名称	成果形式	作者姓名
劳动伦理学	专著	王昕杰　乔法容
物资流通管理	专著	陈保全　胡经文　岳明甫　李登坡
水资源灰色系统预测与决策	专著	邓琦　周强　汪秉仁　冉守岭
计算技术	专著	董培英
民政财务会计	专著	刘俊哲　张宣德　刘新英　姚志强
社会主义商品经济学	专著	主　编：谷复钧　刘俊典 副主编：吴一平　魏秉一　张桂兰　冉文伦
投资管理学	专著	主　编：陈炳顺　李鸿昌
中国式企业管理模式导论	专著	郑林
社会主义初级阶段的企业工资	专著	潘惠弘　杜启兰　冯树德　孙耀钦　李守忠 丁申侠　郭勇　王朴　弥廷楼
县级财政学	专著	主　编：梁尚敏　李德章　范业骏
龙门石窟雕刻	专著	温玉成　李文生
法学概论	教材	主　编：吴祖谋
正本清源，澄清理论是非——政治风波后的反思	普及读物	主　编：张文彬　董万民　张湘霓
《资本论》（节选本）引读	普及读物	主　编：张怀宇 副主编：张英　韩俊卿
河南教育名人传	普及读物	徐玉坤　张启瑞　宋应离　孙增福
河南党史人物传（第三卷）	普及读物	主　编：侯志英 副主编：张玉鹏
宗教的奥秘	普及读物	吕鸿儒　辛世俊
金奖之路	普及读物	母青松　李广瑞　闫文学　吕尽善
简明思想政治教育辞典	工具书	主　编：宋子竑　夏德明　杨启玉　马富生 副主编：胡景洲　曲震　井田　赵玉山 宋全福
河南社会科学手册	工具书	主　编：胡涌　张文彬 副主编：李铁夫　徐志刚
利用外资引进技术手册	工具书	主　编：杜洪志　夏宗勇
32种专门档案整理方法	工具书	梁向国　李子林　胡绍华
濮阳县志	志书	本书编委会
新安县志	志书	本书编委会
夏邑县志	志书	本书编委会
河南省尉氏县综合发展规划模型研究	研究报告集	黄以柱　秦耀辰　张国乾　袁中金
黄河流域地理变迁的历史考察	论文	郭豫庆

续表2

成果名称	成果形式	作者姓名
"政治多元化"辨析	论文	滕世宗
关于商品流通宏观调控的几点意见	论文	赵广田　程士玉　王林禄　张合林　唐铭
现阶段农村劳动力行为特征	论文	侯晓红　刘永义　刘云　王建林

1990~1992年年度河南省社会科学优秀成果一览表

表36-7-2-5　　　　　　　　　　　　　（共187项）

成果名称	成果形式	作者姓名
荣誉奖（6项）		
河南发展战略	专著	主　编：夏宗勇　夏征瑞 副主编：郭文轩　席荣耽　李柏拴　贾杰民
当代中国的河南	专著	主　编：张树德　侯志英 副主编：胡悌云　周约三
黄河志（包括黄河防汛志、黄河大事记、黄河规划志3卷）	志书	黄委会《黄河志》总编室　黄委会勘察规划设计院
河南省志（包括公路交通·内河航运志、煤炭志、动物志、黄河志4卷）	志书	《河南省志》编辑部（邵文杰总纂）
领导科学通览	工具书	主　编：胡悌云 副主编：舒新辅　史先民　徐仲华
一等奖（7项）		
庄学研究	专著	崔大华
登封王城岗与阳城	专著	河南省文物研究所 （安金槐　李京华　主持编写）
中国宋代哲学	专著	石川姚　瀛艇　刘象彬　李书增 李之鉴　卢连章　肖新生　李保林
农业发展制因与对策	专著	谷复钧　张冬平　苏家乐
区域财政经济学	专著	主　编：范业骏　李德章　梁尚敏
军功爵制研究	专著	朱绍侯
淅川下寺春秋楚墓	专著	河南省文物研究所　河南省丹江库区考古发掘队　淅川县博物馆（赵世纲　王与刚主编）
二等奖（18项）		
支配价值论	专著	王献立
当代中国私营经济研究	专著	主　编：王政祥 副主编：徐玉芬　陶成川　王超美
定量决策方法及应用	专著	主　编：宋绍礼　齐鸿智　副主编：王中涛
以人为本同以物为本冲突中的自主劳动经济学	论文	巫继学
现代管理心理学	专著	主　编：喻新安　焦国栋 副主编：马中民　黄道荣　董义章

续表

成果名称	成果形式	作者姓名
淮河上游经济开发研究	专著	主编：宋光华　赵怀让　亓国瑞　欧阳忠宽
马克思主义哲学与当代中国	专著	张浩　张曙光　郑永扣　黄魁五
马克思主义的逻辑哲学探析	专著	主编：马佩
自然资源法	教材	主编：肖乾刚
中国古代物理思想探索	专著	关增建
宋代研究丛书（包括宋代地域经济研究、宋代东京研究、宋代司法制度研究、宋代文化史、宋代教育5种）	专著	王云海　程民生　周宝珠　姚瀛艇　苗春德
河南地方志提要	工具书	刘永之　耿瑞玲
教育实验学	专著	主编：王汉澜
白朴论考	专著	胡世厚
中国当代戏剧文学史	专著	主编：高文升　副主编：岳耀钦　刘普林
李颀诗评注	古籍整理	刘宝和
英语句型的动态研究	专著	张今

1993~1994年年度河南省社会科学优秀成果一览表

表36-7-2-6　　　　　　　　　　（共125项）

成果名称	成果形式	作者姓名
荣誉奖（5项）		
当代河南的科技事业	专著	主编：许广先 分编主编：刘思峰　李安成　杨润山　胡庆贺
河南乡情	工具书	主编：李成玉　总编辑：李国强
河南省志（包括地名志、建筑志、测绘志、邮电志）	志书	《河南省志》编辑部（邵文杰总纂）
当代河南的交通事业	专著	主编：张圣城　高俊生 副主编：韦成祥　吴贵春　周明新　贾鸿钧　程培言
当代河南的电力工业	专著	主编：胡国栋 副主编：王德林　曾期昌
一等奖（5项）		
市场经济与共产党人的价值观	论文	黄亮宜
人的世界与世界的人——马克思的思想历程追踪	专著	张曙光
中国石窟与文化艺术	专著	温玉成
李白与唐代文化	专著	葛景春

续表

成果名称	成果形式	作者姓名
黄河文明的曙光	专著	许顺湛
二等奖（12项）		
中国共产党思想政治工作史	专著	主　编：毛锡学　李其然 副主编：李国信　郭德欣　李中琳 　　　　程绍珍
市场发育论	专著	郭文轩　李恩贤　张立功
农业综合开发论	专著	主　编：赵怀让 副主编：孟繁华　刘兆忠　葛明义 　　　　葛钟英
新经济体制框架论	专著	王天义　王元龙
通假大字典	工具书	主　编：张　桁　许梦麟 副主编：李之亮　赵宗乙
风中芦苇在思索——中国现代文学的现代性片论	专著	解志熙
法学概论（第二版）	教材	主　编：吴祖谋 副主编：李双元　张云秀
河南志（点校）	古籍整理	高　敏
中原古代冶金技术研究	专著	李京华
仪礼译注	古籍整理	杨天宇
责任人道主义与社会辩证法——萨特哲学探要	专著	高湘泽
新时期人民内部矛盾的表现及特点	论文	梁周敏

1995年年度河南省社会科学优秀成果一览表

表36-7-2-7　　　　　　　　　　（共86项）

成果名称	成果形式	作者姓名
荣誉奖（3项）		
河南第三产业	专著	主　编：王光鹏　崔振乾 副主编：朱丽萍　辜南生　莫中厚
河南省志（包括军事志、出版志、科技志、人物志、民俗志、方言志、对外经济贸易志、市地县概况、社会科学志、机械工业志、乡镇企业志、计划志、计量志）	志书	总　纂：邵文杰 副总纂：鲁德政　许还平
语言·语用·语法	专著	张　静
一等奖（2项）		
县域经济研究	专著	主　编：胡悌云 副主编：赵怀让　谷复钧　宋光华 　　　　张华贵　孟繁华
社会主义市场经济条件下精神文明建设运行机制研究	研究报告	孙玉杰

续表

成果名称	成果形式	作者姓名
二等奖（7项）		
市场经济的微观宏观运行	专 著	主 编：刘振坤 副主编：宋光华　张根湘　李新年
国家全景观	专 著	黄亮宜
抗日根据地财经史稿	专 著	主 编：毛锡学　李德章 副主编：赵保佑　徐有礼　陈　明　黄伯图
河南考古四十年	专 著	主 编：杨肇清　曹桂岑
乡镇企业不良行为矫正问题研究	论 文	喻新安
中国石油立法研究报告	论 文	肖国兴
故乡的诱惑——对南阳文学星空的散点透视	论 文	孙广举

1996~1997年年度河南省社会科学优秀成果一览表

表36-7-2-8　　　　　　　　　　（共159项）

成果名称	成果形式	作者姓名
荣誉奖（3项）		
促进经济增长方式转变——研究与实践	著 作	主 编：杨显明　夏宗勇 副主编：张廷建　庞汉英　张大卫　孙书一
河南省志〔包括总述、共产党志、民主党派志、工商业联合会志、国民党志、政府志、工人运动志、农民运动志、石油工业志、化学工业志、著述志、人物志（简介）、附录〕	志 书	总 纂：邵文杰 副总纂：鲁德政　许还平
河南人口、资源、环境与经济协调发展问题及其对策	著 作	李润田
一等奖（15项）		
技术创新研究	著 作	朱春奎　王　锋　宋国强
社会保障学	著 作	陈冬红　王　敏
中国社会主义劳动经济学研究	著 作	郭　军
1949~1966我国英美文学翻译概论	著 作	孙致礼
颂祷与自诉——新时期小说的叙述特征及文化意识	著 作	孙先科
郁达夫与鲁迅	著 作	许凤才
魏晋南北朝经济史	著 作	高　敏
20世纪河南考古发现与研究	著 作	杨育彬　袁广阔

续表 1

成果名称	成果形式	作者姓名
邓小平理论诞生前的酝酿	著作	尹书博　张明军　赵士红
玄奘研究	著作	主　编：马　佩 副主编：张德宗
邓小平社会主义主体地位论	著作	主　编：阎德民　王旭彤 副主编：赵保佑　吴新国　牛西岭 　　　　何建生
能源法	著作	肖乾冈　肖国兴
论和平共处五项原则	著作	赵建文
马克思经济学著作的"六册计划"与《资本论》	论文	许兴亚
理论创新：确立公有资本范畴	论文	杨承训
二等奖（25项）		
邓小平经济理论研究	著作	樊纪宪
市场中介组织研究	著作	主　编：宋光华 副主编：李经谋　李怀珍　宋全启 　　　　孙学敏
农村剩余劳动力转移之路	著作	刘怀廉
中国农村工业化的若干理论问题	著作	苗长虹
中观经济管理	著作	朱永达　刘思峰　张永贞　史国栋
书目情报系统理论研究	著作	柯　平
思想模块假说	著作	张　今
中国佛典通论	著作	苏晋仁　刘保金　付　瑛　安亦冰 刘向阳
全唐诗重出误收考	著作	佟培基
洛阳市志（白马寺、龙门石窟志，财政、税务、金融志）	志书	总　纂：刘典立 副总纂：袁君敬　陆新朔　来学斋 总　纂：刘典立　宋克耀 副总纂：袁君敬　陆新朔　来学斋
中国古代科学技术史纲·理化卷	著作	关增建　马　芳
北宋皇陵	著作	孙新民
中国社会通史（宋元卷）	著作	主　编：任崇岳
宋代官员选任与管理制度	著作	苗书梅
宋代监察制度	著作	贾玉英
宋代地域文化	著作	程民生
中国精神	著作	窦志力

续表2

成果名称	成果形式	作者姓名
中国共产党廉政建设史纲	著作	主编：窦效民 副主编：程绍珍 宋俐娟 王风竹 王永成 王文海 何平
性理与岐黄	著作	徐仪明
社会主义基本价值论	著作	马德普
社会主义市场经济条件下农村基层党组织建设	著作	主编：吴警旭 王太广 副主编：胡荣启 程永强 贾占标 郭绍伟
关于建立"郑州自由贸易区"的总体构想	研究报告	课题组全体成员：窦宪章 周清扬 王克俊 岳文海 杜建国 李建社 索福善 雷贵学 肖瑞利
我国的可持续发展战略与经济增长方式转变	论文	吴铁军
实现粮食安全与收入增长的双重目标的对策选择	调研报告	吴明清 刘召勇 王政 李泽鑫 王作成 张新
开封方言记略	论文	刘冬冰
台湾新女性主义文学现象研究	论文	樊洛平
标本兼治、重在预防——对新形势下预防银行系统经济犯罪的调查和意见	报告	常风琳 田凯

第三节 社科普及

宣传普及马克思主义基本理论和社会科学知识，帮助广大干部群众提高马克思主义理论和社会科学知识素养，是河南社科联的基本任务之一。1979年1月，省社科联恢复活动后，高度重视社会科学普及工作。1984年，省社科联根据豫编〔1984〕91号文件精神设立社会科学普及工作处，全省社科普及工作有了专门工作机构和人员。1986年、1990年，省社科联先后召开全省第一、第二次社会科学普及工作会议，专门研究总结社会科学普及工作。多年来，省社科联努力发挥知识密集、学科齐全、人才荟萃及与省内外学术界联系密切等优势，通过邀请专家学者讲学，举办各种培训班、讲习班、辅导班，组织学术报告会、讲座、知识竞赛、演讲比赛、有奖征文、社科成果展览和各种形式的咨询服务活动，广泛开展内容丰富、形式多样的社科普及工作，取得了良好的社会效益。

省社科联多次与有关单位联合邀请专家学者作报告。1998年，省社科联与省直工委联合邀请中央宣传部原部长、著名学者朱厚泽作《世纪之交我国经济改革的形势与展望》的报告。1999年，省社科联与省政协学习委员会联合先后邀请中国科学院院士、原华中理工大学校长杨叔子和著名科学家、中国科学院院士何祚庥分别作了题为《知识经济·高新科技·人文教育》和《发扬科学精神，反对伪科学》的报告。

1998年10月、1999年4月、2000年5月，省社科联先后邀请著名演讲家景克宁、彭清一、蔡朝东到河南省高校分别举办了22场《邓小平理论和"三观"教育》演讲报告会、6场《"五四"精神与改革开放》演讲报告会和5场《创业万岁》演讲报告会，这些演讲报告会在省内高校师生中影响很大。

省社科联和所属学会充分发挥知识密集优势，积极开展社会科学咨询服务活动。1987年10月22日，省社科联、省广播电视厅组织专家学者和部分县乡干部就农村建设与农业经济发展问题共同开展讨论，河南电视台进行了现场直播，反映较好。1991年3月8日，省社科联软科学咨询中心成立希望热线工作中心，利用热线电话，组织社会科学工作者直接回答群众提出的各种问题，开拓了思想政治工作和宣传普及工作的新路子。

省社科联和所属学会紧密配合全国及全省的形势教育，组织广大社科工作者撰写了一大批宣传马克思主义基本理论知识和其他社科专业知识的文章，出版了一批具有较高质量的社科普及读物。

一系列社科普及活动的开展，有力宣传了马克思主义基本理论和社会科学知识，提高了干部群众的马克思主义理论和社会科学素养，受到社会各界群众的欢迎，为全省"两个文明"建设作出了积极贡献。

<u>社科教育培训</u>　1984年3月15日~5月19日，河南省经济研究中心、河南省委党校、河南省财经学院、河南省农村发展研究中心、河南省技术经济研究中心、河南省经济学会与中国经济学团体联合会共同在郑州举办了河南省经济与社会发展战略培训班。培训班开办期间，于光远、马洪、罗元钧、冯兰瑞、董辅礽等30多名国内经济学界知名专家、学者应邀前往讲课。省委书记刘杰，省委副书记、省长何竹康，省委副书记刘正威等省领导亲自主持报告会或参加讲课。参加讲课的还有一些市、地委书记和省直各部门的负责人。

1985年6~12月，省社科联从县级领导班子普遍调整、大批新干部走上领导岗位的实际情况出发，与省委组织部、省委宣传部共同举办了河南省县委书记、县长领导科学研习班。该研习班紧密结合县级领导班子普遍调整、大批新干部走上领导岗位的工作实际，传授现代领导科学基本知识，探讨新形势下领导工作的基本规律和特点，提高了干部的领导水平，受到中共中央有关部门和河南省委领导的高度赞扬，称研习班"抓住了关键性的问题，办了一件大好事"，"是社科联工作的一个创举，是干部培训的一种模式"。新华社《内参选编》发表了研习班的经验。至1986年6月，在全省共举办9期研习班，轮训县级领导干部818人。

1993年4月，经河南省教委批准，报教育部备案，省社科联成立河南社会科学进修专科学校。1998年后，更名为河南高等社会科学进修学校（简称"社科进修学校"）。1994~1995年，社科进修学校连续举办两期高级商务秘书特训班，为企业培训了近百名实用秘书人才。1998年9月~2000年7月，社科进修学校与南京大学联合举办"马克思主义哲学"研究生班，培训学员160余人。截至2000年年底，社科进修学校由原来单一的社科干部培训，发展到北京大学现代远程教育、南京大学在职研究生班、中国社会科学院在职研究生班等学历或非学历教育。

2000年3月23~24日，省社科联举办中国加入WTO后的形势与对策高级讲习班，邀请中国社会科学院专家就加入世贸组织对中国外贸及工业经济、文化建设、农业发展和法制建设的影响及应采取的对策作了系列报告。全省各地党政干部和理论工作者3000多人次参加了讲习班。主讲人回顾了中国为争取早日加入世界贸易组织进行谈判的艰难历程，介绍了中国加入世界贸易组织和中美双边协议的主要内容，解释了中美签署中国加入世界贸易组织的条约为什么是"双赢"，分析了加入世界贸易组织对中国的影响及对策。主讲人和学员还就有关问题进行交流，学员们对加入世贸组织给中国及河南带来的影响及加入世贸组织后如何抓住机遇、加快发展有了进一步的认识。

<u>社科咨询服务</u>　1996年1月，《领导科学》杂志向全国广大领导干部发出倡议——告别领导忌语，让忌语永远从领导者口中消失，并公布了本刊在全国范围内征

集选定的50条"领导忌语"。这一倡议在全国许多地方的领导机关和领导干部中引起强烈反响,也得到社会各界的广泛支持与赞同。中央人民广播电台、中央电视台均在《新闻联播》中做了报道,全国数十家报刊也在报道中对50条"领导忌语"进行了转载。

1999年,省社科联加大了豫菜文化研究与开发工作力度。一是创办全省第一家省级饮食文化理论宣传刊物《当代烹饪文化》,为研究、宣传豫菜及豫菜文化创立了舆论阵地。二是筹备成立豫菜文化研究会,召开全省性的豫菜技术创新会议和豫菜工程基层组织工作会议,宣传豫菜文化研究的意义。三是在郑州少林武术节期间与有关单位联合组织"观少林武术,品中原豫菜"活动,举办了大型的中原豫菜展示活动。四是举办豫菜文化节。自2000年3月18日起,省社科联与有关单位联合举办了为期一个月的首届豫菜文化节活动,来自全省18个市地及郑州铁路局的20支代表队在郑州主会场及10个分会场登台献艺,为社会展示了丰富多彩的特色豫菜。文化节期间,还组织了首次豫菜评选,评出等级奖、组织奖若干。

2000年5月18日~7月13日,省社科联组织了两次社科理论下乡活动,邀请河南农业大学教授吴一平、陈俊国,省社会科学院研究员郭纪元分别到鹤壁市淇县高村镇、新乡市长垣县和信阳市平桥区为县、乡、村三级干部作了题为《我国加入WTO后农业面临的形势与对策》《我国农业发展新阶段与农业结构调整》《入世后我省农业经济结构调整和农业产业化问题》的报告,受到县、乡、村干部群众的热烈欢迎。同时,省社科联干部职工还捐赠农业科技和社科知识图书上千册。

专家学者讲学 1998年4月,省社科联发起并与省委宣传部、省高校工委、省教委联合在河南省高校举办邓小平理论系列讲座。从4月中旬到5月月底,先后在郑州大学、河南大学等19所高校开设专题讲座,51所大专院校的2万余名师生参加了讲座。

2000年3月27日,省社科联举办台海局势报告会,省直干部、学会负责人、大中专院校教师及政工干部200多人参加会议。郑州大学教授詹方瑶就台海局势作了较为系统的介绍和评述,包括中共中央发表《一个中国的原则与台湾问题》白皮书的背景、台湾的战略地位、台湾3个时期的内政及大陆政策、李登辉抛出"两国论"的前前后后、台湾大选情况及陈水扁今后大陆政策走势、台海军事对峙形势等。报告宣传了中共中央的政策,使与会者进一步认清了台海形势。

2000年6~12月,省社科联邀请全国著名思想教育艺术家刘吉,先后到河南省部分高校、地市和省直单位作了10场主题为《关于加强思想政治工作若干重大问题的思考》的报告,各级干部和高校师生近万人参加。报告深入浅出,富有理论性和可操作性,受到干部师生特别是广大干部的欢迎。

第八章　文学艺术界联合会

　　河南省文学艺术界联合会（简称"河南省文联"）是河南省各省级文艺家协会和省辖市文联、行业文联及大型企业文联的联合组织，是中国共产党领导下的全省性人民团体，是党和政府联系广大文艺工作者的桥梁和纽带。其宗旨：团结和组织全省文艺工作者，以马克思列宁主义、毛泽东思想、邓小平理论和"三个代表"重要思想为指导，坚持党的基本路线和基本纲领，坚持文艺为人民服务、为社会主义服务的方向，贯彻"百花齐放、百家争鸣"的方针，弘扬主旋律，提倡多样化，致力于繁荣和发展社会主义文学艺术事业，为促进社会主义物质文明和精神文明建设而奋斗。

　　主要任务：河南省文联对各团体会员开展联络、协调、服务和指导工作，对各省级文艺家协会和所属的事业单位进行领导和管理；推动多出文艺精品、文艺人才，提升全省文艺创作与文艺活动水平，壮大全省文艺队伍；开展各种创作、展演、交流、比赛与研究、评论等活动，推介、表彰和奖励优秀文艺成果和文艺人才；沟通党和政府及社会各界同文艺界之间的联系，加强同政府文化主管部门及各有关方面、单位的合作，推进全省文艺界的团结，扩大与省内外、国（境）内外文艺界之间的联系、交流与合作；贯彻落实党的文艺政策和知识分子政策，及时反映广大文艺工作者的意见和要求，关心他们的工作和生活，维护他们的正当权益；积极创造条件，举办为文艺界服务的文化产业与福利设施，不断增强自身的活力与凝聚力。

河南省文联实行团体会员制。团体会员分三大部分：第一部分是11个省级文艺家协会；第二部分是18个省辖（管）市（地区）文联；第三部分是20个行业、企业文联（文协、学会）。

1978年中共十一届三中全会以来，中国经历了举世瞩目的历史大转折和事业大发展，民族的精神状态发生了深刻的变化。党的知识分子政策的落实，广大文艺工作者的积极性得到充分调动，特别是邓小平在全国第四次文代会上所作的祝词，揭开了中国文艺事业发展和繁荣的新篇章，全国文艺事业迎来了百花争妍的春天。河南省文联面对文艺工作的新形势，在河南省委、省政府的领导下，以高度的文艺责任感，努力做好党和政府联系广大文艺工作者的桥梁和纽带，以极大的热情，担负起"联络、协调、服务、指导"的职责，团结和组织全省广大文艺工作者与时俱进，经历了各种考验和锻炼，不断发展，日益团结，空前壮大。

1978年中共十一届三中全会前后，河南省批准成立河南省文联筹建领导小组。1979年，河南省文联及所属协会恢复活动，河南省文联文艺期刊《奔流》复刊。1980年以来的10年，文艺战线逐步摆脱了"左"的思想禁锢，文艺事业得以恢复，并取得了重大发展，河南省文联所属11个协会先后恢复或成立。在此期间，全省90%的县成立了文联。河南省文联在此基础上召开"县文联工作座谈会"，明确基层文联面临的形势和任务，推动基层文联的建设。在此期间，河南省文联先后创办6个公开发行的报刊：1980年，创办戏剧月刊《河南戏剧》（后改刊为《南腔北调》）；1981年，创办大型文学季刊《莽原》（后与《奔流》合并为文学双月刊）；1984年创办《专业户报》（后改刊为《文艺百家报》，再改为《当代人报》）；1984年10月，创办《散文选刊》；1985年1月，创办《传奇文学选刊》；1985年4月，创办故事期刊《故事家》。河南省文联的各类文艺报刊为培养文学新人、促进文艺繁荣作出了重要贡献。

20世纪90年代后，河南省文联各项事业得到长足进步。1991年5月，河南省文联召开第三次文代会。同年11月，11个省级文艺家协会先后召开会员代表大会。同时，根据国家有关精神，中国作家协会河南分会更名为河南省作家协会，其他10个省级文艺家协会均依此更名。1992年10月，创办文学杂志《热风》（后改刊为《武侠故事》）。1995年11月，成立直属事业机构河南省文学院。1996年6月，河南省文联召开第四次文艺工作者代表大会。

河南省文联恢复活动后，组织了一系列创作、研讨、演出、比赛、评奖、展览等形式多样的活动，逐步培养起一支以南阳作家群为代表的、颇具实力而又富有河南特色的作家、艺术家队伍。各种艺术门类的优秀作品不断涌现，创作成果丰硕，多项成果获国家级文学、艺术奖和"五个一工程奖"。通过"走出去""请进来"等形式，广泛开展了与省内外、国内外的艺术交流。

截至2000年，河南省文联共有11个省级文艺家协会，18个省辖（管）市（地区）文联，20个行业、企业文联（文协、学会）。

第一节　组织机构

1978~2000年,河南省文联各级组织发展较快。河南省文联及所属11个省级文艺家协会先后恢复或成立,18个省辖(管)市(地区)文联,20个行业、企业文联(文协、学会)也先后恢复或成立,全省90%的县成立了文联组织,形成了纵贯省、省辖(管)市(地区)、县三级,横贯省内大型行业、企业的较为健全的文联组织网络,为全省文艺事业的繁荣发展奠定了坚实的组织基础。

文联组织　1978年中共十一届三中全会前后,中共河南省委批准成立河南省文联筹建领导小组。1979年,河南省文联恢复活动。河南省文联是中共河南省委领导下的专业性人民团体,主管部门是中共河南省委宣传部。河南省文联的最高权力机构为河南省文学艺术界联合会全省代表大会和由它选举产生的全省委员会。全省委员会闭会期间由全省委员会主席团行使其权力。

1984年机构改革,河南省文联内设办公室(下辖行政科、财务科)、机关总支、组织联络处、文艺理论研究室。1997年10月,河南省文联进行机构改革,组织联络处分设为人事处和联络处,机关总支改为机关党委。

表 36-8-1-1

河南省文联历届（1980~2000年）领导班子、党组成员一览表

届别	名誉主席	主席	党组书记	副主席	副党组书记	党组成员	主席团成员	秘书长
第二届 （1980.4~ 1991.5）		于黑丁 （1980.4~ 1983.8）	于黑丁 （1980.4~ 1983.8）	吉兆明（1980.4~1986.7） 苏金伞（1980.4~1991.5，兼） 李 準（1980.4~1984.9） 杜希哲（1980.4~1991.5，兼） 杨兰春（1980.4~1991.5） 倪 尼（1980.4~1983.8） 常香玉（1980.4~1989.11）	倪 尼 （1980.4~ 1983.8）	吉兆明（1980.4~1983.8） 朱 可（1980.4~1990.10） 杨兰春（1980.4~1983.8） 牛运仓（1980.4~1983.8） 庞嘉季（1980.4~1983.8）	王南方、王基突 王怀让、王鸿玉 王明堂、申凤梅 王洪应、方照华 孙广举、齐 飞 陈锡生、李今朝 吴明耀、周鸿俊 陈天然、张一弓 张 耒、张庆华 杨 今、芦 苇 杨 杰、黄庆立 逯闻懿	朱 可 （1980.4~ 1982.7） 贺永利 （1986.7~ 1991.5）
	韩劲草 （1984.9~ 1991.5）	何南丁 （1983.8~ 1991.5）	何南丁 （1983.8~ 1990.10） 刘清惠 （1990.10~ 1991.5）	谢瑞阶（1982.7~1990.10） 朱有德（1980.4~1991.5，兼） 张永利（1982.7~1990.10） 耿恭让（1983.8~1991.5） 刘清惠（1990.10~1991.5） 李国经（1990.10~1991.5）	吉兆明 （1983.8~ 1986.7）	张有德（1983.8~1990.10） 耿恭让（1983.8~1991.5） 何南丁（1983.8~1990.10） 贺永利（1986.7~1990.10） 李国经（1990.10~1991.5）		
第三届 （1991.5~ 1996.6）	于黑丁 （1991.5~ 1996.6）	刘清惠 （1991.5~ 1996.6）	刘清惠 （1991.5~ 1996.6）	李国经（1991.5~1994.12） 耿恭让（1991.5~1994.6） 王岭群（1991.5~1996.6） 王鸿玉（1994.1~1996.6） 张 海（1995.5~1996.6） 丁发杰（1995.5~1996.6）	丁发杰 （1995.5~ 1996.6）	李国经（1991.5~1994.12） 耿恭让（1991.5~1994.6） 王岭群（1991.5~1996.6） 王鸿玉（1994.1~1996.6） 张 海（1994.1~1996.6）		贺永利 （1991.5~ 1995.7）
第四届 （1996.6 ~ ）	于黑丁 （1996.6 ~ ）	丁发杰 （1996.6~ 2000.6） 张 海 （2000.6 ~ ）	丁发杰 （1996.6~ 2000.5） 何东成 （2000.5 ~ ，兼）	王岭群（1996.6~2000.5） 王鸿玉（1996.6~ ） 张 海（1996.6~2000.6） 张其华（1996.6~ ） 徐志刚（2000.6~ ）	徐志刚 （2000.5~ ）	王岭群（1996.6~2000.5） 王鸿玉（1996.6~ ） 张 海（1996.6~ ） 张其华（1996.6~ ）		杨 杰 （1996.10 ~ ）

2000年河南省省辖市（地区）文联一览表

表 36-8-1-2

名称	成立时间
郑州市文学艺术界联合会	1950年11月15日成立；1968年12月底撤销，1978年11月22日恢复
开封市文学艺术界联合会	1949年9月
洛阳市文学艺术界联合会	1949年10月
平顶山市文学艺术界联合会	1959年
新乡市文学艺术界联合会	1949年（前身为新乡地区文联，1986年更名为新乡市文联）
焦作市文学艺术界联合会	1948年
安阳市文学艺术界联合会	1951年
鹤壁市文学艺术界联合会	1961年4月
濮阳市文学艺术界联合会	1983年10月
三门峡市文学艺术界联合会	1986年
许昌市文学艺术界联合会	1982年4月（前身为许昌地区文联，1986年更名为许昌市文联）
漯河市文学艺术界联合会	1986年3月
南阳市文学艺术界联合会	1981年12月（前身为南阳地区文联，1994年更名为南阳市文联）
商丘市文学艺术界联合会	1953年（前身为商丘地区文联，1998年更名商丘市文联）
周口市文学艺术界联合会	1980年11月（前身为周口地区文联，2000年更名为周口市文联）
驻马店市文学艺术界联合会	1986年4月（前身为驻马店地区文联，2000年更名驻马店市文联）
信阳市文学艺术界联合会	1980年8月（前身为信阳地区文联，1998年更名为信阳市文联）
济源市文学艺术界联合会	1989年7月

2000年河南省行业、企业文联、协会一览表

表 36-8-1-3

名称	成立时间
河南省煤矿文学艺术界联合会	1996年
郑州煤业（集团）公司文学艺术界联合会	
焦作煤业（集团）公司文学艺术界联合会	2000年12月
鹤壁煤业（集团）公司文学艺术界联合会	1996年5月
永城煤电（集团）公司文学艺术界联合会	1996年10月
义马煤业（集团）公司文学艺术界联合会	1995年12月

续表

名称	成立时间
平顶山煤业（集团）公司文化艺术体育工作委员会	1984年
河南电力文学艺术协会	
平顶山姚孟发电有限责任公司文学艺术协会	1990年6月（前身为姚孟厂文学艺术协会）
中原石油勘探局文学艺术界联合会	1988年5月
河南油田文学艺术界联合会	1988年
河南省水利文学艺术协会	1984年9月
中国长城铝业公司文学艺术界联合会	1994年（前身为郑州铝厂职工文联）
中州铝厂文学艺术界联合会	1996年9月
郑州铁路局文学艺术界联合会	1985年1月（前身为郑州铁路局文学艺术工作者协会）
河南省公安保卫系统文学艺术界联合会	1993年12月
洛阳浮化玻璃（集团）公司文学艺术界联合会	1986年6月
洛阳铜加工集团公司文学艺术界联合会	1989年8月25日
河南省神剑文学艺术协会	

协会组织 20世纪80年代后，河南省先后恢复或成立了11个省级文艺家协会。1980年4月，中国戏剧家协会河南分会召开第二次代表会议。同年5月，中国作家协会河南分会、中国音乐家协会河南分会、中国美术家协会河南分会、中国摄影家协会河南分会、中国曲艺家协会河南分会、中国民间文艺研究会河南分会、中国电影家协会河南分会、河南省书法家协会（一年后更名为中国书法家协会河南分会）8个协会相继成立。1984年，中国杂技艺术家协会河南分会成立。同年10月，中国舞蹈家协会河南分会成立。此后各协会先后更名（详见下表）。

协会组织没有独立建制，为河南省文联的二级机构，正处级规格。协会设主席1人、副主席若干人，组成主席团。由秘书长驻会主持日常工作，为主席团领导下的秘书长负责制。

河南省文联所属11个协会一览表

表36-8-1-4

名称	成立时间	级别
河南省作家协会	1980年5月（前身为中国作家协会河南分会，1991年更名为河南省作家协会）	正处级
河南省戏剧家协会	1957年1月（前身为中国戏剧家协会河南分会，1992年更名为河南省戏剧家协会）	正处级

续表

名称	成立时间	级别
河南省美术家协会	1980年5月（前身为中国美术家协会河南分会）	正处级
河南省书法家协会	1980年5月（1981年5月更名为中国书法家协会河南分会，1989年更名为河南省书法家协会）	正处级
河南省音乐家协会	1980年5月（前身为中国音乐家协会河南分会，1991年更名为河南省音乐家协会）	正处级
河南省摄影家协会	1980年5月（前身为中国摄影家协会河南分会，1989年更名为河南省摄影家协会）	正处级
河南省舞蹈家协会	1984年10月（前身为中国舞蹈家协会河南分会）	正处级
河南省曲艺家协会	1963年（前身为中国曲艺工作者协会河南分会，1991年更名为河南省曲艺家协会）	正处级
河南省电影电视家协会	1980年5月（前身为中国电影家协会河南分会，1991年11月更名为河南省电影电视家协会）	正处级
河南省杂技家协会	1984年11月	正处级
河南省民间文艺家协会	1980年5月（前身为中国民间文艺研究会河南分会，1987年更名为中国民间文艺家协会河南分会，1992年更名为河南省民间文艺家协会）	正处级

直属事业机构　　1980年以后，河南省文联先后成立了6个直属事业机构，分别是河南省文学院、河南省书画院、莽原·南腔北调杂志社、散文选刊杂志社、传奇文学选刊杂志社、故事家杂志社。河南省文学院、河南省书画院成立后，成为作家、书画家开展创作、研讨和交流的阵地和全省的美术、书法和文学中心，提升了河南书画、文学的创作实力及其在全国的影响力；4家杂志社的成立，为培养文学新人、推出优秀作品、促进文艺繁荣作出了贡献。6个直属机构属于河南省文联二级机构，为正处规格。

河南省文联直属事业机构一览表

表36-8-1-5

名称	成立时间	级别	性质	编制	内设机构
河南省文学院	1995年11月	正处级	全供	31人	内设办公室（下设财务后勤科）、创作部、影视文学部、理论研究部、联络培训部、展览部
河南省书画院	1986年3月	正处级	差供	30人	内设办公室、创研室、宣传联络部、发展部、编辑部、翰苑艺术公司
莽原·南腔北调杂志社	1981年5月	正处级	全供	25人	
散文选刊杂志社	1984年10月	正处级	自收自支		
传奇文学选刊杂志社	1984年10月	正处级	自收自支		
故事家杂志社	1985年4月	正处级	自收自支		

第二节 重要会议

河南省文联的重要会议主要是根据形势任务的发展和文联章程的规定,定期召开的文学艺术工作者代表大会、全体委员代表大会,以及所属各文艺家协会按照章程和相关规定定期召开的会员代表大会和理事会。会议的召开,为河南省文联及协会事业的发展指明了方向,明确了形势任务,推动了河南文学艺术事业的繁荣发展。

联合会代表大会 河南省文联在1978~2000年期间,共召开3次文学工作者代表大会。1980年召开河南省文学艺术工作者第二次代表大会,1991年召开河南省文学艺术工作者第三次代表大会,1996年召开河南省文学艺术界联合会第四次代表大会。根据形势任务的需要,河南省文联代表大会对《河南省文学艺术界联合会章程》进行修改,选举新一届领导机构,为文艺事业的持续繁荣和发展奠定了坚实的基础。

河南省文学艺术工作者第二次代表大会 河南省文学艺术工作者第二次代表大会于1980年4月29日~5月10日在郑州召开。与会正式代表和特邀代表600多人。这次大会,是自1954年全省第一次文学艺术工作者代表大会后全省文艺界期待已久的一次空前的盛会,标志着河南省文艺工作进入一个新的历史时期,是河南文艺战线大鼓劲、大团结、大繁荣的新的起点。出席大会的有中共河南省委、省人大常委会、省政府、省政协、省纪委的领导,省直有关厅局、人民团体负责人和全省文艺界的代表。大会的主要任务是:在中共十一届三中全会精神指引下,深入学习中共中央《关于经济体制改革的决定》,进一步解放思想,促进文艺改革,推动全省文艺事业大繁荣大发展,为实现四个现代化作出更大贡献。中共河南省委书记张树德代表中共河南省委向大会致祝词,于黑丁代表河南省文联第一届委员会作题为《继续解放思想,繁荣文艺创作,为促进社会主义现代化建设而奋斗》的工作报告。大会经认真学习讨论,一致拥护中共中央《关于认真学习贯彻第四次全国文代会精神的通知》,邓小平代表中共中央、国务院在第四次全国文学艺术工作者代表大会上所作的祝词,周扬在第四次全国文学艺术工作者代表大会上所作的题为《继往开来,繁荣社会主义新时期的文艺》的报告和胡耀邦在北京剧本创作座谈会上的讲话。大会一致拥护中共河南省委常务书记刘杰在大会上的讲话,拥护张树德代表省委、省人民政府向大会所作的祝词。大会讨论并一致通过了于黑丁作的题为《继续解放思想,繁荣文艺创作,为促进社会主义现代化建设而奋斗》的工作报告以及《河南省第二次文学艺术工作者代表大会决议》等文件。大会讨论并通过《河南省文学艺术界联合会章程》,选举河南省文联新一届委员会和主席团。

河南省文学艺术界联合会第二届委员会
主席、副主席、顾问、秘书长、委员名单

主　　席　于黑丁

副主席（以姓氏笔画为序）

　　　　吉兆明　苏金伞　李　凖　杜希唐　杨兰春　倪　尼　常香玉（女）
　　　　谢瑞阶

顾　　问　李希泌

秘书长　　朱　可

委　　员（177人，以姓氏笔画为序）

丁云青（女）	丁折桂	于黑丁	马　琳（女）	马　琪（女）
马金凤（女）	王　云	王　岳	王　威	王　楠
王大海	王世龙	王守勋	王邦彦	王秀兰（女）
王秀玲（女）	王寿庭	王宝善	王冠君	王树德
王素君（女）	王哲然	王绥青	王基笑	王善朴
王燕飞	井海示	孔德介	牛运仓	牛得草
毛爱莲（女）	甘国良	叶文玲（女）	田来印	申凤梅（女）
申任天	兰建堂	冯国梧	卢　怡	卢伟生
吉兆明	齐树德	朱　可	朱学斌	朱锡梅（女）
江燕林	孙兵新（女）	孙俊奇	刘文渺	刘宗琴（女）
刘铁华（女）	刘惠敏（女）	任访秋	任其翔	乔好贤
乔金文	乔典运	华翰磊（女）	吕　艾	关灵凤（女）
许寄秋	苏　政（女）	苏金伞	吴明耀	吴韵芳（女）
吴碧波（女）	汪素云（女）	邹爱琴（女）	陈天然	陈有才
陈光照	陈建平	陆　轲	陆丽珠（女）	杨　明
杨子固	何南丁	何凌云（女）	李　凖	李　湖
李书修	李传国	李希泌	李金波	李配三
李笑白	李悦民	李清联	李斯忠	辛　英
辛　静	肖飞云	杜希唐	宋华亭（女）	宋桂玲（女）
况素真（女）	余　昂	杨兰春	杨岩石	杨季枚（女）
杨香玉	林　野（女）	林金光	单绍莲（女）	周中孚
周玉迅	周约三	周奇之	周鸿俊	张　海
张　鹏	张世勋	张立云	张有德	张春山
张素云（女）	张桂花（女）	张凌怡	张裕静	张新芳（女）

张福顺	武秀之（女）	庞白虹	庞建民	庞嘉季
郑克西	姜宏轩	郝玉岐	侯桂先（女）	柳兰芳（女）
赵　铮（女）	赵义庭	赵玉清（女）	赵光第	赵青勃
赵宝璋	赵建功	赵虹珠（女）	赵淑忍	赵籍身
施明先	段荃法	姚守懿（女）	索喜凤（女）	倪　尼
徐安石	徐临时	党桂军（女）	郭文灿	郭凤娥（女）
郭金凤（女）	高　洁（女）	高兴旺	高桂枝（女）	高嘉麟
唐喜成	黄振孚	曹水泉	曹勇骅	符明伦
崔兰田（女）	龚依群	常香玉（女）	常耕民	阎立品（女）
韩世杰	韩新怀	鲁本修	蒋道矩	谢　禄
谢振川	谢瑞阶	窦荣光（女）	雷河清	新翠霞（女）
魏　云（女）	魏德忠			

河南省文学艺术工作者第三次代表大会　河南省文联第三次代表大会于1991年5月23~25日在郑州召开，550名代表参加会议。中共河南省委副书记林英海致祝词，河南省文联于黑丁致开幕词，何南丁代表河南省文联第二届主席团作《团结奋进、繁荣文艺》的工作报告，大会全面总结了11年来河南省文学艺术所取得的成就，对今后一个时期繁荣发展河南省文学艺术事业进行了安排部署。大会讨论并通过了何南丁代表第二届主席团作的会务工作报告和新的《河南省文学艺术界联合会章程》，选举产生了河南省文联第三届委员会和主席团。

河南省文学艺术界联合会第三届委员会
名誉主席、首席顾问、顾问、主席团成员、委员名单

名誉主席　于黑丁
首席顾问　韩劲草
顾　　问（7人，以姓氏笔画为序）
　　　　吉兆明　杨兰春　杜希唐　苏金伞　何南丁　常香玉　谢瑞阶
主　　席　刘清惠
副 主 席　李国经　联恭让　王岭群
主席团成员（10人，以姓氏笔画为序）
　　　　王南方　王鸿玉　王基笑　申凤梅　张一弓　张有德　陈天然
　　　　李今朝　吴明耀　周鸿俊
委　　员（96人，以姓氏笔画为序）
　　　　丁　一（女）　于黑丁　马荣春　马　莉（女）　王今栋

王世龙	王怀让	王劲宣	王宝贵	王岭群
王　威	王明堂	王南方	王顺德	王基笑
王鸿玉	王增夫	牛运仓	牛得草	方照华
方锡玲（女）	史友仁	卢永武	卢　怡	叶　鹏
申凤梅（女）	申爱萍（女）		田中禾	兰建堂
刘文渺	刘任民	刘　顺	刘清惠	刘景亮
孙广举	孙耀德	朱可先	任宏恩	乔典运
齐　飞	何南丁	杜希唐	张一弓	张　宇
张有德	张修然	张　海	张振犁	张裕静
张新秋	苏胜时	肖云星	李九思	李今朝
李刚田	李自强	李国经	李　蔚	吴明耀
芦　苇	陈天然	陈　辉	陈裕德	陈锦生（女）
邵青山	虎美玲（女）		武秀之（女）	武国华
周鸿俊	杨好月	杨世杰	姜晋京	禹本愚
郑克西	荆　桦	赵虹珠（女）		赵　铮（女）
南豫见	胡世厚	胡家模	贺永利	高汝民
高　洁（女）	袁玉琪	凌解放	耿恭让	常香玉（女）
康大红	郭文杰	郭荫苟	曹天舒	黄培需
谢瑞阶	鲁枢元	鲁保国	魏世祥	

河南省文学艺术界联合会第四次代表大会　河南省文学艺术界联合会第四次代表大会于1996年6月9~12日在郑州召开，548名代表参加了大会，省委、省人大常委会、省政府、省政协、省军区领导及有关方面的负责人出席了大会。中共河南省委副书记宋照肃致祝词，于黑丁致开幕词，丁发杰致闭幕词，大会选举产生了河南省文联第四届委员会和主席团成员。

河南省文学艺术界联合会第四届委员会
委员、主席团成员、名誉主席、首席顾问、顾问、文联主席、副主席名单

名誉主席　于黑丁
首席顾问　韩劲草
顾　　问　刘清惠　李国经　吉兆明　杜希唐　苏金伞
　　　　　常香玉　耿恭让　谢瑞阶　杨兰春　何南丁
主　　席　丁发杰
副 主 席　王岭群　王鸿玉　张海　田中禾

主 席 团　王玉筝　王怀让　王明堂　王华然　王洪应　方照华
　　　　　孙广举　齐　飞　陈锦生　芦　苇　张　宇　黄庆立
　　　　　杨　杰（1998.5增补）何　彧（1998.5增补）逄闻懿（1999.3增补）
委　　员（共98人，以姓氏笔画为序）

丁　一（女）	丁发杰	于德水	王　威	王　澄
王玉筝	王怀让	王南方	王明堂	王鸿玉
王洪应	王成法	王秀芳（女）		王华然
王宝贵	王东祥	王顺德	王岭群	王洽智
卞光兴	方照华	毛旭辉	宁延立	左国顺
司马武当	叶　鹏	卢　怡	史新川	齐　飞
庆遂增	马　莉（女）		马荣春	兰建堂
申爱萍（女）	宋华平	任怀军	吴明耀	李国经
李佩甫	李亚东	李刚田	李有刚	李恒山
李洪程	孙广举	刘　顺	刘振兴	刘登龙
刘鲁豫	乔典运	芦　苇	陈文民	陈锦生（女）
陈有才	陈维达	陈高潮	陈胜利	张　宇
张　海	张一弓	张生赋	张其华（田中禾）	
耿恭让	高　洁（女）		高树田	赵团欣
贺维周	武秀之（女）		苏圣时	周立仁
周鸿俊	易希高	南豫见	党玉倩（女）	
杨好月	杨合新	宛芳卿	禹本愚	姚　嘉
程书援	程健君	唐永青（女）		徐志刚
黄正连	黄庆立	黄京湘	康大红	曾广兰（女）
郭国旺	曹天舒	荆　桦	凌解放	詹启玉
董全林	彭化杰	韩　明	谢玉好	魏　峰

协会会员代表大会　11个省级文艺家协会依据各自章程和有关规定，定期召开会员代表大会，分析文艺工作形势，明确工作任务，讨论通过协会章程，选举产生新一届领导机构，团结会员为实现新阶段的工作任务而努力奋斗。

河南省作家协会会员代表大会　河南省作家协会第一次会员代表大会于1980年5月召开，大会选举出第一届主席团。主席：于黑丁；副主席：倪尼、李準、苏金伞、何南丁、郑克西、庞嘉季、张有德、王燕飞；秘书长：仲宇；副秘书长：王秀芳、杨晓杰。1983年，段荃法任秘书长。

河南省作家协会第二次会员代表大会于1991年12月召开。大会选举出第二届领导机构。主席：张一弓；副主席：王怀让、王绶青、田中禾、孙广举、乔典运、张有德、郑克西、段荃法；秘书长：段荃法；王秀芳任副秘书长。1993年，刘学林任副秘书长。

河南省作家协会第三次会员代表大会于1996年10月召开，大会选举出第三届领导机构。主席：田中禾；副主席：王怀让、孙广举、李佩甫、张宇、段荃法、二月河；秘书长：王秀芳；副秘书长：刘学林。1997年，杨东明增补为第三届副主席。2000年，刘学林任秘书长。

河南省戏剧家协会会员代表大会　河南省戏剧家协会第二次会员代表大会于1980年1月召开，大会选举出第二届领导机构。主席：常香玉；副主席：杨兰春、吉兆明、马金凤、崔兰田、阎立品、张新芳、徐安石；秘书长：韩世杰。

河南省戏剧家协会第三次会员代表大会于1991年11月召开，大会选举出第三届领导机构。名誉主席：常香玉、杨兰春；主席：申凤梅；副主席：荆桦、王鸿玉、芦苇、齐飞、魏云、袁文娜；副秘书长：刘育州。

河南省戏剧家协会第四次会员代表大会1996年11月召开，大会选举出第四届领导机构。主席：丁发杰；副主席：王鸿玉、齐飞、张宝英、高桂枝、郭光宇、陈静；秘书长：董蓓。

河南省音乐家协会会员代表大会　中国音乐家协会河南分会第一次会员代表大会于1980年5月在郑州召开，大会选举出第一届领导机构。主席：王基笑；副主席（以姓氏笔画为序）王岳、王寿庭、卢怡、乔金文、武秀之、郝玉岐、姜宏轩；秘书长：王基笑；副秘书长：王颖、马荣春（1983年任命）、李书印（1985年任命）、陈锦生（1985年任命）。

河南省音乐家协会第二次会员代表大会于1991年12月召开，大会选举出第二届领导机构。顾问：王岳、王寿庭、王甫先、姜宏轩；主席：（空缺）；副主席（以姓氏笔画为序）：王玉筝、卢怡、乔金文、吴歌、武秀之、郝玉岐；秘书长：马荣春；副秘书长：李书印。

河南省音乐家协会第三次会员代表大会1996年11月召开，选举产生出第二届领导机构。名誉主席：王基笑；顾问：王寿庭、姜宏轩、王甫先、乔金文、柳耀庭、胡昭俊、张彬、李书印；主席：吴歌；副主席（以姓氏笔画为序）：王玉筝、卢怡、张德河、李明福、周虹、武秀之、郝玉岐、马荣春；秘书长：马荣春。

河南省美术家协会会员代表大会　河南省美术家协会第一次会员代表大会于1980年5月召开，大会选举出第一届领导机构。顾问：安敦礼；主席：谢瑞阶；副主席：王威、王邦彦、陈天然；秘书长：王邦彦（兼）。

河南省美术家协会第二次会员代表大会于1991年11月召开，大会选举出第二届领导机构。名誉主席：陈天然；顾问：丁折桂、于安澜、王邦彦、安敦礼、龚柯；主席：王威；副主席：李自强、王今栋、曹新林、方照华、马国强、严文俊。

河南省美术家协会第三次会员代表大会于1996年10月召开，大会选举出第三届领导机构。名誉主席：陈天然、王威；顾问：于安澜、王邦彦、安敦礼、龚柯、沙清泉；主席：方照华；副主席：李自强、马国强、丁中一、王今栋、曹新林。

河南省书法家协会会员代表大会 河南省书法家协会第一次会员代表大会于1980年5月召开，大会选举出第一届领导机构。主席：谢瑞阶；副主席：陈天然、庞白虹、李悦民、张海；秘书长：张海（兼）。

河南省书法家协会第二次会员代表大会于1991年11月召开，大会选举出第二届领导机构。主席：张海；副主席：王澄、李刚田、王宝贵、冯志福、桑凡、李进学；秘书长：王澄。

河南省书法家协会第三次会员代表大会于1996年10月召开，大会选举出第三届领导机构。主席：张海；副主席：王澄、李刚田、王宝贵、冯志福、李进学、周俊杰、刘顺；秘书长：王澄；副秘书长：宋华平。

河南省摄影家协会会员代表大会 中国摄影家协会河南分会（1989年更名为河南省摄影家协会）第一次会员代表大会于1980年5月召开，大会选举出第一届领导机构。主席：王世龙；副主席：魏德忠、陆轲、张世勋；秘书长：吴明耀。

河南省摄影家协会第二次会员代表大会于1991年11月召开，大会选举出第二届领导机构。主席：吴明耀；副主席：魏德忠、张世勋、陆轲、张青云、牛子祥；秘书长：吴明耀（兼）。

河南省摄影家协会第三次会员代表大会于1996年9月召开，大会选举出第三届领导机构。主席：魏德忠；副主席：牛子祥、孙德侠、于德水、姜健；秘书长：刘鲁豫。

河南省曲艺家协会会员代表大会 河南省第一次曲艺工作者代表大会于1980年5月召开，出席会议的代表31人，大会选举出第一届领导机构。主席：牛运仓；副主席：刘宗琴、赵铮、丁志忠；副秘书长：窦荣光。1984年2月，文联机构改革，窦荣光任调研员，庆遂增任副秘书长。

河南省曲艺家协会第二次会员代表大会于1991年11月召开，与会代表40余人，大会审议修改并通过了河南省曲艺家协会第一届理事会会务工作报告和新的章程，大会选举出新的领导机构。名誉主席：赵铮；顾问：丁志忠、窦荣光、王元伦、袁清岑；主席：李国经；副主席：兰建堂、刘宗琴、庆遂增、杨天奇；秘书长：庆遂增。

河南省曲艺家协会第三次会员代表大会于1996年10月召开，与会代表50余人，大会审议修改并通过了河南省曲艺家协会第二届理事会会务工作报告和新的章程，选举产生省曲艺家协会第三届理事会、常务理事会和主席团。名誉主席：赵铮、刘宗琴；顾问：丁志忠、窦荣光、郑永昌、杨明扬；主席：李国经；副主席：王小岳、兰建堂、庆遂增、杨天奇、胡运荣、陶善耕；秘书长：庆遂增。

河南省电影电视家协会会员代表大会 中国电影家协会河南分会第一次代表大会于1980年5月召开，大会选举出第一届领导机构。主席：李準；副主席：马达、刘文渺、韩新怀。

河南省电影电视家协会第二次会员代表大会于1991年11月在郑州召开，协会更名为"河南省电影电视家协会"，并协商选举产生名誉主席、主席等新一届领导机构。名誉主席：刘文渺；顾问：韩新怀；主席：王南方；副主席：王明堂、石明生、路振隆、王增夫、徐慎。

河南省电影电视家协会第三次会员代表大会于1996年10月在郑州召开，协商选举产生名誉主席、主席等新一届领导机构。名誉主席：王南方；顾问：韩新怀、沈占鼎；主席：王明堂；副主席：石明生、陈胜利、郑彦英、姚嘉、袁玉琪、路振隆。

河南省舞蹈家协会会员代表大会 河南省舞蹈家协会成立大会于1984年召开，大会讨论通过了协会章程，大会选举出第一届主席团。主席：王南方；副主席：张裕静。

河南省舞蹈家协会第二次会员代表大会于1991年11月在郑州召开，来自全省各市地及省直文艺界的39名舞蹈工作者代表出席了大会，大会选举出第二届主席团。名誉主席：王南方；主席：耿恭让；副主席：方锡玲、陈锦生、张裕静、周学群；秘书长：陈锦生（兼）。

河南省舞蹈家协会第三次会员代表大会于1996年10月在郑州召开，参会代表59人，大会选举出省舞蹈家协会第三届理事会和主席团。名誉主席：耿恭让；顾问：张裕静、胡雁亭、冯世勋；主席：陈锦生；副主席：周学群、方锡玲、杨金海、盛力；秘书长：陈锦生（兼）。

河南省杂技家协会会员代表大会 河南省杂技家协会第一次会员代表大会于1984年11月24~26日在郑州召开，来自全省17个市地及省直的代表共65人参加了大会。大会通过了工作报告和《河南省杂技家协会章程》，选举出第一届理事会和主席团，27人当选理事，12人当选常务理事。主席：王南方；副主席：许寄秋、刘公举、李广顺、萧飞云、赵华；副秘书长：李蔚。李蔚负责省杂技家协会日常工作。

河南省杂技家协会第二次会员代表大会于1991年11月23~24日在郑州召开，全省杂技界30余名代表参加了会议，大会审议了第一届理事会的会务工作报告，修改并通过了新的章程，大会选举出新的领导机构。主席：周鸿俊；副主席：赵华、陈凤亭、李广顺、常伟光；副秘书长：唐永清。唐永清主持省杂技家协会日常工作。

河南省杂技家协会第三次会员代表大会于1996年11月11日在郑州召开，与会代表30余人。大会审议并通过了第二届理事会会务工作报告，修改并通过了《河南省杂技家协会章程》，选举产生了第三届领导机构。主席：周鸿俊；副主席：赵华、崔卫、原国升、关益超；秘书长：唐永清。聘请常伟光等5人为顾问。

河南省民间文艺家协会会员代表大会 中国民间文艺研究会河南省分会成立大会于1980年召开，大会选举出第一届领导机构。主席：杜希唐；副主席：牛运仓、赵青勃、赵建功；副秘书长：林野。1985年，朱可先任秘书长，杜道恒任副秘书长。

中国民间文艺家协会河南省分会第二次会员代表大会于1991年11月19日召开，大会审议了第一届理事会的会务工作报告，修改并通过了新的章程，选举出第二届领导机构。名誉主席：张振犁；主席：王岭群；副主席：任骋、朱可先、张桂琴、杜道恒；副秘书长：程健君。

河南省民间文艺家协会第三次会员代表大会于1996年10月27日召开，大会审议了第二届理事会的会务工作报告，修改并通过了新的章程，选举产生第三届领导机构。名誉主席：张振犁；主席：王岭群；副主席：王振昌、任骋、乔台山、杜道恒、陈江风、阎夫立；副秘书长：程健君。1997年7月，夏挽群任秘书长。

第三节　创作、研讨及成果

中共十一届三中全会以来，河南省文联及所属各省级文艺家协会组织开展一系列文艺采风、创作笔会、理论研讨、评奖点评等活动，引导文艺工作者坚持正确的创作导向，坚持深入实际、深入生活、深入群众，产生一批优秀的文艺人才和文艺成果。

创作队伍　中共十一届三中全会以来，河南省文联和所属各省级文艺家协会重视对创作人才的培养，坚持各种举措齐头并进，推动各类文艺创作人才的培养。通过举办多种创作培训班、研讨会、座谈会、创作笔会、展演比赛，组织作家、艺术家深入生活、开展采风等活动，通过创办文艺刊物，为作家、艺术家发表作品提供阵地。各个艺术门类创作队伍不断发展壮大，形成了老中青结构合理、创作势头强劲的作家、艺术家队伍，推动了河南文学艺术的繁荣发展。1984年11月14~20日，第二次青年文学创作会议在郑州召开，参加会议代表271人，其中大部分是40岁以下的青年优秀作者，省文联名誉主席于黑丁致开幕词，中共河南省委副书记刘正威讲话。中共河南省委常委、宣传部部长侯志英，省委宣传部顾问王晋、冯登紫，省委宣传部副部长胡涌、于友先出席了会议。1986年8月，中国摄影家协会河南省分会组织40名摄影艺术家赴山西、甘肃、宁夏、青海首次进行"'祖国万里行'摄影采风活动"，此后每年进行一至二次。1986年9月，"河南省中青年书法家十五人墨海弄潮展"在北京中国美术馆举行，在全国首次以群体出现推出中青年书法家，出版了《墨海弄潮集》，收入全部作品，此后相继应邀在杭州、乌鲁木齐、苏州等地展出。1989年5月，在北京举行"河南书法周""墨海弄潮书法作品展"。1989年6月20日，河南省文联主席团召开扩大会议，邀集省会部分文艺界知名人士60余人座谈学习邓小平重要讲话，河南省委常委、宣传部部长侯志英出席座谈会并讲话，省委宣传部副部长刘清惠及文艺主管部门的负责人出席了会议。1993年12月，举办豫剧新十大名旦选拔赛，张宝英、虎美玲、王希岭、陈淑敏、王清芬等12名演员入选。1994年5月，河南省舞协组织河南舞蹈编导、曲作家、词作家20余人，深入河南省重点厂矿企业进行大采风，创作出一台以工业战线为题材的大型电视文艺晚会《春潮河南》，被评为1994年"河南省十大文艺成果"，并获1995年河南省"五个一工程奖"。1997年6月，经河南省作家协会主席团研究，决定实施文学豫军新人工程。此后，相继召开了"河南青年作家小说创作研讨会""河南青年作家诗歌创作研讨会""河南青年作家散文创作研讨会""河南青年作家长篇小说创作研讨会""河南青年优秀作品评奖"等一系列活动，收到良好效果。

1994年9月,河南省青年作家、评论家张宇、李佩甫、陈继会获1994年年度"庄重文文学奖"。1998年2月,河南省作家周同宾的《皇天后土》获第二届鲁迅文学奖。1998年8月,河南省二月河(凌解放)的长篇历史小说《雍正皇帝》获由国家新闻出版署、中国作协联合颁发作家的国家"八五"优秀图书奖。2000年3月,二月河获"海外最受欢迎中国作家奖";获"美国中国书刊、音像制品博览会——海外最受欢迎的中国作家奖"。

创作座谈　1982年3月9~15日,河南省文联、河南省文化局在郑州召开"全省曲艺中长篇书作座谈会",传达中国曲协召开的中长篇书作座谈会精神,制定河南省中长篇书作创作计划。1984年1~7月,中国作家协会河南分会与《奔流》《莽原》编辑部在郑州先后召开小说座谈会、中篇小说作者座谈会、报告文学座谈会。1985年12月10~14日,河南省文联召开小说创作、评论工作座谈会,传达贯彻河南省党代会、河南省委常委扩大会和中国作家协会工作会议精神,提高思想认识,繁荣文学创作,迎接第二届黄河笔会和全国青年文学创作会议,全省100多名作家、评论家和各市地文联负责人参加了会议。1987年6月6日,《莽原》《奔流》编辑部邀集省会部分作家,就扩展创作题材、弹奏新时代主旋律等问题进行座谈。1987年6月20日,河南文艺界和郑州大学、河南大学及文学研究部门有影响的专家、教授与作家、评论家50余人集会,庆祝曹靖华先生诞辰90周年暨从事文学活动65周年。1988年5月5日,中国作协创作研究部、中国作协河南分会、河南省文联理论研究室联合在禹县召开"河南农村题材小说创作座谈会"。1988年11月7~14日,中国作家协会河南分会在郑州举办青年文学创作研讨会,邀请著名作家讲学,参加者50人。1990年4月10~16日,郑州、开封、洛阳、许昌、新乡5市部分作家、诗人和文联负责人在"苏门山庄"召开笔会。1990年5月23~28日,"河南省第五届黄河诗会"在新乡市召开,来自北京、辽宁、山西、四川及河南各地的60余名诗人参加了会议,与会者讨论了诗人深入生活、继承优秀民族传统等问题。1990年12月20日,中国作协河南分会、河南省文联创研室在郑州联合召开"河南小说创作态势讨论会"。1993年4月,召开"河南省文学新人小说创作研讨会"。

理论研讨　河南文艺界重视理论研讨,其对创作起到积极的指导和推动作用。河南省文联理论研究室先后主办和联办了"黄河流域文学创作特色研讨会""文学的传统与创新研讨会"和"现实主义在新时期的发展讨论会",对文学传统的继承与创新,弘扬民族优秀传统文化、现实主义的地位与新时期的发展轨迹、文学的地域特色等问题进行了研讨,廓清了一些理论问题的是非,对河南省作家在坚持现实主义创作方法和保持中原文学特色的基础上,吸收新的创作观念和手法,提出了建设性的意见。河南省作家协会年初和年底分别召开了"小说创作座谈会"和"河南近期小说创作态势讨论会"。从创作思想和创作实践两个方面,对河南省小说创作的现状和发展进行了多层次的观照和深入的探讨，对河南省的小说创作起到了推动作用。"第五届黄河诗会"对新诗的创作态势及走向也进行了有益的探讨。此外，河南省音乐家协会召开了"音乐创作座谈会"和"器乐创作、表演座谈会"，河南省曲艺家协会召开了"曲艺新作分析会"，河南省舞蹈家协会召开了"首届舞蹈创作研讨会"，河南省美术家协会召开了"革命历史题材创作座谈会"和"体育美术创作座谈会"。河南省摄影家协会召开了"第六届摄影理信论年会"，河南省书法家协会召开了"全省篆刻创作研讨会"。河南省剧作家协会联办了"中南五省（区）戏剧创作座谈会"，河南省杂技家协会联办了五省"民间杂技马戏艺术研讨会""九省杂技理论研讨会"，并进行了杂技论文评奖活动。河南省民间艺术家协会召开了"第二届民间文艺讨论会"，也进行了优秀论文评奖。河南省散文学会和杂文学会也分别召开了年会和研讨会。这些学术活动紧密联系河南省的创作实际进行研讨，对各艺术门类创作的发展和提高，有着积极的意义。

1982年4月15日~5月1日，河南省文联、河南省文化局在洛阳召开农村题材剧本分析会，分析讨论剧本42个。会议期间，中共河南省委宣传部副部长于大申、河南省文联主席于黑丁、河南省文联副主席杨兰春、河南省文化局局长孙俊奇到会讲话。1982年12月，河南省文联、河南省文化局、中国剧作家协会河南分会、中国音乐家协会河南分会等单位，在洛阳联合召开"戏曲音乐学术讨论会"。1983年10月14日，"中国戏剧现代戏研究会1983年年会"在郑州开幕。省顾问委员会副主任韩劲草，中共河南省委常委、宣传部部长侯志英出席会议，文化部副部长周巍峙专程来郑，为大会作了重要讲话。1985年4月20~27日，由河南省文联、河南省社科联、河南省社科院、河南大学、郑州大学、信阳师范学院、河南省教育学院联合承办的"全国马列文艺理论研究会第七届年会"在洛阳举行。1990年5月21~24日，河南省文联在许昌召开文艺思想座谈会。1990年8月2~7日，河南省文联文艺理论研究室和信阳师范学院联合在鸡公山召开"黄河流域文学创作研讨会"。1991年8月18~20日，河南省文联在鸡公山召开组联工作座谈会。1991年8月19~24日，10省区杂技理论研讨会第五届年会在郑州召开。1992年4月11日，由莽原杂志社，中国作家协会河南分会，河南省文联理论研究室、文学创作室联合召开"省会文学界纪念毛泽东同志《在延安文艺座谈会上的讲话》发表50周年座谈会"。1992年5月22日，河南省委宣传部、河南省文联、河南省文化厅、河南省社科联共同举办纪念毛泽东《在延安文艺座谈会上的讲话》发表50周年学术研讨会。1992年7月16日，中国戏剧家协会、中国现代戏剧研究会、河南省文化厅、河南省文联、中国艺术研究院戏曲研究所在北京联合举办"杨兰春编导艺术研讨会"。1992年8月，中国美术家协会、河南省书画院、河南省美术家协会在北京举办"中国花鸟画学术研讨会"。1995年12月，"河南新时期小说创作研讨会"由中国作家协会中华文学基金会与中共河南省委宣传部联合在北京举办。全国著名作家、评论家70余人参加了会议，会议充分肯定了河南小说的创作成就。此后，河南作家群被中国文坛称作"文学豫军"。该活动当年被评为河南省十大新闻。1998年7月17~19日，举办"青年诗人创作研讨会暨第八届黄河诗会"。来自省内外的50多名诗人、评论家就河南省青年诗作进行了广泛探讨。1999年12月，召开"中原突破·文学豫军长篇小说创作研讨会"。对河南长篇小说在文学创作上的创新意义、所存在的不足，以及未来发展的可能性和契机所在进行探讨。1999年12月4~5日，中共河南省委宣传部、河南省文联召开河南省第三次青年创作会议，来自全省文艺战线328名青年文艺工作者参加了此次大会。河南省委主要领导马忠臣、李克强等到会，省委副书记范钦臣作重要讲话，省委宣传部部长林炎志作主题报告。1990年、1993年5月14日，由河南省文联、河南省作协联合举办的"苏金伞文学生涯68年研讨会"在郑州举行。1995年9月，由河南省委宣传部主办，河南省文联、河南省作协承办的"南阳作家群研讨会"在郑州召开。河南省委副书记宋照肃、河南省人民政府副省长张洪华等省委、省政府领导，对以乔典运、二月河、周同宾、田中禾、周大新等为代表的南阳作家群以及文学豫军予以高度评价。2000年6月7~8日，"河南青年作家长篇小说创作对话会"在宝丰召开。

创作成果　河南省文联团结带领全省广大文艺工作者，坚持文艺创作的正确导向，组织文艺工作者开展采风创作笔会，举办座谈、研讨会等，推出一大批优秀作品，创造了河南省文艺事业蓬勃发展的好局面。各个文艺门类的艺术作品数量之多，形式、风格、流派之多，体裁、题材、主题之丰富，都是前所未有的，为满足人民群众日益增长的精神文化需求作出了积极贡献。

1990年，河南的作家、艺术家在经过了北京政治风波后的认真反思和创作心理上的自我调整后，振奋精神，潜心耕耘，使河南省的文艺创作逐步走出低谷，有了较好的发展势头。

文学创作成果　《犯人李铜钟的故事》（张一弓著）获全国第一届中篇小说奖。《张铁匠的罗曼史》（张一弓著）获全国第二届中篇小说奖。《春妞儿和她的小嘎斯》（张一弓著）获全国第三届中篇小说奖。《辣椒》（张有德著）获全国第一届短篇小说奖。《心香》（叶文玲著）获全国第二届短篇小说奖，《黑娃照相》（张一弓著）获全国第三届短篇小说奖。《五月》（田中禾著）获全国第八届短篇小说奖。《满票》（乔典运著）获全国第八届短篇小说奖。《皇天后土》（散文集，周同宾著）获全国"鲁迅文学奖"。《12个：1998年的孩子》（何向阳著）获第二届"鲁迅文学奖"。《有种打死我》（陈铁军著）获中国作协民族文学"骏马奖"。李佩甫的电视连续剧《颍河故事》《艰难岁月——红旗渠的故事》获"飞天奖"一等奖，全国"五个一工程奖"；电影《挺立潮头》获全国"华表奖"特别奖。张宇的电视连续剧《黑槐树》获"飞天奖"一等奖。《雍正皇帝》（长篇历史小说，二月河著）获国家"八五"优秀图书奖。《新时期中篇小说名作丛书·张一弓集》获第一届国家图书奖。《妹妹入学》（张有德著）获全国第二届儿童文艺一等奖。《换了人间》（徐慎著）获全国第二届儿童文艺三等奖。《再寄陌生的父亲》（申爱萍著）获全国第一届优秀儿童文学奖。《初夏》（刘锡安著）获中国新时期优秀少儿读物二等奖。何向阳获第二届"冯牧文学奖"。《拳师和他的孙子》（黄同甫著）获全国优秀少儿读物奖。戴来获人民文学出版社首届"春天文学奖"。李佩甫的《城市白皮书》、张宇的《疼痛与抚摸》获人民文学出版社优秀作品奖。张一弓的长篇小说《远去的驿站》获全国"五个一工程奖"和国家图书奖。何向阳获"庄重文学奖"、第十二届冰心散文奖。王剑冰获"冰心散文奖"——理论奖。孙广举执行主编的《河南新文学大系》获国家图书奖提名奖。邵丽获"华夏作家网杯"长篇小说特等奖。张一弓、李佩甫、张宇、郑彦英、郑竞业、邵丽等获人民文学出版社，及《中篇小说选刊》《小说选刊》《小说月报》《中华文学选刊》《当代》《人民文学》等全国性刊物的优秀作品奖20多次。王怀让、董林、李根林的长篇报告文学《太行浩气民族魂》获河南省人民政府特别奖。

河南省第一届文学艺术优秀成果奖有：文学方面获奖的有二月河的长篇小说《康熙大帝》、齐岸青的长篇小说《诱惑》，张一弓的中篇小说《春妞儿和她的小嘎斯》、张宇的《乡村情感》、田中禾的短篇小说《五月》、乔典运的《满票》，侯钰鑫的报告文学《中原有芳草》，苏金伞的诗集《苏金伞诗选》、王怀让的《王怀让诗选》。文艺评论方面获奖的有：孙荪、余非的《李凖新论》，刘清惠、王鸿玉主编的《理解与阐释》，王鸿生的《乔典运和他的文化寓言》等。耿占春、廖华歌获青年鼓励奖。

河南省第二届文学艺术优秀成果奖有：二月河的长篇小说《雍正皇帝》、田中禾的长篇小说《匪首》、崔复生的长篇小说《血染的芳草》，李佩甫的中篇小说《豌豆偷树》，段荃法的短篇小说集《天棚趣话录》，卞卡的散文集《大地风流》、周同宾的散文集《情歌·挽歌》，王绶青的诗集《天野海郊集》、王怀让的长诗《我们光荣的名字：河南人》，牛青坡的文艺评论《中原文学艺术的魅力》、耿占春的诗学理论《隐喻》。何向阳、刘成纪获青年鼓励奖。

曲艺创作成果　1980年12月，中国曲艺家协会曲艺杂志社和中央人民广播电台联合举办的全国优秀曲艺短篇作品评奖，河南省孔祥荣的《井台会》（河南坠子）获二等奖，李克定的《拔牙》（单口相声）、周同宾的《三考新郎》（三弦书）和荆留套的《送红花》（河南坠子）获三等奖。1981年9月，在文化部、中国曲艺家协会联办的全国曲艺优秀节目观摩演出中，胡运荣、王小岳演出的大调曲子《二嫂买锄》（丁辛秀创作）获演出、创作一等奖；宋爱华演唱的中篇坠子《山猫嘴说媒》（锦昌、冬梅、抒怀改编）获演出、创作二等奖。1986年9月，文化部、中国曲艺家协会共同举办全国曲艺新曲（书）目比赛。河南省选送曲（书）目《春妮进城》（河南坠子）获表演、音乐、伴奏二等奖；《打电话》（大调曲子）获表演、伴奏二等奖，创作、音乐三等奖；《王铁嘴卖针》（三弦书）获表演、创作、音乐三等奖；《辣嫂闹宴》（大调曲子）、《乡长盖房》（三弦书）获创作、表演、音乐、伴奏鼓励奖。1988年10月，河南省曲艺家协会与中国曲艺家协会、郑州华中音像公司联合举办"华中怀"全国首届河南坠子明星大奖赛。河南省宋爱华、吴宗俭、朱迎春、张平、胡润芝、刘惠芳、王巧真等获明星奖；杜萍、张志华、陈梅生、张凯、张建文、朱立忠、杨梅、刘桂枝等获优秀演员奖。1988年12月，与中国曲艺家协会曲艺杂志社、郑州啤酒厂联合举办全国首届"郑啤杯"故事大赛。河南代表队赵维莉表演的《省长省亲》获表演二等奖，张明全、杨山林分获表演、创作三等奖。1989年11月，与中国曲艺家协会、河南省戏剧研究所联合举办"第二届全国故事大赛"。河南省赵维莉演出的《嵩山泉》获金牌奖，杜萍演出的《奇遇的婚姻》获银牌奖。1990年3月，中国曲艺家协会在山西长治市举办"长治杯"全国曲艺（鼓曲唱曲部分）大赛。河南代表队的新编历史曲目河南坠子《张衡观天》获表演二等奖、创作二等奖、音乐设计伴奏二等奖；鼓调《滚油桶》获创作二等奖、表演三等奖。1992年4月，与中国曲艺家协会、河南电视台、宋河酒厂联合举办"宋河杯"全国曲艺小品邀请赛。河南省的小品《意思意思》（作者：庆遂增；表演：樊培德、霍林、葛艳丽）获二等奖。1992年5月，曲艺作品《春妞进城》（省曲艺团）、《张衡观天》（南阳地区群艺馆）获河南省人民政府颁发的河南省首届文学艺术优秀成果奖；曲艺演员王小岳获河南省首届文学艺术优秀成果青年鼓励奖。1993年11月，中国曲艺家协会、文化部、中央电视台主办的中国首届相声节。河南省张若愚、陈冠义创作表演的相声《厂长的烦恼》获"金玫瑰奖"。1994年11月，与中国曲艺家协会、南阳市文联联合举办"华澳杯"1994年全国曲艺小品大赛。河南代表队节目《称妈》获一等奖，《二能和三妮》获二等奖，《新官上任》《斗鸡》获三等奖，《老憨归队》获特别奖。1995年8月，李广宇创作、赵铮编曲、张志华演唱的河南坠子《汨罗悲歌》及兰建堂著《兰建堂曲艺作品选》获河南省第二届文学艺术优秀成果奖。1995年10月在第二届中国曲艺节上，河南省有13个节目获中国曲艺节"牡丹奖"。名单如下：

大调曲子《二嫂抓赌》	作　者：许应群	演　唱：胡运荣
大　　鼓《洞房情话》	作　者：赵　黎	表　演：唐甲申
河南坠子《酒店军魂》	作　者：许应群	演　唱：赵玉萍
河南坠子《高原英魂》	作　者：张建新	演　唱：贾　芳
河南坠子《清廉石》	作　者：张九来	演　唱：王小岳
河南坠子《说古道今唱中州》	作　者：李广宇	
	演　唱：陈梅生　陈　娜	
河南坠子《苏武牧羊》	作　者：张九来	演　唱：张志华
河南坠子《长歌琵琶行》	作　者：张元罩	演　唱：张　平

三 弦 书《红请帖》	作　者：兰建堂	
	演　唱：雷恩久　戴玉珍	
曲艺联唱《今晚就像过大年》	作　者：王玉敏　李广宇　张泰昌	
	演　唱：王小岳　张　平　徐洪波	
小　　品《住店》	作　者：曹　旭　表　演：魏芳贤　王卫星等	
少儿相声《邪路》	作　者：沙玉民　表　演：毛　毛　沙　沙	
相　　声《戏迷学戏》	合作表演：范　军　于根艺	

1996年4月，文化部主办"孔繁森演唱大赛"。河南省张平获二等奖。1996年8月，张九来创作的数来宝《哥俩好》、小品《盖楼》获中国人民解放军总政治部、文化部首届全军"战士文艺奖"。1996年9月，中国曲艺家协会主办"1996年'广寒宫杯'全国快书、快板书电视表演大赛"，汪豫生表演的山东快书《姑娘的心愿》获二等奖。1996年10月，中国曲艺家协会在大连举办"西岗杯"全国相声邀请赛。王新国创作的《脱不掉的上衣》获三等奖。1997年11月，在文化部主办的全国相声比赛上，范军、于根义表演的《戏迷学戏》获"金狮表演奖"，节目二等奖。1997年11月，许五零、李广宇创作的快板书《学习孔繁森》获中国曲艺家协会主办的"中国曲艺牡丹奖·快板书大赛"节目三等奖，许五零、崔文化获表演三等奖。1997年，兰建堂、范军被中国曲艺家协会评为中青年德艺双馨文艺家；河南省曲艺家协会被评为全国先进集体，获中国曲艺家协会表彰。1998年7月，张九来创作的小品《招聘》获文化部主办的全国小品大赛金狮奖。1998年10月，在中国曲艺家协会主办的全国首届曲艺牡丹奖相声大赛中，张若愚、陈冠义创作并表演的《招财进宝》获得创作奖和表演奖。1999年3月，张九来创作的相声《游子吟》获中国人民武装警察政治部颁发的第三届"武警文艺奖"。2000年4月，在中国曲艺家协会主办的中国曲艺"牡丹奖"鼓曲唱曲大赛上，王小岳演唱的河洛大鼓《黄河鲤鱼跳龙门》获表演"金牡丹奖"；张志华演唱的河南坠子《汨罗悲歌》获表演"银牡丹奖"；《汨罗悲歌》作者李广宇获创作铜奖。

杂技创作成果　　1982年10月，首届中南5省（区）杂技观摩演出在长沙举行。河南省郑州市杂技团尤东升的《软钢丝》获一等奖，郑州市杂技团孔红文的《椅子顶》、孔祥红的《顶缸》、朱惠玲与濮阳市杂技团许富花的《轻蹬技》等获二等奖。1984年8月，由文化部主办的第一届全国杂技比赛在兰州举行。郑州市杂技团孔红文的《椅子顶》一举夺得唯一一项金奖，尤东升的《软钢丝》夺得银奖，夏邑县创新杂技团王莉、王萍、洪桂兰的《顶碗》获铜奖。1985年12月，郑州市杂技团孔红文的《椅子顶》在第十一届蒙特卡洛国际马戏节夺得"银小丑"奖。1986年6月，河南省第一届杂技比赛在郑州隆重举行，来自全省的杂技健儿参加角逐，共评出一等奖2个、二等奖4个、三等奖7个，音乐、道具、服装等单项奖9个。1986年10月，第二届全国杂技比赛中南区预选赛在郑州举行。来自5省（区）的7个代表队的61个节目参赛，评出一等奖 4 个、二等奖 8 个、三等奖 22 个。1987 年 4 月，由文化部主办的第二届全国杂技比赛在上海隆重举行。共评出杂技部分"金狮奖"3 人、"银狮奖"10 人、"铜狮奖"20 人、魔术部分"金狮奖""银狮奖""铜狮奖"各 1 人，马戏部分"金狮奖""银狮奖""铜狮奖"各 1 人，单项奖 6 人，特别奖 18 人。濮阳杂技团的《双层晃板》获"铜狮奖"和日本杂技研究会特别奖。漯河市杂技团的《三人钻筒》获安徽省杂技家协会特别奖。1988 年 1 月 28 日，第十一届法国世界"明日与未来"杂技节上，漯河市杂技团的《三人钻筒》和濮阳市杂技团的《双层晃板》分别获得金奖和银奖。1988 年 11 月 22~26 日，由文化部主办，湖南省文化厅承办的全国杂技"新苗杯"比赛在长沙隆重举行。来自全国各地的 23 个代表团，140 名选手表演的 42 个节目分 3 台晚会进行比赛。评出金奖 15 人，银奖 27 人。濮阳市杂技团的《大球扛竿》、郑州市杂技团的《空中体操》、漯河市杂技团《三人车技》均获银奖。1989 年 2 月 6 日，第十四届蒙特卡洛国际马戏节在摩纳哥举行。郑州市杂技团孔祥红的《顶缸》获"让·鲁伊斯·玛尔桑"特别奖。1990 年 10 月 1~2 日，由河南省文化厅主办、省杂技家协会协办的"河南省第二届杂技比赛"在郑州举行。通过两天的激烈角逐，评出金奖 2 人、银奖 4 人、铜奖 6 人，百花奖 15 人，单项奖 12 人，特别奖 3 人。1990 年 11 月，中南 5 省（区）杂技比赛在广州举行。郑州市杂技团的《顶碗》，开封市杂技团的《顶板凳》《扛排椅》《驯猴》，驻马店市杂技团的《双人牌技》《晃板顶技》参赛，分别获二等奖和三等奖。1991 年 5 月，由文化部主办的第三届全国杂技比赛在武汉举行，濮阳市杂技团的《软钢丝》获"铜狮奖"，《晃梯》获演出奖。1992 年 4 月 9 日，首届河南省文学艺术成果颁奖大会在人民大会堂举行。郑州市杂技团孔红文的《椅子顶》和濮阳市杂技团王凤阁等表演的《双层晃板》获河南省文学艺术成果奖。1993 年 9 月 2~7 日，第二届全国杂技"新苗杯"比赛在遵义举行。濮阳市杂技团的《扛竿》《手技》《双层晃板》《三人钻筒》，开封市杂技团的《双人软功》，郑州市杂技团的《晃板弹碗》6 个节目均获铜奖。1994 年 10 月 12~14 日，河南省第三届杂技比赛在郑州举行。来自全省各专业杂技团和两个青年杂技团的 25 个节目，200 多名演员参加比赛。经过 3 天紧张激烈地角逐，共评出金奖 4 个、银奖 4 个、铜奖 7 个，演出奖 10 个，单项奖 24 个，组织工作奖 4 个。1995 年 5 月 16~18 日，第四届全国杂技比赛中南区预选赛在广州举行。由省团、郑州团、漯河团组成的"河南代表队"的 5 个节目参加角逐并全部获奖。其中省杂技团的《狮子舞》、郑州市杂技团的《三人蹬技》获一等奖，漯河市杂技团的《星空技游》获二等奖。1995 年 9 月 16~23 日，由文化部主办的第四届全国杂技比赛在沈阳举行，河南省杂技团的《狮子舞》获"银狮奖"。1996 年 12 月 15~24 日，由河南省文化厅主办的"河南省首届少儿杂技比赛"在郑州举行。来自全省的 8 个专业杂技团和 1 所杂技学校的 29 个节目参赛。郑州市杂技团的《集体车技》，省杂技团、濮阳杂技学校的《集体钻筒》等 9 个节目获金奖；开封市杂技团的《双顶碗》等 11 个节目获银奖；驻马店市杂技团的《晃梯》等 9 个节目获铜奖。另有各类单项奖 34 个、创新奖 5 个。1997 年 11 月，郑州市杂技团的《少女集体飞车》（20 人）在第六届中国吴桥国际杂技艺术节获"金狮奖"第一名。1998 年 9 月，由文化部主办的第三届全国青少年杂技大赛在遵义举行，来自全国 26 个省、自治区、直辖市和解放军的 37 个杂技团的 60 多个节目参加角逐，郑州市杂技团的《彩绳飞帽》和濮阳杂技学校的《集体钻筒》分别获"金狮奖"和"银狮奖"。1999 年 12 月，由河南省文化厅主办、省杂技家协会参与的"河南省第四届杂技比赛"在郑州举行。来自全省的专业、民间以及杂技学校的 8 个单位的 29 个节目，经过两天的激烈角逐，评出金奖 10 个、银奖 10 个、铜奖 9 个。同时还评出编导奖、教练奖、音乐奖和组织工作奖。2000 年 4 月，第五届全国杂技比赛中南区预选赛在濮阳市举行，河南省杂技家协会积极配合濮阳、开封、漯河及濮阳杂技学校的 3 团 1 校的 14 个节目参赛，在与中南各省、广州战士杂技团、武汉杂技团等全国一流大团的激烈竞争中，省杂技团的《中原雄狮》、濮阳杂技学校的《蹬转》获金奖。这两个节目有资格参加 2000 年 10 月在大连举行的第五届全国杂技比赛。2000 年 10 月，河南省杂技团和濮阳杂技学校在"金狮奖"第五届全国杂技比赛和第四届中国武汉国际杂技节获得了 2 金 1 银的优异成绩。河南省杂技团的《狮林春光》分别获得第五届全国杂技比赛"金狮奖"和第四届武汉国际杂技节"黄鹤杯"金奖。濮阳杂技学校的《蹬转》获第五届全国杂技比赛"银狮奖"。2000 年 10 月，经河南省杂技家协会推荐，河南青年杂技团应邀参加"意大利 2000 年国际少儿杂技艺术节"比赛，其中《少林童子功》荣获首场演出第一名——"最佳儿童表演奖"，《柔术》《草帽》获"儿童表演奖"。

杂技理论获奖情况如下。马紫晨：《杂技的地位》（获 1987 年首届"七省杂技理论研讨会"一等奖）；马紫晨：《古杂技音乐史考论》（获 1990 年"十省杂技理论研讨会"一等奖）；张建生、常伟光：《突出中原特色繁荣杂技艺术》（1990 年被收入贵州省杂技家协会《杂技艺术论》一书）；韩茅：《杂技导演刍议》（获 1987 年首届"七省杂技理论研讨会"二等奖）；曹学春：《试论杂技的表演》（获 1990 年第四届"九省杂技理论研讨会"特别奖，1990 年被收录贵州省杂技家协会《杂技艺术论》一书）；铁俊民：《论杂技舞台美术》（获 1991 年首届"七省杂技理论研讨会"一等奖）；王瑞人：《关于杂技创新问题的探讨》（获河南省杂技理论研讨会一等奖，1990 年被收录贵州省杂技家协会《杂技艺术论》一书）；李俊：《滑稽初探》（获 1987 年首届"七省杂技理论研讨会"一等奖）；李俊：《试析当代魔术的审美价值》（1990 年被收录贵州省杂技家协会《杂技艺术论》一书）；潘安忠：《晃板顶技（六合同春）的创新与编导》（获 1992 年全国第一届杂技理论三等奖）；周学群：《杂技是一种文化——对杂技编导的思考》（获 1993 年全国第二届杂技理论三等奖）；师长生：《杂技娱乐功能谈片》（获 1994 年全国第三届杂技理论三等奖）；

安之语：《论杂技音乐的自由度》（获1995年全国第四届杂技理论二等奖）；原国升：《试论杂技精品节目的特征》（获1996年全国第五届杂技理论三等奖）；韩茅：《试论杂技的"离异"》（获1996年全国第五届杂技理论三等奖）；原国升：《培养跨世纪优秀表演人才，繁荣社会主义文艺》（获1997年全国杂技理论二等奖）；原国升：《关于开拓占领杂技演出市场的思考》（获1998年中国杂技"金菊奖"第一届理论作品二等奖）；关益超：《在市场竞争中求生存、求发展》（获1998年中国杂技"金菊奖"第一届理论作品评奖三等奖）；赵华、张建生：《对杂技市场的一些思考》（获1998年中国杂技"金菊奖"第一届理论作品特别奖）；李革命：《发挥魔术优势，发展农村经济》（获2000年中国杂技"金菊奖"第二届理论作品特别奖）。

音乐创作成果 省音乐创作在以"五个一工程"歌曲创作为龙头，举办各类音乐作品评奖60余项（次），全省音乐工作者创作了各种题材、体裁的作品上万余首（部），其中，千余首（部）获省级奖，百余首（部）获全国奖。

器乐曲创作方面：河南省青年作曲家创作的交响乐作品已进入北京的舞台，由国家交响乐团演奏并演出，汇集当今中国知名作曲家代表作品的系列唱片——《河南省青年作曲家专辑》已在北京首家面世，音乐创作上了一个新的台阶。

音乐理论：请全国专家讲学，举办各种研讨会50余次、3000多人次参加活动，近30余人次在全国性音乐刊物会议发表论文及理论文章，有的获全国奖。

音乐表演：以"黄河之滨"音乐周为龙头，开展全省音乐活动。20余年来，音乐家协会单独或与其他文化主管部门联合举办各类大、中、小型音乐会，声器、乐大赛百余场（台），推出有才华的演唱（奏）人才上百名，有的已成为全国观众喜爱的歌手。由音乐家协会创办的"黄河之滨"音乐会不仅在河南省有着广泛而深入的影响，在黄河流域乃至全国也有一定影响。

舞蹈创作成果 1983~1987年，孙玳璋（特邀）、王少堂、蒋其豪创作的大型组舞《汉风》历时四年，四易其稿，应文化部邀请赴京做了汇报演出，获文化部颁发的优秀剧目奖。1987年参加中国第一届艺术节（中南），获"钢花杯"奖。1986年文化部主办的"独、双、三"民间舞蹈大赛，河南省《花轿到门前》（赵兰、谢爱民）、《花挑》（杨志瑞）获三等奖。1989年文化部主办的第二届艺术节上，《花香蝶舞》（周学群、孙秀英）、《山乡渔歌》（李群力、段海英）、《草辫情》（张晓津）3个节目获"优胜奖"（最高奖），并在大赛上引起较大反响，一定程度上代表了中国群文界的舞蹈创作水平。1992年全国首届舞蹈大赛上，河南省有《小猫钓鱼》（刘秀芝）、《替父出征》（冯世勋）、《打枣》（王桂林）、《恋光曲》（徐皓）、《鼓舞》（伍日新）、《霸王别姬》（王少堂）等作品参赛，诸葛英英获"表演鼓励奖"，冯世勋获"创作鼓励奖"，他的另一部作品《夯歌》获全国第三届舞蹈大赛创作奖。1993年全国企业舞蹈比赛上，《煤海星光》（平煤集团）获金奖。1995年，盛力的《中州花似锦》获河南省第二届"文学艺术成果奖"。冯世勋的《夯歌》获全国第三届舞蹈大赛创作奖。周学群、崔洪斌的回族舞蹈《串铃》在第五届全国少数民族运动会上获银奖,《人民日报》以《舞蹈,民族间的桥——看河南姑娘表演串铃的联想》做了专题报道。省舞协组织获嘉县盘鼓队参加中国泉州广场艺术节获一等奖。蒋其豪、张长江、赵兰共同创作第四届国际少林武术节开幕式大型晚会《中原风》获河南省第二届"十大文艺成果奖"。1996年,省国标舞选手尤谊、张雁参加由中国、澳大利亚、日本、俄罗斯等10多个国家参加的"第三届新加坡国际体育舞蹈超级明星锦标赛",获摩登舞甲组第一名。同年7月,李红跃、何琳参加在青岛举办的"全国首届'江南大厦杯'体育舞蹈大赛",获摩登舞甲组第一名,又获得在日本举办的"'三笠公道杯'国际国标舞大赛"冠军及"'亚洲杯'国标舞大赛"第三名。1997年,文化部"桃李杯"大赛,省艺校学生李小凤获古典舞评委提名奖及优秀表演奖。1998年,盛力的《天香》获中国舞蹈家协会主办的首届"荷花奖"特别奖。省舞蹈家协会同时获优秀组织奖。同年,《天香》获省"十大优秀文艺成果奖"。

王天虹、姬广兰、刘震深入基层,潜心挖掘和编排的《开封盘鼓》,曾连续5年获沈阳国际秧歌节金奖,得到了舞蹈界专家高度赞扬,在全国引起巨大反响。1996年,"开封盘鼓"团随河南省文化访问团赴日本演出,1999年又夺得中华鼓王大赛金奖,并赴香港参加香港回归祖国的庆典仪式。在中华人民共和国成立50周年大庆活动中,"开封盘鼓"团作为特邀代表,在中心会场——天安门前精湛的表演,为河南争得了荣誉。周学群、崔洪斌、周荃根据周口的《铜锣舞》改编的《中原锣龙》在1999年全国中华舞龙大赛上获3项金奖("山花奖"、演出金奖、编导金奖),并赴澳门参加澳门回归祖国的庆典仪式。2000年,《我爱足球》(曹尔瑞)、《蜜蜂飞舞》(曹尔瑞、李永明)获文化部主办的首届"小荷风采"少儿舞蹈大赛金奖。在全国第十届"群星奖"舞蹈大赛中,《少林扇》(宋玉英、武斌)、《愚公魂》(济源市艺校)均获金奖,《锣龙》(周学群)、《杨门巾帼》(张春河)、《闹丰年》(赵兰、李永明)、《扇韵》(李巧玲)、《锣鼓闹秧》(李群力、丁嘉宝)分别获银奖。

电影电视创作成果 《唢呐情话》于1980年获首届"飞天奖"二等奖,编剧:李澈、朱祖根、王明堂;导演:路振隆;由河南电视台拍摄。《周总理的一天》1983年获第三届"飞天"金像奖单本剧一等奖,获第一届大众电视金鹰奖优秀单剧本奖,由河南电视台拍摄。《包公》1985年获第六届"飞天奖"三等奖。编剧:亢君;导演:顾琴芳;由河南电视台拍摄。《状元与乞丐》1985年获第一届全国戏曲电视剧奖单本戏曲电视艺术片提名奖,由河南电视台拍摄。《冤家》获1986年年度"飞天奖"三等奖,编剧:李澈;导演:芦苇;由河南电视台拍摄。《倒霉大叔的婚事》获广播电影电视部1986~1987年年度优秀影片奖。编剧:齐飞;导演:路振隆;由河南电影制片厂、中央新闻纪录电影制片厂拍摄。"春节晚会"1987年获全国电视文艺"星光奖"三等奖。由河南电视台拍摄的《山情》1987年获第二届全国戏曲电视剧单本戏曲电视剧一等奖，由郑州电视台、河南戏曲学校拍摄。《汉风》1988年获全国电视文艺"星光奖"三等奖，由河南电视台拍摄。《豆腐李招亲》1988年获第三届全国戏曲电视剧单本戏曲电视剧三等奖，由河南电视台拍摄。《月是故乡明》获1989年年度第十届"飞天奖"三等奖，编剧：李澈；导演：顾琴芳；由河南电视台拍摄。《糊涂盆砸锅》1989年荣获第四届全国戏曲电视剧单本戏曲电视剧一等奖，由河南电视台拍摄。《豫剧三玲》1989年获全国电视文艺"星光奖"三等奖，由河南电视台拍摄。《孤男寡女》1990年获第五届全国戏曲电视剧单本戏曲电视剧一等奖，由河南电视台拍摄。《皂角坪往事》1990年获第五届全国戏曲电视剧单本戏曲电视剧二等奖，齐飞获优秀编剧奖，由河南电视台、许昌电视台拍摄。《焦裕禄》1991年获中央宣传部"五个一工程奖"、优秀电视剧奖、第十一届优秀电视剧"飞天奖"一等奖，编剧：杜政远、屈春山、王亚、刘俊生；导演：康征；由河南电视台拍摄。《福星照万家》1991年获第六届全国戏曲电视剧单本戏曲电视剧三等奖，由河南电视台拍摄。《人生天地间》1992年获河南"大河奖"二等奖、中南6省"金帆奖"二等奖、河南"五个一工程奖"优秀导演奖，编剧：孙保家；导演：康征；由河南电视台拍摄。《山里的媳妇》1992年获第七届全国戏曲电视剧三等奖，由河南电视台拍摄。《常香玉》1992年获中央宣传部"五个一工程奖"，编剧：张乡仆；导演：顾琴芳；由河南电视台拍摄。《戏迷倪戏》1992年获全国电视文艺"星光奖"二等奖，由河南电视台拍摄。《99只小白鸽》1993年获中央宣传部"五个一工程奖"及"飞天奖"三等奖，由濮阳电视台拍摄。《综艺大观》1993年获全国电视文艺"星光奖"三等奖，由河南电视台综艺节目、中央电视台拍摄。《颍河故事》1993年获中央宣传部"五个一工程奖"及"飞天奖"二等奖、中央电视台首播奖，编剧：李佩甫；导演：都晓；由河南电视台拍摄。《黑槐树》1993年获第十三届"飞天奖"二等奖、全国计生系统首届电视剧金爵奖，编剧：马其德；文学统筹：张宇；导演：陈胜利；由河南电影制片厂中央电视台等拍摄。《橘子红了》1993年获第八届全国戏曲电视剧奖单戏曲电视剧三等奖，由河南电视台拍摄。《乡里故事》1994年获第十五届"飞天奖"三等奖、中央宣传部"五个一工程奖"、中央电视台首播奖，编剧：阎连科；导演：都晓；由河南电视台、中央电视台拍摄。《呼唤》1994年获第九届全国戏曲电视剧奖单戏曲电视剧二等奖，由河南电影制片厂拍摄。《乡党委书记》1996年获第十七届"飞天奖"三等奖，编剧：李发启，导演：张惠民；由郑州电视台拍摄。《黑娃的婚事》1996年获第十一届全国戏曲电视剧奖多戏曲电视剧二等奖，由省委宣传部、省电影制片厂拍摄。《月涌大江流》1996年获全国文艺"星光奖"一等奖由，由河南电视台拍摄。《戏迷的乐园》1996年获全国文艺"星光奖"一等奖，由河南电视台拍摄。《光荣的土地》1996年获全国文艺"星光奖"三等奖，由河南电视台拍摄。《九州戏苑》1996年获全国文艺"星光奖"三等奖，由河南电视台拍摄。《观戏潮》1996年获全国优秀栏目奖，由河南电视台拍摄。《校园先锋》1997年获第十七届"飞天奖"一等奖、中央宣传部"五个一工程奖"，编剧：李自人；导演：李自人；由河南电影制片厂拍摄。《获奖之后》1997年获全国电视文艺"星光奖"二等奖，由河南电视台拍摄。《咱们的大中原》1997年获全国电视文艺"星光奖"二等奖，由河南电视台拍摄。《市井人生》1997年获第十五届"金鹰奖"戏曲电视剧二等奖、最佳编剧奖，由河南电影制片厂、河南电视台拍摄。《起诉在东京》1997年获中国电视"金鹰奖"最佳短篇戏剧电视剧奖，由河南电视台拍摄。《农民放映员姜源勇》1997年获全国电视文艺"星光奖"三等奖，由河南电视台拍摄。《艺术空间》1997年获全国电视文艺优秀栏目奖，由河南电视台拍摄。《黄河岸边澄泥人》1998年获全国电视文艺"星光奖"二等奖，由河南电视台拍摄。《难忘岁月——红旗渠的故事》1998年获第十六届"飞天奖"一等奖、第十六届电视"金鹰奖"特别奖，编剧：李佩甫；导演：都晓；由河南电视台，中央电视台，省委宣传部，林州市委、市政府拍摄。《挺立潮头》1998年获1997年年度中国电影"华表奖"评委会奖，编剧：李佩甫；导演：霍俊杰；由河南电影制片厂、中央电视台影视部拍摄。《小小芝麻官》1998年获全国电视文艺"星光奖"三等奖，由河南电视台拍摄。"庆祝建军70周年文艺晚会"1998年获全国电视文艺"星光奖"三等奖，由河南电视台拍摄。"1998春节戏曲晚会"1998年荣获全国电视文艺"星光奖"三等奖，由河南电视台拍摄。《收姜维》1998年获全国电视文艺"星光奖"二等奖，由河南电视台拍摄。《幕后的故事》1998年获全国电视文艺"星光奖"二等奖，由河南电视台拍摄。"冀鲁豫庆祝澳门回归晚会"1998年获全国电视文艺"星光奖"二等奖，由河南电视台拍摄。《中国军医和英国战俘》1999年获第十七届中国电视"金鹰奖"优秀短篇电视纪录片奖，由河南电视台拍摄。《本色》1999年获第十七届中国电视"金鹰奖"优秀短篇电视纪录片奖，由河南电视台拍摄。《梨园风光好》春节晚会2000年获第十八届电视"金鹰奖"电视文艺优秀奖，由河南电视台等11省市拍摄。

美术创作成果　　1980年"全国第二届青年美展"上，杨宗军的油画《未被污染的水》获二等奖，米希广国画《大地飘香》获三等奖。1981年"全国电影宣传画展"上，禹化兴宣传画《华丽的家族》获二等奖。1981年"全国第二届连环画评奖"，吴懋祥连环画《人欢马叫》获二等奖。1984年"第六届全国美展"上，王宏剑油画《奠基者》、曹新林油画《粉笔生涯》获银奖，谢冰毅国画《黄河之秋》获铜奖。1984年"全国第三届年画评奖"，董鸣年画《泥咕咕》获二等奖。1985年"前进中的中国青年美展"上，段建伟油画《师徒》获三等奖。1986年"全国第三届连环画评奖"，李新华连环画《剑》获三等奖。1988年"全国第四届年画评奖"，王克印年画《春秋配》获二等奖。1989年"全国第七届美展"上，卢波雕塑《好喜欢》获银奖，李伯安国画《日光崆上》，段正渠油画《红崖屹岔山曲曲》，丁昆、毛本华油画《沙风》，张灿星宣传画《你想过子孙将来的婚姻吗》获铜奖。1990年"全国第十届版画展"上，肖宏德版画《老车》获铜奖。1991年"庆祝中国共产党成立70周年全国美展"上，沈俐雕塑《乡情》获银奖。1991年"中国的四季美展"（中日合办）上，王敬贤水彩画《秋盈门》获银奖，韩学中国画《春韵》、郭自修国画《水乡春晓探花魂》获铜奖。1992年"河南省文艺成果评奖"，王宏剑油画《奠基者》、曹新林油画《粉笔生涯》获成果奖。1992年"纪念延安文艺座谈会'五月的风'全国美展"上，左国顺油画《工区雨季》获金奖。1993年"香港澳门特区区旗区徽设计大赛"上，肖红"港澳区旗区徽设计"获二等奖。1994年"全国第八届美展"（仅评1种奖），王宏剑油画《冬之祭》，李明国画《太行浩气》，王颖生国画《苦咖啡》，李建忠油画《干果》获奖。1995年"纪念世界反法西斯胜利50周年国际美展"上，方照华油画《难忘的歌》获金奖，李小然版画《罗申特尔》获铜奖。1996年"孙中山与华侨国际美术展"上，韩学中国画《以医救人》获铜奖。1996年"全国首届水彩画艺术展"上，王敬贤水彩画《看戏》获铜奖。1997年"全国第四届水彩水粉画展"，马明松水彩画《等着》获铜奖。1997年"全国中国画坛百杰展览"（仅设1种奖），马国强国画《凉山霜晨》、李明国画《长龙卧雪》、韩学中国画《北方少女》、刘德功国画《荷》获百杰奖。1998年"'中享杯'全国书画大展"上，沈克明国画《山村节日》获金奖，李抱一国画《信天游》获银奖，李云亭国画《浩荡长春》、师行坤国画《林间》、刘德功国画《荷》获铜奖。1999年"跨世纪暨迎国庆50周年全国山水画展"上，桂行创国画《积翠重苍》获金奖，师行坤国画《黄河在这里拐了道弯》获铜奖。1999年"全国第九届美术展览"，王宏剑油画《阳关三叠》获金奖，段正渠油画《七月黄河》、陈文利国画《一年好景》、李大鹏雕塑《克隆羊》获铜奖。1999年"全国中国画三百家作品展"上，刘德功国画《荷魂》获金奖，刘菊亭国画《芳草地》、沈克明国画《堤》、张宝松国画《青青草》、邢玉强国画《鸭嘴村的一天》获银奖，郝大欣国画《多梦年华》、雷鸣东国画《神怡心旷听清声》、桂行创国画《苍翠豫南》、李抱一国画《夕阳山外山》获铜奖。2000年"全国中国画展"上，师行坤国画《曾在这里度中秋》获银奖，杨健生国画《山妹子》获铜奖。2000年"新世纪全国中国画大展"上，王伟国画《盛夏馥香》获银奖，刘德功国画《荷魂》、朱法鹏国画《鹤》、李志向国画《花鸟》获铜奖。

书法创作成果　1979年9月，上海书法杂志社举办"全国群众书法征稿评比"，河南省作者王澄获一等奖，这是粉碎江青反革命集团之后全国举办的首次大型书法评选动活动。1989年8月，在"全国第四届书法篆刻展"上首设奖项，河南王宝贵获一等奖，李刚田、刘顺、赵振乾、李建业获二等奖，吴行、尚仁义、刘森堂、高崇明获三等奖。1990年，中国书法家协会主办的全国第三届中青年书法家作品展，河南获奖3人：查仲林、张富君、席黎生。1992年6月，"全国第五届书法篆刻展"

改为奖项不分等级，统称国家奖，河南获奖8人：张海、查仲林、云平、许雄志、栾小宝、苏茂智、张继、焦智勤。1992年8月，河南省首届文学艺术优秀成果奖颁奖，其中书法艺术获奖的有：李刚田《篆刻作品集》、周俊杰《书法作品集》、王宝贵《隶书联》。许雄志获青年鼓励奖。1992年，全国第四届中青年书法家作品展，河南获奖5人：刘绍典、刘森堂、薛玉印、张富华、张富君。1993年，中国书法家协会主办的第四届全国书学讨论会，西中文获三等奖。1993年，全国第五届中青年书法家作品展，河南获奖2人：范斌、吴行。1995年，全国第六届书法篆刻展，河南获奖6人：赵鉴钺、栾小宝、耿自礼、米闹、张生赋、刘顺。1995年，全国第六届中青年书法家作品展，河南获奖6人，其中二等奖1人：范斌；三等奖5人：吴行、薛党军、张文平、刘绍典、张永刚。1997年，全国第七届中青年书法家作品展，河南获奖9人，其中二等奖1人：张韬；三等奖1人：张文平；提名奖7人：云平、刘宝光、刘绍典、刘颜涛、张宏伟、徐学萍、谢小毛。1997年12月，中国文联评选首届德艺双馨艺术家，省书法艺术家查仲林获此殊荣。1998年，全国隶书学术研讨会，河南获奖5人（4篇）：其中一等奖李学文、林奎成（合），二等奖李义兴，三等奖曾广、宗志远。1999年，全国第七届书法篆刻展，河南获奖9人：张富华、刘绍典、刘宝光、米闹、王忠勇、王育红、张景强、张存民、葛原。2000年，全国第八届中青年书法家作品展，河南获三等奖3人：王忠勇、贾长城、杨东日。同年11月，中国书法家协会评选首届德艺双馨艺术家，河南省4人：米闹、张文平、宗致远、张鹤岭。

摄影创作成果　　1979年，第三届全国人像摄影艺术展览，程远东的《伟伟》获二等奖。1984年，第十三届全国摄影展览，詹耀福的《瞧闺女》获银牌奖，并载入《1984~1985中国摄影年鉴》及《中国摄影家作品精华》，赵卫民的《绿色屏障》、李勇的《柿编》、刘宏的《牧歌》获全国摄影艺术展铜牌奖。1985年，郭影的《神兵天降》获第四届国际摄影艺术展览铜牌奖。1986年，于海波的《远古的梦》获国际和平年青年摄影大奖赛金牌奖。武强的《采煤大卫》获第二届尼康摄影大赛黑白组冠军奖。冯卫光的《乡村小学》获第十四届全国摄影大赛铜牌奖。高陆甲的《火红的十月》获第五届国际摄影艺术展览铜牌奖。方健的《期待》获第五届国际影展铜牌奖。1987年，汪昌和的《乐在其中》获第二届全国黑白摄影艺术展览一等奖。1988年，武强的《掘进班》获第十五届全国摄影艺术展览工业题材奖。刘鲁豫的《饭馆》获第二届上海国际摄影艺术展览铜牌奖。汪昌和的《逆风行》获第十五届全国摄影艺术展览金牌奖。1989年，河南摄影家协会秘书长吴明耀获全国摄影组织工作"金烛奖"。1990年，汪昌和的《丰收的喜悦》获第十六届全国摄影艺术展览银牌奖。孙国均的《高原牧歌》获第十六届全国摄影艺术展览铜牌奖。高均海的《汉语热》获第十六届全国摄影艺术展览铜牌奖。1991年，张国通的组照《光明的使者》在文化部和中国摄影家协会联合主办的全国摄影大赛中获金牌奖。延百亮的《有福同享》获联合国教科文组织"人与动物"专题比赛主席奖。1992年，高均海的《黄河恋》在文化部举办的全国影展中获二等奖。赵耀东的《车祸遗爱》在中国摄协主办的全国"生活与健康"摄影大赛中获二等奖。姜健的《沉默的眼睛》获全国摄影年赛总冠军。新乡市摄影家协会主席牛子祥、周口市摄影家协会主席葛庆亚获第二届全国摄影组织工作"金烛奖"。1993年，高均海的《时代潮》在文化部举办的中国摄影艺术展中获金牌奖。钟卫用的《和平的生活》在中国摄影家协会举办的尼康杯摄影大赛中获黑白组二等奖。丁爱民的《喜迎门》在文化部主办的全国农村摄影大奖赛中获二等奖。1994年，于德水的《民工潮》获中国新闻摄影大奖赛金牌奖。赵劲峰的《中华儿女》获第三届全国人像摄影大奖赛金牌奖。1995年，于德水的《当年知青回家来》获中国新闻摄影大奖赛金牌奖。于德水的组照《中原父老》在全国摄影艺术节期间获摄影创作提名奖。1996年，于德水获第三届中国摄影艺术"金像奖"提名奖。高均海的《启动》获全国第三届摄影艺术节精品展三等奖。1998年，高均海、赵丹波、延百亮被评为中国摄协"德艺双馨"优秀会员。王振松的《乐在其中》在联合国教科文组织举办的"人与自然"摄影大赛中获特别奖。1999年，武强获全国摄影"金像奖"提名奖。高鸿勋的《冬日里》获第十九届全国摄影艺术展览铜牌奖。王雪峰的《怀抱》获第十九届全国摄影艺术展览铜牌奖。孙国均的《耕耘》获文化部举办的第八届全国摄影艺术展群星奖。2000年，在第二届国际民俗摄影大赛评选中，高鸿勋的《祝寿》获一等奖、冯立军的《农家饭场》获二等奖、王彤的《露宿》获三等奖。刘鲁豫在中国文联组织的艺术家万里采风创作活动中，获"采风成果奖"，在北京人民大会堂接受了颁奖。

民间文艺成果　　1982年11月5~11日，中国民间文艺研究会河南分会与河南省文化厅联合举办"全省故事会讲大会"，18名故事员获"优秀故事员"称号。1983年10月18~11月7日，中国民间文艺研究会在北京举办"首届全国民间文学作品（1979~1982）评奖授奖大会"。河南省曹家振、彭化厚、李海华搜集整理的民间传统灶书《郭丁香》，顾丰年搜集整理的《三门峡民间故事》获二等奖。1988年6月，组团参加在北戴河举办的"'北戴河杯'全国新故事大奖赛"，中国民间文艺家协会河南分会获组织工作奖。1989年11月22~24日，在郑州召开《中国民间文学集成·河南卷》编委会会议，全省72部民文集成县卷本获"中国民间文学集成·河南卷优秀成果奖"。1991年6月27日~7月2日，"全国文艺集成志书规划工作会议"在北京举行，河南省民间文学集成办公室被文化部评为全国先进集体，111人获文化部颁发的民间文学集成先进工作者称号。9月，省民间文学集成办公室组建"河南省民间文学集成评奖委员会"，全省第二批81部市县卷本获"中国民间文学集成河南卷优秀成果奖"。1993年4月，在开封大相国寺举办"河南省首届民间工艺博览会"，大型根雕《鹰》、汴绣《虢国夫人游春图》、风筝《二龙戏珠》等66件作品分别获得金奖、银奖和优秀作品奖。1993年5月，第三批40部市县民文集成卷本获"中国民间文学集成河南卷优秀成果奖"。1994年5月，第三批40部市县民文集成卷本获"中国民间文学集成河南卷优秀成果奖"。同年10月，省民间文艺家协会编纂的《河南民间故事集》获省政府"河南省首届文学艺术优秀成果奖"。同年12月，民间故事集《毛泽东的传说》《开封的传说》《黄河的传说》等53部作品获第一、第二届"中国北方民间文学奖"。《少林寺的故事》《尧王访贤》《老子的传说》等96部故事集获"1984~1994年河南省民间文学优秀成果奖"。论文《新故事叙述角度的艺术选择》获"中国北方民间文学奖"。民俗专著《多彩的河南》获省"五个一工程奖"和"冰心图书奖"。1995年6月，组织推荐优秀民间艺术家参加"中国民间工艺美术家评选"活动。全省62名艺术家获联合国教科文组织和中国民间文艺家协会共同颁发的"中国民间工艺美术家"荣誉证书。杜绪昌、陈连忠、阎天民等获联合国教科文组织、中国民间文艺家协会颁发的组织奖。1996年12月，参与"第二届中国民间艺术录像片汇映评奖"活动，录制《中原民俗风情系列片》送展，其中《开封斗鸡》《豫西南道教圣地——东顶》获优秀奖。省民间文艺家协会获组织奖。1997年11月，河南省民间文学集成办公室被文化部授予"中国民间文学集成组织工作集体奖"。《中国歌谣集成·河南卷》编辑部被文化部授予"文艺集成志书编纂成果集体奖"。1998年8月，组织工艺美术家参加"首届中国国际民间艺术博览会"，全省20个厂家、37位民间艺术家参展，获10项金奖、12项银奖。河南省民间文艺家协会获优秀组织工作奖。1999年9月4日，阎夫立、陈江风、程健君被中国民间文艺家协会授予"中国民间文艺家协会德艺双馨优秀中青年会员"称号。同年9月，省民间文艺家协会与中国民间文艺家协会、郑州市文联联合在郑州举办"全国民间工艺美术书法大展"，河南省12名民间工艺美术家被中国民间文艺家协会命名为"中国民间工艺美术大师"。同年10月26~29日，由中国民间文艺家协会、河南省文联、登封市委和市政府联合主办，河南省民间文艺家协会、郑州市文联承办的"中国五岳文化系列研讨会——嵩山文化研讨会"在登封召开，36篇论文获"优秀论文奖"。河南省民间文艺家协会获中国民间文艺家协会颁发的优秀组织工作奖。同年12月19~22日，河南省民间文艺家协会组织8支优秀舞龙代表队参加在北京举办的"中华舞龙大赛"。8支队伍分别获金奖、银奖，并参加在天安门广场举办的"迎澳门回归大型联欢晚会"。河南省项城锣龙队获中国民间文艺最高奖"山花奖"，河南省民间文艺家协会获优秀组织工作奖。同年12月31日，组织新密市黄固寺舞龙队赴京参加在中华世纪坛举行的"首都各界迎接新世纪新千年庆祝活动"的表演并获奖。河南省民间文艺家协会获优秀组织工作奖。2000年5月，组织协会下属河南高空飞车艺术团赴南京参加高空走索擂台赛，该团艺员张生雷创造基尼斯世界纪录。同年5月4日，组织舞狮队参加"全国南、北狮王争霸赛"，南阳天冠集团舞狮队获北狮第七名。同年7月，在中国文联、中国民间文艺家协会组织的"中国民间文艺'山花奖'首届学术著作评奖"活动中，河南省

22部民间文学、民间艺术、民俗学研究著作和论文集获"山花奖"。同年9月30日~10月7日，组织省民间工艺美术家组成"河南民间工艺美术展团"，赴江苏参加由文化部、中国文联、江苏省人民政府联合主办的"第六届中国艺术节·中国工艺美术精品展"，省12位工艺美术家获金奖、银奖。2000年11月8~11日，组织开封盘鼓艺术团赴杭州参加由中国文联、杭州市人民政府联合主办，中国民协承办的"'山花奖'首届全国民间广场歌舞大赛"，获得中国民间文艺最高奖——"山花奖"。12月26日，《中国谚语集成·河南卷》《中国民间故事集成·河南卷》编辑部被文化部授予"中国民族民间文艺集成志书编纂成果奖"。12月31日，程健君、孟宪明等15人撰写编纂的"中原民俗丛书"，获"河南省社会科学优秀成果奖"。2000年12月，河南省民间文学"三套集成"编辑部获文化部、中国文联颁发的先进集体奖，22人获个人成果奖。

第四节 文艺报刊

河南省文联主管主办的文艺报刊是河南省文联出作品、出人才和交流文艺信息的重要阵地。报刊创办以来，坚持正确的办刊方向，坚守办刊宗旨，追求办刊质量，坚守文学品位，为培养文学新人、促进文艺繁荣作出了贡献。1980年以来的10年，先后创办了《莽原》《散文选刊》《故事家》《传奇文学选刊》《南腔北调》《武侠故事》6种文学期刊。河南省文联还在不同的时期，根据实际需要创办了一些其他的文艺刊物：《河南戏剧》杂志，1980年1月由创办，属戏剧杂志，后改为《南腔北调》杂志；《中州文坛》，1984年1月由河南省文联创作研究室创办，属省文联内部文艺理论评论刊物；《热风》杂志，1992年10月由河南省作家协会创办，属文学杂志；《专业户报》，1984年6月创办，1986年7月，更名为《文艺百家报》；《万象画报》，1984年12月，由中国美术家协会河南分会主编，该刊实行财务独立核算，自负盈亏。这些刊物在不同时期对推动河南文艺事业的繁荣和发展起到了积极的作用。

《莽原》杂志　1981年5月创刊，属河南省文联主管主办的大型文学原创性文学季刊，主发中长篇小说。刊物创办初期，由河南省文联、河南省作协合办，借用鲁迅、高长虹等人1925年创办、主发社会批评的半月刊（先是《京报》副刊的报纸型周刊）之名，取名为《莽原》。1985年1月起，改为双月刊。1990年1月，《莽原》《奔流》两期刊合并，以大阵地、大容量计，决定留《莽原》而撤《奔流》。两刊合并后的《莽原》仍为双月刊，1998年改大16开为大32开国际标准版，兼容合并前两刊的任务、特点、传统为一体，以发表中短篇当代原创小说为主，兼顾诗作、随笔、评论等体裁。

《奔流》和《莽原》无论是两刊并立还是合并之后，发表了许多有广泛社会影响或获全国优秀作品奖的中短篇小说作品。如乔典运的《满票》《乡魂》，张一弓的《流星在寻找失去的轨迹》《远去的驿站》二卷，李佩甫的《红蚂蚱，绿蚂蚱》，张宇的《活鬼》，二月河的《乾隆皇帝》（获国家级创作奖项和省级奖项）；改编为电影的有6部，改编为电视剧的有5部，改编为广播剧的有2部，每年被国家级和省级权威报刊和国家数据库收录或转载率达30%，许多省内外作家都在此找到了展示个人创作才华的平台，许多省内外文学新人都以此为成长的园圃。一批批的作者从这里走向成熟，一代代的作家多得该刊之惠。该刊获1984年全国期刊封面设计三等奖，1990年全国期刊展览整体设计奖，1993年全国报刊博览会封面设计奖及河南省新闻出版局主办的质量奖项。获河南省社会科学第一届、第二届、第四届、第五届优秀总期刊奖。2000

年1月，被评入河南省首届社会科学二十佳期刊；同年，入选中国新闻出版总署优秀期刊方阵，被评为国家社会效益和经济效益"双效期刊"。

《奔流》杂志　　该杂志始办于1950年1月，前身为双月刊《河南文艺》和半月刊《翻身文艺》。《奔流》于1979年1月复刊。《奔流》自创刊以来，发表了许多有影响的优秀作品，培养了一批批的青年作家，为河南省的文学事业的发展作出了很大的贡献。1990年1月与《莽原》并刊。

《南腔北调》杂志　　该杂志是由河南省文联主管主办的文艺类杂志，其前身是1980年创刊的《河南戏剧》，《河南戏剧》是在《奔流·戏剧专刊》（1963年创办）的基础上创办的。1999年更名为《南腔北调》，由双月刊改为月刊。刊物以浓郁的中原乡土气息和厚重的文化底蕴在全国戏剧类杂志中一直名列前茅，为繁荣戏剧、影视创作，活跃理论批评，推出艺术新人搭建了一个平台，也为河南戏剧、影视艺术家提供一个创作及理论研究的阵地。该刊发表了大小剧本600余部、文章3000余篇、剧照图片2500余幅，如《倒霉大叔的婚事》（中国剧协全国剧本奖）、《吵闹亲家》、（"五个一工程奖"）、《五福临门》（"五个一工程奖"）、《风流才子》、（文化部"文华奖"）、《能人百不成》（"五个一工程奖"）、《红果，红了》（文化部"文华奖"）、《马蜂庄的姑爷》（"五个一工程奖"）、《都市风铃声》（文化部"文华奖"）、《戏迷乐园》（获广播电影电视部"星光奖"一等奖、河南省文学艺术成果奖）、《审诰命》、《朝阳沟内传》、《劳资科长》、《儿大不由爹》、《风流才子》、《焦裕禄》、《鬼才魏明伦妙答记者问》、《一组画引出一出戏》、《马季弹劾相声界》、《人生不是一场戏》等，在全国获奖并产生过广泛影响的作品，成为河南戏剧、电视艺术事业发展前进的历史记录。

《散文选刊》杂志　　该刊1984年10月创刊，隶属于河南省文联。《散文选刊》是国内创刊较早的专门选发全国报刊散文精品的文学月刊。在团结广大作家、推出文学新人方面有着举足轻重的地位。自创刊以来，推出了数百位文学新人，在散文界享有盛誉，是中国散文界的核心刊物，一个立足中原、把握散文方向的风向标。1998年，《散文选刊》全面改版，推出了一系列举措，为发展和繁荣中国的散文事业作出了贡献。《散文选刊》自河南省组织报刊评奖以来，蝉联历届"河南省优秀期刊奖""河南省20佳期刊奖"等多个奖项。

《传奇文学选刊》杂志　　该刊是全国唯一一家传奇类选刊，河南省一级期刊，创刊于1984年10月，在国内外公开发行。刊物以其荟萃精华、雅俗共赏、品位超群而深受海内外广大读者的青睐，期发行量最高时达107万册。《传奇文学选刊》以其独有的魅力，不但在全国读者中产生广泛的影响，同时还远销美国、日本、澳大利亚、俄罗斯、泰国、新加坡以及中国港澳台等20多国家和地区，在海内外产生了较大的反响。

《故事家》杂志　　该刊为河南省文联主管、主办的期刊,在国内外公开发行。1985年4月,经中共河南省委宣传部批准创刊,河南省民间文艺家协会主办,始为报纸;1986年起改为杂志,季刊;1987年起至1992年为双月刊;1993年起改为月刊;1993年3月,《故事家》期刊脱离河南省民间文艺家协会,直属河南省文联管理。刊物弘扬民族文化的优良传统,培养故事文学作者队伍,发表人民群众喜爱的各类故事。涵盖古今中外,荟萃故事精华,以故事爱好者和中小学生为主要读者对象。平均期印数30多万份,最高时期印数100多万份。杂志始终坚持办刊宗旨,以高格调、高质量的办刊方针成为深受广大读者喜爱的故事期刊之一,并赢得了文学界专家的好评。

《河南文艺界》　　该刊是河南省文联内资报纸,每月1期,是河南省文联内部信息交流的一个重要平台,每一期刊印2000余份,发行对象为省内各文化艺术机构、组织、社团、省文联委员,各协会理事和国内其他省、区、市文联。

第五节 文艺活动

开展文艺活动是文艺成果的最通常表现，文联的价值在于组织开展形式多样的文艺活动为人民群众服务。通过文艺演出、文艺比赛、文艺评奖、作品展览等活动使文艺作品能够为人民群众所喜闻乐见，能够丰富其精神文化生活需要。河南省文联围绕党的文艺方针政策，弘扬主旋律，1978~2000年间，组织了大量内容精彩、影响深远的文艺活动，在省内外甚至国内外树立了河南文艺工作者的良好形象，展示了河南省改革开放以来所取得的巨大成就。

文艺演出　1978年8月4日，李準编写的电影文学剧本《大河奔流》改编为豫剧，由郑州市豫剧团演出。1982年4月18日，由中国音乐家协会《歌曲》编辑部、河南省文联、河南省文化厅、中国音乐家协会河南分会联合举办的"农村题材歌曲音乐会——黄河之滨音乐会"在郑州举行。中国音乐家协会副主席时乐濛亲临指导。1982年5月24日，杨兰春创作和导演的《朝阳沟内传》由河南省豫剧院三团演出，在郑州连续演出56场，观众达8万多人次。1984年9月30日~10月8日，由省文联、省文化厅、省广播电视厅、省音乐家协会联合举办的"河南省第二届音乐周——黄河之滨音乐会"在郑州开幕，省专业和业余音乐工作者共演出10台音乐节目。1986年9月4日，由省文联、省文化厅、省广播电视厅、中国音乐家协会河南分会联合举办的"河南省第三届'黄河之滨'音乐周声乐大赛"在中州影剧院举行。1994年9月20日，为庆祝中华人民共和国成立45周年，省委宣传部、省文化厅、省广播电视厅、省教育委员会、省总工会、省保险公司、省合唱学会和省音乐家协会8家单位联合在郑州举办"'团结奋进，振兴河南'大型群众合唱节"暨"第六届'黄河之滨'音乐周"活动。来自全省39个合唱团3000余人参加演出。1999年5月，为表达河南省文艺工作者对以美国为首的北约对我驻南联盟使馆袭击的愤怒之情，在河南人民会堂广场举办"中国人民不可战胜"大型交响音乐会。1999年12月19~22日，河南省民间文艺家协会选派8支舞龙队赴京参加在天安门广场举办的"迎澳门回归大型联欢晚会"。并参加"中华舞龙大赛"。

文艺比赛　1982年11月5日，"河南省首届故事会讲大会"在郑州开幕，参加会议的18个市、地代表队，共有故事员和故事搜集整理者100余名，观摩代表139名。中共河南省委宣传部副部长于大申出席大会。1983年10月，省书法家协会举办"中原书法大赛"。1984年2月16日，由省文联、省文化厅、中国书法家协会河南分会联合主办，有千人参加的"中原书法大赛"在郑州隆重开幕。1986年5月

9日，由省文联、省文化厅、中国曲艺家协会河南分会联合主办的"1986曲艺新曲（书）目选拔赛"在郑州开幕。通过3场选拔赛，推荐部分优秀节目录像，参加全国评选。1986年10月22日，省文联、省文化厅、中国杂技家协会河南分会联合主办的"第二届全国杂技比赛中南区预选赛"在郑州开幕。1987年10月14日，省文联、省文化厅、中国曲艺家协会河南分会举办"'水仙杯'曲艺邀请赛"，历时4天，于10月18日结束。1989年5月，河南省舞蹈家协会首次举办"河南省'蝴蝶杯'国标舞大赛"。组织成立了河南省国标舞联合会、河南省国标舞协会。此后，坚持了一年一度的国标舞赛事活动。1989年11月，中国曲艺家协会、中国曲艺家协会河南分会、河南省戏研所联合举办"第二届全国故事大赛"。1992年4月16~18日，中国曲艺家协会、曲艺家协会河南分会等单位联合举办的"'宋河杯'全国曲艺小品邀请赛"在郑州决赛。1993年3月，与河南人民广播电台联合在郑州举办"'竹林杯'创作歌曲评选"活动。1994年10月12~14日，河南省第三届杂技比赛在郑州举行。来自濮阳、郑州、开封、新乡、漯河、驻马店市（地）以及两个青年团队共200余名演员参赛。

文艺评奖 1982年2月14日，举行"1981年优秀文艺作品评奖"，对象包括小说、戏剧、诗歌、曲艺、音乐等。由中共河南省委宣传部、省军区政治部、省文联、省文化局、省出版局等单位负责人和部分文学艺术家组成评奖委员会。1982年9月1日，"河南省1981年度优秀文艺作品颁奖大会"在郑州举行。省委书记张树德，省委常委、省委宣传部部长宋玉玺等领导出席会议。获奖作品有长篇小说1部、中篇小说7部、短篇小说10篇、报告文学3篇、散文10篇、诗歌12首、大戏6个、小戏3个、曲艺13篇、电视剧本1个。1982年12月，中国戏剧家协会河南分会与《河南戏剧》编辑部联合举办"1982~1983年优秀剧本评奖"活动。1984年10月25日，"《奔流》佳作奖"和"《莽原》文学奖"同时开设。1985年5月14日，河南省文联举行"首届'奔流佳作奖'、'莽原文学奖'、民间文学优秀作品奖、曲艺优秀作品奖颁奖大会"。1985年11月，河南书法奖励基金会成立，并设书法"龙门奖"，定期奖励在书法创作、篆刻创作、书法理论研究方面有成就的作者。1987年12月，"香玉杯"艺术奖设立。1988年10月11日，"'香玉杯'艺术奖第一届颁奖大会"在郑州儿童影剧院举行。1990年4月16日，在郑州举办"第二届'香玉杯'评奖颁奖活动"。文化部副部长英若诚专程前来祝贺，省委领导到会讲话。1991年5月13日，第三届"香玉杯"艺术奖评选揭晓，并在郑州儿童影剧院举行颁奖大会。1992年5月23日，"河南省首届文学艺术优秀成果奖颁奖大会"暨"纪念毛泽东《在延安文艺座谈会上的讲话》发表50周年文艺晚会"在河南人民大会堂举行。省文联系统多项文艺作品获优秀成果奖及优秀作品奖。1994年4月，举办"第四届'香玉杯'艺术奖评奖"活动；1995年12月，"河南省第二届文学艺术优秀成果奖"颁奖，省文联系统多项文艺作品获奖。2000年12月28日，召开"第一届河南省文学奖颁奖大会"暨河南省作家协会第三届第三次理事（扩大）会。

文艺作品展览　1980年11月5日，省书协、省文化局联合主办的"河南省书法展览"在河南省博物馆展出。1982年7月1日，省文化局、中国美术家协会河南分会举办的"中州风貌美术作品展览"在河南省博物馆展出。1985年9月1日，"国际书法作品展览"在河南省人民大会堂隆重举行。1985年10月，河南书法教育中心成立（后改为河南书法函授院），学员遍及全国30个省、区、市。1985年10月16日，由省美协、省群艺馆、省油画学会联办的"河南省第一届油画展"在河南省博物馆开幕。展出中国美术馆收藏的《辽阔的天空》《她迎面走来》《一条大河》等7件作品。1986年1月5日，"河南省首届花鸟画展"在河南省博物馆举行。1986年3月5~14日，省书法家协会举办"河南省首届群众书法展览"。1986年5月24日，由中国美术家协会河南分会和河南人物画研究会、河南花鸟画研究会、河南山水画研究会联合举办的"河南省第一届中国画展"在郑州展出。1987年10月20日，"黄河流经这片土地美展"（省第六届美展）在郑州隆重开幕。展出500余件作品，评奖100件。1992年3月12日，河南省书画院主办的"台湾故宫博物院"院藏中国历代书画精品展在书画院展览厅展出。1992年4月1日，由河南省书画院、中国美术家协会河南分会、河南省花鸟研究会共同举办的"河南省第三届花鸟画展"在省书画院开幕。1992年9月9日，省书画院、省美术家协会等在郑州联办"河南省第四届花鸟画展"。1992年10月，"第三届中原书法大赛"在郑州举办。与大赛同时展出的还有"海外书法名家作品邀请展""河南部分书法家作品展"。1992年10月，由中国美术家协会、河南省美术家协会、河南省花鸟画研究会主办的"全国首届花鸟画展览"在郑州隆重举办。中国美术家协会及省市领导和来自全国的花鸟画家近千人参加开幕式。展出作品250件，评奖30件，出版了大型画册。1992年10月16日，由省美协主办的"河南省乡土油画展"在北京东方油画艺术厅展出。1993年12月，省美术家协会主办的"河南省首届儿童画精品展"在郑州市博物馆开幕。1993年12月26日，省美协和省宋庆龄基金会、省文化厅主办的"纪念毛泽东同志诞辰100周年河南省美术展览"在郑州举办，展出160件作品，评奖33件。1994年10月25日，由文化部、中国美术家协会主办，河南省美术家协会、河南省文化厅承办的"全国第八届美展河南展区"和由河南省文化厅、河南省美术家协会主办的"河南省第八届美展"在河南省博物馆隆重开幕。1995年11月，举办"'95摄影中原"摄影艺术展。1997年11月7日，省美术家协会主办的"河南油画展"在北京中国美术馆隆重开幕，展出120件大幅油画，是河南省在京举办的首次大型美展。1997年12月，省文联举办"十一届三中全会以来的文艺成果展"。1998年8月，"河南省千人临书大展"在郑州升达艺术馆开幕。1999年11月20日，由中国美术家协会、中国画研究院、河南省美术家协会等单位联办的"李伯安画展"在北京中国美术馆隆重开幕。展出百米长卷《走出巴颜喀拉》及其他作品50余件，影响巨大。

第六节　艺术交流

艺术交流是促进文艺发展进步繁荣的重要途径，河南省文学艺术界联合会非常重视艺术交流，经常组织艺术交流活动，与省内外、国内外的许多艺术家、文艺组织机构建立了良好的联系，艺术家通过到外地的参观、访问、讲学，拓宽了艺术视野，积累了创作素材，激发了创作灵感。通过把外地的艺术家请到河南来参观、访问、讲学，起到了良好的宣传作用，将中原大地的文化艺术传播到全国各地并且走向世界，也给河南的艺术家带来了新的创作激情。

国内艺术交流　改革开放以来，省文联和各兄弟省市的文学交流日益活跃起来，通过"走出去""请进来"等形式，加强了交流互动，既展示了河南文学艺术发展的最新成就，又学习借鉴了先进省市的经验，推动了河南省文艺事业的繁荣。

河南作家艺术家赴外地参观、讲学及作品展览　1984年7月9日，中共中央政治局委员、国务委员方毅来郑州参观省书画作品，省会书画家即席表演。1986年9月，"河南省中青年书法家十五人墨海弄潮展"在北京中国美术馆开幕。以群体出现推出中青年书家，在全国属首次。此后相继应邀在杭州、乌鲁木齐、苏州等地展出。1987年10月5日，河南作家代表团一行14人在团长于黑丁率领下到上海参加沪豫作家创作交流活动，历经半月，于10月21日返回郑州。1989年5月，在北京举行"河南书法周""墨海弄潮书法作品展"。1989年12月，河南省书画院组织创作书画作品150幅，在香港举办"河南书画院书画作品展"。1998年1月，承办中南、华东地区文联工作经验交流会。

外地作家艺术家到河南考察、讲学及作品展览　1981年9月26日，应省文联、省文化局、省剧作家协会、省音乐家协会的邀请，郭兰英偕中国歌舞剧院来郑州公演歌剧《小二黑结婚》《白毛女》等。1984年5月4日，被誉为"城市里的乌兰牧骑"的北京朗诵艺术团来我省郑州、开封等地作《我是中国人》专题诗歌朗诵表演。

对外艺术交流　河南省文联凭借着丰富的文艺资源和文艺界人民团体的独特功能，在对外文化交流中，以特有的灵活性、艺术性、专业性和广泛性吸引了越来越多的文艺组织、机构和艺术家的关注，作为政府文化外交的必要补充发挥了重要作用，成为实现中原文化走出去的一支重要力量。改革开放后，对外民间文化交流活动日趋活跃，从面向社会主义国家、发展中国家到面向世界各国，从单边、双边交流到多边交流，都发生了历史性深刻变化。这些对外文化交流活动，充分展现了河南省经济、政治、文化、社会建设取得的辉煌成就，提升了中国文化的国际影响力。

河南作家艺术家出国考察访问、讲学及作品展览　1978年1月，杨兰春参加中国作家代表团，赴巴基斯坦参观访问。1990年12月11~28日，中国音乐家协会河南分会主席王基笑率中国音乐家代表团前往罗马尼亚访问。1990年，文联接待了日本友人，作家协会接待了奥地利文化代表团，美术家协会与其他单位联办了"中日儿童版画展"。音乐家协会分会主席王基笑率中国音乐家协会代表团访问了罗马尼亚，作家协会副主席张一弓应邀参加美国国际写作活动中心1990年的活动，书法家协会分会副主席张海应邀到新加坡讲学。1997年5月27日，马其顿作家代表团来河南省参观访问，与河南省作家进行座谈和交流。

其他活动　1980年6月21日，省文联、省文化局在省人民大会堂举行会议，祝贺常香玉舞台生活50周年。1981年7月，省文联和省文化局邀请省直文艺界知名人士座谈中共十一届六中全会通过的《关于建国以来党的若干历史问题的决议》。1983年2月5日，省文联、省文化局联合举行"省会文艺界迎春茶话会"。省会文艺界400多人欢聚一堂，省、市领导张树德、韩劲草、宋玉玺、孙化三出席了茶话会。

第九章　科学技术协会

河南省科学技术协会（简称"省科协"）的前身是中华自然科学专门学会联合会河南分会（简称"省科联"）和河南省科学技术普及协会（简称"省科普"）。1959年5月，省科联、省科普合并成立河南省科学技术协会。河南省科学技术协会是全省科技工作者的群众组织，是中共河南省委直接领导下的人民团体，是中国人民政治协商会议河南省委员会的组成界别，是中共党和政府联系科学技术工作者的桥梁和纽带，是推动科技事业发展的重要力量。省科协由全省性学会、协会、研究会和市（地）科协、直属基层科协组成，是中国科协的地方组织，接受中国科协的业务指导。

河南省科协成立后，围绕全省工农业生产和科学技术发展，积极组织科学考察、学术交流、科技报告、技术推广、科普宣传等活动。"文化大革命"中，科协机构和所属团体被撤销，活动被迫中断。"文化大革命"结束后，经中共河南省委批准，省科协于1978年4月恢复活动。

1980年、1983年，中共河南省委分别转发省科协党组《关于进一步加强党对科协工作领导的意见的请示报告》和《关于进一步加强党对科协工作领导的报告》。1991年8月，省委下发《中共河南省委关于加强和改善党对科协工作领导的通知》。1996年11月，省委办公厅、省政府办公厅又联合下发《关于深入学习贯彻江泽民总书记在中国科协第五次全国代表大会上的重要讲话精神的通知》。同年11月30日，河南省第八届人民代表大会常务委员会第二十三次会议审议通过了《河南省科学技术协会条例》。这些文件及法规推动了全省科协的组织建设和事业发展。

根据《河南省科学技术协会章程》规定，省科协的领导机构是省科协代表大会和由它选举产生的省科协委员会。省科协代表大会每5年召开1次，第一至五次代表大会分别于1959年、1981年、1987年、1992年、1997年召开。在省科协委员会全体会议休会期间，由常务委员会主持协会工作。省科协机关是常务委员会的办事机构，负责省科协的日常工作。

改革开放以后20多年间，全省科协紧紧围绕河南省的经济、科技和社会发展拓展工作，为促进河南的经济建设和发展"科教兴豫"事业作出了贡献。在学术交流方面，全省科协坚持开展多种类型学术活动，省市两级科协及所属学会共组织国内学术活动1.8万多次，交流论文近30万篇；召开国际学术交流会议50多次，促进了学科发展、科技繁荣和人才成长。学术交流紧紧围绕河南经济、社会发展中的重大课题和热点难点问题，组织开展决策论证、技术经济评估等活动，积极促进学术思想向决策思想和现实生产力转化。积极开展国际和对香港、澳门特别行政区及台湾地区的民间科技交流和合作活动。在科学技术普及工作方面，全省科协紧紧围绕提高广大人民群众的科学文化素质和依靠科技勤劳致富的能力，努力普及科学技术知识，倡导科学方法，传播科学思想，弘扬科学精神，开展形式多样的科学技术普及活动。大力组织送科技下乡活动，开展农村中共党员、基层干部和广大农民的实用技术培训，积极推进农村科普示范工作，1985年开始开展建立发展商品生产村活动，并在此基础上于1992年开展创建"奔小康科普示范县、乡（镇）、村"活动，积极指导、扶持农村专业技术协会健康发展，积极开拓城市社区科普工作领域，踊跃开展青少年科技教育活动。在推进科技同经济紧密结合方面，省科协按照中国科协部署，从1987年起在全省厂矿企业科技人员中开展"讲理想、比贡献"竞赛活动，1993年开始实施"金桥工程"活动，1997年起，每年在学会与厂矿企业间实施"百厂百会协作行动"。坚持开展科技咨询服务，努力把大批科技成果转化为现实生产力，推进全省科技进步和技术创新。省、市、县三级科协认真履行党赋予的政治职能，通过人大、政协等多种渠道，组织和代表科技工作者参政议政，维护科技工作者合法权益，并为他们多办实事，较好地发挥了科协的桥梁纽带作用。

2000年，全省科协共有全省性学会、协会、研究会125个；市及县（市、区）科协169个；市学会、协会、研究会532个；县（市、区）学会、协会、研究会3924个；企业、事业单位科协389个；乡、镇科协1833个；农村专业技术协会、研究会8405个。

第一节 组织机构

河南省科协由全省性学会、协会、研究会和市（地）科协、直属基层科协组成。1978年4月，经中共河南省委批准，"文化大革命"中被撤销的省科协恢复活动。在各级中共党委的直接领导下，全省科协组织迅速发展。"文化大革命"前夕，全省有自然科学省级学会26个，联系会员1800人，只有少部分市（地）、县成立了科协。到1981年河南省科协第二次代表大会召开时，全省已恢复和新建省级学会71个，拥有会员2.8万人；全省各市（地）和大部分县成立了科协。1987年省科协第三次代表大会召开时，省级学会（协会、研究会）已发展到110个，会员达13万余人；全省17个市（地）和各县（市、区）基本上都成立了科协机构。

中共河南省委、河南省人民政府及各省辖市委、市政府都多次就加强党对科协工作的领导和加强完善科协组织体系建设等下发文件，为全省科协组织发展和各项工作顺利开展提供了可靠保证。1996年11月，河南省人大常委会颁布《河南省科学技术协会条例》，以地方法规形式确立了科协的性质和地位；明确了各级科协在推动科技进步、实施科教兴豫战略中的职责、任务和作用；规范了科协活动的种类和范围，以及科协机构、人员、经费等保障条件；规定了各级政府及有关部门应当采取措施，支持科协开展活动等。使河南省科协的建设与发展迈入了法制轨道。

省科协刚恢复时，只有一个直属事业单位河南科技报社。随着改革开放和现代化建设的发展，特别是"科教兴国"和"科教兴豫"战略的实施，全省科协事业迅速发展，至1996年，经河南省编制委员会批准，省科协先后又成立7个直属事业单位：河南省科学技术馆、农家参谋杂志社（原名《科普田园》编辑部）、河南省科技咨询服务中心、河南省青少年科技中心、河南省科协科普电影宣传站、河南省科协科普研究室、河南省科技工作者休养所。

截至2000年，省科协所属省级学会（协会、研究会）达125个，18个省辖（管）市都成立了科协机构，所属市级学会（协会、研究会）532个，企事业单位科协389个，街道社区科协117个；全省建立151个县（市、区）科协及所属县级学会3924个，还有乡镇科协组织1833个、农村专业技术协会（研究会）8405个。全省科协形成了健全的组织网络体系。

领导机构 河南省科学技术协会代表大会和它选举产生的河南省科协委员会是河南省科协的领导机构。根据《河南省科学技术协会章程》规定，代表大会每5年举行1次，由河南省科学技术协会委员会决定召开。河南省科学技术协会代表大会的代表由全省性学会、省辖市科协、直属基层科协及有关方面民主协商、选举产生。

河南省科学技术协会代表大会的职权是：决定河南省科学技术协会的工作方针和任务；审议和批准河南省科学技术协会委员会的工作报告；制定修改河南省科学技术协会章程；选举产生河南省科学技术协会委员会；决定其他重大事项。

河南省科学技术协会第一至五次代表大会，分别于1959年5月、1981年10月、1987年3月、1992年5月、1997年10月在郑州市召开①。

河南省科协第四次代表大会 1992年5月28~30日在郑州召开。中共河南省委书记侯宗宾，省委副书记、省长李长春，省委副书记吴基传，省人大常委会主任杨析综，省政协主席阎济民，省顾问委员会副主任黎明，省人大常委会副主任吴绍骙、郭培鋆、范濂、胡廷积，省政府副省长范钦臣，省政协副主席董民声、李润田、武守全出席了大会，中国科学技术协会书记处书记刘恕专程莅会讲话，省直有关部、委、厅、局和各市（地）负责人出席了大会。出席大会的正式代表600人，特邀代表35人，列席代表65人。省委副书记吴基传、副省长范钦臣在大会上作重要讲话。省科协第三届委员会主席吴百川在会上作《解放思想、团结奋进，为科教兴豫建功立业》的工作报告。

会议的中心任务是：进一步组织和动员全省广大科技工作者，贯彻落实邓小平视察南方重要讲话、中国科协四大、中共河南省委第五届第四次全会和全省科技大会精神，坚定不移地贯彻执行中共中央的"一个中心，两个基本点"的基本路线，放开手脚投身全省经济建设主战场，为加速河南经济和社会全面发展建功立业。

会议审议通过了吴百川作的工作报告及《河南省科学技术协会章程》，表彰了河南省第二届青年科技奖和河南省首届优秀科技建议奖的获奖者；与会代表向全省科技工作者发了倡议书；大会选举产生了河南省科协第四届委员会，委员110人。省科协第四届委员会第一次会议上选出省科协主席张涛，常务副主席许成祥，副主席张鸿雁、杨保善、蒋建平、亢崇仁、徐遐础、陈义初、郁明山；聘请李润田、钟香崇、陈俊武为名誉主席。1993年3月，补选谭英为副主席。省科协第四届委员会常务委员32人。其间增补常务委员2人、委员7人。

河南省科协第五次代表大会 1997年10月5~7日在郑州召开。中共中央政治局委员、中共河南省委书记李长春，省委副书记、省长马忠臣，省委副书记任克礼、宋照肃、范钦臣，省政协主席林英海，省委常委、省军区司令员王英洲，省委常委、省委宣传部部长林炎志，省委常委、省委秘书长王全书，省委常委、省委组织部部长黄晴宜，省委常委、省纪委书记董雷，省人大常委会副主任范濂，省政府副省长张世英及省直有关厅、局、委和人民团体的主要负责人出席了大会。中国科学技术协会书记处书记宋南平代表中国科协向大会表示祝贺。出席大会的正式代表721人、特邀代表

---

① 河南省科协第一至三次代表大会详见首轮《河南省志·科学技术志》。

69人、列席代表39人。省委书记李长春、副书记范钦臣在会上作重要讲话，省长马忠臣在会上作经济形势报告。大会听取并一致同意河南省科协主席张涛代表省科协第四届委员会所作的题为《高举邓小平理论伟大旗帜，为实现跨世纪宏伟目标共同奋斗》的工作报告。大会通过了《河南省科学技术协会章程》，并对全省科协系统先进集体、先进个人，第二届河南省科协优秀建议奖获得者，河南省"金桥工程"优秀项目、优秀组织单位、优秀组织者进行表彰。大会选举产生了省科协第五届委员会委员118人。省科协第五届第一次全会上选举产生河南省科学技术协会第五届委员会主席张涛，常务副主席许成祥，副主席杨保善、周培荫、董庆周、尚炽昌、黄兴维、张道兴、宋春迎；常务委员35人；决定聘请范濂、李润田、钟香崇、陈俊武、霍裕平、郭重庆为河南省科协第五届委员会名誉主席。2000年4月，增补黄兴维任省科协党组书记、常务副主席；2000年6月，增补李希辉任省科协党组副书记、副主席。

2000年河南省科协组织体系图

图36-9-1-1

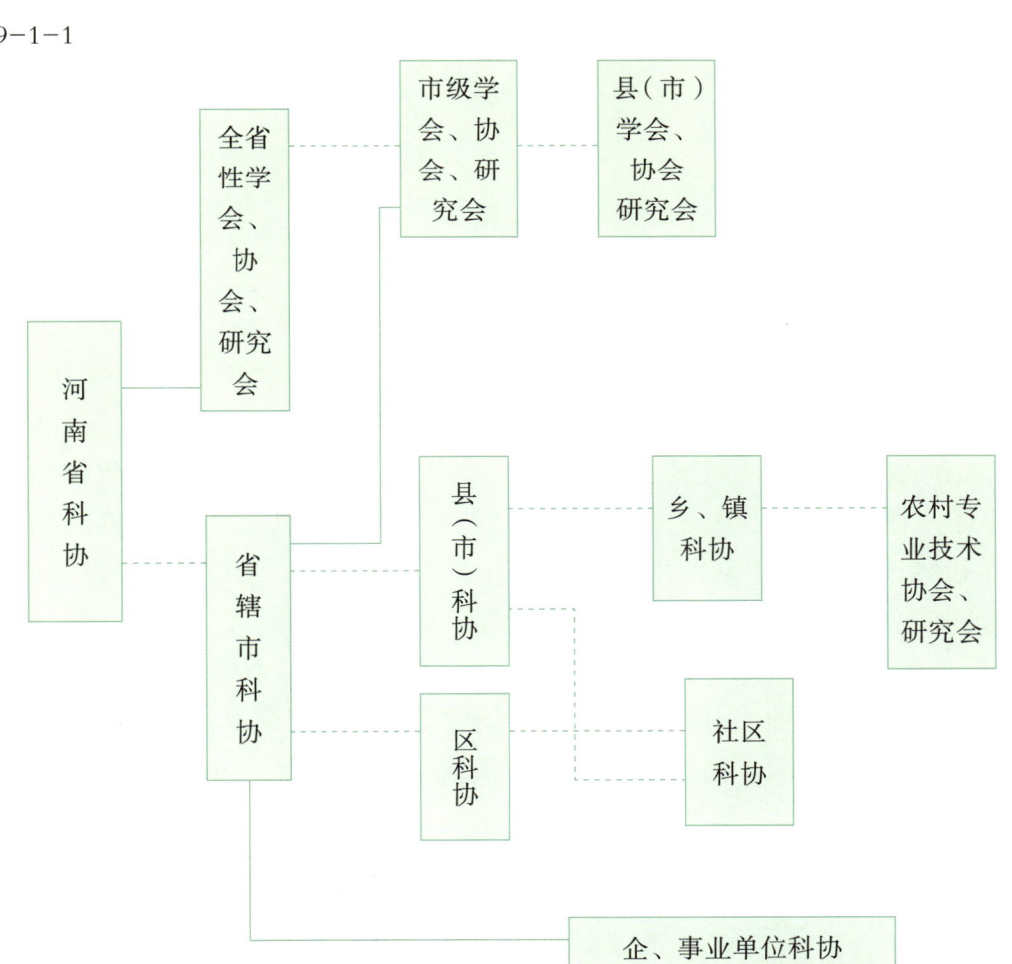

2000年河南省科协组织机构图（自左至右）

图 36-9-1-2

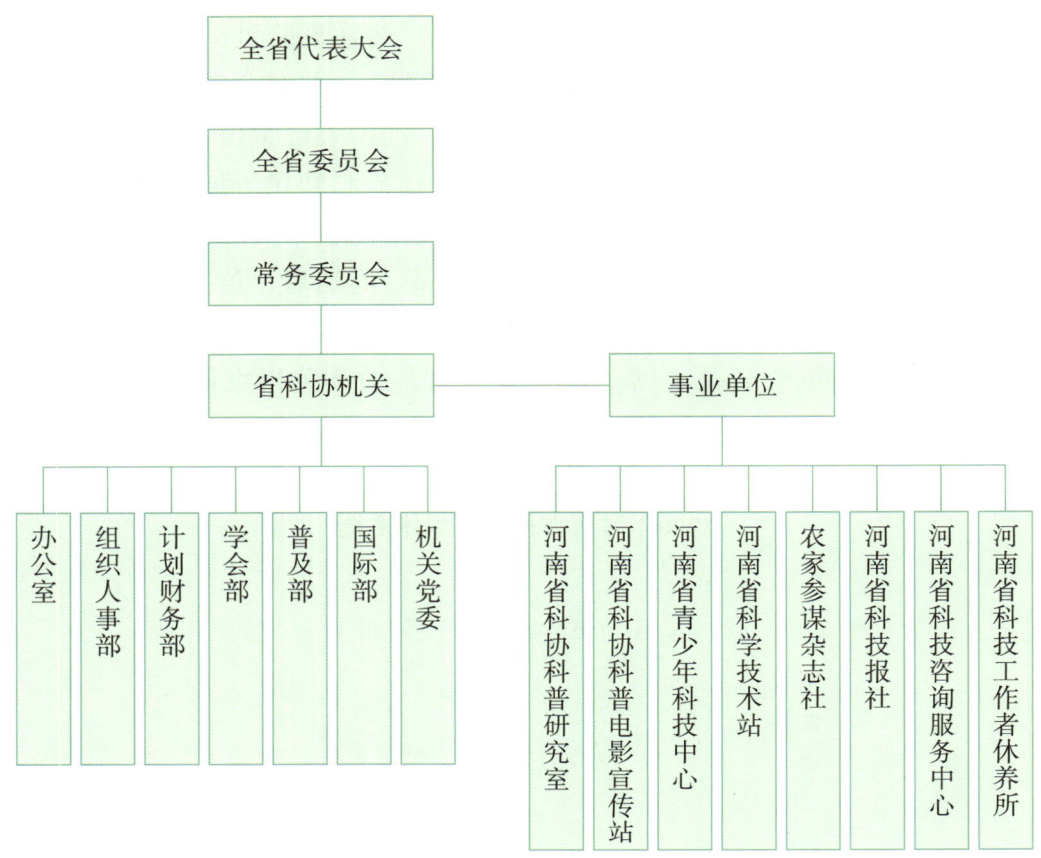

办事机构 河南省科学技术协会机关是省科协常务委员会的办事机构，负责省科协的日常工作。1979年10月，中共河南省委决定省科委、省科协分设。省科协机关设办公室、学会工作部、普及工作部、青少年工作部。行政编制30人。1983年6月，省科协增设组织宣传部。至1987年，省科协机关行政编制为41人。在1995年机构改革中，中共河南省委办公厅《关于印发〈河南省科协机关机构改革方案〉的通知》中规定，省科协机关设办公室、组织人事部、计划财务部、学会部、普及部，行政编制37人。1995年10月13日，中共河南省委组织部关于印发《河南省科学技术协会机关参照〈国家公务员暂行条例〉管理的实施办法》的通知明确规定，省科协机关工作人员参照《国家公务员暂行条例》进行管理。1997年，增设国际部。后又专设机关党委。

省科协直属事业单位是河南省科协的重要组成部分，承担着发展全省科协事业的任务。随着全省现代化建设和改革开放深入发展，省科协事业不断发展壮大。截至2000年共有8个事业单位。

省级学会（协会、研究会） 河南省科协所属省级学会（协会、研究会）

2000年河南省科协直属事业单位一览表

表36-9-1-1

单位名称	成立时间	性质	主要任务
河南科技报社	1958	自收自支事业单位	办好《河南科技报》
河南科学技术馆	1980	差额补助事业单位	普及科学技术知识，传播科学思想方法，倡导科学精神，宣传科学技术成就及作用
农家参谋杂志社	1983	自收自支事业单位	办好《农家参谋》杂志
河南省科技咨询服务中心	1984	自收自支事业单位	科协系统咨询服务机构管理；面向社会开展科技咨询服务
河南省青少年科技中心	1985	全额供给事业单位	科协系统青少年科技教育工作管理；面向社会开展青少年科技教育活动
河南省科协科普研究室	1995	全额供给事业单位	科普工作理论和实践的研究；办好河南省农村函授致富大学
河南省科协科普电影宣传站	1996	全额供给事业单位	负责管理省科协的宣传工作；利用电影、电视等手段进行科普宣传
河南省科技工作者休养所	1996	自收自支事业单位	为科技工作者提供学习交流、休养等服务

是按照自然科学、技术科学、工程技术及其相关科学的学科或以促进科技事业发展为宗旨组建的，具有跨部门、跨行业、跨地区、横向联系特点的学术性、科普性社会团体。根据《河南省科学技术协会章程》规定，省科协所属学会、协会、研究会（以下简称"省科协所属学会"）是省科协的组成部分，受省科协领导，选举代表参加省科协代表大会，执行省科协决议，完成省科协委托的工作任务，并按要求向省科协报送年度工作总结和下一年度工作计划。省科协所属学会的主要任务是：开展学术交流，活跃学术思想，编辑出版科学技术书、报、刊，促进学科和经济发展；开展民间国际科学技术交流与合作，发展同国外及台湾、港澳地区科学技术团体和科学技术工作者的友好往来；开展科学论证、咨询服务，提出政策建议，接受委托承担项目评估、成果鉴定、专业技术资格评审；举办为会员服务的事业活动，开展对会员的技术培训和继续教育，举办科技实体；普及科技知识，捍卫科学尊严，传播科学思想和方法，推广先进技术，开展青少年科技教育活动；表彰奖励科技工作者和优秀科技成果，举荐人才，弘扬"尊重知识，尊重人才"的社会风尚；反映科技工作者的意见和要求，维护科技工作者的合法权益，组织科技工作者参与河南省的政治协商、科学决策、民主监督等。

1978年省科协恢复活动后，所属学会数量和门类迅速增加。1980年，恢复和新建省级学会71个，拥有会员2.8万人。1981年，省科协第二次代表大会通过《河南省科学技术协会自然科学专门学会组织通则》，为学会的发展奠定了基础。1987年，省科协所属学会发展到110个，会员达13万人。1989年，民政部下发《关于〈社会团体登记管理条例〉有关问题的通知》（民社发〔1989〕59号），根据该通知精神，河南省科协所属学会第一次在民政部门进行登记，凡登记的学会均取得社会团体法人资格认定。至1996年年底，省级学会发展到129个，会员达21万人。1997年，河南省人民政府下发《关于转发民政厅关于清理整顿社会团体工作的报告的通知》并召开"河南省社会团体工作会议"，省科协对所属省级学会进行清理整顿和重新登记工作。清理整顿后的省级学会为125个。1999年，河南省人民政府办公厅下发《河南省人民政府办公厅关于授权河南省科学技术协会为全省性自然科学类社会团体业务主管的通知》（以下简称"《通知》"），妥善解决省科协所属学会中党政机关领导干部的兼职问题，解决了省科协所属学会在重新登记过程中的遗留问题和学会挂靠单位的变更问题。《通知》下发后，先后有郑州、许昌、漯河等10个市科协也获得市政府授权。

2000年河南省科协全省性学会（协会、研究会）一览表

表36-9-1-2

序号	学会名称	成立时间	人数	挂靠单位
1	省数学会	1957	5170	河南省计算中心
2	省物理学会	1953	2362	郑州大学物理工程学院
3	省力学学会	1983	940	郑州大学物理学系
4	省光学学会	1982	560	电子工业部第二十七研究所
5	省化学学会	1940	3000	河南省化学研究所
6	省气象学会	1960	950	河南省气象局
7	省地质学会	1962	4425	河南省国土资源厅
8	省地理学会	1952		河南大学
9	省地球物理学会	1992	665	国家地震局地球物理勘探中心
10	省古生物学会	1986	268	焦作工学院
11	省地震学会	1980	526	河南省地震局
12	省动物学会	1981	330	河南师范大学生物系
13	省植物学会	1979	390	河南省生物研究所
14	省昆虫学会	1952	636	河南农业大学
15	省微生物学会	1981	625	郑州大学
16	省生物化学学会	1981	495	郑州大学
17	省植物生理学会	1981	410	河南省农业科学院
18	省遗传学会	1980	350	河南农业大学
19	省心理学会	1958	1200	河南大学

续表1

序号	学会名称	成立时间	人数	挂靠单位
20	省生态学会	1986	595	河南农业大学
21	省环境科学学会	1981	2686	河南省环保局
22	省优选法统筹法与经济数学研究会	1985		河南省计算中心
23	省岩石力学与工程学会	1986	500	华北水利学院
24	省系统工程学会	1986	460	郑州航空工业管理学院
25	省生物工程学会	1986	508	河南省生物研究所
26	省机械工程学会	1952	8867	河南省机械电子工业厅
27	省农业机械学会	1979		河南省农业机械管理局
28	省农业工程学会	1989	300	河南农业大学
29	省电机工程学会	1964	5875	河南省电力工业局
30	省水力发电工程学会	1991	1300	黄河水利委员会
31	省电工技术学会	1997	1200	郑州电缆集团有限公司
32	省水利学会	1960	6104	河南省水利厅、黄河水利委员会
33	省制冷学会	1981		河南省贸易厅
34	省自动化学会	1979	1150	郑州纺织工学院
35	省仪器仪表学会	1981	1008	河南省机械电子工业厅
36	省计量测试学会	1981	1400	河南省技术监督局
37	省标准化学会	1979		河南省技术监督局
38	省工程图学会	1980		郑州大学（郑州工业大学）
39	省电子学会	1979	4880	
40	省计算机学会	1987	3400	郑州大学
41	省通信学会	1980	2630	河南省电信公司
42	省中文信息研究会	1984	128	河南省科学技术协会
43	省测绘学会	1966	2208	河南省测绘局
44	省铁道学会	1979	2883	郑州铁路局
45	省公路学会	1980	1526	河南省交通厅
46	省航空学会	1995	1076	河南省国防科工委
47	省兵工学会	1979	2495	河南省国防科工委
48	省金属学会	1979	3687	河南省冶金厅
49	省化工学会	1976	1768	河南省石油化工厅

续表2

序号	学会名称	成立时间	人数	挂靠单位
50	省核学会	1982	318	河南省科学院
51	省石油学会	1979	4267	洛阳石化工程公司
52	省煤炭学会	1965	3300	河南省煤炭工业厅
53	省太阳能学会	1984	207	河南省能源研究所
54	省能源研究会	1981	324	河南省能源研究所
55	省硅酸盐学会	1980	1214	河南省冶金建材厅
56	省土木建筑学会	1954	6720	河南省建设厅
57	省纺织工程学会	1954	3384	河南省纺织工业厅
58	省印刷技术协会	1985	200	河南省新闻出版局
59	省食品学会	1986	260	河南省食品科研所
60	省劳动保护科学技术协会	1986	801	河南省劳动厅
61	省烟草学会	1986	1900	河南省烟草局
62	省振动工程学会	1990	280	郑州大学
63	省照明学会	1989	400	河南省轻工总会
64	省消防协会	1987	232	河南省公安厅
65	省电动车辆工程学会	1985		
66	省包装技术协会	1984	180	河南省经济贸易委员会
67	省烹饪协会	1984	690	河南省贸易厅
68	省黄金学会	1962	758	河南省黄金管理局
69	省红外技术研究会	1982	227	河南省科学院
70	省农学会	1979	12000	河南省农业厅
71	省林学会	1953	2872	河南省林业厅
72	省土壤学会	1978	550	河南省农业科学院
73	省园艺学会	1979		河南省农业厅
74	省畜牧兽医学会	1962	2284	河南省畜牧局
75	省植物保护学会	1964	1177	河南省农业科学院
76	省作物学会	1964	1587	河南省农业科学院
77	省农业经济学会	1981	1102	河南省农业厅
78	省食用菌协会	1981	706	河南省农业厅
79	省蚕茶学会	1979	402	河南省农业厅

续表3

序号	学会名称	成立时间	人数	挂靠单位
80	省棉花学会	1979		河南省农业厅
81	省种子协会	1982	680	河南省种子管理站
82	省小麦研究会	1981	1100	河南省农业科学院
83	省医学会	1932	20110	河南省卫生厅
84	省中医学会	1979	6000	河南省卫生厅
85	省中西医结合学会	1982	990	河南省卫生厅
86	省药学会	1964	3500	河南省卫生厅
87	省护理学会	1947	19784	河南省卫生厅
88	省生理科学学会	1979	555	郑州大学
89	省解剖学会	1956	230	郑州大学（河南医科大学）
90	省针灸学会	1989	1000	河南省卫生厅
91	省防痨学会	1982		河南省卫生厅
92	省心理卫生协会	1986	6000	河南省精神病医院
93	省抗癌协会	1986	1800	河南省肿瘤研究所
94	省体育科学学会	1982		河南省体育运动委员会
95	省预防医学会	1989	4000	河南省防疫站
96	省寄生虫学会	1986	147	郑州大学（河南医科大学）
97	省医药信息学会	1984	320	河南省人民医院
98	省环境诱变剂学会	1994	132	郑州大学（河南医科大学）
99	省自然辩证法研究会	1980	780	河南省委党校
100	省技术经济研究会	1982		河南省人民政府发展研究中心
101	省科学技术史学会	1988	330	河南省文物考古研究所
102	省科技情报学会	1981		河南省科学技术情报研究所
103	省图书馆学会	1979	1612	河南省图书馆
104	省城市科学研究会	1986	1530	河南省建设厅
105	省质量管理协会	1992	426	河南省技术监督局
106	省工业设计协会	1996	200	河南省轻工总会
107	省工艺美术学会	1981	100	河南省工艺美术工业总公司
108	省珠算协会	1979		河南省财政厅、河南省会计学校
109	省科普创作协会	1979		河南省科学技术协会

续表4

序号	学会名称	成立时间	人数	挂靠单位
110	省青少年辅导协会	1981	490	河南省科学技术协会
111	省继续工程教育协会	1991	63（团体会员）	河南省人事厅
112	省土地学会	1994		河南省土地管理局
113	省建设工程造价管理协会	1988		河南省计划委员会
114	省翻译协会	1985	470	河南省科技情报研究所
115	省人才学会	1985		河南省科学技术委员会
116	省学会学研究会	1987	250	河南省科学技术协会
117	省软科学技术研究会	1991	205	河南省科学技术委员会
118	省老科技工作者协会	1985	2162	河南省科学技术协会
119	省民营科技实业家协会	1990	485	河南省科学技术协会
120	省技术进步和管理现代化研究会	1990	182	河南省计划委员会
121	省宝玉石协会	1992		河南省地质矿产厅
122	省科技摄影协会	1983		河南画报社
123	省灾害防御协会	1984	180	河南省地震局
124	省科技新闻学会	1999		河南省科学技术协会
125	省农村专业技术协会	1998	80万	河南省科学技术协会

省辖（管）市科学技术协会　　根据《河南省科学技术协会章程》和河南省省辖（管）市各科协章程规定，河南省省辖（管）市科学技术协会是河南省科学技术协会的组成部分，接受河南省科学技术协会的业务指导。其主要任务是：开展学术交流，活跃学术思想，促进学科发展和科技进步；普及科学知识，捍卫科学尊严，传播科学思想和方法，推广科学技术，提高公众科学文化素质；开展青少年科技教育活动、继续教育工程和技术培训工作，促进科技人才的成长和提高；开展国内、国际民间科技交流，发展同国内国际的科技团体和科学技术工作者的友好交往及科技经济协作活动；组织科学技术工作者参与科技政策、法规制定和地方事务的政治协商、科学决策、民主监督工作；开展科学论证、咨询服务，接受委托承担科技项目评估、成果鉴定和技术职务资格评审等任务；反映科学技术工作者的意见和要求，维护科学技术工作者的合法权益；加强精神文明建设，倡导科学技术工作者树立高尚的科学精神、科学道德，表彰奖励优秀科学技术工作者及优秀成果，举荐人才；兴建和办好科学技术活动阵地，兴办符合科协宗旨的公益性事业；做好所属团体的组织管理、业务指导

和服务工作。

1978年,各省辖市(地区)科学技术协会相继恢复活动。到1981年,全省17个市(地)科学技术协会均恢复活动并独立建制。截至2000年年底,全省18个省辖(管)市全部成立了科学技术协会,多数市科协机关内设办公室、普及部、学会部,有的市科协还设计划财务部和组织人事部。18个市科协机关共有编制241人。直属事业单位35个,编制278人。市(地)级学会、协会、研究会532个,会员近15万人。企事业单位科协389个。

2000年河南省辖(管)市科协简况一览表

表36-9-1-3

单位名称	成立时间	县(市)、区科协数(个)	学会数(个)	学会会员数(人)	农村专业技术协会(研究会)数(个)
郑州市科协	1981	12	29	30000	
开封市科协	1982	8	51	12707	
洛阳市科协	1959	15	52	30000	
平顶山市科协	1980	10	178	23608	385
安阳市科协	1959	9	60	9930	632
鹤壁市科协	1959	5	22	3489	
新乡市科协	1958	12	60		
焦作市科协	1979(恢复)	10	40	18600	
濮阳市科协	1983	6	46	13000	
许昌市科协	1979	5	16	4426	382
漯河市科协	1956	4	32	2300	265
三门峡市科协	1986	6	35	19072	314
南阳市科协	1985	13	219	20730	1014
商丘市科协	1958	9	44	8680	
信阳市科协	1958	10	53	17961	
周口市科协	1965	10	25	8108	
驻马店市科协	1978	10	43	10389	
济源市科协	1980	8	10	2183	176

县(市、区)科学技术协会 1999年,中国科学技术协会第五届第十三次常务委员会通过的《县级科学技术协会组织通则》明确规定,县科协是全县科技工作者的群众组织,是县委领导下的人民团体,是县委、县政府联系全县广大科技工作

者的桥梁和纽带,是全县发展科学技术事业的重要社会力量。其宗旨是:坚持中国共产党的领导,团结、组织全县科技工作者,以经济建设为中心,普及科学技术知识,为推进科技、经济和社会发展服务。其任务是:加强科普组织网络和科普队伍建设,发挥科普主力军作用;组织科技工作者围绕全县科技、经济和社会发展中的重要问题开展科学论证、咨询服务,提出意见和建议;开展学术活动,活跃学术思想,促进科学技术的繁荣和发展;积极履行政治协商、民主监督、参政议政的职能;广泛开展青少年科技教育活动;开展先进实用技术培训,办好农村致富技术函授大学;接受委托承担项目评估、科技成果鉴定、专业技术职务资格评审等任务;对科技工作者进行继续教育,表彰奖励优秀科技工作者,向有关部门举荐人才;发挥党和政府联系科技工作者的桥梁、纽带作用;兴办符合县科协宗旨的社会公益性事业。

1978年以后,全省县(市、区)科协迅速恢复、巩固和发展。1981年,112个县(市、区)中有107个县(市、区)恢复了科协组织,并独立建制。1987年,全省117个县(市、区)独立建制的科协达112个,有专职干部760人,办科普服务实体84个;县级学会1403个,会员92812人;全省2061个乡镇建立科协1744个,专职干部984人,兼职干部1559人,办科普服务实体170个,会员95235人;全省农村专业技术协会(研究会)2500个,会员11.21万人;商品生产村136个,商品生产乡36个。1992年,全省有县(市、区)科协118个,机关人数944人,其中科学家和工程师238人、直属科技服务单位309人,职工1154人。截至2000年,全省155个县(市、区)中,有151个成立了科协,机关从业人员1099人;直属单位81个,从业人员351人;县级学会、协会、研究会3924个;农村专业技术协会、研究会8405个,会员540299人;街道社区科协117个,乡镇科协1833个。

2000年河南省各县(市、区)科协简况一览表

表36-9-1-4

	单位名称	成立时间	乡镇科协数(个)	学会数(个)	学会会员数(人)	农村专业技术协会(研究会)数(个)
郑州市	管城回族区科协	1978				
	二七区科协	1979	3			
	中原区科协	1976	4	4	680	7
	邙山区科协	1990	4	21	227	3
	金水区科协	1980		17	580	4
	上街区科协	1981		8	1000	1
	巩义市科协	1982	17	81	3400	
	登封市科协	1978	14	28	7800	

续表1

	单位名称	成立时间	乡镇科协数（个）	学会数（个）	学会会员数（人）	农村专业技术协会（研究会）数（个）
郑州市	新密市科协	1981	17	65	15000	
	荥阳市科协	1984	17	34	1658	
	新郑市科协	1958	14	26	1040	28
	中牟县科协	1981	20	25	5500	13
开封市	开封县科协	1983	20	143	5660	
	兰考县科协	1984	16	24	1240	84
	杞县科协	1972	21	1	260	2
	尉氏县科协	1984	17	22	960	34
	通许县科协	1984	12	6	96	26
	郊区科协	1984	8	22	960	12
	龙亭区科协	1988				12
洛阳市	洛宁县科协	1974	21	34	5430	18
	汝阳县科协	1980	15	15	907	18
	嵩县科协	1980	16	41	15651	317
	宜阳县科协	1986	19	12	650	25
	西工区科协	1984		11	500	
	新安县科协	1959	13	21	5480	45
	孟津县科协	1985	12	14	2130	6
	偃师市科协	1981	17	25	5000	51
	栾川县科协	1979	15	7	1090	38
	伊川县科协	1982	15	27	280	150
	涧西区科协	1984				
	老城区科协	1984				
	洛龙区科协	1980	2	8	40	8
	吉利区科协	1986	2	2	40	5
	瀍河回族区科协	1984				
平顶山市	汝州市科协	1982	20	10	800	48
	舞钢市科协	1982	8	16	1600	18
	宝丰县科协	1980	13	40	5500	13
	叶县科协	1985	18	8	1300	25
	鲁山县科协	1982	20	14	480	96
	郏县科协	1978	14	26	2000	108

续表2

	单位名称	成立时间	乡镇科协数（个）	学会数（个）	学会会员数（人）	农村专业技术协会（研究会）数（个）
平顶山市	新华区科协	1984	9	22	380	14
	卫东区科协	1983	1	5	460	6
	湛河区科协	1982	7	5	438	18
	石龙区科协	1998	4			39
安阳市	安阳县科协	1958	24	48	8000	132
	林州市科协	1959	16	12	1120	26
	滑县科协	1984	22	23	10668	127
	内黄县科协	1984	17	14	450	50
	汤阴县科协	1989	10	11	1400	77
	北关区科协	1990	5	8	100	
	文峰区科协	1987		6	867	
	铁西区科协	1984	4	2	1300	
	郊区科协	1991				
鹤壁市	浚县科协	1958	10	14	225	30
	淇县科协	1964	7	8	382	52
	淇滨区科协	1987	2			12
	山城区科协	2000	1			6
	鹤山区科协	2000				3
新乡市	红旗区科协	1997	11			
	新华区科协	1997	9			
	郊区科协	1982	4	5	15	5
	北站区科协	1985	4			
	辉县市科协	1952	26	11	26	2
	卫辉市科协	1956（科普协会）1959（科协）	16	17		9
	新乡县科协	1984	11	3	20	3
	获嘉县科协	1984	14			
	原阳县科协	1957（科普协会）1959（科协）	22			
	延津县科协	1980	18	21		
	封丘县科协	1984	25	6		5
	长垣县科协	1980	17	3	3	1

续表3

	单位名称	成立时间	乡镇科协数（个）	学会数（个）	学会会员数（人）	农村专业技术协会（研究会）数（个）
焦作市	沁阳市科协	1984	16	106	10000	16
	孟州市科协	1978	13	27	1450	135
	博爱县科协	1985	13	11	450	80
	温县科协	1985	13	13	650	58
	武陟县科协	1984	15	39	860	28
	修武县科协	1984	10	11	469	407
	解放区科协	1992	2			
	山阳区科协	1992				5
	中站区科协	1996	3			30
	马村区科协	1993	3	4	153	80
濮阳市	濮阳县科协	1984	22	38	560	220
	华龙区科协	1987	4	16	287	27
	南乐县科协	1980	12	16	619	65
	台前县科协	1985	9	20	360	32
	清丰县科协	1984	18	13	1400	84
	范县科协	1974	13	28	2556	90
许昌市	鄢陵县科协	1980	12	18	1500	233
	长葛市科协	1984	16	36	5600	82
	襄城县科协	1983	16	6	130	23
	许昌县科协	1984	16	29	3200	36
	禹州市科协	1985	26	19	7000	8
漯河市	源汇区科协	1986	8	1	50	6
	郾城县科协	1987	18			120
	临颍县科协	1984	15	7	136	8
	舞阳县科协	1956	13	8	245	278
三门峡市	卢氏县科协	1981	19	23	1650	56
	陕县科协	1979	17			26
	义马市科协	1982	2			
	灵宝市科协	1982	17	26	2700	
	湖滨区科协	1986	5	5	285	19
	渑池县科协	1981	16	24	14437	213

529

续表 4

	单位名称	成立时间	乡镇科协数（个）	学会数（个）	学会会员数（人）	农村专业技术协会（研究会）数（个）
南阳市	邓州市科协	1985	29	21	1100	149
	方城县科协	1982	16	15	1020	131
	新野县科协	1959	14	16	1260	25
	镇平县科协	1984	23	12	378	72
	桐柏县科协	1985	16	16	1250	68
	社旗县科协	1979	18	19	266	104
	淅川县科协	1982	16	9	305	42
	唐河县科协	1980	20	7	650	91
	西峡县科协	1958	18	24	1621	27
	卧龙区科协	1994	14	13	7500	136
	南召县科协	1984	16	38	2400	22
	宛城区科协	1980	14	8	380	109
	内乡县科协	1990	16	21	2600	38
商丘市	永城市科协	1979	30	50	11200	119
	夏邑县科协	1960	25	14	658	164
	柘城县科协	1980	23	10	1260	14
	虞城县科协	1951	31	7	2160	126
	睢阳区科协	1965	18	13	1360	76
	梁园区科协	1959	15	28	1690	67
	睢县科协	1958	24	19	5437	623
	宁陵县科协	1959	15	22	3600	45
	民权县科协	1956	19	17	7705	122
信阳市	浉河区科协	1958	13	33	2200	9
	平桥区科协	1979	21	7	860	2
	罗山县科协	1958	19	11	2128	46
	潢川县科协	1977	21	6	135	21
	光山县科协	1958	25	29	3403	6
	固始县科协	1958	33	14	321	
	新县科协	1979	17	26	450	5
	息县科协	1958	22	10	5160	1
	淮滨县科协	1958	21	9	560	41
	商城县科协	1979	22	1	36	4

续表5

	单位名称	成立时间	乡镇科协数（个）	学会数（个）	学会会员数（人）	农村专业技术协会（研究会）数（个）
周口市	扶沟县科协	1979	16	28	2654	127
	鹿邑县科协	1979	22	6	4800	
	太康县科协	1981	23	16	3600	14
	沈丘县科协	1979	21	25	3551	34
	项城市科协	1984	18	28	5656	114
	商水县科协	1959	23	34	920	60
	郸城县科协	1982	20	27	4141	46
	西华县科协	1958	19	29	4235	76
	川汇区科协	1975	3	35	3600	5
	淮阳县科协	1983	20	12	1800	16
驻马店市	驿城区科协	1978	11	27	3800	16
	遂平县科协	1979	16	29	590	20
	汝南县科协	1979	21	14	2440	144
	平舆县科协	1985	18	25	2626	52
	新蔡县科协	1984	23	12	2149	150
	正阳县科协	1981	22	10	2000	36
	泌阳县科协	1980	24	17	4125	69
	上蔡县科协	1987	25	7	1440	84
	西平县科协	1982	20	14	287	103
	确山县科协	1985	18	24	1200	175

说明：农业专业协会数包括在学会数里

第二节　学术交流

1978年，河南省科协恢复活动，设立学会部具体管理学会和学术活动。各市（地）县（市）科协也陆续恢复，并广泛开展活动。

"六五""七五"计划时期，专业学会围绕学科发展、科技进步及工农业生产开展了大量的学术研讨、交流活动，会员撰写学术论文，发表自己的观点和意见。科协作为科技工作者之家，积极为学会和广大科技工作者创造良好环境，开辟有效渠道，在繁荣学术活动、活跃学术气氛、促进科技进步方面做了大量工作。1978年，省科协创办了《科技工作者建议》（1999年更名为《专家建议》）。从1983年起，开展了河南省自然科学优秀学术论文评选活动，至1990年共举办3届，共评出优秀论文632篇。优秀论文的评选，为调动广大科技人员的积极性，提高河南省基础研究水平，推动学科建设、繁荣和活跃学术思想起到了重要作用。省科协指导各学会开展多种形式学术交流活动，并依靠骨干学会举办大型学术活动。如河南省矿产资源开发利用和保护学术研讨会、河南省粮食生产学术研讨会、河南省合理用电学术研讨会、河南省立体农业开发与普及研讨会等。

"八五""九五"计划时期，全省又举办3届优秀论文评选活动，共评出优秀论文2222篇。随着国家改革开放的深入和科协形势的变化，河南省科协坚持把学术活动的改革放在学会改革的中心位置，进行探索和尝试，逐步总结出一套比较成功的工作经验。由省科协直接立题、直接组织，重点学会牵头，多个学会参加，每年举办一至二次综合性学术活动，围绕河南省社会、经济、科技发展中热点、难点、焦点、重点问题进行交流和探讨，充分发挥大团体优势，促进了全省科技、经济的发展和领导决策的科学化、民主化。1991年，举办了"河南省大中型企业科技进步研讨会"；1992年，举办了"河南省农业防灾减灾学术研讨会"；1993年，举办了"交通运输课题研究""西宁铁路河南段走向研讨会""全国食用菌产品和新技术交流交易会"；1994年，举办了"河南省水资源紧缺及对策学术研讨会"；1995年，举办了"河南省第二次矿产资源合理开发利用研讨会"；1996年，举办了"河南省可持续发展战略研讨会"；1998年，举办了"河南省农业产业化经营理论与实践研讨会"；1999年，举办了"河南省城市防洪排涝学术研讨会"；2000年，举办了"河南省城市环境保护与建设学术研讨会"等大型综合性学术活动。均得到了省委、省政府高度重视，主要领导对活动所形成的建议亲自批示，并批转有关部门参考和实施。交通运输研究的主要成果已纳入《河南省国民经济和社会发展"九五"计划和2010年远景目标》，其交通运输研究成果宁西铁路建设规划被采用并付诸实施，已于2000年11月正式通车运行。

1978~2000年，省科协每年从各省级学会申报的学术活动中评选出40~50项作为重点学术活动，并给予一定的经费补贴。其重点学术活动有：省植保学会"全省麦棉病虫害防治专家研讨会"、省林学会"河南省银杏栽培技术开发利用学术研讨会"、省水利学会"建设与社会主义市场经济相适应的水利新机制学术研讨会"、省城市科学研究会"河南省小城市规划建设研讨会"、省通信学会"郑州市市话网升位技术研讨会"、省寄生虫学会"河南省人畜共患寄生虫病学术研讨会"、省劳保学会"河南省事故高发原因及预防对策学术研讨会"、省生态学会与省铁道学会"豫东北地区沙压铁路的调研活动"、省地质学会"河南省国土资源开发利用与保护学术研讨会"等重点活动都与河南省生产、生活、经济发展密切相关，对提高会员学术水平、促进学科发展产生了重要作用。

另外，省科协还组织了专题性学会活动。为加强河南省广大青年科技工作者之间的交流与合作，加速青年科技人才的成长与提高，促进跨世纪人才队伍建设，省科协从20世纪90年代中期制定青年学术年会制度，每2~3年举办一次，1995年、1999年分别召开第一届、第二届青年学术年会，参加年会代表近千人。按照学术活动出精品、树品牌的思路，2000年9月举办河南省第一届学术活动月，5000多名科技工作者参加活动。90年代学术活动的突出特点是：学术活动由纯学术型向学术与社会经济效益并重型转变；由单一学会举办向多学会、多单位联合举办转变，由单一学科、专业向多学科、多专业交叉融合型转变；学术活动同政策建议、决策咨询、科学论证、软科学研究紧密结合，内容不断丰富，把学术思想转化为政府部门和经济部门领导的决策思想，发挥参谋助手作用；学术活动面向经济建设主战场，与科学考察、科技攻关、新技术报告、科技展览、成果展示、信息发布、技术服务相结合，促进科技成果的转化；学术活动与"厂会协作""农技协"工作相结合，起到相互促进的作用。

民间国际科技交流是学术活动的重要组成部分。1978~2000年，河南省科协国际部组织了大量的民间国际科技团体的友好往来，其活动形式有：组织召开和参加国际会议，派出去、请进来，参观考察、培训、研修、进修、短期工作，向日本、德国派遣进修生，组织国际专业展览会等，广泛开展多边交流、双边交流。

国内学术交流 1978年3月全国科学大会召开后，河南省各级科协及所属学术团体相继恢复活动，紧紧围绕全省及地区经济建设和社会发展的重大课题，积极组织多学科、综合性的国内学术交流，促进全省科技、经济和社会的发展。

1978~1991年，河南省科学技术协会及其所属各省级自然科学学会共举行各种学术研讨会、报告会、专题考察等活动1.2万多次，参加活动的达160万人次；征集学术论文、报告和科技建议7万多项；评选优秀论文970篇。1982年，为探索河南省农业发展的有效途径,河南省科协组织由17个省级学会、200多名专家和学者参加的大规模考察,并由14个省级学会联合召开了"河南省加快农业发展学术讨论会"。1986年,省科协组织省林学会、农学会等13个学会召开河南省山区开发学术研讨会,这是全省第一次大规模、多学科、自然科学与社会科学交叉、基础研究与应用开发研究相结合的有关山区智力开发的综合性学术研讨会。会议通过讨论,就全省山区发展战略、开发政策、产业结构调整、生态建设的环境保护、矿产资源开发利用、交通信息等方面,提出了《加快河南山区综合开发治理的建议》。这项综合性建议得到中共河南省委、河南省人民政府的批准,有些关键性开发治理措施被有关部门采纳。1987年,在中共河南省委理论工作领导小组的推动下,由河南省科协、河南省科学院、河南省社科联、河南省社会科学院共同筹备召开了"河南省自然科学和社会科学联盟学术讨论会",收到论文100篇,来自北京、上海等13个省市的154名学者就联盟的意义、地位、发展趋势等问题进行了探讨。会议向全国学术界发出《发展交叉科学,服务四化建设》的倡议书,产生了强烈反响。会议期间,"河南省交叉科学学会团体联合会"宣告诞生。1988年,河南省水利学会在进行周密科学考察和科学论证的基础上,提出《加快引黄灌溉步伐的建议》,被水利部和河南省人民政府采纳。1988~1990年,全省共增加引黄灌溉及补源工程控制面积16.27万公顷,产生经济效益达17亿元。1994年,河南省10多个省级学会及省内外100多位专家学者对已成为河南省经济社会发展瓶颈的交通问题开展分课题研究,其研究成果形成《河南省交通运输发展对策研究总报告》,为政府制定"九五"规划提供了科学依据。1995年,该研究项目分别通过了中国科协运输决策咨询专家的评审论证和河南省科委组织的成果鉴定,其成果已纳入《河南省国民经济和社会发展"九五"计划和2010年远景目标》。1995年,河南省科协、中共河南省委组织部、河南省人事厅、河南省科委、河南省教委联合召开"河南省首届青年学术年会"。出席会议代表485人,征集学术论文900篇,内容涉及理、工、农、医、交叉科学等,许多论文具有重要的学术价值和实用价值。1996年,河南省科协、河南省社科联联合组织"河南省可持续发展战略研究",60多位专家学者围绕河南可持续发展战略,从经济、社会、人口、资源、环境等方面开展研究和交流,对河南省的可持续发展问题提出许多重要建议,引起中共河南省委和河南省人民政府的重视。1999年,河南省水利学会组织"河南省涝洼地水利生态工程综合开发治理学术考察",提出"涝水资源化""涝洼地水资源最佳平衡"等具有新意的学术思想和观点,省财政专项拨款给予支持。2000年,全省科协系统共举办各类学术活动1500多次,其中有中国科学院院士、中国工程院院士参加的学术活动20多次;交流学术论文8000多篇,近10万名科技人员参加活动。如由河南省科协主持的以"创新与发展"为主题的"河南省首届学术活动月"成功举办。来自20多个省级学会,10多所大专院校、科研单位及部分企业的5000多名科技工作者，围绕国土资源、城市建设、人工智能、通信技术、纺织等23个专题进行学术研讨和交流。其中：省科协举办了3场院士报告会；省地质学会举办了"加入WTO与地勘工作体制改革对河南地矿产业的影响及对策"学术研讨会，并向省政府呈送了建议；省金属学会、省医学会、省测绘学会等都组织了多场报告会和研讨会。"学术活动月"使理论与实践、科技与经济紧密结合，既解决了许多关系到河南省经济社会发展的具体问题，又推动了河南省科技进步与创新，产生了较大影响。

河南省科学技术协会注重总结开展学术活动的经验，不断将学术交流引向深入。从1985年开始，河南省各自然科学专门学会，把提高学术活动质量作为学会改革的中心环节，并很快产生积极效果：各学会积极主动地同政府有关部门或企业挂钩，选题注重解决实际问题，力求切实、准确；学术活动的内容更加丰富，形式更加多样化，如学术交流、技术交流、技术协作、技术服务等，同时注意同省内外同学科和相近学科的学会加强横向联系；加强小型专业化和专题性学术交流；从单一学科活动，发展到多学科、自然科学与社会科学相结合的具有广泛社会性的学术活动。1992年，河南省科协开始对学术活动实行分层次管理，即把学术活动按综合性学术活动、重点学术活动和学会自身学术活动分别进行管理。为克服经费使用上的平均主义，从1997年开始对重点学术活动实行经费补贴制，增强了学会的竞争意识，进一步调动了学会开展学术活动的积极性。

1997年后，省科协高度重视拓宽学术活动的空间，如：受省政府的委托，承担了"河南省专家决策咨询团"办公室的工作；省科协所属学会的科研项目受到重视，省科协被批准为省科技计划项目归口管理部门。如：2000年申报了14个项目，其中4项被正式列为河南省科技计划项目；厂会协作项目取得政策性支持，省有关文件规定，建立厂会协作关系的企业，同等条件下可优先得到省经济贸易委员会的支持，认定为省级企业技术中心，其协作项目可优先纳入各级经贸技术创新项目计划等。

河南省交通运输发展对策研究 "河南省交通运输发展对策研究"是河南省科学技术协会针对河南省经济建设和交通运输发展中存在的问题，组织河南省铁道学会、公路学会、技术经济研究会、技术进步与管理现代化研究会、优选法统筹法与经济数学研究会和系统工程学会的100多位专家、学者，1993年开题，历时20个月完成的层次高、影响大、范围广的跨学科综合研究项目。该课题共完成研究报告14篇，各种专题论文100余篇。研究过程中向中共河南省委、河南省人民政府、铁道部、交通部提出的"关于加快河南省交通运输发展的对策建议""宁西铁路走向分析与建议""南水北调中线工程调水与通航同步建设的建议""河南省公路网布局与建设重点"等重大决策建议，受到决策部门和有关领导的高度重视，有些决策建议已被决策部门采纳，如国家规划建设的西安—南京（宁西）铁路。河南省在充分调查研究论证的基础上，书面提出了"宁西铁路走向分析与建议"，同时还撰写了有关宁西铁路建设的8篇研究论文。该"建议"受到国家有关部门的重视并采纳,产生了十分可观的社会效益和经济效益。

该项研究紧密联系河南实际,注重务虚与务实结合、近期与长远结合、局部与全局结合、应急与超前结合。重视现代软科学新理论、新方法应用,定性分析与定量研究相结合。在研究过程中,针对当时理论、方法的缺陷或不足,提出"用参数线性规划定位求解""缓冲GM(1,1)""G-E组合模型""三角隶属函数评估模型"等新方法、新模型,在模型技术上有所突破和创新。

该项研究根据国家产业政策和河南省社会、经济发展的总要求,提出了河南省交通运输发展的指导思想和总目标:加大改革开放的力度,坚持大办交通、办大交通的方针;在积极发展铁路、水运和管道运输的同时,重点加强航空和公路运输;突出抓好通道和枢纽工程建设,加强管理及技术改进,提高现代化水平;强化各类口岸建设及不同运输方式之间的协作联运,逐步形成方便、快捷、安全、舒适、优质、高效的综合运输体系。2000年以前,努力使全省交通运输滞后的局面得到初步缓解;到2010年,交通运输基本上适应经济、社会发展需要,建成结构优化、衔接紧密、优势互补、快捷高效的综合交通运输体系,全省交通运输初步实现现代化。

河南省青年学术年会 为进一步贯彻落实"科教兴豫"战略,培养跨世纪青年科技人才,1995年12月27日,中共河南省委组织部、省科协、省人事厅、省科委、省教委共同主办了全省性、大规模、多学科、综合性的河南省首届青年学术年会。出席年会的正式代表365人,特邀代表120人,分别来自全省科研、教育、卫生和工农业生产第一线,是河南省青年科技工作者中成绩突出的优秀代表。首届年会的主题是"科技增强国力,青年开创未来"。主要任务和目的是:交流和检验河南省青年科技工作者的科技成果,发现和培养跨世纪的优秀青年科技人才,鼓励青年科技工作者为实施"科教兴豫"战略贡献聪明才智。为成功召开河南省首届青年学术年会,河南省成立了由省直党委、政府部门和科研院所及大专院校32位成员组成的指导委员会和由36位成员组成的执行委员会。首届年会期间,与会全体代表以"肩负起'科教兴豫'的历史使命"为标题,向全省青年科技工作者发出倡议书。倡议以"科教兴豫"为己任,为河南经济和社会快速发展作出更大贡献;坚持"献身、创新、求实、协作"的科学精神,锐意进取,努力攀登科学技术高峰;虚心向老一代科技工作者学习,接好科技接力棒。年会收到全省各地评审和推荐的优秀论文900多篇,经省专家评委会复审,共筛选出365篇在年会上交流并编入论文集。

1999年12月,河南省第二届青年学术年会召开,主题是围绕信息科学与微电子技术、生物科学与生物技术、材料科学与工程技术、资源环境科学与可持续发展技术四大领域开展学术交流。年会收到论文600篇,通过组织专家评审,有276篇论文在会上交流和研讨,并被收录《河南省第二届青年学术年会论文集》。

"创新与发展"学术活动月　为贯彻落实中共中央、国务院《关于加强技术创新、发展高科技、实现产业化决定》的精神，推动河南省技术创新工作，河南省科学技术协会于2000年9月7~29日举办河南省"创新与发展"学术活动月。活动月以"创新与发展"为主题，组织20个省级学会，开展了23个活动项目，参与科技人员5000余人。

活动月的活动形式有传统的学术报告、学术研讨、学术交流，还有科技成果展示、产品展览。省机械工程学会先后组织"技术创新的生长点""条件性和RPM快速成型制造技术与企业技术创新"两场学术报告。省食品科技学会组织召开了"河南省饮料工业新世纪发展战略研讨会"，通过学术报告、学术交流、产品展览等形式，使与会人员对饮料市场、饮料技术开发有了进一步的认识和理解。省水利学会邀请水资源专家申季维作题为《河南省水资源开发利用对经济发展的保障作用》的学术报告。省通信学会、省多媒体通信局联合举办"河南省多媒体通信技术研讨会"，并向有关方面提出4条建议。省测绘学会、省测绘局联合举办"河南省测绘科技青年学术年会"，收到论文89篇。省昆虫学会邀请中国科学院上海昆虫研究所研究员、博士生导师唐振华作题为《21世纪害虫药剂防治面临的挑战与机遇》的报告。省纺织工程学会举办"河南省2000年新型纺织产品、质量、技术与改造研讨会"，全省20余家具有新型纺织技术和装备的企业、科研院校参加了会议。

活动月还举办两场院士报告会，陈俊武院士作题为《浅谈21世纪能源科技的创新与发展》的报告，高俊院士作题为《数字地球与国家空间数据基础设施》的报告。

科技期刊　科技期刊是科技工作者发表学术论文、传播科学技术、交流科技信息、展示学术水平和科技实力的重要载体。据2000年统计，河南省省级学会独办和省级学会与有关单位联合主办的科技期刊共计18种，其中公开发行的10种、内部发行的8种。如：河南省畜牧兽医学会和河南省畜牧局合办的《河南畜牧兽医》于1978年创刊，20多年间，发行量稳定在2万份左右。省科协主办的《农家参谋》，

2000年河南省科技期刊统计表

表36-9-2-1　　　　　　　　　　　　　　　　　　　　　　　　　　　单位：份

名称	刊号	创刊时间	主办单位	发行量
河南电力	豫直0005号	1973	河南省电机工程学会河南电力试验研究所	5000
河南测绘	豫直0016	1976	河南省测绘局、河南省测绘学会、河南省科技信息站	3000
河南畜牧兽医	ISSN1004-5090 CN41-1111/S	1978	河南省畜牧局、河南省畜牧兽医学会	20000
中州煤炭	ISSN1003-0506 CN41-1087/TD	1979	河南省煤炭学会、河南省煤炭研究所	5000
河南财政研究	豫直0028号	1980	河南省财政厅、河南省财政学会、河南省会计学会、河南省珠算协会	2000

续表

名称	刊号	创刊时间	主办单位	发行量
河南纺织科技	豫内0008号	1980	中原工学院、河南省纺织工程学会	1500
河南科协	豫直0001号	1980	河南省科协	5000
河南建材	ISSN1008-9772 CN41-1286/TU	1980	河南省硅酸盐学会、河南建材研究设计院	5000
河南图书馆学刊	ISSN1003-1588 CN41-1013	1981	河南省图书馆、河南省图书馆学会	3000
农家参谋	ISSN1003-5494 CN41-1229/N	1983	河南省科协	50000
中州建设	ISSN1005-4863	1986	河南省建设厅、河南省城市科学研究会	
河南石油	ISSN1006-4095 CN41-1207/TE	1987	河南石油勘探局、河南省石油学会	2000
心理世界	ISSN1005-510X CN41-10301B	1987	河南大学	20000
河南肿瘤学杂志	ISSN1003-1464 CN41-1165/R	1990	河南省抗癌学会	1500
河南冶金	ISSN1006-3129 CN41-1199/TF	1993	安钢集团有限责任公司、河南省金属学会	3000
河南土地	豫直0080号	1995	河南省土地学会	1500
劳动安全	豫直0024号	1996	河南省劳动厅、河南省劳动保护科学技术学会	
科技动态	豫直0045号	1996	省科协	5000

1983年创办以后，发行量稳定在5万份左右。这些科技期刊，覆盖河南省的城市和乡村，对于繁荣科学技术、促进学术交流和科技成果的转化、传播科学思想、弘扬科学精神发挥了重要作用。

优秀学术论文评选 1978年河南省科学技术协会恢复活动后，各学术团体围绕社会主义四个现代化建设开展学术活动，广大科技工作者撰写大批学术论文，提出许多科学建议，其中有不少具有很高学术水平和实用价值，并在经济建设中发挥了作用。1982年3月，中共河南省委、河南省人民政府在批转的《组织"科学技术年"座谈会纪要》中指出："对学术交流活动中收集的科学建议和学术论文，要进行评选，对发展科学技术和工农业生产有重大意义的优秀科学建议和学术论文予以奖励。"为促进学术活动更广泛开展、表彰先进、发现和培养优秀科技人才，省科协决定从1982年起开展河南省自然科学优秀学术论文评选工作。1982年8月，河南省科协下发《关于评选优秀学术论文的通知》，决定对1978~1981年期间发表的优秀学术论文进行评选。并公布了《河南省科学技术协会自然科学优秀学术论文评定及奖励试行办法》。1983年12月，进行第一届优秀学术论文评选活动，评出优秀学术论文一等奖

3篇、二等奖50篇、三等奖100篇、优秀科技建议25篇。1986年7月、1989年11月、1992年12月，省科协又分别组织了第二届、第三届、第四届优秀论文评选活动，分别对1982~1983年、1984~1987年、1988~1990年的优秀学术论文进行评选。1993年6月，河南省人事厅、河南省科学技术委员会、河南省科学技术协会决定联合开展自然科学优秀学术论文评选和表彰活动，并联合下发《关于颁布〈河南省自然科学优秀学术论文评选和奖励办法〉的通知》，规定"优秀论文设一、二、三等奖，科技人员每次的获奖论文均纳入本人技术档案，作为技术考核和技术职务评聘、晋升的依据之

1978~1997年河南省自然科学优秀学术论文评选结果统计表

表36-9-2-2　　　　　　　　　　　　　　　　　　　　　　　　　　　　　　　　单位：篇

届次	评选时间	论文发表年限	评选结果			合计	评选表彰部门
			一等奖	二等奖	三等奖		
一	1983.12	1978~1981	3	50	100	153	河南省科协
二	1986.7	1982~1983	2	78	171	251	河南省科协
三	1989.11	1984~1987	7	84	137	228	河南省科协
四	1992.12	1988~1990	7	100	182	289	河南省科协
五	1996.6	1991~1994	19	442	557	1018	河南省人事厅 河南省科委 河南省科协
六	1999.6	1995~1997	82	492	361	935	河南省人事厅 河南省科委 河南省科协
总　计		1978~1997	120	1246	1508	2874	

1978~1999年河南省自然科学优秀学术论文评选一等奖获奖一览表

表36-9-2-3

序号	论文名称	获奖人	获奖单位
第一届			
1	一种新型的全息轮胎无损检验仪	柯敬唐　赵才福　王金刚　杨克明	郑州工学院
2	秦汉铁范铸造工艺探讨	李京华	河南省文物研究所
3	波异特性阻抗的新概念	史锦顺	电子工业部第二十七研究所
第二届			
1	钨的双氮络合物的酮类存在下与水或醇类的反应——从配信氮分子合成甲酮连氮及作为其中间体的新的螯合重氮其络合物的分离	金斗满	河南省化学研究所

续表1

序号	论文名称	获奖人	获奖单位
2	石油炼制过程碳氢组成的变化及其合理利用	陈俊武	中国石油化工总公司洛阳石化工程公司
第三届			
1	结构设计的两相优化法和优化力学失效准则	霍达	郑州工学院
2	含醇二元体系的热力学性质研究 VII	赵建萍 戴明	河南省化学研究所
3	冬小麦水分动态分析和干旱预报	朱自玺 牛现增 侯建新	河南省气象科学研究所
4	河南省南泥湖钼矿田地球化学特征及原生地球化学异常的探讨	王忠虎 崔燮祥 张本仁等6人	河南省地质矿产局第一地质调查队、武汉地质学院
5	水田拖拉机驱动轮与土壤相互关系的研究	邓卓荣 由书城	机械电子工业部洛阳拖拉机研究所
6	五千余年来我国中原地区气候在年降水量方面的变迁	王松海	河南省水文水资源总站
7	食管癌与贲门癌的诊断细胞学及早期发现	沈琼	河南医科大学
第四届			
1	高阶混合型泛函微分方程的振动性	程远纪	河南医科大学
2	On the validity of the Mass-velocity Operator in Puantum Chemistry（论量子化学中质量速度算符的有效性）	潘慧云	郑州大学
3	聚酯-聚氨酯溶液 13C-NMR 弛豫研究——自旋晶格弛豫与氨酯分子在溶液中的局部片段运动	高令杰 赵天增 梁晓天	河南省化学研究所、中国医学科学院药物研究所
4	交流励磁发电机的数学模型	李承业	河南省电力局科技处
5	45MnSiV 预应力钢筋的应力腐蚀	王正	郑州工学院材料研究中心
6	测定单株立木材积的形点法	徐祯祥 廖晓海 侯建智	河南省林业科学研究所、河南农业大学
7	不同河型冲积河流的模拟方法	张红武 钟绍森 曹丰生等5人	黄河水利委员会水利科学研究院
第五届			
1	时滞离散系统的稳定性	肖会敏	河南财经学院
2	非线性非完整系统相对于非惯性系动力学的积分理论	罗绍凯	河南商丘师范专科学校
3	29.15K 时 NaCl 在葡萄糖-水和蔗糖-水混合物中的平均活度系数	王健吉 刘文彬 樊静 卢锦梭	河南师范大学
4	硫酸氢铵贮能反应的机理函数的判定及其动力学研究	李靖华 张桂恩 王金云	河南师范大学

续表2

序号	论文名称	获奖人	获奖单位
5	XVIII.四种丁醇分别与二氯甲烷或1,2-二氯乙烷形成二元体系的摩尔过量焓	赵健萍 张富强 戴 明	河南省化学研究所
6	阴极溶出伏安法测定食品和生物样品中痕量碘	仰蜀薰 付守俊 王民路	郑州大学
7	过氧化苯甲酰的化学电离质谱——气相中生成联苯甲酸的自由基芳香取代反应	涂亚平 邹大鹏 唐明生	郑州大学
8	二茂铁亚胺的环金属化反应II[1-(芳亚胺)乙基]二茂铁的环汞化反应及有关的结构性能关系研究	吴养洁 崔守权 祝 英 杨 立	郑州大学、兰州大学
9	取代苯亚甲基芳胺希夫碱的汞化反应	丁奎岭 吴养洁 胡宏玫 沈联芳 王 欣	郑州大学、南京大学、中国科学院武汉物理研究所、兰州大学
10	8-羟基喹啉的卤化磷（III）衍生物的合成和表征8-苯基（氯）磷化喹啉的晶体结构分析	杨 林 P·G·Jones R·Schmueeler	河南师范大学
11	定向爆破建港抛体挤淤机理与抛填体密度研究	阎 江 刘先魁 杨保东 张印祥	黄河水利委员会黄河工程技术开发公司
12	马铃薯纺锤形块茎类病毒基因的化学合成与克隆	郭蜀光 张 婕 闵永洁 彭小忠 谢 毅 王启松	河南大学生物系、复旦大学遗传所、中国医科院医学生物所
13	齿轮润滑状态的研究	吴晓铃 戚文正	机械工业部郑州机械研究所
14	秩亏自由网LN估值的修正估计类	归庆明	解放军测绘学院
15	VLBI和SLR数据联合导出的现时板块运动模型	孙付平 赵 铭	解放军测绘学院、中国科学院上海天文台
16	980钢低周疲劳试验研究	胡素坤 李春林 常 海	洛阳船舶材料研究院
17	针刺对大鼠自然杀伤细胞毒性效应的研究	天景二 刘晓萍 邓新国	河南医科大学、青岛医学院、河南省眼科研究所
18	不同石墨形态含磷铸铁间瓦材料摩擦学性能研究	张永振 陈 跃 贺润桐 沈百令	洛阳工学院
19	40Cr-CrWNn钢的超塑焊接	文九巴 席聚奎	洛阳工学院
第六届			
1	一类似线性发展方程的解的爆破问题	杨志坚 宋长明	郑州工业大学、郑州纺织工程学院
2	图嵌入于圈的最小带宽问题	林诒勋	郑州大学
3	新的有限维可积系统和HS耦合Kdv方程的显式解	耿献国 任咏裳	郑州大学、香港浸会大学
4	三解形REISSNER-MINDLIN板元	陈绍春 石东洋	郑州大学
5	双曲空间H2（-1）到H3（-1）的等距浸入	胡泽军 赵国松	郑州大学、四川联合大学

续表3

序号	论文名称	获奖人	获奖单位
6	微分算子的迹公式及其在可积系统中的应用	李梦如　曹策问	郑州大学
7	二阶超线差分方程的振荡性	杨宇军　张卫国	郑州大学、长沙铁道学院
8	广义多变量IMBg方程的Cauchy问题	陈国旺　邢家省　杨志坚	郑州大学、郑州工业大学
9	温度涨落产生的输运	李玉晓	郑州大学
10	在探测宇宙线时铅屏蔽物对闪烁体的作用	孙洛瑞　岳学东　王春华	郑州大学、湘潭大学
11	近红外激光激发下表面增强喇曼散射（SERS）的化学效应	梁二军　W·Kiefer	郑州大学、德国维尔兹堡大学
12	电子与多原子分子H_2S,SiH_4,CH_4,CF_4,SF_6,C_2H,CCl_3F,$CClF_3$,CCl_2F_2散射总截面的计算	江玉海　孙金峰　万陵德	河南师范大学
13	532毫米激发态法拉等光学滤波器的传输特性	彭玉峰	河南师范大学
14	单晶Pr_3Co的磁特性	路庆凤　梅原出　安达义也　安藤正人　佐藤清雄	河南师范大学、日本横滨国立大学
15	Y位Ca替代对$YBa_2Cu_4O_8$材料的超导电性与正电子寿命的影响	程国生　张金仓　刘峰奇　尚家香　戴宪起	河南师范大学
16	$T_{12}Ba_2Ca_2Cu_3O_{10}$块材质量密度对其临界电流密度的影响	胡行　Y·Xin　K.W.Wong	郑州大学、美国MSI超导公司、美国Kansas大学
17	含有裂纹和夹杂的复合柱体扭转问题的积分方程方法	乐金朝　汤任基	郑州大学、上海交通大学
18	278.15，288.15，298.15和308.15K下一些氨基酸在尿素水溶液中的体积性质	王健吉　颜振宁　刘文彬　卢锦梭	河南师范大学
19	298.15K下甘氨酸与卤化钠的焓相互作用参数	卢　雁　谢　炜　卢　泽　卢锦梭　王海红	河南师范大学
20	二价阳离子作用下海藻酸钠溶液-凝胶相转变过程的作用机理	郑洪河	河南师范大学
21	278.15~318.15K下HCl和D-葡萄糖相互作用的热力学	卓克垒　王键吉　周建国　卢锦梭	河南师范大学
22	水溶液中HCl和叔丁醇相互作用的热力学（278.15~318.15K）	卓克垒　王键吉　卢锦梭	河南师范大学
23	含双二苯基膦甲烷桥式配体的双核铜（I）配合物［$CU_2(dppm)_2(Py)_2(NO_3)$］(NO_3)·CH_3OH的晶体结构	杨瑞娜　林昆华　侯益民　王冬梅　金斗满	河南省化学研究所

续表4

序号	论文名称	获奖人		获奖单位
24	用CA方法研究催化剂表面上的NO-CO反应	潘慧云	王海军	郑州大学、四川师范大学
25	对海藻酸钠溶液第二维利系数的研究	张虎成 张清志 王键吉	郑洪河 高书燕	河南师范大学
26	铜蓝蛋白-酪氨酸酶在裸银电极上的直接电化学行为及其分析应用	冶保献	周性尧	郑州大学、武汉大学
27	多巴胺与金电极上自组装半胱胺单分子膜的共价键合及对NADH的电催化氧化	孙建军 方惠群	徐静娟 陈洪渊	河南师范大学、南京大学
28	Nofion修饰电极阴极溶出伏安法测定痕量锡	仰蜀薰 王东民	田慧敏 康永安	郑州大学、郑州工业大学、郑州大学、郑州轻工业学院
29	超高分子量聚乙烯的非等温结晶特性研究	朱琰 余守志	常开林	河南省化学研究所、河南省科学技术委员会
30	聚乙烯醇-戊二醛体系的凝胶化行为研究	庄银凤 陈留伟	朱仲祺	郑州大学
31	测量系统的质量监控技术	马义中 徐济超	赵逢余	郑州航空工业管理学院
32	硼掺杂量对多晶金刚石薄膜开关特性的影响	王小平 许月娥	王丽军 沈书泊	郑州航空工业管理学院、郑州大学
33	边坡失稳定时预报试验研究	刘汉东	王思敬	华北水利水电学院、中国科学院地质研究所
34	RC电路的过渡过程与最小均方算法的收敛过程	裴炳南	李传光	郑州大学、北京理工大学
35	不同添加剂对一水硬铝石型铝土矿拜耳法溶出的影响	张伦和 王向丽	许启梨	中国长城铝业公司、郑州轻金属研究院、中国长城铝业公司研究所
36	枯草芽孢杆菌[Bacillus subtilis（Cohen）]B-903菌株抗菌物质对植物病原真菌的抑制作用	孔建 王文夕	赵白鸽 王同贵	河南省农业科学院植保所、河南省清丰县第一农业高中
37	夏玉米田蒸散的计算	孙景生 熊运章	康绍忠 刘晓明	中国农业科学院农田灌溉研究所、西北农业大学陕西省水利厅
38	内皮素在豚鼠乳头肌诱发的早发后除极和触发电活动——内皮素致心律失常的可能机制	张朝 何瑞荣	李玉龙	河南医科大学、河北医科大学
39	中国中部一起旋毛虫病暴发的流行病学和临床研究	崔晶 武峰	王中全 晋雪香	河南医科大学
40	细胞因子对乙肝病毒基因疫苗诱导产生抗体的影响	张彤 阮丽荣	张光磊 张绍祖	美国亚利桑那大学、河南医科大学
41	三种逆转录PCR扩增系统对丙型肝炎病毒RNA的比较研究	赵国强 李文胜	程勉学	河南医科大学、河南医科大学第一附属医院

续表 5

序号	论文名称	获奖人	获奖单位
42	南宋官窑瓷器原料来源的中子活化分析	赵维娟 高正耀 陈松华 汪 安 吴平等 10 人	郑州大学、北京大学
43	非均质多油田逐层段上返注水开发	吴应川 黄新文 卢新莉 杨 莉 康 健	中原石油勘探局勘探开发科学研究院
44	高清度油品计量控制的智能方法	冯冬青 尹京燕 陈铁军 林 明	郑州工业大学
45	超临界流体色谱中同系物保留值与碳数的关系	王福安 蒋元力 蒋登高 王文昌	郑州工业大学、河南省化工设计院
46	反相液相色谱中同系物保留值与同系因子的关系	王福安 安建池 王毅红 赵 燕 曹庭珠	郑州工业大学、郑州市农牧研究所、郑州工业大学
47	快速凝固 Al-Fe-Nb-Si 合金的显微组织特征及稳定性研究	关绍康 沈宁福 龚玉林 胡汉起	郑州工业大学、北京科技大学
48	中国北部食管癌高发区人群食管活检取样误差的重复性研究	王立东 周 琦 离仁勇 邢 莹 张保才等 7 人	河南医科大学、南阳市卫校、河南医科大学、新乡医学院
49	中国河南食管癌高发区无症状人群食管多灶性癌前病变 P_{53} 蛋白聚集和 P_{53} 基因突变研究	王立东 周 琦 洪钧言 裘宋良 Chung S.Yang	河南医科大学、美国新泽西 Rutgers 大学、河南医科大学
50	西式饮食诱发小鼠胰腺上皮细胞增生	薛乐勋 Kan Yang, Harald Newmark Dennis Leung Martin Lipkin	河南医科大学 S.K 纪念癌症中心、康奈尔大学医学院
51	术中超声在肝内胆管结石手术中的应用	张 伟 牛海欧 赵广武 苏克军 魏洪臣等 7 人	河南医科大学第二附属医院
52	柱层析法分离制备冬凌草甲素的工艺	袁 珂 胡润淮 冀春茹 殷明文	河南中医学院、河南大学
53	pH 变化条件下针铁矿表面吸附磷酸根配位形式的转化	介晓磊 刘 凡 周代华 徐凤林 李学垣等 6 人	河南农业大学、华中农业大学
54	农业机械化发展水平的概率灰色评估方法及应用	李炳军 朱永达 万鹤群	河南农业大学、中国农业大学
55	典型液体食品的渐进冷冻浓缩	刘 凌 宫胁长人 中村厚三	郑州轻工业学院、日本国东京大学
56	椭球界面下混合边值问题的解	于锦海 吴晓平	解放军测绘学院
57	秩亏自由网平差模型的有偏估计	归庆明	解放军测绘学院
58	RianchiV 型宇宙模型中 Dirac 方程中的微子解	张国民 吴又麟 廖天河	解放军测绘学院、郑州大学、解放军信息工程学院

续表6

序号	论文名称	获奖人	获奖单位
59	虚拟现实在地图学中的应用	游 雄　夏 青　陈 刚	解放军测绘学院
60	BOCHNER-RIESZ算子交换子的一个加权Q估计	胡国恩　陆善镇	解放军信息工程学院、北京师范大学
61	ATM自愈网中高效VP-Packing算法	唐 健　冯天树　雷振明	解放军信息工程学院、北京邮电大学
62	具有一个无质量的标量子的TC模型中顶夸克的稀有衰变	鲁公儒　杨 华　王学雷　杨金民　孙文起	河南师范大学、解放军电子技术学院、河南师范大学
63	一类带非线性边界条件的反应扩散系统	王 术　王明新　谢椿红	河南大学、东南大学、南京大学
64	中国小麦遥感估产区划研究	千怀遂	河南大学
65	应用铜饱和DEAE-纤维素纯化乌骨鸡皮肤酪氨酸酶	王洪涛　刘望夷　No vert U Lb rich（德国）	河南大学、中国科学院、上海生物化学研究所
66	香港对大陆投资的区位变化与公司空间行为	李小健	河南大学
67	用Z-扫描技术研究Bl20g纳米微粒的三阶非线性光学特性	余保龙　朱从善　干福熹	河南大学、中国科学院上海光学精密机械研究所
68	节节麦×六倍体小黑麦杂种胚再生植株育性及其变异的细胞学研究	李锁平　胡玉欣　田军章	河南大学
69	银膜上吸附的c7之光化学反应的表面增强拉曼散射研究	莫育俊　解思深	河南大学、中国科学院物理研究所
70	电子被NH_3和H_2O分子散射总截面的研究	刘玉芳　孙金峰　赵振新　江玉海　万陵德	河南师范大学、新乡医学院、河南师范大学
71	重大科技成果的年龄分布威布尔分布	梁立明　赵红州　王 元　武夷山	河南师范大学、中国管理科学研究院、河南师范大学、中国科技信息研究所
72	氯化铵三氧化铬/氧化铝的制备及其对醇及苯偶姻的氧化反应	张贵生　石启增　陈密峰　蔡 昆	河南师范大学
73	多元线性递归序列的Lie双代数结构	王栓宏	河南师范大学
74	建立在分布式系统上的虚拟现实	田军营　马志荣	洛阳工学院
75	任意变厚度圆板和环形板的轴对称振动	陈殿云	洛阳工学院
76	水稻的控速喂入柔性脱粒试验研究	师清翔　刘师多　姬江涛　付瑞侠　倪长安	洛阳工学院
77	Existence of Frame SOLS or Yype3nui	徐允庆　卢青林	信阳师范学院、徐州师范大学

续表7

序号	论文名称	获奖人	获奖单位
78	植物激素在大豆生殖器官脱落过程中的变化	李秀菊 孟繁静	河南职业技术师范学院、中国农业大学
79	pr：YIC 晶体的磁矩和顺磁、抗磁型磁光光效应的理论研究	杨杰慧 许友 张芳 Maurice Guillot（法国）	洛阳师范专科学校、南京大学
80	广义 Pascal 矩阵中的线性代数	张之正	洛阳师范专科学校
81	荷电匀加速动态黑洞的三种类视界超曲面	闫荣义 蒋亚玲 程素君	南阳师范专科学校、湖北襄阳师范专科学校、新乡师范专科学校
82	非线性 volterra-stieltjes 积分方程振动定理	蒋志民	商丘师范专科学校

一。该项活动每 2~3 年进行 1 次"。1983~2000 年，河南省自然科学优秀论文评选活动共进行 6 届，评选出优秀学术论文 2874 篇，其中一等奖 120 篇、二等奖 1246 篇、三等奖 1508 篇。

民间国际科技交流　随着改革开放的深入发展，河南省科协系统围绕全省经济建设、科技发展和社会进步的需要，组织大量民间国际科技团体的友好往来，增进民间友谊，交流最新科技信息，相互促进技术进步和经济发展，扩大了河南科技团体的知名度和影响。

派出去、请进来，参观、考察、培训、研修、进修、短期工作等是民间国际科技交流与合作的主要形式。1985 年，省科协设立国际部具体办理民间国际科技交流与合作。1987 年，省科协首次派出 6 名青年科技人员赴日本进修专业技术和学习管理知识；以河南省铁道学会赵泽清为团长的 4 名人员访问日本，重点学习、考察交流铁路方面的技术和设备；河南省农机学会派员赴匈牙利考察。当年，接待联邦德国、比利时、美国、日本等国家 4 个团组 39 人，还接待了日中科学技术文化中心访华团和波兰铁路代表团。1988 年，省科协派往日本、加拿大、波兰等国 6 个团组 18 人。赴波兰人员考察了"铁路运输技术""高层楼房设计与建造技术"等。当年，接待日本、美国、波兰、苏联等国家和地区的专家学者 5 个团体。1989 年，省科协派往苏联、捷克、匈牙利等国科技考察 4 个团组 10 人，赴日本进修两个团组 15 人。接待日本友好人士两批 3 人。同年，省科协还组织了"河南省海外专家、学者亲友联谊会"，介绍、宣传会员先进事迹，评选优秀科技工作者，利用海外关系的优势，为河南省经济建设服务。1990 年，省科协共派出 5 个团组 28 人进行科技考察、访问、研修和进行合作交流。全年共接待来自世界 6 个国家和地区的专家、学者 30 多人，省科协会同有关单位、学会、协会组织报告会、座谈会、专业考察 5 次，近 100 名科技工作者参加了活动。1991 年，省科协共派出 7 批 51 名科技工作者赴英国、匈牙利、苏联、日本等国考察、合作研究、研修及参加国际学术会议。接待了日本高速公路及公路桥梁代表团、美国棉花生产和销售代表团、苏联铝土矿床开采工艺考察团、美籍华人专家访乡团等团组。1992~1996年，省科协共派出44个团组230人，先后赴法国、美国、英国、俄罗斯、日本、加拿大等国家进行科技考察、技术培训、项目洽谈、参加学术会议等。向日本、德国派遣进修生141人，其中赴日本进修生108人。接待国外9个团组的专家、学者来河南省开展双边科技、学术交流。各市（地）科协，各学会、协会、研究会也都积极开展国际交流与合作活动，全省科协系统共组织出访团组73个441人。1997年，河南省科协向德国、日本派出研修生32人，组织科技人员赴美国、英国、泰国等国家和地区开展科技交流、考察和技术培训。1998年，省科协向美国、日本、英国、法国等国家派出5个团组192人；接待来自美国、德国等国家团组5个40人。同年11月，省科协还召开了归国优秀科技人员座谈会。1999~2000年，河南省科协积极拓宽国际民间交流渠道，多形式开展对外科技交流与合作。先后组织河南省知名专家、科技企业家68人赴西欧、东南亚等国家进行科技考察和交流；还派遣青年科技工作者赴德国、日本进修。同时，接待数个国外代表团的专家到河南省进行科技交流、考察和讲学。

组织、召开和参加国际学术会议。1986年，河南省在郑州举办了"金属早期生产及应用第二次国际会议"，来自12个国家近百名专家、学者共同探讨了世界各国早期金属（合金）的生产、使用及其对社会经济文化发展的影响等问题。1988年，省科协、省科委、省卫生厅和河南医科大学联合在郑州举办"国际眼外伤学术会议"，收到论文638篇，会上宣读147篇。与会国内代表546人，国外专家66人。会议期间还举办了眼科医疗器械展览，展览会上交易额达150万元。同年，省科协还与有关学会、单位联合举办了"郑州国际超硬材料研讨会""国际齿轮学术会议"，省铸造学会与有关单位联合在洛阳举办"铸造合金技术新发展国际研讨会"。1993年，省科协与省数理中医学会联合在郑州召开"首届国际数理中医药学国际学术研讨会"。1995年，德国CDC与中国对外应用技术交流会在郑州召开"机械维修、品质管理归国进修生研讨会"。

在民间国际科技交流中，省科协注意与国外建立多种形式的合作关系。河南省曾与美国先锋国际种子公司和高斯特公司合作，在河南进行"先锋"等公司玉米杂交种种植试验，还与"先锋"公司签订备忘录，进行玉米杂交种子交换试验。1985年，省科协与有关单位联合举办"中日环保仪器、空气净化设备展览与技术交流会"，1987年，与东欧国家科技团体签订双边科技合作协议，通过互相来往访问，学到许多先进技术、工艺。

第三节 科普宣传

科普宣传是河南省科学技术协会的一项传统性重要工作。1978年，省科协恢复活动以后，积极发挥科普主力军作用，全方位开展科普工作。1979年，省科协机关内设普及工作部、青少年工作部等机构；1981年成立河南省科普创作协会，1982年成立河南省青少年科技辅导员协会，1984年成立河南省科技咨询中心。各市（地）、县（市）科协也成立了相应机构和量大面广的学会、协会、研究会和农民专业技术协会。这些机构和群众团体为科普工作的广泛开展奠定了组织基础。全省各地兴建的科技场馆为科普工作提供了良好阵地。1996年成立的河南省科协科普电影宣传站，与《河南科技报》和《农家参谋》杂志一起为科普工作提供了舆论阵地。同年，成立了省科协科普研究室，为科普工作提供了理论指导。

1994年，中共中央、国务院《关于加强科学技术普及工作的若干意见》制发后，受到各级党委、政府的重视和支持。河南省科普工作向纵深发展。科普工作的政策、理论指导和规范化、社会化大大加强，科普向全方位、多层次、系列化方向发展，科普更加紧紧围绕提高全民素质和加强精神文明建设开展活动，科普示范基地建设取得显著成效。省科委、省委宣传部、省科协联合召开"河南省科普工作会议"，讨论通过了《河南省科普工作"九五"计划纲要（草案）》，明确科普工作的任务和重点。当年，经省政府批准建立了由主管副省长任召集人、省直14个部门共同参加的全省科普工作联席会议制度，统筹协调全省科普工作。各市（地）也陆续召开科普工作会议，建立科普工作联席会议制度。省政府有关部门开始把科普工作逐步纳入各级、各类规划、计划。2000年，省科委、省委宣传部、省科协联合召开"河南省第二次科普工作会议"，强调要改革创新，努力建立科普工作新机制，开创科普工作新局面。省科委、省委宣传部、省科协等9个单位联合下发《河南省"十五"科普工作纲要（讨论稿）》，制定并实施2000年年度《河南省科学技术普及活动计划》，重点支持面向全省广大青少年、工人和领导干部的科普活动。

截至2000年，全省各级科协及所属机构、团体已形成强有力的科普工作体系。从省到乡（镇）各级科协建立健全；全省建成科技场馆19座，其中省级2座、市级3座、县级14座，建筑面积51880平方米；有省级学会129个、会员21万人；企事业科协389个；农村专业技术协会、研究会8405个，会员74万人，涉及养殖、种植等100多个门类；创建科普教育基地8个、科普示范基地80个、青少年活动基地20个、科普示范县（市）18个、奔小康科普示范乡（镇）435个和示范村1022个；各县（市）科协配备科普宣传车155辆。

农村科普 实用技术普及量大面广、针对性强、见效较快，是农村科普工作的重要任务。1981~1985年，河南省在农村人才普查基础上，广泛开展以农村青年和农民群众为对象，采取短期培训形式的实用技术普及活动。5年中，全省科协系统共举办科技讲座2100次，听众1500多万人次；放映科教电影1800场次，观众2510多万人次；编印科普资料1236万多份；编印为农村服务的科技报刊200多种；举办各类技术培训班9200期，共培训460多万人次；参加农函校学习的学员15万多人。1987~1992年，河南省科学技术协会在总结农村科普工作经验的基础上，对新时期农民实用技术培训工作提出并实施"实际、实用、实效"的指导方针，培训活动出现多形式、多层次并逐步走向深入的良好局面。5年中，共培训700多万人次。在普及基础上，1988年省科协联合有关单位创办了"河南农村实用技术函授学校"，对农民进行系统的技术培训，加上中国科协创办的"中国农村致富技术函授大学"在河南招收的学员，5年共毕业学员12万多人。1993~1997年，全省由科协系统主持的农业函授大学、农业函授学校和实用技术培训班共举办85842期，培训1784万人次，其中与各级中共党委组织部门联合培训党员和基层干部204万人次。1998年，河南省科协提出，中共党员和基层干部是农民致富的带路人，应当首先掌握科学种田的本领。随后各级科协共培训中共党员、基层干部80.6万人次，其中多数人掌握了一至二门实用技术。1999年，全省科协系统举办科普讲座2242场、科普宣传周647次，发放科普资料378万份，参加技术培训的农民400多万人次，其中党员干部70多万人次。2000年，全省举办各类技术培训班2万多期，培训农民群众430万人次。

通过农业函授大学、农业函授学校和实用技术培训，广大农民的科学文化素质和技能水平提高了，科学种田的本领增强了，农村出现大批农业技术人才。为弘扬尊重知识、尊重人才的社会风尚，1988~1991年，由省科协主持，全省为近10万农民技术人员评定了技术职称，其中中级职称9675人、初级职称8.92万人。到1997年，全省共评定初、中、高级农民技术职称15.15万人，其中高级农民技师748人。

农村专业技术协会、研究会（简称"农技协"）是农村科普工作的主力军，由农民群众在自愿互利基础上组建起来，其活动内容涉及农、林、牧、副、渔、植保、交通、运输、建筑、饮食、采矿等。1985年，全省已成立各种专业的农技协1392个，会员23743人；1992年农技协发展到4610个，会员16.3万。1997年，省科协召开"河南省农村专业技术协会"成立大会，会上交流了经验，表彰了"十佳""百优"农技协。1998年，全省农技协发展到13713个，会员80多万人。1999年，各级科协着重抓重点农技协的工作，以提高质量、完善管理为宗旨，对农技协工作实行重点指导、政策引导、技术扶持，使每个重点农技协组织落实、制度规范、活动有效、健康发展。

与此同时，省科协还在全省开展科普示范体系建设，为农村科普工作和依靠科技致富树立了榜样。

1996年年底，中央宣传部、国家科委、中国科协等10个中央部委发出《关于深入开展文化、科技、卫生"三下乡"活动的通知》，根据通知要求，河南省广泛开展"科技下乡"活动，将农村科普工作推进到一个新的阶段。在"科技下乡"活动中，通过现场培训、科技大集、科技大篷车、科技咨询服务等形式，动员全省科技力量为广大农民送去大量先进的实用技术。同时，把科技下乡与科技扶贫结合起来，组织专家深入贫困地区进行科技服务。1997~2000年，省科协每年都组织科技下乡活动。

破除迷信、反对邪教是农村科普工作的重要内容之一。1978年，河南省科学技术协会恢复活动后，一直把破除迷信、移风易俗作为农村科普工作的重要内容之一，常抓不懈。特别是1996~2000年，全省科协系统认真学习、贯彻中共十四届六中全会通过的中共中央《关于加强社会主义精神文明建设若干重要问题的决议》，把农村科普和精神文明建设紧密结合起来，通过组织科技人员撰写科普文章、放映科教电影、发放科普资料，组织科技知识竞赛，举办图片展览、科技讲座等各种有效形式，弘扬科学精神，促进精神文明建设。

科普活动月 1994年12月5日，中共中央、国务院《关于加强科学技术普及工作的若干意见》制发，《意见》明确指出："各地可以通过开展科技（科普）周等形式，规范本地区的科普活动。"

1995年，省科协组织开展了全省首次"科普宣传月"活动。其内容是宣传科学思想、反对封建迷信、普及科技知识和农村适用技术、对青少年进行科技启蒙教育等。宣传方式丰富多彩，张贴、悬挂标语，制作展板、挂图，印发科普资料，设点咨询服务，举办科技讲座，放映科技录像、科教电影等。为使"科普宣传月"活动深入人心、家喻户晓，许多市（地）还在广播电台、电视台开辟了科普专栏。

1996年5月，中共河南省委宣传部、省科学技术委员会、省科学技术协会联合组织了"'96全省科普宣传月活动"。这次活动吸取首次科普活动月的经验，在内容上进行了调整，在规模上进行了扩展。活动形式主要有宣传一条街，实用技术培训，反对封建、愚昧和伪科学展览，青少年科技传播，专家科普讲座，送科技图书下乡等。科普宣传月期间，省科协邀请王大琳、王希季、欧阳自远、匡定波4名院士来郑州作科普报告，听众达3000多人，还邀请中国科普研究所所长袁正光教授先后在驻马店、漯河、开封、洛阳等市地作科普报告，县处级以上干部1500多人接受了科普教育。与此同时，卫生部门组织宣传保健知识的讲座和义诊活动，河南省妇女联合会开办了"家长学校"，共青团河南省委组织了青少年"五小"[①]发明竞赛活动，河南省教育

---

① 小发明、小创造、小革新、小设计、小建议。

委员会在各学校开展了"科普六个一"①活动。

1997年的"科普宣传月"活动是以"科学战胜封建愚昧，促进科技与经济的结合和共同走可持续发展之路——百万公众学科学"为主题展开的。同期，中共新乡市委、新乡市人民政府在全市开展了"农业科普之春"活动，此后每年"科普宣传月"期间都坚持举办该项活动。

1998年，为纪念邓小平"科学技术是第一生产力"论述发表10周年和全国科学大会召开20周年，全省各地科学技术协会共举办"科普宣传月"活动750余次、科普讲座2800场、科普专题宣传120个、青少年科技竞赛10个、科技夏令营80个、农业技术培训班2.3万期（培训农民372.6万人次）。当年，农业函授大学招生1.25万人，农民学科学、用科学的热情空前高涨。

1999年为庆祝省科协成立40周年，全省以"学习科技知识，迎接新世纪"为主题开展"科普宣传月"活动，同时在省科技馆举办了"'99河南省大型科普展览"。

2000年，河南省科技厅、中共河南省委宣传部、河南省科学技术协会联合发出在全省广泛开展"科技活动周"活动的通知。同年，河南省科技厅、中共河南省委宣传部、河南省科学技术协会、郑州市科技局、中共郑州市委宣传部、郑州市科学技术协会等10家单位在郑州市联合主办以"崇尚科学、反对迷信，倡导文明科学的生产、生活方式"为主题的"科普宣传月"活动。中共河南省委常委、宣传部部长林炎志，省政府副省长张涛等领导出席了启动仪式。参加此次活动的共有40多家单位、百余名专家，展出宣传展板500多块。同年5月7日，由河南省科学技术协会、郑州市科学技术协会、郑州市老区建设促进会联合在荥阳市革命老区刘河镇召开"科普活动月"启动仪式，有关领导和50多名农业科技专家、医护人员及2万多群众参加。在启动仪式上，郑州市豫剧团为群众表演文艺节目，农业科技人员、医疗卫生、法律专家现场为群众进行了咨询服务。省科协送去宣传科学、反对迷信和农业科技为主题的科普展板200多块，现场发放科普书刊、技术资料8000多册，医疗卫生人员为群众进行了义诊。全省科协系统同时部署，开展以"崇尚科学、反对迷信"为主题的科普宣传月活动。先后组织约8000名科技人员在城市、农村、工厂、街道、学校开展科普宣传，举办科普讲座1500多场、技术培训1900多期，发放科普资料400多万份，受益群众900多万人次。省科技馆举办了大型科普展览，展出20天，接待观众4万多人次；接着巡回12市展出，观众达50万人次。

科技下乡 1996年年底，中共中央宣传部、国家科委、中国科协等10个中央部委发出《关于深入开展文化、科技、卫生"三下乡"活动的通知》（以下简称"《通

---

①读一本科普图书、参观一次科普宣传展览、参加一次科技实践活动、听一场科技报告、看一部科普录像片、写一篇科普小论文。

知》")。根据《通知》要求,省科协也相应下发文件,指导工作,全省科协系统组织广大科技人员,采取技术培训、技术讲座、现场技术指导、科技大集、科技大篷车、科技咨询、科技报刊、科技挂图等形式,广泛开展"科技下乡"活动,同时注意把科技下乡活动和科技扶贫结合起来。"科技下乡"活动逐步走向制度化、规范化,并不断向纵深发展。

1997年,全省各级科协组织参与科技下乡活动3430次。其中省科协组织专家50多人,先后深入确山、武陟、荥阳、宜阳、南召、永城、罗山等县(市)的30多个乡村,开展技术培训和指导、发放技术资料、无偿赠送微肥等,受益群众5万多人。

1998年开展的"'98科技富民传播行动"是省科协根据《通知》要求,结合实际组织实施的一项大规模科技下乡活动。活动从1月开始,到年底先后组织科技专家700余人,分别深入信阳、驻马店、商丘、周口、漯河等市地30多个县的乡、村,现场对农民进行技术服务和技术指导,帮助农民解决生产中的技术问题。这次行动仅省科协就累计行程万余千米,发放技术资料、报刊10万余份,举办实用技术培训班60余场,播放科普电影60余场,受益群众达20万余人次。新乡市科协开展的"科普之春"和三门峡、商丘、郑州、焦作、济源、鹤壁、濮阳、许昌、开封等地举办的"科技富民活动",都产生了较好的效果。濮阳市委宣传部,市农委、市科委、市科协联合制发《关于开展1998年度科技下乡活动的实施意见》,继续组织6支科技下乡服务队,坚持经常性下乡和集中下乡相结合,全方位、多形式开展技术服务。据统计,濮阳市直全年组织大规模集中下乡8次、分散下乡80余次,各县(区)集中下乡6次,分散下乡100多次,接受咨询和受益群众20余万人次。河南电视台做了《龙乡濮阳科技专家下乡忙》专题报道。

1999年,省科协组织专家100余人,先后深入信阳,台前、确山等10多个县、区所属乡村开展送科技下乡活动,举办农民急需的技术培训班20余期,发放科普资料5万余份,展出科普挂图展板200多块,并组织医学专家进行现场义诊,受益群众4万余人次。

2000年,全省开展大规模科技下乡活动。下发了《关于开展崇尚科学移风易俗科技下乡活动的通知》,全年科协系统共组织送科技下乡4233次,传授实用技术5000多项次。省科协针对省内部分地区洪涝灾害严重的情况,组织"博士、专家灾区行"活动,分赴新密、确山、滑县等地开展义诊和实用技术培训。漯河、平顶山市科协组织科技人员深入田间地头举办蔬菜栽培、病虫害防治等培训班,现场指导生产,使科技在救灾中发挥了重要作用。省植物生理学会帮助扶沟县组织实施"三高一低"(高科技含量、高品质、高效益,低投入)农业科技示范园区建设,培训农民2100多人。新乡市科协实施"农业科技电波入户工程",在新乡电视台开辟《农业科技》专栏,定期播出各类农业实用技术。

农村党员、干部实用技术培训 河南省有组织、有计划地对农村基层干部、中共党员进行实用技术培训开始于1992年。当年4月，中国科协向各省、自治区、直辖市科协下发《关于对农村基层干部和党员进行实用技术培训的意见》（以下简称"《意见》"）。7月，中共中央组织部转发中国科协的《意见》。10月，河南省科学技术协会向各市（地）、县科协下发《关于对农村党员、干部进行实用技术培训的意见》。为提高培训成效，1992年起，全省编写、印发培训教材137种、136.6万册，组织1.4万名科技人员授课，培训人员222.78万人次。为推进农村基层干部、党员实用技术培训工作的顺利开展，中共河南省委组织部和河南省科协多次召开培训工作经验交流会，1996年，中共河南省委组织部、河南省科协共同制定《河南省"九五"期间农村党员、基层干部实用技术和市场经济知识培训规划要点》。1997年，中共河南省委组织部、河南省科协下发《关于进一步组织农村党员和基层干部参加农函大学习培训的通知》。1992~1997年，举办各种培训班近万期，接受培训的党员、干部人数达280万人次；能掌握一至二门实用技术的80多万人。1998年，河南省科协与中共河南省委组织部在中牟县召开全省农村党员、干部实用技术培训工作现场经验交流会。当年培训党员、干部80.63万人次，其中绝大多数掌握了一至二门实用技术，成为农民依靠科技奔小康的"领头雁"。1999年，全省培训农村党员、干部70多万人次。中共三门峡市委成立以科协、组织部为核心的培训工作办公室，抽调400多名农业科技人员组成5个实用技术培训团，深入农村开展培训工作，取得突出成效。新乡市为更有效地开展农村党员、干部培训工作，编印《社会主义市场经济知识及主要政策法规》《市场营销学》等教材。2000年，全省培训党员、干部80多万人次。为配合培训工作，省科协组织"博士、专家灾区行"活动，分赴新密市、确山县、滑县等地开展义诊和实用技术培训。新乡市科协组织"农业科技电波入户工程"，在新乡电视台定期播出各类农业实用技术。三门峡市科协在市电台开辟《科技之声》栏目，受到党员、干部和广大群众欢迎。

农村科普示范体系建设 河南省农村科普示范体系建设开始于20世纪80年代中期，目的是推动农村科普工作，促进科技成果的转化，为广大农村科技致富、适应市场经济发展提供看得见、摸得着的样板。1985年，省科协开始在全省农村实施"商品生产村"建设，以科技为支柱，以农村专业技术研究会为基础，以科技示范户为骨干，发展农村商品生产。至1987年年底，已建商品生产村136个、商品生产乡36个。1991年，在商品生产村、乡建设的基础上，省科协提出并逐步加大"奔小康科普示范乡（镇）村"的建设力度。1994年，全省科协系统已创建"奔小康科普示范村"138个。1996年，全省科协系统创建"奔小康科普示范乡（镇）"115个，1997年创建"奔小康科普示范乡（镇）"120个，1998年创建科普示范乡（镇）125个、示范村196个。1998年，省科协全面启动创建"科普示范县"工作。当年选择19个县（市）作为科普示范县试点,并推荐林州市、新野县、辉县市、永城市为"全国科普示范县"试点县(市)。凡参与科普示范县创建活动的县(市),党委、政府都成立了创建工作领导班子,加强对该项工作的领导。

1999年,省科协根据中共河南省委"以实现小康为总目标、总任务统揽农村工作全局"的指导思想,提出要充分发挥各级科协的综合优势,把农村科普与"创建奔小康科普示范乡(镇)、村"活动结合起来,加大了工作力度。当年全省新增达标的"奔小康科普示范乡(镇)村"600个。2000年,在创建"科技示范乡(镇)村"的同时,全省科协系统拓展了科普示范基地的建设工作,创建省科普教育基地8个、青少年科技活动基地20个、农业名优特新技术新品种示范基地22个。至此,河南省农村科普示范体系已初步形成:全省27个县(市)开展了科普示范县活动,永城市等5个县(市)被中国科学技术协会命名为"全国科普示范县(市)",创建科普示范乡(镇)598个、科普示范村1022个、科普示范基地80个。

城区科普 城区科普与农村科普是科普工作的两项主要内容,但由于城市科学教育相对发达,居民文化素质相对较高,城区科普的内容和形式有别于农村科普。1978年以后,河南省的城区科普工作尤为重视科技场馆、科普画廊和高层次学术报告会在科普中的作用。

发挥科技场馆的科普、展教功能。河南省面向城市的科技场馆主要有:河南省科技馆、郑州科技馆、南阳市科技馆、商丘市科技馆和河南青少年科技中心等。这些科技场馆在当地党委、政府的关心支持下,充分发挥了科技场馆的科普、展教功能。郑州科技馆,展厅面积达4081平方米,常设展区有天地自然展区、数学展区、力学展区、光学展区、声学展区、电磁科学展区、环保科学展区、通信与信息展区、广播电视展区、电脑展区、机械交通航天展区和动手园区等14个。展览内容涉及26个门类的基础科学和应用技术科学。共有常设展览展品273套。2000年5月1日向公众开放,到年底共接待观众20余万人次。

加强科普画廊的建设与管理。科普画廊是近代国内外发达城市"公众理解科学"的橱窗,也是城市街头一道亮丽的风景线,极富现代气息,市民喜闻乐见。借鉴这一经验,省科协从1998年开始,加强对科普画廊的建设与管理,注意根据科学技术的发展,不断更新科普画廊的内容,使画廊常设常新。1998~2000年,全省科协系统已建成科普画廊5000多米。其中:河南省科技馆建科普画廊30多米;新乡市5个主要街道共建科普画廊62.4米;郑州市科协联合管城区和城南路街道在管城区城南路建起300多米长的"郑州市科普示范街",街上处处见画廊;许昌、鹤壁、南阳、焦作等市科普画廊建设都粗具规模。2000年,焦作市、南阳市被中国科协确认为首批"百城万米科普画廊工程"城市。

科普活动进社区。1999年,省科协进一步加强科普示范城区创建工作,提出以创建科普示范城区为重点，深入开展"讲精神文明，比科学生活，建科普文明社区"活动。同年，安阳市文峰区被中国科协确认为首批"全国科普示范城区"（全国共有50个）。2000年，省科协在安阳市文峰区召开"全省城区科普工作研讨会"，制发《关于创建科普示范城区的实施意见》。郑州、新乡、商丘、南阳等市科协也在街道办事处建立科协组织，广泛开展城市社区的科普活动，倡导科学文明的生活方式。

组织科普报告会。1978年，省科协同省教育厅邀请著名数学家、中国科学院副院长华罗庚来郑作数学学术报告。参加听讲的有中共河南省委、河南省人民政府的领导、省直局委领导、7个省辖市中学生数学竞赛获奖者、省直机关干部，共1500多人。1979年，受省政府委托，省科协、省科委、省教委、省机械电子工业厅、九三学社河南省委联合邀请加拿大阿尔伯塔大学教授饶明作题为《智能远程自动化与知识经济》的报告会。1998年，省科协联合省委组织部、省委宣传部、省直工委、省科委在郑州举办院士报告会。中国工程院院士郭重庆、中国科学院院士陈俊武应邀分别作了《创新——中华民族能力的挑战》《21世纪的能源和烃资源》的报告。省会处级以上干部500多人听了报告。1999年，受中共河南省委、河南省人民政府委托，省科协、省委统战部、省科委、九三学社河南省委联合邀请全国人大常委、中国科协副主席、中科院院士、工程院院士、北京大学教授王选作题为《信息产业的发展与中国面临的问题》的报告，听报告的有500多人。同年，受省委、省政府委托，省科协邀请全国人大常委会副委员长、中国科协主席周光召院士作题为《信息科学与第三步战略目标》的报告，2000多人听了报告。2000年，省科协邀请工程院院士郭重庆作《发展高新技术必先营造制度环境》的报告。

"讲理想、比贡献"竞赛活动　为充分发挥企业广大科技人员的积极性、主动性和创造性，推动企业技术进步，深化企业改革，提高企业经济效益，1987年，省科协和省计经委联合在全省厂矿企业广大工程技术人员中开展了"讲理想、比贡献"竞赛活动（以下简称"'讲、比'活动"）。活动大体上分为四个阶段。1987~1990年为第一阶段。省科协和省计经委迅速转发中国科协和国家计经委联合通知，在厂矿企业广大工程技术人员中开展"讲、比"活动，重点是节能降耗和提高产品质量。主要特点是宣传发动、扩大影响、积极探索，活动形式灵活多样。1990~1992年为第二阶段。省"讲、比"活动领导小组总结过去三年经验，结合"深化企业改革，转换经营机制"形势，提出以"百、千、万"活动①为"讲、比"活动主要内容。突出特点是引入激励机制，大奖活动有功人员，使"讲、比"活动日趋规范化、制度化、科学化。1992~1997年为第三阶段。中国科协为贯彻中共十四大提出建设和发展社会主义

---

①全省开发100项新产品，开展1000项技术攻关，提10000条合理化建议。

市场经济体制的精神，推出了"金桥工程"①，要求"讲、比"活动由"千、百、万"活动向"架设金桥"转移，为企业技术进步搭好技术攻关桥，瞄准市场需要架设技术开发桥，提合理化建议架起智力开发桥，开展科技扶贫架设技术通向乡镇企业之桥，开展理想教育架设精神文明之桥。推动"讲、比"活动向纵深发展，推动企业实现根本性转变。1997~2000年为第四阶段。省科协与省经贸委在全省广泛开展"百厂百会协作行动"，将活动由国有企业扩大到乡镇企业、合资企业、独资企业，强调"讲、比"活动与"百厂百会协作行动"相结合，增强创新能力，增加经济效益，提高企业科技含量。在1987~2000年的"讲、比"活动中，全省参赛企业由最初的325家增加至1073家，参赛人员由4.2万人增加到41.2万人次。13年开发新产品3488项，完成技术立项4.8万项，实施合理化建议103.76万条，共创经济效益79.5亿元。省科协、省计经委在8次"讲、比"活动表先会上共表彰先进集体351个、先进个人599人、优秀组织工作者107人，其中30个集体和29名个人受到中国科协和国家计经委的表彰。

青少年科技教育　　1979年，河南省科协成立青少年工作部，全省青少年科技教育工作步入有组织、有计划开展活动轨道。1982年，河南省科协、河南省教育厅、河南省体育局、共青团河南省委、河南省妇联5家联合成立河南省青少年科技活动领导小组，负责河南省青少年科技活动的整体协调和联络工作，办公室设在河南省科协青少年工作部。同年又成立河南省青少年科技辅导员协会，负责指导、组织全省中小学校科技辅导员开展业务培训、学术研讨和经验交流等工作。1985年因工作需要，撤销青少年工作部，成立河南省青少年科技中心。同时各市（地）科协也陆续设立青少年科技教育机构。

河南省青少年科技教育工作的主要活动形式有：科普展览、科普知识竞赛、中学生奥林匹克学科竞赛、青少年科技创新大赛、生物与环境科学实践活动、青少年科技夏令营等。1979年，河南省科协、河南省教委等4家联合在郑州举办"河南省青少年科技作品展览"，共展出青少年科技作品628件，评出获奖作品248件，推荐参加全国展出的作品104件。1984年，省科协与新闻单位联合举办"青少年地学知识竞赛"，共收到答卷1.17万份。1985~1986年，在哈雷彗星回归之际，全省共组织观测小组142个，组员1560人，全省参加观测的青少年人数达20多万人，拍摄有价值的彗星照片377张，创作彗星描绘图699幅，提出完整的报告资料143份，写出优秀论文72篇。1988年，郑州二十六中学生崔豫松的"太空中研究固－液表面间的相互作用"设计方案，获中国青少年航天科学实验一等奖。1986年，河南省青少年科技活动开始由城市向农村扩展，以生物技术和实用技术为主要内容的农村学校青少年科技活动在全省16个市（地）58个县的274所学校开展。先后建立果树管理、作物育种、

---

①在科技与经济之间架设相互连通、相互促进的金桥，促进科技成果尽快转化为现实生产力。

田间管理、植物保护和家禽病防治等科技活动小组512个，参加学生10万余名。

1984~2000年，河南省相继举办了10届青少年科技创新大赛活动，中小学生参加人数达近百万。在全省比赛基础上，挑选优秀作品参加全国比赛，共获得全国比赛一等奖92项、二等奖26项。同时组织中学生物理、化学、数学、生物、信息学科竞赛，在此基础上组织参加全国及国际的学科竞赛。据统计，获得全国一等奖97个、二等奖56个；国际金牌6块、银牌1块、铜牌1块。如1986年，全国数学竞赛河南省51名参赛者获中国数学会颁发的荣誉证书，河南省实验中学学生方为民获第二十七届国际奥林匹克数学竞赛一等奖。河南省举办了6届青少年生物百项活动。该活动有数万名学生参加，评选出优秀项目参加全国青少年生物百项活动，在全国比赛中河南省获得一等奖1项、二等奖8项。河南省在全省青少年中开展了6次"青少年科技传播行动"，活动主题依次为"科技导师进校园""科技殿堂迎接青少年""珍惜生命之水""生态环境与可持续发展""绿色家园——种世纪之树""大手拉小手迎接新世纪"。同时还广泛开展了青少年科技夏（冬）令营活动。

青少年科技教育工作受到了全社会的关注。1999年10月，河南省科学技术委员会、中共河南省委宣传部、河南省教育厅、河南省科学技术协会联合授予河南省博物院、河南省妇女儿童活动中心、河南大学、平顶山市青少年宫、河南省青少年科技中心、郑州市科技馆为"河南省青少年科技教育基地"。同年12月，科技部、中共中央宣传部、教育部、中国科学技术协会联合授予河南博物院、平顶山市青少年宫、河南省青少年科技中心为"全国青少年科技教育基地"。

为使学科竞赛更规范、更具权威性，2000年成立了"河南省中学生学科奥林匹克竞赛管理委员会"，制定了《河南省中学生学科奥林匹克竞赛管理办法（试行）》。河南省青少年科技教育已纳入中国科协与联合国儿童基金会合作项目。1982年开始立项，截至2000年，已进行5个"非正规教育"合作项目周期。

青少年社区非正规教育　中国科协与联合国儿童基金会的合作始于1982年，至2000年共进行了5个合作周期。从第三个合作周期开始，合作项目的名称叫"社区非正规教育"。

在1982~1984年和1985~1989年的前两个合作周期内，双方在中国建成10个省级、12个市（地）县（市）级青少年科技活动中心，并开始在少数民族和边远地区开展一些科普宣传教育工作。河南省青少年科技中心在1985~1989年的合作周期内被列入合作项目单位，联合国儿童基金会援助河南省宣传车、复印机、彩电、录像机、声像器材等设备。这些设备在河南省贫困地区青少年科技活动中发挥了重要作用。

1990~1993年为第三个合作周期。省青少年科技中心被定为新建的省级分项目单位，偃师县被定为项目示范县，信阳、商城、平舆、鲁山、永城、台前、郾城7县被定为项目受益县。

1994~1995年为第四个合作周期（过渡周期）。河南省的示范县、受益县均得以延续，同时根据合作要求，嵩县和伊川县被定为示范县偃师县的对口服务县。

1996~2000年为第五个合作周期，这一合作周期合作项目的总目标是发展因地制宜的非正规教育，促进儿童和他们的家庭得到足够的关于日常生活所需要的技能和知识。河南省南召县、桐柏县、罗山县、信阳县和确山县被定为这一合作周期的项目县。

在河南省科协的关心、支持下，河南省青少年科技中心带领、指导、管理所属项目县，按照合作项目目标任务的要求，结合实际充分利用联合国儿童基金会援助的设备，多种形式地开展科普宣传、技术培训和科技教育示范等非正规教育活动，使项目县的广大儿童、妇女和其他群众受到了科学的教育。受益县通过儿童影响家庭，通过家庭影响社区，形成了"一人帮一家、一校带一村"的科普教育格局，把科普知识送到千家万户。据统计，在合作周期内，各级科协及广大科技工作者深入县、乡、村学校开展各类科普宣传活动2458次，培训宣传员和农村青少年1.52万多人次，发放各类科普资料100多万份，举办科普知识讲座1400次，放映科普录像670多场，出宣传板报3340多期，总受益人数达380万人次。

科技场馆建设　　1978年，全国科学大会提出要加强科技馆建设，此后中央多次在有关文件中强调科技馆建设的意义并明确要求把科技馆建设纳入各地市政、文化建设项目，使之成为现代文明城市的主要标志之一。

1980年，河南省科技馆开始筹建，1982年第一期工程竣工投入使用，占地2.1公顷。1990年、1999年第二、三期工程先后竣工，总建筑面积2万平方米，其中展览面积1500平方米。1982~1991年，河南省科技馆举办各种展览30多期，参观人数达25万多人次，仅人造地球卫星展览观众即达8万多人次。1993年，举办大型学术会议60次（其中国际学术研讨会3次），参加会议人数达3100人次。1999年、2000年共举办展览16期。其中："崇尚科学文明，反对迷信愚昧"展览，20天接待观众4万多人次；"全国农业引智展览"，3天接待观众6000多人，达成不同形式的技术转让合同1000多份，协议成交额1000余万元。

1981年，美籍华人、美国弗吉尼亚州工艺大学物理系教授胡天育博士向其家乡偃师县府店乡缑山捐资兴建偃师县缑山青少年科学宫，并先后捐赠3批科学仪器共计170多件。缑山青少年科学宫占地面积5000平方米，内设天文、电学、光学、生物4个陈列室，建有一座全省唯一的小型天文台，有微机23部和一架400毫米折射天文望远镜。

1989年，南阳地区科技馆建成使用。开馆一年多时间，先后举办"科技兴宛展览""南阳历史科技文化名人展览""南阳科技成果展览""南阳工艺美术展览"共4期，发布科技信息1100条，产生了明显的经济、社会效益。国务委员宋健、陈俊生和国家有关部委领导何东昌、王忍之、段君毅等曾先后亲临南阳地区科技馆参观指导并题词勉励。

1994年，河南省青少年科技活动中心建成使用。建筑面积2000平方米。1995年机构改革时，易名为"河南省青少年科技中心"，为全额拨款事业单位，编制15人。"中心"内设展览厅、报告厅、图书资料室、培训教室、设备器材室等。

2000年3月，郑州科技馆建成使用。占地0.7公顷，建筑面积8426平方米，投资3000万元。建筑主楼为波浪式造型，寓意科学技术的发展如长江后浪推前浪，不断向前。北侧圆锥形建筑高41米，象征科学技术如雨后春笋蓬勃向上。常设展厅3333平方米，陈列了209件展品。开馆7个月，接待观众20多万人次，树立了良好社会形象。

截至2000年，全省已建成省、市、县（市）三级科技场馆20座。其中省级2座，市级3座，县级15座。

2000年河南省科技场馆情况统计表

表36-9-3-1

序号	单位名称	建筑面积（平方米）	建成时间	总投资（万元）
1	偃师市缑山青少年科学宫	587	1981	32.0
2	河南省科技馆	20000	1982	1113.0
3	商丘市科技馆	2600	1986	70.0
4	南阳市科技馆	2780	1989	65.0
5	浉河区（原信阳市）科技馆	1342	1989	62.0
6	新县科技馆	1080	1989	23.0
7	商城县科技馆	876	1990	30.0
8	潢川县科技馆	386	1992	19.0
9	河南省青少年科技中心	200	1993	140.0
10	平桥区（原信阳县）科技馆	150	1993	40.0
11	淮滨县科技馆	110	1993	50.0
12	范县科技馆	1250	1993	50.0
13	濮阳县科技馆	1445	1993	47.3
14	扶沟县科技馆	1220	1993	46.0
15	登封县科技馆	3800	1994	120.0
16	新密市科技馆	2000	1994	130.0
17	永城市科技馆	2000	1994	10.0
18	方城科技馆	1200	1995	68.5
19	南召县科技馆	1600	1995	78.0

续表

序号	单位名称	建筑面积(平方米)	建成时间	总投资（万元）
20	郑州科技馆	5184	2000	3000.0
合 计		49810		5193.8

第四节　发挥桥梁纽带作用

河南省各级科协组织自1978年恢复活动后,积极履行其政治协商、参政议政、民主监督职能,用党的方针政策激励广大科技工作者为科教兴国、科教兴豫作贡献,真正把各级科协组织建成"科技工作者之家"。

为了推进社会主义民主政治建设,全省各级科协积极组织广大科技工作者参政议政,充分发挥人民团体在管理国家和社会事务中民主参与、民主监督的作用。河南省科协通过各级人民代表大会、人民政治协商会议和各种途径组织广大科技工作者积极提合理化建议,充分发挥专家学者的重要作用,为实现决策的科学化、民主化创造条件。

省科协从充分调动科技人员积极性出发,把表彰和奖励全省在社会主义精神文明和物质文明建设中作出突出贡献的科技工作者作为一项重要工作,积极宣传表彰优秀科技工作者的业绩和精神风貌,激励调动广大科技人员投入科教兴豫主战场。1989年,省科协表彰奖励全省495名"河南省优秀科技工作者";从1990年起,省科协每两年进行一次评选表彰"河南省青年科技奖活动",到2000年,已命名312名河南省优秀青年专家;省科协还开展了"河南省十大科技女杰和百名巾帼科技带头人""河南省十大和百佳民营科技实业家"的评选表彰活动,利用出版物和报刊、广播电视等新闻媒体,广泛宣传全省优秀科技人员的先进事迹和为社会主义现代化建设作出的突出贡献。

为全面、准确地向各级党委和政府反映科技工作者的意见和要求,维护他们的合法权益,省科协建立了各种渠道,沟通广大科技人员与党委、政府之间的联系。从1988年开始,受河南省技术职称办公室委托,全省各级科协对省内农村种植业、养殖业以及能工巧匠中的农民技术员(分高、中、低三级)职称组织评定。1989年,全省17个市地科协共评出农民技术员8万人。1990年和1991年分别评出6.3万人和9.88万人,受到广大农民技术人员的欢迎。自1996年开始,省科协对全省科技人员的工作、生活状况及对振兴河南经济发挥作用的意见进行广泛深入调查,历时两年,向省委、省政府及有关部门提交了《河南省科技人员现状的调查报告》。开封、安阳、洛阳等市科协做了科技人员情况调查,为各级党委制定知识分子工作政策创造条件。全省各级科协还经常组织科技人员考察、联谊、为老科技专家祝寿等活动,密切科技人员与党和政府的联系。

参政议政　1993年4月,政治协商会议河南省第七届委员会正式恢复科协作为政协一个组成界别。至2000年,全省科协界的委员在各级政协中共提出提案

840件，其中近300件被采纳。在政协河南省第七届委员会（1992~1998）的5年中，参与提案的省政协科协界、科技界的委员达150人，经提案委员会审查立案的提案、建议案共110件。1995年，许成祥等56名省政协科协界、科技界委员联名提出《关于提请省人大审议通过〈河南省科学技术协会条例〉的建议案》，河南省人大常委会经过认真审议，将制定省科协条例列入立法计划，《河南省科学技术协会条例》于1996年11月30日审议通过，并于1997年1月1日起实施。省政协委员刘祖德、姚雪软等人在1997年2月政协河南省第七届第五次会议上提出《关于在河南省抓紧发展电动汽车的建议》，得到省有关领导和部门的重视，1999年由河南省机械电子厅、河南省电动车协会组织省内有关科研单位和企业进行联合科研攻关，研制成功电动中巴、皮卡、轿车各一辆，参加了第十六届北京国际电动车展览会。国内电动车参展共10辆，河南占3辆，受到与会人员称赞。省科协重视加强与河南的全国政协科协、科技界委员和省政协科协和科技界委员的联系，每年都邀请他们到省科协，举行政协科协界委员座谈会，听取他们对河南省"科教兴豫"、科技进步、科协工作的建议。

省科协1978年创办的内部刊物《科技工作者建议》，1999年更名为《专家建议》，成为全省科技工作者向各级领导进言献策的重要渠道，截至2000年已编发102期。省科协通过各种途径组织广大科技工作者提合理化建议，积极参政议政，充分发挥科技群团组织和专家学者的重要作用，密切了党和政府与广大科技人员的联系，为各级领导决策的科学化、民主化创造条件。很多提案和建议被采纳，并产生良好的社会效益和经济效益。如《救活缓建中的河南炼油厂》《关于对西（安）宁（南京）铁路河南段有关原则问题需加紧论证决策的紧急建议》《关于当前基层农村技术推广体系现状的调查研究》等建议均被国家和省有关部门采纳。

为鼓励广大科技工作者为国民经济建设和社会发展多提建议、提好建议，1992年在河南省科学技术协会第四次代表大会上，省科协对一些被采纳并取得显著经济和社会效益的优秀建议颁发了"河南省科学技术协会首届优秀建议奖"。其中：夏镛华、郑明谦、常有谅提出的《综合开发利用焦作地下水资源，发展化工电力联合企业》被评为特等奖；河南省农学会提出的《关于加快河南省农业发展的综合建议》、郑州市科协的《郑州市金水河综合治理方案》、河南省地质学会的《关于把河南矿产资源优势变为经济优势的建议》和河南省园艺学会提出的《河南省不宜发展百万亩葡萄生产基地的建议》4项建议获得一等奖；河南省棉农学会提出的《关于制定发展河南省棉花生产建议》等8项建议获二等奖。1997年，在河南省科学技术协会第五次代表大会上，省科协又进行了第二届优秀建议奖的表彰。其中：河南省公路学会、河南省铁道学会、河南省技术经济研究会等完成的《河南省交通运输发展对策研究报告》，河南省铁道学会提出的《关于对西（西安）宁（南京）铁路河南段有关原则问题需加紧论证决策的紧急建议》，河南省林学会提出的《河南省银杏发展战略的建议》，余守智、李成安、荆海军等人的《进一步推动河南省科技咨询业发展的建议》，河南省水利学会提出的《关于进一步做好河南省水库移民工作的建议》和张忠山、申效诚、何家泌等人提出的《麦棉虫灾发生趋势及当前存在的问题》6项建议获得一等奖；河南省农业经济学会、河南省农学会、河南省林学会提出的《河南省农村产业结构的研究报告》等10项建议获得二等奖。

科技咨询 河南省科协开展科技咨询服务始于20世纪80年代初。1982年10月，省科协召开科技咨询服务工作会议，对新时期科技咨询服务的性质、内容和方式等问题进行讨论，并对全省科协系统开展科技咨询服务工作做了具体安排。11月，河南省编制委员会同意成立"河南科技咨询服务中心"，为事业单位，编制10人。1984年4月，省科协、省财政厅联合颁发《河南省科协系统及所属团体科技咨询服务经费收支实施细则》，规定开展科技咨询服务按双方协议可以收取服务费，按规定对完成科技咨询服务的科技人员发放酬金。同月19日，河南省科技咨询服务中心召开成立大会。1985年2月10~14日，省科协等单位在郑州举办河南省城乡科技咨询暨技术经济信息交流交易大会。这是河南省举办的首次科技成果交易会，中国科学技术协会副主席、特邀顾问华罗庚，中国科学技术协会书记处书记李宝恒，省政府、省人大常委会领导秦科才、郭培鋆、范濂等出席了开幕式。北京、上海、吉林等5个兄弟省市及全省250多个科研单位、高等学校、厂矿企业派员参加大会，向大会提供科技成果和科技咨询项目2500多个，成交额近千万元。同年，中共中央《关于科学技术体制改革的决定》颁发后，随着放活科研机构和放活科技人员政策的实施，许多科研院所、高等学校和学术团体都建立了科技咨询机构，一些民营科技开发和科技咨询机构也陆续出现。为规范技术市场，促进技术市场的发展和繁荣，省工商行政管理局、省税务局等部门先后出台一些关于科技咨询、技术转让、技术开发、技术服务的管理办法和优惠政策。

科技咨询服务对实现决策的民主化、科学化和促进企业科技进步具有重要作用。1987年，省科技咨询服务中心受省计划委员会和省农业银行的委托，聘请6个省级学会的50多位专家学者组成"河南省世界银行农村信贷项目科技咨询顾问团"，用3个多月时间，完成了包括种植业、养殖业、林果业和农业副产品加工4大类25个分类235个子项目的可行性研究工作，写出11册近百万字的评估报告，总投资3.5亿元，申请贷款2.4亿元，涉及全省91个县市，为世界银行贷款在河南的实施奠定了扎实的基础。又先后接受委托组织开展了汤濮铁路、洛阳炼油厂等河南省大型项目的决策论证咨询活动。

1982~2000年，省科技咨询服务中心共完成技术合同登记及签订实施科技项目9000余项，实现技术合同额10.1亿元。1993~2000年，咨询中心共编印内部资料《电传信息快讯》416期，向中、小企业发布有关科技政策、新技术、新产品、技术市场、招商引资等方面信息 20.8 万条，促进了企业经济建设。1999~2000 年，省科技咨询服务中心率先在中国科协系统开展司法鉴定工作，承接项目 40 余项，涉及诉讼标的 3000 多万元，并取得省高级人民法院和最高法院对外出台的人民法院对外委托司法鉴定执业资格，同时获得省司法厅颁发的司法鉴定许可证。中心开展司法鉴定的成功实践受到中国科协的肯定。

截至 2000 年，省科协系统已成立县（市）级以上科技咨询机构 660 家，从业人员 6000 多人，形成了遍布全省的科技咨询网络。

表彰奖励 奖励表彰优秀科技人员、宣传广大科技人员的先进事迹和突出贡献是各级科协的一项重要任务。1987 年在河南省科学技术协会第三次代表大会上，省科协向全省从事科技工作 50 年以上的科技工作者颁发了荣誉证书，表彰他们长期为繁荣科技事业作出的突出贡献。1989 年，省科协对在全省范围内评选出的 1984~1987 年作出突出成绩的 495 名"河南省优秀科技工作者"进行了奖励表彰。1990 年，省科协决定设立"河南省青年科技奖"，表彰 39 岁以下的优秀科技工作者。1990 年和 1992 年进行了两届，1994 年经中共河南省委组织部、省人事厅、省科协研究决定，河南省青年科技奖从第四届起由省委组织部、省人事厅、省科协 3 家联合表彰，获奖者被命名为"河南省优秀青年科技专家"，此项表彰活动成为党和政府培养跨世纪人才工程的重要组成部分。截至 2000 年共进行 6 届，评选表彰了 312 名优秀青年科技工作者，其中有 16 人受到国家青年科技奖表彰。河南省青年科技奖得到各级领导和社会各界的认可和大力支持，为党和政府所重视。多数获奖者被提拔重用，担任科研院所、高等学校和厂矿企业的各级领导职务，不少人被破格晋升为高级专业技术职务，有 30% 左右的获奖者被省委组织部评定为"河南省优秀专家"并被省人事厅及国家有关部委批准享受"政府特殊津贴"，许多人已成为学科带头人，承担或参与国家"863"计划和河南省科研重点攻关项目。1998 年，省科协与省妇联联合开展了首届"河南省十大科技女杰和百名巾帼科技带头人"的评选表彰。2000 年，省科协与省人大常委会和省政协科教文卫体工作委员会联合开展了"河南省十大和百佳民营科技实业家"的评选表彰活动。

河南省利用各种手段积极宣传优秀科技工作者的业绩和精神风貌，激励调动广大科技人员投入"科教兴豫"主战场。为弘扬"尊重知识、尊重人才"的社会风尚，省科协于 1995~2000 年先后编辑出版宣传优秀科技工作者的系列丛书《奋斗者的足迹》（共 4 集）、介绍在豫工作的 52 位中国科学院和中国工程院院士的报告文学集《中州院士风采》。在省科协主办的《科技动态》杂志开辟《中州科技名人》专栏，宣传数百名优秀科技工作者的先进事迹。

1994~2000年历届"中国青年科技奖"河南省获奖者名单

高春香（女）	郑州铁路局中心医院
刘林森	郑州粮食学院食品工程系
王复明	郑州工学院公路工程中心
刘志敏	伊川县电业局
单　杰	解放军测绘学院
肖　荣	河南省石油勘探局规划设计院
鲁国英	解放军信息工程学院
石昆山	河南省地质矿产厅
张卫宪	周口地区畜牧局
刘正德	中国科学院棉花研究所
曹　健	河南省科学院化学研究所
申长雨	郑州工学院
梁秀银	河南省农业科学院
李新平	周口地区农业科学研究所
田保明	河南省农业科学院
李旺兴	中国长城铝业公司

1990~2000年历届河南省青年科技奖获奖者名单

第一届（1991年1月）

高春香	刘林森	王更明	任辉启	单　杰	刘克敏	肖　荣
盛文庆	韩均民	李　超	卢良志	常胜敏	赵健萍（女）	张制民
苏子番	马同专	马仰峡	樊　巍			

第二届（1992年5月）

孔天翰	孔银亮	于合群	马国臣	毛景英（女）	韦　韬（壮族）	
王中全	王明新	王爱民	王懿波	牛现增	申长雨	石昆山
孙维国	孙维琰	朱　珊（女）	李文杰	李奇今	李林林	刘玉礼
刘照红（女）	吕国强	汪　汀	陈建业	庞洪理	郑　周	张卫宪
张文武	张赞平	尚玉和	明济彦	武好杰	杨宛玉（女）	杨铁钊
罗绍凯	郝向阳	唐　微（女）	高丹盈	高致明	阎观亮	晁招刚
涂国田	康跃进	耿献国	韩　曙	韩春好	梁永刚	鲁国英

董世坤　　董伟华（女）

第三届（1994年5月）

丁贤澄　　王　瑜　　王天泽　　王东炜　　王西科　　王志民　　王建平
王建国　　王星光　　王锡锋　　方少明　　孔　建　　田文敬　　史济春
付晓东　　白英辉　　任洪志　　刘长春　　刘成文　　刘庆伟　　刘国顺
刘金盾　　刘宗华　　江焕彬　　祁　鲲　　许宏琦　　苏伯鸣（女）杨　力
杨海成　　李志敏（女）李国英　　李建新　　李嘉琛　　宋应华　　张占仓
张光德　　张全国　　张建营　　张俊朴　　陈东峰　　周建华（女）赵伟灵
赵志超　　赵希顺　　赵继增　　柯　平　　徐庆猛　　职承禄　　黄　瑜
曹　键　　戚天明　　常俊标　　凌中南　　彭桂新　　董耀星　　普志平
雷万军　　薛国文　　薛国典　　魏平荣

第四届（1996年8月）

于锦海　　万卫炎（女）王　智　　王立东　　王振华　　王富安　　甘　勇
卢　莹（女）史福明　　朱长连　　朱诚身　　朱继先　　朱新成　　任　利（女）
任春玲（女）任景光　　庄　雷（女）刘文彬　　刘正才　　刘圣勇　　刘仲敏
刘国际　　刘思锋　　刘致文　　孙西玉　　孙利民　　孙振中　　李更生
李劲东　　李洪连　　李雁青　　李新平　　杨批修　　杨胜利　　肖会敏
汪芳宗　　沈　俊　　阮先知　　张红武　　张国俊　　张金仓　　张振香（女）
张淑芬（女）陈　伟　　陈　淮　　陈长德　　陈宏敏　　陈英照　　陈钦高
范国强　　金新富　　赵云章　　赵文明　　赵立群（女）贺　迈（女）袁海成
原德树　　徐存拴　　徐科技　　高恩民　　梁秀银（女）蒋黎明　　裴晓华
翟文生　　薛兴国　　薛涣洲　　戴保才　　魏华民

第五届（1998年8月）

马宜品　　王　杰　　王栓宏　　王俊忠　　王留义　　卢克平　　朱伯健
朱彦强　　刘　杰　　刘占臣　　刘晓峰　　刘佃温　　刘文锴　　刘章锁
刘建秀（女）许国虎　　孙　群　　杜明才　　李　天　　李　莹（女）李　勇
李　军　　李　强　　李玉玲（女）李巧丝（女）李富春　　杨光宇　　杨宗献
杨书廷　　杨迅周　　吴予群　　张周龙　　张治川　　张留记　　张书荣
张建勋　　邵凤民　　武留克　　罗元良　　和萌林　　周清雷　　法宪恩
封银曼　　赵国强　　赵　虹（女）赵永德　　胡虹文（女）段延恒　　施进发
姜　宏　　娄卫华　　夏国海　　原晋江　　高金峰　　黄润华　　蒋　峰

韩玉东　　　景玲玲(女)普杰信　　　魏中银

第六届（2000年6月）

马　健	马丙祥	介晓磊	毛介忠	王云龙	王忠勇	王素霞(女)
乐金朝	田元生	关惠玲(女)	刘　民	刘晓文(女)	孙德栋	江恩惠(女)
汤丰收	何世均	何俊卿	吴泽宁	张　良	张书胜	张付维
张作君	张青森	李　彬	李卫峰	李国锋	李秀菊(女)	李旺兴
李济顺	李振国	邹友峰	陈国利	周保林	苗保朝	金晨辉
姚中有	荆海军	赵国安	赵国豪	赵滨海	原连庄(女)	徐照学
袁建军	郭永昌	郭红甫	郭宪臻	高希言	高剑波	常重杰
黄建民	强学杰(女)	董家胜	韩厂曾	雷廷宙	谭慧明	

第十章 红十字会

红十字会是一个遍布全球的慈善救援组织，红十字会国际委员会于1863年成立。中国红十字会是国际红十字运动的重要成员，是中华人民共和国统一的红十字组织，是从事人道主义工作的社会救助团体。河南省红十字会是中国红十字会的地方分会，是政府人道工作领域的助手，以弘扬"人道、博爱、奉献"的红十字精神，保护人的生命和健康，促进人类和平进步事业为宗旨。其职责是开展救灾、救护、救助工作，其工作目标是"改善最易受损害群体的境况"，其基本原则是"人道、公正、中立、独立、志愿服务、统一、普遍"。

河南省从1911年开始出现红十字组织，1924年全省成立了39处分会。当时没有省级红十字机构，各地分会在中国红十字总会的直接指导下开展工作。这一时期是河南省红十字组织的初创时期。1937年抗日战争全面爆发后，各分会组织筹办医院、诊所和救护队，积极参加战地救护服务，但由于战争的摧残，河南各地的红十字组织遭到严重破坏，许多分会被迫解散或停止活动。

1949年中华人民共和国成立后，中国红十字会进入一个新的发展阶段。1954年9月，中国红十字会河南办事处成立，各级红十字会在卫生宣传、救护训练、医疗防疫以及开展爱国卫生运动方面开展了许多活动。1958年由于连续3年自然灾害，各级政府大规模精简机构，河南省红十字会办公室编制被撤销，红十字会工作交由河南省卫生厅联合办公室兼管，大部分基层红十字会组织瘫痪,红十字会工作进入一个困难时期。1966年,"文化大革命"开始后,河南省红十字会组织全部被撤销,基层组织完全解散。

1978年,中国红十字会恢复国内工作。1984年,河南省红十字会恢复重建,办公机构设在"中华医学会河南分会"。1988年,17个市、地全部建立红十字会;1989年,159个县(市、区)全部恢复建立了红十字会组织。河南省红十字会重建后,陆续开展卫生救护训练,进行急救知识、卫生常识的培训和外伤救护、水上救护及药物中毒等急救训练。

进入20世纪90年代,全省红十字会组织建设逐步加强。1991年,河南省新发展基层红十字会组织1300多个,会员23万余人。1992年,新建基层红十字会组织3222个,新发展会员246882人。1996年,《河南省实施〈中华人民共和国红十字会法〉办法》正式颁布,全社会对红十字会有了更多的了解。随着组织的加强,河南省红十字会的工作更加积极主动,人道主义救助领域更加广泛。筹集款物,救灾救助,为灾民送去关爱。开展卫生救护训练,以增加群众自救能力,避免和减少不应有的伤残。加强红十字青少年活动,增加青少年的社会责任感,并锻炼他们的社会活动能力。加强红十字会基本知识和国际人道法的宣传,加深全社会对红十字会的了解。宣传、动员无偿献血,使献血光荣的新观念在群众中逐步树立。随着改革开放的不断深入,河南省红十字会的对外联系也不断加强。境内外交流访问,与香港、澳门红十字会合作,积极开展对台湾事务服务,加强与其他民间组织的联系和沟通。这些活动的开展,增进了河南省红十字会与境外和港、澳、台地区红十字组织的友谊,也促进了河南省红十字事业的发展。截至2000年,河南省共建立红十字组织1.3万余个,有会员168万余人,全省共有400余万人参加了卫生救护训练活动,建立红十字急救站4000多个,经过考核合格的红十字急救员170640人,已投入使用和正在筹建中的红十字血站6个。

第一节 组织机构

1904年，中国红十字会成立。红十字会是一个国际性人道主义组织，红十字运动的七项基本原则决定了参加红十字会组织不受党派、信仰、性别、职业等条件限制。中华人民共和国成立前，红十字会各地分会由中国红十字会总会直接领导。中华人民共和国成立后，特别是改革开放后，《中华人民共和国红十字会法》《中国红十字会章程》和《河南省实施〈中华人民共和国红十字会法〉办法》的颁布与实施，对红十字会组织建设有了明确的规定，红十字会的组织发展得以步入"依法建会、依法兴会、以法治会"的科学发展轨道。河南省红十字会是中国红十字会的组成部分，对下级红十字会组织的各项工作具有监督指导职能；县级以上红十字会是中国红十字会的地方组织，是从事人道主义工作的社会救助团体，依法取得社会团体法人资格，独立自主地开展工作；县级以上的红十字会办事机构，配备专职工作人员，负责红十字会日常工作；河南省行业组织可以成立行业红十字会；机关、团体、企业、事业单位和乡镇、街道可以成立基层红十字会。红十字会的主要职责是：广泛争取境内外援助，促进最易受损害群体境况的改善，应对突发事件和自然灾害，在组织建设、备灾救灾、社会救助、卫生救护训练、红十字青少年、无偿献血、对外交流、人道主义传播等方面，不断拓宽人道主义救助领域，为社会主义精神文明和物质文明建设作贡献。各省辖市红十字会组织及各县（市、区）红十字会组织比照省红十字会的机构设置办法设立组织机构，工作上归当地政府指导联系，或由卫生局代管。

组织建设 1911年，河南省开始有红十字会活动。1954年9月1日，"中国红十字会河南省办事处"成立，1962年8月10日改名河南省红十字会。

1911~1924年，河南红十字地方分会处于初创时期。红十字会建会之初，没有省级红十字会机构，各地分会在中国红十字会总会的直接指导下开展工作。1911年，中国红十字会洛阳分会和安阳分会成立，标志着红十字组织在河南诞生。1912年，固始分会和汝南分会成立。到1924年，河南省建立分会39处、分会筹备处6处，成为当时全国建立分会最多的省份之一（仅次于四川省）。这39处分会是：洛阳、安阳、固始、汝南、开封、许昌、水寨、荥阳、鹿邑、信阳、沁阳、汝郏、邓县、北源、禹县、西平、舞阳、河阴、南桥、南宛、北宛、灵宝、宝丰、新野、商丘、赊旗、洛宁、武安、永城、遂平、襄城、临颍、确山、沈丘、扶沟、叶县、西华、汲县、郑县。6处分会筹备处是：镇平、渑陕、内黄、宜阳、新安、上蔡。

到1937年，分会发展到81处，据中国红十字总会1937年《中国红十字会月刊》

载，当时河南的81处分会是：固始、安阳、荥阳、鹿邑、信阳、沁阳、郏县、邓县、唐河、洛阳、禹县、西平、舞阳、临汝、广武、南桥、南宛、北宛、宝丰、新野、商丘、赊旗、洛宁、武安、永城、遂平、襄城、临颍、汝南、扶沟、叶县、南召、沈丘、滑县、浚县、汜水、新乡、太康、尉氏、鄢陵、方城、陕县、孟县、密县、济源、淇县、温县、考城、虞城、楚旺、泌阳、登封、杞县、汲县、项城、淮阳、通许、涉县、明港、临漳、新蔡、武陟、延津、太和、修武、息县、正阳、光山、嵩县、潢川、商城、郾城、柘城、古松、道口、郑州、渑池、洧川、驻马店、铜城集、吴台庙镇。

1937年，抗日战争全面爆发，河南各地分会受到严重摧残，许多分会被迫解散或停止活动，到1945年抗日战争结束时，河南仅有分会20处，另有红十字医院8所、诊所2所和救护队8个。

抗日战争胜利后，各地分会逐步得到恢复。据中国红十字会总会编印的《中华民国红十字会复员期间最新设施》及其他有关资料记载，1949年3月河南省共有分会44处，分别是：洛阳、南阳、邓县、固始、郾城、渑池、汝南、光山、舞阳、泌阳、商丘、叶县、临汝、永城、襄城、修武、罗山、安阳、息县、汲县、新野、荥阳、尉氏、嵩县、沁阳、济源、杞县、新蔡、通许、郏县、密县、汤阴、夏邑、唐河、潢川、临颍、信阳、清丰、开封、虞城、正阳、确山、鹿邑、淮阳。

1949年，各分会创办的服务性实体有医院9所（南阳、临汝、临颍、洛阳、汲县、固始、息县、杞县、罗山），诊所7个（临汝、永城、安阳、嵩县、舞阳、商丘、郾城），儿童营养站2个（安阳、郾城）。有的分会之下建有支会，支会在分会指导下开展活动。如信阳分会之下有东双河支会（建于1947年），商丘分会之下有马牧镇支会和古宋支会（均建于1948年）等。

1949年10月中华人民共和国成立后，中国红十字会获得新生，进入一个新的发展阶段。

1950年8月，在中共中央和人民政府的关怀下，中国红十字会在北京进行了改组。总理周恩来亲自修改、审定红十字会章程，明确中国红十字会的性质、宗旨和任务。红十字会迅速在国内外开展了各项红十字活动。在中国红十字会总会的指导下，河南省部分分会也在当地政府的指导下进行改组，恢复了活动。河南各地经过改组恢复的分会，被纳入当地政府的卫生部门。经中国红十字会和河南省人民政府批准，1954年9月1日中国红十字会河南省办事处成立，这是全国第一个成立起来的省级红十字会领导机构。中国红十字会河南省办事处成立后，各级红十字会在卫生部门的领导下，在卫生宣传、救护训练、医疗防疫以及开展爱国卫生运动等方面发挥应有作用，作出了积极的贡献。

1955年起，河南省红十字会组织迅速发展，各类活动开展得有声有色，红十字会在各项工作中发挥了积极作用。这个时期是河南红十字事业发展的一个高峰。1958

年以后，由于连续 3 年的自然灾害，河南国民经济出现了严重困难，红十字会工作也随着进入一个困难时期。特别是 1960 年，各级政府大规模精简机构、下放干部，河南省红十字会办公室编制被撤销，红十字会工作交由河南省卫生厅联合办公室兼管；各市、地、县红十字会，大多数只保留名称，大部分基层红十字会组织瘫痪，河南省红十字会工作出现大滑坡。据 1961 年 9 月调查，基层组织比较健全且能开展一些活动的，仅有开封、洛阳、商丘和睢县、民权、唐河等少数市（地）、县红十字会。

1962 年 6 月 11 日，河南省卫生厅、中国红十字会河南省办事处联合转发中国红十字会总会和卫生部的联合通知，强调"红十字会工作一定要有人经常地、具体地抓，不能无人过问；各地红十字会的机构、编制人员、经费等问题，都要与当地有关部门联系研究，并请示当地党政领导，得到适当解决"。河南红十字会工作由此进入整顿恢复阶段。8 月 10 日，河南省红十字会第一次代表会议在郑州举行。选举产生了由 21 人组成的河南省红十字会执行委员会，正式恢复河南省红十字会。会议确定了今后数年河南红十字会工作的方向和任务。

1966 年，"文化大革命"开始，河南省红十字会组织全部被撤销，基层红十字会随之完全解散。

1978 年，经国务院批准，中国红十字会恢复国内工作。紧接着，各省市红十字会也相继重建恢复活动。1984 年，河南省卫生厅受委托筹备恢复河南省红十字会。同年 10 月，河南省编委以豫编〔1984〕255 号文件，批复省卫生厅："同意恢复河南省红十字会，编制 3 人，办公机构设在中华医学会河南分会。"卫生厅即选配干部，着手筹备恢复河南省红十字会有关事宜，同时接受并完成总会交给的一些任务。1985 年 6 月 26 日，河南省红十字会第二次代表会议在河南人民会堂举行。这次代表会议把筹建市、县红十字会作为重点工作进行了部署。

1987 年，河南省红十字会正式提出在各市、地、县普遍建立红十字会的任务，并确定在已建会地区，逐步开展群众性的卫生救护训练、社会福利、红十字青少年工作和纪念"5·8"世界红十字日宣传等活动。同时，各市、地、县红十字会成立红十字会筹备机构，大都开展类似的红十字活动，从而扩大了红十字会的影响，促进了河南省红十字事业的发展。

1987~1989 年，是河南各级红十字会任务繁重的 3 年，也是河南省红十字事业迅猛发展的 3 年。所开展的台湾事务服务工作和国际体育援助计划活动，对红十字会组织建设起到了巨大的促进作用。1988 年，17 个市、地全部成立红十字会，濮阳、焦作等市、地相继实现所辖区县乡镇全部成立红十字会。1989 年 10 月 30 日，河南省最后建立的县级红十字会——卢氏县红十字会正式成立，全省 159 个县（市、区）全部恢复建立了红十字会组织，是全国最早实现县级以上全部建立红十字会的省份。中国红十字会总会发来贺电。到 1989 年年底，河南省红十字会基层组织已发展到 2636 个，会员总数发展到 285624 人。河南省已有 3 所大学、161 所中学、174 所小学和 1 所智障儿童学校成立了红十字会组织，开展了各项适合青少年特色的红十字活动。

1990 年 2 月，中国红十字会总会第五次代表大会提出，今后每年红十字会的基本任务，就是要继续抓好"一个重点"（组织建设）、"两个网络"（遍布城乡的群众性自救互救网络和自助互助网络）的中心工作。

1988 年，省红十字会办事机构有事业编制 5 人，到 1992 年实有 10 人（含工人 1 人、离休干部 2 人），设置为 2 部 1 室（组训部、宣传部和办公室），并配置了电话、汽车等办公机具，具备了基本的工作条件。河南省 17 个市、地红十字会的编制均已得到解决，共有编制 56 人。有 53 个县（市、区）红十字会解决了编制问题，占总县（市、区）数的 33.5%；尚未解决编制的县（市、区）大都采取暂时借用或由卫生部门干部兼管的办法，基本上保证红十字会工作的正常运转。

1990 年 4 月，河南省煤炭行业红十字会成立，这是河南第一个行业红十字会。在其指导下，全省各直属煤矿、地方煤矿也陆续建会，到 1992 年年底，仅煤炭行业就累计成立红十字基层组织 166 个，发展红十字会员 8 万余人。

1991 年，在救灾工作的推动下，河南省新发展基层红十字会组织 1300 多个，发展会员 23 万余人。全省红十字会基层组织累计达到 4603 个，会员总数达到 667012 人，是省红十字会自 1985 年恢复以后发展最快的一年。同年，濮阳市 80 个乡镇和所有城区的 125 所学校全部成立了红十字会。1992 年，河南省新建基层红十字会组织 3222 个，新发展会员 246882 人。截至年底，河南省累计成立基层组织 7825 个，有会员 913898 人，其中青少年会员近 30 万人。全年公民救护培训 510496 人次。

1993 年 6 月 12 日，河南省红十字会第三次代表大会在郑州召开。通过民主选举，产生了由 58 名理事组成的河南省红十字会第三届理事会，确定了工作方针和任务目标。同年 10 月 31 日，《中华人民共和国红十字会法》颁布实施，以法律的形式明确和保证了中国红十字会的地位和作用。河南省红十字会随即在全省红十字系统开展了一系列宣传贯彻落实《红十字会法》活动。

1994 年是国际红十字运动诞生 130 周年，又是中国红十字会成立 90 周年。河南省红十字会借此契机开展了大规模宣传活动，着力推动组织建设，基层组织与会员又有较大发展。1995 年，经省编委批准，河南省红十字会人员编制由 6 人增加至 13 人。该年度河南省发展基层组织 958 个（含团体会员单位 99 个），有会员 421897 人。截至年底，河南省累计成立红十字会基层组织 14318 个（含团体会员单位 4192 个），会员 1863564 人，其中成人会员 1360874 人、青少年会员 502690 人，会费收缴比 1994 年增长 47.2%。

1996 年，河南省红十字会新发展基层组织 388 个、会员 179778 人。1997 年，河南省红十字会新建基层组织 209 个（其中学校红十字组织 65 个），发展会员 24768 人（其中青少年会员19340人）。河南省基层组织和会员总数已分别达12748个、164.5万人。驻马店地区红十字会列编5人，全区10县（市）全部解决了红十字组织的编制问题。

1998年，省红十字会完成了向公务员序列过渡工作。过渡后的机关设3个部室，分别为办公室、组织宣传部、赈济救护部，人员编制14人。当年年底，河南省累计建立基层红十字会组织近1.3万个，发展会员近170万人。河南省民航局急救中心和中原油田总医院被省红十字会吸收为团体会员单位。至2000年年底，河南省共成立红十字组织1.3万余个，会员168万余人，全省省、市、县（市、区）、乡（街道）、村及医院、学校和部分行业均建立有红十字会组织。

权力机构 中华人民共和国成立前，由于历史原因，对红十字会权力机构及行使权力的方式缺少记载。中华人民共和国成立后，《中华人民共和国红十字会法》规定，红十字会实行会员代表大会制度，会员代表大会是同级红十字会的最高权力机构。河南省红十字会会员代表大会由河南省红十字会和市（地）、县、乡、村级红十字会推选的会员代表，政府和军队有关部门及河南省社会团体协商产生的代表以及特别邀请的人士组成。会员代表大会的职权是：审查批准理事会的工作报告和工作规划；制定修改《红十字组织章程》；选举红十字会理事会理事。会员代表大会由理事会召集，每5年召开1次。1962~2000年，河南省红十字会代表大会共召开了3次。

河南省红十字会第一次会员代表大会 1962年8月10日，河南省红十字会第一次会员代表大会在郑州召开。各专区、市及重点县红十字会和省直有关部门、团体会员单位的代表共50人出席会议。会议通过了中国红十字会河南省办事处副主任韩锡赞所作的《河南省红十字会工作情况和今后工作意见》的报告，选举产生了由21人组成的河南省红十字会执行委员会，成立了省红十字会理事会。在执行委员会第一次会议上，推选省卫生厅厅长陈辑五为河南省红十字会会长，河南省卫生厅副厅长王先发、公安厅副厅长门经五、民政厅副厅长童玉振、药政局副局长黄芳轩、郑州市副市长张北辰、洛阳市副市长石振邦6人为副会长。

河南省红十字会第二次会员代表大会 1985年6月26日，河南省红十字会第二次会员代表大会在河南人民会堂召开。到会有9个市（地）的代表26人，省直有关单位、部门的代表59人，共85人。中国红十字会总会向大会发了贺信。省人大常委会副主任岳肖峡、省政协副主席董民声等出席了大会。省卫生厅副厅长高海修传达了中国红十字会第四次会员代表大会精神；省卫生厅厅长杨龙鹤作《河南省红十字会第二次会员代表大会筹备工作报告》。大会分组讨论了中国红十字会总会四大精神和杨龙鹤的报告，并酝酿了河南省红十字会第二届理事会组成人员名单。经过投票选举，马迎春等40人当选为理事。在第一次理事会议上，一致推举岳肖峡、董民声为河南省红十字会名誉会长；选举杨龙鹤为会长，省卫生厅副厅长高海修、民政厅副厅长杨德恭、财政厅副厅长杨万书、省军区后勤部副部长屈殿佐、省医学会副会长张石玉等为副会长；任命范永中为秘书长。并由上述会长、副会长、秘书长等7人组成常务理事会，负责组织实施河南省红十字会的日常工作。

河南省红十字会第三次会员代表大会 1993年6月12日，河南省红十字会第三次会员代表大会在郑州召开。出席会议的代表93人，特邀代表9人，共102人。举行这样规模的具有广泛代表性的大会，在河南红十字会的历史上还是第一次。中国红十字会总会向大会发了贺信。河南省人民政府办公厅副主任孙学顺代表张洪华副省长出席了大会。这次代表大会的主要议程是：总结河南省红十字会第二次会员代表大会以来的工作；修改通过《河南省红十字会组织规程》和《河南省红十字会1993~1997年5年工作规划》；选举产生河南省红十字会第三届理事会。河南省红十字会常务副会长刘全喜受第二届理事会的委托，向大会作题为《艰苦奋斗、勇于开拓、齐心协力，努力把河南省红十字事业推向前进》的报告，总结了过去8年的工作，对今后5年重点工作进行安排。大会通过民主选举产生了由58名理事组成的河南省红十字会第三届理事会，省人大常委会副主任胡廷积被推举为名誉会长，副省长张洪华当选为会长，省卫生厅厅长刘全喜、副厅长徐晖，省财政厅副厅长杨万书，省民政厅副厅长邱佩华，省教委副主任张凯亭，中共河南省委对台办公室主任郑淑贞，省军区后勤部副部长张德成，省红十字会上届副会长申永柱等当选为副会长。会议决定黄永泽、马俊玲为副秘书长。以上会长、副会长和副秘书长等11人组成常务理事会，负责主持红十字会的日常工作。大会一致通过了刘全喜副会长的工作报告和《河南省红十字会组织规程》及《河南省红十字会工作规划》等文件，指明了河南省红十字会今后5年工作的方向和任务。

工作机构 中国红十字会成立之始没有省级工作机构，中国红十字会总会直接在各县设立分会开展工作。1954年9月1日，中国红十字会河南省办事处成立，是全国第一个省级红十字会工作机构。1960年，河南省红十字会办公室编制被撤销，红十字会工作交由河南省卫生厅联合办公室兼管，基层红十字会组织瘫痪。1984年，河南省红十字会恢复，编制3人，办公机构设在中华医学会河南分会。1988年，河南省红十字会有事业编制5人；1992年实有10人，设置组训部、宣传部和办公室，具备了基本工作条件。17个市、地红十字会有编制56人，53个县（市、区）解决了编制问题。1993年，《中华人民共和国红十字会法》颁布，对红十字会的工作机构及其职能作出明确规定。会员代表大会闭会期间，理事会负责执行会员代表大会的决议。理事会的职权是：审查批准常务理事会的工作报告；审查红十字会经费的来源和使用情况；选举会长、常务副会长、副会长；根据会长提名，决定秘书长、副秘书长人选；聘请名誉会长和名誉副会长；决定其他重大事项。理事会会议由常务理事会召集，每年召开一次。在理事会闭会期间，由会长、常务副会长、副会长和正副秘书长组成常务理事会。常务理事会职权是：审核年度工作报告、工作计划和经费的来源与使用情况的报告，提交理事会审查批准；负责执行会员代表大会和理事会的决议；审议需要更换和增补的理事成员，提交理事会确认；聘请名誉理事；决定其他重大事项。常务理事会对理事会负责并接受监督。由专职副会长和正、副秘书长组成执行委员会主持日常工作。执行委员会对常务理事会负责并接受其监督。专职副会长任执行委员会主任委员，其他组成人员为委员。1995年，河南省红十字会有13名编制。1998年，省红十字会完成了向公务员序列过渡工作，机关设置3个部室，分别为办公室、组织宣传部、赈济救护部，人员编制14人。

河南省红十字会常务理事会成员一览表

表36-10-1-1

名称	时间	会长	副会长	秘书长	副秘书长
第一次会员代表大会	1962.8.10	陈辑五	王先发、石振邦、门经五 黄芳轩、张北辰		
第二次会员代表大会	1985.6	杨龙鹤	高海修、杨德恭、杨万书 屈殿佐、张石玉、童玉振	范永忠	荆志来
第三次会员代表大会	1993.6.12	张洪华	刘全喜、徐　晖、杨万书 邱佩华、张凯亭、郑淑贞 张德成、申永柱		黄永泽、马俊玲

第二节 重要会议

红十字会是国际性组织,红十字会工作是跨部门、综合性强、业务多、牵涉面广的社会性工作。建立以政府为主导、各有关部门密切协作、动员社会群众广泛参与的机制,是确保各项工作任务落实、促进事业发展的关键。以宣传、贯彻、落实红十字会法为中心,依法开展备灾救灾、卫生救护培训、无偿献血、红十字青少年、对外联络等业务工作是红十字会的生命所在。召开会议是贯彻党和政府的路线、方针、政策及制定措施、总结经验、安排活动、实施计划和推动工作的重要举措。重要会议分为理事会会议、综合性工作会议和专项业务工作会议等。

理事会会议 《中华人民共和国红十字会法》规定,各级红十字会理事会由会员代表大会民主选举产生。理事会民主选举产生会长和副会长。各级红十字会会员代表大会闭会期间,由理事会执行会员代表大会的决议。理事会会议每年召开一次。理事会向会员代表大会负责并报告工作,接受其监督。上级红十字会理事会指导下级红十字会理事会工作。理事会会议的召开往往预示着红十字会有重要工作情况的报告、政策与计划的变更、理事会人员的增补等重大问题的决策。由于资料的缺失,河南省红十字会有记录的理事会仅有4次。

1988年3月28~30日,河南省红十字会为加强自身建设,在郑州召开河南省红十字会第二届第二次理事(扩大)会议。会议增选卢慧芝、汤瑞桢、许绍之、孔繁奇、丁发杰等23人担任理事,其中卢慧芝、汤瑞桢、许绍之3人为副会长;传达贯彻中国红十字会第四届第三次理事会暨全国工作会议精神;听取并审议第二届常务理事会的工作报告;总结交流1987年工作经验;研究安排1988年工作计划。省红十字会名誉会长岳肖峡、省人大常委会副主任胡廷积出席会议并讲话,副会长高海修代表省红十字会第二届第一次理事会向会议作工作报告,省红十字会会长杨龙鹤作大会总结讲话。这次会议沟通了情况,交流了经验,明确了任务,加强了红十字会的领导力量,为促进河南省红十字事业的发展进行了有益探索,达到了预期目的。之后,安阳、濮阳和漯河3市也增补、充实和调整了市红十字会理事。

1989年1月21日,河南省红十字会在郑州召开第二届第三次理事会议。会长杨龙鹤,副会长高海修、杨万书、屈殿佐、许绍之及40名理事出席会议。杨龙鹤主持会议并作总结讲话,高海修受常务理事会委托作工作报告。会议从组织建设、卫生救护训练、红十字青少年工作、社会福利、台湾事务服务、宣传、1988年国际体育援助计划及红十字会自身建设八个方面总结了过去取得的成绩和存在问题。杨龙鹤在讲话中对省红十字会的工作提出了具体要求：一是要大力发展基层组织，壮大会员队伍；二是要拓宽工作领域，由城市扩展到农村、街道，由机关、学校扩展到厂矿企业；三是要改进工作方法，注意点面结合，建立激励机制提高广大红十字工作者的积极性；四是要各级卫生部门关心支持红十字会工作，解决工作困难，不断推动红十字事业的健康发展。同时，濮阳、郑州、开封等部分市地也召开理事会进行换届选举或安排部署工作。

1995年7月21日，省红十字会第三届第二次理事会选举省政府副省长李志斌为省红十字会会长，并对《河南省红十字会组织规程》和《河南省红十字会1993~1997年五年工作规划》进行了修改。

1998年5月17~18日，省红十字会第三届第四次理事会议在河南省医学科技中心召开。会议的内容是：高举邓小平理论的伟大旗帜，深入学习贯彻中共十五大精神；传达中国红十字会总会第六届第五次会议精神；总结1997年工作，部署1998年工作；更换和增补部分理事会成员。省红十字会第三届理事会理事及各市地红十字会副会长、秘书长参加了会议。

综合性工作会议　　每年一次的综合性工作会议是红十字会在理事会不健全的情况下召开的，主要任务是总结上年工作，安排部署下一年的工作任务。2000年前，在红十字事业发展中有影响的综合性工作会议主要有：

1986年工作会议：1986年3月20~22日，省红十字会在郑州召开工作会议。省红十字会会长、卫生厅厅长杨龙鹤，副会长张石玉，秘书长范永忠等红十字会领导出席会议。来自郑州、开封、洛阳、平顶山、安阳、濮阳、鹤壁、新乡、焦作9个省辖市的红十字会领导参加了会议。会议传达了中国红十字会总会工作会议精神，介绍了兄弟省、自治区、直辖市开展红十字会工作的经验，杨龙鹤会长作了重要讲话。

1987年工作会议：1987年上半年，河南省红十字会事业有比较大的发展，为落实组织发展计划，省红十字会决定召开由市地红十字会或卫生局领导参加的工作会议。会议于8月26日在郑州举行，历时两天，到会的有17个市地红十字会和卫生局的人员31人，其中包括10位卫生局的正副局长。省政府副秘书长卢慧芝，省红十字会会长杨龙鹤、副会长张石玉，省卫生厅副厅长张磊等参加会议。会议内容是：学习赵紫阳总理关于红十字会工作的指示；贯彻中国红十字会总会和国家教育委员会《关于在学校中积极开展红十字青少年活动的通知》及卫生部、公安部、铁道部、交通部、商业部、中国民航总局、国家旅游局《关于开展群众性卫生救护训练的通知》；传达中国红十字会第四届第二次理事会和工作会议精神；总结1986年工作，安排1987年计划。与会代表讨论了全省红十字会工作，交流了各市（地）、县红十字会工作和筹备恢复各级红十字会组织情况和经验，就各级红十字会组织人员配备、经费来源以及如何开展红十字会活动等问题进行研究探讨。杨龙鹤、张磊等作了讲话，强调全省各级卫生行政部门要对红十字会工作给予足够重视，争取1987年年底把各省辖市、地区红十字会组织恢复建立起来，部分条件成熟的县（市）、区也要逐步建立红十字会组织，发展会员开展工作；卫生部门特别要在干部配备、活动经费等方面给予积极支持和帮助，为红十字会进一步开展工作创造条件。这次会议的召开，对当年完成市地级红十字会组织建设，起到十分重要的作用。

1989年工作会议：1989年12月28~30日，河南省红十字会在郑州召开全省工作会议。来自各市地和省直的52名代表参加了会议。省人大常委会副主任、省红十字会名誉会长胡廷积，省红十字会副会长卢慧芝、高海修，省卫生厅副厅长刘全喜等出席会议并讲话。会议由副会长许绍之、秘书长范永忠主持。省红十字会副会长、1988年国际体育援助计划活动河南组委会秘书长高海修作关于《河南省1988年国际体育援助计划活动总结》和《河南省红十字会1989年工作总结和1990年工作计划》的报告。

1990年工作会议：1990年8月27~31日，河南省红十字会工作暨秘书长会议在郑州召开。来自全省各市地和省煤炭行业红十字会的负责人及会员单位的代表33人参加了会议。会议由范永忠秘书长主持。会议主要学习中国红十字会总会第五次会员代表大会的有关文件和总理李鹏及李铁映、陈敏章等领导的讲话精神。各市地代表汇报交流落实中国红十字会总会第五次会员代表大会精神及开展各项工作的情况，研究讨论下一阶段工作打算，对进一步搞好红十字会工作提出意见和建议。

1992年工作会议：1992年3月18~20日，省红十字会在郑州召开工作暨秘书长会议。省红十字会副秘书长黄永泽主持会议。会议学习中国红十字会总会副会长顾英奇在中国红十字会第五届第三次理事会上的讲话和兄弟省、市红十字会的典型材料，总结以往工作，交流经验和体会。副会长高海修就宣传工作、自身建设、群众性自救互救网络和自助互助网络的建设提出了具体意见。要求：各级红十字会专兼职干部切实贯彻会议精神，抓住机遇，迎接挑战，积极兴办事业实体，进一步增强救助实力；努力推进公民义务献血向无偿献血方向发展，逐步参与输血事业的管理。

1993年工作会议：1993年2月17日，省红十字会召开了河南省红十字会恢复工作以后规模最大的全省红十字工作会议。来自各市地红十字会、省直团体会员单位、省煤炭行业红十字会的代表，有关新闻单位及部分在郑理事共75人参加了会议。省卫生厅副厅长张泽书代表省红十字会常务副会长刘全喜出席会议并讲话。副会长高海修作工作报告。秘书长范永中，副秘书长黄永泽，省红十字会理事、原省归国华侨办公室主任辛鸿祥等出席会议。常务副会长刘全喜讲话，全面阐述了对中国红十字会总会第五届第四次理事会扩大会议精神的认识与理解，明确全省1993年应着重抓好"群众性卫生救护训练，改善最易受损害群体的境况；抓好经济实体，提高红十字会经济实力；努力争取参与血液事业管理，积极推动无偿献血"3项重点工作。确定"全面工作上水平，单项工作争第一"的工作目标。提出"把总会第五届第四次理事扩大会议精神向各级政府、卫生行政部门领导、红十字会理事会认真汇报及时传达,争取政府重视和支持"的要求。

宣传工作会议　　红十字会作为社会救助团体,需要社会各方面的支持和参与,宣传是先导。河南省红十字会重视宣传工作,每年召开宣传工作会议,表彰征订中国红十字报刊先进单位及先进个人,交流宣传工作经验,培训新闻写作等相关业务知识。

1990年11月,省红十字会在郑州市召开有44人参加的首次红十字通讯员会议。会上,郑州大学新闻系、河南日报社和省红十字会的专家讲授了新闻基础理论、采访与写作、新闻摄影和红十字知识,研究讨论了红十字会的宣传和办报工作,为26名优秀通讯员颁发了奖品和证书,为52名河南红十字报通讯员颁发了聘书。这次会议的召开,明确了红十字会宣传工作的方向,培训了宣传骨干,交流了经验。会后,焦作市红十字会首次出版了《焦作红十字》简报。接着,郑州、安阳、濮阳、三门峡、漯河等市,商丘、驻马店、周口等地区及部分县(市、区)也都编印了当地的红十字信息和简报,促进了当地的红十字宣传工作。

1996年10月,省红十字会在焦作市武陟县召开全省宣传工作暨报刊征订现场会,中国红十字报刊社派员参加。会议表彰了武陟县等征订总会报刊先进单位,交流了宣传工作经验。省红十字会与各市地红十字会签订了中国红十字报刊征订目标责任书。

1997年5月,省红十字会在漯河市临颍县南街村召开全省宣传工作培训暨报刊征订会,邀请中国红十字会总会宣传部领导、新华社记者、天津大学教授等到会讲授新闻写作、传播理念等知识,表彰了武陟县等征订总会报刊先进单位,交流了宣传工作经验。

1998年10月,省红十字会在南阳市唐河县召开全省宣传暨报刊征订工作会议,各市地红十字会秘书长和部分县级红十字会负责人及省直会员单位的代表40余人参加了会议。会议主要传达中国红十字会总会宣传暨报刊征订工作会议精神,总结河南省工作情况,提出1999年的任务要求,表彰1998年年度报刊征订工作先进单位和个人。郑州、平顶山等市县红十字会交流了抗洪救灾中开展宣传工作的经验。

法制工作会议　　法制工作会议是省红十字会结合"四五"普法宣传教育活动而召开的贯彻落实红十字会有关法律法规的专题会议。《中华人民共和国红十字会法》颁布实施后,省红十字会会同省人大常委会教工委、法工委及省政府法制办等单位多次召开纪念《红十字会法》颁布实施座谈会和电视电话会。1998年10月31日,省红十字会与省人大常委会教科文卫工委联合召开座谈会,纪念《红十字会法》颁布实施5周年。省人大常委会副主任张世英出席会议。会上介绍了全省贯彻落实《红十字会法》情况,与会代表就进一步贯彻落实《红十字会法》,推动河南省"两个文明"建设工作进行了座谈。副主任张世英作重要讲话,对进一步贯彻红十字会法提出了新要求。

第三节 事业发展

1911年,河南省开始有红十字活动。中华人民共和国成立前,没有省级红十字会机构,各地分会在总会的直接指导下开展工作。其工作职责是:战时伤病救护及战俘平民的救济;国内外灾变的救护与赈济;防治疾病、增进健康及减免灾难的服务。这时的分会,在总会的指导和支持下,经常开展一些医疗、防疫和赈灾等人道主义活动,在社会上产生了良好影响,对于以后河南红十字会组织的发展具有一定的促进作用。中华人民共和国成立后,中国红十字会进行了改组。1950年8月,制定的新《中国红十字会章程》明确规定,中国红十字会为"中华人民共和国全国性的人民卫生救护团体"。河南各地经过改组恢复的分会,被纳入了当地政府的卫生部门。中国红十字会河南省办事处成立后,全省红十字会组织有较大发展。各级红十字会在卫生部门的指导下,在卫生宣传、救护训练、医疗防疫以及开展爱国卫生运动等方面,发挥应有作用,作出了积极贡献。1978年中共十一届三中全会以后,社会主义经济建设走上健康发展道路,中国红十字会的工作也随着进入全面发展的新时期。特别是1993年《红十字会法》实施后,省红十字会抢抓机遇,努力工作,不断拓宽工作领域,从建会初期的战地救护、博爱恤兵等简单工作发展到广泛争取境内外援助、促进最易受损害群体境况的改善、应对突发事件和自然灾害,在组织建设、备灾救灾、救助救护、红十字青少年、无偿献血、对外交流、人道法传播等方面,不断拓宽人道主义救助领域。

救灾救助 开展救灾救助工作是《红十字会法》赋予红十字会的一项重要职责。面对战争、自然灾害及突发事件,河南省红十字会从成立之初,就遵循国际红十字会的七项基本原则,发扬"人道、博爱、奉献"的红十字精神,积极投入各类救灾救助和社会服务活动中。

河南是个多灾多难的地区。20世纪20年代,水旱蝗灾连年不断,群众生活非常困难。各分会主动了解灾情,向总会汇报,争取总会支援。同时在当地组织开展募捐活动,以赈济流离失所、衣食无着的灾民。1923年春荒,南宛分会派出16人分路调查灾情,向总会及"京沪中外慈善大家"呼吁救助,在当地募得捐款1000串,购馍3500多千克,于春节前一日,组织会员分头施放给散居街头的灾民;灵宝分会于1923年春,两次募得捐款358元,分别施放给1000多个灾民,"一时红十字会名誉,洋溢于灵境";汝郏分会于1923年1月6日～4月5日,在郏县城内设施粥厂,先后救济贫民3000余人;许昌分会于1月8日～3月10日,在西关、南关设粥厂两处,每日施放两餐,共用去募捐款900余串。

1923年8月10日，汜水县城遭洪水袭击，"城沿庐舍全已淹没"，灾民"呼号待救，哭声震天"。该县水灾救济会以及公款局、劝学所、商务会等10个单位，联名于8月26日致电中国红十字会总会求救，总会当即委托开封分会组织前往救援。开封分会立即向华洋救灾会募款5000元，并派救护队携带药品等，于9月7日赶到汜水，连续奋战10天，共施放救济款5000元，救治受灾群众3000余人。

各地分会大都办有规模不等、形式不一的医院或诊所，本着爱人救人的精神，为广大群众防病治病，施医舍药。固始分会医院1918年发展到拥有医务人员14人，并设立了内、外、妇、儿各科，年平均诊治病人8000余人，深受当地群众欢迎。

中华人民共和国成立后，经过改组后的红十字会在中国共产党的领导下，积极整顿、发展组织，以饱满的热情开展救灾救助和社会服务工作。

1985年4月，响应中国红十字会总会和省委、省政府的号召，开展"为非洲灾民募捐"活动。省红十字会和省卫生厅、文化厅、省体委联合召开会议进行安排，募捐工作在全省迅速展开。省直有关单位、省辖（管）9市，卫生、体育、文艺系统积极响应募捐呼吁，广泛开展义诊、义赛、义演活动，仅仅两个月，就募得捐款6.4万余元，受到总会的表扬。这次活动是河南省红十字会恢复工作以后第一次大型募捐活动，对以后河南省红十字事业的发展起到承前启后作用。

1987年5月，河南省红十字会志愿捐献遗体接受中心落成，建筑面积1764平方米。省人大常委会、省政府的领导岳肖峡、胡廷积等，以及省教委、省卫生厅、河南医科大学、河南中医学院的领导出席落成典礼。遗体捐献接受中心的落成与使用，引起社会的关注和强烈反响，推动了移风易俗和遗体、器官捐献工作。到1993年年底，该中心累计接受遗体32具，为100余人办理了身后遗体捐献登记手续。

根据国务院和省政府的要求，1988年8~11月，河南省开展了规模宏大、声势空前的"国际体育援助计划"活动。这次活动由省红十字会、卫生厅、教委、体委、广播电视厅、文化厅、外事办公室牵头，组成以省政府副省长于友先为主任委员，省红十字会名誉会长、省顾问委员会常委岳肖峡，省人大常委会副主任胡廷积，省政协副主席董民声，省红十字会会长、省卫生厅厅长杨龙鹤，省政府副秘书长、省红十字会副会长卢慧芝为副主任委员，省政协委员、省红十字会副会长高海修为秘书长的40人参加的河南组委会。组委会先后3次召开工作会议，分析情况、研究问题，对活动及时进行组织、协调和指挥，保证了活动在全省的顺利实施。另外，还派出3个检查组，分赴12个市地调查了解情况，检查指导这次活动和红十字会工作，促进市地活动的开展。全省17个市地，约60%以上的县市区参加了这次活动。各地党政领导积极带头参加，广泛组织了成人万米跑和青少年千米跑活动，参加人数少则数百人，多则数千人。各地的一些学校、厂矿还以国际体育援助活动的名义组织形式多样的运动会，宣传体育援助精神，促进了中小学和群众体育活动的开展。在开展体育活动的同时，募捐活动也空前高涨。省、市（地）、县各级党政群机关的领导干部、中共党员、共青团员、红十字会员、医务人员积极带头，率先捐款，推动了群众性募捐活动的开展。各市地及时行动，将募捐活动推向高潮。濮阳市的范县、清丰县，安阳市的文峰区、郊区和内黄县，洛阳市的西工区，郑州市的二七区、中原区、向阳区、新郑县和登封县，周口地区的郸城县、扶沟县，驻马店地区的驻马店市、正阳县、汝南县、平舆县和西平县，信阳地区的罗山县，新乡市的卫辉市，焦作市的温县等县（市、区）的活动深入扎实，效果显著；个别市地还通过卫生协会、个体劳协、工商税务部门组织个体诊所、商户、私营企业进行募捐，三门峡、新乡、周口、驻马店、商丘等地出现了一批捐款500元的先进个人，全省出现了平顶山矿务局、河南省人民医院、河南医科大学第一附属医院等捐款万元以上的单位。活动结束，接受捐款累计179万余元。"国际体育援助计划"活动不仅引起河南省对青少年工作的重视，促进了社会各界对儿童健康成长的关怀，推动了中小学体育活动和儿童保健福利事业的开展，同时扩大了红十字会的影响，提高了红十字会的知名度，锻炼了红十字会的干部队伍，各级红十字会组织建设得到加强。

1989年，省红十字会根据中国红十字会总会的指示，联合省卫生厅，抽调河南省人民医院，河南医科大学第一、二、三附属医院和河南省卫生防疫站的专家沈为砲、朱绣雯、雷光烈、李现光、赵广武等15人，联合组成河南省红十字救灾扶贫医疗队，于6月26日~7月4日在省红十字会副会长高海修带领下赴老区商城县进行救灾扶贫工作。医疗队以红十字会的人道主义为宗旨，以"救死扶伤、扶危济困、敬老助残"为己任，先后授课7个专题28个学时，培训490余人次；为群众义诊1407人次，免费施药价值2000元；为两例癌症患者免费手术；赠送两个乡卫生院医疗器械价值1000余元；走进49户贫困家庭进行慰问，为老区群众送去关爱和温暖，受到群众的欢迎和赞扬，在当地引起广泛的影响。

1990年，河南省红十字会接受中国红十字会总会转发的价值人民币40多万元国际救灾款物，救助1988年遭受洪水灾害的灾区群众。同时，省红十字会发出呼吁，筹集救灾款物价值人民币14万余元，粮票2110千克开展救灾救助活动。对这些款物，省红十字会按照总会和政府的要求以及捐赠者的意见，由各地红十字会直接分发到灾区群众和贫困户手中，受益群众1万余人。

1991年，洪涝和干旱等灾害连续侵袭河南省大部分地区，使工农业生产和人民生命财产遭受严重损失。灾情发生后，省红十字会根据中国红十字会总会关于"各地红十字会紧急行动参与救灾"的要求和中共河南省委、河南省人民政府的指示精神，要求各市、地红十字会及时组织开展赈灾募捐活动。据统计，当年7~11月全省共募得捐款167万余元，粮票143868千克，衣物价值93万余元。省红十字会充分发挥自身优势，积极争取境内外捐助，先后为河南省灾区争取港台等地捐助救灾款物折合人民币近7000万元（其中：粮食1000余万千克，食品9万余箱，新棉衣被30余万件，药品2000余箱，单价60万元的净水器6台，单价30万元的赈灾救护车10辆，救灾救护专用帐篷300余顶，打深水井10多眼）。这些款物，分别由各市、地红十字会直接组织送往受灾严重的信阳、驻马店等地区，代表各界人士向灾区人民送去一份爱心和热情。同时，全省各级红十字会协同卫生部门组派红十字医疗、防疫队1400余支，救治群众357万余人次，为灾区人民群众治病、防疫，保护他们的生命和健康，为他们提供了实实在在的人道主义援助。

1992年，河南省在大面积干旱的同时，许多地方又连续发生风雹、暴雨、病虫灾害，黄河首次洪峰过境时大面积滩区被洪水淹没。据不完全统计，全省因灾倒塌房屋78165间，损坏房屋10万余间；死亡18人，受伤350人；死伤大牲畜40万余头；夏秋农作物受灾765万公顷，绝收1.74万公顷。灾情发生后，全省各级红十字会充分发挥自身的独特作用，采用多种形式，利用多种渠道，为灾区人民筹集、转运和分发救灾款物。全年共接收、分发港台及外省市捐助款物折款777.6万余元人民币，在本省募集救灾款134万余元，粮票2万余千克。这些款物均及时发放到灾区广大群众手中，使953747名灾区群众直接受益。同时，各级红十字会还协同卫生部门向灾区派出红十字医疗队245支，救治灾区群众149320人次，为帮助灾民恢复健康，重建家园，作出了积极的贡献。

1993年，全省红十字会接受外援款物折合人民币290万余元，募捐折合人民币17万余元，使灾区88862人受益，组派红十字医务队77支，为414051人进行诊断治疗。1994年，接受中国红十字会总会转来及香港同胞直接捐助款物折合人民币166万余元，全省红十字会系统募捐款物折合人民币47万余元。向灾区和贫困山区组派医疗队203支，出动医务人员1540余人次。

1995年，豫南水灾，全省红十字会共接受中国红十字会总会转来港台捐赠及香港同胞直接捐助款物折合人民币约75万元。为灾区募捐款物折合人民币23万元。向灾区和贫困地区组派红十字医疗队146支、医务人员1156人，7万余名群众得到救治。

1996年，河南省豫北和豫南地区发生洪水灾害，省红十字会在多次深入灾区考察灾情、及时向中国红十字会总会发出灾情报告的同时，拿出救灾备用金采购方便食品，第一时间赶往灾区，向灾民现场发放，成为全省第一家到达灾区开展救助活动的团体单位。接受中国红十字会总会转来国内外援助款物价值人民币198万元；全省各级红十字会自筹款物折合人民币422万余元；向灾区组派红十字医疗队510支，参加会员4580人次，受益群众7万人次。

1997年，省红十字会接受台湾红十字组织捐赠款物价值人民币51.5万元，对台前县黄河凌汛灾害等进行了救助。

1998年夏季，长江、松花江、珠江流域相继发生特大洪水灾害。"三江"流域灾情发生后，省红十字会立即成立抗洪救灾募捐工作委员会，向社会公布了募捐热线电话。经过各级红十字会共同努力，全省红十字会系统募捐款物价值总计1630万余元人民币，并及时将救灾物资送到"三江"流域严重灾区，为灾区人民防病治病、重建家园。省委、省政府发专函对省红十字会等单位进行了表彰。继"三江"流域发生特大洪涝灾害后，濮阳、驻马店等地区也发生了严重内涝灾害，灾区人民生活受到严重威胁。省红十字会考察灾情后，立即召开救灾防病紧急会议，并率先拨发10万元救灾款购买救灾物资发往灾区。同时，呼吁各市地紧急组织救灾物资支援省内灾区。会后，各地为濮阳、驻马店等灾区筹集了200余万元的救灾款物。

1999年，省红十字会在全省范围内开展规模空前的社会救助活动。省红十字会机关筹集价值25万元的棉衣、棉被、药品等，在高校特困大学生中开展送温暖活动；平顶山市红十字会筹集价值24万元的药品及生活用品，组织9支医疗队赴贫困及偏远地区为群众送医送药送温暖，使3万名群众直接受益，并筹集价值3万元的款物救济了182名特困学生；焦作市红十字会购买3万千克面粉救助特困户，筹集1.5万元现金、5000多件衣被和价值8600元的药品救助特困大学生，10个县区红十字会对13万名群众进行健康普查；三门峡市红十字会组织4批医疗队到高速公路建设工地、贫困山区开展义诊义治活动，发放药品等近3万元；商丘市红十字会为"九江班"学生送去价值1.3万元的生活用品；济源市红十字会募捐2万元帮助贫困村打建水井、水渠，改造道路；安阳市红十字会筹集近万元药品，与市青联、团市委联合举办为特困下岗职工送医送药活动；许昌、开封等市开展了义诊服务和送温暖活动。澳门回归前夕，省红十字会举办了迎回归送医下乡活动。

同年，省红十字会共筹集救灾款物总计近170万元。针对黄河可能出现较大汛情的情况，制定了救灾工作预案，对各级干部进行救灾业务培训，积极开展备灾工作；制定救灾工作规程，并对灾情收集、上报和救灾款物的接收、管理、分发，以及救灾物资采购、验收等提出明确要求。省红十字会按照要求对机关和部分市地救灾款物的管理分配情况等进行检查，进一步加强对救灾工作的监督管理。

2000年夏季，河南省遭受严重的洪涝灾害，18个市地的3600多万人口受灾，直接经济损失达182亿多元。面对灾情，全省各级红十字会积极响应省委、省政府的号召，依照《中华人民共和国红十字会法》开展了募捐救灾活动。7月5日，省红十字会发出《关于灾害救助工作的通知》，对全省红十字会系统救灾工作进行部署。接着，受省红十字会会长、省政府副省长李志斌和常务副会长、省卫生厅厅长刘全喜的委托，省红十字会专职副会长深入延津、原阳等重灾区考察，随后召开紧急会议，宣布机关进入紧急状态，成立接待、财务、物资、宣传、机动等工作小组，招募志愿者，协调省卫生厅、财政厅等相关部门和电视台、报社等新闻媒体，做好救灾募捐前期准备工作。首先通过《河南日报》、《大河报》、河南电视台、河南人民广播电台等新闻媒体向社会发出募捐呼吁,公布救灾捐赠热线电话。省红十字会机关干部率先捐款,并向1000个企事业单位发出救灾紧急呼吁,请求对灾区人民进行援助。同时,组织志愿者在全省范围内开展登门和电话劝募工作,提出"国家兴亡、匹夫有责""一方有难、八方支援""我是中国人、我心是中国心"口号,号召具有爱心的各界人士行动起来,支援灾区人民。按照省红十字会的统一部署,郑州、平顶山、南阳、漯河、新乡、驻马店、周口等市地红十字会积极开展募捐救灾工作。由于措施得力及社会各界大力支持,全省各级红十字会在两个月时间内,共为灾区募集了价值700万余元的款物。

2000年春节前夕,河南省红十字会根据中国红十字会总会的要求,积极筹措资金、物资,开展以"弘扬人道主义,温暖千家万户"为主题的送温暖活动。全省共募集款物120万元,对贫困群众进行救助。省红十字会对信阳市固始县麻风病人进行特殊救助,送去了价值近8万元的B超机、心电图机、棉被、棉衣、药品等物资,让那些麻风病患者和家属感受到了社会主义大家庭的温暖。

多年来,全省广大红十字会专兼职干部、志愿者和会员,遵循人道主义宗旨,为减轻"人类因各种情况造成的苦难",坚持救死扶伤、扶危济困、敬老助残、助人为乐的方针,在开展救灾的同时,广泛开展社会服务活动。据统计,1986~1993年参加社会服务的会员就达20余万人次,组成医疗队1052支,受益人数达540余万人。社会服务工作已由简单的服务向多方面、经常化、制度化方向发展。为增加救助实力,提高自我生存、自我发展能力,各级红十字会组织遵循红十字会宗旨,以独办和联办的方式,兴办各类红十字经济实体200余个。实体的兴办,收到了较好的社会效益和经济效益。

1985年至2000年年底,全省红十字会共接收、募集救灾款物折合人民币1.4亿元,对1000万余名受灾群众进行了救助,帮助他们渡过生活、生产难关,为受灾群众送去关爱,增强他们开展灾后重建、战胜困难的信心和决心,让他们感受到了社会主义大家庭的温暖。

卫生救护 开展战地服务工作和卫生救护训练是红十字会的一项传统业务工作,卫生救护工作及开展群众性卫生救护训练是河南省红十字会经常性的业务工作。中华人民共和国成立前,河南战乱连绵,灾荒严重,疾病流行。省内红十字会组织成立后,各地分会成立医院、诊所,随时施医舍药,开展战地及群众救护;适时进行防疫注射、点种牛痘,预防疾病,在不同时期做了许多人道主义工作。

20世纪20年代初,军阀混战,河南人民深受其害。每遇战乱,各地分会便随时组织救护队,到战地救护受伤军民。1922年4月,直奉战争爆发,战事波及河南。5月,豫、直两军交火,信阳、许昌、开封等分会都积极参加战地救护服务工作。信阳分会救护队共抢救出受伤军民95人,并将其收入医院治疗;掩埋死亡军民尸体88具;

分会设立的救济所，先后收容流离失所的妇女儿童3000多人。许昌分会共施舍棺木、掩埋死亡军民尸体20多具。同一时期，河南匪患及农民因天灾人祸揭竿而起甚至打家劫舍事件遍及全省，再加各地官兵进剿，民众伤亡不断。汝郏、灵宝、洛宁、固始、襄城、安阳、开封等分会，本着爱人救人的精神，不避艰险，迅速奔赴各地，抢救治疗大批受伤群众和士兵。汝郏分会在1922年和1923年的两年间，先后7次派会员进入被烧杀村寨，救护受伤民众，掩埋无主尸体，分会医院共收治受重伤的民众和官兵65人。安阳分会救护队于1923年7月31日~8月21日共救护受伤民众13人、官兵30人，并将其中伤势较重者送往分会医院治疗。

1931年，唐河县疟疾、伤寒流行，唐河分会医院配制"疟疾四日两头丸"，舍给疟疾患者每人30粒，连续施舍10多天，治愈不少病人，缓解了疫情的发展。1932年，豫南大旱，信阳以东各县灾民流入信阳数万人。灾民衣食无着，贫病交加，状极凄惨。信阳分会积极与慈善会联合，成立防疫委员会，并设立医疗所两处，为灾民防病治病。数月之内，中医所共诊病施药6000多人次，西医所免费进行防疫注射6100多人次，有效解除和减轻了灾民的苦难。1933年，固始县孙嘉惠志愿献田16公顷作为基金，创办了一所红十字医院，专门收治女病人，孙嘉惠自任院长，年约接诊病人3000人次，深受群众欢迎。

抗日战争爆发，中国红十字会根据形势发展的需要，与有关团体联合成立了救护委员会，指导全国红十字组织，开展卫生救护训练和参加抗战救护等工作。商丘分会于1936年10月遴选青壮年会员126人，组成救护队，下分3个排，聘请医师教授急救知识、药物学等课程。永城分会于1937年春举办了有46人参加的救护训练班，历时40天，先后教授了简易诊断学、药剂学、担架学、毒气学等课程。这些训练为后来参加战地救护打下了基础。全面抗战爆发后，各分会迅速筹办和扩大医院、诊所和救护队，全力以赴投入战地救护工作，积极为抗日军民服务。

1938年，日军侵入豫北地区，在修武县山区三门河的一次战斗中，修武分会救护队共抢救出伤兵400多人，并将重伤员收入医院治疗。伤愈后，由分会发给路费，让伤兵自愿归队或返回家乡。

1941年1月31日~2月5日，日军飞机接连轰炸临汝县城，计毁坏房屋900多间，炸死炸伤70余人。临汝分会迅即组织救护，并将35名伤员收入分会医院治疗。中国红十字会总会得悉该院药品不足，当即拨发给标准药品1组，及时给予支援。2月4日，日军侵入南阳城，"盘踞一昼夜，焚烧甚烈，市中心区已成一片焦土"。日军撤出后，南阳分会员工迅速回城，召集救护队员到城郊各处掩埋尸体，治疗伤残。分会医院在抗日战争期间，曾发展到100余人，编有救护排、担架排、掩埋排等组织，积极参加战地救护，最多时曾收容伤病官兵300多人。还有洛阳、郾城等分会，在抗战救护工作中积极参加战地救护服务，作出了积极的贡献。永城分会在抗日战争期间，多次参加战地救护为抗战军民治疗伤病。1948年冬在淮海战役后期，他们又组织起24人的担架队到前线服务，先后把200多名伤员从战场转运到后方进行治疗。

中华人民共和国成立后，经过改组的中国红十字会积极开展群众性卫生训练和救护培训传统业务工作。从1955年起，各市、县红十字会通过举办训练班，培训红十字卫生员近15万人，建立起红十字卫生站5400多个。1956年7月在郑州召开的全省红十字会工作会议，进行24个学时的"卫生卫国"训练，培训全省红十字卫生员24155人，建立起红十字卫生站1053个。各级红十字会以卫生站为基地，广泛开展卫生防疫和急救知识的普及教育活动，提高了会员和群众的卫生知识水平。

河南省红十字会第一次代表会议提出把开展群众性卫生运动作为红十字会的一项主要工作。据1963年年底对11个市、县红十字会的不完全统计，受到卫生知识教育的计有11739人，受到卫生救护训练的计有4583人。

自1987年起，省红十字会卫生救护训练工作在郑州、洛阳、濮阳、漯河等市和周口地区陆续开展起来。之后随着条件的成熟，在全省各地逐步展开。1988年和1989年，卫生救护训练已从师资培训转向群众性的培训工作，数年中累计有75889人次接受了各级红十字会的卫生知识和救护技术训练。1990年年初，省红十字会与省卫生厅协商，确定把"红十字现场救护普及率"纳入《河南省农村初级卫生健康规划及实施方案》；同年12月，省红十字会与省卫生厅、公安厅、交通厅、商管委，郑州铁路局等11个厅、局、委联合发出《关于我省开展群众性卫生救护训练的通告》，使红十字卫生救护培训进一步得到各级党政领导和有关行业部门领导的重视与支持，在全省开始呈现蓬勃发展的好势头。

卫生救护培训中普遍开展得比较规范的训练项目是心肺复苏教学及外伤救护技术，部分单位还因地制宜，开展了水上救护和药物中毒急救训练。经过数年的组织和教学实践，积累了一些成功的经验，全省基本做到了训练教材和考核标准的统一，使这项工作逐步走向规范化和制度化。完成心肺复苏和外伤救护培训的人数逐年增加，1990年为18284人次，1991年为61400人次，1992年为154126人次。

1993年，全省进行急救知识、卫生常识培训116万余人次，累计达到260万余人次，其中驾驶员219680人次。在全省公路沿线、交通要道、旅游区、工矿企业、乡村等事故多发区、医疗条件困难地区新建立红十字急救站1418个，全省累计建立急救站1671个，有力地推动了群众性自救互救网络建设。

1994年，全省接受红十字会初级卫生救护知识培训484472人次。1995年，全省接受红十字会初级卫生救护知识培训124520人次，其中机动车驾驶员37822人次。全省累计培训各类人员3215696人次，其中机动车驾驶员306408人次。新建红十字急救站513个，全省累计有急救站4591个。1996年，全省各级红十字会累计培训各类人员3288082人次。1997年，全省举办培训班近千期，培训各类人员21.9万人次。

2000年12月，省政府办公厅发出通知，转发省红十字会《关于在全省进一步开展群众性卫生救护训练的意见》，要求各省辖市人民政府有关部门认真执行。通知要求：各级政府及有关部门要把开展群众卫生救护培训工作纳入精神文明建设之中，为保护人民群众的生命和健康服务。要建立健全组织，推动河南省红十字事业的发展。加强群众性现场急救知识的普及工作。明确提出在开展机动车驾驶员卫生救护培训的基础上，从2000年开始，有计划地在公安、铁路、交通、煤炭、电力、建设、民航、林业等易发生意外伤害行业的重点人群中，开展志愿性的现场急救培训，要求做到领导到位、责任到人。这一政策的出台，为以后开展好该项工作提供了政策依据。同时，省红十字会为做好该项工作，开展了系列活动，积极营造良好社会氛围。在河南电视台播出《你会急救吗？》专题节目，在郑州紫荆山广场举办急救演练，宣传传播急救知识。举办全省急救师资培训班一期，在省政府举办了一期由省政府领导及省政府机关工作人员参加的急救保健知识培训班等。这些活动的开展引起了社会的强烈反响。许昌、驻马店、三门峡、洛阳、焦作等市政府及时转发文件，为该项工作的顺利开展提供保障。许昌市红十字会多次向市政府汇报并协调有关部门，与市公安局、市交通局、市建委联合下发《关于全市机动车驾驶员进行卫生救护培训的通知》，对培训对象、培训内容、培训方法作了具体规定，并举办两期师资培训班，共培训任课教师及操作员80余人。驻马店地区红十字会在全区红十字会工作会议上，重点部署卫生救护工作，出台《关于开展群众性初级卫生救护训练工作的意见》《关于规范卫生救护收费标准批复的通知》《关于我区开展机动车驾驶员初级卫生救护培训的通知》《关于在建设系统开展卫生救护培训的通知》等文件，使各级红十字会组织在开展卫生救护培训工作时有法可依、有章可循。三门峡市人民政府制发《关于开展三门峡市群众性初级卫生救护培训工作的意见》，规定从2001年起，参加重点培训的警察、驾驶、建筑、林业、地矿石油、电力等行业人员须持急救员证方可上岗，驾驶员未取得急救员证，公安交通部门不予年审。洛阳市人民政府转发市红十字会《关于深入开展群众性卫生救护训练工作的意见》，统一安排部署全市的卫生救护培训工作，同时成立专门领导小组，指导该项工作。焦作市人民政府在转发文件的同时，还下发《关于成立市卫生救护领导小组的通知》，成立以副市长霍金花为组长，市交通局、市劳动局、市公安局等15个局委领导为成员的卫生救护领导小组。

截至2000年年底，全省共有400余万人参加了卫生救护训练活动，建立红十字急救站4000多个，累计已有经过考核合格的红十字急救员170640人，为保护人的生命和健康发挥了积极作用。遍布各地的红十字救护员，随时为发生意外事件的受害者提供现场急救服务，可以有效地争取抢救时间，避免和减少不应有的伤残、死亡和经济损失，减轻伤病人员及其亲属的痛苦。群众性自救互救卫生救护网络在全省范围内初步建立，为实现"2000年人人享有卫生保健"的战略目标作出了贡献。

法制建设 1993年10月31日，中华人民共和国第八届全国人民代表大会常务委员会第四次会议通过《中华人民共和国红十字会法》。同日，中华人民共和国主席江泽民签署主席令予以公布，自公布之日起施行。《中华人民共和国红十字会法》颁布实施后，全省红十字会迅速掀起了宣传贯彻落实热潮。

1996年5月20日，省人大常委会正式颁布《河南省实施〈中华人民共和国红十字会法〉办法》。河南省红十字会先后与省人大常委会、省政府法制办、省司法厅、省卫生厅联合下发关于宣传贯彻《河南省实施〈中华人民共和国红十字会法〉办法》的通知；与省人大常委会联合编写出版了《河南省实施〈红十字会法〉办法宣传资料选编》；与省人大常委会教科文卫工作委员会、省政府法制局、新华社河南分社联合举办了近5万人参加的《红十字会法》暨《实施办法》知识竞赛活动，竞赛实况在河南卫视播出。这些措施，扩大了红十字会的影响，使全社会对红十字会工作有较多的了解，为贯彻落实红十字会法律，开创红十字事业新局面奠定了良好的社会基础。

1998年5月，河南省人大常委会科教文卫工作委员会、河南省人民政府法制局、河南省卫生厅、河南省红十字会联合下发《关于开展纠正滥用红十字标志活动的通知》，针对当时社会上许多人对红十字标志的作用缺乏正确认识、滥用红十字标志、严重影响到红十字标志的严肃性和中国的国际声誉、与国际知识产权公约相悖的情况，决定于6~10月间在全省范围内开展纠正滥用红十字标志行为，以规范红十字标志的使用，维护红十字标志的尊严。在各级人大常委会科教文卫工作委员会监督下，各级政府大力支持，法制部门积极行动，卫生部门主动配合，纠察活动达到了预期目的，制止和纠正了滥用红十字标志的现象，确保了红十字标志的正确使用。

1998年8月，河南省人大常委会科教文卫工作委员会、省红十字会联合印发《关于开展红十字会法执法情况专项调查的通知》，于9~12月联合开展专项执法调查活动，加大对法律的宣传贯彻力度，增强人们特别是领导干部执法、守法、依法办事的自觉性，提高各级政府和社会各界对红十字会的理解和认识。

事业宣传 红十字宣传工作的核心是"人道、博爱、奉献"的红十字精神。1948年，国际红十字协会（即后来的红十字会与红新月会国际联合会）理事会决定把每年的5月8日（亨利·杜南生日）定为世界红十字日，并要求世界各国红十字会在这一天举行庆祝纪念活动。1961年以后，协会秘书处提出要求，结合工作重点，根据当年的工作实际情况，决定每年世界红十字日不同的活动主题，提出当年世界红十字日的活动口号。根据红十字会与红新月会国际联合会及中国红十字会总会的要求，河南省红十字会自1987年起开始在每年的"5·8"世界红十字日前后开展主题宣传活动。

1987年，省红十字会首次开展纪念世界红十字日活动，围绕"为了儿童健康"的主题口号进行。河南省六届人大常委会副主任、省红十字会名誉会长岳肖峡在"5·8"

红十字日当天发表电视讲话，号召全社会支持红十字会事业的发展。省红十字会与卫生厅联合举行了"省会纪念世界红十字日和计划免疫宣传日报告会"，到会各界代表1000余人，省红十字会名誉会长岳肖峡、省政府副省长胡廷积、省政府副秘书长卢慧芝等参加报告会，给小朋友喂服小儿麻痹糖丸，慰问社会福利院孤寡老人和儿童，并参加省红十字会遗体接受中心落成典礼等活动。

1988年，世界红十字日的主题是"发展"，要求借助宣传纪念活动促进组织建设。省红十字会以纪念活动为依托，积极协调省政府及卫生、人事等部门，争取到省政府的政策支持和相关部门配合，当年全部完成了市地级红十字会机构的成立。

1990年，世界红十字日的主题是"保护人类健康和尊严"。纪念活动中全省出动会员7800余人次，为110758人次提供义诊、义检、咨询服务，为13986人免费进行了理发、缝补、家电维修、自行车修理等服务；印发宣传资料15万余份，板报、展示板近万块；有97万余人接受了红十字会知识、卫生保健、计划生育和环境保护等方面的知识宣传。同时，还举行了有1400余人参加的文艺联欢晚会，引起很大反响，红十字会开始受到社会关注。

1991年，世界红十字会纪念日的主题口号是"保护战争受害者"。全省红十字会为173829人进行了义诊、体检、咨询服务，开展便民服务14398人次，新闻报道316次，印发宣传资料120770份，展出展板3228块，红十字会知识逐渐得到传播。

1992年"5·8"纪念活动中，各级红十字会结合宣传贯彻中国红十字会第五届第三次理事扩大会议精神，围绕"人道——团结起来，共御灾害"的主题口号，开展纪念、宣传、服务活动。全省出动宣传车94辆，派出4500余人为20万余人免费进行义诊、体检、咨询、理发、维修等服务活动，新闻报道455次，印发宣传资料12.7万余份，设置展板3392块。《河南省红十字信息》印发26期9100份，登载消息117条。红十字会宣传活动空前高涨，群众对红十字会的主要职责有所认知。

1994年世界红十字日，既是国际红十字运动诞生130周年，又是中国红十字会成立90周年。中国红十字会总会要求，在世界红十字日期间隆重开展纪念、宣传及服务活动。活动期间，河南省有3万余名红十字会员参加义诊等活动，50万群众受益；悬挂条幅1.5万条，设置展板1.8万余块，出动宣传彩车80辆，印发宣传材料10余万份，电视报刊载播活动情况的消息和文章250余篇次，接受宣传的群众近千万人次。

1998年"5·8"世界红十字日期间，省红十字会紧紧抓住"人道的力量——面向新世纪的红十字"的宣传主题，利用电视、广播、报纸、街头讲演等媒体和形式开展宣传传播活动。在河南人民广播电台新闻直播室栏目中举办为期7天的红十字知识讲座，系统地介绍了红十字会的性质、宗旨、七项基本原则、主要职责和活动形式及国际人道主义法的内涵和作用；在《大河报》上以社会各界人士现身说法形式进行宣传，展示红十字会的风采，显示人道的力量。尤其在以美国为首的北约野蛮轰炸中国驻南联盟使馆后，省红十字会抓住机遇，利用河南淅川制药厂为受难同胞捐赠价值50万元药品的典型事例，通过座谈、集会等形式宣传人道法。台湾发生地震时，省红十字会充分利用红十字会的特殊作用，在郑州市农科路小学举行了"大陆、台湾小朋友心连心"捐赠仪式，对少年儿童进行了一场生动的爱国主义和国际人道法教育。活动期间，省红十字会还策划开展了对郑州大学等高校特困大学生救助活动。

1999年世界红十字日，省红十字会与郑州市红十字会联合组织省市团体会员单位，在郑州市紫荆山广场举行急救演习活动，向群众普及急救知识。2000年，省红十字会在"5·8"期间，围绕"人道的力量""迎接新世纪"主题，开展纪念活动；为推动卫生救护培训工作，联系河南电视台、河南人民广播电台等新闻媒体，制作专题节目，广泛传播急救知识。

为配合各阶段的赈灾、救助等中心工作，省红十字会还使用不同的宣传工具和手段，在一个时期内围绕重点工作开展宣传，收到了良好效果。1985年开展为非洲灾民的募捐宣传；1988年开展为儿童健康募捐的宣传、1991年开展赈灾募捐宣传、1998年"三江"流域抗洪救灾和2000年省内洪灾募捐等宣传活动，有力推动了救灾募捐工作广泛开展。2000年，全省各级红十字会还举办了红十字运动基本知识和国际人道法培训班，红十字知识竞赛和"我心中的红十字""人道的力量"绘画、征文、演讲比赛，开展了急救演习及红十字青少年夏令营等活动。

河南红十字报　　1988年2月，经河南省新闻出版局批准，《河南红十字报》正式创刊。《河南红十字报》前身是省红十字会与省中心血站合办的《献血与救护报》。该报的主要发行范围和读者对象是全省各级红十字会，大、中、小学校的红十字青少年组织以及卫生、民政、教育、对台等有关部门；读者群体是具有中小学以上文化程度的广大会员、志愿工作者、红十字青少年、各级干部及人民群众。《河南红十字报》创刊后，成立编辑部，仍由省红十字会与省中心血站主办，内部报纸，四开四版，每月1期，内部发行1万份。该报创刊后，由于资金等方面的原因，共发行43期，1993年停止发行，后由《河南省红十字信息》代替。

红十字青少年活动　　红十字青少年活动的主体是学校红十字会。学校红十字会是红十字会的基层组织，以学生为主体，师生共同参加。卫生救护培训和社区服务是学校红十字会的主要任务。广大的红十字青少年积极投入社区志愿服务活动中去，奉献社会，助人为乐。结合专业特长参与社区的环保、科普、法律、健康教育等工作。特别是在社区志愿服务活动中，服务与实践相结合，既弘扬了"人道、博爱、奉献"的红十字精神，又增强了红十字青少年的社会责任感，同时也锻炼了他们的社会活动能力。围绕红十字青少年活动主题和中国红十字会总会的要求，结合河南省实际，省红十字会高度重视并积极开展红十字青少年工作。1955年，河南省红十字会建会伊始，红十字青少年工作就相当活跃。一年时间共有900多所各类学校成立了红十字会组织，共有青少年会员11.2万人，其中1.6万多人受到过基本卫生知识的训练。青少年红十字会员积极参加学校的卫生保健工作，开展健康教育宣传活动，成为保健教师和校医的得力助手。还有部分学校红十字会组织与苏联、日本、波兰等10多个国家的红十字青少年组织建立了友好关系，互赠礼品和纪念册达3000余件。1986年，中国红十字会总会与国家教育委员会联合发出《关于在学校中积极开展红十字青少年活动的通知》；1988年，中国红十字会总会与国家教育委员会共同制定了《关于学校红十字会工作暂行规程》，规定学校红十字会工作的基本任务是：学习、宣传人道主义宗旨和红十字运动的基本知识；根据青少年的不同年龄、不同知识层次，开展由浅入深的相应卫生救护知识教育和有关活动；在校内外广泛开展体现红十字精神的救死扶伤、扶危济困、敬老助残、尊师爱幼、助人为乐等活动。20世纪90年代初，由中国红十字会总会、教育部、卫生部、共青团中央组成全国学校红十字工作委员会，专门指导和支持中国红十字青少年工作。1992年，河南省三门峡、平顶山、濮阳、鹤壁、郑州、开封等13个市地红十字会成立学校红十字工作委员会。1993年12月，省红十字会与省教委联合成立以亓国瑞为主任，张凯亭、申永柱、于邦安为副主任，肖万君、侯超斌、张凤焘、林自岩、刘朝玺、张玉亭等27人为委员，陈西乾为秘书长，黄永泽、李岚为副秘书长的河南省红十字会青少年工作委员会，指导河南省红十字青少年工作，依据《中华人民共和国红十字会法》规定，开展红十字青少年活动。

1997年，省红十字会与省教委联合制发《关于加强河南省红十字青少年工作的意见》，对学校红十字会工作的领导、组织建设、工作制度、活动内容、交流合作等提出意见。1999年4月，省红十字会下发《关于印发河南省红十字青少年工作示范学校标准的通知》及《关于印发河南省红十字青少年工作考核标准的通知》，修订《河南省红十字青少年工作示范标准》及《河南省红十字青少年工作考核标准》，进一步明确红十字青少年工作的性质、内容、目标、任务，使河南省红十字青少年工作走上制度化、规范化、经常化的发展轨道。

根据《学校红十字会工作规则》和河南省红十字会对红十字青少年工作的有关要求，红十字青少年工作有序开展。河南省红十字会在中国红十字会总会的指导下，积极参加国际红十字青少年之间的友好交往活动，结合实际举办不同范围、形式多样、内容新颖的红十字青少年夏令营活动。1987年7月，省红十字会派出两名红十字青少年，参加了总会在昆明举办的国际红十字青少年夏令营活动，增进河南省红十字青少年与日本、美国、印度、奥地利等国红十字青少年和中国其他省、区、市红十字青少年之间的友谊。1988年7月13~17日，河南省首届红十字夏令营在郑州举行，来自全省各地的52名营员欢聚一起，围绕"友谊与健康"的主题开展活动。1989年7月，省红十字会举办以"知识与祖国"为主题的省红十字会第二届夏令营。1990年，在新乡举办以"学习和奉献"为主题的河南省第三届红十字青少年夏令营。1991年，省红十字会选派红十字青少年代表一人,参加中国红十字会总会在黑龙江举办的"国际红十字夏令营",同年省红十字会举办以"学习与友谊"为主题的夏令营活动。1993年,省红十字会举办红十字青少年工作者夏令营,旨在提高红十字青少年工作者的素质、促进红十字青少年工作的全面发展。1998年,省红十字会选派两名大学生参加中国红十字会总会在长春举办的以"人道主义与红十字青少年"为主题的"国际红十字青年聚会"。至2000年,省红十字会共开展了9届红十字青少年夏(冬)令营等活动,其中与香港天邻基金会联合举办4届。活动内容以学习红十字运动基本知识为主,开展急救技术、卫生常识、青少年心理健康培训,参观名胜古迹,游览祖国的秀美山水,举办知识竞赛和联谊活动,培养青少年"人道、博爱、奉献"的红十字精神。2000年,河南省各地红十字青少年参加了河南省红十字会举办的"人道的力量"演讲比赛,在青少年中广泛传播了红十字精神。活动的开展,增强了青少年爱国主义观念,培养了自理、协作、沟通等方面的能力,加深国际和地区间红十字青少年的友谊和了解,促进国际红十字青少年运动的发展。

截至2000年,河南省17个市地均建立了红十字会青少年工作委员会,有近2000所学校成立了红十字会组织,红十字青少年会员数已超过30万人。红十字青少年组织的社会服务活动累计有100余万人次参加,各级红十字会举办的各种类型的夏令营活动100余期,有3万余名红十字青少年参加了红十字夏(冬)令营活动。省红十字会还针对青少年的特点,举办了征文、演讲、书画、摄影等活动并多次获得国内和国际大奖。

人道法传播 传播红十字运动基本知识与国际人道法不但是红十字会工作的主要职责之一,也是中国红十字会与红十字国际委员会的合作项目,中国红十字会总会和红十字国际委员会都高度重视这项工作。

1998年是中国红十字会总会与红十字国际委员会签订传播合作计划的第一年。总会在四川省乐山市举办全国红十字运动基本知识和国际人道法传播培训班,省红十字会派人参加了培训。当年,省红十字会自觉将人道法传播工作列入工作的重要日程,确定为1999年各项工作的重中之重,制定了传播计划与目标。每年召开传播工作会议,培训传播技巧等知识,交流传播工作经验,表彰传播工作先进单位,并把传播工作纳入干部培训内容,利用各种活动和平台,广泛向社会各界传播。

1999年7月、10月,省红十字会分别在安阳和开封举办两期红十字基本知识和国际人道法培训班,为落实传播计划培训骨干力量。两期共培训市(地)级红十字会和团体会员单位专兼职干部130余人,为以后培训县级专兼职干部奠定了基础。

2000年9月,中国红十字会在洛阳举办华中地区国际人道法及红十字运动知识传播培训班,来自香港、澳门、山东、山西、江苏等地60多名代表参加培训。其中,河南省红十字会及各市地代表20人参加了学习,为河南省培养了一批传播骨干。

2000年11月，驻马店市红十字会举办传播红十字知识暨国际人道法培训班。参加学习的代表来自省辖市及个别县级红十字会，参加培训的范围进一步扩大，标志着人道法的传播在全省红十字会系统开始普及。

2000年，为了广泛传播红十字运动基本知识和国际人道法，省红十字会在全省范围内开展了以"人道的力量"为主题的演讲比赛活动。全省各级红十字会积极行动，认真组织学习有关材料，掀起了学习传播红十字基本知识和国际人道法的热潮。焦作市红十字会共举办了300余场演讲比赛，有5000余人次参加演讲，33名选手参加了市级演讲决赛；鹤壁市红十字会组织召开各县区、团体会员单位及矿务局负责人会议，成立了以副市长为组长的比赛领导小组，安排部署竞赛活动；郑州市红十字会邀请省红十字会领导参加演讲比赛，郑州有线电视台等媒体对竞赛进行现场报道；省红十字会机关在省防疫站举办省直团体会员单位参赛选拔赛，省人民医院、省肿瘤医院、省胸科医院等11家单位共17名选手参赛。2000年10月14日，决赛在河南医科大学举行，来自全省的21名选手进行角逐。经过激烈竞争，郑州市选手王启明获一等奖；省人民医院的许君、鹤壁市的邱珉获二等奖；漯河市的翟晔、郑州市的郝丽丽、安阳市的马莹获三等奖；焦作市、鹤壁市及新乡市的原阳县、濮阳市妇幼保健院获优秀组织奖。

为有效开展传播活动，省红十字会在举办培训班、搞好宣传活动的同时，还积极征订、发放有关报刊等宣传资料。1998年，中国红十字会总会发行《人道的力量——迎接新世纪》《纪念日内瓦公约50周年》画刊，河南省征订近8000份；1999年，全省红十字系统订购总会制作的红十字知识宣传画7000幅。两次均居全国之首，对广泛宣传红十字知识，传播人道法起到良好的作用，得到中国红十字会总会的好评。同时，还充分利用《中国红十字报》和《博爱》杂志，采取增加订阅数量的办法，宣传红十字会，扩大红十字会的影响。省红十字会还制作红十字运动知识宣传展板，在大型宣传活动中展出。1999年，河南省红十字会被总会评为传播工作三等奖。

无偿献血工作　　无偿献血宣传、动员是红十字会的主要业务工作之一。全省各级红十字会组织根据第二届全国输血工作会议、中国红十字会总会第五届第四次理事扩大会议及全省红十字会工作会议精神和国务院、卫生部及中国红十字会总会提出的"十年时间取缔个体献血，二十年左右在全国实行无偿献血制度"的工作目标，利用红十字人道主义精神最易被人们接受的特殊优势，积极参与输血献血工作，大张旗鼓地开展无偿献血的宣传、动员和组织工作，取得了显著成绩。

1987年，省红十字会与省卫生厅联合组织了省直卫生系统公民义务献血活动，报名参加的人数达8285人，经体检合格献血者1158人，其中无偿献血者223人，共献血230950毫升。9月21日，省红十字会名誉会长、省政府副省长胡廷积，省红十字会名誉会长、省政协副主席董民声，省政府副秘书长卢慧芝以及省红十字会会长杨龙鹤等领导，专程到省中心血站，看望无偿献血的人员；10月17日，省红十字会名誉会长、省人大常委会副主任岳肖峡，以及胡廷积、卢慧芝、杨龙鹤等参加了省红十字会和省卫生厅联合召开的献血表彰大会。省会各新闻单位对这次活动做了30多次宣传报道，对群众进行献血光荣和血液知识的宣传教育，为以后广泛开展公民义务献血活动做了舆论准备。

经过广泛宣传，义务献血、无偿献血和献血光荣的新观念已在部分群众中逐渐树立起来。特别是1992年，参加献血的人数有明显增长。据不完全统计，参加义务献血者达到1054723人次，首次突破了百万人大关。参加无偿献血的人数也逐年增加。1990年仅有97人次，1991年渐增至1174人次，1992年突破3万人次大关。

省红十字会、省红十字血液中心每年都在"5·8"红十字日前后，举行大规模的公民义务献血宣传活动。1993年世界红十字日，根据中国红十字会总会《关于在"5·8"期间开展无偿献血周活动的通知》要求，把无偿献血的宣传作为这次纪念活动的主题，与河南电视台联合制作了《无偿献血与红十字精神》专题片。积极开展无偿献血的宣传、动员和组织工作，使更多人懂得了血液生理知识和无偿献血的意义，在全省范围内掀起了无偿献血的高潮。

在无偿献血的宣传、动员工作中，各市地红十字会积极响应，保证了全省无偿献血工作整体目标的完成。1991年10月，洛阳市红十字会大胆提出"无偿献血一步到位"的设想，组织开展了一系列无偿献血发动和宣传工作，社会各界出现了无偿献血的一个又一个高潮；1992年，洛阳市的无偿献血人数首次突破万人大关，成为第一个无偿献血万人城市。接着，洛阳连续3年无偿献血超万人次，获全国首届无偿献血先进城市铜质奖。安阳市无偿献血工作也得到迅速发展，1993年无偿献血人数已近万人。

1996年，省红十字会与省卫生厅联合下发《关于开展无偿献血宣传月活动的通知》，配合总会成功进行了"五城市巡回无偿献血宣传活动"。在洛阳无偿献血工作稳步发展、连续5年无偿献血超万人次的同时，安阳市无偿献血首次突破万人，成为河南省第二个年无偿献血超万人次的城市。

省红十字会积极争取资金与设备，致力于红十字中心血站的建设。2000年年底，全省已投入使用和正在筹建中的红十字血站6个。中国红十字会总会为濮阳、商丘等地红十字血站资助了价值100余万元的设备。这些红十字血站的建立，使开展无偿献血宣传工作有了载体，为无偿献血提供了基地。

对外联系 红十字会是国际性人道主义社会救助团体，由此决定了红十字会组织之间相互联系的经常性与普遍性。河南省红十字会作为中国红十字会的组成部分，注重对外联系，学习港澳台地区在内的国内外的先进经验，壮大自身实力。改革开放以后，省红十字会共接待港台及国外友好人士36批250余人次，并组团访问香港，随中国红十字会总会代表团访问台湾地区和土耳其、瑞士、意大利等国家，参观学习境内外和国际红十字组织开展业务工作的先进经验。

1985年，河南省红十字会组派援助埃塞俄比亚救灾医疗队。这支10人援外医疗队于1984年12月29日抵达埃塞俄比亚，1985年10月22日回国，连续在埃塞俄比亚灾区工作了9个月，圆满完成了救灾医疗任务。他们精湛的医术、艰苦的作风和全心全意为灾民服务的人道主义精神，受到该国政府官员和广大灾民的赞扬。1988年，河南省红十字会名誉会长胡廷积参加中国红十字会代表团出访了意大利。同年5月，省红十字会接待"'88国际体育援助基金会"电视摄制组一行5人到少林寺拍摄电视片，接着又接待了捷克斯洛伐克国家红十字会主席依姆里奇·哈蒂亚尔一行。1998年11月10~20日，由河南省红十字会和美国亚洲医疗服务中心安排，美国国际救护医疗组织的11位专家到安阳林州市为贫困群众进行义诊活动。10天时间义诊963人次，免费发放药品折款近60万元。这是美国专家首次通过红十字会赴河南省开展义诊工作。2000年，经省政府批准，省红十字会首次组织省市红十字会负责人组成考察团，赴马来西亚等地参观学习，了解他们的工作开展情况。通过考察学习，开阔了视野，增进了友谊，促进了对外交流与合作。

1991年至1992年年初，河南省红十字会先后6次接待香港"送暖行动"慰问团，送暖行动先后4次向河南省捐款670万元港币，委托省红十字会加工制作暖包和重建乡镇红十字卫生救护站；1992年，港、台红十字会向河南省红十字会捐赠6辆价值共约120万元人民币的救灾救护车，车辆及时分配到南阳、开封、洛阳、新乡和濮阳等市地红十字会；2000年，省红十字会受香港红十字会委托，在周口、南阳、开封、驻马店等市地查找1993年在深圳致丽玩具厂火灾中遇难者家属和受伤人员。该项工作牵涉河南省50多个家庭，按香港红十字会规定的日程进行，查实死伤人员41人，核实确认4人，发放救助款3.5万余元。豫港两地的交流，加强了两地间的联系，增进了两地的理解与信任，为以后的交往和深入合作奠定了基础。

对台湾地区，省红十字会结合两岸关系进展实际情况，积极开展"查人转信"等大量的对台事务服务工作。1987年11月，省红十字会根据中国红十字会总会和省委、省政府的要求，开始开展为海峡两岸台胞台属查人转信工作，省红十字会与省台湾事务办公室、省卫生厅联合制发《关于做好台胞探亲接待和查人转信工作几点意见》，对这一工作提出了具体要求。仅1988年，省红十字会共收到中国红十字会总会转来的台胞寻人表格1431份、红十字通信773份，其所寻亲人遍布全省17个市地的大多数县，有82份寻人表格得到落实，72份红十字通信送到了台属手里，收到台属来信600余封，接待来访者1400多人次，为海峡两岸失散40年的亲人建立了联系，帮助部分台胞实现了返乡探亲的愿望。至1993年，河南省红十字会第三次会员代表大会召开前夕，省红十字会共受理查人信件表格3664件，已有结果的1427件；接待台胞、台属来信来访2340人次；处理台胞伤、病、亡等衍生问题375件。1993年4月，省红十字会接待以台湾红十字组织常务理事、"总统府"决策顾问施纯仁为团长的台湾红十字组织访问团一行13人，双方就业务交流、赈灾合作等问题进行了友好探索，揭开了豫台红十字会合作的新一页。1995年，省红十字会常务副会长、省卫生厅厅长刘全喜随中国红十字会总会代表团于9月22~30日赴台湾参加红十字水上安全救生学术研讨会。1999年，积极开展台湾"9·21"大地震救灾募捐工作，共募集捐款21万余元。其中省红十字会与省归国华侨侨眷联合会联合举办的书画名家义卖活动，募集善款8万余元，并及时经中国红十字会总会汇往台湾红十字组织，支援台湾同胞重建家园。两岸红十字会的交流活动，增进了了解，加深了友谊，为促进祖国统一作出了积极贡献。

省红十字会还注重加强与其他民间组织的联系与沟通，募集资金，开展救灾救助活动。1993~2000年，省红十字会与香港天邻基金会连续7年开展医疗活动。香港天邻基金会组织医疗专家为落后地区群众开展义诊义治、免费手术等活动。7年间，香港天邻基金会共组织医疗队13支112人次，超过440人次的志愿工作者参与骨科、整形科、牙科、康复科、内科及教育心理学等服务及培训队，为群众义诊义治6万余人次，免费手术500余台次，捐赠医疗器械价值人民币100余万元，捐献救灾救助款物价值人民币1200余万元，捐建12家乡卫生院急救站，捐赠图书1万余册，为28家市、乡级医院改善医疗设备，资助144名乡镇医疗人员到省、市级医院进修，有27位医疗人员去香港交流和培训。交流活动改善了易受损害群体的境况，受到山区、边远贫困地区群众的欢迎。

表彰先进　　全省各级红十字会专兼职干部和志愿者，履行《红十字会法》赋予的职责，遵照《中国红十字会章程》，积极开拓、努力工作，在社会主义精神文明和物质文明建设中发挥了积极作用，涌现出一批又一批国家、省、市地级先进集体和个人。1987年4月，洛阳市瀍河回族区红十字会被评为中国红十字会先进集体，公方记、李宝三、魏东范、陈英、苏大印5人被评为中国红十字会先进会员，受到中国红十字会的表彰。10月，省红十字会与省卫生厅联合召开献血表彰大会，为17个先进单位和223名无偿献血者颁发了奖品和证书。

1991年夏季，安徽、江苏等10余个省、自治区先后遭受百年不遇的特大洪涝灾害。灾情发生后，全国各级红十字会组织和广大会员投入紧张的抗洪救灾斗争中，为夺取抗洪斗争的胜利作出了重大贡献，涌现出一大批抗洪救灾先进集体和先进个人。为表彰先进，进一步弘扬"人道、博爱、奉献"的红十字精神，中国红十字会总会对全国101个单位和480个个人进行表彰。其中，河南省红十字会、洛阳市红十字会、信阳地区红十字会、周口地区红十字会、南阳地区红十字会、驻马店地区红十字会、遂平县红十字会、淮滨县红十字会8个单位被评为全国红十字会系统抗洪救灾先进集体，伍义秋、侯思贤、于海洋、王宏伟等46人被评为先进个人。

1993年，新乡水泵厂职工路秀山获全国无偿献血金杯奖并受到国家领导人接见。

同年，濮阳市红十字会、洛阳市瀍河回族区红十字会、新乡市原阳县红十字会、郑州矿务局红十字会、周口地区沈丘县槐店回族镇红十字会、驻马店地区红十字会、商丘地区红十字会受到中国红十字会总会的表彰，被授予先进集体称号，申秀兰、马延军、马俊玲、刘庆祥、王宏伟等40人被授予先进会员称号。

1995年，洛阳市获全国首届无偿献血先进城市铜质奖。郑州铁路局第五中学高级教师任思进获全国第四届无偿献血金杯奖。同年，省红十字会开展红十字系统1993~1995年年度评先工作。评选出全国先进集体10个、先进个人72人，省级先进集体10个、先进个人72人，市级先进集体10个、先进个人97人。

1996年，省红十字会获中国红十字会总会报刊发行工作二等奖、传播工作三等奖。

1997年，全国第二届无偿献血先进城市、第五届无偿献血奖杯暨首届无偿献血先进组织者评选揭晓，河南省周口地区项城市荣膺无偿献血先进城市金奖，新乡市、安阳市获无偿献血先进城市银奖，刘君胜、张坤、芮慧萍、吴智平4人获无偿献血金杯奖。

1998年，省红十字会被中国红十字会总会评为全国红十字会系统先进集体。杨位贤、刘红、牛茂修等5人被中国红十字会总会授予"抗洪救灾先进个人"称号。中共河南省委、河南省人民政府发专函对省红十字会进行了表彰。同年9月28日，省红十字会召开"'98抗洪救灾表彰会议"，表彰了南街村集团、郑荣集团、宝丰县公安局等29个突出贡献捐助单位，河南电视台等7个突出贡献新闻单位和崔长奎等6位突出贡献捐助个人。

1999年，省红十字会获中国红十字会总会评选的"传播国际人道法"工作三等奖。

2000年11月22日，河南省红十字会召开大会，隆重表彰在夏季抗洪救灾中作出突出贡献的先进集体和先进个人。来自全省各市的红十字会干部、捐赠单位及个人代表、省会各媒体的新闻记者110人参加了会议。省红十字会会长、省政府副省长李志斌，省红十字会常务副会长、省卫生厅厅长刘全喜参加颁奖仪式。李志斌会长作重要讲话，高度评价省红十字会的救灾工作："叫响了牌子，扩大了影响，发挥了作用，受到了好评。"省红十字会副会长、省政府办公厅副秘书长米剑锋宣布了对中国南方航空（集团）公司等34个先进集体及安阳市红十字会副会长牛茂修等62名先进个人进行表彰的决定。同年，省红十字会被中共河南省委、河南省人民政府授予"河南省2000年抗洪救灾先进集体"称号。

河南省红十字会还参与了南丁格尔奖评选活动，推荐南丁格尔奖候选人。1991年，商丘地区人民医院护理部主任吴静芳获得第三十三届南丁格尔奖章，她是河南省第一个南丁格尔奖章获得者。省红十字会、省卫生厅联合召开千人祝贺大会，对吴静芳表示祝贺。1997年，河南省人民医院护理部主任孔芙蓉获得第三十六届南丁格尔奖章。河南省红十字会授予她们河南省红十字会荣誉会员称号。

索引

说明：一、本索引收入《河南省志》本卷主题词，主题词后面注明所在卷页码。
　　　二、部分主题词与本卷标题重合。
　　　三、主题词按汉语拼音字母排序，读音相同的，按声调排序。

爱国主义教育　185
"爱心计划"活动　265
安阳市残疾人用品用具服务站　341
安阳市聋儿听力语言训练中心　339
安阳市文峰区维残巡回法庭　330
按比例就业　345

白内障手术复明　335
保护环境活动　204
《奔流》杂志　506

参与"打拐"专项工作　259
参与世妇会非政府组织妇女论坛　269
残疾人福利基金　357
残疾人联合会　307
残疾人用品用具供应服务　341
残疾人阅览室　350

倡树文明新风　208
城区科普　554
出访　392
《传奇文学选刊》杂志　506
创办法律服务机构　258
创建"妇女维权法庭"　258
创建"共青扶贫示范村"　196
创建"陪审员"制度　259
创建"青年文明社区"活动　213
创建河南"新世纪青年文化工程"　216
创建优秀"青少年维权岗"活动　221
"创新与发展"学术活动月　537
"春蕾计划"活动　282

大学生科技文化艺术节　210
大学生暑期社会实践活动　209
大中专学生志愿者社区援助活动　214
道德品质教育　187
低视力康复　339
第六届会员代表大会　292

第七届会员代表大会 293
第八届会员代表大会 295
电影电视创作成果 497
对台工作 403
对外交往 356
对外联络与经贸活动 304
对外艺术交流 511

F

法制工作会议 325
法制工作会议 580
法制建设 590
法制教育 191
非公有制企业人员专业技术资格评定 306
扶持侨眷 400
扶贫工作会议 324
扶贫解困 346
服务农村经济发展 193
妇女联合会 226
妇幼保健 278
妇幼福利 277

G

高等教育 343
个体从业 346
"根文化"研究 380
工会 121
工商业联合会 284
工艺美术书法摄影展 350
共产主义青年团 167
共青团河南省第十次代表大会 171
共青团河南省第十一次代表大会 172
共青团河南省委 172

共青团河南省委辖属机构 175
共青团河南省委直属机构 174
"姑娘街"的创建 255
《故事家》杂志 507
贯彻《权益保护法》 385
光彩事业 301
归国华侨联合会 362
国内艺术交流 511

H

行业商会（同业商会、同业公会） 290
河南红十字报 592
河南青年科技论坛 199
河南青年五四奖章表彰活动 204
河南省百万青年学理论百题基础知识竞赛活动 185
河南省残疾人联合会第二次代表大会 312
河南省残疾人联合会第三次代表大会 312
河南省残疾人联合会第一次代表大会 311
河南省残疾人事业领导小组全体会议 319
河南省第一次残疾人事业工作会议 321
河南省电影电视家协会会员代表大会 484
河南省妇联地区办事处 234
河南省妇联事业单位 233
河南省妇女第八次代表大会 238
河南省妇女第九次代表大会 238
河南省妇女儿童工作委员会 237
河南省妇女发展规划 256
河南省妇女联合会 233
河南省工会第十次代表大会 126
河南省工会第十一次代表大会 126
河南省工商业联合会 286
河南省共青团组织工作会议 178
河南省归国华侨联合会 364

河南省红十字会第一次会员代表大会　574
河南省红十字会第二次会员代表大会　574
河南省红十字会第三次会员代表大会　575
河南省交通运输发展对策研究　535
河南省经济学团体联合会秘书处　412
河南省科协第四次代表大会　516
河南省科协第五次代表大会　516
河南省科学技术协会　513
河南省劳动模范表彰大会　152
河南省美术家协会会员代表大会　483
河南省民间文艺家协会会员代表大会　485
河南省青年扶贫致富行动　195
河南省青年科技交流会、博览会　199
河南省青年联合会　179
河南省青年学术年会　536
河南省青年职业道德状况调查活动　191
河南省曲艺家协会会员代表大会　484
河南省人民政府残疾人工作协调委员会全体会议　320
河南省社会科学学会联合会第三次代表大会　409
河南省社会科学学会联合会第四次代表大会　410
河南省社会科学学会联合会第五次代表大会　410
河南省摄影家协会会员代表大会　484
河南省十大杰出青年农民评选活动　203
河南省十大杰出青年评选活动　202
河南省十大杰出青年私营企业家　204
河南省十佳少先队员评选活动　204
河南省书法家协会会员代表大会　484
河南省未成年人保护　220
河南省文学艺术工作者第二次代表大会　478
河南省文学艺术工作者第三次代表大会　480
河南省文学艺术界联合会　471
河南省文学艺术界联合会第四次代表大会　481
河南省舞蹈家协会会员代表大会　485
河南省戏剧家协会会员代表大会　483
河南省学生联合会　180
河南省音乐家协会会员代表大会　483
河南省优秀青年企业家评选活动　202
河南省杂技家协会会员代表大会　485
河南省中学共青团工作会议　178
河南省作家协会会员代表大会　482
《河南文艺界》　507
河南作家艺术家出国考察访问、讲学及作品展览　512
河南作家艺术家赴外地参观、讲学及作品展览　511
红十字会　568
红十字青少年活动　592
黄帝文化研究与寻根活动　381
会办企业　298
会员联谊　301

J

基层妇女代表会　234
基层工会　129
计划工作会议　322
纪念河南民盟成立50周年大会　044
纪念九三学社成立50周年大会　114
纪念民革成立50周年大会　026
纪念民建成立50周年大会　063
纪念中国农工民主党成立70周年大会　095
技术比武与科技创新　197

家庭教育　280
"家庭文明示范村（社区）"创建　274
建立工会与政府联席会议制度　155
"讲理想、比贡献"竞赛活动　555
接待　391
接待国际和地区工会代表团来访　165
接待联络　391
"巾帼成才奖"评选　275
"巾帼扶贫"工程　245
"巾帼建功"活动　248
"巾帼扫盲"活动　262
"巾帼文明示范岗"创建活动　249
经济咨询服务与工商专业培训　297
精神病防治康复　340
九三学社河南省第二次社员代表大会　111
九三学社河南省第三次社员代表大会　112
九三学社河南省第四次社员代表大会　113
九三学社河南省委员会　097
九十年代河南省儿童事业发展规划　256
救灾救助　581
就业工作会议　323

K

开发青年人力资源　200
开展劳动竞赛和群众性经济技术创新活动　147
开展学习张玮活动　159
开展职工物价监督活动　141
康复工作　333
康复工作会议　322
康复训练与服务　340
科技场馆建设　558
科技期刊　537
科技下乡　551

科技咨询　563
科普活动月　550
科普宣传　548
科学技术推广活动　264
客家文化研究与客家寻根活动　382
跨世纪青年文明工程　208

L

劳动竞赛与劳动保护　147
劳动就业　344
劳动模范管理　151
理事会会议　577
理想信念教育　184
联合会代表大会　478
"燎原行动"夏令营　210
临颍县残疾人扶贫基地　347
聋儿康复　339
洛阳市色织一厂民主选举厂长　137

M

《莽原》杂志　505
美术创作成果　499
民革河南省第七次代表大会　022
民革河南省第八次代表大会　023
民革河南省第九次代表大会　025
民间国际科技交流　546
民间文艺成果　502
民建河南省第三次会员代表大会　060
民建河南省第四次会员代表大会　061
民建河南省第五次会员代表大会　062
民进河南省第一次代表大会　075
民进河南省第二次代表大会　076
民盟河南省第七次代表大会　041

民盟河南省第八次代表大会　042
民盟河南省第九次代表大会　043

N

《南腔北调》杂志　506
农村党员、干部实用技术培训　553
农村科普　549
农村科普示范体系建设　553
农工民主党河南省第二次代表大会　093
农工民主党河南省第三次代表大会　094
女职工劳动保护　279

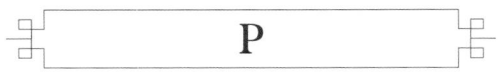
P

"培养农村青年星火带头人"活动　201
评选优秀青年乡镇企业厂长（经理）活动　202
评选职业道德建设"双十佳"活动　162
濮阳市法律援助中心　330

Q

侨胞捐赠　400
侨界子女学生夏令营　377
侨史研究　378
青工技术比武　198
青年协会研究会　182
青少年科技教育　556
青少年社区非正规教育　557
曲艺创作成果　491
全国第二所"手拉手"希望小学　219
全国第一所少年军校　190
全省农村青年"星火"培训基地　203

R

"热爱河南、增辉中原"青年志愿者万里行活动　215
人道法传播　594

S

"三八"绿色工程　246
"三八"农田水利工程　246
三八红旗竞赛活动　274
《散文选刊》杂志　506
少先队庆祝建队50周年大型检阅式　215
社会科学界联合会　405
社科教育培训　469
社科普及　468
社科研究　432
社科咨询服务　469
摄影创作成果　501
省残疾人联合会执行机构　316
省产业工会　128
省级学会（协会、研究会）　413
省级学会（协会、研究会）　518
省辖（管）市科学技术协会　524
"十杯"竞赛活动　249
"十大女杰"评选　275
实施国际项目　263
实施送温暖工程　142
市（地）残疾人联合会执行机构　316
市地总工会　128
市级社科联　427
事业宣传　590
事业宣传　354
"视觉第一中国行动"在卢氏　338
"手拉手"互助活动　213

书法创作成果　500
"双十双百技协杯"活动　150
"双学双比"竞赛活动　243

台胞捐资　404
特教工作会议　323
特殊教育　341
提高妇女素质　261
体育工作会议　324
体育活动　350
庭院经济开发工程　247
推行平等协商和集体合同制度　132
推行职工代表大会制度　134
托幼工作　280

外地作家艺术家到河南考察、讲学及作
　　品展览　511
维护妇女合法权益　252
维护女职工合法权益　146
维护青少年权益　220
维护职工经济权益　139
维护职工民主权利　132
维护职工生活福利　140
卫生救护　586
文学创作成果　490
文艺报刊　505
文艺比赛　508
文艺会演　349
文艺活动　508
文艺评奖　509
文艺演出　508

文艺作品展览　510
无偿献血工作　595
无障碍建设　355
"五好文明家庭"创建活动　272
"五小智慧杯"竞赛　198
舞蹈创作成果　496

希望工程　217
下岗女工再就业工作　249
下岗青工创业行动　203
县（市、区）残疾人联合会　317
县（市、区）科学技术协会　525
献爱心送温暖"快乐新春"活动　221
乡（镇、街道）残疾人联合会执行机
　　构　318
乡镇商会　290
香港"苗圃行动"在河南　219
小儿麻痹后遗症矫治　338
协会会员代表大会　482
协助处理重大案件　254
协助会员开展产品质量技术达标　306
协助制定有关地方法规　255
协助做好培养选拔女干部工作　256
新建企业组建工会　130
新乡国营第七六〇厂职代会罢免案　137
新乡县残疾儿童社区康复　340
新长征突击手（队）活动　201
兴办职工消费合作社　144
姓氏文化研究与姓氏寻根活动　381
宣传工作会议　325
宣传工作会议　580
学雷锋活动　208

Y

"148"青少年维权热线 221
"一优双高"开发工程 247
义务教育 342
艺术交流 511
音乐创作成果 496
迎接世妇会宣传活动 269
优秀学术论文评选 538
优质小麦"906"万亩示范观摩现场会 196

Z

杂技创作成果 493
直属大基层工会 129
职工读书自学活动 161
职工技术协作活动 149
职工劳动保护工作 150
职工思想政治教育 158
职工文化教育 159
职工文化阵地建设 164
职工文体活动 163
职工职业道德教育 161
职业教育 342
职业培训 346
智力残疾预防 340
中共中央、国务院领导重视河南职工消费合作社 145
中国共产主义少年先锋队 180
中国国民党革命委员会河南省委员会 005
中国互联网络大赛河南赛区活动 214
中国民主促进会河南省委员会 064
中国民主建国会河南省委员会 045
中国民主同盟河南省委员会 027
中国农工民主党河南省委员会 077
中华古诗文经典诵读工程 219
中华全国总工会在郑州召开民主选择企业经营者座谈会 137
中原侨声 376
周口海燕职业中等专科学校 342
助残日活动 354
驻马店市光彩事业项目群 304
专家学者讲学 470
专门协会 318
"自强不息、振兴河南"巡回报告演出活动 355
综合性工作会议 578
"走千村（街）、进万户、送温暖、交朋友"活动 270
组团参加首届中国民营企业交易会 305
组织人员出国访问和考察 165

《河南省志（1978~2000）》分卷篇目

第一卷　总述　大事记

第一篇　总　述
第二篇　大事记

第二卷　风土民情

第三篇　环境与保护
第四篇　资　源
第五篇　人　口
第六篇　民情与风俗

第三卷　基础设施

第七篇　交通运输
第八篇　邮政电信
第九篇　水　利
第十篇　黄河治理开发
第十一篇　城乡建设
第十二篇　开发区

第四卷　经济体制

第十三篇　经济体制改革
第十四篇　综合经济
第十五篇　经济管理

第五卷　农业经济

第十六篇　种植业
第十七篇　林　业

第十八篇　畜牧业
第十九篇　水产业
第二十篇　农业机械化
第二十一篇　国有农场
第二十二篇　农业综合开发
第二十三篇　乡镇企业

第六卷　工业经济

第二十四篇　能源工业
第二十五篇　材料工业
第二十六篇　加工工业

第七卷　流通服务

第二十七篇　商贸流通
第二十八篇　金　融
第二十九篇　旅游服务业

第八卷　政治体制

第三十篇　政治体制改革
第三十一篇　中国共产党
第三十二篇　人民代表大会
第三十三篇　人民政府
第三十四篇　人民政治协商会议

第九卷　党派群团

第三十五篇　民主党派
第三十六篇　群众团体

第十卷　政务　军事

　　第三十七篇　政　务
　　第三十八篇　政　法
　　第三十九篇　军　事

第十一卷　教育　科技

　　第四十篇　教　育
　　第四十一篇　科学技术

第十二卷　社科传媒

　　第四十二篇　社会科学
　　第四十三篇　新闻出版

第十三卷　文化建设

　　第四十四篇　文化事业
　　第四十五篇　卫生体育
　　第四十六篇　精神文明创建活动

第十四卷　人　物

　　第四十七篇　人　物

第十五卷　市县概况　编纂始末

　　第四十八篇　市县概况
　　第四十九篇　编纂始末